CW01481317

HANS CHRISTIAN
ANDERSEN
Märchen
und Geschichten

HANS CHRISTIAN
ANDERSEN

Märchen
und Geschichten

Mit 196 Abbildungen nach Zeichnungen von
Raymond de Beaux, Lorenz Frølich, Theodor Hosemann,
Paul Thumann, Vilhelm Pedersen, Oscar Pletsch, Graf Pocci,
Ludwig Richter und Otto Speckter

GONDROM

Herausgegeben von R. W. Pinson

Nach den Ausgaben von 1851, 1859 und 1872 sprachlich überarbeitete
und orthographisch modernisierte Neuausgabe von A. Horn.

© Gondrom Verlag GmbH, Bindlach 2003
ISBN 3-8112-2186-8
Covergestaltung: Monika Kauffeld

Der Tannenbaum

raußen im Wald stand ein niedlicher Tannenbaum; er hatte einen guten Platz, Sonne konnte er bekommen, Luft war genug da, und rundumher wuchsen viele größere Kameraden, Tannen und Fichten. Aber der kleine Tannenbaum wollte nur wachsen; er achtete nicht auf die warme Sonne und auf die frische Luft, er kümmerte sich nicht um die Bauernkinder, die da gingen und plauderten, wenn sie in den Wald gegangen waren, um Erdbeeren und Himbeeren zu sammeln. Oft kamen sie mit einem ganzen Topf voll oder hatten Erdbeeren auf einen Strohhalm gezogen. Dann setzten sie sich neben den kleinen Tannenbaum und sagten: „Wie niedlich klein ist der!" Das mochte der Baum aber gar nicht hören.

Im folgenden Jahr war er ein langes Stück größer, und das Jahr darauf war er um noch eines länger; denn bei den Tannenbäumen kann man an den Gliedern, die sie haben, die Jahre ihres Wachstums berechnen.

„Oh, wäre ich doch so ein großer Baum wie die anderen!" seufzte das Bäumchen. „Dann könnte ich meine Zweige so weit ausbreiten und mit dem Gipfel in die weite Welt hinausblicken! Dann würden die Vögel ihre Nester zwischen meinen Zweigen bauen, und wenn der Wind wehte, könnte ich so vornehm nicken wie die anderen dort!" Er hatte weder Freude am Sonnenschein noch an den Vögeln und den roten Wolken, die morgens und abends über ihn hinsegelten.

War es nun Winter und Schnee lag ringsherum blendend weiß, dann kam oft ein Hase angesprungen und setzte gerade über den kleinen Baum weg. Oh, das war gemein! Aber zwei Winter vergingen, und im dritten war das Bäumchen schon so groß, daß der Hase drum herumlaufen mußte. ,Oh, wachsen, wachsen, groß und alt werden, das ist doch das einzig Schöne in dieser Welt!' dachte der Baum.

Im Herbst kamen dann wie jedes Jahr die Holzfäller und fällten einige der größten Bäume. Das geschah jedes Jahr, und dem jungen Tannenbaum, der nun ganz gut gewachsen war, schauderte dabei, denn die großen, prächtigen Bäume fielen mit Knacken und Krachen zur Erde, die Zweige wurden ihnen abgehauen, und sie sahen nun ganz nackt, lang und schmal aus und waren fast nicht wiederzuerkennen. Dann wurden sie auf Wagen gelegt, und Pferde zogen sie davon, aus dem Wald hinaus.

Wohin sollten sie? Was stand ihnen bevor?

Im Frühjahr, als die Schwalben und Störche kamen, fragte sie der Baum: „Wißt ihr nicht, wohin sie geführt wurden? Seid ihr ihnen nicht begegnet?"

Die Schwalben wußten nichts, aber der Storch sah nachdenklich aus, nickte mit dem Kopf und sagte: „Ja, ich glaube wohl; mir begegneten viele neue Schiffe, als ich von Ägypten aus nach Hause flog. Auf den Schiffen waren prächtige Mastbäume; ich darf wohl annehmen, daß sie es waren, sie verbreiteten Tannengeruch."

„Oh, wäre ich doch auch groß genug, um über das Meer fahren zu können! Was ist das eigentlich, dieses Meer, und wie sieht es aus?"

„Ja, das ist etwas weitläufig zu erklären!" sagte der Storch und ging.

„Freue dich deiner Jugend!" sagten die Sonnenstrahlen. „Freue dich deines Wachstums, des jungen Lebens, das in dir ist!"

Und der Wind küßte den Baum, und der Tau weinte Tränen über ihn, aber der Tannenbaum verstand es nicht.

In der Weihnachtszeit wurden ganz junge Bäume gefällt, Bäume, die oft nicht einmal so groß oder so alt wie dieser Tannenbaum waren, der weder Rast noch Ruhe hatte, sondern immer nur weiter wollte. Diese jungen Bäume, gerade die allerschönsten, behielten immer ihre Zweige, sie wurden auf Wagen gelegt, und Pferde zogen sie aus dem Wald hinaus.

„Wohin sollen sie?" fragte der Tannenbaum. „Sie sind nicht größer als ich, und einer ist sogar viel kleiner. Weshalb behalten sie alle ihre Zweige? Wohin fahren sie?"

„Das wissen wir, das wissen wir!" zwitscherten die Sperlinge. „Unten in der Stadt haben wir in die Fenster hineingesehen! Wir wissen, wohin sie fahren! Oh, sie gelangen zur größten Pracht und Herrlichkeit, die man sich denken kann! Wir haben in die Fenster geschaut und gesehen, daß sie mitten in der warmen Stube aufgepflanzt und mit den schönsten Sachen, vergoldeten Äpfeln, Honigkuchen, Spielzeug und vielen hundert Lichtern geschmückt werden."

„Und dann?" fragte das Bäumchen und bebte in allen Zweigen. „Und dann? Was geschieht dann?"

„Ja, mehr haben wir nicht gesehen! Das war unvergleichlich schön!"

„Ob ich wohl auch dazu bestimmt bin, diesen strahlenden Weg zu betreten?" jubelte der Tannenbaum. „Das ist noch besser, als über das Meer zu ziehen! Wie mich die Sehnsucht verzehrt! Wäre es doch Weihnachten! Jetzt bin ich hoch und erwachsen wie die anderen, die im vorigen Jahr fortgeführt wurden! Oh, wäre ich erst auf dem Wagen, wäre ich doch in der warmen Stube mit all ihrer Pracht und Herrlichkeit! Und dann? Ja, dann kommt noch etwas Besseres, noch Schöneres, weshalb würden sie mich sonst so schmücken? Es muß noch etwas Größeres und Herrlicheres kommen! Aber was? Oh, ich leide, ich verzehre mich. Ich weiß selbst nicht, wie mir ist!"

„Freue dich unser!" sagten die Luft und der Sonnenschein; „freue dich deiner frischen Jugend draußen im Freien!"

Aber der Tannenbaum freute sich durchaus nicht; er wuchs und wuchs, Winter und Sommer stand er grün; dunkelgrün stand er da. Und die Leute, die ihn sahen, sagten: „Das ist ein schöner Baum!" und zur Weihnachtszeit wurde er zuerst von allen gefällt. Die Axt hieb tief durch das Mark; der Baum fiel mit einem Seufzer zu Boden. Er fühlte einen Schmerz, eine Ohnmacht, er konnte an gar kein Glück denken. Er war betrübt, von der Heimat scheiden zu müssen, von dem Fleck, auf dem er emporgeschossen war. Er wußte ja, daß er die lieben, alten Kameraden, die kleinen Büsche und Blumen, ja vielleicht nicht einmal die Vögel mehr sehen würde. Die Abreise hatte durchaus nichts Behagliches.

Der Baum kam erst wieder zu sich selbst, als er im Hof, mit anderen Bäumen abgeladen, einen Mann sagen hörte: „Dieser hier ist prächtig! Wir brauchen sonst keinen anderen!"

Nun kamen zwei Diener im vollen Staate und trugen den Tannenbaum in einen großen schönen Saal. Ringsherum an den Wänden hingen Bilder, und bei dem großen Kachelofen standen große chinesische Vasen mit Löwen auf den Deckeln. Da gab es Schaukelstühle, Sofas mit seidenen Überzügen, große Tische mit Bilderbüchern und Spielzeug für hundertmal hundert Taler – wenigstens sagten das die Kinder. Der Tannenbaum wurde in ein großes, mit Sand gefülltes Faß gestellt, aber niemand konnte sehen, daß es ein Faß war, denn es wurde rundherum mit grünem Zeug behängt und stand auf einem großen bunten Teppich. Oh, wie der Baum bebte! Was wird da doch vorgehen? Sowohl die Diener als auch die Fräulein kamen und schmückten ihn. Über die Zweige hängten sie kleine, aus farbigem Papier ausgeschnittene Netze, jedes mit Zuckerwerk gefüllt. Vergoldete Äpfel und Walnüsse hingen herab, wie festgewachsen, und über hundert rote, blaue und weiße kleine Lichter wurden an den Zweigen befestigt. Puppen, die wie leibhaftige Menschen aussahen – der Baum hatte solche früher nie gesehen – schwebten im Grünen, und ganz oben auf der Spitze wurde ein Stern von Flittergold befestigt. Das war prächtig, ganz ungewöhnlich prächtig!

„Heute abend", sagten alle, „heute abend wird er strahlen!"

‚Oh', dachte der Baum, ‚wäre es doch schon Abend! Würden doch die Lichter bald angezündet! Und was dann wohl geschieht? Ob wohl die Bäume aus dem Walde kommen, mich zu sehen? Ob die Sperlinge gegen die Fensterscheiben fliegen? Ob ich hier festwachse und Winter und Sommer geschmückt dastehen werde?'

Ja, er wußte sehr gut Bescheid. Aber er hatte vor lauter Sehnsucht ordentlich Borkenschmerzen, und Borkenschmerzen sind für einen Baum ebenso schlimm wie Kopfweh für uns andere.

Nun wurden die Lichter angezündet. Welcher Glanz! Welche Pracht! Der Baum bebte in allen Zweigen dabei, so daß einige Zweige Feuer fingen.

„Gott bewahre uns!" schrien die Fräulein und löschten es hastig aus.

Nun durfte der Baum nicht einmal beben. Oh, das war ein Graus! Ihm war bange, etwas von seinem Staate zu verlieren; er war von all dem Glanze wie betäubt. Da gingen beide Flügeltüren auf, und eine Menge Kinder stürzte herein, als wollten sie den ganzen Baum umwerfen. Die älteren Leute kamen bedächtig hinterher; die Kleinen standen ganz stumm, aber nur einen kurzen Augenblick, dann jubelten sie wieder, daß es laut schallte, tanzten um den Baum herum, und ein Geschenk nach dem anderen wurde abgepflückt.

‚Was haben sie nur?' dachte der Baum. ‚Was soll geschehen?' Die Lichter brannten bis auf die Zweige herunter, dann wurden sie ausgelöscht, und die Kinder erhielten die Erlaubnis, den Baum zu plündern. Oh, sie stürzten auf ihn los, daß es in allen Zweigen knackte. Wäre er nicht mit der Spitze und mit dem goldenen Stern an der Decke befestigt gewesen, so hätten sie ihn sicher umgestürzt.

Die Kinder tanzten nun mit ihrem prächtigen Spielzeug herum, und niemand sah nach dem Baum, ausgenommen das alte Kindermädchen, das zwischen die Zweige blickte; aber das nur deshalb, um zu sehen, ob nicht noch eine Feige oder ein Apfel vergessen worden war.

„Eine Geschichte, eine Geschichte!" riefen die Kinder und zerrten einen kleinen, dicken Mann zum Baume hin. Er setzte sich gerade unter denselben hin, „denn so sind wir im Grünen", sagte er, „und der Baum kann sogar etwas lernen, wenn er gut zuhört. Aber ich erzähle nur eine Geschichte. Wollt ihr die von Ivede–Avede oder die von Klumpe–Dumpe hören, der die Treppe hinabfiel und doch die Hand der Prinzessin erhielt?"

„Ivede–Avede!" schrien einige, „Klumpe–Dumpe!" schrien andere. Das war ein Rufen und Schreien! Nur der Tannenbaum schwieg ganz still und dachte: ‚Was soll's? Ich habe schließlich meine Pflicht getan! Das genügt!'

Der Mann erzählte von Klumpe–Dumpe, der die Treppe hinabfiel, den Thron errang und die Prinzessin erhielt. Und die Kinder klatschten in die Hände und riefen: „Erzähle, erzähle!" Sie wollten auch noch die Geschichte von Ivede–Avede hören, aber sie bekamen nur die von Klumpe–Dumpe erzählt. Der Tannenbaum stand ganz still und gedankenvoll, nie hatten die Vögel im Walde dergleichen erzählt. ‚Klumpe–Dumpe fiel die Treppe hinunter und bekam doch die Prinzessin! Ja, ja, so geht es in der Welt zu!' dachte der Tannenbaum und glaubte, daß es wahr sei, weil der Erzähler so ein netter Mann war. „Ja, ja! Vielleicht falle ich auch die Treppe hinunter und bekomme eine Prinzessin!' Und er freute sich, den nächsten Tag wieder mit Lichtern und Spielzeug, Gold und Früchten aufgeputzt zu werden.

‚Morgen werde ich nicht zittern!' dachte er. ‚Ich will mich recht über all meine Herrlichkeit freuen. Morgen werde ich wieder die Geschichte von Klumpe–Dumpe und vielleicht auch die von Ivede–Avede hören.' Und der Baum stand die ganze Nacht still und gedankenvoll da.

Am folgenden Morgen kamen die Diener und das Mädchen herein.

‚Nun beginnt der Staat von neuem!' dachte der Baum; aber sie schleppten ihn zum Zimmer hinaus, die Treppe hinauf auf den Boden und stellten ihn dort in einen dunklen Winkel, wohin kein Tageslicht fiel. ‚Was soll denn das bedeuten?' dachte der Baum. ‚Was soll ich hier wohl tun? Was mag ich hier wohl hören sollen?' Er lehnte sich gegen die Mauer und dachte und dachte. Und er hatte Zeit genug dazu, denn es vergingen Tage und Nächte. Niemand kam herauf, und als endlich jemand kam, so geschah es nur, um einige große Kästen in den Winkel zu stellen. Der Baum stand so versteckt, daß man glaubte, er sei vergessen.

‚Nun ist Winter draußen!' dachte der Baum. ‚Die Erde ist hart und mit Schnee bedeckt, die Menschen können mich nicht pflanzen. Da soll ich wohl bis zum Frühling hier stehen! Wie wohl bedacht ist das! Wie die Menschen doch so gut sind! Wäre es hier nur nicht so dunkel und schrecklich einsam! Nicht einmal ein kleiner Hase! Das war doch niedlich da draußen im Wald, wenn der Schnee lag und der Hase vorbeisprang, ja selbst als er über mich hinwegsprang. Aber damals mochte ich es nicht leiden. Hier oben ist es doch erschrecklich einsam!'

„Piep, piep!" sagte plötzlich eine kleine Maus und huschte hervor, und dann kam noch eine kleine. Sie beschnüffelten den Tannenbaum und schlüpften dann zwischen dessen Zweige.

„Es ist ziemlich kalt!" sagten die kleinen Mäuse. „Sonst ist hier gut sein. Nicht wahr, du alter Tannenbaum?"

„Ich bin gar nicht alt!" entgegnete der Tannenbaum. „Es gibt viel ältere als ich bin!"

„Wo kommst du her", fragten die Mäuse. „Und was weißt du?" Sie waren gewaltig neugierig. „Erzähle uns doch von den schönsten Plätzen auf Erden! Bist du dort gewesen? Bist du in der Speisekammer gewesen, wo Käse auf den Brettern liegt und Schinken unter der Decke hängen, wo man auf Talglichtern tanzt, mager hineingeht und fett herauskommt?"

„Das kenne ich leider nicht", sagte der Baum, „aber den Wald kenne ich, wo die Sonne scheint und die Vögel singen!" Dann erzählte er alles aus seiner Jugend, und die kleinen Mäuse hatten dergleichen nie zuvor gehört, hörten aufmerksam zu und sagten: „Wieviel du doch gesehen hast! Wie glücklich du gewesen bist!"

„Ich?" sagte der Tannenbaum und dachte über seine Erzählung nach. „Ja, es waren im Grunde ganz lustige Zeiten!" Aber dann erzählte er vom Weihnachtsabend, wo er mit Kuchen und Lichtern geschmückt war.

„Oh", sagten die kleinen Mäuse, „wie glücklich du gewesen bist, du alter Tannenbaum!"

„Ich bin gar nicht alt!" sagte der Baum. „Erst in diesem Winter bin ich aus dem Wald gekommen! Ich bin in meinem allerbesten Alter."

„Wie schön du erzählst!" sagten die kleinen Mäuse, und in der nächsten Nacht kamen sie mit vier anderen kleinen Mäusen wieder, die den Baum erzählen hören sollten, und je mehr er erzählte, desto deutlicher erinnerte er sich wieder an alles und dachte: ‚Es waren doch ganz fröhliche Zeiten! Aber sie können wiederkommen, sie können wiederkommen! Klumpe–Dumpe fiel die Treppe hinunter und erhielt doch die Prinzessin; vielleicht kann ich auch eine Prinzessin bekommen!' Und dann dachte der Tannenbaum an eine kleine Birke, die draußen im Wald wuchs und – für ihn – wirklich eine schöne Prinzessin war.

„Wer ist Klumpe–Dumpe?" fragten die kleinen Mäuse. Da erzählte der Tannenbaum das ganze Märchen. Er konnte sich jedes einzelnen Wortes erinnern, und die kleinen Mäuse waren aus reiner Freude bereit, bis an die Spitze des Baumes zu springen. In der folgenden Nacht kamen weit mehr Mäuse und am Sonntag sogar zwei Ratten, aber die meinten, die Geschichte sei nicht hübsch, und das betrübte die kleinen Mäuse, denn nun hielten sie auch weniger davon.

„Wissen Sie nur die eine Geschichte?" fragten die Ratten.

„Nur die eine", antwortete der Baum. „Ich hörte sie an meinem glücklichsten Abend, aber damals dachte ich nicht daran, wie glücklich ich war."

„Das ist eine höchst jämmerliche Geschichte! Kennen Sie keine von Speck und Talglichtern? Keine Speisekammergeschichte?"

„Nein!" sagte der Baum.

„Ja, dann danken wir dafür!" erwiderten die Ratten und kehrten zu den Ihrigen zurück.

Die kleinen Mäuse blieben zuletzt auch weg, und da seufzte der Baum: „Es war doch ganz hübsch, als sie um mich saßen, die flinken kleinen Mäuse, und mir zuhörten! Nun ist auch das vorbei! Aber ich werde mich freuen, wenn ich wieder hervorgeholt werde."

Aber wann geschah das? Ja, es war eines Morgens, da kamen Leute und kramten auf dem Boden herum. Die Kästen wurden umgestellt, der Baum hervorgezogen. Sie warfen ihn leider ziemlich hart auf den Fußboden, aber ein Diener schleppte ihn gleich nach der Treppe hin, wo der Tag sichtbar war.

‚Nun beginnt das Leben wieder!' dachte der Baum. Er fühlte die frische Luft, die ersten Sonnenstrahlen, und nun war er draußen auf dem Hof. Alles ging rasch, der Baum vergaß völlig, sich selbst zu betrachten, denn so viel Neues war da zu sehen. Der Hof stieß an einen Garten, und alles blühte darin. Die Rosen hingen frisch und duftend über die kleinen Gitter hinaus, die Lindenbäume standen in voller Blüte, und die Schwalben flogen umher und riefen: „Quirrevirrevit, mein Mann ist gekommen!" Aber sie meinten nicht den Tannenbaum.

‚Nun werde ich leben!' jubelte dieser und breitete seine Zweige weit aus. Aber ach, sie waren alle vertrocknet und gelb, und er lag da zwischen Unkraut und Nesseln. Der Stern aus Goldpapier saß noch oben in der Spitze und glänzte im hellen Sonnenschein.

Auf dem Hof selbst spielten ein paar der fröhlichen Kinder, die am Weihnachtsabend den Baum umtanzt hatten und dabei so lustig gewesen waren. Eins der kleinsten lief hin und riß den Goldstern ab.

„Sieh, was da noch an dem alten, häßlichen Tannenbaum sitzt!" sagte es und trat auf die Zweige, so daß sie unter seinen Stiefeln knackten.

Der Baum sah auf all die Blumenpracht und Frische im Garten, betrachtete sich selbst und wünschte, daß er in seinem dunklen Winkel auf dem Boden geblieben wäre. Er gedachte seiner frischen Jugend im Wald, des lustigen Weihnachtsabends und der kleinen Mäuse, die so interessiert die Geschichte von Klumpe–Dumpe mit angehört hatten.

‚Vorbei, vorbei!' seufzte der arme Baum. ‚Hätte ich mich doch gefreut, als ich es noch konnte! Vorbei, vorbei!'

Der Diener kam und hieb den Tannenbaum in kleine Stücke, ein ganzes Bund lag da; hell flackerte es auf unter dem großen Braukessel. Der Baum seufzte tief, und jeder Seufzer war wie ein kleiner Schuß. Deshalb liefen die Kinder, die draußen spielten, herbei, setzten sich vor das Feuer, sahen hinein und riefen: „Piff, paff!" Aber bei jedem Knall, der ein tiefer Seufzer war, dachte der Baum an einen Sommerabend im Wald oder an eine Winternacht da draußen, wenn die Sterne glänzten. Er dachte an den Weihnachtsabend und an Klumpe–Dumpe, das einzige Märchen, das er gehört hatte und zu erzählen wußte – und dann war der Baum verbrannt.

Die Knaben spielten im Garten, und der kleinste hatte den Goldstern auf der Brust, den der Baum an seinem glücklichsten Abend getragen hatte. Nun war dieser vorbei – ebenso wie es mit dem Baume und seiner Geschichte war. Vorbei, vorbei – und so geht es mit allen Geschichten!

Der Schweinehirt

Es war einmal ein armer Prinz, der nur ein kleines Königreich regierte, das aber war immer noch groß genug, um sich darauf zu verheiraten, und verheiraten wollte er sich.

Nun war das freilich etwas keck von ihm, daß er zur Tochter des Kaisers zu sagen wagte: „Willst du mich haben?" Er tat es aber doch, denn sein Name war weit und breit berühmt. Es gab Hunderte von Prinzessinnen, die gern ja gesagt hätten. Aber ob sie es tat?

Nun aber wollen wir weiterhören.

Auf dem Grab des Vaters des Prinzen wuchs ein Rosenstock, ein herrlicher Rosenstock, der nur jedes fünfte Jahr blühte und dann auch nur eine einzige Blume trug. Das war eine Rose, die duftete so süß, daß man dadurch seine Sorgen und seinen Kummer vergaß. Der Prinz besaß auch eine Nachtigall, die so schön singen konnte, als ob alle wunderbaren Melodien in ihrer Kehle wohnten. Diese Rose und die Nachtigall sollte die Prinzessin erhalten. Deshalb wurden sie beide in große silberne Behälter gesetzt und ihr dann übersandt.

Der Kaiser ließ sie vor sich her in den großen Saal tragen, in dem die Prinzessin war und mit ihren Hofdamen „Es kommen Fremde" spielte. Als sie die großen Behälter mit den Geschenken darin erblickte, klatschte sie vor Freude in die Hände.

„Wenn es doch eine kleine Miezekatze wäre!" sagte sie; aber da kam der Rosenstock mit der herrlichen Rose hervor.

„Wie niedlich sie gemacht ist!" sagten alle Hofdamen.

„Sie ist mehr als niedlich", sagte der Kaiser, „sie ist schön!"

Aber die Prinzessin befühlte sie und weinte fast.

„Pfui, Papa!" rief sie, „sie ist keine künstliche Rose, sondern natürlich!"

„Pfui", sagten die Höflinge, „sie ist natürlich!"

„Laßt uns nun erst sehen, was in dem anderen Behälter ist, ehe wir böse werden!" meinte der Kaiser, und da kam die Nachtigall heraus, die so schön sang, daß man nichts Böses gegen sie vorbringen konnte.

„Superbe! Charmant!" riefen die Hofdamen, denn sie plauderten alle französisch, eine immer schlechter als die andere.

„Wie der Vogel mich an die Spieldose der seligen Kaiserin erinnert!" sagte ein alter Kavalier. „Ach ja, es ist genau derselbe Ton, derselbe Vortrag!"

„Ja!" entgegnete der Kaiser, und dann weinte er wie ein kleines Kind.

„Es wird doch hoffentlich kein natürlicher sein?" fragte die Prinzessin.

„Ja, es ist ein natürlicher Vogel!" sagten jene, die ihn gebracht hatten.

„So laßt den Vogel fliegen", befahl die Prinzessin und wollte nicht gestatten, daß der Prinz käme.

Dieser ließ sich jedoch nicht einschüchtern. Er bemalte sich das Antlitz mit brauner und schwarzer Farbe, zog die Mütze weit herunter und klopfte an.

„Guten Tag, Kaiser!" sagte er. „Könnte ich nicht hier auf dem Schlosse in Dienst treten?"

„Ja doch", sagte der Kaiser. „Ich brauche jemand zum Schweinehüten."

So wurde der Prinz kaiserlicher Schweinehirt. Er bekam eine jämmerlich winzige Kammer unten bei den Schweinen, und hier mußte er bleiben. Aber den ganzen Tag saß er und arbeitete, und als es Abend war, hatte er einen niedlichen kleinen Topf gefertigt. Darauf waren Schellen, und sobald der Topf kochte, klingelten sie fein und spielten die alte Melodie:

„Ach, du lieber Augustin,
Alles ist hin, hin, hin!"

Aber das Allerkünstlichste war, daß man, wenn man den Finger in den Dampf des Topfes hielt, sogleich riechen konnte, welche Speisen auf jedem Herd in der Stadt zubereitet wurden. Das war freilich etwas anderes als die Rose!

Nun spazierte die Prinzessin mit allen ihren Hofdamen daher, und als sie die Melodie hörte, blieb sie stehen und sah ganz erfreut aus, denn sie konnte auch „Ach, du lieber Augustin" spielen. Das war das einzige, was sie konnte, aber sie spielte es mit einem Finger.

„Das kann ich doch auch!" rief sie. „Das muß ein gebildeter Schweinehirt sein! Höre, gehe zu ihm und frage ihn, wieviel das Instrument kostet!"

Da mußte eine der Hofdamen hingehen, aber zuvor zog sie Holzpantoffeln an.

„Was verlangst du für den Topf?" fragte die Hofdame.

„Ich will zehn Küsse von der Prinzessin haben!" sagte der Schweinehirt.

„Gott bewahre uns!" rief die Hofdame.

„Ja, anders tue ich es nicht!" antwortete der Schweinehirt.

„Er ist unartig!" sagte die Prinzessin und ging. Aber als sie ein kleines Stück gegangen war, erklangen die Schellen so lieblich:

„Ach, du lieber Augustin,
Alles ist hin, hin, hin!"

„Höre", begann die Prinzessin abermals, „frage ihn, ob er zehn Küsse von meinen Hofdamen will!"

„Ich danke schön", sagte der Schweinehirt. „Zehn Küsse von der Prinzessin, oder ich behalte meinen Topf."

„Was ist das doch für eine langweilige Geschichte!" sagte die Prinzessin. „Aber dann müßt ihr davorstehen, damit es niemand sieht!"

Die Hofdamen stellten sich vor sie hin, breiteten ihre Kleider aus, und dann bekam der Schweinehirt zehn Küsse, und sie erhielt den Topf.

Nun, das war eine Freude! Den ganzen Abend und den ganzen Tag mußte der Topf kochen. Nicht einen Herd gab es in der Stadt, von dem sie nicht wußten, was darauf gekocht wurde, sowohl beim Kammerherrn als beim Schuhflicker. Die Hofdamen tanzten und klatschten in die Hände.

„Wir wissen, wer süße Suppe und Eierkuchen essen wird, wir wissen, wer Grütze und Braten bekommt! Wie schön ist doch das!"

„Aber haltet ja reinen Mund, denn ich bin des Kaisers Tochter!"

„Jawohl, jawohl!" beteuerten alle.

Der Schweinehirt, das heißt der Prinz – aber sie wußten es ja nicht anders, als daß er ein wirklicher Schweinehirt wäre – ließ die Tage nicht vorübergehen, ohne etwas Neues zu fertigen, und da machte er eine Knarre. Wenn man diese drehte, erklangen alle Walzer und Hopser, die man seit der Erschaffung der Welt kannte.

„Ach, das ist superbe", sagte die Prinzessin, als sie vorüberging. „Ich habe nie eine schönere Musik gehört! Höre, gehe hinein und frage ihn, was

das Instrument kostet. Aber ich küsse ihn nicht wieder!"

„Er will hundert Küsse von der Prinzessin haben!" sagte die Hofdame, die hineingegangen war.

„Ich glaube, er ist verrückt!" sagte die Prinzessin und ging weiter. Aber als sie ein kleines Stück gegangen war, blieb sie stehen. „Man muß die Kunst aufmuntern", sagte sie; „und ich bin des Kaisers Tochter! Sage ihm, er soll wie neulich zehn Küsse haben, den Rest kann er von meinen Hofdamen erhalten!"

„Aber wir tun es ungern!" sagten die Hofdamen.

„Das ist Unsinn", sagte die Prinzessin, „wenn ich ihn küssen kann, dann könnt ihr es auch. Bedenkt, ich gebe euch Kost und Lohn!" Da mußten die Hofdamen wieder zu ihm hineingehen.

„Hundert Küsse von der Prinzessin", sagte er, „oder jeder behält das Seinige!"

„Stellt euch davor!" sagte sie dann, und da stellten sich alle Hofdamen davor, und nun küßte er.

„Was mag das nur für ein Auflauf beim Schweinestall sein?" fragte der Kaiser, der auf den Balkon hinausgetreten war. Er rieb sich die Augen und setzte die Brille auf. „Das sind ja die Hofdamen. Ich werde wohl zu ihnen hinuntergehen müssen!"

Potztausend, wie er sich sputete!

Sobald er in den Hof hinunterkam, trat er ganz leise auf, und die Hofdamen hatten soviel damit zu tun, die Küsse zu zählen, damit es ehrlich dabei zuginge, daß sie den Kaiser gar nicht bemerkten. Er stellte sich auf die Fußspitzen.

„Was ist das?" sagte er, als er sah, wie sie sich küßten, und dann schlug er seine Tochter mit seinem Pantoffel auf den Kopf, gerade als der Schweinehirt den sechsundachtzigsten Kuß erhielt.

„Fort mit euch!" sagte der Kaiser, denn er war zornig, und sowohl die Prinzessin wie der Schweinehirt mußten das Kaiserreich verlassen.

Da stand sie nun und weinte, der Schweinehirt schalt, und der Regen strömte hernieder.

„Ach, ich elendes Geschöpf", sagte die Prinzessin, „hätte ich doch den schönen Prinzen genommen! Ach, wie unglücklich bin ich!"

Der Schweinehirt aber ging hinter einen Baum, wischte sich das Schwarze und Braune aus dem Gesicht, warf die schlechten Kleider von sich und trat nun in seiner Prinzentracht hervor, so schön, daß die Prinzessin sich vor ihm verneigen mußte.

„Ich bin soweit gekommen, dich zu verachten!" sagte er. „Du wolltest keinen ehrlichen Prinzen haben! Du verstandest dich nicht auf die Rose und die Nachtigall, aber den Schweinehirten konntest du für eine Spielerei küssen. Das hast du nun davon!"

Und dann ging er in sein Königreich; da konnte sie draußen singen:

„Ach, du lieber Augustin,
Alles ist hin, hin, hin!"

Ole Luköie
oder Der Sandmann

s gibt niemanden in der ganzen Welt, der so viele Geschichten weiß, wie der Sandmann! Er kann schön und viel erzählen.

Gegen Abend, wenn die Kinder noch am Tisch oder auf ihrem Schemel sitzen, kommt Ole Luköie. Er kommt sachte die Treppe herauf, denn er geht auf Socken, macht leise die Türen auf und husch! spritzt er den Kindern süße Milch in die Augen. Und das so fein, so fein, aber immer genug, daß sie die Augen nicht offenhalten und ihn deshalb auch nicht sehen können. Er schleicht sich hinter sie, bläst ihnen zart in den Nacken, und dann werden sie schwer im Kopf. Aber es tut nicht weh, denn Ole Luköie meint es gut mit den Kindern. Er will nur, daß sie ruhig sein sollen, und das sind sie am raschesten, wenn man sie zu Bett gebracht hat. Sie sollen wohl still sein, damit er ihnen seine Geschichten erzählen kann.

Wenn die Kinder nun schlafen, setzt sich Ole Luköie auf ihr Bett. Er ist gut gekleidet, sein Rock ist aus Seide, aber von welcher Farbe ist nicht zu erkennen, denn er glänzt grün, rot und blau, je nachdem er sich dreht. Unter jedem Arm trägt er einen Regenschirm.

Den einen, mit Bildern darauf, spannt er über die guten Kinder aus, die dann die ganze Nacht die herrlichsten Geschichten träumen. Auf dem anderen ist gar nichts, den stellt er über die unartigen Kinder. Dann schlafen diese und haben am Morgen, wenn sie erwachen, überhaupt nichts geträumt.

Nun werden wir hören, wie der Sandmann eine Woche lang jeden Abend zu einem kleinen Knaben mit dem Namen Friedrich kam und was er ihm erzählte. Es sind sieben Geschichten, denn sieben Tage hat die Woche.

Montag

„Höre einmal", sagte Ole Luköie am Abend, als er Friedrich zu Bett gebracht hatte, „nun werde ich aufputzen!" Da wurden alle Blumen in den Blumentöpfen zu großen Bäumen, die ihre langen Zweige bis unter die Decke und entlang der Wände ausstreckten, so daß die ganze Stube wie ein prächtiges Lusthaus aussah. Alle Zweige waren voll Blumen, und jede Blume war noch schöner als eine Rose und duftete lieblich; wollte man sie essen, so war sie süßer als das Eingemachte! Die Früchte glänzten wie Gold, und Kuchen waren da, die vor Rosinen schier platzten – es war unvergleichlich schön! Aber zu gleicher Zeit ertönte ein erschreckliches Jammern aus dem Tischkasten, in dem Friedrichs Schulbücher lagen.

„Was ist das?" sagte Ole Luköie, ging zum Tisch und zog den Kasten auf. Es war die Schiefertafel, in der es riß und zerrte, denn es war eine falsche Zahl in die Rechenaufgabe gekommen, so daß sie nah daran war, auseinanderzufallen; der Griffel hüpfte und sprang an seinem Band, gerade als ob er ein kleiner Hund sei, der der Rechenaufgabe helfen wollte; aber er konnte es nicht. – Und dann war es Friedrichs Schreibheft, in dem es jammerte; oh, es war gräßlich mitanzuhören! Auf jedem Blatt standen untereinander die großen Buchstaben, jeder mit einem kleinen zur Seite, das war die Vorschrift; neben diesen standen wieder einige Buchstaben, die ebenso auszusehen glaubten, und diese hatte Friedrich geschrieben; sie lagen fast so, als ob sie über die Bleifederstriche gefallen wären, auf denen sie stehen sollten.

„Seht, so solltet ihr euch halten", sagte die Vorschrift. „Seht, so zur Seite geneigt, mit einem kräftigen Schwung!"

„Oh, wir möchten gern", sagten Friedrichs Buchstaben, „aber wir können nicht, wir sind so schwach!"

„Dann müßt ihr Kinderpulver einnehmen!", sagte Ole Luköie.

„Oh nein!" riefen sie, und da standen sie so aufrecht, daß es eine Lust war.

„Jetzt wird keine Geschichte erzählt", sagte Ole Luköie, „nun muß ich sie exerzieren! Eins, zwei! Eins, zwei!" Und so exerzierte er die Buchstaben, und sie standen so schlank und schön, wie nur eine Vorschrift stehen kann. Aber als Ole Luköie ging und Friedrich sie am Morgen besah, da waren sie ebenso elend wie früher.

Dienstag

Sobald Friedrich im Bett war, berührte Ole Luköie mit seiner kleinen Zauberspritze alle Möbel in der Stube, und sogleich fingen sie an zu schwatzen und sprachen alle von sich selbst, mit Ausnahme des Spucknapfes, der stumm dastand und sich darüber ärgerte, daß sie so eitel sein konnten, nur von sich selbst zu reden, nur an sich selbst zu denken und durchaus keine Rücksicht auf den zu nehmen, der doch so bescheiden in der Ecke stand und sich bespucken ließ.

Über der Kommode hing ein großes Gemälde in einem vergoldeten Rahmen, das war eine Landschaft mit alten Bäumen, Blumen im Gras und einem großen Fluß, der weit hinausströmte in das wilde Meer.

Ole Luköie berührte mit seiner Zauberspritze das Gemälde, und da fingen die Vögel darauf zu singen an, die Zweige der Bäume bewegten sich, und die Wolken zogen weiter, man konnte ihre Schatten über die Landschaft hinziehen sehen.

Nun hob Ole Luköie den kleinen Friedrich zu dem Rahmen empor und stellte seine Füße in das Gemälde hinein, gerade in das hohe Gras. Da stand er nun, und die Sonne schien durch die Zweige der Bäume auf ihn nieder. Er lief zum Wasser hin und setzte sich in ein kleines Boot, das dort lag und rot und weiß angestrichen war. Das Segel glänzte wie Silber, und sechs Schwäne, alle mit Goldkronen um den Hals und einem strahlenden blauen Stern auf dem Kopf, zogen das Boot an dem grünen Wald vorbei, wo die Bäume von Räubern und Hexen und die Blumen von den niedlichen kleinen Elfen erzählten und von dem, was die Schmetterlinge ihnen gesagt hatten.

Die herrlichsten Fische, mit Schuppen wie Silber und Gold, schwammen dem Boot nach; mitunter machten sie einen Sprung, daß es im Wasser plätscherte, und Vögel, rot und blau, klein und groß, flogen in langen Reihen hinterher. Die Mücken tanzten dazu, und die Maikäfer sagten: „Bum,

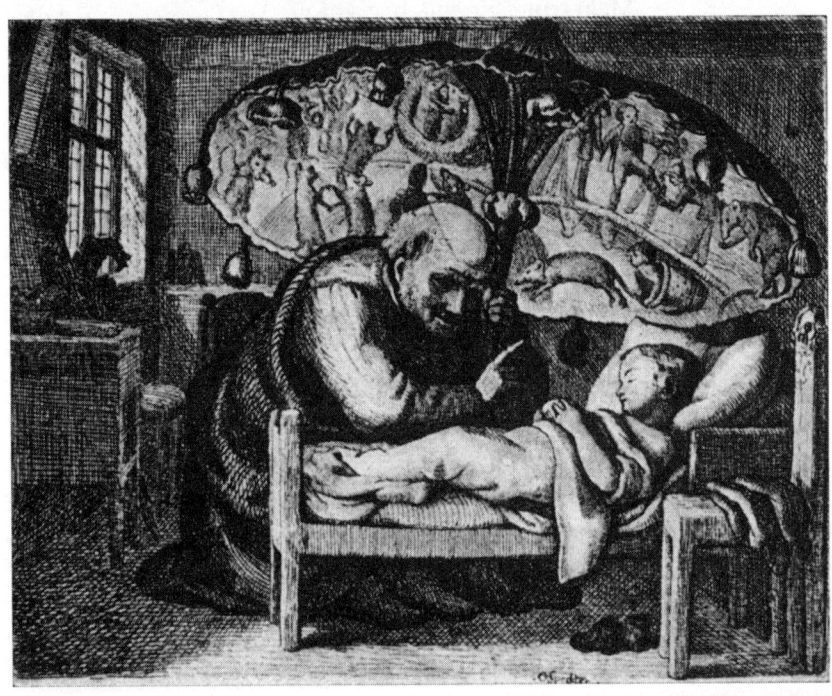

bum!" Sie alle wollten Friedrich folgen, und jeder hatte eine gute Geschichte zu erzählen.

Das war lustig! Bald waren die Wälder ganz dicht und dunkel, bald waren sie wie der herrlichste Garten mit Sonnenschein und Blumen. Da lagen große Schlösser aus Glas und aus Marmor; auf den Altanen standen Prinzessinnen, und alle waren kleine Mädchen, die Friedrich gut kannte, denn er hatte früher mit ihnen gespielt. Sie streckten die Hände aus und hielten das niedlichste Zuckerherz hin, das nur je eine Kuchenfrau verkaufen konnte. Friedrich faßte eine Seite des Zuckerherzens an, als er vorbeifuhr, und die Prinzessin hielt recht fest, und so bekam jeder sein Stück, sie das kleinste, Friedrich das größte. Bei jedem Schlosse standen kleine Prinzen Schildwache, sie schulterten die Säbel und ließen Rosinen und Zinnsoldaten regnen. Das waren echte Prinzen!

Bald segelte Friedrich durch Wälder, bald durch große Säle oder mitten durch eine Stadt; er kam auch durch die, in der sein Kindermädchen wohnte, das ihn getragen hatte, als er noch ein ganz kleiner Knabe war, und das ihn immer sehr gern hatte; und sie nickte und winkte und sang den niedlichen kleinen Vers, den sie selbst gedichtet und Friedrich gesandt hatte:

> Ich denke Deiner so manches Mal,
> Mein teurer Friedrich, du Lieber!
> Ich gab Dir Küsse ja ohne Zahl
> Auf Stirne, Mund und Lider.
> Ich hörte Dich sprechen das erste Wort,
> Doch mußt' ich Lebewohl Dir sagen.
> Es segne der Herr Dich an jedem Ort,
> Du Engel, den ich einst getragen!

Und alle Vögel sangen mit, die Blumen tanzten auf den Stielen, und die alten Bäume nickten, gerade als ob Ole Luköie ihnen auch Geschichten erzählte.

Mittwoch

Draußen strömte der Regen hernieder! Friedrich konnte es im Schlaf hören, und als Ole Luköie ein Fenster öffnete, stand das Wasser gerade herauf bis an das Fensterbrett; es war ein ganzer See da draußen, aber das prächtigste Schiff lag dicht am Haus.

„Willst du mitsegeln, kleiner Friedrich", sagte Ole Luköie, „so kannst du diese Nacht in fremde Länder gelangen und morgen wieder hier sein!"

Da stand Friedrich plötzlich in seinen Sonntagskleidern mitten auf dem prächtigen Schiff, und sogleich wurde das Wetter schön, und sie segelten durch die Straßen, kreuzten um die Kirche, und nun war alles eine große, wilde See. Sie segelten so lange, bis kein Land mehr zu erblicken war, und sie sahen einen Flug Störche, die kamen auch aus der Heimat und wollten nach den warmen Ländern; ein Storch flog immer hinter dem anderen, und sie waren schon weit, so weit geflogen! Einer von ihnen war so müde, daß seine Flügel ihn kaum noch zu tragen vermochten; er war der allerletzte in der Reihe, und bald blieb er ein großes Stück zurück; zuletzt sank er mit ausgebreiteten Flügeln tiefer und tiefer, er machte noch ein paar Schläge mit den Flügeln, aber es half nichts; nun berührte er mit seinen Füßen das Tauwerk des Schiffes, glitt vom Segel herab, und bums! da stand er auf dem Deck.

Dann nahm ihn der Schiffsjunge und setzte ihn in das Hühnerhaus zu den Hühnern, Enten und Truthähnen; der arme Storch stand ganz schüchtern mitten unter ihnen.

„Seht nur den an!" sagten alle Hühner.

Und der Truthahn plusterte sich so dick auf wie er konnte und fragte, wer er sei. Die Enten gingen rückwärts und stießen einander: „Rappel dich! Rappel dich!"

Der Storch erzählte vom warmen Afrika, von den Pyramiden und vom Strauß, der wie ein wildes Pferd durch die Wüste laufe. Aber die Enten verstanden nicht, was er sagte, und dann stießen sie einander: „Wir sind doch alle einverstanden, daß er dumm ist?"

„Ja, sicher ist er dumm!" sagte der Truthahn, und dann kollerte er. Da schwieg der Storch ganz still und dachte an sein Afrika.

„Das sind ja herrlich dünne Beine, die Ihr habt!" sagte der Truthahn. „Was kostet die Elle davon?"

„Skrat, skrat, skrat!" grinsten alle Enten, aber der Storch tat, als ob er es gar nicht höre.

„Ihr könnt ruhig mitlachen", sagte der Truthahn zu ihm, „denn es war sehr witzig gesagt. Oder war es Euch vielleicht zu hoch? Ach! – Er ist nicht vielseitig! Wir wollen lieber unter uns bleiben!" Und dann gluckte er, und die Enten schnatterten: „Gik, gak! Gik, gak!" Es war erschrecklich, wie lustig sie es fanden.

Aber Friedrich ging zum Hühnerhaus, öffnete die Tür, rief den Storch, und der hüpfte zu ihm hinaus auf das Deck. Nun hatte er sich ja ausgeruht, und es war gerade so, als ob er Friedrich zunickte, um ihm zu danken. Darauf entfaltete er seine Flügel und flog nach den warmen Ländern, aber die Hühner gluckten, die Enten schnatterten, und der Truthahn bekam einen ganz feuerroten Kopf.

„Morgen werden wir Suppe von euch kochen!" sagte Friedrich, und dann erwachte er und lag in seinem kleinen Bett. Es war doch eine sonderbare Reise, die Ole Luköie ihn diese Nacht hatte machen lassen!

Donnerstag

„Weißt du was?" sagte Ole Luköie. „Sei jetzt nur nicht furchtsam, denn hier wirst du eine kleine Maus sehen!" Da hielt er ihm seine Hand mit dem leichten niedlichen Tier entgegen. „Sie ist gekommen, um dich zur Hochzeit einzuladen. Hier sind diese Nacht zwei kleine Mäuse, die in den Stand der Ehe treten wollen. Sie wohnen unter dem Fußboden der Speisekammer deiner Mutter, das soll eine schöne Wohnung sein!"

„Aber wie kann ich durch das kleine Mauseloch im Fußboden kommen?" fragte Friedrich.

„Laß mich nur machen", sagte Ole Luköie, „ich werde dich schon klein bekommen!" Und er berührte Friedrich mit seiner Zauberspritze, worauf dieser sogleich kleiner und kleiner wurde, zuletzt war er keinen Finger lang. „Nun kannst du dir die Kleider des Zinnsoldaten leihen; ich denke, sie werden dir passen, und es sieht gut aus, in Gesellschaft Uniform zu tragen!"

„Ja freilich!" sagte Friedrich, und da war er im Augenblick wie der niedlichste Zinnsoldat gekleidet.

„Wollen Sie nicht so gut sein und sich in Ihrer Mutter Fingerhut setzen", sagte die kleine Maus. „Dann werde ich die Ehre haben, Sie zu ziehen!"

„Will sich das Fräulein selbst bemühen!" sagte Friedrich, und so fuhren sie zur Mäusehochzeit.

Zuerst kamen sie unter dem Fußboden in einen langen Gang, der nicht höher war, als daß sie gerade mit dem Fingerhut dort fahren konnten, und der ganze Gang war mit faulem Holz beleuchtet.

„Riecht es hier nicht herrlich?" fragte die Maus, die ihn zog. „Der ganze Gang ist mit Speckschwarten geschmiert worden! Es kann nichts Schöneres geben!"

Nun kamen sie in den Brautsaal hinein. Hier standen zur Rechten alle kleinen Mäusedamen, sie wisperten und zischelten, als ob sie einander zum besten hielten. Zur Linken standen alle Mäuseherren und strichen sich mit der Pfote den Schnauzbart. Aber mitten im Saal sah man das Brautpaar. Es stand in einer ausgehöhlten Käserinde und küßte sich gar schrecklich viel vor aller Augen, denn es war ja verlobt und sollte nun gleich Hochzeit halten.

Es kamen immer mehr und mehr Fremde; die eine Maus war nahe daran, die andere totzutreten, und das Brautpaar hatte sich mitten in die Tür gestellt, so daß man weder hinaus- noch hereinkommen konnte. Die ganze Stube war ebenso wie der Gang mit Speckschwarten eingeschmiert, das war die ganze Bewirtung, aber zum Nachtisch wurde eine Erbse vorgezeigt, in die eine Maus aus der Familie den Namen des Brautpaars eingebissen hatte, das heißt, den ersten Buchstaben. Das war etwas ganz Außerordentliches!

Alle Mäuse sagten, daß es eine schöne Hochzeit sei und daß die Unterhaltung gut gewesen wäre.

Dann fuhr Friedrich wieder nach Hause; er war wahrlich in vornehmer Gesellschaft gewesen, aber er hatte auch ordentlich zusammenkriechen, sich klein machen und Zinnsoldatenuniform anziehen müssen.

„Es ist unglaublich, wie viele ältere Leute es gibt, die mich gar zu gern haben möchten!" sagte Ole Luköie. „Es sind besonders die, die etwas Böses getan haben. ‚Guter kleiner Ole‘, sagen sie zu mir, ‚wir können die Augen nicht schließen, und so liegen wir die ganze Nacht und sehen alle unsere bösen Taten, die wie häßliche kleine Kobolde auf der Bettstelle sitzen und uns mit heißem Wasser bespritzen; möchtest du doch kommen und sie fort-jagen, damit wir einen guten Schlaf bekämen‘, und dann seufzen sie tief: ‚Wir möchten es wahrlich gern bezahlen. Gute Nacht, Ole! Das Geld liegt im Fenster.‘ Aber ich tue es nicht für Geld", sagte Ole Luköie.

„Was haben wir nun diese Nacht vor?" fragte Friedrich.

„Ja, ich weiß nicht, ob du diese Nacht wieder Lust hast, zur Hochzeit zu gehen; sie ist von anderer Art als die gestrige. Die große Puppe deiner Schwester, die wie ein Mann aussieht und Hermann genannt wird, wird sich mit der Puppe Bertha verheiraten. Es ist obendrein Geburtstag der Puppe, und dann werden sehr viele Geschenke kommen!"

„Ja, das kenne ich schon", sagte Friedrich. „Immer wenn die Puppen neue Kleider brauchen, läßt meine Schwester sie ihren Geburtstag feiern oder Hochzeit halten; das ist sicher schon hundertmal geschehen!"

„Ja, aber in dieser Nacht ist es die hundertundeinte Hochzeit, und wenn Hundertundeins aus ist, dann ist alles vorbei! Deshalb wird auch diese so ausgezeichnet. Sieh nur einmal!"

Friedrich sah zum Tisch. Da stand das kleine Papphaus mit Licht in den Fenstern, und draußen präsentierten alle Zinnsoldaten das Gewehr. Das Brautpaar saß ganz gedankenvoll auf dem Fußboden und lehnte sich gegen den Tischfuß. Aber Ole Luköie, in den schwarzen Rock der Großmutter gekleidet, traute sie. Als die Trauung vorbei war, stimmten alle Möbel in der Stube folgenden Gesang an, der von der Bleifeder geschrieben war; er ging nach der Melodie des Zapfenstreichs:

> Das Lied ertöne, wie der Wind;
> Dem Brautpaar hoch! das sich verbind’t;
> Sie prangen beide steif und blind,
> Da sie von Handschuhleder sind!
> Hurra! Hurra! ob taub und blind,
> Wir singen es in Wetter und Wind!

Und nun bekamen sie Geschenke, aber sie hatten sich alle Eßwaren ver-beten, denn sie hatten an ihrer Liebe genug.

„Wollen wir nun eine Sommerwohnung beziehen oder auf Reisen gehen?"
fragte der Bräutigam. Dann wurden die Schwalbe, die viel gereist war, und
die Hofhenne, die fünfmal Kücklein ausgebrütet hatte, zu Rate gezogen.
Und die Schwalbe erzählte von den herrlichen warmen Ländern, wo die
Weintrauben groß und schwer hingen, wo die Luft so mild sei und die
Berge Farbe hätten, wie man sie hier gar nicht kenne!

„Sie haben doch nicht unsern Grünkohl!" sagte die Henne. „Ich war
einen Sommer lang mit allen meinen Küken auf dem Lande; da war eine
Sandgrube, in der wir scharren und kratzen konnten; und dann hatten wir
Zutritt zu einem Garten mit Grünkohl! Oh, wie war der grün! Ich kann mir
nichts Schöneres denken!"

„Aber ein Kohlstrunk sieht so aus wie der andere", sagte die Schwalbe,
„und dann ist hier oft schlechtes Wetter!"

„Ja, daran ist man gewöhnt!" sagte die Henne.

„Aber hier ist es kalt, es friert!"

„Das ist gut für den Kohl!" sagte die Henne, „Übrigens können wir es
auch warm haben. Hatten wir nicht vor Jahren einen Sommer, so heiß, daß
man kaum atmen konnte? Dann haben wir nicht alle die giftigen Tiere, die
sie dort haben. Und wir haben keine Räuber. Der ist ein Bösewicht, der
nicht findet, daß unser Land das schönste ist: Er verdient wahrlich nicht,
hier zu sein!" Und dann weinte die Henne und fuhr fort: „Ich bin auch gereist! Ich bin in einer Bütte einmal über zwölf Meilen gefahren! Es ist
durchaus kein Vergnügen beim Reisen!"

„Ja, die Henne ist eine vernünftige Frau!" sagte die Puppe Bertha. „Ich halte auch nichts davon, auf Berge zu klettern, denn das geht nur hinauf und dann wieder herunter! Nein, wir wollen zur Sandgrube hinausziehen und im Kohlgarten spazieren!"

Und dabei blieb es.

Sonnabend

„Bekomme ich nun Geschichten zu hören?" fragte der kleine Friedrich, sobald Ole Luköie ihn in den Schlaf gebracht hatte.

„Heute abend haben wir keine Zeit dazu", sagte Ole Luköie und spannte seinen schönsten Regenschirm über ihm auf. „Sieh dir nur diese Chinesen an!" Der ganze Regenschirm sah aus wie eine große chinesische Schale mit blauen Bäumen und spitzen Brücken und mit kleinen Chinesen darauf, die dastanden und mit dem Kopf nickten. „Wir müssen die ganze Welt zu morgen schön ausgeputzt haben", sagte Ole Luköie, „es ist ja Sonntag. Ich will die Kirchtürme besuchen, um zu sehen, ob die kleinen Kirchenkobolde die Glocken polieren, damit sie hübsch klingen. Ich will hinaus auf das Feld gehen und sehen, ob die Winde den Staub von Gras und Blättern blasen, und was die größte Arbeit ist, ich will alle Sterne herunterholen, um sie zu polieren. Ich nehme sie in meine Schürze, aber erst muß jeder numeriert werden, und die Löcher, in denen sie da oben sitzen, müssen auch numeriert werden, damit sie wieder auf den rechten Fleck kommen, sonst würden sie nicht festsitzen, und wir würden zu viele Sternschnuppen bekommen, weil einer nach dem anderen herunterpurzeln würde!"

„Hören Sie, wissen Sie was, Herr Ole Luköie", sagte ein altes Bild, das an der Wand hing, wo Friedrich schlief. „Ich bin Friedrichs Urgroßvater, und ich danke Ihnen, daß Sie dem Knaben Geschichten erzählen, aber Sie müssen seine Begriffe nicht verwirren. Die Sterne können nicht heruntergenommen und poliert werden! Die Sterne sind Himmelskörper, ebenso wie unsere Erde, und das ist gerade das Gute an ihnen."

„Ich danke dir, du alter Urgroßvater", sagte Ole Luköie, „ich danke dir! Du bist ja das Haupt der Familie, du bist das Urhaupt, aber ich bin doch älter als du! Ich bin ein alter Heide; Römer und Griechen nannten mich den Traumgott! Ich bin in die vornehmsten Häuser gekommen und komme noch dahin. Ich weiß mit Geringen wie mit Großen umzugehen! Nun kannst du erzählen!"

Und da ging Ole Luköie und nahm seinen Regenschirm mit.

„Nun darf man wohl gar nicht mehr seine Meinung sagen!" brummte das alte Bild.

Da erwachte Friedrich.

Sonntag

„Guten Abend!" sagte Ole Luköie, und Friedrich nickte und kehrte das Bild des Urgroßvaters gegen die Wand um, damit es nicht, wie gestern, hineinreden sollte.

„Nun mußt du mir Geschichten erzählen: von den fünf grünen Erbsen, die in einer Schote wohnten, und von dem Hahnenfuß, der dem Hühnerfuß den Hof machte, und von der Stopfnadel, die so vornehm tat, daß sie sich einbildete, eine Nähnadel zu sein!"

„Man kann auch des Guten zuviel bekommen!" sagte Ole Luköie. „Ich will dir lieber meinen Bruder zeigen. Er heißt auch Ole Luköie, aber er kommt zu niemand öfter als einmal, und zu wem er kommt, den nimmt er mit auf sein Pferd und erzählt ihm Geschichten. Er kennt nur zwei; die eine ist so außerordentlich schön, daß niemand in der Welt sie sich denken kann, und die andere ist so häßlich und greulich – es ist gar nicht zu beschreiben!" Und dann hob Ole Luköie den kleinen Friedrich zum Fenster hinauf und sagte: „Da wirst du meinen Bruder sehen, der auch der Tod genannt wird. Siehst du, er sieht gar nicht so schlimm aus wie in den Bilderbüchern, wo er nur ein Knochengerippe ist! Nein, es ist Silberstickerei, die er auf dem Kleide hat, das ist die schönste Husarenuniform, ein Mantel aus schwarzem

Samt fliegt hinten über das Pferd. Sieh, wie er im Galopp reitet!"

Friedrich sah, wie Ole Luköie davonritt und junge und alte Leute auf sein Pferd nahm. Einige setzte er vorn, andere hinten drauf, aber immer fragte er erst: „Wie steht es mit dem Zensurbuch?" – „Gut!" sagten sie allesamt. „Ja, laßt mich selbst sehen!" sagte er, und dann mußten sie ihm das Buch zeigen; und alle, die „Sehr gut" und „Ausgezeichnet gut" hatten, kamen vorn auf das Pferd und bekamen die herrliche Geschichte zu hören; die aber, die „Ziemlich gut" und „Mittelmäßig" hatten, mußten hintenauf und bekamen die greuliche Geschichte erzählt; sie zitterten und weinten, sie wollten vom Pferd springen, konnten es aber nicht, denn sie waren sogleich daran festgewachsen.

„Aber der Tod ist ja der prächtigste Ole Luköie!" sagte Friedrich. „Vor ihm ist mir nicht bange!"

„Das soll auch nicht sein!" sagte Ole Luköie. „Sieh nur zu, daß du ein gutes Zensurbuch hast!"

„Ja, das ist lehrreich!" murmelte des Urgroßvaters Bild. „Es hilft doch, wenn man seine Meinung sagt!" Und nun war es zufrieden.

Sieh, das ist die Geschichte von Ole Luköie; nun mag er dir selbst am Abend mehr erzählen!

Hofhahn und Wetterhahn

Zwei Hähne waren da, einer auf dem Düngerhaufen, einer auf dem Dach; stolz waren sie beide, wer von den beiden richtete aber am meisten aus?

Der Hühnerhof war durch eine Planke von einem anderen Hofraum getrennt, in dem ein Düngerhaufen lag, und auf dem Düngerhaufen lag und wuchs eine große Gurke, die das Bewußtsein hatte, ein Mistbeetgewächs zu sein.

„Dazu wird man geboren", sprach es im Innern der Gurke, „nicht alle können als Gurken geboren werden, es muß auch andere Arten geben! Die Hühner, die Enten und der ganze Viehstand des Nachbarhofes sind auch Geschöpfe. Zu dem Hofhahn auf der Planke sehe ich nun empor, er ist freilich von ganz anderer Bedeutung als der Wetterhahn, der so hoch gestellt ist und nicht einmal knarren, geschweige krähen kann; er hat weder Hühner, noch Küken, er denkt nur an sich und schwitzt Grünspan! Nein, der Hofhahn ist ein Hahn! Sein Auftreten ist Tanz! Sein Krähen ist Musik, wohin er kommt, wird es einem gleich klar, was ein Trompeter ist! Wenn er nur hier hereinkäme! Und wenn er mich auch mit Stumpf und Stiel auffräße, ich auch in seinen Körper aufgehen müßte – es würde ein seliger Tod sein!" sprach die Gurke.

Nachts wurde es ein entsetzliches Wetter; Hühner, Küken und selbst der Hahn suchten Schutz; die Planke zwischen den beiden Höfen riß der Wind nieder, daß es krachte; die Dachsteine fielen herunter, aber der Wetterhahn saß fest; er drehte sich nicht einmal, er konnte sich nicht drehen, und doch war er jung, frisch gegossen, aber besonnen und gesetzt; er war alt geboren, ähnelte durchaus nicht fliegenden Vögeln in der Luft, den Sperlingen, den Schwalben, nein, die verachtete er, sie seien Piepvögel von geringer Größe, ordinäre Piepvögel! Die Tauben, meinte er, seien groß und blank, und schimmernd wie Perlmutter, sähen aus wie eine Art Wetterhähne, allein sie seien dick und dumm, ihr ganzes Sinnen und Trachten ginge darauf aus, den Freßwanst zu füllen, auch seien sie langweilige Dinger im Umgang.

Auch die Zugvögel hatten dem Wetterhahn ihre Visite gemacht, ihm von fremden Ländern, von Luftkarawanen und haarsträubenden Räubergeschichten mit den Raubvögeln erzählt, das war neu und interessant, das heißt das erste Mal, aber später, das wußte der Wetterhahn, wiederholten sie sich, erzählten stets dieselben Geschichten und das ist langweilig, mit niemand könne man Umgang pflegen, alle seien fade und borniert.

„Die Welt taugt nichts!" sprach er. „Das Ganze ist dummes Zeug!"
Der Wetterhahn war aufgeblasen, und diese Eigenschaft hätte ihn gewiß bei der Gurke interessant gemacht, wenn sie es gewußt hätte, aber sie hatte nur Augen für den Hofhahn, und der war jetzt im Hofe bei ihr. Die Planke hatte der Wind umgeblasen, aber das Ungewitter war vorüber.

„Was sagt ihr zu dem Hahnengeschrei?" sprach der Hofhahn zu den Hühnern und Küken. „Das war ein wenig roh, die Eleganz fehlte."

Und Hühner und Küken traten auf den Düngerhaufen und der Hahn betrat ihn auch mit Reitertritten.

„Gartengewächs!" sprach er zu der Gurke, und in diesem einen Worte wurde ihr seine tiefe Bildung klar, und sie vergaß es, daß er in sie hackte und sie auffraß.

„Ein seliger Tod!"

Die Hühner und die Küken kamen, und wenn die eine läuft, so läuft die andere auch; sie glucksten und piepten, und sie sahen den Hahn an und waren stolz darauf, daß er von ihrer Art war.

„Kükükü", krähte er, „die Küken werden sofort zu großen Hühnern, wenn ich es ausschreie in dem Hühnerhof der Welt!"

Und Hühner und Küken glucksten und piepten, und der Hahn verkündete eine große Neuigkeit.

„Ein Hahn kann ein Ei legen! Und wißt ihr, was in dem Ei liegt? – In dem Ei liegt ein Basilisk. Den Anblick eines solchen vermag niemand auszuhalten; das wissen die Menschen, und jetzt wißt ihr es auch, wißt was in mir wohnt, was ich für ein Allerhühnerhofskerl bin!"

Darauf schlug der Hofhahn mit den Flügeln, machte sich den Hahnenkamm schwellen und krähte wieder; und es schauderte sie alle, die Hühner und die Küken, aber sie waren gar stolz, daß einer von ihren Leuten so ein Allerhühnerhofskerl war; sie glucksten und piepten, daß der Wetterhahn es hören mußte; er hörte es, aber er rührte sich nicht dabei.

„Das Ganze ist dummes Zeug!" sprach es im Innern des Wetterhahns. „Der Hofhahn legt keine Eier und ich bin zu faul dazu; wenn ich wollte, ich könnte schon ein Windei legen, aber die Welt ist kein Windei wert. Das Ganze ist dummes Zeug! – Jetzt mag ich nicht einmal länger hier sitzen."

Damit brach der Wetterhahn ab, aber er schlug den Hofhahn nicht tot, obgleich es darauf abgesehen war, wie die Hühner sagten, und was sagt die Moral: „Immerhin doch besser krähen als aufgeblasen zu sein und abzubrechen!"

Däumelinchen

s war einmal eine Frau, die sich sehr nach
einem Kinde sehnte, aber sie wußte nicht, wo
sie es herbekommen sollte. Da ging sie zu
einer alten Hexe und sagte zu ihr: „Ich
möchte sehr gern ein Kind haben, kannst du
mir nicht sagen, wo ich eines herbekommen
kann?"

„Ja, damit wollen wir schon fertig werden!" sagte die Hexe. „Da hast du ein Gerstenkorn; das ist aber nicht von der Art, wie
es auf dem Felde wächst, oder wie sie die Hühner zu fressen bekommen.
Lege das in einen Blumentopf, dann wirst du etwas zu sehen bekommen!"

„Ich danke dir!" sagte die Frau und gab der Hexe fünf Groschen, ging
dann nach Hause, pflanzte das Gerstenkorn, und sogleich wuchs eine
große, herrliche Blume hervor. Sie glich sehr einer Tulpe, aber die Blätter
schlossen sich fest zusammen, als ob sie noch in der Knospe wären.

„Das ist eine wunderschöne Blume!" sagte die Frau und küßte sie auf die
roten und gelben Blätter, aber wie sie sie küßte, öffnete sich die Blume mit
einem lauten Knall. Es war, wie man nun sehen konnte, eine wirkliche Tulpe, aber mitten in der Blume saß auf dem grünen Samengriffel ein winziges
Mädchen, sehr fein und lieblich. Es war nicht größer als ein Daumen, deswegen wurde es Däumelinchen genannt.

Eine feingearbeitete Walnußschale wurde ihre Wiege, blaue Veilchen-
bätter waren ihre Matratze und ein Rosenblatt ihr Deckbett. Da schlief sie
bei Nacht, aber am Tage spielte sie auf dem Tisch, worauf die Frau einen
Teller hinstellte, um den sie einen ganzen Kranz Blumen gelegt hatte, deren
Stengel im Wasser standen. Hier schwamm ein großes Tulpenblatt, und auf
diesem saß Däumelinchen und fuhr von der einen Seite des Tellers bis zur

anderen. Zwei weiße Pferdehaare benutzte sie zum Rudern. Das sah sehr lieb aus. Sie konnte auch singen, so fein und rein, wie man es nie gehört hatte.

Einmal in der Nacht, als sie in ihrem schönen Bett lag, kam eine Kröte durch das Fenster hereingehüpft, in dem eine Scheibe zerbrochen war. Die Kröte war häßlich, groß und naß, sie hüpfte gerade auf den Tisch, auf dem Däumelinchen lag und unter dem roten Rosenblatt schlief.

„Das wäre eine schöne Frau für meinen Sohn!" sagte die Kröte, und nahm die Walnußschale, in der Däumelinchen schlief, und hüpfte mit ihr durch die zerbrochene Scheibe in den Garten hinunter.

Da floß ein großer, breiter Fluß; aber nahe beim Ufer war es sumpfig und morastig; hier wohnte die Kröte mit ihrem Sohn. Hu, der war häßlich und garstig und glich ganz seiner Mutter. „Koax, koax, brekkekekex!" war alles, was er sagen konnte, als er das hübsche feine Mädchen in der Walnuß-schale erblickte.

„Sprich nicht so laut, denn sonst erwacht sie!" sagte die alte Kröte. „Sie könnte uns noch entlaufen, denn sie ist so leicht wie ein Schwanenflaum! Wir wollen sie auf eins der breiten Seerosenblätter in den Fluß hinaus-setzen, das ist für sie, die so leicht und klein ist, wie eine Insel. Da kann sie nicht weglaufen, während wir die Staatsstube unten unter dem Sumpf, wo ihr wohnen sollt, instand setzen."

Draußen im Flusse wuchsen viele Seerosen mit breiten grünen Blättern, die aussahen, als schwämmen sie auf dem Wasser. Das Blatt, das am weite-sten hinausragte, war auch das allergrößte. Da schwamm die alte Kröte hinaus und setzte die Walnußschale mit Däumelinchen darauf.

Das kleine Wesen erwachte früh am Morgen, und als es sah, wo es hinge-raten war, fing es bitterlich an zu weinen, denn das große grüne Blatt war von allen Seiten von Wasser umgeben.

Die alte Kröte saß unten im Sumpf und putzte ihre Stube mit Schilf und gelben Fischblattblumen aus – es sollte da recht hübsch für die neue Schwiegertochter werden – und schwamm dann mit dem häßlichen Sohn zu dem Blatt hinaus, wo Däumelinchen stand. Sie wollten ihr hübsches Bett holen, das sollte in das Brautgemach gestellt werden, bevor sie es selbst be-trat. Die alte Kröte verneigte sich tief vor ihr und sagte: „Hier siehst du meinen Sohn; er wird dein Mann sein, und ihr werdet recht prächtig unten im Sumpf wohnen!"

„Koax, koax, brekkekekex!" war alles, was der Sohn sagen konnte.

Dann nahmen sie das kleine Bett und schwammen damit fort; aber Däumelinchen saß ganz allein und weinte auf dem grünen Blatt, denn sie mochte nicht bei der garstigen Kröte wohnen oder ihren häßlichen Sohn zum Manne haben. Die kleinen Fische, die unten im Wasser schwammen, hatten die Kröte wohl gesehen und gehört, was sie gesagt hatte. Deshalb streckten sie die Köpfe hervor, denn sie wollten das kleine Mädchen doch auch sehen. Sobald sie es erblickten, fanden sie es so lieblich, daß es ihnen recht leid tat, daß es zur häßlichen Kröte hinunter sollte. Nein, das durfte nie geschehen! Sie versammelten sich unten im Wasser rings um den grünen Stengel, der das Blatt hielt, nagten mit den Zähnen den Stiel ab, und das Blatt schwamm nun den Fluß hinab mit Däumelinchen, weit weg, wohin die Kröte nicht konnte.

Däumelinchen segelte an vielen Städten vorbei, und die kleinen Vögel saßen in den Büschen, sahen sie und sangen: „Welch liebliches kleines Mädchen!" Und das Blatt schwamm mit ihr immer weiter und weiter fort; so reiste Däumelinchen dann außer Landes.

Ein niedlicher weißer Schmetterling umflatterte sie stets und ließ sich zuletzt auf das Blatt nieder, denn Däumelinchen gefiel ihm. Diese war sehr erfreut, denn nun konnte die Kröte sie nicht mehr erreichen, und es war so schön, wo sie fuhr. Die Sonne schien auf das Wasser, dieses glänzte wie gleißendes Gold. Sie nahm ihren Gürtel, band das eine Ende um den Schmetterling, und befestigte das andere am Blatt. Das glitt nun viel schneller davon und sie mit, denn sie stand ja darauf.

Da kam ein großer Maikäfer angeflogen, der erblickte sie und schlug augenblicklich seine Klauen um ihren schlanken Leib und flog mit ihr auf einen Baum. Das grüne Blatt schwamm den Fluß hinab, und der Schmetterling mit, denn er war an das Blatt gebunden und konnte sich nicht davon befreien.

Wie erschrak das arme Däumelinchen, als der Maikäfer mit ihr auf den Baum flog! Aber hauptsächlich war sie des schönen weißen Schmetterlings wegen betrübt, den sie an das Blatt festgebunden hatte, denn wenn er sich nicht befreien konnte, mußte er ja verhungern. Aber das rührte den Maikäfer gar nicht. Er setzte sich mit ihr auf das größte grüne Blatt des Baums, gab ihr süßen Honig zu essen und sagte, sie wäre sehr schön, obgleich sie einem Maikäfer überhaupt nicht ähnelte. Später kamen alle die anderen Maikäfer, die den Baum bewohnten, und besuchten sie. Sie betrachteten Däumelinchen aufmerksam, und die Maikäferfräulein rümpften die Fühlhörner und sagten: „Sie hat nicht mehr als zwei Beine; das sieht geradezu erbärmlich aus!" – „Sie hat keine Fühlhörner!" sagte eine andere. „Sie ist

so schlank in der Mitte wie ein Mensch! Wie häßlich sie ist!" sagten alle Maikäferinnen, und doch war Däumelinchen so lieblich. Das erkannte auch der Maikäfer, der sie geraubt hatte, aber als alle anderen sagten, sie sei häßlich, so glaubte er es zuletzt auch und wollte sie gar nicht mehr haben; sie konnte gehen, wohin sie wollte. Sie flogen mit ihr vom Baum hinab und setzten sie auf ein Gänseblümchen. Da weinte sie, weil sie so häßlich wäre, daß nicht einmal die Maikäfer sie mehr haben wollten, und doch war sie das Lieblichste, das man sich denken konnte, so fein und klar wie das schönste Rosenblatt.

Den ganzen Sommer über lebte das arme Däumelinchen ganz allein in dem großen Wald. Sie flocht sich ein Bett aus Grashalmen und hing es unter einem Klettenblatt auf, so war sie vor dem Regen geschützt. Sie sammelte Blütenhonig zur Speise und trank den Tau, der am Morgen auf den Blättern lag. So vergingen Sommer und Herbst. Aber nun kam der Winter, der kalte, lange Winter. Alle Vögel, die so schön vor ihr gesungen hatten, flogen davon, und Bäume und Blumen verdorrten. Sogar das große Klettenblatt, unter dem sie gewohnt hatte, schrumpfte zusammen, und zurück blieb nichts als ein gelber, verwelkter Stengel. Däumelinchen fror schrecklich, denn ihre Kleider waren zerrissen, und sie war selbst so fein und klein, daß sie erfrieren mußte. Es begann zu schneien, und jede Schneeflocke, die auf sie fiel, hatte die Wirkung einer ganzen Schaufel voll, denn wir sind groß, und sie war nur einen Daumen lang. Da hüllte sie sich in ein verwelktes Blatt ein, aber das erwärmte sie nicht; sie zitterte vor Kälte.

Ganz nah am Wald, wohin sie gelangt war, lag ein großes Kornfeld, aber das Korn war schon lange geerntet worden, nur die nackten, trockenen Stoppeln standen aus der gefrorenen Erde hervor. Sie kamen ihr vor wie ein ganzer Wald, den sie durchwandern mußte, und sie zitterte vor Kälte! Da gelangte sie vor die Tür der Feldmaus, die eine kleine Höhle unter den Kornstoppeln bewohnte. Da wohnte die Feldmaus warm und gut, hatte die ganze Stube voll Korn, eine herrliche Küche und Speisekammer. Das arme Däumelinchen stellte sich an die Tür, gerade wie jedes andere arme Bettelmädchen, und bat um ein kleines Stück Gerstenkorn, denn sie hatte seit zwei Tagen nichts mehr gegessen.

„Du armes Kleines!" sagte die Feldmaus, denn sie war im Grunde eine gute alte Feldmaus. „Komm herein in meine warme Stube und iß mit mir!" Da ihr Däumelinchen nun gefiel, sagte sie: „Du kannst den Winter über bei mir bleiben, aber du mußt meine Stube sauberhalten und mir Geschichten erzählen, denn die liebe ich sehr." Däumelinchen tat, was die gute alte Feldmaus verlangte, und hatte es dadurch außerordentlich gut.

„Nun werden wir bald Besuch erhalten!" sagte die Feldmaus. „Mein Nachbar pflegt mich einmal wöchentlich zu besuchen. Der hat es noch besser als ich, verfügt über große Säle und trägt einen stattlichen schwarzen Samtpelz! Wenn du den zum Manne bekommst, so wärest du gut versorgt. Er kann aber nicht sehen. Du mußt ihm die besten Geschichten erzählen, die du weißt!"

Aber darum kümmerte sich Däumelinchen nicht, sie mochte den Nachbarn gar nicht haben, denn er war ein Maulwurf.

Er kam und machte den Besuch in seinem schwarzen Samtpelz. Er wäre reich und gelehrt, sagte die Feldmaus. Seine Wohnung war auch tatsächlich zwanzigmal größer als die der Feldmaus. Gelehrsamkeit besaß er zwar, aber die Sonne und die schönen Blumen mochte er gar nicht leiden, und von diesen erzählte er nichts Gutes, denn er hatte sie noch niemals gesehen.

Däumelinchen mußte singen, und sie sang: „Maikäfer, flieg!" und: „Geht der Pfarrer auf das Feld!" Da verliebte sich der Maulwurf wegen ihrer schönen Stimme in sie, sagte aber nichts, denn er war ein besonnener Mann.

Er hatte sich vor kurzem einen langen Gang durch die Erde von seinem bis zu ihrem Haus gegraben; in ihm durften die Feldmaus und Däumelinchen herumspazieren, soviel sie wollten. Aber er bat sie, sich nicht vor dem toten Vogel zu fürchten, der in dem Gange läge. Es war ein ganzer Vogel mit Federn und Schnabel, der erst kürzlich gestorben und nun da begraben war, wo er seinen Gang bereitet hatte.

Der Maulwurf nahm ein Stück faules Holz ins Maul, denn es leuchtete in der Dunkelheit, ging dann voran und leuchtete ihnen in dem langen, finsteren Gange. Als sie zu dem toten Vogel kamen, drückte der Maulwurf seine breite Nase gegen die Decke und stieß die Erde auf, so daß ein großes Loch entstand, durch welches das Licht fiel. Mitten auf dem Fußboden lag eine tote Schwalbe, die schönen Flügel fest an die Seite gedrückt, die Füße und den Kopf unter die Federn gezogen. Der arme Vogel war sicher vor Kälte gestorben. Das tat Däumelinchen leid, sie hatte die Vögel gern, die den ganzen Sommer so schön gesungen und gezwitschert hatten. Der Maulwurf jedoch stieß ihn mit seinen kurzen Beinen an und sagte: „Nun pfeift er nicht mehr! Es muß doch erbärmlich sein, als kleiner Vogel geboren zu werden! Gott sei Dank, daß keins von meinen Kindern das wird, denn ein solcher Vogel hat außer seinem Quivit ja nichts, und muß deshalb im Winter verhungern!"

„Ja, das mögt Ihr als vernünftiger Mann wohl sagen", erwiderte die Feldmaus. „Was hat der Vogel von all seinem Quivit, wenn der Winter kommt? Er muß hungern und frieren; und das soll wohl vornehm sein!"

Däumelinchen sagte gar nichts, aber als die beiden andern dem Vogel den Rücken wandten, neigte sie sich herab, schob die Federn beiseite, die den Kopf bedeckten, und küßte ihn auf die geschlossenen Augen.

Vielleicht war er es, der so hübsch im Sommer sang, dachte sie. Wieviel Freude hat er mir doch gemacht, der liebe schöne Vogel!

Der Maulwurf stopfte nun das Loch zu, durch das der Tag hereinschien, und begleitete dann die Damen nach Hause. Aber in der Nacht konnte Däumelinchen gar nicht schlafen, stand vom Bett auf und flocht aus Heu einen großen schönen Teppich. Diesen trug sie zu dem Vogel, breitete ihn über ihm aus und legte weiche Baumwolle, die sie in der Stube der Feldmaus gefunden hatte, neben ihn hin, damit er in der kalten Erde warm liegen möge.

„Lebe wohl, du schöner kleiner Vogel!" sagte sie. „Lebe wohl und habe Dank für deinen herrlichen Gesang im Sommer, als alle Bäume grün waren und die Sonne warm auf uns herabschien!" Dann legte sie ihren Kopf an die Brust des Vogels, erschrak aber, denn es war gerade, als ob drinnen etwas klopfte. Das aber war das Herz des Vogels, der nicht tot, sondern nur betäubt war.

Im Herbst fliegen alle Schwalben in die warmen Länder, aber ist da eine, die sich verspätet, da friert sie so, daß sie wie tot zur Erde fällt und liegenbleibt.

Däumelinchen zitterte heftig, so war sie erschrocken, denn der Vogel war groß, sehr groß gegen sie, die nur einen Daumen lang war. Aber sie faßte doch Mut und holte ein Krauseminzblatt, das als Deckbett gedient hatte, und legte es über den Kopf des Vogels.

In der nächsten Nacht schlich sie sich wieder zu ihm, und da war er nun lebendig, aber ganz matt. Er konnte nur einen Augenblick seine Augen öffnen und Däumelinchen ansehen, die mit einem Stück faulen Holzes als Laterne vor ihm stand.

„Ich danke dir, du liebliches kleines Kind!" sagte die kranke Schwalbe zu ihr. „Ich bin wunderbar erwärmt worden und erhalte bald meine Kräfte zurück. Dann kann ich wieder draußen im warmen Sonnenschein herumfliegen!"

„Oh", sagte Däumelinchen, „es ist kalt draußen, es schneit und friert! Bleib in deinem warmen Bett, ich werde dich schon pflegen!"

Dann brachte sie der Schwalbe Wasser in einem Blumenblatt. Diese trank und erzählte ihr, wie sie ihren einen Flügel an einem Dornbusch verletzte und deshalb nicht mehr so schnell habe fliegen können wie die anderen Schwalben. Dadurch sei sie zuletzt zur Erde gefallen. Mehr wußte sie nicht und auch nicht, wie sie hierhergekommen war.

Den ganzen Winter blieb sie nun da unten; Däumelinchen pflegte sie und hatte sie lieb, aber weder der Maulwurf noch die Feldmaus erfuhren etwas davon, denn sie mochten die arme Schwalbe nicht leiden.

Sobald das Frühjahr kam und die Sonne die Erde erwärmte, sagte die Schwalbe dem Däumelinchen Lebewohl. Die Sonne schien herrlich zu ihnen herein, und die Schwalbe fragte, ob sie mitkommen wolle, sie könnte auf ihrem Rücken sitzen und mit ihr weit in den grünen Wald hineinfliegen. Aber Däumelinchen wußte, daß es die alte Feldmaus betrüben würde, wenn sie sie verließe.

„Nein, ich kann nicht!" sagte Däumelinchen.

„Lebe wohl, lebe wohl, du gutes niedliches Mädchen!" sagte die Schwalbe und flog hinaus in den Sonnenschein. Däumelinchen sah ihr nach, und das Wasser trat ihr in die Augen, denn sie hatte die arme Schwalbe von Herzen lieb.

„Quivit, quivit!" sang der Vogel und flog in den grünen Wald. Däumelinchen war sehr betrübt, denn sie durfte nicht einmal in den warmen Sonnenschein hinausgehen. Das Korn, das auf dem Feld über dem Haus der Feldmaus ausgesät war, wuchs hoch in die Luft empor und war ein dichter Wald für das arme kleine Mädchen, das nur einen Daumen lang war.

„Während des Sommers sollst du deine Aussteuer nähen!" sagte die Feldmaus zu ihr, denn der Nachbar, der langweilige Maulwurf im schwarzen Samtpelz, hatte um sie angehalten. „Du sollst Wolle und Leinen haben, denn es darf dir an nichts fehlen, wenn du des Maulwurfs Frau wirst!"

Däumelinchen mußte auf der Spindel spinnen, und die Feldmaus mietete vier Spinnen, die Tag und Nacht für sie spannen und webten. Jeden Abend besuchte sie der Maulwurf und sprach dann immer davon, daß, wenn der Sommer zu Ende gehe, die Sonne lang nicht so warm scheinen werde. Ja, wenn der Sommer vorbei wäre, dann wollte er mit Däumelinchen Hochzeit halten. Aber sie war gar nicht froh darüber, denn sie mochte den langweiligen Maulwurf nicht leiden. Jeden Morgen, wenn die Sonne aufging, und jeden Abend, wenn sie unterging, stahl sie sich zur Tür hinaus, und wenn dann der Wind die Kornähren trennte, so daß sie den blauen Himmel erblicken konnte, dachte sie daran, wie hell und schön es hier draußen wäre, und wünschte sehnlichst, die liebe Schwalbe wiederzusehen; aber die kam nicht wieder, die war gewiß weit weg in den schönen grünen Wald geflogen.

Als es nun Herbst wurde, hatte Däumelinchen ihre ganze Aussteuer fertig.

„In vier Wochen sollst du Hochzeit halten!" sagte die Feldmaus. Aber Däumelinchen weinte und sagte, sie wolle den langweiligen Maulwurf nicht haben.

„Schnickschnack!" sagte die Feldmaus. „Werde nicht widerspenstig, sonst werde ich dich mit meinen weißen Zähnen beißen! Es ist ja ein schöner Mann, den du bekommst! Selbst die Königin besitzt keinen solchen schwarzen Samtpelz! Und er hat Küche und Keller voll. Danke Gott für ihn!"

Nun sollte Hochzeit sein. Der Maulwurf war schon gekommen, Däumelinchen zu holen. Sie sollte bei ihm wohnen, tief unter der Erde, und nie an die warme Sonne hinauskommen, denn die mochte er nicht leiden. Das arme Kind war sehr betrübt, sie sollte nun der schönen Sonne Lebewohl sagen, die sie doch bei der Feldmaus wenigstens von der Tür aus hatte sehen dürfen.

„Lebe wohl, du helle Sonne!" sagte sie, streckte die Arme hoch empor und ging eine kurze Strecke vom Haus der Feldmaus weg, denn nun war das Korn geerntet, und hier standen nur noch die Stoppeln. „Lebe wohl, lebe wohl!" sagte sie und schlang ihre Arme um eine kleine rote Blume, die daneben stand. „Grüße die kleine Schwalbe von mir, wenn du sie zu sehen bekommst!"

„Quivit, quivit!" ertönte es plötzlich über ihrem Kopfe. Sie sah empor; es war die kleine Schwalbe, die gerade vorüberflog. Sobald Däumelinchen sie erblickte, wurde sie sehr froh. Sie erzählte ihr, wie ungern sie den häßlichen Maulwurf zum Manne nähme, und daß sie dann tief unter der Erde wohnen solle, wo nie die Sonne schiene. Sie konnte dabei ihre Tränen nicht zurückhalten.

„Nun kommt der kalte Winter", sagte die kleine Schwalbe, „ich fliege weit fort nach den warmen Ländern. Willst du nicht mit mir kommen? Du kannst auf meinem Rücken sitzen! Binde dich nur mit deinem Gürtel fest, dann fliegen wir von dem häßlichen Maulwurf und seiner dunklen Stube fort, weit weg über die Berge nach den warmen Ländern, wo die Sonne schöner scheint als hier, wo immer Sommer ist und es herrliche Blumen

gibt. Fliege nur mit mir, du liebes, kleines Däumelinchen, die du mein Leben gerettet hast, als ich erfroren in dem dunklen Erdkeller lag!"

„Ja, ich werde mit dir ziehen!" sagte Däumelinchen und setzte sich auf des Vogels Rücken, mit den Füßen auf seine entfalteten Schwingen, band ihren Gürtel an einer der stärksten Federn fest, und dann flog die Schwalbe hoch in die Luft hinauf, über Wald und See, hoch hinauf über die großen Berge, wo immer Schnee liegt. Däumelinchen fror in der kalten Luft, aber dann verkroch sie sich unter die warmen Federn des Vogels und streckte nur den kleinen Kopf heraus, um all die Schönheiten unter sich zu sehen.

So kamen sie in die warmen Länder. Dort schien die Sonne viel heller als hier, der Himmel war zweimal so hoch, und in Gräben und auf Hecken wuchsen die schönsten grünen und blauen Weintrauben. In den Wäldern hingen Zitronen und Apfelsinen, es duftete von Myrten und Krauseminze, und auf den Landstraßen liefen die niedlichsten Kinder und spielten mit großen bunten Schmetterlingen.

Aber die Schwalbe flog noch weiter fort, und es wurde schöner und schöner. Unter den herrlichsten grünen Bäumen an dem blauen See stand ein leuchtendweißes Marmorschloß aus alten Zeiten. Weintrauben rankten sich an den hohen Säulen empor; ganz oben aber waren viele Schwalben-nester, und in einem von ihnen wohnte die Schwalbe, die Däumelinchen trug.

„Hier ist mein Haus!" sagte die Schwalbe. „Aber suche dir nun selbst eine der prächtigen Blumen aus, die dort unten wachsen, dann will ich dich hineinsetzen, und du wirst es so gut haben, wie du es dir nur wünschst!"

„Das ist herrlich!" sagte Däumelinchen und klatschte in die kleinen Hände.

Da lag eine große weiße Marmorsäule, die zu Boden gefallen und in drei Stücke gesprungen war, aber zwischen diesen wuchsen die schönsten, großen weißen Blumen. Die Schwalbe flog mit Däumelinchen hinunter und setzte sie auf eines der breiten Blätter. Aber wie staunte sie! Da saß ein kleiner Mann mitten in der Blume, so weiß und durchsichtig, als wäre er aus Glas. Die niedlichste Goldkrone trug er auf dem Kopf und die herrlichsten klaren Flügel an den Schultern, er selbst war nicht größer als Däumelinchen. Es war der Engel der Blume. In jeder Blume wohnte so ein kleiner Mann oder eine Frau, dieser aber war der König über alle.

„Gott, wie schön er ist!" flüsterte Däumelinchen der Schwalbe zu. Der kleine Prinz erschrak sehr über die Schwalbe, denn gegen ihn, der so klein und fein war, erschien sie wie ein Riesenvogel. Aber als er Däumelinchen erblickte, wurde er sehr froh, denn sie war das schönste Mädchen, das er je gesehen hatte. Deshalb nahm er seine Goldkrone vom Haupt und setzte sie ihr auf, fragte, wie sie hieße und ob sie seine Frau werden wolle, dann solle sie Königin über alle Blumen sein! Ja, das war wahrlich ein anderer Mann als der Sohn der Kröte und der Maulwurf mit dem schwarzen Samtpelz. Sie sagte deshalb „ja" zu dem herrlichen Prinzen. Und aus jeder Blume kam eine Dame oder ein Herr, so niedlich, daß es eine Lust war. Jeder brachte Däumelinchen ein Geschenk, aber das Beste von allem war ein Paar schöne Flügel von einer großen weißen Fliege, die an Däumelinchens Rücken befestigt wurden, und nun konnte sie auch von Blume zu Blume fliegen. Das war eine Freude, und die Schwalbe saß oben in ihrem Nest und sang für sie, so gut sie konnte, aber im Herzen war sie doch betrübt, denn sie hatte Däumelinchen lieb und hätte sich nie von ihr getrennt.

„Du sollst nicht Däumelinchen heißen!" sagte der Blumenengel zu ihr. „Das ist ein häßlicher Name, und du bist schön. Wir wollen dich Maja nennen."

„Lebe wohl, lebe wohl!" sagte die kleine Schwalbe und flog wieder aus den warmen Ländern fort, nach Dänemark zurück. Dort hatte sie ein kleines Nest über dem Fenster, wo der Mann wohnt, der Märchen erzählen kann. Ihm sang sie ihr „Quivit, quivit!" vor. Daher wissen wir die ganze Geschichte.

Der kleine Klaus und der große Klaus

n einem Dorf wohnten zwei Männer, die beide denselben Namen hatten. Alle beide hießen Klaus, aber der eine besaß vier Pferde und der andere nur ein einziges Pferd. Um sie nun voneinander unterscheiden zu können, nannte man den, der vier Pferde besaß, den großen Klaus, und den, der nur ein einziges Pferd hatte, den kleinen Klaus. Nun wollen wir hören, wie es den beiden erging, denn es ist eine wahre Geschichte.

Die ganze Woche hindurch mußte der kleine Klaus für den großen Klaus pflügen und ihm sein einziges Pferd leihen; dann half der große Klaus ihm wieder mit allen seinen vieren, aber nur einmal wöchentlich, und das war sonntags. Hussa! wie knallte der kleine Klaus mit seiner Peitsche über alle fünf Pferde! Sie waren ja nun so gut wie sein an dem einen Tage. Die Sonne schien herrlich, und alle Glocken im Kirchturm läuteten zur Kirche; die Leute waren alle geputzt und gingen mit dem Gesangbuch unter dem Arm, den Prediger zu hören; und sie sahen den kleinen Klaus, der mit fünf Pferden pflügte; und er war so vergnügt, daß er wieder mit der Peitsche klatschte und rief: „Hü, alle meine Pferde!"

„So mußt du nicht sprechen", sagte der große Klaus, „dir gehört ja nur ein Pferd!"

Aber als wieder jemand vorbeiging, vergaß der kleine Klaus, daß er es nicht sagen sollte, und rief: „Hü, alle meine Pferde!"

„Nun ersuche ich dich, dieses zu unterlassen", sagte der große Klaus, „denn sagst du es noch einmal, so schlage ich dein Pferd vor den Kopf, daß es auf der Stelle tot ist."

„Ich will es wahrlich nicht mehr sagen!" versprach der kleine Klaus. Aber als dann Leute vorbeikamen und ihm guten Tag zunickten, wurde er sehr vergnügt und dachte, es sähe doch recht gut aus, daß er fünf Pferde habe, sein Feld zu pflügen. Und er knallte mit der Peitsche und rief: „Hü, alle meine Pferde!"

„Ich werde deine Pferde hüen!" sagte der große Klaus, nahm einen Hammer und schlug des kleinen Klaus einziges Pferd vor den Kopf, daß es umfiel und tot war.

„Ach, nun habe ich gar kein Pferd mehr!" sagte der kleine Klaus und fing an zu weinen. Dann zog er dem Pferd die Haut ab und ließ sie gut im Wind trocknen, steckte sie dann in einen Sack, den er auf der Schulter trug, und machte sich auf zur Stadt, um seine Pferdehaut gewinnbringend zu verkaufen.

Er hatte einen sehr weiten Weg zu gehen, und mußte durch einen großen dunklen Wald. Da zog ein Unwetter herauf, und er verirrte sich. Ehe er wieder auf den rechten Weg kam, war es Abend und allzuweit, um zur Stadt oder wieder nach Hause zu gehen, bevor es Nacht wurde.

Dicht am Weg lag ein großer Bauernhof; die Fensterläden waren draußen vor den Fenstern geschlossen, aber das Licht konnte doch durchscheinen. ‚Da werde ich wohl über Nacht bleiben dürfen', dachte der kleine Klaus und klopfte an.

Die Bauersfrau machte auf; als sie aber hörte, was er wollte, sagte sie, er solle weitergehen, ihr Mann sei nicht zu Hause, und sie nehme keine Fremden auf.

„Nun, so muß ich draußen liegenbleiben", sagte der kleine Klaus, und die Bauersfrau schlug ihm die Tür vor der Nase zu.

Dicht daneben stand ein großer Heuschober, und zwischen diesem und dem Haus war ein kleiner Schuppen mit einem flachen Strohdach gebaut.

„Da oben kann ich liegen", sagte der kleine Klaus, als er das Dach erblickte, „das ist ja ein herrliches Bett. Der Storch fliegt wohl nicht herunter und beißt mich in die Beine." Denn ein Storch stand auf dem Dach, wo er sein Nest hatte.

Nun kroch der kleine Klaus auf den Schuppen hinauf, wo er lag und sich hin und her drehte, um recht gut zu liegen. Die hölzernen Läden vor den Fenstern schlossen oben nicht, und so konnte er gerade in die Stube hineinblicken.

Da war ein großer Tisch gedeckt, mit Wein und Braten und einem herrlichen Fisch darauf; die Bauersfrau und der Küster saßen bei Tisch und

sonst niemand weiter; sie schenkte ihm ein, und er machte sich über den Fisch her, denn das war sein Leibgericht.

‚Wer doch etwas davon abbekommen könnte!' dachte der kleine Klaus und streckte den Kopf gegen das Fenster. Einen herrlichen Kuchen sah er auch im Zimmer stehen! Ja, das war ein Fest!

Nun hörte er jemand von der Landstraße her gegen das Haus zureiten; das war der Mann der Bauersfrau, der nach Hause kam.

Es war ein ganz guter Mann, aber er hatte die wunderliche Eigenheit, daß er keinen Küster sehen konnte; kam ihm ein Küster vor Augen, so wurde er ganz rasend. Darum war der Küster auch hineingegangen, um der Frau guten Tag zu sagen, weil er wußte, daß der Mann nicht zu Hause war; und die gute Frau setzte ihm deshalb das herrlichste Essen vor, das sie hatte. Als sie nun den Mann kommen hörten, erschraken sie sehr, und die Frau bat den Küster, in eine große leere Kiste hineinzukriechen. Er wußte ja, daß der arme Mann es nicht ertragen konnte, einen Küster zu sehen. Die Frau versteckte geschwind all das herrliche Essen und den Wein in ihrem Backofen, denn hätte der Mann das zu sehen bekommen, so hätte er sicher gefragt, was es zu bedeuten habe.

„Ach ja!" seufzte der kleine Klaus oben auf seinem Schuppen, als er all das Essen verschwinden sah.

„Ist jemand dort oben?" fragte der Bauer und sah zum kleinen Klaus hinauf. „Warum liegst du dort? Komm lieber mit in die Stube."

Nun erzählte der kleine Klaus, wie er sich verirrt habe, und bat, die Nacht über bleiben zu dürfen.

„Ja freilich", sagte der Bauer, „aber wir müssen zuerst etwas zu leben haben!"

Die Frau empfing beide sehr freundlich, deckte einen langen Tisch und gab ihnen eine große Schüssel voll Grütze. Der Bauer war hungrig und aß mit rechtem Appetit, aber der kleine Klaus mußte immer an den herrlichen Braten, Fisch und Kuchen denken, die er im Ofen verborgen wußte.

Unter den Tisch zu seinen Füßen hatte er den Sack mit der Pferdehaut gelegt, denn wir wissen ja, daß er nur ausgegangen war, um sie in der Stadt zu verkaufen. Die Grütze wollte ihm gar nicht schmecken, und da trat er auf seinen Sack, und die trockene Haut im Sack knarrte laut.

„St!" sagte der kleine Klaus zu seinem Sacke, trat aber zu gleicher Zeit wieder drauf; da knarrte es weit lauter als zuvor.

„Ei, was hast du in deinem Sack?" fragte der Bauer nun.

„Oh, das ist ein Zauberer", sagte der kleine Klaus. „Er sagt, wir sollen doch keine Grütze essen, er habe den ganzen Ofen voll Braten, Fische und Kuchen gehext."

„Potztausend!" sagte der Bauer und machte schnell den Ofen auf, wo er all die leckeren Speisen erblickte, welche die Frau dort verborgen hatte, die aber nach seiner Meinung der Zauberer im Sack für sie gehext hatte. Die Frau durfte nichts sagen, sondern setzte sogleich die Speisen auf den Tisch, und so aßen beide vom Fisch, vom Braten und vom Kuchen. Nun trat der kleine Klaus wieder auf seinen Sack, daß die Haut knarrte.

„Was sagt er jetzt?" fragte der Bauer.

„Er sagt", erwiderte der kleine Klaus, „daß er auch drei Flaschen Wein für uns gehext hat; sie stehen dort in der Ecke beim Ofen!" Nun mußte die Frau den Wein hervorholen, den sie verborgen hatte, und der Bauer trank und wurde lustig. Einen solchen Zauberer, wie der kleine Klaus im Sack hatte, hätte er doch gar zu gern gehabt.

„Kann er auch den Teufel hervorhexen?" fragte der Bauer. „Ich möchte ihn wohl sehen, denn nun bin ich lustig!"

„Ja", sagte der kleine Klaus, „mein Zauberer kann alles, was ich verlange. Nicht wahr, du?" fragte er und trat auf den Sack, daß es knarrte. „Hörst du? Er sagt ja! Aber der Teufel sieht so häßlich aus, wir wollen ihn lieber nicht sehen!"

„Oh, mir ist gar nicht bange. Wie mag er wohl aussehen?"

„Ja, er wird sich ganz leibhaftig als ein Küster zeigen!"

„Hu!" sagte der Bauer, „das ist häßlich! Ihr müßt wissen, ich kann keinen Küster sehen! Aber es macht nichts, ich weiß ja, daß es der Teufel ist; so werde ich mich wohl leichter dareinfinden! Nun habe ich Mut, aber er darf mir nicht zu nahe kommen."

„Nun, ich werde meinen Zauberer fragen", sagte der kleine Klaus, trat auf den Sack und hielt sein Ohr hin.

„Was sagt er?"

„Er sagt, Ihr könnt hingehen und die Kiste aufmachen, die dort in der Ecke steht, dann werdet Ihr den Teufel sehen, wie er darin hockt; aber Ihr müßt den Deckel halten, daß er nicht entwischt."

„Willst du mir helfen, ihn zu halten?" bat der Bauer und ging zu der Kiste hin, worin die Frau den Küster verborgen hatte, der darin saß und sich so sehr fürchtete.

Der Bauer hob den Deckel ein wenig und sah darunter. „Hu!" schrie er und sprang zurück. „Ja nun habe ich ihn gesehen; er sah ganz aus wie unser Küster! Das war schrecklich!"

Darauf mußte getrunken werden, und so tranken sie noch bis tief in die Nacht hinein.

„Den Zauberer mußt du mir verkaufen", sagte der Bauer. „Verlange dafür, was du willst! Ja, ich gebe dir gleich einen ganzen Scheffel Geld!"

„Nein, das kann ich nicht!" sagte der kleine Klaus. „Bedenke doch, wieviel Nutzen ich von diesem Zauberer haben kann."

„Ach, ich möchte ihn sehr gern haben", sagte der Bauer.

„Ja", sagte der kleine Klaus zuletzt, „da du so gut gewesen bist, mir diese Nacht Obdach zu gewähren, so mag es sein. Du sollst den Zauberer für einen Scheffel Geld haben, aber der Scheffel muß gehäuft voll sein."

„Das sollst du bekommen", sagte der Bauer, „aber die Kiste dort mußt du mit dir nehmen; ich will sie nicht eine Stunde länger im Hause behalten; man kann nicht wissen, vielleicht sitzt er noch darin."

Der kleine Klaus gab dem Bauer seinen Sack mit der trockenen Haut darin und bekam dafür einen ganzen Scheffel Geld. Der Bauer schenkte ihm sogar noch einen großen Karren, um das Geld und die Kiste darauf fortzufahren.

„Lebe wohl!" sagte der kleine Klaus, und dann fuhr er mit seinem Geld und der großen Kiste, worin noch der Küster saß, davon.

Auf der anderen Seite des Waldes war ein großer tiefer Fluß; das Wasser floß so reißend dahin, daß man kaum gegen den Strom schwimmen konnte; man hatte eine große neue Brücke darübergeschlagen; der kleine Klaus hielt mitten darauf an und sagte ganz laut, damit der Küster in der Kiste es hören konnte:

„Was soll ich mit der dummen Kiste machen? Sie ist so schwer, als ob Steine darin wären! Ich werde nur müde davon, sie weiterzufahren; ich will sie daher in den Fluß werfen; schwimmt sie zu mir nach Hause, so ist es gut, wenn nicht, so ist es auch nicht schlimm."

Dann faßte er die Kiste mit der einen Hand an und hob sie ein wenig auf, gerade als ob er sie in das Wasser werfen wollte.

„Nein, laß das sein!" rief der Küster. „Laß mich erst heraus!"

„Hu!" sagte der kleine Klaus und tat, als fürchte er sich. „Er sitzt noch darin! Da muß ich ihn geschwind in den Fluß werfen, damit er ertrinkt!"

„Oh nein, oh nein!" sagte der Küster „ich will dir einen ganzen Scheffel Geld geben, wenn du mich gehen läßt!"

„Ja, das ist etwas anderes!" sagte der kleine Klaus und machte die Kiste auf. Der Küster kroch schnell heraus, stieß die leere Kiste ins Wasser und ging nach seinem Haus, wo der kleine Klaus einen ganzen Scheffel Geld bekam; einen hatte er ja schon von dem Bauern erhalten, nun hatte er also seinen ganzen Karren voll Geld.

„Sieh, das Pferd bekam ich ganz gut bezahlt!" sagte er zu sich selbst, als er zu Hause in seiner eigenen Stube war und alles Geld auf einen Berg mitten auf dem Fußboden ausschüttete. „Das wird den großen Klaus ärgern, wenn er erfährt, wie reich ich durch mein einziges Pferd geworden bin; aber ich will es ihm doch nicht geradeheraus sagen!"

Nun sandte er einen Knaben zum großen Klaus hin, um sich ein Scheffelmaß zu leihen.

,Was mag er wohl damit wollen?' dachte der große Klaus und schmierte Teer unter den Boden, damit von dem, was gemessen würde, etwas daran hängenbliebe. Und so kam es auch, denn als er das Scheffelmaß zurückerhielt, hingen drei Taler daran.

„Was ist das?" sagte der große Klaus und lief sogleich zu dem kleinen. „Wo hast du das viele Geld herbekommen?"

„Oh, das ist für meine Pferdehaut! Ich verkaufte sie gestern abend!"

„Das ist wahrlich gut bezahlt!" sagte der große Klaus, lief geschwind nach Hause, nahm eine Axt und schlug seine vier Pferde vor den Kopf, zog ihnen die Haut ab und fuhr dann zur Stadt.

„Häute! Häute! Wer will Häute kaufen?" rief er durch die Straßen.

Alle Schuhmacher und Gerber kamen gelaufen und fragten, was er dafür haben wolle.

„Einen Scheffel Geld für jede", sagte der große Klaus.

„Bist du toll?" riefen alle. „Glaubst du, wir haben das Geld scheffelweise?"

„Häute, Häute! Wer will Häute kaufen?" rief er wieder, aber all denen, die ihn fragten, was die Häute kosten sollten, antwortete er: „Einen Scheffel Geld."

„Er will uns foppen", sagten alle, und da nahmen die Schuhmacher ihre Spannriemen und die Gerber ihre Schurzfelle und fingen an, auf den großen Klaus loszuprügeln.

„Häute, Häute!" riefen sie ihm nach „ja, wir wollen dir die Haut gerben! Hinaus aus der Stadt mit ihm!" riefen sie, und der große Klaus mußte laufen, was er nur konnte. So war er noch nie durchgeprügelt worden.

„Na", sagte er, als er nach Hause kam, „dafür soll der kleine Klaus bestraft werden! Ich will ihn totschlagen!"

Zu Hause beim kleinen Klaus jedoch war die alte Großmutter gestorben. Sie war freilich recht böse und schlimm gegen ihn gewesen, aber er war doch betrübt, nahm die tote Frau und legte sie in sein warmes Bett, um zu sehen, ob sie nicht zum Leben zurückkehren werde. Da sollte sie die ganze Nacht liegen, er selbst wollte im Winkel sitzen und auf einem Stuhl schlafen; das hatte er schon früher getan.

Als er nun in der Nacht dasaß, ging die Tür auf, und der große Klaus kam mit seiner Axt herein. Er wußte wohl, wo das Bett des kleinen Klaus stand, ging gerade darauf los und schlug die alte Großmutter vor den Kopf, denn er glaubte, es sei der kleine Klaus.

„Siehst du", sagte er, „nun sollst du mich nicht mehr zum besten haben!" Und dann ging er wieder nach Hause.

„Das ist doch ein recht böser Mann!" sagte der kleine Klaus. „Da wollte er mich totschlagen! Es war doch gut für die alte Mutter, daß sie schon tot war, sonst hätte er ihr das Leben genommen!"

Nun legte er der alten Großmutter Sonntagskleider an, lieh sich von seinem Nachbarn ein Pferd, spannte es vor den Wagen und setzte die alte Großmutter auf den hintersten Sitz, daß sie nicht herausfallen konnte, wenn er fuhr, und so rollten sie von dannen durch den Wald.

Als die Sonne aufging, waren sie vor einem großen Wirtshause, da hielt der kleine Klaus an und ging hinein, um etwas zu genießen.

Der Wirt hatte sehr viel Geld; er war auch ein recht guter, aber hitziger Mann, als wären Pfeffer und Tabak in ihm.

„Guten Morgen!" sagte er zum kleinen Klaus. „Du bist heute früh gekommen!"

„Ja", sagte der kleine Klaus, „ich will mit meiner Großmutter zur Stadt; sie sitzt da draußen auf dem Wagen, ich kann sie nicht in die Stube hereinbringen. Wollt Ihr ihr nicht ein Glas Met geben? Aber Ihr müßt recht laut sprechen, denn sie hört nicht gut."

„Ja, das will ich tun!" sagte der Wirt und schenkte ein großes Glas Met ein, mit dem er zur toten Großmutter hinausging, die aufrecht in den Wagen gesetzt war.

„Hier ist ein Glas Met von Eurem Enkel!" sagte der Wirt, aber die tote

Frau erwiderte kein Wort, sondern saß ganz still.

„Hört Ihr nicht?" rief der Wirt, so laut er konnte. „Hier ist ein Glas Met von Eurem Enkel!"

Noch einmal rief er dasselbe und dann noch einmal; aber da sie sich durchaus nicht von der Stelle rührte, wurde er ärgerlich und warf ihr das Glas in das Gesicht, so daß ihr der Met gerade über die Nase lief und sie hintenüberfiel, denn sie war nur aufgesetzt und nicht festgebunden.

„Heda!" rief der kleine Klaus, sprang zur Tür hinaus und packte den Wirt an der Brust. „Du hast meine Großmutter erschlagen! Siehst du, da ist ein großes Loch in ihrer Stirn!"

„Oh, das ist ein Unglück!" rief der Wirt und schlug die Hände über den Kopf zusammen „das kommt alles von meiner Heftigkeit. Lieber kleiner Klaus, ich will dir einen Scheffel Geld geben und deine Großmutter begraben lassen, als wäre es meine eigene, aber schweige nur still, sonst wird mir der Kopf abgeschlagen, und das wäre doch zu schlimm!"

So bekam der kleine Klaus einen ganzen Scheffel Geld, und der Wirt begrub die alte Großmutter, als ob es seine eigene gewesen wäre.

Als nun der kleine Klaus wieder mit dem vielen Geld nach Hause kam, schickte er gleich seinen Knaben hinüber zum großen Klaus, um ihn zu bitten, ihm ein Scheffelmaß zu leihen.

„Was ist das?" sagte der große Klaus. „Habe ich ihn nicht totgeschlagen? Da muß ich selbst nachsehen!" Und so ging er selbst mit dem Scheffelmaß hinüber zum kleinen Klaus.

„Wo hast du doch all das Geld bekommen?" fragte er und riß die Augen auf, als er das erblickte, was noch hinzugekommen war.

„Du hast meine Großmutter, aber nicht mich erschlagen!" sagte der kleine Klaus. „Die habe ich nun verkauft und einen Scheffel Geld dafür bekommen!"

„Das ist wahrlich gut bezahlt!" sagte der große Klaus, eilte nach Hause, nahm eine Axt und schlug seine alte Großmutter tot, legte sie auf den Wagen, fuhr mit ihr zur Stadt, wo der Apotheker wohnte, und fragte, ob er einen toten Menschen kaufen wolle.

„Wer ist es, und woher habt Ihr ihn?" fragte der Apotheker.

„Es ist meine Großmutter!" sagte der große Klaus. „Ich habe sie totgeschlagen, um einen Scheffel Geld dafür zu bekommen!"

„Gott bewahre uns!" sagte der Apotheker. „Ihr redet irre! Sagt doch nicht dergleichen, sonst könnt Ihr den Kopf verlieren!" Und nun sagte er ihm gehörig, was das für eine böse Tat sei, die er begangen habe, und was für ein schlechter Mensch er sei und daß er bestraft werden müsse. Da erschrak der große Klaus so sehr, daß er von der Apotheke gerade in den Wagen sprang, auf die Pferde lospeitschte und nach Hause fuhr. Aber der Apotheker und alle Leute glaubten, er sei verrückt, und deshalb ließen sie ihn fahren, wohin er wollte.

„Das sollst du mir bezahlen!" sagte der große Klaus, als er draußen auf der Landstraße war. „Ja, ich will dich bestrafen, kleiner Klaus!" Sobald er nach Hause kam, nahm er den größten Sack, den er finden konnte, ging hinüber zum kleinen Klaus und sagte: „Nun hast du mich wieder gefoppt! Erst schlug ich meine Pferde tot, dann meine alte Großmutter! Das ist alles deine Schuld. Aber du sollst mich nie mehr zum Narren halten!" Da packte er den kleinen Klaus um den Leib und steckte ihn in seinen Sack, nahm ihn so auf seinen Rücken und rief ihm zu: „Nun gehe ich und ertränke dich!"

Es war ein weiter Weg, den er zu gehen hatte, bevor er zu dem Flusse kam, und der kleine Klaus war nicht leicht zu tragen. Der Weg ging dicht bei der Kirche vorbei; die Orgel ertönte und die Leute sangen so schön. Da setzte der große Klaus seinen Sack mit dem kleinen Klaus darin dicht bei der Kirchentür nieder und dachte, es könne wohl ganz gut sein, hineinzugehen und ein Lied zu hören, ehe er weiterginge. Der kleine Klaus konnte ja nicht heraus, und alle Leute waren in der Kirche. So ging er denn hinein.

„Ach Gott, ach Gott!" seufzte der kleine Klaus im Sack und drehte und wendete sich, aber es war ihm unmöglich, den Strick zu entknoten. Da kam ein alter Viehtreiber daher, mit schneeweißem Haar und einem großen Stab in der Hand; er trieb eine ganze Herde Kühe und Stiere vor sich her, die stießen gegen den Sack, in dem der kleine Klaus saß, so daß er umfiel.

„Ach Gott!" seufzte der kleine Klaus, „ich bin noch so jung und soll schon ins Himmelreich!"

„Und ich Armer", sagte der Viehtreiber, „bin schon so alt und kann noch immer nicht hineinkommen!"

„Mache den Sack auf!" rief der kleine Klaus. „Krieche statt meiner hinein, so kommst du sogleich ins Himmelreich!"

„Ja, das will ich herzlich gern", sagte der Viehtreiber und band den Sack auf, aus dem der kleine Klaus sogleich heraussprang.

„Willst du nun auf das Vieh achtgeben?" sagte der alte Mann und kroch dann in den Sack hinein, den der kleine Klaus zuband und dann mit allen Kühen und Stieren seines Weges zog.

Bald darauf kam der große Klaus aus der Kirche. Er nahm seinen Sack wieder auf den Rücken, obgleich es ihm schien, als sei derselbe leichter geworden, denn der alte Viehtreiber war nur halb so schwer wie der kleine Klaus. „Wie leicht ist er doch geworden! Ja, das kommt daher, daß ich ein Kirchenlied gehört habe!" So ging er nach dem Flusse, der tief und groß war, warf den Sack mit dem alten Viehtreiber ins Wasser und rief ihm nach, denn er glaubte ja, daß es der kleine Klaus sei: „Sieh, nun sollst du mich nicht mehr zum Narren halten!"

Darauf ging er nach Hause; aber als er an die Stelle kam, wo der Weg sich kreuzte, begegnete er dem kleinen Klaus, der all sein Vieh dahertrieb.

„Was ist das?" sagte der große Klaus. „Habe ich dich nicht ertränkt?"

„Ja", sagte der kleine Klaus. „Du warfst mich ja vor einer kleinen halben Stunde in den Fluß hinunter!"

„Aber wo hast du all das herrliche Vieh herbekommen?" fragte der große Klaus.

„Das ist Seevieh!" sagte der kleine Klaus. „Ich will dir die Geschichte erzählen und dir danken, daß du mich ertränktest, denn nun bin ich wahrlich reich! Mir war bange, als ich im Sack steckte, und der Wind pfiff mir um die Ohren, als du mich von der Brücke hinunter ins kalte Wasser warfst. Ich sank sogleich zu Boden, aber ich stieß mich nicht, denn da unten wächst das schönste weiche Gras. Darauf fiel ich, und sogleich wurde der Sack geöffnet, und das lieblichste Mädchen, in schneeweißen Kleidern und mit einem grünen Kranz im nassen Haar, nahm mich bei der Hand und sagte: ‚Bist du da, kleiner Klaus? Da hast du zuerst etwas Vieh. Eine Meile weiter steht noch eine ganze Herde, die ich dir schenken will!' Nun sah ich, daß der Fluß eine große Landstraße für das Meervolk bildete. Unten auf dem Grund gingen und fuhren sie gerade von der See ins Land hinein, bis dahin, wo der Fluß endet. Da waren die schönsten Blumen und das frischeste Gras; die Fische, die im Wasser schwammen, schossen mir an den Ohren vorüber, gerade, wie hier die Vögel in der Luft. Was gab es da für hübsche Leute, und was war da für Vieh, das an Gräben und Wällen weidete!"

„Aber warum bist du gleich wieder zu uns heraufgekommen?" fragte der große Klaus. „Das hätte ich nicht getan, wenn es so schön dort unten ist!"

„Ja", sagte der kleine Klaus, „das ist gerade klug von mir gehandelt. Du hast ja gehört, was ich dir erzählte: Die Seejungfrau sagte mir, eine Meile weiter auf dem Weg – und mit dem Weg meinte sie ja den Fluß, denn sie kann nirgends anders hin – stehe noch eine ganze Herde Vieh für mich. Aber ich weiß, was der Fluß für Krümmungen macht, bald hier, bald dort, das ist ein weiter Umweg. Nein, so macht man es kürzer ab, wenn man hier auf das Land kommt und treibt querüber wieder zum Flusse; dabei spare ich ja fast eine halbe Meile und komme schneller zu meinem Vieh!"

„Oh, du bist ein glücklicher Mann!" sagte der große Klaus. „Glaubst du, daß ich auch Seevieh bekäme, wenn ich auf den Grund des Flusses gelangte?"

„Ja, das denke ich wohl", sagte der kleine Klaus, „aber ich kann dich nicht im Sacke bis zum Fluß tragen, denn du bist mir zu schwer! Willst du selbst dahin gehen und dann in den Sack kriechen, so werde ich dich mit dem größten Vergnügen hineinwerfen."

„Ich danke dir!" sagte der große Klaus. „Aber erhalte ich kein Seevieh, wenn ich hinunterkomme, so, glaube mir, werde ich dich tüchtig verprügeln!"

„Oh nein! Mache es nicht so schlimm!" Und da gingen sie zum Flusse hin. Als das Vieh, das durstig war, das Wasser erblickte, lief es so schnell es nur konnte, um hinunter zum Trinken zu kommen.

„Sieh, wie es sich sputet!" sagte der kleine Klaus. „Es verlangt danach, wieder auf den Grund zu kommen!"

„Ja, hilf mir nun erst", sagte der große Klaus, „sonst bekommst du Prügel!" Und dann kroch er in den großen Sack, der quer über dem Rücken eines der Stiere gelegen hatte. „Lege einen Stein hinein, denn ich fürchte, daß ich sonst nicht untersinke!" sagte der große Klaus.

„Es geht schon!" sagte der kleine Klaus, legte aber doch noch einen großen Stein in den Sack, knüpfte das Band fest zu, und dann stieß er daran. Plump! da lag der große Klaus in dem Flusse und sank sogleich hinunter auf den Grund.

„Ich glaube, er wird das Vieh nicht finden!" sagte der kleine Klaus und zog mit dem, was er hatte, heimwärts.

Der standhafte Zinnsoldat

s waren einmal fünfundzwanzig Zinnsoldaten, die alle Brüder waren, da man sie aus einem alten Zinnlöffel gegossen hatte. Das Gewehr hielten sie im Arm, das Gesicht nach vorne gerichtet; rot und blau, schmuck und prächtig, war ihre adrette Uniform. Das allererste Wort, das sie in dieser Welt hörten, nachdem der Deckel der Schachtel abgenommen wurde, war das Wort „Zinnsoldaten!" Das rief ein kleiner Knabe und klatschte dabei vor Wonne in die Hände, denn er hatte sie zu seinem Geburtstag bekommen. Er stellte sie nun in Schlachtordnung auf dem Tische auf; ein Soldat glich haargenau dem anderen, und nur einer war etwas verschieden: Er hatte nur ein Bein, denn er war zuletzt gegossen worden, und das Zinn reichte leider nicht mehr für ihn aus. Doch stand er auf seinem einen Bein ebenso fest wie seine anderen Kameraden auf ihren beiden. Aber gerade er sollte noch ein denkwürdiges Schicksal erleiden.

Auf dem Tisch, wo sie aufgestellt wurden, stand noch vieles andere Spielzeug; am meisten ins Auge aber fiel ein prächtiges Schloß ganz aus Papier gebaut. Durch die kleinen Fenster konnte man in die Säle hineinsehen. Vor dem Schloß standen kleine Bäume, die um eine Spiegelscherbe gruppiert waren; sie stellte einen See dar. Schwäne aus Wachs glitten über seine Oberfläche und spiegelten sich darin. Das war alles sehr niedlich, aber das niedlichste war doch ein kleines Mädchen, das in der offenen Schloßtüre stand. Es war auch aus Papier ausgeschnitten, trug ein feines Seidenkleid und ein kleines, schmales, blaues Band über den Schultern; mitten darauf saß eine glänzende Blume, so groß wie ihr ganzes Gesicht. Das kleine Mädchen streckte beide Arme hoch, denn es war eine Tänzerin, und dann hob es das eine Bein so hoch empor, daß der Zinnsoldat es gar nicht mehr sehen konnte und glaubte, daß es, wie er, nur ein Bein hätte.

‚Das wäre eine Frau für mich', dachte er, ‚aber sie ist etwas vornehm, sie wohnt in einem Schlosse, und ich habe nur eine Schachtel mit vierundzwanzig anderen darin, das ist kein Ort für sie; doch ich muß zusehen, ihre Bekanntschaft zu machen.' Und dann legte er sich der Länge nach hinter eine Schnupftabaksdose, die auf dem Tisch stand. Nun konnte er die kleine, feine Dame betrachten, die immer noch auf einem Bein stand, ohne umzufallen.

Als es Abend wurde, kamen alle die anderen Zinnsoldaten in ihre Schachtel, und die Leute im Haus gingen zu Bett. Nun begann das Spielzeug zu spielen, nämlich „Es kommen Fremde", „Krieg führen" und „Ball geben". Die Zinnsoldaten rasselten in der Schachtel, denn sie wollten mit dabeisein, aber sie konnten den Deckel nicht aufheben. Der Nußknacker schoß Purzelbäume, und der Griffel belustigte sich auf der Tafel. Es war ein Lärm, daß der Kanarienvogel aufwachte und anfing in Versen mitzusprechen. Die beiden einzigen, die sich nicht von der Stelle bewegten, waren der Zinnsoldat und die Tänzerin. Sie hielt sich kerzengerade auf der Zehenspitze und hatte beide Arme ausgestreckt; er war ebenso standhaft auf seinem einen Beine, und wandte seine Augen keinen Augenblick von ihr ab.

Nun schlug die Uhr zwölf, und klatsch! sprang der Deckel von der Schnupftabaksdose; aber da war kein Tabak darin, nein, sondern ein kleiner schwarzer Kobold. Das war ein Kunststück.

„Zinnsoldat!" sagte der Kobold. „Halte deine Augen im Zaum!"

Aber der Zinnsoldat tat, als ob er nicht hörte.

„Ja, warte nur bis morgen!" sagte der Kobold.

Als es nun Morgen ward und die Kinder aufstanden, wurde der Zinnsoldat ins Fenster gestellt, und war es nun der Kobold oder der Zugwind, auf einmal flog das Fenster auf, und der Soldat stürzte drei Stockwerke tief hinab. Das war ein schrecklicher Sturz. Er streckte sein Bein gerade in die Luft und blieb auf dem Tschako, mit dem Bajonett abwärts, zwischen den Pflastersteinen stecken.

Das Dienstmädchen und der kleine Knabe liefen sogleich hinunter, um ihn zu suchen; aber obgleich sie beinahe auf ihn getreten wären, konnten sie ihn doch nicht erblicken. Hätte der Zinnsoldat gerufen: „Hier bin ich!" so hätten sie ihn sicher gefunden, aber er fand es nicht passend, laut zu schreien, weil er Uniform trug.

Nun begann es zu regnen; die Tropfen fielen immer dichter, und es wurde ein ordentlicher Platzregen daraus; als er vorüber war, kamen zwei Straßenjungen vorbei.

„Sieh", sagte der eine, „da liegt ein Zinnsoldat! Der soll hinaus und segeln!"

Sie machten aus Zeitungspapier ein Boot, setzten den Soldat hinein und ließen ihn den Rinnstein hinuntersegeln. Beide Knaben liefen nebenher und

klatschten in die Hände. Was schlugen da für Wellen in dem Rinnstein und welch reißender Strom war da! Das Papierboot schwankte auf und nieder, und mitunter drehte es sich so geschwind, daß der Zinnsoldat erbebte. Aber er blieb standhaft, verzog keine Miene, sah nach vorne und hielt das Gewehr im Arm.

Plötzlich trieb das Boot unter eine lange Rinnsteinbrücke; da wurde es gerade so dunkel, als wäre er in seiner Schachtel.

‚Wohin mag ich nun kommen?' dachte er. ‚Ja, ja, das ist des Kobolds Schuld! Ach, säße doch das kleine Mädchen hier im Boot, da möchte es meinetwegen noch einmal so dunkel sein!'

Da kam plötzlich eine große Wasserratte, die unter der Rinnsteinbrücke wohnte.

„Hast du einen Paß?" fragte die Ratte. „Her mit dem Paß!"

Aber der Zinnsoldat schwieg still und hielt das Gewehr noch fester.

Das Boot fuhr davon und die Ratte hinterher. Hu! wie fletschte sie die Zähne, als sie den Holzspänen und dem Stroh zurief:

„Haltet ihn auf! Haltet ihn auf! Er hat keinen Zoll bezahlt, er hat den Paß nicht vorgezeigt!"

Aber die Strömung wurde stärker und stärker! Und der Zinnsoldat konnte da, wo das Brett aufhörte, schon den hellen Tag erblicken, aber er hörte zugleich auch einen brausenden Ton, der auch einen tapferen Mann erschrecken konnte. Denkt nur, der Rinnstein stürzte, wo die Brücke endete, gerade in einen großen Kanal hinab.

Nun war er schon so nahe dabei, daß er nicht mehr anhalten konnte. Das Boot fuhr hinaus, der arme Zinnsoldat hielt sich, so gut er konnte, aufrecht. Niemand sollte ihm nachsagen, daß er auch nur mit den Augen gezwinkert hätte. Das Boot drehte sich drei-, viermal herum und füllte sich dabei bis zum Rande mit Wasser, es mußte sinken. Der Zinnsoldat stand bis zum Hals im Wasser, und tiefer und tiefer sank das Boot. Mehr und mehr löste das Papier sich auf, und nun ging das Wasser schon über des Soldaten Kopf. Da dachte er an die kleine niedliche Tänzerin, die er nie mehr zu Gesicht bekommen sollte, und es klang vor des Zinnsoldaten Ohren:

„Fahre, fahre Kriegersmann!

Den Tod mußt du erleiden!"

Nun ging das Papier entzwei, und der Zinnsoldat stürzte hinab, wurde aber im selben Augenblick von einem großen Fisch verschlungen.

Wie war es dunkel darin! Da war es noch schlimmer als unter der Rinnsteinbrücke, und dann war es sehr eng. Aber der Zinnsoldat blieb standhaft und lag, so lang er war, mit dem Gewehr im Arm.

Der Fisch schwamm umher, er machte die allerschrecklichsten Bewegungen; endlich wurde er ganz still. Es durchfuhr ihn wie ein Blitzstrahl, und das Licht schien ganz hell; dann rief jemand laut: „Der Zinnsoldat!" Der Fisch war gefangen, auf den Markt gebracht, verkauft worden und in die Küche hinaufgekommen, wo die Köchin ihn mit einem großen Messer aufschnitt. Sie nahm mit zwei Fingern den Soldaten mitten um den Leib und trug ihn in die Stube hinein, wo alle den merkwürdigen Mann sehen wollten, der im Bauch eines Fisches herumgereist war. Aber der Zinnsoldat war gar nicht stolz. Sie stellten ihn auf den Tisch, und da – wie seltsam kann es doch in der Welt zugehen! Der Zinnsoldat war in derselben Stube, in der er früher gewesen war; er sah dieselben Kinder, und dasselbe Spielzeug stand auf dem Tisch: Das herrliche Schloß mit der niedlichen kleinen Tänzerin,

die sich noch immer auf einem Bein hielt und das andere hoch in die Luft
streckte. Sie war auch standhaft, und das rührte den Zinnsoldaten; er war
nahe daran, Zinn zu weinen, aber es schickte sich nicht. Er sah sie an, aber
sie sagten gar nichts.

Da nahm der eine der kleinen Knaben den Soldaten und warf ihn gerade
in den Ofen hinein, obwohl er gar keinen Grund dafür hatte; es war aber
sicher der Kobold in der Dose, der schuld daran war.

Der Zinnsoldat stand ganz beleuchtet da und fühlte eine Hitze, die entsetzlich war; aber ob sie von dem wirklichen Feuer oder von der Liebe her-
rührte, das wußte er nicht. Die Farben waren ganz von ihm abgegangen; ob
das auf der Reise geschehen oder ob der Kummer daran schuld war, konnte
niemand sagen. Er sah das kleine Mädchen an, sie blickte ihn an, und er
fühlte, daß er schmolz; aber noch immer stand er standhaft mit dem Gewehr im Arm. Da ging eine Tür auf, der Wind ergriff die Tänzerin, und sie
flog, einem Luftgeist gleich, gerade in den Ofen zum Zinnsoldaten, loderte
in Flammen auf und war sofort verschwunden. Da schmolz der Zinnsoldat
zu einem Klumpen, und als das Mädchen am folgenden Tage die Asche
herausnahm, fand sie ihn als ein kleines Zinnherz. Von der Tänzerin hingegen war nur der Stern noch da, und der war kohlschwarz gebrannt.

Die alte Straßenlaterne

ast du die Geschichte von der alten Straßenlaterne schon gehört? Sie ist gar nicht so lustig, doch einmal kann man sie wohl hören. Es war eine gute alte Straßenlaterne, die viele, viele Jahre gedient hatte, aber jetzt entfernt werden sollte. Es war der letzte Abend, an dem sie auf dem Pfahl saß und in der Straße leuchtete, und es war ihr zumute wie einer alten Tänzerin, die den letzten Abend tanzt und weiß, daß sie morgen vergessen in ihrer Bodenkammer sitzt. Die Laterne hatte Furcht vor dem morgigen Tag, an dem sie zum ersten Male auf das Rathaus kommen und von dem „hochlöblichen Rat" beurteilt werden sollte, ob sie noch tauglich oder unbrauchbar sei. Da sollte bestimmt werden, ob sie auf eine der Brücken geschickt werden sollte, um dort zu leuchten, oder auf das Land in eine Fabrik. Vielleicht sollte sie in eine Eisengießerei kommen und geschmolzen werden. Dann konnte freilich alles aus ihr werden, aber es peinigte sie, daß sie nicht wußte, ob sie dann die Erinnerung daran behalten würde, daß sie eine Straßenlaterne gewesen war.

Wie es ihr nun auch ergehen würde, so müßte sie doch vom Wächter und seiner Frau getrennt werden, die sie ganz wie ein Familienmitglied betrachteten. Sie wurde Laterne, als er Wächter wurde. Damals war die Frau sehr vornehm, nur wenn sie am Abend an der Laterne vorüberging, blickte sie diese an, niemals aber am Tage. Dagegen in den letzten Jahren, als sie alle drei, der Wächter, die Frau und die Laterne, alt geworden waren, hatte die Frau sie auch gepflegt, geputzt und Öl nachgefüllt. Es war ein ehrliches Ehepaar, denn sie hatten die Lampe nie auch nur um einen Tropfen betrogen. Es war der letzte Abend auf der Straße, und morgen sollte sie auf das Rathaus, das waren zwei traurige Gedanken für die Laterne, und so kann man sich wohl denken, wie sie brannte. Aber es kamen ihr noch andere Gedanken; sie hatte so vieles gesehen und vieles beleuchtet, vielleicht ebensoviel, wie der „hochlöbliche Rat", aber das sagte sie nicht, denn sie war eine alte, ehrliche Laterne, die niemand erzürnen wollte, am wenigsten die Obrigkeit. Es fiel ihr vieles ein, und mitunter flackerte die Flamme in ihr auf, es war, als ob ein Gefühl ihr sagte: ‚Ja, man wird sich auch meiner erinnern! Da war damals der hübsche junge Mann – ja, das ist jetzt viele

Jahre her –, er kam mit einem Brief auf rosarotem Papier, fein und mit Goldschnitt, er war niedlich geschrieben von einer Damenhand. – Der junge Mann las ihn zweimal und küßte ihn. Da blickte er mit seinen beiden Augen zu mir empor und sagte: „Ich bin der glücklichste Mensch!" Nur er und ich wußten, was im ersten Brief von der Geliebten stand. – Ich entsinne mich auch an zwei andere Augen. Es ist merkwürdig, wie man mit den Gedanken springen kann! – Hier in der Straße fand ein prächtiges Begräbnis statt, die junge, hübsche Frau lag im Sarg auf dem mit Samt überzogenen Leichenwagen. Da prangten so viele Blumen und Kränze, da leuchteten so viele Fackeln, daß ich dabei ganz verschwand. – Der ganze Bürgersteig war voll von Menschen, die alle dem Leichenzug folgten. Als aber die Fackeln verschwunden waren und ich mich umsah, stand hier noch wer an meinem Pfahl und weinte. Nie werde ich die Augen voller Trauer vergessen, die mich ansahen!' – Viele Gedanken hegte die alte Straßenlaterne, die an diesem Abend zum letzten Mal leuchtete. Die Schildwache, die abgelöst wird, kennt doch ihren Nachfolger und kann ihm ein paar Worte sagen, aber die Laterne kannte den ihrigen nicht, und doch hätte sie ihm den einen oder den anderen Wink über Regen und Schnee geben können, wie weit der Mondschein auf den Bürgersteig ging und von welcher Seite her der Wind blies.

Auf dem Rinnstein standen drei, die sich der Laterne vorgestellt hatten, weil sie glaubten, daß diese es sei, die das Amt zu vergeben habe. Der eine davon war ein Heringskopf, denn ein solcher leuchtet im Dunkeln, und daher meinte er, es würde eine große Ölersparnis ergeben, wenn er auf den Laternenpfahl käme. Der zweite war ein Stück faules Holz, das auch leuchtete, und immer noch war es das letzte Stück von einem Baum, der einst die Zierde des Waldes gewesen war. Der dritte war ein Johanniswurm. Woher dieser gekommen war, begriff die Laterne nicht; aber der Wurm war da und leuchtete auch; aber das faule Holz und der Heringskopf schworen beide, daß das Würmchen nur zu gewissen Zeiten leuchte und deswegen nie berücksichtigt werden könne.

Die alte Laterne sagte, daß keiner von ihnen genug leuchte, um eine Straßenlaterne zu sein, aber das glaubte nun keiner von ihnen, und als sie hörten, daß die Laterne selbst die Anstellung nicht vergeben konnte, sagten sie, daß das höchst erfreulich sei, denn sie sei schon gar zu hinfällig, um noch wählen zu können.

Gleichzeitig kam der Wind von der Straßenecke, er sauste durch die Luftlöcher der alten Laterne. „Was höre ich!" sagte er zu ihr. „Du willst morgen fort? Ist das der letzte Abend, an dem ich dich hier treffe? Ja, dann mache ich dir ein Geschenk. Und jetzt bemühe deinen Verstandeskasten, so daß du klar und deutlich dich nicht allein an das entsinnen kannst, was du gehört und gesehen hast, sondern wenn etwas in deiner Gegenwart erzählt oder gelesen wird, so sollst du so hellsichtig sein, daß du dasselbe siehst!"

„Das ist viel!" sagte die alte Straßenlaterne. „Meinen besten Dank! Wenn ich nur nicht umgegossen werde!"

„Das geschieht noch nicht!" sagte der Wind, „und nun erfrische ich dir dein Gedächtnis. Kannst du mehr derartige Geschenke erhalten, so wirst du ein recht frohes Alter haben!"

„Wenn ich nur nicht umgeschmolzen werde!" sagte die Laterne, „oder kannst du mir dann auch das Gedächtnis sichern?"

„Alte Laterne, sei vernünftig!" sagte der Wind, und dann wehte er. Gleichzeitig kam der Mond hervor. „Was geben Sie?" fragte der Wind.

„Ich gebe gar nichts!" sagte dieser, „ich bin ja im Abnehmen, und die Laternen haben mir nie, sondern ich habe den Laternen geleuchtet." Darauf ging der Mond wieder hinter die Wolken, denn er mochte sich nicht quälen lassen. Da fiel ein Wassertropfen, wie von einer Dachtraufe, gerade auf den Schornstein, aber der Tropfen sagte, er komme aus den grauen Wolken und sei auch ein Geschenk, und vielleicht das allerbeste. „Ich durchdringe dich so, daß du die Fähigkeit erhältst, in einer Nacht, wenn du es wünschest, dich in Rost zu verwandeln, so daß du ganz zusammenfällst und zu Staub wirst." Aber der Laterne schien das ein schlechtes Geschenk zu sein – und der Wind meinte es auch. „Gibt es nichts Besseres?" blies er, so laut er konnte; da fiel eine glänzende Sternschnuppe.

„Was war das?" rief der Heringskopf. „Fiel da nicht ein Stern gerade herab? Ich glaube, er fuhr in die Laterne! Nun wird das Amt auch von so Hochstehenden gesucht, dann können wir uns zur Ruhe begeben!" Und das tat er und die anderen mit. Aber die alte Laterne leuchtete auf einmal wunderbar stark. „Das war ein herrliches Geschenk!" sagte sie. „Die klaren Sterne, über die ich mich immer so sehr gefreut habe, und die so herrlich scheinen, wie ich eigentlich nie habe leuchten können, obgleich es mein ganzes Streben und Trachten war, haben mich arme Laterne beachtet und mir einen mit einem Geschenk herabgeschickt, das in der Fähigkeit besteht, daß alles, dessen ich mich selbst entsinne und recht deutlich erblicke, auch von denjenigen gesehen werden kann, die ich liebe; und das ist erst das wahre Vergnügen, denn wenn man dasselbe nicht mit anderen teilen kann, so ist es nur eine halbe Freude!"

„Das ist recht ehrenwert gedacht!" sagte der Wind, „aber du weißt noch nicht, daß dazu Wachslichter gehören. Wenn nicht ein Wachslicht in dir angezündet wird, kann keiner der anderen etwas bei dir erblicken. Das haben die Sterne nicht bedacht, sie glauben, daß alles, was leuchtet, wenigstens ein Wachslicht in sich hat. Aber jetzt bin ich müde", sagte der Wind, „nun will ich mich legen!" Und dann legte er sich.

Am folgenden Tage – ja, den folgenden Tag können wir überspringen – am folgenden Abend lag die Laterne im Lehnstuhl, und wo? Bei dem alten Wächter. Vom „hochlöblichen Rat" hatte er sich für seine langen, treuen Dienste erbeten, die alte Laterne behalten zu dürfen. Sie lachten über ihn und dann gaben sie ihm diese, und nun lag die Laterne im Lehnstuhl dicht bei dem warmen Ofen, und es war, als ob sie dadurch größer geworden wäre, sie füllte fast den ganzen Stuhl aus. Die alten Leute saßen schon beim Abendbrot und warfen der alten Laterne, der sie gern einen Platz am Tisch eingeräumt hätten, freundliche Blicke zu. Sie wohnten zwar in einem Keller, zwei Ellen tief unter der Erde, man mußte über einen gepflasterten Flur, um zur Stube zu gelangen, aber warm war es darin, denn sie hatten Tuchleisten um die Tür genagelt. Rein und niedlich sah es hier aus, Vorhänge um die Bettstellen und über den kleinen Fenstern, wo da oben auf dem Fensterbrett zwei sonderbare Blumentöpfe standen. Der Matrose Christian hatte sie von Ost- oder Westindien mit nach Hause gebracht; es waren zwei Elefanten aus Ton, denen der Rücken fehlte, aber an dessen Stelle wuchsen aus der Erde, die hineingelegt war, in dem einen der schönste Schnittlauch, das war der Küchengarten der alten Leute, und in dem anderen eine große blühende Geranie, das war ihr Blumengarten. An der Wand hing ein großes buntes Bild, „Die Fürstenversammlung zu Wien", da besaßen sie alle Kaiser und Könige auf einmal!

Eine Schwarzwälder Uhr mit den schweren Bleigewichten ging „Tik, tak!" und immer zu schnell; aber das sei besser, als wenn sie zu langsam ginge, meinten die alten Leute. Sie verzehrten ihr Abendbrot, und die alte Straßenlaterne lag, wie gesagt, im Lehnstuhl dicht bei dem warmen Ofen. Der Laterne kam es vor, als wäre die ganze Welt umgekehrt.

Als aber der Wächter sie anblickte und davon sprach, was sie beide miteinander erlebt hatten, in Regen und Schneegestöber, in den hellen kurzen Sommernächten und wenn der Schnee trieb, so daß es ihm wohltat, wieder in den Keller zu gelangen, da war für die alte Laterne alles wieder in der Ordnung, denn wovon er sprach, das erblickte sie, als ob es noch da wäre, ja, der Wind hatte sie inwendig wahrlich gut erleuchtet.

Sie waren fleißig und flink, die alten Leute, keine Stunde waren sie untätig. Am Sonntagnachmittag kam das eine oder andere Buch zum Vorschein, gewöhnlich eine Reisebeschreibung, und der alte Mann las laut von Afrika, von den großen Wäldern und Elefanten, die da wild umherliefen, und die alte Frau horchte auf und blickte dann verstohlen nach den Tonelefanten hin, die Blumentöpfe waren!

„Ich kann es mir beinahe denken!" sagte sie. Die Laterne wünschte dann sehnlichst, daß ein Wachslicht da wäre, damit es angezündet werde und in ihr brenne, dann sollte die Frau alles genauso sehen, wie die Laterne es erblickte, die hohen Bäume, die dicht ineinander verschlungenen Zweige, die schwarzen Menschen zu Pferde und ganze Scharen von Elefanten, die mit ihren breiten Füßen Rohr und Büsche zermalmten.

„Was helfen mir alle meine Fähigkeiten, wenn kein Wachslicht da ist!" seufzte die Laterne, „sie haben nur Öl und Talglicht, und das ist nicht genug!"

Eines Tages kam ein ganzes Bund Wachslichtstückchen in den Keller, die größten Stücke wurden gebrannt und die kleineren brauchte die alte Frau, um ihren Zwirn damit zu wichsen, wenn sie nähte. Wachslicht war nun da, aber es fiel den beiden Alten nicht ein, davon ein kleines Stück in die Laterne zu setzen.

„Hier stehe ich mit meinen seltenen Fähigkeiten!" sagte die Laterne: „Ich habe alles in mir, aber ich kann es nicht mit ihnen teilen. Sie wissen nicht, daß ich die weißen Wände in die schönsten Tapeten, in reiche Wälder, in alles, was sie sich wünschen wollen, verwandeln kann! Sie wissen es nicht!"

Die Laterne stand übrigens gescheuert und sauber in einem Winkel, wo sie jederzeit ins Augen fiel; die Leute sagten zwar, daß es nur ein altes Gerümpel sei, aber daran kehrten sich die Alten nicht, sie liebten die Laterne.

Eines Tages, es war des alten Wächters Geburtstag, kam die alte Frau zur Laterne hin, lächelte und sagte: „Ich will die Stube heute für ihn glänzend beleuchten!" Und die Laterne knarrte im Schornstein, denn sie dachte: ‚Jetzt wird ihnen ein Licht aufgehen!' Aber da kam Öl und kein Wachslicht, sie brannte den ganzen Abend, wußte aber nun, daß die Gabe, welche die Sterne ihr gegeben, die beste Gabe von allen, für dieses Leben ein toter Schatz bleiben werde. Da träumte sie – und wenn man solche Fähigkeiten hat, kann man wohl träumen –, daß sie selbst zum Eisengießer kommen und umgeschmolzen werden sollte, sie war ebenso in Furcht, als da sie auf das Rathaus kommen und von dem „hochlöblichen Rat" beurteilt werden sollte; aber obgleich sie die Fähigkeit besaß, in Rost und Staub zu zerfallen, sobald sie es sich wünschte, so tat sie das doch nicht, und dann kam sie in den Schmelzofen und wurde zum schönsten eisernen Leuchter, in den man ein Wachslicht stellt; er hatte die Form eines Engels, der einen Blumenstrauß trug, und mitten in den Strauß wurde das Wachslicht gestellt und der Leuchter erhielt seinen Platz auf einem grünen Schreibtisch; das Zimmer war behaglich, da standen viele Bücher, da hingen herrliche Bilder, es war die Wohnung eines Dichters, und alles, was er sagte und schrieb, zeigte sich ringsherum. Das Zimmer wurde zu tiefen, dunklen Wäldern, zu sonnenbeleuchteten Wiesen, wo der Storch umherstolzierte, und zum Schiffsdeck hoch auf dem wogenden Meer!

„Welche Fähigkeiten besitze ich!" sagte die alte Laterne, indem sie erwachte. „Fast möchte ich mich danach sehnen, umgeschmolzen zu werden! Doch nein, das darf nicht geschehen, solange die alten Leute leben! Sie lieben mich meiner Person wegen! Ich bin ihnen ja an Kindes Statt, sie haben mich gescheuert und haben mir Öl gegeben; und ich habe es ebensogut wie das Bild, das doch so etwas Vornehmes ist!"

Von dieser Zeit an hatte sie mehr innere Ruhe, und das verdiente die ehrliche alte Straßenlaterne.

Der Buchweizen

äufig, wenn man nach einem Gewitter an einem Acker vorübergeht, auf dem Buchweizen wächst, sieht man, daß er ganz schwarz geworden und abgesengt ist. Es ist gerade, als ob eine Feuerflamme über ihn hingefahren wäre, und der Landmann sagt dann: „Das hat er vom Blitz bekommen!" Aber warum bekam er das? Ich will nun erzählen, was der Sperling mir gesagt hat, und der Sperling hat es von einer alten Weide gehört, die bei einem Buchweizenfeld stand. Es ist eine ehrwürdige große Weide, aber verkrüppelt und alt, sie ist in der Mitte gespalten, und es wachsen Gras und Brombeerranken aus der Spalte heraus. Der Baum neigt sich vornüber, und die Zweige hängen ganz auf die Erde hinunter, gerade als ob sie langes grünes Haar wären.

Auf allen Feldern ringsumher wuchs Getreide, Roggen, Gerste und Hafer, ja der herrliche Hafer, der da, wenn er reif ist, gerade wie eine Menge kleiner gelber Kanarienvögel auf einem Zweig aussieht. Das Getreide stand gesegnet, und je schwerer die Ähren waren, desto tiefer neigte es sich in frommer Demut.

Aber da war auch ein Feld mit Buchweizen, und dieses Feld war der alten Weide gerade gegenüber. Der Buchweizen neigte sich durchaus nicht, wie das übrige Getreide, sondern prangte stolz und steif.

„Ich bin wohl so reich wie die Ähre", sagte er, „überdies bin ich viel hübscher; meine Blüten sind schön wie die Blüten des Apfelbaumes, und es ist eine Lust, mich und die meinigen anzusehen. Kennst du etwas Prächtigeres als uns, du alte Weide?"

Die Weide nickte mit dem Kopf, gerade als ob sie damit sagen wollte: „Ja, freilich!" Aber der Buchweizen spreizte sich vor lauter Hochmut und sagte: „Der dumme Baum, er ist so alt, daß ihm Gras aus dem Leibe wächst!"

Nun zog ein schreckliches Unwetter auf; alle Feldblumen falteten ihre Blätter zusammen oder neigten ihre kleinen Köpfe herab, während der

Sturm über sie dahinfuhr; aber der Buchweizen trug den Kopf sehr stolz und hoch.

„Neige dein Haupt wie wir!" sagten die Blumen.

„Das habe ich nicht nötig", erwiderte der Buchweizen.

„Neige dein Haupt wie wir!" rief das Getreide. „Nun kommt der Engel des Sturms geflogen! Er hat Schwingen, die oben von den Wolken bis gerade herunter zur Erde reichen, und er schlägt dich mittendurch, bevor du bitten kannst, er möge dir gnädig sein!"

„Aber ich will mich nicht neigen!" sagte der Buchweizen.

„Schließe deine Blumen und neige deine Blätter!" sagte die alte Weide. „Sieh nicht zum Blitz empor, wenn die Wolke birst; selbst die Menschen dürfen das nicht, denn im Blitz kann man in Gottes Himmel hineinsehen; aber dieser Anblick kann selbst die Menschen blind machen. Was aber würde erst uns, den Gewächsen der Erde geschehen, wenn wir es wagten, die wir doch weit geringer sind!"

„Weit geringer?" sagte der Buchweizen. „Nun will ich gerade in Gottes Himmel hineinsehen!" Und er tat es in seinem Übermut und Stolz. Es war, als stünde die ganze Welt in Flammen, so blitzte es.

Als das Unwetter vorbei war, standen die Blumen und das Getreide in der stillen, reinen Luft erfrischt vom Regen, aber der Buchweizen war vom Blitz kohlschwarz gebrannt und nur noch totes Unkraut auf dem Feld.

Die alte Weide bewegte ihre Zweige im Wind, und es fielen große Wassertropfen von den grünen Blättern, gerade als ob der Baum weinte, und die Sperlinge fragten: „Warum weinst du? Hier ist es ja so gesegnet! Sieh, wie die Sonne scheint, sieh, wie die Wolken ziehen! Kannst du den Duft von Blumen und Büschen wahrnehmen? Warum weinst du, alte Weide?"

Und die Weide erzählte vom Stolz des Buchweizens, von seinem Übermut und der Strafe, die immer darauf folgt. Ich, der ich die Geschichte erzähle, habe sie von den Sperlingen gehört. Sie erzählten sie mir eines Abends, als ich sie um ein Märchen bat.

Der Garten des Paradieses

a war einmal ein Königssohn; niemand hatte so viele und so schöne Bücher wie er; alles was in dieser Welt geschehen war, konnte er darin lesen und die Abbildungen in prächtigen Bildern bewundern. Über jedes Volk und jedes Land konnte er Auskunft erhalten, aber wo der Garten des Paradieses zu finden sei, davon stand kein Wort darin, und der gerade war es, an den er am meisten dachte.

Seine Großmutter hatte ihm, als er noch ganz klein war, aber anfangen sollte zur Schule zu gehen, erzählt, daß jede Blume im Garten des Paradieses der süßeste Kuchen und die Staubfäden der beste Wein wären; auf der einen stehe Geschichte, auf der anderen Geographie. Man brauchte nur Kuchen zu essen, so könnte man seine Aufgabe; je mehr man äße, um so mehr Geschichte und Geographie wüßte man dadurch.

Das glaubte er damals. Aber als er ein größerer Knabe war, mehr lernte und klüger wurde, begriff er wohl, daß etwas viel Herrlicheres im Garten des Paradieses sein müsse.

„Oh, warum pflückte doch Eva vom Baume der Erkenntnis! Warum aß Adam von der verbotenen Frucht? Das hätte ich sein sollen, dann wäre es nicht geschehen! Nie wäre die Sünde in die Welt gekommen!"

Das sagte er damals, und das sagte er noch, als er siebzehn Jahre alt war. Der Garten des Paradieses erfüllte alle seine Sinne.

Eines Tages ging er in den Wald, denn das war sein größtes Vergnügen.

Der Abend brach an, die Wolken zogen sich zusammen, es begann zu regnen, als sei der ganze Himmel eine einzige Schleuse, aus der das Wasser herabstürze; es war so dunkel, wie im tiefsten Brunnen. Bald glitt er im nassen Gras aus, bald fiel er über die nackten Steine, die aus dem Felsengrund hervorragten. Alles triefte von Wasser, es war nicht ein trockener Faden an dem armen Prinzen. Er mußte über große Steinblöcke klettern, wo das Wasser aus dem hohen Moos quoll. Er war nahe daran, kraftlos umzusinken, da hörte er ein sonderbares Sausen, und vor sich sah er eine große erleuchtete Höhle. Mitten darin brannte ein Feuer, daß man daran einen Hirsch braten konnte, und das geschah auch. Der prächtigste Hirsch mit seinem stolzen Geweih stak an einem Spieß und wurde langsam zwischen zwei abgehauenen Tannenbäumen herumgedreht. Eine ältliche Frau, groß und stark, als wäre sie ein verkleideter Mann, saß am Feuer und warf ein Stück Holz nach dem anderen dazu.

„Komm nur näher!" sagte sie. „Setze dich an das Feuer, damit deine Kleider trocknen."

„Hier zieht es arg!" sagte der Prinz und setzte sich nieder.

„Das wird noch ärger werden, wenn meine Söhne nach Hause kommen!" erwiderte die Frau. „Du bist hier in der Höhle der Winde, meine Söhne sind die vier Winde der Welt. Kannst du das verstehen?"

„Wo sind Eure Söhne?" fragte der Prinz.

„Ja, es ist schwer, richtig zu antworten, wenn man dumm fragt", sagte die Frau. „Meine Söhne treiben es auf eigene Faust; sie spielen Federball mit den Wolken dort oben im Königssaale!" Und dabei zeigte sie in die Höhe hinauf.

„Ach so", sagte der Prinz. „Ihr sprecht übrigens ziemlich barsch und seid nicht so sanft wie die Frauen, die ich sonst um mich habe!"

„Ja, die haben wohl nichts anderes zu tun! Ich muß hart sein, wenn ich meine Söhne in Gehorsam halten will; aber das kann ich, obwohl sie steife Nacken haben! Siehst du die vier Säcke, die an der Wand hängen? Die fürchten sie ebenso wie du früher die Rute hinter dem Spiegel. Ich kann die Knaben zusammenbiegen, sag' ich dir, und dann müssen sie in den Sack; da machen wir keine Umstände! Da sitzen sie und dürfen nicht eher wieder heraus und herumstreifen, bis ich es für gut erachte. Da haben wir auch schon einen!"

Es war der Nordwind, der mit einer eisigen Kälte hereintrat; große Hagelkörner hüpften auf den Fußboden hin, und Schneeflocken sausten umher. Er war in Bärenfellhosen und -jacke; eine Mütze von Seehundsfell ging ihm bis über die Ohren hinab; lange Eiszapfen hingen ihm am Bart, und ein Hagelkorn nach dem anderen glitt ihm vom Jackenrock herunter.

„Gehen Sie nicht sogleich an das Feuer!" sagte der Prinz. „Sie können sonst leicht Frost in das Gesicht und die Hände bekommen."

„Frost!" sagte der Nordwind und lachte laut auf. „Frost! Das ist ja gerade mein größtes Vergnügen! Was bist du übrigens für ein Klapperbein! Wie kommst du in die Höhle der Winde?"

„Er ist mein Gast", sagte die Alte, „und bist du mit dieser Erklärung nicht zufrieden, so kannst du in den Sack kommen! Verstehst du mich nun?"

Sieh, das half, und der Nordwind erzählte, woher er kam und wo er fast einen ganzen Monat gewesen.

„Vom Polarmeer komme ich", sagte er, „ich bin auf der Bäreninsel mit russischen Walroßfängern gewesen. Ich saß und schlief auf dem Steuer, als sie vom Nordkap wegsegelten; wenn ich mitunter erwachte, flog mir der Sturmvogel um die Beine. Das ist ein lustiger Vogel! Er macht einen raschen Schlag mit den Flügeln, hält sie unbeweglich ausgestreckt und fliegt dann fort."

„Mach es nur nicht so weitläufig", sagte die Mutter der Winde. „Und dann kamst du zur Bäreninsel?"

„Dort ist es schön! Da ist ein Fußboden zum Tanzen, flach wie ein Teller, halbgetauter Schnee mit wenig Moos. Scharfe Steine und Knochengerippe von Walrossen und Eisbären lagen dort wie Arme und Beine von Riesen umher, überzogen mit verschimmeltem Grün. Man möchte glauben, die Sonne hätte nie daraufgeschienen. Ich blies ein wenig in den Nebel, damit man den Schuppen sehen konnte. Das war ein Haus, aus Wrackholz erbaut und mit Walroßhäuten überzogen; die Fleischseite war nach außen gekehrt, und war rot und grün; auf dem Dach saß ein Eisbär und brummte. Ich ging zum Strand, sah nach den Vogelnestern und sah die nackten Jungen, die schrien und den Schnabel aufsperrten; da blies ich in ihre Kehlen hinab, und sie lernten den Schnabel schließen. Nicht weit davon wälzten sich Walrosse wie lebendige Eingeweide oder Riesenmaden mit Schweine-köpfen und ellenlangen Zähnen!"

„Du erzählst gut, mein Sohn", sagte die Mutter. „Das Wasser läuft mir im Munde zusammen, wenn ich dir zuhöre!"

„Dann ging es auf den Fang! Die Harpune wurde in die Brust des Wal-rosses geschleudert, so daß der dampfende Blutstrahl wie ein Springbrun-nen über dem Eis aufstieg. Da gedachte ich auch meines Spieles. Ich blies auf und ließ meine Segler, die klippenhohen Eisberge, die Boote einklem-men. Hui! wie man pfiff und wie man schrie, aber ich pfiff lauter! Die toten Walroßkörper, Kisten und Tauwerk mußten sie auf das Eis werfen; ich schüttelte Schneeflocken über sie und ließ sie in den eingeklemmten Fahr-zeugen mit ihrem Fang nach Süden treiben, um dort Salzwasser zu kosten. Die kommen nie mehr zur Bäreninsel!"

„So hast du ja Böses getan!" sagte die Mutter der Winde.

„Was ich Gutes getan habe, mögen die anderen erzählen!" sagte er. „Aber da haben wir meinen Bruder aus Westen, ihn mag ich von allen am besten leiden, denn er schmeckt nach der See und führt eine herrliche Kälte mit sich!"

„Ist das der kleine Zephir?" fragte der Prinz.

„Jawohl das ist der Zephir!" sagte die Alte, „aber er ist doch nicht so klein. Früher war er ein hübscher Knabe, aber das ist nun vorbei!" Er sah aus wie ein wilder Mann, aber er hatte einen Fallhut auf, um nicht zu Schaden zu kommen. In der Hand hielt er eine Mahagonikeule, in den amerikanischen Mahagoniwäldern gehauen.

„Woher kommst du?" fragte seine Mutter.

„Aus den Urwäldern", sagte er, „wo die dornigen Lianen eine Hecke zwischen den Bäumen bilden, wo die Wasserschlange im nassen Gras liegt und die Menschen überflüssig zu sein scheinen!"

„Was triebst du dort?"

„Ich sah in den tiefen Fluß, sah, wie er von den Klippen herabstürzte, Staub wurde und gegen die Wolken flog, um den Regenbogen zu tragen. Ich sah den wilden Büffel im Flusse schwimmen, aber der Strom riß ihn mit sich fort. Er trieb mit dem Schwarm der wilden Enten, der in die Höhe flog, wo das Wasser stürzte. Der Büffel mußte hinunter; das gefiel mir, und ich blies einen Sturm, so daß die uralten Bäume zersplitterten und zu Spänen wurden."

„Weiter hast du nichts getan?" fragte die Alte.

„Ich habe in den Savannen Purzelbäume geschossen, habe die wilden Pferde gestreichelt und Kokosnüsse geschüttelt! Ja, ja, ich habe Geschichten zu erzählen, aber man muß nicht alles sagen, was man weiß. Das weißt du wohl, Alte!" Und dann küßte er seine Mutter, so daß sie fast hintenübergefallen wäre. Er war wahrlich ein wilder Mann.

Nun kam der Südwind mit einem Turban und fliegendem Beduinenmantel.

„Hier ist es recht kalt, hier draußen!" sagte er und warf Holz ins Feuer. „Man kann merken, daß der Nordwind zuerst gekommen ist!"

„Es ist hier so heiß, daß man einen Eisbären braten kann!" sagte der Nordwind.

„Du bist selbst ein Eisbär!" antwortete der Südwind.

„Wollt ihr in den Sack gesteckt werden?" fragte die Alte. „Setz dich auf den Stein dort und erzähle, wo du gewesen bist."

„In Afrika, Mutter!" erwiderte er. „Ich war mit den Hottentotten auf der Löwenjagd im Lande der Kaffern! Das Gras wächst dort in den Ebenen, grün wie eine Olive! Da lief der Strauß mit mir um die Wette, aber ich war doch schneller gewesen. Ich kam nach der Wüste zu dem gelben Sande; da sieht es aus wie auf dem Grund des Meeres. Ich traf eine Karawane; sie schlachtete ihr letztes Kamel, um Trinkwasser zu erhalten, aber es war nur wenig, was sie bekam. Die Sonne brannte von oben und der Sand von unten. Die ausgedehnte Wüste hatte keine Grenze. Da wälzte ich mich in dem feinen, losen Sand und wirbelte ihn zu große Säulen auf. Das war ein Tanz! Du hättest sehen sollen, wie ängstlich das Dromedar dastand und der Kaufmann den Kaftan über den Kopf zog. Er warf sich vor mir nieder, wie vor Allah, seinem Gott. Nun sind sie begraben, und über ihnen steht eine Pyramide von Sand. Wenn ich den einmal fortblase, dann wird die Sonne ihre Knochen bleichen; da können die Reisenden sehen, daß dort früher Menschen gewesen sind. Sonst wird man das in der Wüste nicht glauben!"

„Du hast also nur Böses getan!" sagte die Mutter. „Marsch in den Sack!" Und ehe er sich's versah, hatte sie den Südwind um den Leib gefaßt und in den Sack gesteckt. Er wälzte sich ringsumher auf dem Fußboden, aber sie setzte sich auf ihn, und da mußte er stilliegen.

„Das sind muntere Knaben, die Ihr habt!" sagte der Prinz.

„Ja wahrlich", antwortete sie, „und ich kann sie auch züchtigen! Da haben wir den vierten!"

Das war der Ostwind; er war wie ein Chinese gekleidet.

„Nun, kommst du aus der Richtung?" sagte die Mutter. „Ich glaubte, du wärest im Garten des Paradieses gewesen."

„Dahin fliege ich erst morgen!" sagte der Ostwind. „Morgen sind es hundert Jahre, seit ich dort war! Ich komme jetzt von China, wo ich um den Porzellanturm tanzte, daß alle Glocken klingelten. Unten auf der Straße bekamen die Beamten Prügel, das Bambusrohr wurde auf ihren Schultern verbraucht, und das waren Leute vom ersten bis zum neunten Grade. Sie schrien: ‚Vielen Dank, mein väterlicher Wohltäter!' Aber sie meinten es nicht so, und ich klingelte mit den Glocken und sang: Tsing, tsang, tsu!"

„Du bist mutwillig!" sagte die Alte. „Es ist gut, daß du morgen in den Garten des Paradieses kommst, das trägt immer zu deiner Bildung bei! Trinke dann tüchtig aus der Weisheitsquelle und nimm eine kleine Flasche voll für mich mit nach Hause!"

„Das werde ich tun!" sagte der Ostwind. „Aber warum hast du meinen Bruder vom Süden in den Sack gesteckt? Heraus mit ihm! Er soll mir vom Vogel Phönix erzählen, davon will die Prinzessin im Garten des Paradieses immer hören, wenn ich jedes hundertste Jahr meinen Besuch abstatte. Mache den Sack auf, dann bist du meine süßeste Mutter, und ich schenke dir zwei Taschen voll Tee, so grün und frisch, wie ich ihn an Ort und Stelle gepflückt habe!"

„Nun, des Tees wegen und weil du mein Herzensjunge bist, will ich den

Sack öffnen!" Das tat sie, und der Südwind kroch heraus, aber er sah ganz niedergeschlagen aus, weil der fremde Prinz es gesehen hatte.

„Da hast du ein Palmenblatt für die Prinzessin!" sagte der Südwind. „Dieses Blatt hat der alte Vogel Phönix, der einzige, der in der Welt war, mir gegeben! Er hat mit seinem Schnabel seine ganze Lebensbeschreibung, die hundert Jahre, die er lebte, hineingeritzt. Nun kann sie selbst lesen, wie der Vogel Phönix sein Nest in Brand steckte und darin saß und verbrannte wie die Frau eines Hindu. Wie knisterten doch die trockenen Zweige! Es war ein Rauch und ein Qualm! Zuletzt schlug alles in Flammen auf, der alte Vogel Phönix wurde zu Asche, aber sein Ei lag glühendrot im Feuer; es barst mit einem großen Knall und das Junge flog heraus. Nun ist dieses Herrscher über alle Vögel und der einzige Vogel Phönix in der Welt. Er hat ein Loch in das Palmenblatt gebissen, das ich dir gab; das ist sein Gruß an die Prinzessin!"

„Laßt uns nun essen!" sagte die Mutter der Winde, und so setzten sie sich alle heran, um von dem gebratenen Hirsch zu essen; der Prinz saß dabei zur Seite des Ostwindes, und darum wurden sie bald gute Freunde.

„Sage mir einmal", fing der Prinz an, „was ist das für eine Prinzessin, von der hier soviel die Rede ist, und wo liegt der Garten des Paradieses?"

„Hoho!" sagte der Ostwind, „willst du dahin, dann fliege morgen mit mir. Aber das muß ich dir sagen, da ist kein Mensch seit Adams und Evas Zeit gewesen. Die kennst du ja wohl aus der biblischen Geschichte?"

„Ja!" sagte der Prinz.

„Damals, als sie verjagt wurden, versank der Garten des Paradieses in die Erde, aber er behielt seinen warmen Sonnenschein, seine milde Luft und all seine Herrlichkeit. Die Feenkönigin wohnt darin; da liegt die Insel der Glückseligkeit, wohin der Tod nie kommt, wo es so herrlich ist! Setze dich morgen auf meinen Rücken, dann werde ich dich mitnehmen; ich denke, es wird sich wohl machen lassen! Aber nun mußt du nicht mehr reden, denn ich will schlafen!"

Und dann schliefen sie allesamt.

In früher Morgenstunde erwachte der Prinz und war nicht wenig erstaunt, sich schon hoch über den Wolken zu finden. Er saß auf dem Rücken des Ostwindes, der ihn getreulich festhielt; sie waren so hoch in der Luft, daß Wälder und Felder, Flüsse und Seen sich wie auf einer Landkarte darstellten.

„Guten Morgen!" sagte der Ostwind. „Du könntest übrigens recht gut noch ein bißchen schlafen, denn es ist nicht viel auf dem flachen Land unter uns zu sehen; ausgenommen du hättest Lust, die Kirchen zu zählen. Sie stehen wie Kreidepunkte auf dem grünen Brett." Es waren Felder und Wiesen, die er das grüne Brett nannte.

„Es war unartig, daß ich deiner Mutter und deinen Brüdern nicht Lebewohl gesagt habe!" meinte der Prinz.

„Wenn man schläft, ist man entschuldigt!" sagte der Ostwind. Und darauf flogen sie noch rascher dahin. Man konnte es in den Wipfeln der Bäume hören, denn wenn sie darüber hinfuhren, rauschten alle Zweige und Blätter; man konnte es auf dem Meere und den Seen hören, denn wo sie flogen, schlugen die Wogen höher, und die großen Schiffe neigten sich tief ins Wasser gleich schwimmenden Schwänen.

Gegen Abend, als es dunkel wurde, sahen die großen Städte hübsch aus; die Lichter brannten dort unten, bald hier, bald da; es war gerade, als wenn man ein Stück Papier verbrannt hat und all die kleinen Feuerfunken sieht, die einer nach dem anderen verschwinden. Der Prinz klatschte in die Hände, aber der Ostwind bat ihn, das zu unterlassen und sich lieber festzuhalten, sonst könnte er leicht hinunterfallen und an der Spitze eines Kirchturms hängenbleiben.

Der Adler in den dunklen Wäldern flog zwar leicht, doch der Ostwind flog noch leichter. Der Kosak auf seinem kleinen Pferd jagte über die Ebenen davon, doch der Prinz jagte noch schneller.

„Nun kannst du den Himalaja sehen!" sagte der Ostwind. „Das ist das höchste Gebirge in Asien, und bald werden wir zum Garten des Paradieses gelangen!" Sie wendeten sich mehr südlich, und bald duftete es dort von Gewürzen und Blumen. Feigen und Granatäpfel wuchsen wild, und die wilde Weinranke hatte blaue und rote Trauben. Hier ließen sie sich nieder und streckten sich in das weiche Gras, wo die Blumen dem Wind zunickten, als wollten sie sagen: „Willkommen hier!"

„Sind wir nun im Garten des Paradieses?" fragte der Prinz.

„Nein, noch nicht!" erwiderte der Ostwind. „Aber nun werden wir bald dorthin kommen. Siehst du die Felsenmauer dort und die große Höhle, wo die Weinranken wie eine große grüne Gardine hängen? Dort müssen wir hindurch. Wickle dich in deinen Mantel, denn hier brennt die Sonne, aber einen Schritt weiter ist es eisig kalt. Der Vogel, der an der Höhle vorbeistreift, hat den einen Flügel hier draußen im warmen Sommer und den anderen drinnen im kalten Winter!"

„Das ist also der Weg zum Garten des Paradieses?" fragte der Prinz.

Nun gingen sie in die Höhle hinein. Hu, wie war es dort eisig kalt! Aber es währte doch nicht lange. Der Ostwind breitete seine Flügel aus, und sie leuchteten wie das hellste Feuer. Was für eine Höhle! Die großen Steinblöcke, von denen das Wasser tropfte, hingen in den wunderbarsten Gestalten über ihnen; bald war es da so eng, daß sie auf Händen und Füßen kriechen mußten, bald so hoch und weit wie in der freien Luft. Es sah aus wie Grabkapellen mit stummen Orgelpfeifen und versteinerten Orgeln.

„Wir gehen wohl den Todesweg zum Garten des Paradieses?" fragte der Prinz. Aber der Ostwind antwortete nicht, sondern zeigte nur vorwärts, und das schönste blaue Licht strahlte ihnen entgegen. Die Steinblöcke über ihnen wurden mehr und mehr ein Nebel, der zuletzt so hell wurde wie eine weiße Wolke im Mondschein. Nun waren sie in der herrlichsten milden Luft, so frisch wie auf den Bergen. Da strömte ein Fluß, so klar wie die Luft selbst, und die Fische waren wie Silber und Gold; purpurrote Aale, die bei jeder Bewegung blaue Feuerfunken sprühten, spielten dort unten im Wasser, und die breiten Seerosenblätter hatten die Farben des Regenbogens, die Blume selbst war eine rotgelb brennende Flamme, der das Wasser Nahrung gab, wie das Öl die Lampe beständig im Brennen erhält. Eine feste Brücke aus Marmor, aber so kunstvoll und fein, als wäre sie aus Spitzen und Glasperlen gemacht, führte über das Wasser zur Insel der Glückseligkeit, wo der Garten des Paradieses blühte.

Der Ostwind nahm den Prinzen auf seine Arme und trug ihn hinüber. Da sangen die Blumen und Blätter die schönsten Lieder aus seiner Kindheit, aber so lieblich, wie keine menschliche Stimme es jemals vermag.

Waren das Palmenbäume oder riesengroße Wasserpflanzen, die hier wuchsen? So saftige und große Bäume hatte der Prinz noch nie gesehen; in langen Kränzen hingen da die wunderlichsten Schlingpflanzen, wie man sie nur auf dem Rande alter Heiligenbücher in Farbe und Gold abgebildet findet. Das waren die seltsamsten Zusammensetzungen von Vögeln, Blumen und Schnörkeln. Dicht daneben im Gras stand ein Schwarm Pfauen mit entfalteten strahlenden Schweifen. Doch als der Prinz daran rührte, merkte er, daß es keine Tiere, sondern Pflanzen waren; es waren die großen Kletten, die hier wie herrliche Pfauenschweife strahlten. Der Löwe und der Tiger sprangen wie geschmeidige Katzen zwischen den grünen Hecken, die wie Olivenblüten dufteten, und Löwe und Tiger waren zahm. Die wilde Waldtaube glänzte wie die schönste Perle und schlug mit ihren Flügeln an die Mähne des Löwen, und die Antilope, die sonst so scheu ist, stand da und nickte mit dem Kopf, als ob sie auch mitspielen wollte.

Nun kam die Fee des Paradieses; ihre Kleider strahlten wie die Sonne, und ihr Antlitz war sanft wie das einer frohen Mutter, wenn sie recht glücklich über ihr Kind ist. Sie war so jung und schön, und die hübschesten Mädchen, jedes mit einem leuchtenden Stern im Haar, folgten ihr. Der Ostwind gab ihr das beschriebene Blatt vom Vogel Phönix, und ihre Augen strahlten vor Freude. Sie nahm den Prinzen bei der Hand und führte ihn in ihr Schloß hinein, wo die Wände glänzten wie das prächtigste Tulpenblatt, wenn es gegen die Sonne gehalten wird. Die Decke selbst war eine große, strahlende Blume, und je mehr man zu ihr hinaufsah, desto tiefer erschien ihr Kelch. Der Prinz trat an das Fenster und blickte durch eine der Scheiben; da sah er den Baum der Erkenntnis mit der Schlange, und Adam und Eva standen dicht dabei. „Wurden sie nicht fortgejagt?" fragte er, und die Fee lächelte und erklärte ihm, daß die Zeit auf jede Scheibe ihr Bild gebrannt habe, aber nicht, wie man es zu sehen gewohnt ist, nein, es war Leben darin; die Blätter der Bäume bewegten sich, die Menschen kamen und gingen wie in einem Spiegelbild. Er sah durch eine andere Scheibe, und da war Jakobs Traum, wo die Leiter gerade bis in den Himmel ging, und die Engel mit großen Schwingen auf und nieder schwebten. Ja, alles, was auf dieser Welt geschehen war, lebte und bewegte sich in den Glasscheiben; so kunstvolle Gemälde konnte nur die Zeit einbrennen.

Die Fee lächelte und führte ihn in einen großen, hohen Saal, dessen Wände wie durchsichtige Gemälde erschienen, auf denen ein Gesicht immer schöner war als das andere. Da waren Millionen Glückliche, die lächelten und sangen, so daß es in eine Melodie zusammenfloß; die Alleroberstten waren so klein, daß sie kleiner erschienen als die kleinste Rosenknospe, wenn sie wie ein Punkt auf das Papier gezeichnet wird. Mitten im Saal stand ein großer Baum mit hängenden üppigen Zweigen; goldene Äpfel, große und kleine, hingen wie Apfelsinen zwischen den grünen Blättern. Das war der Baum der Erkenntnis, von dessen Frucht Adam und Eva gegessen hatten. Von jedem Blatte fiel ein glänzender roter Tautropfen, und es war, als ob der Baum blutige Tränen weinte.

„Laß uns nun in das Boot steigen!" sagte die Fee, „wir wollen auf dem Wasser einige Erfrischungen genießen! Das Boot schaukelt, kommt aber nicht von der Stelle, doch alle Länder der Erde gleiten an unseren Augen vorüber." Es war sonderbar anzusehen, wie sich die ganze Küste bewegte. Da kamen die hohen, schneebedeckten Alpen mit Wolken und schwarzen Tannen; das Horn erklang wehmütig, und der Hirte jodelte hübsch im Tale. Die Bananenbäume bogen ihre langen, hängenden Zweige über das Boot, kohlschwarze Schwäne schwammen auf dem Wasser, und die seltsamsten

Tiere und Blumen zeigten sich am Ufer; das war Australien, der fünfte Erdteil, der mit einer Aussicht auf die blauen Berge vorbeiglitt. Man hörte den Gesang der Priester und sah den Tanz der Wilden zum Schall der Trommeln und der knöchernen Trompeten. Ägyptens Pyramiden, die bis in die Wolken ragten, umgestürzte Säulen und Sphinxe, halb im Sande begraben, zogen vorbei. Die Nordlichter flammten über den ausgebrannten Vulkanen des Nordens; das war ein Feuerwerk, das niemand nachmachen konnte. Der Prinz war glücklich, ja, er sah wohl hundertmal mehr, als wir hier erzählen.

„Kann ich immer hierbleiben?" fragte er.

„Das hängt von dir ab!" erwiderte die Fee. „Wenn du nicht, wie Adam, dich verlocken läßt, das Verbotene zu tun, so kannst du für immer hierbleiben!"

„Ich werde die Äpfel auf dem Baum der Erkenntnis nicht anrühren!" sagte der Prinz. „Hier sind ja Tausende von Früchten, ebensoschön wie sie!"

„Prüfe dich selbst, und bist du nicht stark genug, so gehe mit dem Ostwind, der dich herbrachte; er fliegt nun zurück und kommt erst nach hundert Jahren wieder. Die Zeit wird an diesem Ort für dich vergehen, als wären es nur hundert Stunden, aber es ist eine lange Zeit für die Versuchung und Sünde. Jeden Abend, wenn ich von dir gehe, muß ich dir zurufen: ‚Komm mit!' Ich muß dir mit der Hand winken, aber bleibe zurück. Gehe nicht mit, denn sonst wird mit jedem Schritt deine Sehnsucht größer werden. Du kommst dann in den Saal, wo der Baum der Erkenntnis wächst; ich schlafe unter seinen duftenden, hängenden Zweigen, du wirst dich über mich beugen und ich muß lächeln; drückst du aber einen Kuß auf meinen Mund, so sinkt das Paradies tief in die Erde und ist für dich verloren. Der scharfe Wind der Wüste wird dich umsausen, der kalte Regen aus deinem Haar tropfen. Kummer und Drangsal wird dein Erbteil sein."

„Ich bleibe hier!" sagte der Prinz. Und der Ostwind küßte ihn auf die Stirn und sagte: „Sei stark, dann treffen wir uns hier nach hundert Jahren wieder! Lebe wohl, lebe wohl!" Und der Ostwind breitete seine großen Schwingen aus; sie glänzten wie das Wetterleuchten in der Erntezeit oder wie das Nordlicht im kalten Winter.

„Lebe wohl, lebe wohl!" ertönte es von Blumen und Bäumen. Störche und Pelikane flogen wie flatternde Bänder in Reihen und geleiteten ihn bis zur Grenze des Gartens.

„Nun beginnen wir unsere Tänze!" sagte die Fee. „Zum Schluß, wenn ich mit dir tanze, wirst du, indem die Sonne sinkt, sehen, daß ich dir winke, du wirst mich dir zurufen hören: ‚Komm mit!' Aber tue es nicht! Hundert Jahre lang muß ich es jeden Abend wiederholen; jedesmal, wenn die Zeit vorbei ist, gewinnst du mehr Kraft, zuletzt denkst du gar nicht mehr daran. Heute abend geschieht es zum erstenmal. Nun habe ich dich gewarnt!"

Die Fee führte ihn in einen großen Saal aus weißen durchsichtigen Lilien; ihre gelben Staubfäden waren kleine Goldharfen, die mit Saitenspiel und Flötenton erklangen. Die schönsten Mädchen, schwebend und schlank, in wallenden Flor gekleidet, so daß man die schönen Glieder sah, schwebten im Tanz und sangen, wie wunderbar es sei, zu leben, daß sie nie sterben würden und daß der Garten des Paradieses ewig blühen würde.

Die Sonne ging unter; der ganze Himmel wurde ein Gold, das den Lilien den Schein der herrlichsten Rosen gab; und der Prinz trank von dem schäumenden Wein, den die Mädchen ihm reichten, und fühlte eine Glückseligkeit wie nie zuvor. Er sah, wie der Hintergrund des Saales sich öffnete, und der Baum der Erkenntnis stand in einem Glanz, der seine Augen blendete; der Gesang von daher war sanft und lieblich wie die Stimme seiner Mutter, und es war, als ob sie sänge: „Mein Kind, mein geliebtes Kind!"

Da winkte die Fee und rief liebevoll: „Komm mit! Komm mit!" Und er stürzte ihr entgegen, vergaß sein Versprechen, und sie winkte und lächelte.

Der würzige Duft ringsumher wurde stärker, die Harfen ertönten weit lieblicher, und es war, als ob die Millionen lächelnder Köpfe im Saal, wo der
Baum wuchs, nickten und sängen: „Alles muß man kennen! Der Mensch ist
der Herr der Erde." Und es waren keine blutigen Tränen mehr, die von den
Blättern des Baumes der Erkenntnis fielen, es waren rote, funkelnde Sterne,
die er zu erblicken glaubte. „Komm mit! Komm mit!" lauteten die beben-
den Töne, und bei jedem Schritte brannten des Prinzen Wangen heißer,
bewegte sich sein Blut rascher. „Ich muß!" sagte er. „Es ist ja keine Sünde,
kann keine sein! Warum nicht der Schönheit und der Freude folgen? Sie
schlafen sehen will ich; es ist ja nichts verloren, wenn ich sie nur nicht küsse,
und das tue ich nicht, denn ich bin stark, ich habe einen festen Willen!"

Und die Fee warf ihre strahlende Tracht ab, bog die Zweige zurück, und
einen Augenblick später war sie darin verschwunden.

„Noch habe ich nicht gesündigt", sagte der Prinz, „und will es auch
nicht." Und dann bog er die Zweige zur Seite, da schlief sie schon, schön,

wie nur die Fee im Garten des Paradieses es sein kann; sie lächelte im Traum, er beugte sich über sie und sah zwischen ihren Augenlidern Tränen beben.

„Weinst du über mich?" flüsterte er. „Weine nicht, du herrliches Weib! Nun begreife ich erst das Glück des Paradieses. Es durchströmt mein Blut, und meine Gedanken; die Kraft des Cherubs und des ewigen Lebens fühle ich in meinem irdischen Körper. Möge es ewig Nacht für mich werden, eine Minute wie diese ist Reichtum genug!" Und er küßte die Tränen von ihren Augen, sein Mund berührte den ihren.

Da krachte ein Donnerschlag, so tief und schrecklich, wie niemand ihn je gehört, und alles stürzte zusammen; die schöne Fee, das glühende Paradies sank und sank immer tiefer. Der Prinz sah es in die schwarze Nacht versinken, und wie ein kleiner leuchtender Stern strahlte es aus weiter Ferne! Todeskälte durchschauerte seinen Körper, er schloß die Augen und lag lange wie tot.

Der kalte Regen fiel auf sein Gesicht, der scharfe Wind blies um sein Haupt, da kehrten seine Sinne zurück. „Was habe ich getan!" seufzte er. „Ich habe gesündigt wie Adam, gesündigt, so daß das Paradies tief versunken ist!" Und er öffnete seine Augen; den Stern in weiter Ferne, den Stern, der wie das gesunkene Paradies funkelte, sah er noch – es war der Morgenstern am Himmel.

Er erhob sich und war in dem großen Walde dicht bei der Höhle der Winde, und die Mutter der Winde saß an seiner Seite; sie sah böse aus und hob ihren Arm in die Luft.

„Schon den ersten Tag!" sagte sie. „Das dachte ich wohl! Ja, wärest du mein Sohn, so müßtest du in den Sack!"

„Da soll er hinein!" sagte der Tod. Das war ein starker alter Mann mit einer Sense in der Hand und mit großen schwarzen Flügeln. „In den Sarg soll er gelegt werden, aber jetzt noch nicht, ich kennzeichne ihn nur, lasse ihn dann noch eine Weile in der Welt herumwandern, seine Sünden sühnen, gut und besser werden. Ich komme einmal. Wenn er es am wenigsten erwartet, stecke ich ihn in den schwarzen Sarg, setze ihn auf meinen Kopf und fliege gegen den Stern empor. Auch dort blüht der Garten des Paradieses, und ist er gut und fromm, so wird er hineintreten; sind aber seine Gedanken böse und das Herz noch voller Sünde, so sinkt er mit dem Sarg tiefer, als das Paradies gesunken, und nur jedes tausendste Jahre hole ich ihn wieder, damit er noch tiefer sinke oder auf den Stern gelange, den funkelnden Stern dort oben!"

Das Gänseblümchen

un höre einmal zu! Draußen auf dem Land, dicht am Wege, lag ein Landhaus; du hast es gewiß selbst einmal gesehen. Davor ist ein kleiner Garten mit Blumen und einem Zaun, der gestrichen ist. Dicht dabei am Graben, mitten in dem schönsten grünen Gras, wuchs ein Gänseblümchen; die Sonne beschien es ebenso warm und schön wie die großen schönen Prachtblumen im Garten, und deshalb wuchs es von Stunde zu Stunde.

Eines Morgens stand es mit seinen kleinen, leuchtendweißen Blättern, die wie Strahlen rings um die kleine gelbe Sonne in der Mitte sitzen, ganz entfaltet da. Es dachte gar nicht daran, daß es kein Mensch dort im Grase sähe und daß es ein armes, verachtetes Blümchen sei; nein, es war so vergnügt, es wandte sich der warmen Sonne gerade entgegen, sah zu ihr auf und horchte auf die Lerche, die in der Luft sang.

Das Gänseblümchen war so glücklich, als ob ein großer Festtag wäre, und es war doch nur ein Montag. Alle Kinder waren in der Schule; während sie auf ihren Bänken saßen und etwas lernten, saß es auf seinem kleinen grünen Stengel und lernte auch von der warmen Sonne und allem ringsumher, wie gut Gott ist; und es schien ihm recht, daß die kleine Lerche alles, was es in der Stille fühlte, so deutlich und schön sang. Und das Gänseblümchen sah mit einer Art Ehrfurcht zu dem glücklichen Vogel auf, der singen und fliegen konnte, aber es war gar nicht betrübt, daß es das selbst nicht konnte. ‚Ich sehe und höre ja!' dachte es, ‚die Sonne bescheint mich, und der Wind küßt mich! Oh, wie bin ich doch beschenkt worden!'

Im Garten standen viele steife, vornehme Blumen; je weniger Duft sie hatten, desto stolzer waren sie. Die Sonnenblume blähte sich auf, um größer als die Rose zu sein, aber auf die Größe kommt es nicht an. Die Tulpen hatten die allerschönsten Farben, und das wußten sie wohl und hielten sich kerzengerade, damit man sie besser sehen konnte. Sie beachteten das kleine Gänseblümchen da draußen gar nicht, aber es sah desto mehr nach ihnen und dachte: ‚Wie reich und schön sie sind! Ja, zu ihnen fliegt gewiß der prächtige Vogel hernieder und besucht sie! Gott sei Dank, daß ich so nahe dabeistehe, so kann ich die Pracht doch zu sehen bekommen!' Und gerade wie sie das dachte: „Quirrvit!" da kam die Lerche herangeflogen, aber nicht zu den Tulpen herunter, nein, hernieder ins Gras zu dem armen Gänseblümchen, das vor lauter Freude so erschrak, daß es gar nicht wußte, was es denken sollte.

Der kleine Vogel tanzte rings um es her und sang: „Wie ist doch das Gras so weich! Welch liebliche kleine Blume mit Gold im Herzen und Silber auf dem Kleid!" Der gelbe Punkt in der Gänseblume leuchtete auch wie Gold, und die kleinen Blätter ringsherum glänzten silberhell.

Wie glücklich das kleine Gänseblümchen war, das kann niemand begreifen! Der Vogel küßte es mit seinem Schnabel, sang ihm vor und flog dann wieder in die blaue Luft hinauf. Es währte sicher eine ganze Viertelstunde, bevor das Blümchen sich erholen konnte. Halb verschämt und doch innerlich erfreut sah es nach den anderen Blumen im Garten. Sie hatten ja die Ehre und Glückseligkeit, die ihm widerfahren war, gesehen, und sie mußten ja begreifen, welche Freude es war. Aber die Tulpen standen noch einmal so steif wie vorher, und dann waren sie so spitz im Gesicht und rot, denn sie hatten sich geärgert. Die Sonnenblumen waren ganz dickköpfig; es war gut, daß sie nicht sprechen konnten, sonst hätte das Gänseblümchen eine ordentliche Zurechtweisung bekommen. Das arme kleine Blümchen konnte wohl sehen, daß sie nicht guter Laune waren, und das tat ihm sehr weh. Zur selben Zeit kam ein Mädchen mit einem großen, scharfen und glänzenden Messer in den Garten; es ging gerade auf die Tulpen zu und schnitt eine nach der anderen ab. „Uh!" seufzte das Gänseblümchen, „das ist ja schrecklich; nun ist es mit ihnen vorbei!" Dann ging das Mädchen mit den Tulpen fort. Das Gänseblümchen war froh, daß es draußen im Gras stand und eine kleine Blume war. Es fühlte sich so dankbar, und als die Sonne unterging, faltete es seine Blätter, schlief ein und träumte die ganze Nacht von der Sonne und dem kleinen Vogel.

Am nächsten Morgen, als die Blume wieder glücklich alle ihre weißen Blätter wie kleine Arme gegen Luft und Licht ausstreckte, erkannte es die Stimme des Vogels, aber es war so traurig, was er sang. Ja, die arme Lerche hatte guten Grund dazu, denn sie war gefangen worden und saß in einem Käfig dicht am offenen Fenster. Sie sang vom freien und glücklichen Umherfliegen, sang von dem jungen grünen Korn auf dem Feld und von der herrlichen Reise, die sie mit ihren Flügeln hoch in die Luft hinauf machen konnte. Der arme kleine Vogel war nicht bei guter Laune; gefangen saß er da im Käfig.

Das Gänseblümchen wollte so gern helfen. Aber wie sollte es das anfangen? Es vergaß völlig, wie schön alles ringsumher stand, wie warm die Sonne schien und wie herrlich weiß seine Blätter aussahen. Ach, und es konnte nur an den gefangenen Vogel denken, für den es gar nichts tun konnte.

Da kamen zwei kleine Knaben aus dem Garten, der eine hatte ein Messer in der Hand, groß und scharf wie das, welches das Mädchen hatte, um damit die Tulpen abzuschneiden. Sie gingen gerade auf das Gänseblümchen zu, das gar nicht begreifen konnte, was sie wollten.

„Hier können wir ein herrliches Rasenstück für die Lerche ausschneiden!" sagte der eine Knabe und begann nun um das Gänseblümchen herum ein Viereck tief einzuschneiden, so daß es mitten in dem Rasenstück stand.

„Reiß die Blume ab!" sagte der eine Knabe, und das Gänseblümchen zitterte vor Angst, denn abgerissen zu werden, hieße ja das Leben verlieren, und es wollte so gern leben, da es mit dem Rasenstück zu der gefangenen Lerche in den Käfig sollte.

„Nein, laß es stehen!" sagte der andere Knabe, „es schmückt so nett!" Und so blieb die kleine Gänseblume stehen und kam mit in den Käfig zur Lerche.

Aber der arme Vogel klagte laut über seine verlorene Freiheit und schlug mit den Füßen gegen den Eisendraht im Käfig; das Gänseblümchen konnte nicht sprechen, kein tröstendes Wort sagen, so gern es auch wollte. So verging der ganze Vormittag.

„Hier ist kein Wasser!" sagte die gefangene Lerche. „Sie sind alle ausgegangen und haben vergessen, mir einen Tropfen zu trinken zu geben. Mein Hals ist trocken und brennt! Es ist Feuer und Frost in mir und die Luft ist so schwer! Ach, ich muß sterben, scheiden vom warmen Sonnenschein, vom frischen Grün, von all der Herrlichkeit, die Gott geschaffen hat!" Und dann bohrte sie ihren Schnabel in das kühle Rasenstück, um sich dadurch ein wenig zu erfrischen. Da fielen ihre Augen auf das Gänseblümchen, und der Vogel nickte ihm zu, küßte es mit dem Schnabel und sagte: „Du mußt hier drinnen auch vertrocknen, du arme kleine Blume! Dich und den kleinen Fleck grünen Grases hat man mir für die ganze Welt gegeben, die ich draußen hatte! Jeder kleine Grashalm soll mir ein grüner Baum, jedes deiner weißen Blätter eine duftende Blume sein! Ach, ihr erzählt mir nur, wieviel ich verloren habe!"

‚Wer ihn doch trösten könnte!' dachte die Gänseblume, aber sie konnte kein Blatt bewegen; doch der Duft, der den feinen Blättern entströmte, war weit stärker, als man ihn sonst bei dieser Blume findet. Das bemerkte der Vogel auch, und obwohl er vor Durst fast verschmachtete und in seinem Schmerz die grünen Grashalme abriß, rührte er die Blume jedoch nicht an.

Es wurde Abend, und noch kam niemand, der dem armen Vogel Wasser brachte. Da streckte er seine hübschen Flügel aus, schüttelte sie krampfhaft, sein Gesang war ein wehmütiges Piep – piep, das kleine Haupt neigte sich dem Blümchen entgegen, und des Vogels Herz brach aus Mangel und Sehnsucht. Da konnte das Blümchen nicht, wie am Abend vorher, seine Blätter zusammenfalten und schlafen, es hing krank und traurig zur Erde nieder.

Erst am nächsten Morgen kamen die Knaben, und als sie den Vogel tot erblickten, weinten sie, weinten viele Tränen und gruben ihm ein niedliches Grab, das mit Blumenblättern geschmückt wurde. Des Vogels Leiche kam in eine schöne rote Schachtel; königlich sollte er bestattet werden, der arme Vogel! Als er lebte und sang, vergaßen sie ihn, ließen ihn im Käfig sitzen und Mangel leiden; nun weinten sie ihm viele Tränen nach.

Aber das Rasenstück mit dem Gänseblümchen wurde in den Staub der Landstraße hinausgeworfen. Und keiner dachte an das Blümchen, das doch am meisten für den kleinen Vogel gefühlt hatte und ihn so gern trösten wollte.

Das häßliche junge Entlein

s war so herrlich draußen auf dem Lande! Es war Sommer, das Korn stand gelb, der Hafer grün, das Heu war unten auf den grünen Wiesen in Schobern aufgesetzt, und da ging der Storch auf seinen langen roten Beinen und plapperte ägyptisch, denn diese Sprache hatte er von seiner Mutter gelernt. Rings um Äcker und Wiesen waren große Wälder und mitten in den Wäldern tiefe Seen. Ja, es war wirklich herrlich da draußen auf dem Lande! Mitten im Sonnenschein lag dort ein altes Rittergut, von tiefen Kanälen umgeben, und von der Mauer bis zum Wasser hinunter wuchsen große Klettenblätter, die so hoch waren, daß unter den größten kleine Kinder aufrecht stehen konnten; es war aber so wild darin wie im tiefsten Wald. Hier saß eine Ente auf ihrem Nest, die ihre Jungen ausbrütete, aber es wurde ihr fast zu langweilig, denn es dauerte so lange und dazu bekam sie sehr selten Besuch. Die anderen Enten schwammen lieber in den Kanälen umher, als daß sie hinaufliefen und sich unter ein Kleeblatt setzten, um mit ihr zu schnattern.

Endlich platzte ein Ei nach dem andern. „Piep! Piep!" sagte es, und alle Eidotter waren lebendig geworden und steckten den Kopf heraus.

„Rapp, rapp!" sagte sie, und so rappelten sich alle, was sie konnten, und sahen unter den grünen Blättern nach allen Seiten umher, und die Mutter ließ sie sehen, soviel sie wollten, denn das Grüne ist gut für die Augen.

„Wie groß ist doch die Welt!" sagten alle Jungen, denn nun hatten sie freilich ganz anders Platz als drinnen im Ei.

„Glaubt ihr, das sei die ganze Welt?" sagte die Mutter, „die erstreckt sich noch weit über die andere Seite des Gartens, gerade hinein in des Pfarrers Feld, aber da bin ich noch nie gewesen! Ihr seid doch alle beisammen?" fuhr sie fort und stand auf. „Nein, ich habe noch nicht alle; das größte Ei liegt noch da. Wie lange soll das noch währen? Jetzt bin ich es bald überdrüssig!" Und so setzte sie sich wieder.

„Nun, wie geht es?" sagte eine alte Ente, die gekommen war, um ihr einen Besuch zu machen.

„Es währt so lange mit dem einen Ei!" sagte die Ente, die saß, „es will kein Loch bekommen, doch sieh nur die anderen, sind es nicht die niedlichsten Entlein, die man je sah? Sie gleichen allesamt ihrem Vater; der Bösewicht, kommt nicht, mich zu besuchen."

„Laß mich das Ei sehen, das nicht platzen will!" sagte die Alte. „Glaube mir, es ist ein Putenei! Ich bin auch einmal so angeführt worden und hatte meine liebe Not und Sorge mit den Jungen, denn ihnen ist bange vor dem Wasser. Ich konnte sie nicht hineinbekommen; ich rappte und schnappte, aber es half nichts. – Laß mich das Ei sehen. Ja, das ist ein Putenei! Laß das liegen und lehre lieber die anderen Kinder schwimmen."

„Ich will doch noch ein bißchen darauf sitzen", sagte die Ente, „habe ich nun so lange gesessen, so kann ich auch noch länger sitzen."

„Nach Belieben", sagte die alte Ente und ging von dannen.

Endlich platzte das große Ei. „Piep! Piep!" sagte das Junge und kroch heraus. Aber es war groß und häßlich. Die Ente sah es an.

„Das ist ein gewaltig großes Entlein", sagte sie, „keines von den anderen sieht so aus; es wird doch wohl kein Putenküken sein? Nun, dahinter werden wir bald kommen! In das Wasser muß es, und wenn ich es selbst hineinstoßen soll!"

Am nächsten Tage war schönes, herrliches Wetter, und die Sonne schien auf all die grünen Kletten. Die Entenmutter ging mit ihrer ganzen Familie zum Kanal hinunter; platsch! da sprang sie in das Wasser. „Rapp! Rapp!" sagte sie, und ein Entlein plumpste nach dem anderen hinein; das Wasser schlug über ihren Köpfen zusammen, aber sie kamen gleich wieder hervor und schwammen so prächtig, die Beine gingen von selbst, und alle waren sie im Wasser, selbst das häßliche graue Junge schwamm mit.

„Nein, es ist kein Puter", sagte sie, „sieh, wie herrlich es die Beine gebraucht, wie gerade es sich hält, es ist mein eigenes Kind. Im Grunde ist es doch ganz hübsch, wenn man es nur richtig betrachtet. Rapp! Rapp! – Kommt nur mit mir, ich werde euch in die große Welt führen und euch im Entenhof vorstellen, aber haltet euch immer nahe bei mir, damit euch niemand tritt, und nehmt euch vor den Katzen in acht!"

Und so kamen sie in den Entenhof hinein. Da drinnen war ein schrecklicher Lärm, denn da waren zwei Familien, die sich um einen Aalkopf stritten, und am Ende bekam ihn doch die Katze.

„Seht, so geht es in der Welt zu!" sagte die Entenmutter und wetzte ihren Schnabel, denn sie wollte auch den Aalkopf haben. „Braucht nur die Beine!" sagte sie. „Seht, daß ihr euch rappeln könnt, und neigt euren Hals vor der alten Ente dort. Sie ist die vornehmste von allen hier; sie ist aus spanischem Geblüt, darum ist sie auch dick, und seht ihr, sie hat einen roten

Lappen um das Bein. Das ist etwas außerordentlich Schönes und die größte Auszeichnung, die eine Ente bekommen kann; das bedeutet soviel, daß man sie nicht verlieren will und daß sie von Tier und Menschen erkannt werden soll! Rappelt euch! Setzt die Füße nicht einwärts. Ein wohlerzogenes Entlein setzt die Füße weit auseinander, gerade wie Vater und Mutter. Seht, so! Nun neigt euren Hals und sagt: Rapp!"

Und das taten sie; aber die anderen Enten ringsumher betrachteten sie und sagten ganz laut: „Sieh da! Nun sollen wir noch diesen Anhang haben, als ob wir nicht schon genug wären! Und pfui! Wie das eine Entlein aussieht! Das wollen wir nicht dulden!" Und sogleich flog eine Ente hin und biß es in den Nacken.

„Laß es in Ruhe!" sagte die Mutter. „Es tut ja niemandem etwas."

„Ja, aber es ist so groß und ungewöhnlich", sagte die beißende Ente, „und darum muß es gepufft werden."

„Es sind hübsche Kinder, die die Mutter hat", sagte die alte Ente mit dem Lappen um das Bein, „alle zusammen schön bis auf das eine, das ist nicht geglückt; ich wünschte, daß sie es umarbeiten könnte."

„Das geht nicht, Euer Gnaden", sagte die Entenmutter, „es ist nicht hübsch, aber es hat ein gutes Gemüt und schwimmt so herrlich wie keins von den anderen, ja, ich darf sagen, noch etwas besser; ich denke, es wird hübsch heranwachsen und mit der Zeit etwas kleiner werden; es hat zu lange in dem Ei gelegen und darum nicht die rechte Gestalt bekommen!" Und so zupfte sie es im Nacken und glättete das Gefieder. „Es ist überdies ein Enterich", sagte sie, „und darum macht es nicht soviel aus. Ich denke, er wird gute Kräfte bekommen, er schlägt sich schon durch."

„Die anderen Entlein sind niedlich", sagte die Alte. „Tut nun, als ob Ihr zu Hause wäret, und findet Ihr einen Aalkopf, so könnt Ihr mir ihn bringen."

Und so waren sie wie zu Hause.

Aber das arme Entlein, das zuletzt aus dem Ei gekrochen war und so häßlich aussah, wurde gebissen, gestoßen und zum besten gehalten, und das von den Enten ebenso wie von den Hühnern. „Es ist zu groß", sagten alle, und der Truthahn, der mit Sporen zur Welt gekommen war und darum glaubte, daß er Kaiser sei, plusterte sich auf wie ein Fahrzeug mit vollen Segeln, ging gerade auf das Entlein los, und dann kollerte er und wurde ganz rot am Kopf. Das arme Entlein wußte weder, wo es stehen noch gehen sollte; es war so betrübt, weil es häßlich aussah und vom ganzen Entenhof verspottet wurde.

So ging es den ersten Tag, und später wurde es schlimmer und schlimmer. Das Entlein wurde von allen gejagt, selbst seine Geschwister waren böse zu ihm und sagten immer: „Wenn die Katze dich nur fangen möchte, du häßliches Geschöpf!" Und die Mutter sagte: „Wenn du nur weit fort wärst!" Die Enten bissen es, und die Hühner schlugen es, und das Mädchen, das die Tiere füttern sollte, stieß es mit den Füßen.

Da lief es und flog über den Zaun; die kleinen Vögel in den Büschen flogen erschrocken auf. ‚Das geschieht, weil ich häßlich bin!' dachte das Entlein und schloß die Augen, lief aber trotzdem weiter; so kam es hinaus zu dem großen Moor, wo die wilden Enten wohnten. Hier lag es die ganze Nacht, es war so müde und kummervoll.

Am Morgen flogen die Wildenten auf, und sie sahen den neuen Kameraden. „Was bist du für einer?" fragten sie, und das Entlein wandte sich nach allen Seiten und grüßte, so gut es konnte.

„Du bist außerordentlich häßlich!" sagten die Wildenten. „Aber das kann uns gleichgültig sein, wenn du nur nicht in unsere Familie hineinheiratest!" – Das Arme dachte wahrlich nicht daran, sich zu verheiraten, wenn es nur die Erlaubnis hatte, im Schilf zu liegen und etwas Moorwasser zu trinken.

So lag es ganze zwei Tage. Da kamen zwei Wildgänse oder richtiger Wildgänseriche dorthin; es war auch noch nicht lange her, daß sie aus dem Ei gekrochen waren, und nur darum waren sie auch so keck.

„Hör, Kamerad", sagten sie, „du bist so häßlich, daß wir dich gut leiden mögen! Willst du mitziehen und Zugvogel werden? Hier nahebei in einem anderen Moore gibt es einige liebliche Wildgänse, alle Fräulein, die ‚Rapp!' sagen können. Du bist imstande, da dein Glück zu machen, so häßlich du auch bist!"

„Piff! Paff!" ertönte es, und beide Gänseriche fielen tot in das Schilf nieder, und das Wasser wurde blutrot. „Piff! Paff!" ertönte es wieder, und ganze Scharen Wildgänse flogen aus dem Schilf auf, und dann knallte es wieder. Es war große Jagd; die Jäger lagen rings um das Moor herum, ja, einige saßen oben in den Baumzweigen, die sich weit über das Schilf hinausstreckten. Der blaue Dampf zog wie Wolken zwischen die dunklen Bäume und hing weit über das Wasser hinaus, und ins Moor kamen die Jagdhunde, platsch! platsch! Schilf und Rohr neigten sich nach allen Seiten. Das war ein Schreck für das arme Entlein. Es wandte den Kopf, um ihn unter den Flügeln zu stecken, aber im selben Augenblick stand ein fürchterlich großer Hund dicht bei ihm; die Zunge hing ihm lang aus dem Halse heraus, und die Augen leuchteten greulich häßlich, er streckte seinen Rachen dem Entlein gerade entgegen, zeigte ihm die scharfen Zähne und – platsch! platsch! ging er wieder, ohne es zu packen.

„Oh, Gott sei Dank!" seufzte das Entlein, „ich bin so häßlich, daß mich selbst der Hund nicht beißen mag!"

So lag es ganz still, während die Schrotkörner durch das Schilf sausten und Schuß auf Schuß knallte.

Erst spät am Tage wurde es still, aber das arme Junge wagte noch nicht, sich zu erheben; es wartete noch mehrere Stunden, bevor es sich umsah, und dann eilte es fort aus dem Moor, so schnell es konnte; es lief über Felder und Wiesen, und es tobte ein solcher Sturm, daß es ihm schwer wurde, von der Stelle zu kommen.

Gegen Abend erreichte es eine kleine Bauernhütte, die war so baufällig, daß sie selbst nicht wußte, nach welcher Seite sie fallen wollte, und darum blieb sie stehen. Der Sturm umsauste das Entlein so, daß es sich niedersetzen mußte, um sich zu halten; und es wurde schlimmer und schlimmer; da bemerkte es, daß die Tür aus der einen Angel gegangen war und so schief hing, daß es durch die Öffnung in die Stube hineinschlüpfen konnte, und das tat es.

Hier wohnte eine alte Frau mit ihrem Kater und ihrem Huhn, und der Kater, den sie Söhnchen nannte, konnte einen Buckel machen und spinnen, er sprühte sogar Funken, aber dann mußte man ihn gegen die Haare streicheln. Das Huhn hatte ganz kleine, kurze Beine, und darum wurde es Küchelchen-Kurzbein genannt; es legte gut Eier, und die Frau liebte es wie ihr eigenes Kind.

Am Morgen bemerkte man sogleich das fremde Entlein, und der Kater begann zu schnurren und das Huhn zu gackern.

„Was ist das?" sagte die Frau und sah sich ringsum, aber sie sah nicht gut, und so glaubte sie, daß das Entlein eine fette Ente sei, die sich verirrt habe. „Das ist ja ein seltsamer Fang!" sagte sie. „Nun kann ich Enteneier bekommen. Wenn es nur kein Enterich ist! Das müssen wir erproben."

Und so wurde das Entlein für drei Wochen auf Probe angenommen, aber da kam kein Ei. Und der Kater war Herr im Hause, und das Huhn war die Dame, und immer sagten sie: „Wir und die Welt!" Denn sie glaubten, daß sie die Hälfte seien, und zwar der allerbeste Teil. Das Entlein glaubte, daß man auch eine andere Meinung haben könne, aber das litt das Huhn nicht.

„Kannst du Eier legen?" fragte es.

„Nein!"

„So wirst du deinen Mund halten!"

Und der Kater sagte: „Kannst du einen krummen Buckel machen, spinnen und Funken sprühen?"

„Nein!"

„So darfst du auch keine Meinung haben, wenn vernünftige Leute sprechen!"

Das Entlein saß im Winkel und war schlechter Laune; da dachte es an frische Luft und Sonnenschein; und es bekam Lust, auf dem Wasser zu schwimmen, daß es nicht anders konnte, als es der Henne zu sagen.

„Was fehlt dir?" fragte die. „Du hast nichts zu tun, darum fängst du Grillen! Lege Eier oder spinne, so gehen sie vorüber."

„Aber es ist so schön, auf dem Wasser zu schwimmen", sagte das Entlein, „so herrlich, es über dem Kopf zusammenschlagen zu lassen und auf den Grund niederzutauchen!"

„Ja, das ist ein großes Vergnügen!" sagte die Henne. „Du bist wohl verrückt geworden! Frage den Kater danach – er ist sehr klug – ob er es liebt, auf dem Wasser zu schwimmen oder unterzutauchen. Ich will nicht von mir sprechen. – Frage selbst unsere Herrschaft, die alte Frau; klüger als sie ist niemand auf der Welt! Glaubst du, daß sie Lust hat, zu schwimmen und das Wasser über dem Kopf zusammenschlagen zu lassen?"

„Ihr versteht mich nicht!" sagte die Ente.

„Wir verstehen dich nicht? Wer soll dich denn verstehen können? Du wirst doch wohl nicht klüger sein wollen als der Kater und die Frau, mich will ich dabei gar nicht erwähnen! Bilde dir nur nichts ein, mein Kind, und danke deinem Schöpfer für all das Gute, das dir erwiesen wurde. Bist du nicht in eine warme Stube gekommen und hast einen Umgang, von dem du etwas lernen kannst? Aber du bist ein Schwätzer, und es ist nicht erfreulich, mit dir umzugehen. Mir kannst du glauben! Ich meine es gut mit dir. Ich sage dir Unannehmlichkeiten, und daran kann man seine wahren Freunde erkennen! Sieh zu, daß du Eier legst oder Spinnen und Funkensprühen lernst!"

„Ich glaube, ich gehe hinaus in die weite Welt!" sagte das Entlein.

„Ja, tue das!" sagte das Huhn.

Und so ging das Entlein; es schwamm auf dem Wasser, es tauchte unter, aber von allen Tieren wurde es wegen seiner Häßlichkeit übersehen.

Nun kam der Herbst; die Blätter im Wald wurden gelb und braun, der Wind erfaßte sie so, daß sie umhertanzten, und oben in der Luft war es sehr kalt; die Wolken hingen schwer von Hagel und Schneeflocken, und auf dem Zaun stand der Rabe und schrie: „Au! Au!" vor lauter Kälte; ja, man konnte ordentlich frieren, wenn man nur daran dachte. Das arme Entlein hatte es wahrlich nicht gut.

Eines Abends, als die Sonne so prächtig unterging, kam ein ganzer Schwarm herrlich großer Vögel aus dem Busche; das Entlein hatte niemals zuvor so schöne gesehen. Sie waren ganz leuchtendweiß, mit langen, geschmeidigen Hälsen; es waren Schwäne. Sie stießen einen ganz eigenartigen Ton aus, breiteten ihre prächtigen langen Flügel aus und flogen von der kalten Gegend fort nach den warmen Ländern, nach offenen Seen. Sie stie-

gen so hoch, und dem häßlichen kleinen Entlein wurde seltsam zumute; es drehte sich im Wasser wie ein Rad rundherum, streckte den Hals hoch in die Luft nach ihnen aus und stieß einen so lauten und sonderbaren Schrei aus, daß es sich selbst davor fürchtete. Oh, es konnte die schönen, glücklichen Vögel nicht vergessen, und sobald es sie nicht mehr erblickte, tauchte es bis ganz auf den Grund, und als es wieder heraufkam, war es wie außer sich. Es wußte nicht, wie die Vögel hießen, noch wohin sie flogen, aber doch war es ihnen gut, wie es nie jemand gewesen. Es beneidete sie durchaus nicht, aber wie konnte es ihm einfallen, sich solche Herrlichkeit zu wünschen? Es wäre schon froh gewesen, wenn die Enten es nur unter sich geduldet hätten, das arme häßliche Tier!

Der Winter wurde immer kälter. Das Entlein mußte im Wasser herumschwimmen, um dessen völliges Zufrieren zu verhindern, aber in der Nacht wurde das Loch, worin es schwamm, kleiner und kleiner! Es fror so, daß es in der Eisdecke knackte; das Entlein mußte fortwährend die Beine gebrauchen, damit das Loch sich nicht schloß. Zuletzt wurde es matt, lag ganz still und fror so im Eise fest.

Am anderen Morgen kam ein Bauer daher; als er das Entlein sah, schlug er mit seinem Holzschuh das Eis in Stücke und trug es heim zu seiner Frau. Da lebte es wieder auf.

Die Kinder wollten mit ihm spielen, aber das Entlein glaubte, sie wollten ihm etwas zuleide tun, und fuhr in der Angst gerade in den Milchtopf hinein, so daß die Milch in die Stube spritzte. Die Frau schrie auf und schlug die Hände zusammen, worauf es in das Butterfaß, dann hinunter in die Milchtonne und dann wieder herausflog. Wie sah es da aus! Die Frau schrie und schlug mit der Feuerzange nach ihm, die Kinder rannten einander über den Haufen, um das Entlein zu fangen, und lachten und schrien! Gut war es, daß die Tür aufstand und es zwischen die Büsche in den frischgefallenen Schnee schlüpfen konnte – da lag es dann ganz ermattet da.

Es wäre jedoch sehr betrüblich, von all der Not und dem Elend zu erzählen, die das arme Entlein in dem harten, überaus kalten Winter erdulden mußte. Es lag im Moor, zwischen dem Röhricht, als die Sonne wieder warm zu scheinen begann; die Lerchen sangen – und es war herrlicher Frühling.

Da konnte auf einmal das Entlein seine Flügel erheben, sie brausten stärker als früher und trugen es kräftig davon; und ehe es recht wußte, befand es sich in einem großen Garten, wo die Apfelbäume in Blüte standen, wo der Flieder duftete und seine langen grünen Zweige gerade bis zu den sich windenden Kanälen hinunterneigte. Oh, hier war es schön und frühlingsfrisch! Und vorn aus dem Dickicht kamen drei herrliche weiße Schwäne; sie brausten mit den Federn und schwammen so leicht auf dem Wasser. Das Entlein kannte die prächtigen Tiere und wurde von einer seltsamen Traurigkeit befallen.

„Ich will zu ihnen hinfliegen, zu den königlichen Vögeln! Aber sie werden mich totschlagen, weil ich, da ich so häßlich bin, mich ihnen zu nähern wage! Aber das ist einerlei! Besser von ihnen getötet, als von den Enten gezwackt, von den Hühnern geschlagen, von dem Mädchen, das den Hühnerhof hütet, gestoßen zu werden und im Winter Mangel zu leiden!" Es flog hinaus in das Wasser und schwamm den prächtigen Schwänen entgegen; diese sahen es und schossen mit rauschenden Federn heran. „Tötet mich nur!" sagte das arme Tier, neigte seinen Kopf der Wasserfläche zu und erwartete den Tod. Aber was erblickte es in dem klaren Wasser? Es sah sein eigenes Bild unter sich, aber das war kein plumper schwarzgrauer Vogel mehr, häßlich und garstig, sondern war selbst ein Schwan.

Es schadet nichts, in einem Entenhof geboren zu sein, wenn man nur in einem Schwanenei gelegen hat!

Es fühlte sich ordentlich erfreut über all die Not, die es ausgestanden hatte. Nun erkannte es erst sein Glück an all der Herrlichkeit, die es begrüßte.

Die großen Schwäne umschwammen es und streichelten es liebevoll mit dem Schnabel.

Im Garten kamen einige kleine Kinder, die Brot und Korn ins Wasser warfen, und das kleinste rief: „Da ist ein neuer!" Und die anderen Kinder jubelten mit: „Ja, es ist ein neuer angekommen!" Sie klatschten mit den Händen und tanzten umher, liefen zum Vater und der Mutter, und es wurde Brot und Kuchen in das Wasser geworfen, und sie sagten alle: „Der neue ist der Schönste! So jung und so prächtig!" Und die alten Schwäne neigten sich vor ihm.

Da fühlte er sich beschämt, steckte den Kopf unter seine Flügel, und wußte nicht einmal warum; er war allzu glücklich, aber gar nicht stolz, denn ein gutes Herz wird nie stolz! Er dachte daran, wie er verfolgt und verhöhnt worden war, und hörte nun alle sagen, daß er der schönste aller schönen Vögel sei. Selbst der Flieder neigte sich mit den Zweigen gerade zu ihm in das Wasser hinunter, und die Sonne schien warm und mild. Da rauschten seine Federn, der schlanke Hals hob sich, und aus vollem Herzen jubelte er: „Soviel Glück habe ich mir nicht träumen lassen, als ich noch das häßliche junge Entlein war!"

Die Störche

dem letzten Haus in einem kleinen Dorf stand ein Storchennest. Die Storchenmutter saß im Nest bei ihren vier kleinen Jungen, die den Kopf mit dem kleinen schwarzen Schnabel, denn der war noch nicht rot geworden, hervorstreckten. Ein Stückchen davon stand auf dem Dachfirstrücken ganz stramm und steif der Storchenvater. Er hatte das eine Bein unter sich emporgezogen, um noch einige Mühe zu haben, während er Schildwache stand. Fast hätte man glauben mögen, er sei aus Holz geschnitzt, so still stand er. ‚Es sieht gewiß recht vornehm aus, daß meine Frau eine Schildwache beim Nest hat!‘ dachte er. ‚Sie können ja nicht wissen, daß ich ihr Mann bin. Sie glauben sicher, daß mir befohlen worden ist, hier zu stehen. Das sieht recht vornehm aus!‘ Und so blieb er auf einem Beine stehen.

Unten auf der Straße spielte eine Schar Kinder, und als sie die Störche erblickten, sang einer der mutigsten Knaben und allmählich alle zusammen den alten Vers von den Störchen:

> „Storch, Storch, fliege heim,   Das eine wird gehängt,
> Stehe nicht auf einem Bein;   Das andere wird versengt,
> Deine Frau im Neste liegt,   Das dritte man erschießt,
> Wo sie ihre Jungen wiegt.   Wenn man das vierte spießt!"

„Höre nur, was die Kinder singen!" sagten die kleinen Storchenkinder. „Sie singen, wir sollen gehängt und versengt werden!"

„Daran sollt ihr euch nicht kümmern!" sagte die Storchenmutter. „Hört nur nicht darauf, so schadet es euch nichts!"

Aber die Knaben fuhren fort zu singen, und zeigten mit den Fingern auf die Störche; nur ein Knabe, der Peter hieß, sagte, es wäre Unrecht, sich über die Tiere lustig zu machen, und wollte auch gar nicht mit dabeisein. Die Storchenmutter tröstete ihre Kinder: „Kümmert euch nicht darum!"

sagte sie, „seht nur, wie ruhig und unbekümmert euer Vater dasteht, und zwar auf einem Bein!"

„Wir fürchten uns sehr!" sagten die Jungen und zogen ihre Köpfe in das Nest zurück.

Am nächsten Tage, als die Kinder wieder zum Spielen zusammenkamen und die Störche erblickten, begannen sie wieder ihr altes Lied:

„Das eine wird gehängt,

Das andere wird versengt." –

„Werden wir wohl gehängt und versengt?" fragten die jungen Störche.

„Nein, sicher nicht!" sagte die Mutter. „Ihr sollt fliegen lernen; ich werde euch schon einüben. Dann fliegen wir hinaus auf die Wiese und statten den Fröschen einen Besuch ab. Die verneigen sich vor uns im Wasser, singen: „Koax, koax!" und dann essen wir sie auf. Das wird ein rechtes Vergnügen geben!"

„Und was dann?" fragten die Storchenjungen.

„Dann versammeln sich alle Störche, die hier im ganzen Lande sind, und die Herbstübung beginnt. Da muß man gut fliegen, das ist von großer Wichtigkeit, denn wer nicht fliegen kann, wird vom General mit dem Schnabel totgestochen. Darum, gebt wohl acht, etwas zu lernen, wenn das Üben anfängt!"

„So werden wir ja doch gespießt, wie die Knaben sagten, und höre nur, jetzt singen sie es wieder!"

„Hört auf mich und nicht auf sie", sagte die Storchenmutter. „Nach der großen Herbstübung fliegen wir in die warmen Länder, weit, weit von hier, über Berge und Wälder. Nach Ägypten fliegen wir, wo es dreieckige Steinhäuser gibt, die mit ihrer Spitze bis über die Wolken ragen; sie werden Pyramiden genannt und sind älter, als ein Storch sich denken kann. Dort ist auch ein Fluß, der über seine Ufer tritt, so daß das ganze Land zu einem Sumpf wird. Man spaziert im Sumpf umher und ißt Frösche."

„Oh!" sagten alle Jungen.

„Ja, dort ist es herrlich! Man tut dort den ganzen Tag nichts anderes als essen, und während wir es so gut haben, ist in diesem Land nicht ein grünes Blatt auf den Bäumen; hier ist es so kalt, daß die Wolken in Stücke frieren und in kleinen weißen Lappen herunterfallen!"

Es war Schnee, den sie meinte, aber sie konnte es nicht deutlicher erklären.

„Frieren denn auch die unartigen Knaben in Stücke?" fragten die jungen Störche.

„Nein, in Stücke frieren sie nicht, aber sie sind nahe daran und müssen in der dunklen Stube sitzen und herumhocken. Ihr dagegen könnt in fremden Ländern umherfliegen, wo es Blumen und warmen Sonnenschein gibt!"

Nun war schon einige Zeit vergangen, und die Jungen waren so groß geworden, daß sie im Nest aufrecht stehen und weit umhersehen konnten; und der Storchenvater kam jeden Tag angeflogen mit schönen Fröschen, kleinen Schlangen und allen Storchleckereien, die er finden konnte. Oh, das sah lustig aus, wie er ihnen Kunststücke vormachte! Den Kopf legte er auf den Schwanz, mit dem Schnabel klapperte er, als wäre er eine kleine Knarre, und dann erzählte er ihnen Geschichten, allesamt vom Sumpf.

„Hört, nun müßt ihr fliegen lernen!" sagte eines Tages die Storchenmutter, und dann mußten alle vier Jungen hinaus auf den Dachfirst. Oh, wie sie schwankten, wie sie mit den Flügeln balancierten und doch nahe daran waren, herunterzufallen!

„Seht nur auf mich!" sagte die Mutter. „So müßt ihr den Kopf halten! So müßt ihr die Füße stellen! Eins, zwei! Eins, zwei! Das ist es, was euch in der Welt forthelfen soll!" Dann flog sie ein kleines Stück, und die Jungen machten einen kleinen unbeholfenen Sprung. Bums! da lagen sie, denn ihr Körper war zu schwerfällig.

„Ich will nicht fliegen!" sagte das eine Junge und kroch wieder in das Nest hinauf. „Mir ist nichts daran gelegen, nach den warmen Ländern zu kommen!"

„Willst du denn hier erfrieren, wenn es Winter wird? Sollen die Knaben kommen, dich hängen, sengen und braten? Nun, ich werde sie rufen!"

„Oh, nein!" sagte das junge Storchenkind und hüpfte wieder auf das Dach zu den anderen. Den dritten Tag konnten sie schon ein wenig fliegen, und da glaubten sie, auch in der Luft es zu können. Das wollten sie, aber bums! da purzelten sie und mußten schnell die Flügel wieder rühren. Nun kamen die Knaben unten auf der Straße und sangen ihr Lied:

„Storch, Storch, fliege heim!"

„Sollen wir nicht hinunterfliegen und ihnen die Augen aushacken?" sagten die Jungen.

„Nein, laßt das!" sagte die Mutter. „Hört nur auf mich, das ist weit wichtiger! Eins, zwei, drei! Nun fliegen wir rechts herum. Eins, zwei, drei! Nun links um den Schornstein! Seht, das war sehr gut! Der letzte Schlag mit den Flügeln war so gut und richtig, daß ihr die Erlaubnis bekommen sollt, morgen mit mir in den Sumpf zu fliegen. Dort werden mehrere hübsche Storchenfamilien mit ihren Kindern sein; zeigt mir nun, daß die meinen die

niedlichsten sind und daß ihr euch recht gerade haltet. Das sieht gut aus und verschafft Ansehen!"

„Aber sollen wir uns denn nicht an den unartigen Buben rächen?" fragten die jungen Störche.

„Laßt sie schreien, soviel sie wollen! Ihr fliegt doch zu den Wolken auf und kommt in das Land der Pyramiden, wenn sie frieren müssen und kein grünes Blatt und keinen süßen Apfel haben!"

„Ja, wir wollen uns rächen!" flüsterten sie einander zu, und dann wurde wieder geübt.

Von allen Knaben auf der Straße war keiner ärger, das Spottlied zu singen, als gerade der, der damit angefangen hatte, und das war ein ganz kleiner; er war wohl nicht älter als sechs Jahre. Die jungen Störche glaubten freilich, daß er hundert Jahre zähle, denn er war ja viel größer als ihre Mutter und ihr Vater, und was wußten sie davon, wie alt Kinder und große Menschen sein können! Ihre ganze Rache sollte diesen Knaben treffen; er hatte ja zuerst begonnen und hörte gar nicht wieder auf. Die jungen Störche waren sehr aufgebracht, und als sie größer wurden, wollten sie es noch weniger dulden; die Mutter mußte ihnen zuletzt versprechen, daß sie schon gerächt werden sollten, aber erst am letzten Tag, den sie hier im Lande wären.

„Wir müssen ja erst sehen, wie ihr euch beim großen Manöver bewähren werdet! Macht ihr eure Sache schlecht, so daß der General euch den Schnabel durch die Brust rennt, dann haben die Knaben ja recht, wenigstens in einer Hinsicht. Laßt uns nun sehen!"

„Ja, das sollst du!" sagten die Jungen und so gaben sie sich recht viel Mühe. Sie übten jeden Tag und flogen so niedlich und leicht, daß es eine Lust war.

Nun kam der Herbst. Alle Störche versammelten sich, um nach den warmen Ländern zu ziehen, während wir Winter haben. Das war ein Leben! Über Wälder und Städte mußten sie, nur um zu sehen, wie sie fliegen könnten, denn es war ja eine große Reise, die ihnen bevorstand. Die jungen Störche machten ihre Sache so brav, daß sie „Ausgezeichnet gut mit Frosch und Schlange" erhielten. Das war das allerbeste Zeugnis, und den Frosch und die Schlange konnten sie essen, und das taten sie auch.

„Nun wollen wir uns rächen!" sagten sie.

„Ja, gewiß!" sagte die Storchenmutter. „Was ich mir ausgedacht habe, ist gerade das Richtige! Ich weiß, wo der Teich ist, in dem alle die kleinen Menschenkinder liegen, bis der Storch kommt und sie den Eltern bringt. Die niedlichen kleinen Kinder schlafen und träumen so schön, wie sie später nie mehr träumen. Alle Eltern wollen gern so ein kleines Kind haben, und alle Kinder wollen eine Schwester oder einen Bruder haben. Nun wollen wir nach dem Teich hinfliegen und für jedes der Kinder eins holen, die nicht das böse Lied gesungen und die Störche zum besten gehabt!"

„Aber der, der zu singen anfing, der schlimme, häßliche Knabe", schrien die jungen Störche, „was machen wir mit dem?"

„Da liegt im Teich ein kleines totes Kind, das hat sich totgeträumt, das wollen wir für ihn nehmen, dann muß er weinen, weil wir ihm einen toten kleinen Bruder gebracht haben. Aber dem guten Knaben – ihn habt ihr doch nicht vergessen, der sagte, es sei Sünde, die Tiere zum besten zu haben? – ihm wollen wir einen Bruder und eine Schwester bringen, und da der Knabe Peter heißt, so sollt ihr allesamt Peter heißen!"

Und es geschah, wie sie sagte, und so hießen alle Störche Peter, und so werden sie noch heute genannt.

Die Hirtin und der Schornsteinfeger

ast du wohl je einen Holzschrank gesehen, ganz schwarz vor Alter und mit geschnitzten Schnörkeln und Laubwerk? Genauso einer stand in einer Wohnstube. Er war von der Urgroßmutter geerbt und mit ausgeschnitzten Rosen und Tulpen von oben bis unten bedeckt. Da gab es die seltsamsten Schnörkel, und aus diesen ragten kleine Hirschköpfe mit Geweihen hervor. Mitten auf dem Schrank aber stand ein ganzer geschnitzter Mann, er war freilich lächerlich anzusehen und grinste auch, denn lachen konnte man es nicht nennen; er hatte Ziegenbocksbeine, kleine Hörner am Kopf und einen langen Bart. Die Kinder, die im Zimmer spielten, nannten ihn immer den Ziegenbocksbein-Ober- und Unterkriegsbefehlshaber. Sein Name entsprach auch seiner merkwürdigen Gestalt, die sehr schwer auszuschnitzen gewesen war; so schwer, wie der sehr wenig verliehene Titel, dessen sich nicht viele rühmen können. Doch nun war er ja da! Immer sah er zum Tisch unter dem Spiegel, denn da stand eine liebliche kleine Hirtin aus Porzellan. Die Schuhe waren vergoldet, das Kleid war mit einer roten Rose niedlich aufgesteckt, und dazu hatte sie einen Goldhut und einen Hirtenstab; sie war wunderschön. Dicht neben ihr stand ein kleiner Schornsteinfeger, so schwarz wie Kohle, aber auch aus Porzellan. Er war ebenso rein und fein wie irgendein anderer; daß er ein Schornsteinfeger war, nun, das war ja nur etwas, was er darstellte; der Porzellanmacher hätte ebensogut einen Prinzen aus ihm machen können, denn das war einerlei.

Da stand er niedlich mit seiner Leiter und mit einem Gesicht, so weiß und rot wie das Mädchen, und das war eigentlich ein Fehler, denn etwas schwarz hätte er doch wohl sein können. Er stand ganz nahe bei der Hirtin; sie waren beide hingestellt, wo sie standen, und da sie nun einmal dahingestellt waren, so hatten sie sich verlobt. Sie paßten ja zueinander, sie waren von demselben Porzellan und beide gleich zerbrechlich.

Dicht bei ihnen stand noch eine andere Figur, die dreimal größer war. Es war ein alter Chinese, der nicken konnte; er war auch aus Porzellan und sagte, er sei der Großvater der kleinen Hirtin, aber das konnte er freilich nicht beweisen. Er behauptete, daß er Gewalt über sie habe, und darum hatte er dem Ziegenbocksbein-Ober- und Unterkriegsbefehlshaber, der um die kleine Hirtin freite, zugenickt.

„Da erhältst du einen Mann", sagte der alte Chinese, „einen Mann, der, wie ich fast glaube, aus Mahagoniholz ist. Er kann dich zur Ziegenbocksbein-Ober- und Unterkriegsbefehlshaberin machen; er hat den ganzen Schrank voll Silberzeug, außer dem, was er in den geheimen Fächern aufbewahrt!"

„Ich will nicht in den dunklen Schrank hinein!" sagte die kleine Hirtin. „Ich habe sagen hören, daß er elf Porzellanfrauen darin hat."

„Dann kannst du die zwölfte sein!" sagte der Chinese. „Sobald es heute nacht in dem alten Schrank knackt, sollt ihr Hochzeit feiern, so wahr ich ein Chinese bin!" Darauf nickte er mit dem Kopfe und schlief ein.

Aber die kleine Hirtin weinte und blickte ihren Herzallerliebsten an.

„Ich möchte dich bitten", sagte sie, „mit mir in die weite Welt hinauszugehen, denn hier können wir nicht bleiben!"

„Ich will alles, was du willst!" sagte der kleine Schornsteinfeger. „Laß uns gleich gehen. Ich denke wohl, daß ich dich mit meinem Handwerk ernähren kann!"

„Wären wir nur erst vom Tisch herunter!" sagte sie. „Ich werde nicht eher froh, bis wir draußen in der weiten Welt sind!"

Und er tröstete sie und zeigte ihr, wie sie ihren kleinen Fuß auf die ausgeschnittene Ecke und das vergoldete Laubwerk am Tischfuß hinabsetzen sollte; seine Leiter nahm er auch zu Hilfe, und dann waren sie auf dem Fußboden. Als sie aber zu dem alten Schrank hinsahen, herrschte große Unruhe darin. Alle die ausgeschnittenen Hirsche streckten die Köpfe weit hervor, erhoben die Geweihe und drehten die Hälse. Der Ziegenbocksbein-Ober- und Unterkriegsbefehlshaber sprang in die Höhe und rief zum alten Chinesen hinüber: „Nun laufen sie fort! Nun laufen sie fort!"

Da erschraken sie und sprangen geschwind in den Schubkasten des Fenstertrittes.

Hier lagen drei oder vier Spiele Karten, die nicht vollständig waren, und ein kleines Puppentheater, das aufgebaut war, so gut es eben ging. Da wurde Komödie gespielt, und alle Damen saßen in der ersten Reihe und fächelten sich mit ihren Tulpen, und hinter ihnen standen alle Buben und zeigten, daß sie Kopf hatten, sowohl oben als unten, wie die Spielkarten es haben. Die Komödie handelte von zwei Liebenden, die einander nicht bekommen sollten, und die Hirtin weinte darüber, denn es war wie ihre eigene Geschichte.

„Das kann ich nicht aushalten!" sagte sie. „Ich muß aus dem Schubkasten heraus!" Als sie aber auf dem Fußboden anlangten und zum Tisch hinaufblickten, da war der alte Chinese erwacht und schüttelte seinen ganzen Körper, unten war er ja nur ein Klumpen.

„Nun kommt der alte Chinese!" schrie die kleine Hirtin und fiel auf ihre Porzellanknie nieder, so betrübt war sie.

„Mir kommt ein Gedanke", sagte der Schornsteinfeger. „Wir wollen in das große Gefäß, das in jener Ecke steht, hineinkriechen. Da können wir auf Rosen und Lavendel liegen und ihm Salz in die Augen werfen, wenn er kommt."

„Das kann nichts nützen!" sagte sie. „Überdies weiß ich, daß der alte Chinese und jenes Gefäß miteinander verlobt gewesen sind, und es bleibt immer etwas Wohlwollen zurück, wenn man in solchen Verhältnissen gestanden hat. Nein, es bleibt uns nichts übrig, als in die weite Welt hinauszugehen."

„Hast du wirklich Mut, mit mir in die weite Welt hinauszugehen?" fragte der Schornsteinfeger. „Hast du auch bedacht, wie groß sie ist und daß wir nie mehr an diesen Ort zurückkommen können?"

„Ja!" sagte sie.

Der Schornsteinfeger sah sie fest an, und dann sagte er: „Mein Weg geht durch den Schornstein. Hast du wirklich Mut, mit mir durch den Ofen, durch den Kasten und durch die Röhre zu kriechen? Dann kommen wir hinaus in den Schornstein, und dort kenne ich mich aus. Wir steigen so hoch, daß sie uns nicht erreichen können, und ganz oben geht ein Loch in die weite Welt hinaus."

Und er führte sie zur Ofentür.

„Da sieht es so schwarz aus!" sagte sie, aber sie ging doch mit ihm durch den Kasten und durch die Röhre, wo pechfinstere Nacht herrschte.

„Nun sind wir im Schornstein!" sagte er. „Und sieh, dort oben scheint der herrlichste Stern."

Und wirklich war es ein Stern am Himmel, der gerade zu ihnen hinabschien, als wollte er ihnen den Weg zeigen. Und sie kletterten und krochen, ein greulicher Weg war es, so hoch. Aber er hob und schob sie und zeigte ihr die besten Stellen, wo sie ihre kleinen Porzellanfüße hinsetzen konnte.

Und so erreichten sie den Schornsteinrand, und auf den setzten sie sich, denn sie waren sehr müde.

Der Himmel mit allen seinen Sternen war hoch über ihnen und alle Dächer der Stadt tief unter ihnen. Sie sahen so weit umher, weit hinaus in die Welt. Die arme Hirtin hatte es sich niemals so gedacht. Sie legte sich mit ihrem kleinen Kopf gegen ihren Schornsteinfeger und weinte so, daß das Gold von ihrem Gürtel absprang.

„Das ist allzuviel!" sagte sie. „Das kann ich nicht ertragen! Die Welt ist allzugroß! Wäre ich doch wieder auf dem Tisch unter dem Spiegel. Ich werde nicht froh, ehe ich dort bin. Nun bin ich dir in die weite Welt hinausgefolgt, nun kannst du mich auch wieder zurückbegleiten, wenn du mich wirklich liebhast."

Der Schornsteinfeger redete ihr gut zu, sprach von dem alten Chinesen und vom Ziegenbocksbein-Ober- und Unterkriegsbefehlshaber, aber sie schluchzte gewaltig und küßte ihren kleinen Schornsteinfeger, so daß er nicht anders konnte, als sich ihr fügen, obgleich es töricht war.

So kletterten sie wieder mit vielen Beschwerden den Schornstein hinunter und krochen durch den Kasten und die Röhre, das war gar nicht schön. Dann standen sie im dunklen Ofen und horchten hinter der Tür, um zu erfahren, wie es in der Stube stände. Da war es ganz still; sie guckten hinein – ach, da lag der alte Chinese mitten auf dem Fußboden. Er war vom Tisch heruntergefallen, als er hinter ihnen her wollte, und lag nun in drei Stücke zerschlagen da; der ganze Rücken war in einem Stück abgegangen, und der Kopf war in eine Ecke gerollt. Der Ziegenbocksbein-Ober- und Unterkriegsbefehlshaber stand, wo er immer gestanden hatte, und dachte nach.

„Das ist gräßlich!" sagte die kleine Hirtin. „Der alte Großvater ist in Stücke zerschlagen, und wir sind schuld daran! Das werde ich nicht überleben!" Und dann rang sie ihre kleinen Hände.

„Er kann noch genietet werden!" sagte der Schornsteinfeger. „Er kann sehr gut genietet werden! Sei nur nicht gleich so heftig. Wenn sie ihn im Rücken kitten und ihm eine gute Niete in den Nacken geben, dann wird er so gut wie neu sein und kann uns noch manches Unangenehme sagen."

„Glaubst du?" sagte sie. Und dann krochen sie wieder auf den Tisch hinauf, wo sie früher gestanden hatten.

„Sieh, so weit sind wir gekommen!" sagte der Schornsteinfeger. „Da hätten wir uns all die Mühe ersparen können."

„Hätten wir nur erst den alten Großvater wieder genietet!" sagte die Hirtin. „Wird das sehr teuer sein?"

Und genietet wurde er. Die Familie ließ ihn im Rücken kitten, er bekam eine gute Niete durch den Hals, und er war so gut wie neu, aber nicken konnte er nicht mehr.

„Sie sind wohl hochmütig geworden, seitdem Sie in Stücke zersprungen sind?" sagte der Ziegenbocksbein-Ober- und Unterkriegsbefehlshaber. „Mich dünkt, daß Sie nicht Ursache hätten, so wichtig zu tun. Soll ich sie haben, oder soll ich sie nicht haben?"

Der Schornsteinfeger und die kleine Hirtin sahen den alten Chinesen flehentlich an; sie fürchteten, er möchte nicken, aber er konnte nicht, und es war ihm unbehaglich, einem Fremden zu erzählen, daß er beständig eine Niete im Nacken habe. Und so blieben die Porzellanleute zusammen, und sie segneten des Großvaters Niete und liebten sich, bis sie in Stücke gingen.

Das Feuerzeug

s kam ein Soldat auf der Landstraße dahermarschiert: Eins, zwei! Eins, zwei! Er hatte seinen Tornister auf dem Rücken und einen Säbel an der Seite, denn er war im Krieg gewesen und wollte nun nach Hause.

Da begegnete er einer alten Hexe auf der Landstraße; sie war entsetzlich widerlich, und ihre Unterlippe hing ihr gerade bis auf die Brust hinab. Sie sagte: „Guten Abend, Soldat! Was hast du doch für einen schönen Säbel und großen Tornister! Du bist ein echter Soldat! Nun sollst du soviel Geld bekommen, wie du haben willst!"

„Ich danke dir, du alte Hexe!" sagte der Soldat.

„Siehst du den großen Baum da?" sagte die Hexe und zeigte auf einen Baum, der neben ihnen stand. „Er ist inwendig ganz hohl. Du mußt in den Wipfel hinaufklettern, dann erblickst du ein Loch, durch das du dich hinabgleiten lassen und tief in den Baum gelangen kannst. Ich werde dir einen Strick um den Leib binden, damit ich dich wieder heraufziehen kann, wenn du mich rufst!"

„Was soll ich denn da unten im Baum?" fragte der Soldat.

„Geld holen!" sagte die Hexe. „Wisse, wenn du auf den Boden des Baumes hinunterkommst, dann bist du in einem großen Gang, in dem es ganz hell ist, denn da brennen Hunderte von Lampen. Dann siehst du drei Türen! Du kannst sie öffnen, der Schlüssel steckt darin. Gehst du in die erste Kammer hinein, so erblickst du mitten auf dem Fußboden eine große Kiste, auf der ein Hund sitzt. Er hat ein Paar Augen so groß wie ein Paar Teetassen, aber darum brauchst du dich nicht zu kümmern! Ich gebe dir meine blaue Schürze, die kannst du auf dem Fußboden ausbreiten; geh dann rasch hin und nimm den Hund, setze ihn auf meine Schürze, öffne die Kiste und nimm soviel Geld du willst. Es ist alles lauter Kupfer. Willst du lieber Silber haben, so mußt du in das nächste Zimmer hineingehen. Aber da sitzt ein Hund, der hat ein Paar Augen so groß wie Mühlräder; doch das soll dich nicht kümmern. Setze ihn auf meine Schürze und nimm von dem Geld! Willst du dagegen Gold haben, so kannst du es auch bekommen, und

zwar so viel, wie du tragen kannst, wenn du in die dritte Kammer hinein-
gehst. Aber der Hund, der auf dem Geldkasten sitzt, hat zwei Augen, jedes
so groß wie ein Turm. Glaube mir, das ist ein richtiger Hund. Aber daran
sollst du dich nicht kehren. Setze ihn nur auf meine Schürze, so tut er dir
nichts, und nimm aus der Kiste soviel Gold, wie du willst!"

„Das ist gar nicht übel!" sagte der Soldat. „Aber was soll ich dir geben,
du alte Hexe? Denn etwas willst du doch auch wohl haben?"

„Nein", sagte die Hexe, „nicht einen einzigen Groschen will ich haben!
Für mich sollst du nur ein altes Feuerzeug nehmen, das meine Großmutter
vergaß, als sie zum letztenmal unten war!"

„Nun, so binde mir den Strick um den Leib!" sagte der Soldat.

„Hier ist er", sagte die Hexe, „und hier ist meine blaue Schürze."

Dann kletterte der Soldat auf den Baum hinauf, ließ sich in das Loch hinunterfallen und stand nun, wie die Hexe gesagt hatte, unten in dem großen
Gang, wo die vielen hundert Lampen brannten.

Nun öffnete er die erste Türe. Uh! da saß der Hund mit den Augen, so
groß wie Teetassen, und glotzte ihn an.

„Du bist ein netter Kerl!" sagte der Soldat, setzte ihn auf die Schürze der
Hexe und nahm so viel Kupfergeld, wie seine Tasche fassen konnte, schloß
dann die Kiste, setzte den Hund wieder darauf und ging in das andere Zimmer hinein. Wahrhaftig, da saß der Hund mit den Augen so groß wie Mühlräder.

„Du solltest mich lieber nicht so ansehen", sagte der Soldat, „du könntest
Augenschmerzen bekommen!" Und dann setzte er den Hund auf die
Schürze der Hexe. Aber als er das viele Silbergeld in der Kiste erblickte,
warf er all das Kupfergeld, was er hatte, fort und füllte die Taschen und den
Tornister nur mit Silber. Nun ging er in die dritte Kammer. Das war gräßlich! Der Hund darin hatte wirklich zwei Augen so groß wie ein Turm, und
die drehten sich im Kopfe gerade wie Mühlräder.

„Guten Abend!" sagte der Soldat und griff an die Mütze, denn einen
solchen Hund hatte er vorher nie gesehen. Als er ihn etwas genauer betrachtet hatte, dachte er: ‚Nun ist es genug', hob ihn auf den Fußboden herunter und machte die Kiste auf. Was war da für eine Menge Gold! Er
konnte dafür ganz Kopenhagen und die Zuckerferkel der Kuchenfrauen,
alle Zinnsoldaten, Peitschen und Schaukelpferde in der ganzen Welt kaufen! Ja, das war einmal Gold! Nun warf der Soldat alles Silbergeld, womit
er seine Taschen und seinen Tornister gefüllt hatte, fort und nahm dafür
Gold; ja, alle Taschen, der Tornister, die Mütze und die Stiefel wurden ge-

füllt, so daß er kaum gehen konnte. Nun hatte er Geld! Den Hund setzte er auf die Kiste, schlug die Tür zu und rief dann durch den Baum hinauf: „Zieh mich jetzt in die Höhe, du alte Hexe!"

„Hast du auch das Feuerzeug?" fragte die Hexe.

„Wahrhaftig", sagte der Soldat, „das habe ich vergessen." Und er ging und holte es. Die Hexe zog ihn herauf, und da stand er wieder auf der Landstraße, die Taschen, Stiefel, Tornister und Mütze voll Gold.

„Was willst du mit dem Feuerzeug?" fragte der Soldat.

„Das geht dich nichts an!" sagte die Hexe. „Nun hast du ja Geld bekommen! Gib mir nur das Feuerzeug!"

„Ach was!" sagte der Soldat. „Willst du mir gleich sagen, was du damit willst, oder ich ziehe meinen Säbel und schlage dir den Kopf ab!"

„Nein!" sagte die Hexe.

Da schlug der Soldat ihr den Kopf ab. Da lag sie! Aber er band all sein Geld in ihre Schürze, nahm es wie ein Bündel auf seinen Rücken, steckte das Feuerzeug ein und ging geradewegs nach der Stadt.

Das war eine prächtige Stadt, und in dem prachtvollsten Wirtshaus kehrte er ein, verlangte die allerbesten Zimmer und seine Lieblingsspeisen, denn nun war er ja reich, da er soviel Geld hatte.

Dem Diener, der seine Stiefel putzen sollte, kam es freilich vor, als seien es recht jämmerliche alte Stiefel für einen so reichen Herrn, aber er hatte sich nur noch keine neuen gekauft. Am nächsten Tage bekam er anständige Stiefel und schöne Kleider. Nun war aus dem Soldaten ein vornehmer Herr geworden, und die Leute erzählten ihm von all den Herrlichkeiten, die in ihrer Stadt wären, und von dem König, und was für eine reizende Prinzessin seine Tochter sei.

„Wo kann man sie zu sehen bekommen?" fragte der Soldat.

„Sie ist gar nicht zu Gesicht zu bekommen!" sagten alle. „Sie wohnt in einem großen kupfernen Schlosse, das von vielen Mauern und Türmen umgeben ist. Niemand außer dem König darf bei ihr ein und aus gehen, denn es ist prophezeit, daß sie mit einem ganz gemeinen Soldaten verheiratet werden wird, und das kann der König nicht dulden."

‚Ich möchte sie wohl sehen!' dachte der Soldat, aber dazu konnte er ja durchaus keine Erlaubnis erhalten.

Nun lebte er recht lustig, besuchte das Theater, fuhr in des Königs Garten und gab den Armen viel Geld, und das war hübsch von ihm; er wußte noch von früheren Zeiten her, wie schlimm es ist, nicht einen Groschen zu besitzen! Er war nun reich, hatte schöne Kleider und sehr viele Freunde, die alle sagten, er sei ein vortrefflicher Mensch und ein wahrer Edelmann. Das hatte der Soldat gern! Aber da er jeden Tag Geld ausgab und nie etwas einnahm, so blieben ihm zuletzt nicht mehr als zwei Groschen übrig. Er mußte die schönen Zimmer verlassen, in denen er gewohnt hatte, und oben in einer winzig kleinen Kammer hausen, dicht unter dem Dach, seine Stiefel selbst putzen und sie mit einer Stopfnadel zusammennähen, und keiner seiner Freunde kam zu ihm, denn es waren zu viele Treppen hinaufzusteigen.

Es war ganz dunkler Abend, er konnte sich nicht einmal ein Licht kaufen, aber da fiel ihm ein, daß noch ein kleiner Stumpf in dem Feuerzeug liege, das er aus dem hohlen Baume mitgenommen hatte, in den die Hexe ihm hinuntergeholfen. Er holte das Feuerzeug und das Lichtstümpfchen hervor; aber als er Feuer schlug und die Funken aus dem Feuerstein flogen, sprang die Tür auf und der Hund, der Augen so groß wie ein Paar Teetassen hatte und den er unten unter dem Baume gesehen, stand vor ihm und sagte: „Was befiehlt mein Herr?"

„Was ist das?" sagte der Soldat. „Das ist ja ein lustiges Feuerzeug, wenn ich so bekommen kann, was ich haben will! Schaffe mir etwas Geld!" sagte er zum Hund, und schnell war er fort und wieder da und hielt einen großen Beutel voll Geld in seinem Maul.

Nun wußte der Soldat, was das für ein prächtiges Feuerzeug war! Schlug er einmal, so kam der Hund, der auf der Kiste mit Kupfergeld saß, schlug er zweimal, so kam der, der das Silbergeld hatte, und schlug er dreimal, so kam der, welcher das Gold hütete. Nun zog der Soldat wieder in die schönen

Zimmer hinunter und erschien wieder in schönen Kleidern. Alle guten Freunde erkannten ihn sogleich wieder und hielten große Stücke auf ihn.

Da dachte er einmal, es ist doch etwas Seltsames, daß man die Prinzessin nicht zu sehen bekommen kann. Sie soll sehr schön sein; aber was hilft das, wenn sie immer in dem großen Kupferschlosse mit den vielen Türmen sitzen muß! Kann ich sie denn gar nicht zu sehen bekommen? Wo ist mein Feuerzeug? – Und er schlug Feuer, und da kam der Hund mit den Augen so groß wie Teetassen.

„Es ist freilich mitten in der Nacht", sagte der Soldat, „aber ich möchte herzlich gern die Prinzessin nur einen Augenblick sehen!"

Der Hund war gleich aus der Tür, und ehe der Soldat daran dachte, sah er ihn schon mit der Prinzessin wieder. Sie saß und schlief auf dem Rücken des Hundes und war so lieblich, daß jedermann sehen konnte, daß es eine wirkliche Prinzessin war. Der Soldat konnte sich nicht enthalten, sie zu küssen, denn er war ein richtiger Soldat.

Darauf lief der Hund mit der Prinzessin zurück. Doch als es Morgen wurde und der König und die Königin beim Frühstück saßen, sagte die Prinzessin, sie hätte in der vorigen Nacht einen wunderlichen Traum von einem Hund und einem Soldaten gehabt. Sie wäre auf dem Hund geritten, und der Soldat hätte sie geküßt.

„Das wäre wahrlich eine schöne Geschichte!" sagte die Königin.

Nun sollte in der nächsten Nacht eine der alten Hofdamen am Bett der Prinzessin wachen, um zu sehen, ob es wirklich ein Traum wäre.

Der Soldat sehnte sich sehr danach, die Prinzessin wiederzusehen, und so kam denn der Hund in der Nacht, nahm sie und lief so rasch er konnte. Aber die alte Hofdame lief ebenso schnell hinterher. Als sie nun sah, daß sie in einem großen Haus verschwanden, dachte sie: ‚Nun weiß ich, wo es ist‘, und machte mit einem Stück Kreide ein großes Kreuz an die Tür. Dann ging sie nach Hause und legte sich nieder, und der Hund kam auch mit der Prinzessin wieder. Aber als er sah, daß ein Kreuz an die Tür des Hauses gemacht war, wo der Soldat wohnte, nahm er auch ein Stück Kreide und machte Kreuze an alle Türen in der ganzen Stadt. Das war klug getan, denn nun konnte ja die Hofdame die richtige Tür nicht finden, da an allen Kreuze waren.

Frühmorgens kamen der König und die Königin, die alte Hofdame und alle Offiziere, um zu sehen, wo die Prinzessin gewesen war.

„Da ist es!" sagte der König, als er die erste Tür mit einem Kreuz erblickte.

„Nein, dort ist es, mein lieber Mann!" sagte die Königin, als sie die zweite Tür mit einem Kreuz sah.

„Aber da ist eins und dort ist eins!" sagten alle; wohin sie blickten, war ein Kreuz an den Türen. Da begriffen sie wohl, daß ihnen das Suchen nichts helfen würde.

Aber die Königin war eine sehr kluge Frau, die mehr konnte als in einer Kutsche fahren. Sie nahm ihre große goldene Schere, schnitt ein großes Stück Seidenzeug in Stücke und nähte daraus einen kleinen, niedlichen Beutel; den füllte sie mit feiner Buchweizengrütze, band ihn der Prinzessin auf den Rücken, und als das getan war, schnitt sie ein kleines Loch in den Beutel, so daß die Grütze den ganzen Weg bestreuen konnte, den die Prinzessin nahm.

In der Nacht kam nun der Hund wieder, nahm die Prinzessin auf den Rücken und lief mit ihr zu dem Soldaten hin, der sie sehr lieb hatte und gern ein Prinz hätte sein mögen, um sie zur Frau bekommen zu können.

Der Hund merkte nicht, wie die Grütze gerade vom Schlosse bis zu dem Fenster des Soldaten herausfiel, wo er die Mauer mit der Prinzessin hinauflief. Am Morgen sahen der König und die Königin nun wohl, wo ihre Tochter gewesen war. Und da nahmen sie den Soldaten und setzten ihn ins Gefängnis.

Da saß er nun. Hu, wie dunkel und schrecklich war es dort! Und dazu sagte man ihm: „Morgen wirst du gehängt werden." Das zu hören, war nicht sehr vergnüglich, und sein Feuerzeug hatte er im Gasthof zurückgelassen. Am Morgen konnte er durch das Eisengitter vor dem kleinen Fenster sehen, wie das Volk herbeieilte, um ihn hängen zu sehen. Er hörte die Trommeln und sah die Soldaten marschieren. Alle Menschen liefen hinaus; dabei war auch ein Schuhmacherjunge mit Schurzfell und Pantoffeln; er lief so im Galopp, daß einer seiner Pantoffeln abflog und gerade gegen die Mauer, wo der Soldat saß und durch das Eisengitter hinaussah.

„Ei, du Schusterjunge! Du brauchst nicht solche Eile zu haben", sagte der Soldat zu ihm, „es wird nichts daraus, bevor ich komme! Willst du aber in meine Wohnung laufen und mir mein Feuerzeug holen, so sollst du vier Groschen haben! Aber du mußt schnell machen!" Der Schusterjunge wollte gern die vier Groschen haben und lief fort nach dem Feuerzeug, brachte es dem Soldaten und – ja, nun werden wir hören!

Außerhalb der Stadt war ein großer Galgen gemauert, ringsum standen die Soldaten und viele tausend Menschen. Der König und die Königin saßen auf einem Thron den Richtern und dem ganzen Rat gegenüber.

Der Soldat stand schon oben auf der Leiter, als man ihm aber den Strick um den Hals legen wollte, sagte er, daß man ja immer einem armen Sünder, bevor er seine Strafe erduldete, die Erfüllung eines unschuldigen Wunsches gewährte. Er möchte eine Pfeife Tabak rauchen, es wäre ja die letzte Pfeife, die er in dieser Welt bekäme.

Das wollte ihm der König nun nicht abschlagen, und so nahm der Soldat sein Feuerzeug und schlug Feuer, ein-, zwei-, dreimal! Da standen alle drei Hunde, der mit den Augen so groß wie Teetassen, der mit den Augen wie Mühlräder, und der, dessen Augen so groß wie ein Turm waren.

„Helft mir, daß ich nicht gehängt werde", sagte der Soldat, und da fielen die Hunde über die Richter und den ganzen Rat her, nahmen den einen bei den Beinen und den andern bei der Nase und warfen sie so hoch in die Luft, daß sie beim Niederfallen in Stücke zerschlagen wurden.

„Ich will nicht", sagte der König, aber der größte Hund nahm sowohl ihn wie die Königin und warf sie allen anderen nach. Da erschraken die Soldaten, und alles Volk rief: „Guter Soldat, du sollst unser König sein und die schöne Prinzessin haben!"

Dann setzten sie den Soldaten in des Königs Kutsche, und alle drei Hunde tanzten vorauf und riefen: „Hurra!", und die Knaben pfiffen auf den Fingern, und die Soldaten präsentierten das Gewehr. Die Prinzessin kam aus dem kupfernen Schlosse und wurde Königin, und das gefiel ihr wohl! Die Hochzeit dauerte acht Tage lang, und die Hunde saßen mit bei Tisch und machten große Augen.

Die Schweine

Nach der Landstraße heraus, dicht an seinem Haus hatte der Bauer seinen Schweinestall, einen Schweinestall sondergleichen. Es war eine alte Staatskarosse, die Sitze waren herausgehoben, die Räder fortgeschafft, und so ohne weiteres stand sie auf dem Bauch, und vier Schweine waren darin eingesperrt; ob diese die ersten waren? Nun, darüber konnte man allerdings nicht entscheiden; daß es aber eine geborene Staatskutsche war, davon zeugte alles, selbst der Saffianfetzen, der von der Decke herabhing.

„Uff! – Uff!" sagte es da drinnen, und die Kutsche krachte und klagte; es war ja ein trauriges Ende, das sie genommen hatte. „Das Schöne ist hin!" seufzte sie, oder hätte sie wenigstens seufzen können.

Wir kamen im Herbst wieder, die Kutsche stand noch hier, aber die Schweine waren fort; sie spielten die Herren im Wald, die Blüten und Blätter waren von allen Bäumen herunter, Sturm und Regen regierten und gönnten ihnen weder Rast noch Ruhe, und die Zugvögel waren fort. „Das Schöne ist hin! Der herrliche grüne Wald, der warme Sonnenschein und der Gesang der Vögel. Hin!" So sprach es, so krachte es in den Stämmen der hohen Bäume, und es klang ein Seufzer so tief, ein Seufzer aus dem Herzen des wilden Rosenstrauchs und desjenigen, der da saß – es war der Rosenkönig. Kennst du ihn? Er ist lauter Bart, der schönste rotgrüne Bart, er ist leicht zu kennen. Geh an die wilden Rosenhecken, und wenn im Herbst ihnen alle Blüten entfallen und nur noch die roten Hagebutten übrig sind, wirst du oft unter diesen eine große rotgrüne Moosblume erblicken, das ist der Rosenkönig; es wächst ihm ein kleines grünes Blatt aus dem Scheitel, das ist seine Feder; er ist an dem Rosenstrauch der einzige Mann seiner Art, und er war es, der da seufzte.

„Hin, hin! Das Schöne ist hin! Die Rosen sind fort, die Blätter fallen ab! Hier ist's naß, hier ist's rauh! Die Vögel verstummen jetzt, die Schweine gehen auf die Eichelmast, sie sind Herren im Wald!"

Es waren kalte Nächte und graue Tage, aber der Rabe saß auf dem Zweig und sang trotzdem: „Brav, brav!" Rabe und Krähe saßen auf dem hohen Zweig; sie haben eine große Familie, und alle sagten sie: „Brav, brav!" Die Menge hat ja immer recht.

Unter den hohen Bäumen im Hohlweg war eine große Pfütze, und hier lag die Schweineherde, groß und klein; sie fanden den Ort so beispiellos schön. „Oui!" sagten sie; mehr Französisch konnten sie nicht, aber das war doch immerhin etwas. Sie waren so klug und so fett.

Die Alten lagen ruhig und dachten; die Jungen dagegen waren sehr emsig und hatten keine Ruhe; ein kleines Ferkel hatte einen Ringel am Schwanz, dieser Ringel war der Stolz der Mutter; sie glaubte, alle blickten den Ringel an und dächten nur an ihn, aber das taten sie nicht, sie dachten an sich selbst und an das Nützliche und daran, wozu der Wald wohl sei. Immer hatten sie gehört, daß die Eicheln, die sie fraßen, an der Wurzel der Bäume wüchsen, und hatten deshalb immer die Erde dort aufgewühlt; aber jetzt kam ein kleines Schwein – denn es sind immer die Jungen, die das Neue an den Tag fördern –, das behauptete, die Eicheln fielen von den Zweigen herab, ihm selbst sei eine auf den Kopf gefallen, und diese habe es auf die Idee gebracht; später habe es Beobachtungen angestellt, und jetzt sei es seiner Sache gewiß. Die Alten steckten die Köpfe zusammen. „Uff!" sagten sie, „uff! Die Herrlichkeit ist hin! Mit dem Vogelgezwitscher ist es aus! Früchte wollen wir! Was gefressen werden kann, das ist gut, und wir fressen alles!"

„Oui! Oui!" sagten sie alle.

Aber die Schweinemutter sah ihr kleines Ferkel an, das den Ringel am Schwanze hatte. „Man darf das Schöne nicht übersehen!" sagte sie.

„Brav! Brav!" schrie die Krähe und flog vom Baum herab, um als Nachtigall angestellt zu werden; eine mußte ja da sein, und die Krähe wurde gleich angestellt!

„Hin! Hin!" seufzte der Rosenkönig. „Das Schöne ist hin!"

Es war rauh, es war grau, kalt und windig, und durch den Wald und über das Feld peitschte der Regen in langen Regenwolken dahin.

Wo ist der Vogel, der da sang, wo sind die Blumen auf der Wiese und die süßen Beeren des Waldes? – Hin! Hin!

Da schimmerte ein Licht aus dem Forsthaus, wie ein Stern wurde es angezündet und warf seinen langen Strahl zwischen den Bäumen hindurch; es tönte ein Gesang aus dem Haus heraus; schöne Kinder spielten dort um den Großvater; er saß, die Bibel auf dem Knie, und las von Gott und dem ewigen Leben und sprach vom Frühling, der wiederkehren, vom Wald, der sich aufs neue grün belauben, von den Rosen, die blühen, den Nachtigallen, die singen, und dem Schönen, das wieder als Herrscher auftreten würde!

Aber der Rosenkönig hörte es nicht, er saß in dem nassen, kalten Wetter und seufzte: „Hin! Hin!" Die Schweine waren Herren im Wald, und die Schweinemutter betrachtete ihr kleines Ferkel und seinen Ringel. „Es bleibt immer jemand, der Sinn für das Schöne hat!" sagte die Schweinemutter.

Der Reisekamerad

er arme Johannes war sehr traurig, denn sein Vater war sehr krank und dem Tode nahe. Außer den beiden war niemand in dem kleinen Zimmer. Die Lampe auf dem Tisch war dem Erlöschen nahe, und es war spät am Abend.

„Du warst ein guter Sohn, Johannes!" sagte der kranke Vater. „Der liebe Gott wird dir schon in der Welt forthelfen!" Er sah ihn mit ernsten, milden Augen an, holte tief Atem und starb. Und es war gerade, als ob er schliefe. Aber Johannes weinte, nun hatte er niemanden in der ganzen Welt, weder Vater noch Mutter, weder Schwester noch Bruder. Der arme Johannes! Er lag vor dem Bett auf seinen Knien, küßte des toten Vaters Hand und weinte bittere Tränen; aber zuletzt schlossen sich seine Augen, und er schlief mit dem Kopf auf dem harten Bettpfosten ein.

Da hatte er einen sonderbaren Traum. Er sah, wie Sonne und Mond sich vor ihm neigten, und er erblickte seinen Vater frisch und gesund und hörte ihn lachen, wie er immer lachte, wenn er recht froh war. Ein schönes Mädchen mit einer goldenen Krone auf dem langen, schönen Haar reichte Johannes die Hand, und sein Vater sagte: „Siehst du, was für eine Braut du erhalten hast! Sie ist die Schönste in der ganzen Welt." Da erwachte er, und alle Herrlichkeit war vorbei; sein Vater lag tot und kalt im Bett, und es war niemand bei ihnen; der arme Johannes!

In der folgenden Woche wurde der Tote begraben; Johannes ging dicht hinter dem Sarg und konnte nun den guten Vater, der ihn so sehr geliebt hatte, nicht mehr sehen. Er hörte, wie man die Erde auf den Sarg hinunterwarf, sah noch die letzte Ecke desselben, aber bei der nächsten Schaufel Erde, die hinabgeworfen wurde, war auch sie verschwunden. Da war es gerade, als wollte ihm das Herz zerspringen, so betrübt war er. Ein Choral wurde gesungen, der sehr schön klang, daß Johannes die Tränen in die Augen traten. Die Sonne schien herrlich auf die grünen Bäume nieder, gerade als wollte sie sagen: „Du mußt nicht so betrübt sein, Johannes! Siehst du, wie schön blau der Himmel ist! Dort oben ist nun dein Vater und bittet den lieben Gott, daß es dir allezeit wohl ergehen möge!"

„Ich will auch immer gut sein!" sagte Johannes. „Dann komme ich zu meinem Vater in den Himmel, und was wird das für eine Freude werden, wenn wir uns wiedersehen! Wieviel werde ich ihm dann erzählen können, und er wird mir vieles zeigen, wird mich über die Herrlichkeit im Himmel belehren, gerade wie er mich hier auf Erden unterwies. Oh, was wird das für eine Freude werden!"

Johannes stellte sich das so deutlich vor, daß er dabei lächelte, während die Tränen ihm noch über die Wangen liefen. Die kleinen Vögel saßen oben in den Kastanienbäumen und zwitscherten: „Quivit, quivit!" Sie waren lustig, obwohl sie mit beim Begräbnis waren, aber sie wußten wohl, daß der tote Mann oben im Himmel war, Flügel hatte, weit schönere und größere als ihre eigenen, daß er nun glücklich war, weil er hier auf Erden gut gewesen war, und darüber waren sie so vergnügt. Johannes sah, wie sie von den grünen Bäumen weit hinaus in die Welt flogen, und da bekam er Lust, mitzufliegen. Aber zuerst machte er ein großes Kreuz aus Holz, um es auf das Grab seines Vaters zu setzen. Als er es am Abend dahin brachte, war das Grab mit Sand und Blumen geschmückt. Das hatten fremde Leute getan, denn sie hielten alle viel von dem lieben Vater, der nun tot war.

Früh am nächsten Morgen packte Johannes sein kleines Bündel zusammen und verwahrte in seinem Gürtel sein ganzes Erbteil, das aus fünfzig Talern und einigen Groschen bestand; damit wollte er hinaus in die Welt wandern. Aber zuerst ging er nach dem Kirchhof zum Grab seines Vaters, betete ein Vaterunser und sagte: „Lebe wohl, du lieber Vater! Ich will immer ein guter Mensch sein, darum bitte den lieben Gott, daß es mir wohl ergehe!"

Draußen auf dem Feld, wo Johannes ging, standen alle Blumen frisch und schön im warmen Sonnenschein, und sie nickten im Wind, gerade als wollten sie sagen: „Willkommen im Grünen! Ist es hier nicht schön?" Aber Johannes wendete sich noch einmal zurück, um die alte Kirche zu betrachten, wo er als kleines Kind getauft worden, wo er jeden Sonntag mit seinem Vater zum Gottesdienst gewesen war und die schönen Lieder gesungen hatte. Da sah er hoch oben in einer Öffnung des Turms den Kirchenkobold mit seiner kleinen roten Mütze stehen, das Antlitz mit dem gebogenen Arm beschattend, da ihm sonst die Sonne in die Augen stach. Johannes nickte ihm Lebewohl zu, und der kleine Kobold schwenkte seine rote Mütze, legte die Hand auf das Herz und warf ihm viele Kußhände zu, um zu zeigen, wieviel Gutes er ihm wünschte und außerdem eine recht glückliche Reise für ihn erhoffte.

Johannes dachte daran, wieviel Schönes er nun in der großen Welt zu sehen bekommen würde, und ging weiter, so weit, wie er früher nie gewesen war. Er kannte die Städte gar nicht, durch die er kam, oder die Menschen, denen er begegnete. Er war in der Fremde.

Die erste Nacht mußte er sich in einem Heuschober auf dem Feld schlafen legen, ein anderes Bett hatte er nicht. Aber das war gerade hübsch, meinte er, der König könnte es nicht besser haben. Das ganze Feld mit dem Flusse, der Heuschober und der blaue Himmel darüber, das war eine schöne Schlafkammer. Das grüne Gras mit den kleinen roten und weißen Blumen war die Zudecke, die Fliederbüsche und die wilden Rosenhecken waren Blumensträuße, und als Waschbecken diente ihm der ganze Fluß mit dem klaren, frischen Wasser, wo das Schilf sich neigte und ihm guten Abend und guten Morgen sagte. Der Mond war eine große Nachtlampe, hoch oben unter der Decke, und er zündete die Vorhänge nicht an mit seinem Feuer. Johannes konnte ganz ruhig schlafen, und er tat es auch und erwachte erst wieder, als die Sonne aufging und alle kleinen Vögel ringsumher sangen: „Guten Morgen! Guten Morgen! Bist du noch nicht auf?"

Die Glocken läuteten zur Kirche: Es war Sonntag. Die Leute gingen hin, den Pfarrer zu hören, und Johannes folgte ihnen, sang einen Choral und hörte Gottes Wort. Es war ihm, als wäre er in der Kirche, in der er getauft worden war und wo er mit seinem Vater Choräle gesungen hatte.

Draußen auf dem Kirchhof waren viele Gräber, und auf einigen wuchs hohes Gras. Da dachte Johannes an seines Vaters Grab, das am Ende auch so aussehen würde wie diese, da er es nicht reinhalten und schmücken konnte. Er setzte sich also nieder und riß das Gras ab, richtete die umgefallenen Holzkreuze auf und legte die Kränze, die der Wind von den Gräbern fortgerissen hatte, wieder auf ihre Stelle, während er dachte: ,Vielleicht tut jemand dasselbe an meines Vaters Grab, da ich es nicht tun kann!'

Draußen vor der Kirchhofstür stand ein alter Bettler und stützte sich auf seine Krücke. Johannes gab ihm die Groschen, die er hatte, und ging dann glücklich und vergnügt weiter fort in die weite Welt hinaus.

Gegen Abend zog ein schreckliches Wetter auf. Johannes eilte, unter ein Dach zu gelangen, aber es wurde bald finstere Nacht; da erreichte er endlich eine kleine Kirche, die einsam auf einem kleinen Hügel lag. Die Tür stand zum Glück nur angelehnt, und er schlüpfte hinein; hier wollte er bleiben, bis sich das Unwetter gelegt hatte.

„Hier will ich mich in einen Winkel setzen", sagte er. „Ich bin ganz ermüdet und bedarf der Ruhe." Dann setzte er sich nieder, faltete seine Hände und betete sein Abendgebet. Und ehe er es wußte, schlief und träumte er, während es draußen blitzte und donnerte.

Als er wieder erwachte, war es Mitternacht, das böse Wetter war vorübergezogen, und der Mond schien durch die Fenster zu ihm herein. Mitten in der Kirche stand ein offener Sarg mit einem toten Mann darin, denn er war noch nicht begraben worden. Johannes war durchaus nicht furchtsam, denn er hatte ein gutes Gewissen, und er wußte wohl, daß die Toten niemandem etwas zuleide tun. Es sind lebende Menschen, die Böses tun. Zwei dieser lebendigen schlimmen Leute standen dicht bei dem toten Mann, der hier in der Kirche beigesetzt war, bevor er beerdigt wurde. Ihm wollten sie Böses antun, ihn nicht in seinem Sarg liegen lassen, sondern ihn draußen vor die Kirchtür werfen, den armen toten Mann.

„Weshalb wollt ihr das tun?" fragte Johannes. „Das ist böse und schlimm, laßt ihn in Jesu Namen ruhen!"

„Oh, Schnickschnack!" sagten die beiden häßlichen Menschen. „Er hat uns angeführt! Er schuldet uns Geld, das konnte er nicht bezahlen, und nun, da er tot ist, bekommen wir keinen Pfennig. Deshalb wollen wir uns rächen, er soll wie ein Hund draußen vor der Kirchtür liegen!"

„Ich habe nicht mehr als fünfzig Taler", sagte Johannes, „das ist mein ganzes Erbteil, aber das will ich euch gern geben, wenn ihr mir ehrlich versprechen wollt, den armen toten Mann in Ruhe zu lassen. Ich werde schon durchkommen ohne das Geld, ich habe starke, gesunde Glieder, und der liebe Gott wird mir allezeit helfen."

„Ja", sagten die häßlichen Menschen, „wenn du seine Schuld bezahlen willst, wollen wir ihm nichts tun, darauf kannst du dich verlassen!" Sie nahmen das Geld, das ihnen Johannes gab, lachten laut auf über seine Gutmütigkeit und gingen ihres Weges. Johannes aber legte die Leiche wieder im Sarg zurecht, faltete deren Hände, nahm Abschied von ihr und ging dann durch den großen Wald zufrieden weiter.

Ringsumher, wo der Mond durch die Bäume hereinscheinen konnte, sah er die niedlichen kleinen Elfen lustig spielen. Sie ließen sich nicht stören, sie wußten wohl, daß er ein guter, unschuldiger Mensch war, und es sind nur die bösen Leute, welche die Elfen nicht zu sehen bekommen. Einige von ihnen waren nicht größer als ein Finger und hatten ihre langen, blonden Haare mit goldenen Kämmen aufgesteckt. Zwei und zwei schaukelten sie auf den großen Tautropfen, die auf den Blättern und dem hohen Gras lagen. Zuweilen rollte ein Tropfen herab, fiel zwischen den langen Grashalmen hinab und machte die Kinder laut lachen. Sie sangen, und Johannes erkannte ganz deutlich die hübschen Lieder, die er als kleiner Knabe gelernt hatte. Große bunte Spinnen mit silbernen Kronen auf dem Kopf mußten von der einen Hecke zur anderen lange Hängebrücken und Paläste spinnen, die, weil der feine Tau darauf fiel, wie schimmerndes Glas im Mondschein aussahen. So währte es fort, bis die Sonne aufging. Die kleinen Elfen krochen dann in die Blumenknospen, und der Wind erfaßte ihre Brücken und Schlösser, die als Spinnweben durch die Luft dahinflogen.

Johannes war aus dem Wald herausgekommen, als eine starke Männerstimme hinter ihm rief: „Heda, Kamerad, wohin geht die Reise?"

„In die weite Welt hinaus!" sagte Johannes. „Ich habe weder Vater noch Mutter, bin ein armer Bursche, aber der liebe Gott hilft mir wohl!"

„Ich will auch in die weite Welt hinaus!" sagte der fremde Mann. „Wollen wir beide einander Gesellschaft leisten?"

„Jawohl!" sagte Johannes, und sie gingen miteinander. Bald wurden sie sich recht gut, denn sie waren beide gute Menschen. Aber Johannes merkte wohl, daß der Fremde viel klüger war als er. Er hatte fast die ganze Welt durchreist und wußte von allem möglichen zu erzählen.

Die Sonne war schon so hoch, als sie sich unter einen großen Baum setzten, ihr Frühstück zu genießen. Zur selben Zeit kam eine alte Frau daher, ganz krumm, stützte sich dabei auf einen Krückstock und trug auf ihrem Rücken ein Bündel Brennholz, das sie sich im Wald gesammelt hatte. Ihre Schürze war aufgebunden, und Johannes sah, daß drei große Ruten von Farnkraut und Weidenkätzchen daraus hervorsahen. Als sie ihnen ganz nahe war, glitt sie mit einem Fuß aus, fiel und schrie laut, denn sie hatte ein Bein gebrochen, die arme alte Frau.

Johannes meinte sogleich, daß sie die Frau nach Hause tragen wollten, wo sie wohnte, aber der Fremde machte sein Ränzel auf und sagte, daß er hier eine Salbe habe, die ihr Bein wieder ganz und kräftig machen werde, so daß sie selbst nach Hause gehen könnte, als ob sie nie das Bein gebrochen hätte. Aber dafür wollte er auch, daß sie ihm die drei Ruten schenke, die sie in ihrer Schürze habe. „Das wäre gut bezahlt!" sagte die Alte und nickte ganz eigen mit dem Kopfe. Sie wollte die Ruten eben nicht gern hergeben, aber es war auch nicht angenehm, mit gebrochenem Bein dazuliegen. So gab sie ihm denn die Ruten, und sowie er nur die Salbe auf das Bein gerieben hatte, erhob sich auch die alte Mutter und ging viel besser als zuvor. Das hatte die Salbe bewirkt, aber sie war auch nicht in der Apotheke zu haben.

„Was willst du mit den Ruten?" fragte Johannes seinen Begleiter.

„Das sind drei schöne Kräuterbesen!" sagte er, „die liebe ich sehr, denn ich bin ein komischer Kauz!"

Dann gingen sie noch ein gutes Stück.

„Wie der Himmel sich bezieht!" sagte Johannes und zeigte geradeaus. „Das sind schrecklich dicke Wolken!"

„Nein", sagte der Reisekamerad, „das sind keine Wolken, das sind Berge, die herrlichen großen Berge, wo man hinauf über die Wolken in die frische Luft gelangt! Glaube mir, das ist herrlich! Bis morgen sind wir sicher schon dort!"

Es war aber nicht so nahe, wie es aussah. Sie hatten einen ganzen Tag zu gehen, bevor sie die Berge erreichten, wo die schwarzen Wälder gegen den Himmel aufwuchsen und wo es Felsen gab, fast so groß wie eine ganze Stadt. Das mochte wahrlich ein schwerer Marsch werden, da hinüberzukommen, aber darum gingen auch Johannes und der Reisekamerad in das Wirtshaus, um sich auszuruhen und Kräfte zum morgigen Marsch zu sammeln.

Unten in der großen Schankstube im Wirtshaus waren viele Menschen versammelt, denn dort war ein Mann, der gab ein Puppenspiel. Er hatte gerade seine kleine Bühne aufgestellt, und die Leute saßen ringsherum, um die Komödie zu sehen. Ganz vorne aber hatte ein dicker Schlächter Platz genommen, und zwar den allerbesten. Ein großer Bullenbeißer, der recht grimmig aussah, saß an seiner Seite und machte große Augen wie die anderen Zuschauer.

Nun begann die Komödie, die von einem König und einer Königin handelte. Die saßen auf dem schönsten Thron, hatten goldene Kronen auf dem Haupt und lange Schleppen an den Kleidern. Die niedlichsten Holzpuppen mit Glasaugen und großen Schnurrbärten standen an allen Türen und machten auf und zu, damit frische Luft in das Zimmer kommen konnte. Es war eine recht hübsche Komödie. Aber als die Königin aufstand und über den Fußboden hinging, da – Gott mag wissen, was der große Bullenbeißer sich dachte – machte er, da der dicke Schlächter ihn nicht hielt, einen Sprung auf die Bühne, nahm die Königin mitten um den Leib, daß es knackte. Es war ganz schrecklich!

Der arme Mann, der die Komödie aufführte, war sehr erschrocken und betrübt über seine Königin, denn es war die allerniedlichste Puppe, die er hatte, und nun hatte ihr der häßliche Bullenbeißer den Kopf abgerissen. Aber als die Leute später fortgingen, sagte der Fremde, der mit Johannes gekommen war, daß er sie wieder instand setzen werde. Und er nahm seine

Flasche hervor und rieb die Puppe mit der Salbe ein, mit der er der alten Frau geholfen, als sie ihr Bein gebrochen hatte. Sowie die Puppe eingerieben worden war, war sie wieder ganz, ja, sie konnte sogar alle ihre Glieder selbst bewegen, man brauchte gar nicht mehr an der Schnur zu ziehen. Die Puppe war wie ein lebendiger Mensch, nur daß sie nicht sprechen konnte. Der Mann, der das kleine Puppentheater hatte, war sehr froh; nun brauchte er diese Puppe gar nicht mehr zu halten, die konnte ja von selbst tanzen. Das konnte keine der anderen.

Als es Nacht wurde und alle Leute im Wirtshaus zu Bett gegangen waren, seufzte jemand so tief, daß alle aufstanden, um zu sehen, wer es wäre. Der Mann, der die Komödie gespielt hatte, ging zu seinem kleinen Theater hin, denn dort war es, wo jemand seufzte. Alle Holzpuppen lagen durcheinander, der König und alle Trabanten, und die waren es, die so jämmerlich seufzten und mit ihren Glasaugen stierten, denn sie wollten so gern eingerieben werden wie die Königin, damit sie sich auch von selbst bewegen könnten. Die Königin warf sich auf die Knie und reichte ihre prächtige Krone in die Höhe, während sie bat: „Nimm mir diese, aber reibe meinen Gemahl und meine Hofleute damit ein!" Da mußte der arme Mann, dem das Theater und alle Puppen gehörten, weinen, denn es tat ihm wirklich ihretwegen leid. Er versprach sogleich dem Reisekameraden, ihm alles Geld zu geben, was er am nächsten Abend für sein Spiel erhalten würde, wenn er nur vier oder fünf von seinen niedlichsten Puppen einreiben wollte. Aber der Reisekamerad sagte, daß er durchaus nichts anderes verlange als den großen Säbel, den jener an seiner Seite habe. Und als er den bekam, rieb er sechs Puppen ein, die sogleich tanzten, und das so niedlich, daß alle Mädchen, die lebendigen Menschenmädchen, die es sahen, sogleich mittanzten. Der Kutscher und die Köchin tanzten, der Diener und das Stubenmädchen, alle Fremden und die Feuerschaufel und die Feuerzange, aber diese beiden fielen um, als sie die ersten Sprünge machten. Ja, das war eine lustige Nacht.

Am nächsten Morgen ging Johannes mit seinem Reisekameraden fort auf die hohen Berge hinauf und durch die großen Tannenwälder. Sie kamen so hoch hinauf, daß die Kirchtürme tief unter ihnen zuletzt wie kleine rote Beeren in all dem Grünen aussahen, und sie konnten weit sehen, viele, viele Meilen weit, wo sie nie zuvor gewesen waren! Soviel Schönes von der prächtigen Welt hatte Johannes früher nie gesehen, und die Sonne schien warm aus der frischen Luft, er hörte auch zwischen den Bergen die Jäger das Waldhorn so schön und lieblich blasen, daß ihm vor Freude das Wasser in die Augen trat und er nicht unterlassen konnte, auszurufen: „Du guter lieber Gott, ich möchte dich küssen, weil du so gut gegen uns alle bist und uns all die Herrlichkeit in der Welt gegeben hast!"

Der Reisekamerad stand auch mit gefalteten Händen da und sah über den Wald und die Städte in den warmen Sonnenschein hinaus. Zur gleichen Zeit ertönte es wunderbar lieblich über ihren Häuptern, und sie blickten in die Höhe: Ein großer weißer Schwan schwebte in der Luft und sang, wie sie früher nie einen Vogel hatten singen hören. Aber der Gesang wurde schwächer und schwächer, der Schwan neigte seinen Kopf und sank ganz langsam zu ihren Füßen nieder, wo er tot liegenblieb.

„Zwei so herrliche Flügel", sagte der Reisekamerad, „so weiß und groß wie die des Vogels sind Geldes wert, die will ich mitnehmen! Siehst du nun, daß es gut war, daß ich einen Säbel bekam?" Und so hieb er beide Flügel des toten Schwanes ab, denn die wollte er behalten.

Sie reisten nun viele, viele Meilen weit fort über die Berge, bis sie zuletzt eine große Stadt vor sich sahen, mit Hunderten von Türmen, die wie Silber in der Sonne glänzten. Mitten in der Stadt war ein prächtiges Marmorschloß, mit reinem Gold gedeckt, und hier wohnte der König.

Johannes und der Reisekamerad wollten nicht sogleich in die Stadt gehen, sondern sie blieben im Wirtshaus draußen vor der Stadt, damit sie sich schmücken konnten, denn sie wollten gut aussehen, wenn sie sich auf den Straßen zeigten. Der Wirt erzählte ihnen, daß der König ein guter Mann sei, der niemals einem Menschen etwas zuleide tue, aber seine Tochter, ja, Gott behüte uns! die sei eine schlimme Prinzessin. Schönheit besaß sie genug, keine konnte so hübsch und niedlich sein wie sie. Aber was half das? Sie war eine Hexe, die schuld daran war, daß viele herrliche Prinzen ihr Leben verloren hatten. Allen Menschen hatte sie die Erlaubnis erteilt, um sie freien zu dürfen: Ein jeder konnte kommen, er mochte Prinz oder Bettler sein, das war ihr ganz gleich. Er sollte nur drei Sachen raten, um die sie ihn befragte; konnte er das, so wollte sie sich mit ihm vermählen, und er sollte König über das ganze Land sein, wenn ihr Vater stürbe. Konnte er aber die drei Dinge nicht raten, so ließ sie ihn aufhängen oder ihm den Kopf abschlagen. Ihr Vater, der alte König, war sehr betrübt darüber, aber er konnte ihr nicht verbieten, so böse zu sein, denn er hatte einmal gesagt, er wolle nie etwas mit ihren Liebhabern zu tun haben, sie könne selbst tun, was sie wolle. Jedesmal wenn ein Prinz kam und raten sollte, um die Prinzessin zu bekommen, so konnte er es nicht, und dann wurde er gehängt oder geköpft; er war ja zuvor gewarnt worden, er hätte das Freien unterlassen können. Der alte König war so betrübt über all die Trauer und das Elend, daß er einen ganzen Tag des Jahres mit all seinen Soldaten auf den Knien lag und betete, die Prinzessin möge gut werden; aber das wollte sie durchaus nicht. Die alten Frauen, die Branntwein tranken, färbten denselben ganz schwarz, bevor sie ihn tranken, so trauerten sie. Und mehr konnten sie doch nicht tun.

„Die häßliche Prinzessin!" sagte Johannes. „Sie sollte wirklich die Rute bekommen, das würde ihr guttun. Wäre ich der alte König, so würde sie bald anders werden."

Da hörten sie das Volk draußen „Hurra" rufen. Die Prinzessin kam vorbei, und sie war wirklich so schön, daß alle Leute vergaßen, wie böse sie war, und riefen deshalb „Hurra". Zwölf schöne Jungfrauen, alle in weißen Seidenkleidern und mit einer goldenen Tulpe in der Hand, ritten auf kohlschwarzen Pferden an ihrer Seite. Die Prinzessin selbst hatte ein schneeweißes Pferd, mit Diamanten und Rubinen geschmückt, ihr Reitkleid war aus purem Gold und die Peitsche, die sie in der Hand hatte, sah aus, als wäre sie ein Sonnenstrahl. Die goldene Krone auf dem Haupt war wie ein kleiner Stern vom Himmel, und der Mantel war aus mehr als tausend schönen Schmetterlingsflügeln zusammengenäht. Dessenungeachtet war sie viel schöner als all ihre Kleider.

Als Johannes sie zu sehen bekam, wurde er so rot wie ein Blutstropfen, und er konnte kaum ein einziges Wort sagen. Die Prinzessin sah ganz so aus wie das schöne Mädchen mit der goldenen Krone, von der er in der Nacht geträumt hatte, als sein Vater gestorben war. Er fand sie so außerordentlich schön, daß er sich sofort in sie verliebte. Das sei gewiß nicht wahr, sagte er sich, daß sie eine böse Hexe sei, die die Leute hängen oder köpfen lasse, wenn sie nicht raten könnten, was sie von ihnen verlangte. „Ein jeder hat ja die Erlaubnis, um sie zu freien, sogar der ärmste Bettler. Ich will ins Schloß gehen, denn ich kann es nicht lassen!" Jedermann sagte ihm, er möge es nicht tun, es werde ihm sonst bestimmt wie allen anderen ergehen. Der Reisekamerad riet ihm auch davon ab, aber Johannes meinte, es werde schon gutgehen, bürstete seine Schuhe und seinen Rock, wusch sein Gesicht und seine Hände, kämmte sein hübsches blondes Haar und ging dann ganz allein in die Stadt hinein zum Schloß.

„Herein!", sagte der alte König, als Johannes an die Tür klopfte. Johannes öffnete, und der alte König, im Schlafrock und gestickten Pantoffeln, kam ihm entgegen; die goldene Krone hatte er auf dem Haupt, das Zepter in der einen Hand und den Reichsapfel in der anderen. „Warte ein bißchen!"

sagte er und nahm den Apfel unter den Arm, um Johannes die Hand reichen zu können. Aber sowie er erfuhr, daß er ein Freier sei, fing er so an zu weinen, daß Zepter und Apfel auf den Fußboden fielen und er die Augen mit seinem Schlafrock trocknen mußte. Der arme alte König!

„Laß es sein", sagte er, „es geht dir schlecht wie allen anderen. Nun, du sollst es sehen."Dann führte er Johannes hinaus zum Lustgarten der Prinzessin. Da sah es schrecklich aus! Oben an jedem Baum hingen drei, vier Königssöhne, die um die Prinzessin gefreit hatten, aber die Dinge hatten nicht raten können, die sie ihnen aufgegeben hatte. Jedesmal, wenn es wehte, klapperten alle Gerippe, so daß die kleinen Vögel erschraken und nie in den Garten zu kommen wagten. Alle Blumen waren an Menschenknochen aufgebunden, und in Blumentöpfen standen Totenköpfe und grinsten. Das war freilich ein sonderbarer Garten für eine Prinzessin!

„Hier kannst du es sehen!" sagte der König. „Es wird dir ebenso wie allen anderen ergehen, die du hier siehst. Laß es deshalb lieber. Du machst mich wirklich unglücklich, denn ich nehme mir das sehr zu Herzen!"

Johannes küßte dem guten König die Hand und sagte, es werde schon gutgehen, denn er sei ganz entzückt von der schönen Prinzessin.

Da kam die Prinzessin selbst mit allen ihren Damen in den Schloßhof geritten; sie gingen darum zu ihr hinaus und sagten ihr guten Tag. Sie war wunderschön anzuschauen und reichte Johannes die Hand, und er hatte sie noch viel lieber als zuvor. Sie konnte keine böse Hexe sein, wie alle Leute von ihr sagten. Dann gingen sie hinauf in den Saal, und die Diener boten ihnen Eingemachtes und Pfeffernüsse, aber der alte König war betrübt, er konnte gar nichts essen, und die Pfeffernüsse waren ihm auch zu hart.

Es wurde bestimmt, daß Johannes am nächsten Morgen wieder ins Schloß kommen sollte, dann würden die Richter und der ganze Rat versammelt sein und hören, wie es ihm beim Raten ergehe. Wenn er gut dabei fahre, so sollte er dann noch zweimal kommen, aber es war noch nie jemand dagewesen, der das erstemal geraten hatte, und sie hatten alle das Leben verloren.

Johannes war gar nicht bekümmert darum, wie es ihm ergehen würde; er war vielmehr vergnügt, dachte nur an die schöne Prinzessin und glaubte ganz sicher, der liebe Gott werde ihm schon helfen, aber wie, das wußte er nicht und wollte auch lieber nicht daran denken. Er tanzte auf der Landstraße dahin, als er nach dem Wirtshaus zurückkehrte, wo der Reisekamerad auf ihn wartete.

Johannes konnte nicht fertig werden, zu erzählen, wie artig die Prinzessin gegen ihn gewesen und wie schön sie sei. Er sehnte sich schon nach dem nächsten Tag, wo er in das Schloß kommen sollte, um sein Glück im Raten zu versuchen.

Aber der Reisekamerad schüttelte den Kopf und war ganz betrübt. „Ich bin dir gut!" sagte er. „Wir hätten noch lange zusammensein können, und nun soll ich dich schon verlieren! Du armer lieber Johannes, ich könnte weinen, aber ich will am letzten Abend, den wir vielleicht beisammen sind, deine Freude nicht stören. Wir wollen lustig sein, recht lustig! Morgen, wenn du fort bist, kann ich ungestört weinen."

Alle Leute in der Stadt hatten erfahren, daß ein neuer Freier der Prinzessin angekommen war, und darum herrschte große Betrübnis. Das Schauspielhaus blieb geschlossen, alle Kuchenfrauen banden Flor um ihre Zukkerherzen, der König und die Priester lagen in der Kirche auf den Knien. Es herrschte allgemeine Betrübnis, denn man dachte, es könne Johannes nicht besser ergehen, als es allen anderen Freiern ergangen war.

Gegen Abend bereitete der Reisekamerad einen Punsch und sagte zu Johannes: „Nun wollen wir recht lustig sein und auf der Prinzessin Gesundheit trinken." Als aber Johannes zwei Gläser getrunken hatte, wurde er so schläfrig, daß es ihm unmöglich war, die Augen offenzuhalten, und er versank in tiefen Schlaf. Der Reisekamerad hob ihn ganz sacht vom Stuhl auf und legte ihn in das Bett hinein, und als es dann dunkle Nacht wurde, nahm er die beiden großen Flügel, die er dem Schwan abgehauen hatte, und band sie an seinen Schultern fest. Die größte Rute, die er von der Frau mit dem gebrochenen Bein erhalten hatte, steckte er in seine Tasche, öffnete das Fenster und flog so über die Stadt zum Schlosse hin, wo er sich in einen Winkel unter das Fenster setzte, das in die Schlafstube der Prinzessin hineinging.

Es war ganz still in der großen Stadt. Nun schlug die Uhr dreiviertel auf zwölf, das Fenster ging auf, und die Prinzessin flog in einem langen weißen Mantel und mit schwarzen Flügeln über die Stadt hinaus zu einem großen Berg. Aber der Reisekamerad machte sich unsichtbar, so daß sie ihn nicht sehen konnte, flog hinterher und peitschte die Prinzessin mit seiner Rute, so daß Blut floß, wohin er schlug. Ah, das war eine Fahrt durch die Luft! Der Wind erfaßte ihren Mantel, der sich nach allen Seiten ausbreitete wie ein großes Schiffssegel, und der Mond schien hindurch.

„Wie es hagelt! Wie es hagelt!" sagte die Prinzessin bei jedem Schlag, den sie von der Rute bekam, und das geschah ihr schon recht. Endlich kam sie zum Berg und klopfte an. Es rollte wie Donner, als der Berg sich öffnete und die Prinzessin hineinging. Der Reisekamerad folgte ihr, denn niemand konnte ihn sehen, er war nämlich unsichtbar. Sie gingen durch einen großen, langen Gang, wo die Wände ganz besonders glitzerten, denn über tausend glühende Spinnen liefen an der Mauer auf und ab und leuchteten wie Feuer. Dann kamen sie in einen großen Saal, von Silber und Gold erbaut. Blumen, so groß wie Sonnenblumen, rote und blaue, glänzten an den Wänden, aber niemand konnte die Blumen pflücken, denn die Stiele waren häßliche, giftige Schlangen, und die Blumen waren Feuer, das ihnen aus dem Maule flammte. Die ganze Decke war mit Johanniswürmern und himmelblauen Fledermäusen bedeckt, die mit den dünnen Flügeln schlugen. Es sah ganz sonderbar aus! Mitten auf dem Fußboden war ein Thron, der von vier Pferdegerippen getragen wurde, die Zaumzeug aus roten Feuerspinnen hatten. Der Thron selbst war aus milchweißem Glas, und die Kissen darauf waren kleine schwarze Mäuse, die einander in den Schwanz bissen. Darüber war ein Dach von rosenroten Spinnweben mit den niedlichsten kleinen grünen Fliegen besetzt, die wie Edelsteine glänzten. Auf dem Thron saß ein alter Zauberer, mit einer Krone auf dem häßlichen Kopf und einem Zepter in der Hand. Er küßte die Prinzessin auf die Stirn, ließ sie sich an seiner Seite auf den Thron setzen, und dann begann die Musik. Große schwarze Heuschrecken spielten die Mundharmonika, und die Eule schlug sich auf den Leib, denn sie hatte keine Trommel. Das war ein possierliches Konzert. Kleine schwarze Kobolde mit einem Irrlicht auf der Mütze tanzten im Saal herum. Niemand aber konnte den Reisekameraden sehen; er hatte sich hinter den Thron gestellt und hörte und sah alles.

Die Hofleute, die nun hereinkamen, waren fein und vornehm, aber der, der ordentlich sehen konnte, merkte wohl, wie es um sie stand. Es waren nichts weiter als Besenstiele mit Kohlköpfen darauf, in die der Zauberer Leben gehext und denen er gestickte Kleider gegeben hatte. Aber das war ja auch einerlei, sie wurden doch nur zum Staate gebraucht.

Nachdem etwas getanzt worden war, erzählte die Prinzessin dem Zauberer, daß sie einen neuen Freier bekommen habe, und fragte darum, woran sie wohl denken solle, um ihn am nächsten Morgen danach zu fragen, wenn er nach dem Schlosse käme.

„Höre", sagte der Zauberer, „das will ich dir sagen! Du mußt etwas recht Leichtes wählen, denn darauf kommt er gar nicht. Denke an deinen Schuh. Das rät er nicht. Laß ihm dann den Kopf abschlagen, doch vergiß nicht, wenn du morgen nacht wieder zu mir herauskommst, mir seine Augen zu bringen, denn die will ich essen!"

Die Prinzessin verneigte sich tief und sagte, sie werde die Augen nicht vergessen. Der Zauberer öffnete nun den Berg, und sie flog wieder zurück, aber der Reisekamerad folgte ihr und prügelte sie so stark mit der Rute, daß sie tief über das starke Hagelwetter seufzte und sich beeilte, durch das Fenster in ihre Schlafstube zu gelangen. Der Reisekamerad aber flog zum Wirtshaus zurück, wo Johannes noch schlief, löste seine Flügel ab und legte sich dann auch auf das Bett, denn er konnte wohl müde sein.

Es war früh am Morgen, als Johannes erwachte. Der Reisekamerad stand auch auf und erzählte, daß er diese Nacht einen ganz sonderbaren Traum von der Prinzessin und ihrem Schuh gehabt habe, und bat ihn, deshalb doch zu fragen, ob die Prinzessin nicht an ihren Schuh gedacht hätte. Denn das war es ja, was er von dem Zauberer im Berg gehört hatte.

„Ich kann ebenso danach wie nach etwas anderem fragen", sagte Johannes. „Vielleicht ist das ganz richtig, was du geträumt hast, denn ich vertraue auf den lieben Gott, der mir schon helfen wird! Aber ich will dir doch Lebewohl sagen, denn rate ich falsch, so bekomme ich dich nie mehr zu sehen!"

Dann küßten sie einander, und Johannes ging in die Stadt zum Schloß. Der ganze Saal war mit Menschen angefüllt, die Richter saßen in ihren Lehnstühlen und hatten Eiderdaunenkissen hinter den Köpfen, denn sie hatten soviel zu denken. Der alte König stand auf und trocknete seine Augen mit einem weißen Taschentuch. Nun trat die Prinzessin herein. Sie war noch viel schöner als gestern und grüßte alle sehr lieblich; aber dem Johannes gab sie die Hand und sagte: „Guten Morgen, du!"

Nun sollte Johannes raten, woran sie gedacht habe. Wie sah sie ihn freundlich an! Aber sowie sie ihn das Wort „Schuh" aussprechen hörte, wurde sie kreideweiß im Gesicht und zitterte am ganzen Körper. Aber das konnte ihr nichts helfen, denn er hatte richtig geraten!

Wie wurde der alte König vergnügt! Er schlug einen Purzelbaum, daß es eine Lust war, und alle Leute klatschten in die Hände für ihn und für Johannes, der das erstemal richtig geraten hatte.

Der Reisekamerad war auch sehr erfreut, als er erfuhr, wie gut es abgelaufen war. Aber Johannes faltete seine Hände und dankte Gott, der ihm sicher die beiden anderen Male wieder helfen würde. Am nächsten Tage sollte schon wieder geraten werden.

Der Abend verging ebenso wie der gestrige. Als Johannes schlief, flog der Reisekamerad hinter der Prinzessin her zum Berg hin und prügelte sie noch stärker als das vorige Mal, denn nun hatte er zwei Ruten genommen. Niemand bekam ihn zu sehen, und er hörte alles. Die Prinzessin wollte an ihren Handschuh denken, und das erzählte er wieder dem Johannes, als ob es ein Traum sei. So konnte Johannes richtig raten, und es herrschte große Freude auf dem Schlosse. Der ganze Hof schlug Purzelbäume, so wie er es den König das erste Mal hatte machen sehen. Aber die Prinzessin lag auf dem Sofa und wollte nicht ein einziges Wort sagen. Nun kam es darauf an, ob Johannes das dritte Mal richtig raten konnte. Glückte es, so sollte er ja die schöne Prinzessin haben und nach dem Tod des alten Königs das ganze Königreich erben. Riet er falsch, so sollte er sein Leben verlieren, und der Zauberer würde seine schönen blauen Augen essen.

Den Abend vorher ging Johannes zeitig zu Bett, betete sein Abendgebet und schlief dann ruhig ein. Aber der Reisekamerad band seine Flügel an den Rücken, schnallte den Säbel an seine Seite, nahm alle drei Ruten mit sich, und so flog er nach dem Schloß.

Es war ganz finstere Nacht, und es stürmte so, daß die Dachziegel von den Häusern flogen und die Bäume drinnen im Garten, wo die Gerippe hingen, sich wie Schilf vor dem Sturmwind bogen. Es blitzte jeden Augenblick, und der Donner rollte, als ob es nur ein einziger Schlag sei, der die ganze Nacht währte. Nun ging das Fenster auf, und die Prinzessin flog heraus. Sie war so bleich wie der Tod, aber sie lachte über das böse Wetter und meinte, es sei noch nicht stark genug, und ihr weißer Mantel wirbelte in der Luft umher wie ein großes Schiffssegel. Aber der Reisekamerad peitschte sie mit drei

Ruten, daß das Blut auf die Erde tropfte und sie zuletzt kaum weiterfliegen konnte. Endlich kam sie doch nach dem Berg.

„Es hagelt und stürmt", sagte sie, „nie bin ich in solchem Wetter gewesen."

„Man kann auch des Guten zuviel bekommen", sagte der Zauberer. Nun erzählte sie ihm, daß Johannes auch das zweite Mal richtig geraten habe; werde er dasselbe morgen tun, so habe er gewonnen, und sie könne nie mehr zum Berg kommen, werde nie mehr solche Zauberkünste wie früher machen können; darum war sie ganz betrübt.

„Er soll es nicht erraten können!" sagte der Zauberer. „Ich werde schon etwas überlegen, woran er nie gedacht hat, oder er müßte ein größerer Zauberer sein als ich. Aber nun wollen wir lustig sein!" Und dann faßte er die Prinzessin bei den Händen, und sie tanzten mit all den kleinen Kobolden und Irrlichtern herum, die in dem Zimmer waren. Die roten Spinnen sprangen an den Wänden ebenso lustig auf und nieder; es sah aus, als ob Feuerblumen funkelten. Die Eulen schlugen auf die Trommel, die Heimchen pfiffen, und die schwarzen Heuschrecken bliesen die Mundharmonika. Es war ein lustiger Ball!

Als sie nun lange genug getanzt hatten, mußte die Prinzessin nach Hause, sonst wäre sie im Schloß vermißt worden. Der Zauberer sagte, daß er sie begleiten wolle, dann seien sie doch unterwegs noch beisammen.

Dann flogen sie im bösen Wetter davon, und der Reisekamerad schlug seine drei Ruten auf ihrem Rücken entzwei. Noch nie war der Zauberer in solchem Hagelwetter ausgewesen. Draußen vor dem Schloß sagte er der Prinzessin Lebewohl und flüsterte ihr zugleich zu: „Denke an meinen Kopf!" Aber der Reisekamerad hörte es wohl, und gerade in dem Augenblick, als die Prinzessin durch das Fenster in ihr Schlafzimmer schlüpfen und der Zauberer wieder umkehren wollte, ergriff er ihn an seinem langen schwarzen Bart und hieb mit dem Säbel seinen häßlichen Zauberkopf bei den Schultern ab, so daß der Zauberer ihn nicht einmal selbst zu sehen bekam. Den Körper warf er hinaus in den See zu den Fischen, doch den Kopf tauchte er nur in das Wasser und band ihn dann in sein Taschentuch, nahm ihn mit nach dem Wirtshaus und legte sich schlafen.

Am nächsten Morgen gab er Johannes das Taschentuch und sagte ihm dabei, daß er es nicht eher aufbinden dürfe, bevor die Prinzessin frage, woran sie gedacht habe.

Es waren so viele Menschen in dem großen Saal auf dem Schloß, daß sie so dicht standen wie Radieschen, die in ein Bündel zusammengebunden sind. Der Rat saß auf seinen Stühlen mit den weichen Kopfkissen, und der alte König hatte neue Kleider an, die goldene Krone und das Zepter waren poliert, es sah ganz feierlich aus. Aber die Prinzessin war ganz bleich und hatte ein kohlschwarzes Kleid an, als gehe sie zum Begräbnis.

„Woran habe ich gedacht?" fragte sie Johannes. Und sogleich band er das Taschentuch auf und erschrak selbst ganz gewaltig, als er den häßlichen Zaubererkopf erblickte. Es schauderte alle Menschen, denn es war schrecklich anzusehen; aber die Prinzessin saß wie ein Steinbild und konnte nicht ein einziges Wort sagen. Endlich erhob sie sich und reichte Johannes die Hand, denn er hatte ja richtig geraten. Sie sah ihn nicht an, sondern seufzte ganz laut: „Nun bist du mein Herr! Diesen Abend wollen wir Hochzeit halten!"

„Das gefällt mir!" sagte der alte König. „So wollen wir es haben!" Alle Leute riefen „Hurra", die Wache machte Musik in den Straßen, die Glocken läuteten, und die Kuchenfrauen nahmen den schwarzen Flor von ihren Zuckerherzen, denn nun herrschte überall große Freude. Drei ganze gebratene Ochsen, mit Enten und Hühnern gefüllt, wurden mitten auf den Markt gesetzt, und jeder konnte sich ein Stück abschneiden. In den Springbrunnen sprudelte der schönste Wein, und kaufte man eine Brezel beim Bäcker, so bekam man sechs große Zwiebacke als Zugabe, und den Zwieback mit Rosinen darin.

Am Abend war die ganze Stadt erleuchtet, und die Soldaten schossen mit Kanonen, die Knaben mit Knallerbsen, und es wurde gegessen und getrunken, angestoßen und gesprungen oben im Schlosse. Alle die vornehmen Herren und schönen Fräulein tanzten miteinander; man konnte in weiter Ferne hören, wie sie sangen:

Hier sind viele hübsche Mädchen,
Die gerne tanzen rundherum,
Drehen sich wie Spinnrädchen;
Hübsches Mädchen, dreh dich um.
Tanz und springe immerzu,
Bis die Sohle fällt vom Schuh.

Aber die Prinzessin war ja noch eine Hexe und mochte Johannes gar nicht leiden. Das fiel dem Reisekameraden ein, und darum gab er Johannes drei Federn aus den Schwanenflügeln und eine kleine Flasche mit einigen Tropfen darin und sagte ihm dann, daß er ein großes Faß, mit Wasser gefüllt, vor das Bett der Prinzessin setzen lassen solle, und wenn die Prinzessin hineinsteigen wolle, solle er ihr einen kleinen Stoß geben, so daß sie in das Wasser hinunterfalle, wo er sie dreimal untertauchen müsse, nachdem er vorher die Federn und die Tropfen hineingeschüttet habe. Dann werde sie ihre Zauberei verlieren und ihn recht liebhaben.

Johannes tat alles, was der Reisekamerad ihm geraten hatte. Die Prinzessin schrie laut, als er sie unter das Wasser tauchte, und zappelte ihm wie ein großer schwarzer Schwan mit funkelnden Augen unter den Händen. Als sie das zweite Mal auftauchte, war der Schwan weiß; bis auf einen schwarzen Ring um den Hals. Johannes betete zu Gott und ließ das Wasser zum dritten Mal über dem Vogel zusammenschlagen, und im selben Augenblick wurde er in die schönste Prinzessin verwandelt. Sie war noch schöner als zuvor und dankte ihm mit Tränen in ihren herrlichen Augen, daß er sie von der Verzauberung erlöst habe.

Am nächsten Morgen kam der alte König mit seinem ganzen Hofstaat, und da gab es ein Glückwünschen bis in den Tag hinein. Zuallerletzt kam der Reisekamerad; er hatte seinen Stock in der Hand und das Ränzel auf dem Rücken. Johannes küßte ihn und sagte, er dürfe nicht fortreisen, denn er sei ja die Ursache seines Glückes. Aber der Reisekamerad schüttelte den Kopf und sagte mild und freundlich: „Nein, meine Zeit ist um. Ich habe nur meine Schuld bezahlt. Erinnerst du dich des toten Mannes, dem die bösen Menschen Übles tun wollten? Du gabst alles, was du besaßest, damit er Ruhe in seinem Grab haben könnte. Der Tote bin ich!"

Im selben Augenblick war er verschwunden.

Die Hochzeit währte einen ganzen Monat. Johannes und die Prinzessin liebten einander innig, und der alte König erlebte manch frohe Tage und ließ ihre kleinen Kinder auf seinen Knien reiten und mit seinem Zepter spielen. Johannes aber wurde König über das ganze Land.

Die Nachtigall

n China, das weißt du ja wohl, ist der Kaiser ein Chinese, und alle, die er um sich hat, sind Chinesen. Es ist nun viele Jahre her, aber gerade deshalb ist es wert, die Geschichte zu hören, ehe sie vergessen wird. Des Kaisers Schloß war das prächtigste der Welt, ganz und gar aus feinem Porzellan, so kostbar, aber so zerbrechlich, so gefährlich zu berühren, daß man sich ordentlich in acht nehmen mußte. Im Garten sah man die wunderbarsten Blumen, und an die allerprächtigsten waren Silberglocken gebunden, die läuteten, damit man nicht vorbeigehen möchte, ohne die Blumen zu beachten. Alles war in des Kaisers Garten fein ausgeklügelt. Und er erstreckte sich so weit, daß der Gärtner selbst das Ende nicht kannte. Ging man immer weiter, so kam man in den herrlichsten Wald mit hohen Bäumen und tiefen Seen. Der Wald ging gerade hinunter bis zum Meer, das blau und tief war; große Schiffe konnten unter den Zweigen hinsegeln, und in diesen wohnte eine Nachtigall, die so herrlich sang, daß selbst der arme Fischer, der so viel anderes zu tun hatte, stillhielt und horchte, wenn er des Nachts ausgefahren war, um das Fischnetz aufzuziehen, und dann die Nachtigall hörte. „Ach Gott, wie ist das schön!" sagte er, aber dann mußte er auf sein Netz achtgeben und vergaß den Vogel. Doch wenn dieser in der nächsten Nacht wieder sang und der Fischer dorthin kam, sagte er wieder: „Ach Gott, wie ist das doch schön!"

Aus allen Ländern kamen Reisende in die Stadt des Kaisers und bewunderten diese, das Schloß und den Garten. Doch wenn sie die Nachtigall zu hören bekamen, sagten sie alle: „Das ist doch das Beste!"

Die Reisenden erzählten davon, wenn sie nach Hause kamen, und die

Gelehrten schrieben viele Bücher über die Stadt, das Schloß und den Garten, aber die Nachtigall vergaßen sie nicht, sie wurde am höchsten gepriesen; und diejenigen, welche dichten konnten, schrieben die herrlichsten Gedichte über die Nachtigall im Wald bei dem tiefen See.

Die Bücher durchliefen die ganze Welt, und einige davon kamen dann auch einmal zum Kaiser. Er saß in seinem goldenen Stuhl und las und las; jeden Augenblick nickte er mit dem Kopf, denn es freute ihn, die prächtigen Beschreibungen der Stadt, des Schlosses und des Gartens zu lesen. „Aber die Nachtigall ist doch das Allerbeste!" stand da geschrieben.

„Was ist das?" sagte der Kaiser. „Die Nachtigall! Die kenne ich ja gar nicht! Ist ein solcher Vogel hier in meinem Kaiserreich und sogar in meinem Garten? Davon habe ich nie gehört. So etwas muß man erst aus Büchern erfahren?"

Da rief er seinen vornehmen Haushofmeister. Wenn jemand, der geringer war als er, mit ihm zu sprechen oder ihn um etwas zu fragen wagte, erwiderte er weiter nichts als: „P!" Und das hat nichts zu bedeuten.

„Hier soll ja ein höchst merkwürdiger Vogel sein, der Nachtigall genannt wird!" sagte der Kaiser. „Man sagt, dies sei das Allerbeste in meinem großen Reiche. Warum hat man mir nie etwas davon gesagt?"

„Ich habe ihn früher nie nennen hören", sagte der Haushofmeister. „Er ist nie bei Hofe vorgestellt worden!"

„Ich will, daß er heute abend herkommen und singen soll!" sagte der Kaiser. „Die ganze Welt weiß, was ich habe, und ich weiß es nicht!"

„Ich habe ihn früher nie nennen hören!" sagte der Haushofmeister. „Ich werde ihn suchen, ich werde ihn finden!"

Aber wo war er zu finden? Der Haushofmeister lief alle Treppen auf und nieder, durch Säle und Gänge, aber keiner von all denen, auf die er traf, hatte von der Nachtigall sprechen hören. Und der Haushofmeister lief wieder zum Kaiser und sagte, daß es sicher eine Fabel von denen sei, die da Bücher schrieben. „Dero Kaiserliche Majestät können gar nicht glauben, was da alles geschrieben wird. Das sind Dichtungen und etwas, was man die schwarze Kunst nennt!"

„Aber das Buch, in dem ich dieses gelesen habe", sagte der Kaiser, „ist mir von dem großmächtigen Kaiser von Japan gesandt, also kann es keine Unwahrheit sein. Ich will die Nachtigall hören! Sie muß heute abend hier sein! Sie hat meine höchste Gnade! Und kommt sie nicht, so soll dem ganzen Hof auf dem Bauch herumgetrampelt werden, wenn er Abendbrot gegessen hat!"

„Tsing-pe!" sagte der Haushofmeister und lief wieder alle Treppen auf und nieder, durch alle Säle und Gänge; und der halbe Hof lief mit, denn sie wollten nicht gern auf dem Bauch herumgetrampelt werden. Da gab es ein Fragen nach der merkwürdigen Nachtigall, welche die ganze Welt kannte, nur niemand bei Hof.

Endlich trafen sie ein kleines armes Mädchen in der Küche. Sie sagte: „O Gott, die Nachtigall, die kenne ich gut; ja, wie die singen kann! Jeden Abend habe ich Erlaubnis, meiner armen kranken Mutter einige Überreste vom Tisch mit nach Hause zu bringen; sie wohnt unten am Strand, und wenn ich dann zurückgehe, müde bin und im Wald ausruhe, dann höre ich die Nachtigall singen. Es kommen mir dabei die Tränen in die Augen, und es ist gerade so, als ob meine Mutter mich küßte!"

„Kleine Köchin", sagte der Haushofmeister, „ich werde dir eine feste Anstellung in der Küche und die Erlaubnis verschaffen, den Kaiser speisen zu sehen, wenn du uns zur Nachtigall führen kannst, denn sie ist zu heute abend angesagt."

So zogen sie allesamt hinaus in den Wald, wo die Nachtigall zu singen pflegte; der halbe Hof war mit. Als sie im besten Marsch waren, fing eine Kuh zu brüllen an.

„Oh!" sagten die Hofjunker, „nun haben wir sie! Es ist doch eine merkwürdige Kraft in einem so kleinen Tier! Die habe ich sicher schon früher gehört!"

„Nein, das sind Kühe, welche brüllen!" sagte die kleine Köchin. „Wir sind noch weit von dem Ort entfernt!"

Nun quakten die Frösche im Sumpf.

„Herrlich!" sagte der chinesische Schloßpropst. „Nun höre ich sie; es klingt gerade wie kleine Kirchenglocken."

„Nein, das sind Frösche!" sagte die kleine Köchin. „Aber nun, denke ich, werden wir sie bald hören!"

Da begann die Nachtigall zu singen.

„Das ist sie!" sagte das kleine Mädchen. „Hört! Hört! Und da sitzt sie!" Und dann zeigte es nach einem kleinen grauen Vogel oben in den Zweigen.

„Ist es möglich?" sagte der Haushofmeister. „So hätte ich sie mir niemals gedacht! Wie einfach sie aussieht! Sie hat sicher ihre Farbe darüber verloren, daß sie so viele vornehme Menschen um sich sieht!"

„Kleine Nachtigall!" rief die kleine Köchin ganz laut, „unser gnädigster Kaiser will, daß du vor ihm singst!"

„Mit dem größten Vergnügen", sagte die Nachtigall und sang.

„Es ist gerade wie Glasglocken!" sagte der Haushofmeister. „Und seht die kleine Kehle, wie sie arbeitet! Es ist merkwürdig, daß wir sie früher nie gehört haben! Sie wird großes Aufsehen bei Hof erregen!"

„Soll ich noch einmal vor dem Kaiser singen?" fragte die Nachtigall, die glaubte, der Kaiser sei auch da.

„Meine vortreffliche kleine Nachtigall", sagte der Haushofmeister, „ich habe die große Freude, Sie zu einem Hoffest heute abend einzuladen, wo Sie Dero Hohe Kaiserliche Gnaden mit Ihrem prächtigen Gesang bezaubern werden!"

„Der nimmt sich am besten im Grünen aus!" sagte die Nachtigall, aber sie kam doch gern mit, als sie hörte, daß der Kaiser es wünschte.

Auf dem Schloß war alles prächtig aufgeputzt. Die Wände und der Fußboden, die aus Porzellan waren, glänzten im Licht vieler tausend Goldlampen; die herrlichsten Blumen, die recht klingeln konnten, waren in den Gängen aufgestellt. Da war ein Laufen und ein Zugwind, und alle Glocken klingelten, so daß man sein eigenes Wort nicht hören konnte.

Mitten in dem großen Saal, wo der Kaiser saß, war ein goldener Stab gestellt, auf dem sollte die Nachtigall sitzen. Der ganze Hof war da, und die kleine Köchin hatte die Erlaubnis bekommen, hinter der Tür zu stehen, da sie nun den Titel einer wirklichen Hofköchin bekommen hatte. Alle waren in ihrem größten Staate, und alle sahen nach dem kleinen grauen Vogel, dem der Kaiser zunickte.

Die Nachtigall sang so herrlich, daß dem Kaiser die Tränen in die Augen traten und ihm über die Wangen herniederrollten; da sang die Nachtigall noch schöner; das ging recht zu Herzen. Der Kaiser war sehr froh und

sagte, die Nachtigall solle einen goldenen Pantoffel um den Hals tragen. Aber die Nachtigall dankte, sie habe schon Belohnung genug erhalten.

„Ich habe Tränen in des Kaisers Augen gesehen, das ist mir der reichste Schatz! Eines Kaisers Tränen haben eine ganz besondere Kraft! Gott weiß es, ich bin genug belohnt!"

Und darauf sang sie wieder mit ihrer süßen, herrlichen Stimme.

„Das ist die liebenswürdigste Stimme, die ich kenne!" sagten die Damen ringsumher, und dann nahmen sie Wasser in den Mund, um zu glucksen, wenn jemand mit ihnen spräche; sie glaubten, dann auch Nachtigallen zu sein. Ja, die Diener und Kammermädchen ließen melden, daß auch sie zufrieden seien, und das will viel sagen, denn sie sind am allerschwersten zu befriedigen. Ja, die Nachtigall machte wahrlich ihr Glück.

Sie sollte nun bei Hof bleiben, ihren eigenen Käfig und die Freiheit haben, zweimal des Tages und einmal des Nachts herauszuspazieren. Sie bekam zwölf Diener mit, die ihr alle ein Seidenband um das Bein geschlungen hatten und sie daran festhielten. Es war durchaus kein Vergnügen bei einem solchen Ausflug.

Die ganze Stadt sprach von dem merkwürdigen Vogel, und begegneten sich zwei, so sagte der eine nichts anderes als: „Nacht!" – und der andere sagte: „Gall!"* Und dann seufzten sie und verstanden einander. Ja, elf Hökerkinder wurden nach ihr benannt, aber nicht eins von ihnen hatte einen Ton in der Kehle.

Eines Tages erhielt der Kaiser eine Kiste, auf der geschrieben stand: „Nachtigall".

„Da haben wir nun ein neues Buch über unseren berühmten Vogel!" sagte der Kaiser. Aber es war kein Buch, es war ein Kunststück, das in einer Schachtel lag, eine künstliche Nachtigall, die der lebenden gleichen sollte, aber überall mit Diamanten, Rubinen und Saphiren besetzt war. Sobald man den künstlichen Vogel aufzog, konnte er eins der Stücke singen, die der wirkliche sang, und dann bewegte sich der Schweif auf und nieder und glänzte von Silber und Gold. Um den Hals hing ein kleines Band, worauf geschrieben stand: „Die Nachtigall des Kaisers von Japan ist arm gegen die des Kaisers von China."

„Das ist herrlich!" sagten alle, und der, der den künstlichen Vogel gebracht hatte, erhielt sogleich den Titel: Kaiserlicher Obernachtigallbringer.

„Nun müssen sie zusammen singen! Was wird das für ein Genuß werden!"

* In der Ursprache doppelsinnig, da im Dänischen „gall" verrückt heißt.

Sie mußten also zusammen singen, aber es wollte nicht recht gehen, denn die wirkliche Nachtigall sang auf ihre Weise, und der Kunstvogel ging auf Walzen.

„Der hat keine Schuld", sagte der Spielmeister, „der ist besonders taktfest und ganz meine Schule!" Nun sollte der Kunstvogel allein singen. Er machte ebenso sein Glück wie der wirkliche, und dann war er viel niedlicher anzusehen; er funkelte wie Armbänder und Brustnadeln.

Dreiunddreißigmal sang er ein und dasselbe Stück und war doch nicht müde. Die Leute hätten ihn gern wieder von vorn gehört, aber der Kaiser meinte, daß nun auch die lebendige Nachtigall etwas singen solle. Aber wo war die? Niemand hatte bemerkt, daß sie aus dem offenen Fenster fort zu ihren grünen Wäldern geflogen war.

„Aber was ist denn das?" sagte der Kaiser. Und alle Hofleute schalten und meinten, daß die Nachtigall ein höchst undankbares Tier sei. „Den besten Vogel haben wir doch!" sagten sie, und so mußte der Kunstvogel wieder singen, und das war das vierunddreißigste Mal, daß sie dasselbe Stück zu hören bekamen. Aber sie konnten es noch nicht ganz auswendig, denn es war sehr schwer. Der Spielmeister lobte den Vogel außerordentlich, ja, er versicherte, daß er besser als die wirkliche Nachtigall sei, nicht nur was die Kleider und die vielen herrlichen Diamanten betreffe, sondern auch inwendig.

„Denn sehen Sie, meine Herrschaften, der Kaiser vor allen, bei der wirklichen Nachtigall kann man nie berechnen, was da kommen wird, aber bei dem Kunstvogel ist alles bestimmt. Man kann es erklären, man kann ihn öffnen und dem menschlichen Denken zeigen, wie die Walzen liegen, wie sie gehen und wie das eine aus dem anderen folgt!"

„Das sind ganz unsere Gedanken!" sagten sie alle, und der Spielmeister erhielt die Erlaubnis, am nächsten Sonntag den Vogel dem Volke vorzuzeigen. Es sollte ihn auch singen hören, befahl der Kaiser. Und es hörte ihn, und es wurde so vergnügt, als ob es sich an Tee berauscht hätte, denn das ist ganz chinesisch. Und da sagten alle: „Oh!" und hielten den Zeigefinger in die Höhe und nickten dazu. Aber die armen Fischer, die die wirkliche Nachtigall gehört hatten, sagten: „Es klingt hübsch, und die Melodien gleichen sich auch, aber es fehlt etwas, ich weiß nicht was!"

Die wirkliche Nachtigall wurde aus dem Land und Reich verwiesen.

Der Kunstvogel hatte seinen Platz auf einem seidenen Kissen dicht bei des Kaisers Bett; alle Geschenke, die er erhalten hatte, Gold und Edelsteine, lagen rings um sie her, und im Titel war er zu einem „Hochkaiserlichen

Nachttischsänger" aufgestiegen, im Range Nummer eins zur linken Seite, denn der Kaiser rechnete die Seite für die vornehmste, auf der das Herz saß, und das Herz sitzt auch bei einem Kaiser links. Und der Spielmeister schrieb ein Werk von fünfundzwanzig Bänden über den Kunstvogel; das war so gelehrt und lang, voll von den allerschwersten chinesischen Wörtern, daß alle Leute sagten, sie haben es gelesen und verstanden, denn sonst wären sie ja dumm gewesen und auf den Bauch getrampelt worden.

So verging ein ganzes Jahr. Der Kaiser, der Hof und all die übrigen Chinesen konnten jeden kleinen Gluck in des Kunstvogels Gesang auswendig; aber gerade darum gefiel er ihnen jetzt am allerbesten; sie konnten selbst mitsingen, und das taten sie auch. Die Straßenbuben sangen: „Zizizi! Gluckgluckgluck!" und der Kaiser sang es ebenfalls. Ja, das war gewiß prächtig!

Aber eines Abends, als der Kunstvogel am besten sang und der Kaiser im Bett lag und zuhörte, sagte es im Vogel „Schnupp". Und da sprang etwas. „Schnurrrr!" – alle Räder liefen herum, und dann stand die Musik still.

Der Kaiser sprang gleich aus dem Bett und ließ seinen Leibarzt rufen, aber was konnte der helfen! Dann ließen sie den Uhrmacher holen, und nach vielem Reden und Nachsehen brachte er den Vogel etwas in Ordnung, aber er sagte, daß er sehr geschont werden müsse, denn die Zapfen seien abgenutzt, und es sei unmöglich, neue so einzusetzen, daß die Musik sicher gehe. Das war nun eine große Trauer! Nur einmal im Jahr durfte man den Kunstvogel singen lassen, und das war fast schon zuviel. Aber dann hielt der Spielmeister eine kleine Rede voll inhaltsschwerer Worte und sagte, daß es ebensogut sei wie früher, und dann war es ebensogut wie früher.

Nun waren fünf Jahre vergangen, und das ganze Land bekam eine wirkliche große Trauer. Die Chinesen hielten im Grunde allesamt große Stücke auf ihren Kaiser, und jetzt war er krank und konnte nicht länger leben. Schon war ein neuer Kaiser gewählt, und das Volk stand draußen auf der Straße und fragte den Haushofmeister, wie es ihrem alten Kaiser gehe.

„P!" sagte er und schüttelte den Kopf.

Kalt und bleich lag der Kaiser in seinem großen prächtigen Bett, der ganze Hof glaubte ihn tot, und ein jeder lief, den neuen Kaiser zu begrüßen, die Kammerdiener liefen hinaus, um darüber zu sprechen, und die Kammermädchen hatten große Kaffeegesellschaft. Ringsumher in allen Sälen und Gängen war Tuch gelegt, damit man keinen Tritt hörte, und darum war es da still. Aber der Kaiser war noch nicht tot; steif und bleich lag er in dem prächtigen Bett mit den langen Samtvorhängen und den schweren Goldquasten; hoch oben stand ein Fenster auf, und der Mond schien herein auf den Kaiser und den Kunstvogel.

Der arme Kaiser konnte kaum atmen, und es war gerade, als ob etwas auf seiner Brust säße; er schlug die Augen auf, und da sah er, daß es der Tod war, der auf seiner Brust saß, sich seine goldene Krone aufgesetzt hatte und in der einen Hand des Kaisers goldenen Säbel, in der anderen seine prächtige Fahne hielt. Ringsumher aus den Falten der großen Samtvorhänge des Bettes sahen wunderliche Köpfe hervor, einige ganz häßlich, andere lieblich und mild: das waren des Kaisers böse und gute Taten, die ihn anblickten, jetzt, da der Tod ihm auf dem Herzen saß.

„Entsinnst du dich dieses?" Und dann erzählten sie ihm so viel, daß ihm der Schweiß von der Stirne rann.

„Das habe ich nie gewußt!" sagte der Kaiser. „Musik, Musik, die große chinesische Trommel", rief er, „damit ich nicht alles zu hören brauche, was sie sagen!"

Aber sie fuhren fort, und der Tod nickte wie ein Chinese zu allem, was gesagt wurde.

„Musik, Musik!" schrie der Kaiser. „Du kleiner herrlicher Goldvogel! Singe doch, singe! Ich habe dir Gold und Kostbarkeiten gegeben, ich habe dir selbst meinen goldenen Pantoffel um den Hals gehängt, singe doch, singe!"

Aber der Vogel stand still, es war niemand da, ihn aufzuziehen, sonst sang er nämlich nicht, und der Tod fuhr fort, den Kaiser mit seinen großen leeren Augenhöhlen anzustarren, und es war still, schrecklich still.

Da klang auf einmal vom Fenster her der herrlichste Gesang. Es war die kleine lebendige Nachtigall, die auf einem Zweig saß. Sie hatte von der Not ihres Kaisers gehört und war gekommen, ihm Trost und Hoffnung zu singen. Und wie sie sang, wurden die Gespenster bleicher und bleicher, das Blut kreiste immer rascher und rascher in des Kaisers schwachem Körper, und selbst der Tod lauschte und sagte: „Fahre fort, kleine Nachtigall! Fahre fort!"

„Ja, willst du mir den prächtigen goldenen Säbel geben? Willst du mir die reiche Fahne geben? Willst du mir des Kaisers Krone geben?"

Der Tod gab jedes Kleinod für einen Gesang, und die Nachtigall fuhr fort zu singen, sie sang von dem stillen Gottesacker, wo die weißen Rosen wachsen, wo der Flieder duftet, und wo das frische Gras von den Tränen der Überlebenden befeuchtet wird. Da bekam der Tod Sehnsucht nach seinem Garten und schwebte wie ein kalter weißer Nebel aus dem Fenster.

„Dank, Dank!" sagte der Kaiser. „Du himmlischer kleiner Vogel! Ich kenne dich wohl! Dich habe ich aus meinem Land und Reich gejagt! Und doch hast du die bösen Gesichter von meinem Bett hinweggesungen, den Tod von meinem Herzen vertrieben! Wie kann ich es dir lohnen?"

„Du hast mich belohnt!" sagte die Nachtigall. „Ich habe deinen Augen Tränen entlockt, als ich das erstemal sang, das vergesse ich dir nie, das sind die Juwelen, die ein Sängerherz erfreuen. Aber schlafe nun und werde stark, ich werde dir vorsingen!"

Sie sang, und der Kaiser fiel in süßen Schlummer; sanft und wohltuend war der Schlaf!

Die Sonne schien durch das Fenster herein, als er gestärkt und gesund erwachte. Keiner von seinen Dienern war zurückgekehrt, denn sie glaubten, er sei tot, aber die Nachtigall saß noch und sang.

„Immer mußt du bei mir bleiben!" sagte der Kaiser. „Du sollst nur singen, wenn du selbst willst, und den Kunstvogel schlage ich in tausend Stücke."

„Tue das nicht", sagte die Nachtigall, „der hat ja das Gute getan, wie er konnte; behalte ihn wie bisher. Ich kann nicht nisten und wohnen im Schloß, aber laß mich kommen, wenn ich selbst Lust habe, da will ich des Abends dort beim Fenster sitzen und dir vorsingen, damit du froh und nachdenklich zugleich wirst. Ich werde von den Glücklichen singen und von denen, die da leiden; ich werde vom Bösen und Guten singen, was rings um dich her dir verborgen bleibt. Der kleine Singvogel fliegt weit umher zu dem armen Fischer, zu des Landmanns Dach, zu jedem, der fern von dir und deinem Hof ist! Ich liebe dein Herz mehr als deine Krone, und doch hat die Krone etwas von dem Duft des Heiligen an sich. Ich komme und singe dir vor! Aber eins mußt du mir versprechen."

„Alles!" sagte der Kaiser und stand da in seiner kaiserlichen Tracht, die er angelegt hatte, und hielt den Säbel, der schwer von Gold war, an sein Herz.

„Um eins bitte ich dich! Erzähle niemand, daß du einen kleinen Vogel hast, der dir alles sagt, dann wird es noch besser gehen!"

Da flog die Nachtigall fort.

Die Diener kamen herein, um nach ihrem toten Kaiser zu sehen; ja, da standen sie, und der Kaiser sagte: „Guten Morgen!"

Der Engel

edesmal, wenn ein gutes Kind stirbt, kommt ein Engel Gottes zur Erde herab, nimmt das tote Kind auf seine Arme, breitet die großen weißen Flügel aus und pflückt eine ganze Hand voll Blumen, die er zu Gott hinaufbringt damit sie dort noch schöner als auf der Erde blühen. Der liebe Gott drückt alle Blumen an sein Herz, aber der Blume, die ihm die liebste ist, gibt er einen Kuß, und dann bekommt sie Stimme und kann in der großen Glückseligkeit mitsingen!

Sieh, all dies erzählte ein Engel Gottes, indem er ein totes Kind zum Himmel trug, und das Kind hörte wie im Traume. Sie flogen über die Stätten in der Heimat, wo der Kleine gespielt hatte, und kamen durch Gärten mit herrlichen Blumen.

„Welche wollen wir nun mitnehmen und in den Himmel pflanzen?" fragte der Engel.

Da stand ein schlanker, herrlicher Rosenstock, aber eine böse Hand hatte den Stamm abgebrochen, so daß alle Zweige, voll von großen, halbaufgebrochenen Knospen, rundherum vertrocknet hingen.

„Der arme Rosenstock!" sagte das Kind. „Nimm ihn, damit er oben bei Gott zum Blühen kommen kann!"

Und der Engel nahm ihn, küßte das Kind dafür, und der Kleine öffnete seine Augen zur Hälfte. Sie pflückten von den reichen Prachtblumen, nahmen aber auch die verachtete Butterblume und das wilde Stiefmütterchen mit.

„Nun haben wir Blumen!" sagte das Kind; der Engel nickte, aber er flog noch nicht zu Gott empor. Es war nun Nacht und ganz still. Sie blieben in der großen Stadt und schwebten in einer der schmalen Gassen umher, wo viel Stroh und Asche lagen, denn es war Umzug gewesen. Da lagen Tellerscherben, Gipsstücke, Lumpen und alte Hutköpfe, was nicht gut aussah. Der Engel zeigte in diesem Wirrwarr auf einige Scherben eines Blumentopfes und auf einen Klumpen Erde hinunter, der da herausgefallen war, und von den Wurzeln einer großen, vertrockneten Feldblume zusammengehalten wurde, die nichts taugte und die man darum auf die Gasse geworfen hatte.

„Diese nehmen wir mit!" sagte der Engel. „Ich werde dir den Grund erzählen während wir fliegen!"

Sie flogen weiter, und der Engel erzählte:

„Dort unten in der schmalen Gasse, in dem niedrigen Keller, wohnte einst ein armer kranker Knabe. Von seiner Geburt an war er immer bettlägerig gewesen, und wenn es ihm am besten ging, konnte er auf Krücken die kleine Stube ein paarmal auf und ab gehen, das war alles. An einigen Tagen im Sommer fielen die Sonnenstrahlen während einer halben Stunde bis in den Keller hinab, und wenn der Knabe dasaß, sich von der warmen Sonne bescheinen ließ und das rote Blut durch seine feinen Finger hindurchsah, die er vor das Gesicht hielt, dann hieß es: „Heute träumte er wieder vom Spaziergang!" Er kannte den Wald in seinem herrlichen Frühjahrsgrün nur dadurch, daß ihm der Sohn des Nachbarn den ersten Buchenzweig brachte, den er über seinem Haupt hielt und davon träumte, unter Buchen zu sein, wo die Sonne scheint und die Vögel singen. An einem Frühlingstag brachte ihm des Nachbars Knabe auch Feldblumen, und unter diesen war zufällig eine mit der Wurzel; darum wurde sie in einen Blumentopf gepflanzt und am Bett neben das Fenster gestellt. Die Blume war mit einer glücklichen Hand gepflanzt, sie wuchs, trieb neue Zweige und trug jedes Jahr ihre Blumen; sie wurde des kranken Knaben herrlichster Blumengarten, sein kleiner Schatz hier auf Erden. Er goß und pflegte sie und sorgte dafür, daß sie jeden Sonnenstrahl, der durch das niedrige Fenster hinunterglitt, erhielt. Die Blume selbst verwuchs mit seinen Tränen, denn für ihn blühte sie, verbreitete ihren Duft und erfreute das Auge, und gegen sie wendete er sich im Tode, als der Herr ihn zu sich rief. Ein Jahr ist er nun bei Gott gewesen, ein Jahr hat die Blume vergessen im Fenster gestanden, verdorrte dabei und wurde darum beim Umziehen hinaus auf die Straße geworfen. Und dies ist die Blume, die arme vertrocknete Blume, die wir mit in unseren Blumenstrauß genommen haben, denn diese Blume hat mehr erfreut als die reichste Blume im Garten einer Königin!"

„Aber woher weißt du das alles?" fragte das Kind, das der Engel in den Himmel trug.

„Ich weiß es", sagte der Engel, „denn ich war selbst der kleine kranke Knabe, der auf Krücken ging; meine Blume kenne ich wohl!"

Das Kind öffnete seine Augen ganz und sah in des Engels herrliches, frohes Antlitz hinein, und im selben Augenblick befanden sie sich in Gottes Himmel, wo Freude und Glückseligkeit herrschten. Gott drückte das tote Kind an sein Herz, und da bekam es Flügel wie der andere Engel und flog Hand in Hand mit ihm. Gott drückte alle Blumen an sein Herz, aber die arme verdorrte Feldblume küßte er, und sie erhielt eine Stimme und sang mit allen Engeln, die Gott umschwebten. Einige waren ihm ganz nahe, andere um diese herum in großen Kreisen und immer weiter fort, bis in das Unendliche, aber alle gleich glücklich. Und alle sangen sie, klein und groß, samt dem guten, gesegneten Kind und der armen Feldblume, die verdorrt dagelegen hatte, hingeworfen in den Kehricht des Umziehtages, in der schmalen, dunklen Gasse.

Der fliegende Koffer

Es war einmal ein Kaufmann, der so reich war, daß er die ganze Straße und fast noch eine kleine Gasse mit Silbergeld pflastern konnte; aber das tat er nicht, er wußte sein Geld anders anzuwenden. Gab er einen Groschen aus, so bekam er einen Taler wieder, ein so kluger Kaufmann war er – bis er starb.

Der Sohn bekam nun all dieses Geld, und er lebte lustig, ging jeden Tag einem anderen Vergnügen nach, machte Papierdrachen aus Talerscheinen und warf Goldstücke in das Wasser anstatt Steine dafür zu nehmen. So konnte das Geld schon alle werden; zuletzt besaß er nicht mehr als vier Groschen und hatte keine anderen Kleider als ein Paar Pantoffeln und einen alten Schlafrock. Nun kümmerten sich seine Freunde nicht mehr um ihn, da sie ja mit ihm zusammen nicht auf die Straße gehen konnten, aber einer von ihnen, der gutmütig war, sandte ihm einen alten Koffer mit der Bemerkung: „Packe ein!" Ja, das war nun ganz gut, aber er hatte nichts einzupacken, darum setzte er sich selbst in den Koffer.

Das war ein merkwürdiger Koffer. Sobald man an das Schloß drückte, konnte der Koffer fliegen. Das tat er nun, und sogleich flog er mit dem Koffer durch den Schornstein hoch über die Wolken hinauf, weiter und immer weiter fort. Wenn der Boden ein wenig knackte, hatte er Angst, daß der Koffer in Stücke gehen würde, denn dann hätte er einen tüchtigen Luftsprung gemacht! Gott bewahre uns! So kam er nach dem Land der Türken. Den Koffer verbarg er im Wald unter dürren Blättern und ging dann in die Stadt hinein. Das konnte er auch ganz gut, denn bei den Türken gingen ja alle so wie er in Schlafrock und Pantoffeln. Da begegnete er einer Amme mit einem kleinen Kind. „Höre du, Türkenamme", sagte er, „was ist das für ein großes Schloß hier dicht bei der Stadt, wo die Fenster so hoch sitzen?"

„Da wohnt die Tochter des Königs!" erwiderte diese. „Es ist ihr geweissagt worden, daß sie über einen Geliebten sehr unglücklich werden würde, und deshalb darf niemand zu ihr kommen, wenn nicht der König und die Königin zugegen sind!"

„Ich danke!" sagte der Kaufmannssohn, ging hinaus in den Wald, setzte sich in seinen Koffer, flog auf das Dach des Schlosses und kroch durch das Fenster zur Prinzessin hinein.

Sie lag auf dem Sofa und schlief; sie war so schön, daß er sie küssen

mußte. Sie erwachte und erschrak heftig, aber er sagte, er sei der Türkengott, der durch die Luft zu ihr gekommen wäre, und das gefiel ihr.

Dann saßen sie beieinander, und er erzählte ihr Geschichten von ihren Augen; das waren die herrlichsten dunklen Seen, und die Gedanken schwammen darin gleich Meerweibchen. Und er erzählte von ihrer Stirn, die wäre ein Schneeberg mit den prächtigsten Sälen und Bildern. Auch erzählte er vom Storch, der die lieben kleinen Kinder bringt.

Ja, das waren herrliche Geschichten! Dann freite er um die Prinzessin, und sie sagte sogleich ja!

„Aber Sie müssen am Sonnabend herkommen", sagte sie, „da sind der König und die Königin bei mir zum Tee! Sie werden sehr stolz darauf sein, daß ich den Türkengott bekomme, aber sehen Sie zu, daß Sie ein recht hübsches Märchen wissen, denn das lieben meine Eltern sehr."

„Ja, ich bringe keine andere Brautgabe als ein Märchen!" sagte er, und so trennten sie sich; aber die Prinzessin gab ihm einen Säbel, der war mit Goldstücken besetzt, und die konnte er sehr gut gebrauchen.

Nun flog er fort, kaufte sich einen neuen Schlafrock und saß dann draußen im Wald und dichtete ein Märchen. Das sollte bis zum Sonnabend fertig sein, und das war gar nicht leicht.

Aber er wurde fertig, und da war es gerade Sonnabend. Der König, die Königin und der ganze Hof warteten bei der Prinzessin mit dem Tee. Er wurde sehr freundlich empfangen.

„Wollen Sie uns nun ein Märchen erzählen", sagte die Königin, „eins, das tiefsinnig und belehrend ist?"

„Aber worüber man auch lachen kann!" sagte der König.

„Jawohl!" erwiderte er und erzählte. Da muß man nun gut aufpassen.

„Es war einmal ein Bund Schwefelhölzer, die waren außerordentlich stolz auf ihre hohe Herkunft. Ihr Stammbaum, das heißt, die große Fichte, von der jedes ein kleines Hölzchen war, war ein großer alter Baum im Wald gewesen. Die Schwefelhölzer lagen nun zwischen einem Feuerzeug und einem alten eisernen Topf, und diesen erzählten sie von ihrer Jugend. ‚Ja, als wir auf dem grünen Zweig waren‘, sagten sie, ‚da waren wir wirklich auf einem grünen Zweig! Jeden Morgen und Abend gab es Diamanttee, das war der Tau; den ganzen Tag hatten wir Sonnenschein, wenn die Sonne schien, und alle die kleinen Vögel mußten uns Geschichten erzählen. Wir konnten wohl merken, daß wir auch reich waren, denn die Laubbäume waren nur im Sommer bekleidet, aber unsere Familie hatte die Mittel zu grünen Kleidern sowohl im Sommer wie im Winter. Doch da kamen die Holzhauer, und unsere Familie wurde zersplittert. Der Stammherr wurde Hauptmast auf einem prächtigen Schiff, das die Welt umsegeln konnte, wenn es wollte. Die anderen Zweige kamen nach anderen Orten, und wir hatten nun das Amt, der niedrigen Menge das Licht anzuzünden. Deshalb sind wir vornehmen Leute hier in die Küche gekommen.‘

‚Mein Schicksal gestaltete sich auf eine andere Weise!‘ sagte der Eisentopf, an dessen Seite die Schwefelhölzer lagen. ‚Seit ich auf die Welt kam, bin ich viele Male gescheuert und gekocht worden. Ich sorge für das Dauerhafte und bin der Erste hier im Hause. Meine einzige Freude ist, nach Tisch rein und sauber an meinem Platz zu stehen und ein vernünftiges Gespräch mit den Kameraden zu führen. Doch wenn ich den Wassereimer ausnehme, der hin und wieder einmal nach dem Hof hinunterkommt, so leben wir immer innerhalb der Türen. Unser einziger Neuigkeitsbote ist der Marktkorb, aber der spricht zu unruhig über die Regierung und das Volk; ja, neulich war da ein alter Topf, der vor Schreck darüber niederfiel und in Stücke zerbrach. Der ist gut gesinnt, sage ich euch!' – ‚Nun redest du zuviel!' fiel das Feuerzeug ein, und der Stahl schlug gegen den Feuerstein, daß es Funken sprühte. ‚Wollen wir uns nicht einen lustigen Abend machen?'

‚Ja, laßt uns davon sprechen, wer der Vornehmste ist!' sagten die Schwefelhölzer.

‚Nein, ich liebe es nicht, von mir selbst zu reden', wendete der Tontopf ein. ‚Laßt uns eine Abendunterhaltung veranstalten. Ich werde anfangen, ich werde etwas erzählen, was jeder erlebt hat; da kann man sich leicht hineinversetzen, und das ist sehr erfreulich! An der Ostsee bei den dänischen Buchen –'

‚Das ist ein hübscher Anfang!' sagten alle Teller. ‚Das wird sicher eine Geschichte, die uns gefällt!'

‚Ja, da verlebte ich meine Jugend bei einer stillen Familie; die Möbel wurden geputzt, der Fußboden gescheuert, und alle vierzehn Tage wurden neue Vorhänge aufgehängt!'

‚Wie gut Sie erzählen!' sagte der Haarbesen. ‚Man kann gleich hören, daß ein Frauenzimmer erzählt; es geht etwas Reines hindurch!'

‚Ja, das fühlt man!' sagte der Wassereimer und machte vor Freude einen kleinen Sprung, so daß es auf dem Fußboden platschte.

Der Topf fuhr zu erzählen fort, und das Ende war ebensogut wie der Anfang.

Alle Teller klapperten vor Freude, und der Haarbesen zog grüne Petersilie aus dem Sandloch und bekränzte den Topf, denn er wußte, daß es die anderen ärgern werde. ‚Bekränze ich ihn heute', dachte er, ‚so bekränzt er mich morgen.'

‚Nun will ich tanzen!' sagte die Feuerzange und tanzte. Ja, Gott bewahre uns, wie konnte sie das eine Bein in die Höhe strecken! Der alte Stuhlbezug dort im Winkel platzte, als er es sah. ‚Werde ich nun auch bekränzt?' fragte die Feuerzange, und das wurde sie.

‚Das ist das gemeine Volk!' dachten die Schwefelhölzer.

Nun sollte die Teemaschine singen, aber sie sagte, sie sei erkältet, sie könne nicht, wenn sie nicht koche; doch das war bloße Vornehmtuerei; sie wollte nicht singen, wenn sie nicht drinnen bei der Herrschaft auf dem Tisch stand.

Im Fenster saß eine alte Gänsefeder, womit das Mädchen zu schreiben pflegte. Es war nichts Bemerkenswertes an ihr, außer daß sie gar zu tief in das Tintenfaß getaucht worden, aber darauf war sie nun stolz. ‚Will die Teemaschine nicht singen‘, sagte sie, ‚so kann sie es unterlassen; draußen hängt eine Nachtigall im Käfig, die kann singen; sie hat zwar nichts gelernt, aber das wollen wir diesen Abend dahingestellt sein lassen!‘

‚Ich finde es höchst unpassend‘, sagte der Teekessel – er war Küchensänger und Halbbruder der Teemaschine –, ‚daß ein fremder Vogel gehört werden soll! Ist das Vaterlandsliebe? Der Marktkorb mag darüber richten!‘

‚Ich ärgere mich nur‘, sagte der Marktkorb, ‚ich ärgere mich so, wie es sich kein Mensch denken kann! Ist das eine passende Art, den Abend zu verbringen? Würde es nicht vernünftiger sein, Ordnung herzustellen? Jeder müßte auf seinen Platz kommen, und ich würde das ganze Spiel leiten. Das sollte etwas anderes werden!‘

‚Laßt uns Lärm machen!‘ sagten alle. Da ging die Tür auf. Es war das Dienstmädchen, und da standen sie still, und keiner bewegte sich. Da war auch nicht ein Topf, der nicht gewußt hätte, was er zu tun vermöge und wie vornehm er sei. ‚Ja, wenn ich gewollt hätte‘, dachte jeder, ‚so hätte es einen recht lustigen Abend gegeben!‘

Das Dienstmädchen nahm die Schwefelhölzer und zündete sich Feuer damit an. Wie sie sprühten und aufflammten!

‚Nun kann doch ein jeder', dachten sie, ‚sehen, daß wir die ersten sind. Welchen Glanz wir haben, welches Licht!' Und damit waren sie verbrannt."

„Das war ein herrliches Märchen!" sagte die Königin. „Ich fühlte mich ganz in die Küche versetzt, zu den Schwefelhölzern; ja, nun sollst du unsere Tochter haben."

„Jawohl!" sagte der König. „Du sollst unsere Tochter am Montag haben!" Denn jetzt sagten sie du zu ihm, da er zur Familie gehören sollte.

Die Hochzeit war nun bestimmt, und am Abend vorher wurde die ganze Stadt erleuchtet. Zwieback und Brezeln wurden ausgeteilt, die Straßenbuben riefen „Hurra" und pfiffen auf den Fingern; es war außerordentlich prachtvoll.

‚Ja, ich muß wohl auch etwas tun!' dachte der Kaufmannssohn, und kaufte nun Raketen, Knallerbsen und alles Feuerwerk, was man sich nur denken konnte, legte es in seinen Koffer und flog damit in die Luft.

Alle Türken hüpften dabei in die Höhe, daß ihnen die Pantoffeln um die Ohren flogen; so eine Lufterscheinung hatten sie noch nie gesehen. Nun konnten sie begreifen, daß es der Türkengott selbst war, der die Prinzessin haben sollte.

Sobald der Kaufmannssohn wieder mit seinem Koffer herunter in den Wald kam, dachte er: ‚Ich will doch in die Stadt hineingehen, um zu erfahren, wie es sich ausgenommen hat.' Und es war ganz natürlich, daß er Lust dazu hatte.

Was doch die Leute alles erzählten! Ein jeder, den er danach fragte, hatte es auf seine Weise gesehen, aber schön hatten es alle gefunden.

„Ich sah den Türkengott selbst", sagte der eine. „Er hatte Augen wie glänzende Sterne und einen Bart wie schäumende Wasser!"

„Er flog in einem Feuermantel", sagte ein anderer. „Die lieblichsten Engelskinder blickten aus den Falten hervor!"

Ja, das waren herrliche Sachen, die er hörte, und am folgenden Tag sollte er Hochzeit haben.

Nun ging er nach dem Wald zurück, um sich in seinen Koffer zu setzen – aber wo war der? Der Koffer war verbrannt. Ein Funken des Feuerwerks war zurückgeblieben, der hatte Feuer gefangen, und der Koffer lag in Asche. Nun konnte der Kaufmannssohn nicht mehr fliegen, nicht mehr zu seiner Braut gelangen.

Sie aber stand den ganzen Tag auf dem Dach und wartete; sie wartet noch, aber er durchwandert die Welt und erzählt Märchen, doch sind sie nicht mehr so lustig wie das von den Schwefelhölzchen.

150

Die wilden Schwäne

Weit von hier, dort, wohin die Schwalben fliegen, wenn wir Winter haben, wohnte ein König, der elf Söhne und eine Tochter, Elisa, hatte. Die elf Brüder waren Prinzen, sie gingen mit dem Stern auf der Brust und dem Säbel an der Seite in die Schule. Sie schrieben mit Diamantgriffeln auf Goldtafeln und lernten ebensogut auswendig wie sie lasen; man konnte sogleich hören, daß sie Prinzen waren. Die Schwester Elisa saß auf einem kleinen Schemel von Spiegelglas und hatte ein Bilderbuch, das das halbe Königreich gekostet hatte.

Oh, die Kinder hatten es gut, aber so sollte es nicht immer bleiben!

Ihr Vater, der König über das ganze Land war, verheiratete sich mit einer bösen Königin, die die armen Kinder gar nicht lieb hatte. Schon am ersten Tage konnten sie es recht gut merken. Im Schlosse war ein großes Fest, und da spielten die Kinder „Besuch"; aber während sie sonst all den Kuchen und die gebratenen Äpfel erhielten, die nur zu haben waren, gab die böse Königin ihnen nur Sand in einer Teetasse und sagte, sie könnten so tun, als ob es etwas wäre.

Die Woche darauf brachte sie die kleine Elisa auf das Land zu einem Bauernpaar, und lange währte es nicht, da redete sie dem König so viel von den Prinzen vor, daß er sich gar nicht mehr um sie bekümmerte.

„Fliegt hinaus in die Welt und helft euch selbst!" sagte die böse Königin, „fliegt als große Vögel, ohne Stimme!" Aber sie konnte es doch nicht so schlimm machen, wie sie gern wollte; sie wurden elf herrliche wilde Schwäne. Mit einem sonderbaren Schrei flogen sie aus den Schloßfenstern hinaus über den Park und den Wald hinweg.

Es war noch ganz früh am Morgen, als sie dort vorbeikamen, wo die Schwester Elisa in der Stube des Bauern lag und schlief. Hier schwebten sie über dem Dach, drehten ihre langen Hälse und schlugen mit den Flügeln, aber niemand hörte oder sah es. Sie mußten wieder weiter, hoch zu den

Wolken empor, hinaus in die weite Welt; da flogen sie zu einem großen Wald, der sich gerade bis an den Strand des Meeres erstreckte.

Die arme kleine Elisa stand in der Stube des Bauern und spielte mit einem grünen Blatt, anderes Spielzeug hatte sie nicht. Sie stach ein Loch in das grüne Blatt, sah hindurch gegen die Sonne empor, und da war es gerade, als sähe sie ihrer Brüder klare Augen, und jedes Mal, wenn die warmen Sonnenstrahlen auf ihre Wangen schienen, gedachte sie aller ihrer Küsse.

Ein Tag verlief ebenso wie der andere. Strich der Wind durch die großen Rosenhecken draußen vor dem Haus, so flüsterte er den Rosen zu: „Wer kann schöner sein, als ihr?" aber die Rosen schüttelten den Kopf und sagten: „Elisa ist es!" Wenn die alte Frau am Sonntag vor der Tür saß und in ihrem Gesangbuch las, so wendete der Wind die Blätter um und sagte zum Buch: „Wer kann frömmer sein als du?" – „Elisa ist es!" sagte das Gesangbuch, und es war die reine Wahrheit, was die Rosen und das Gesangbuch sagten.

Als sie fünfzehn Jahre alt war, sollte sie nach Hause, als aber die Königin sah, wie schön sie war, wurde sie zornig und haßerfüllt. Gern hätte sie auch sie in einen wilden Schwan verwandelt wie die Brüder, aber das wagte sie nicht sogleich, weil ja der König seine Tochter sehen wollte.

Frühmorgens ging die Königin in das Bad, das aus Marmor erbaut und mit weichen Kissen und den schönsten Decken geschmückt war, nahm drei Kröten, küßte sie und sagte zu der einen: „Setze dich auf Elisas Kopf, wenn sie in das Bad kommt, damit sie so häßlich wird wie du!" – „Setze dich auf ihre Stirn!" sagte sie zur anderen, „damit sie häßlich wird wie du, so daß ihr Vater sie nicht erkennt!" – „Ruhe an ihrem Herzen!" flüsterte sie der dritten zu, „laß sie einen bösen Sinn bekommen, damit sie daran leidet." Dann setzte sie die Kröten in das klare Wasser, das sogleich eine grüne Farbe erhielt, rief Elisa, zog sie aus und ließ sie in das Wasser hinuntersteigen. Und als Elisa untertauchte, setzte sich ihr eine Kröte in das Haar, die zweite auf ihre Stirn und die dritte auf die Brust. Aber sie schien es gar nicht zu merken; sobald sie sich aufrichtete, schwammen da drei rote Mohnblumen auf dem Wasser. Wären die Tiere nicht giftig gewesen und von der Hexe geküßt worden, so wären sie in rote Rosen verwandelt worden, Blumen aber wurden sie doch, weil sie auf ihrem Haupte und an ihrem Herzen geruht hatten. Sie war zu fromm und unschuldig, als daß die Zauberei Macht über sie haben konnte.

Als die böse Königin das sah, rieb sie Elisa mit Walnußsaft ein, so daß sie ganz schwarzbraun wurde, bestrich das hübsche Antlitz mit einer stinkenden Salbe und ließ das herrliche Haar sich verwirren. Es war unmöglich, die schöne Elisa wiederzuerkennen. Als ihr Vater sie so sah, erschrak er und sagte, es sei nicht seine Tochter. Niemand wollte sie wiedererkennen, außer dem Kettenhund und den Schwalben.

Da weinte die arme Elisa und dachte an ihre elf Brüder, die alle fort waren. Betrübt verließ sie das Schloß und ging den ganzen Tag über Feld und Moor, bis in den großen Wald hinein. Sie wußte gar nicht, wohin sie wollte, aber sie fühlte sich sehr betrübt und sehnte sich nach ihren Brüdern, die sicher auch, gleich ihr, in die Welt hinausgejagt waren. Diese wollte sie suchen und finden.

Nur kurze Zeit war sie im Wald gewesen, als die Nacht anbrach. Sie war ganz von Weg und Steg gekommen. Da legte sie sich auf das weiche Moos nieder, betete ihr Abendgebet und lehnte ihr Haupt an einen Baumstumpf. Es war ganz still, die Luft war mild, und ringsumher im Gras und im Moos leuchteten, einem grünen Feuer gleich, viele hundert Johanniswürmchen; als sie einen der Zweige leise mit der Hand berührte, fielen die leuchtenden Insekten wie Sternschnuppen zu ihr nieder.

Die ganze Nacht träumte sie von ihren Brüdern; sie spielten wieder als Kinder, schrieben mit Diamantgriffeln auf die Goldtafeln und betrachteten das herrliche Bilderbuch, das das halbe Reich gekostet hatte. Aber auf die Tafel schrieben sie nicht wie früher nur Nullen und Striche, sondern die mutigen Taten, die sie vollführt, alles, was sie erlebt und gesehen hatten. Und im Bilderbuch war alles lebendig, die Vögel sangen, und die Menschen traten aus dem Buch hervor und sprachen mit Elisa und ihren Brüdern, wenn sie aber umblätterte, sprangen sie gleich wieder hinein, damit keine Verwirrung in die Bilder käme.

Als sie erwachte, stand die Sonne schon hoch. Elisa konnte sie freilich nicht sehen, die hohen Bäume breiteten ihre Zweige dicht und fest aus, aber die Strahlen spielten dort oben wie ein wehender Goldflor. Ein wunderbarer Duft entströmte dem Grünen, und die Vögel setzten sich fast auf ihre Schultern. Sie hörte das Wasser plätschern, das waren Quellen, die alle in einen See flossen, in dem der herrlichste Sandboden war. Freilich wuchsen hier dichte Büsche ringsumher, aber an einer Stelle hatten die Hirsche eine große Öffnung gemacht, und hier ging Elisa zum Wasser hin. Das war so klar, daß sie, hätte der Wind nicht die Zweige und die Büsche berührt, daß sie sich bewegten, hätte glauben müssen, sie wären auf den Boden gemalt, so deutlich spiegelte sich jedes Blatt darin ab.

Sobald sie ihr eigenes Antlitz erblickte, erschrak sie sehr, so braun und häßlich war es. Doch als sie ihre kleine Hand benetzte und Augen und Stirn rieb, schimmerte die weiße Haut wieder durch. Da entkleidete sie sich und ging in das frische Wasser hinein. Ein schöneres Königskind, als sie war, gab es nicht auf dieser Welt.

Als sie wieder angekleidet war und ihr langes Haar geflochten hatte, ging sie zur sprudelnden Quelle, trank aus der hohlen Hand und wanderte tiefer in den Wald hinein, ohne selbst zu wissen wohin. Sie dachte an ihre Brüder, dachte an den lieben Gott, der sie sicher nicht verlassen würde. Er ließ die wilden Waldäpfel wachsen, um die Hungrigen zu sättigen, und zeigte ihr einen solchen Baum, dessen Zweige sich unter der Last der Früchte bogen. Hier hielt sie ihr Mittagsmahl, setzte Stützen unter dessen Zweige und ging in den dunkelsten Teil des Waldes hinein. Da war es so still, daß sie ihre eigenen Fußtritte hörte, wie jedes kleine dürre Blatt, das sich unter ihren Füßen bog. Nicht ein Vogel war da zu sehen, nicht ein Sonnenstrahl konnte durch die großen, dichten Baumzweige dringen. Die hohen Stämme standen sehr nahe beisammen; und wenn sie geradeaus sah, schien es ihr, als umschlösse sie ein dichtes Balkengitter! Oh, hier war eine Einsamkeit, die sie früher nie gekannt hatte.

Die Nacht wurde sehr dunkel, und nicht ein einziger kleiner Johanniswurm leuchtete im Moose. Betrübt legte sie sich nieder, um zu schlafen. Da schien es ihr, als ob die Baumzweige über ihr sich zur Seite neigten und der liebe Gott mit milden Augen auf sie niedersah, und kleine Engel guckten über seinem Kopf und unter seinen Armen hervor.

Als sie am Morgen erwachte, wußte sie nicht, ob sie geträumt hatte, oder ob es wirklich so gewesen war.

Sie ging einige Schritte vorwärts, da begegnete sie einer alten Frau, die Beeren in ihrem Korbe trug. Die Alte schenkte ihr einige davon. Elisa fragte, ob sie nicht elf Prinzen durch den Wald habe reiten sehen.

„Nein", sagte die Alte, „aber ich sah gestern elf Schwäne mit goldenen Kronen auf dem Kopf in der Nähe schwimmen."

Sie führte Elisa ein Stück weiter bis zu einem Abhang, an dessen Fuß sich ein Bach hinschlängelte; die Bäume an seinen Ufern streckten ihre langen, blattreichen Zweige einander entgegen, und wo sie, ihrem natürlichen Wuchse nach, nicht zusammenreichen konnten, da hatten sie ihre Wurzeln aus der Erde losgerissen und hingen, mit den Zweigen ineinander verschlungen, über das Wasser hinaus.

Elisa sagte der Alten Lebewohl und ging den Bach entlang, bis dieser sich in die große See ergoß.

Das ganze herrliche Meer lag vor dem jungen Mädchen, aber nicht ein Segel zeigte sich darauf, nicht ein Boot war da zu sehen. Wie sollte sie nun weiterkommen? Sie betrachtete die unzähligen kleinen Steine am Ufer; das Wasser hatte sie alle rundgeschliffen. Glas, Eisen, Steine, alles, was da angespült lag, hatte die Gestalt des Wassers angenommen, das doch viel weicher war als ihre feine Hand. „Es rollt unermüdlich fort, und so ebnet sich das Harte; ich will ebenso unermüdlich sein. Dank für eure Lehre, ihr klaren, rollenden Wogen; einst, das sagt mir mein Herz, werdet ihr mich zu meinen lieben Brüdern tragen!"

Auf dem angespülten Seegras lagen elf weiße Schwanenfedern; sie sammelte sie; es lagen Wassertropfen darauf; ob es Tränen waren, konnte man nicht sehen. Einsam war es dort am Strand, aber sie fühlte es nicht, denn das Meer bot ewige Abwechslung dar, ja, in einigen wenigen Stunden mehr, als die süßen Binnenseen in einem ganzen Jahr aufweisen können. Kam eine große schwarze Wolke, so war es, als ob die See sagen wollte: „Ich kann auch finster aussehen", und dann blies der Wind, und die Wogen kehrten das Weiße nach außen. Schienen aber die Wolken rot und schliefen die Winde, so war das Meer wie ein Rosenblatt; bald wurde es grün, bald weiß. Aber wie still es auch ruhte, am Ufer war doch eine leise Bewegung; das Wasser hob sich ganz sacht wie die Brust eines schlafenden Kindes.

Als die Sonne untergehen wollte, sah Elisa elf wilde Schwäne mit Goldkronen auf den Köpfen dem Land zufliegen, sie schwebten einer hinter dem anderen, es sah aus wie ein langes weißes Band. Da stieg Elisa den Abhang hinauf und verbarg sich hinter einem Busch; die Schwäne ließen sich nahe bei ihr nieder und schlugen mit ihren großen weißen Schwingen.

Sowie die Sonne ins Meer sank, fielen plötzlich die Schwanengefieder und elf schöne Prinzen, Elisas Brüder, standen da. Sie stieß einen lauten Schrei aus, denn obwohl die Brüder sich sehr verändert hatten, wußte Elisa doch, daß sie es sein mußten. Sie sprang in ihre Arme, nannte sie bei Namen, und die Brüder waren so glücklich, als sie ihre Schwester sahen und erkannten, daß sie nun groß und schön geworden war. Sie lachten und weinten, und bald hatten sie einander erzählt, wie grausam ihre Stiefmutter gegen sie alle gewesen war.

„Wir Brüder", sagte der Älteste, „fliegen als wilde Schwäne, solange die Sonne am Himmel steht; sobald sie untergegangen ist, erhalten wir unsere menschliche Gestalt wieder. Darum müssen wir immer dafür sorgen, daß wir bei Sonnenuntergang festen Boden unter den Füßen haben, denn fliegen wir dann noch oben in den Wolken, so müssen wir als Menschen in die

Tiefe hinunterstürzen. Hier wohnen wir nicht; es liegt ein ebenso schönes Land jenseits der großen See; aber der Weg dahin ist weit, wir müssen über das Meer, und es findet sich keine Insel auf unserem Wege, wo wir übernachten können, nur eine einsame kleine Klippe ragt dort hervor, sie ist sehr klein, daß wir nur Seite an Seite darauf ruhen können. Ist die See stark bewegt, so spritzt das Wasser hoch über uns hinweg. Aber doch danken wir Gott dafür. Dort übernachten wir in unserer Menschengestalt: Ohne diese Klippe könnten wir nie unser liebes Vaterland besuchen, denn zwei der längsten Tage des Jahres brauchen wir zu unserm Flug. Nur einmal im Jahr ist es uns vergönnt, unsere Heimat zu besuchen; elf Tage können wir hierbleiben, über den großen Wald hinfliegen, von wo wir das Schloß erblicken können, in dem wir geboren wurden und wo unser Vater wohnt, und den hohen Kirchturm sehen, wo die Mutter begraben ist. – Hier kommt es uns vor, als wären Bäume und Büsche mit uns verwandt, hier laufen die wilden Pferde über die Steppen hin, wie wir es in unserer Kindheit sahen, hier singt der Kohlenbrenner die alten Lieder, nach welchen wir als Kinder tanzten, hier ist unser Vaterland, hierher zieht es uns, und hier haben wir dich gefunden, du liebe Schwester! Zwei Tage können wir noch hierbleiben, dann müssen wir fort über das Meer nach einem herrlichen Land, das aber nicht unser Vaterland ist. Wie nehmen wir dich mit? Wir haben weder Schiff noch Boot!"

„Wie kann ich euch erlösen?" fragte die Schwester.

Und sie unterhielten sich fast die ganze Nacht und schliefen nur wenige Stunden.

Elisa erwachte durch den Schlag der Schwanenflügel, welche über ihr

hinsausten. Die Brüder waren wieder verwandelt und flogen große Kreise und dann weit weg; aber der jüngste blieb zurück, legte seinen Kopf in ihren Schoß, und sie streichelte seine Flügel; den ganzen Tag waren sie beisammen. Gegen Abend kamen die anderen zurück, und als die Sonne untergegangen war, standen sie wieder in ihrer natürlichen Gestalt da.

„Morgen fliegen wir von hier weg und können nicht vor Ablauf eines Jahres zurückkehren; aber dich können wir nicht so verlassen! Hast du Mut, mit uns zu kommen? Mein Arm ist stark genug, dich durch den Wald zu tragen, sollten wir da nicht alle so starke Flügel haben, um mit dir über das Meer zu fliegen?"

„Ja, nehmt mich mit!" sagte Elisa.

Die ganze Nacht brachten sie damit zu, aus geschmeidiger Weidenrinde und zähem Schilf ein großes, starkes Netz zu flechten. Elisa legte sich darauf, und als die Sonne hervortrat und die Brüder in wilde Schwäne verwandelt wurden, ergriffen sie das Netz mit ihren Schnäbeln und flogen mit ihrer lieben Schwester, die noch schlief, hoch zu den Wolken empor. Die Sonnenstrahlen fielen ihr gerade auf das Antlitz, darum flog einer der Schwäne über ihrem Kopfe, um ihr mit seinen breiten Schwingen Schatten zu geben.

Sie waren weit vom Land entfernt, als Elisa erwachte; sie glaubte noch zu träumen, so seltsam kam es ihr vor, hoch durch die Luft über das Meer getragen zu werden. Neben ihr lag ein Zweig mit herrlichen reifen Beeren und ein Bündel wohlschmeckender Wurzeln; die hatte der jüngste der Brüder gesammelt und ihr hingelegt. Sie lächelte ihn dankbar an, denn sie erkannte ihn; er war es, der über ihrem Kopf flog und sie mit seinen Schwingen beschattete.

Sie waren so hoch, daß das erste Schiff, das sie unter sich erblickten, eine weiße Möve zu sein schien, die auf dem Wasser lag. Eine große Wolke stand hinter ihnen, das war ein Berg, und auf diesem sah Elisa ihren eigenen Schatten und den der elf Schwäne, so riesengroß flogen sie dahin. Das war ein Gemälde, prächtiger, als sie früher je gesehen. Doch als die Sonne höher stieg und die Wolke weiter zurückblieb, verschwand das Schattenbild.

Den ganzen Tag flogen sie wie ein sausender Pfeil durch die Luft, aber es ging doch langsamer als sonst, denn sie hatten ja ihre Schwester zu tragen. Es zog ein böses Wetter herauf, und der Abend näherte sich; ängstlich sah Elisa die Sonne sinken, und noch war die einsame Klippe im Meer nicht zu erblicken. Es kam ihr vor, als machten die Schwäne stärkere Schläge mit den Flügeln. Ach! Sie war Schuld daran, daß sie nicht rasch genug vor-

wärtskamen: Wenn die Sonne untergegangen war, so wurden sie Menschen, mußten in das Meer stürzen und ertrinken. Da betete sie aus tiefstem Herzen zum lieben Gott, aber noch erblickte sie keine Klippe. Die schwarze Wolke kam immer näher, die starken Windstöße verkündeten einen Sturm, und die Wolken standen in einer einzigen großen, drohenden Woge da, die fast wie Blei vorwärtsschoß. Blitz leuchtete auf Blitz.

Jetzt war die Sonne gerade am Rande des Meeres. Elisas Herz bebte; da schossen die Schwäne hinab, so schnell, daß sie zu fallen glaubte, aber nun schwebten sie wieder. Die Sonne war halb unter dem Wasser, da erblickte sie erst die kleine Klippe unter sich, die nicht größer als ein Seehund aussah, der den Kopf aus dem Wasser steckte. Die Sonne sank schnell, jetzt erschien sie nur noch wie ein Stern, da berührte ihr Fuß den festen Grund, die Sonne erlosch wie der letzte Funke im brennenden Papier. Arm in Arm sah sie die Brüder um sich stehen, aber mehr Platz, als gerade für diese und für sie, war auch nicht da. Die See schlug gegen die Klippe und ging wie Sprühregen über sie hin; der Himmel leuchtete in einem fortwährenden Feuer, und Schlag auf Schlag rollte der Donner, aber Schwester und Brüder hielten einander an den Händen und sangen Choräle, woraus sie Trost und Mut schöpften.

In der Morgendämmerung war die Luft rein und still; sobald die Sonne emporstieg, flogen die Schwäne mit Elisa von der Insel fort. Die Wogen gingen noch hoch, und es sah aus, als sie hoch in der Luft schwebten, als ob der weiße Schaum auf der schwarzgrünen See Millionen Schwäne wäre, die auf dem Wasser schwammen.

Als die Sonne höher stieg, sah Elisa, halb in der Luft schwimmend, ein Bergland, mit glänzenden Eismassen auf den Felsen, und mitten darauf erstreckte sich ein meilenlanges Schloß, mit einem kühnen Säulengang über dem anderen. Unten wogten Palmenwälder und prächtige Blumen, wie Mühlenräder so groß. Sie fragte, ob dies Land das Ziel ihrer Reise sei, aber die Schwäne schüttelten den Kopf, denn was sie sah, war allezeit wechselndes Wolkenschloß der Fata Morgana, wohin keine Menschen durften. Elisa starrte es an, da stürzten Berge, Wälder und das Schloß zusammen, und dann standen da zwanzig stolze Kirchen, alle einander gleich, mit hohen Türmen und spitzen Fenstern. Sie glaubte, die Orgel ertönen zu hören, aber es war nur das Meer. Schon war sie den Kirchen ganz nahe, da verwandelten sich diese zu einer ganzen Flotte, die unter ihr dahinsegelte. Sie sah genau hin, und es war nur der Meernebel, der sich über das Wasser hinwälzte. Ja, eine ewige Abwechslung bot sich ihr dar, und dann gewahrte sie das wirkliche Land, dem sie zueilten. Dort erhoben sich herrliche blaue Berge mit Zedernwäldern, Städten und Schlössern. Lange vor Sonnenuntergang saß sie auf dem Felsen vor einer großen Höhle, die mit feinen grünen Schlingpflanzen bewachsen war, die wie gestickte Teppiche aussahen.

„Nun wollen wir sehen, was du heute nacht hier träumst!" sagte der jüngste Bruder und zeigte ihr ihre Schlafzimmer.

„Gebe der Himmel, daß ich träumen möge, wie ich euch retten kann!" erwiderte sie. Und dieser Gedanke beschäftigte sie dann lebhaft; sie bat Gott um seine Hilfe, ja selbst im Schlaf betete sie noch. Da kam es ihr vor, als ob sie hoch in die Luft zu Fata Morganas Wolkenschloß fliege, und die Fee käme ihr entgegen, schön und glänzend. Und doch glich sie ganz der alten Frau, die ihr im Walde Beeren gegeben und von den Schwänen mit den goldenen Kronen erzählt hatte.

„Deine Brüder können erlöst werden!" sagte sie, „aber hast du Mut und Ausdauer? Wohl ist das Wasser weicher als deine feinen Hände und formt doch die harten Steine um, aber es fühlt nicht den Schmerz, den deine Finger fühlen werden; es hat kein Herz, leidet nicht die Angst und Qual, die du aushalten mußt. Siehst du die Brennessel, die ich in meiner Hand halte? Von derselben Art wachsen viele um die Höhle, in der du schläfst. Nur diese und solche, die auf den Gräbern des Kirchhofs wachsen, sind verwendbar, merke dir das! Diese mußt du pflücken, auch wenn sie deine Hand voll Blasen brennen werden. Breche die Nesseln mit deinen Füßen, so erhältst du Flachs, aus dem du elf Panzerhemden mit langen Ärmeln flechten und binden mußt; wirf diese über die elf Schwäne, so ist der Zauber gelöst. Aber bedenke, daß du von dem Augenblick, wo du diese Arbeit beginnst, bis sie vollendet ist, wenn auch Jahre darüber vergehen, nicht sprechen darfst; das erste Wort, das du sprichst, fährt wie ein tötender Dolch in das Herz deiner Brüder! An deiner Zunge hängt ihr Leben. Merke dir das alles wohl!"

Die Fee berührte zugleich ihre Hand mit der Nessel, die wie Feuer brannte, so daß Elisa dadurch erwachte. Es war heller Tag, und dicht neben der Stelle, wo sie geschlafen hatte, lag eine Nessel gleich der, die sie im Traume gesehen hatte. Da fiel sie auf ihre Knie, dankte dem lieben Gott und trat aus der Höhle, um sofort ihre Arbeit zu beginnen.

Mit ihren feinen Händen griff sie hinunter in die häßlichen Nesseln, die waren wie Feuer; sie brannten große Blasen in ihre Hände und Arme, aber gern wollte sie es leiden, wenn sie nur die lieben Brüder erlösen konnte. Sie brach jede Nessel mit ihren bloßen Füßen und flocht den grünen Flachs.

Als die Sonne untergegangen war, kamen die Brüder, die sehr erschraken, Elisa stumm zu finden; sie glaubten, es wäre ein neuer Zauber der bösen Stiefmutter. Aber als sie ihre Hände erblickten, begriffen sie, was ihre Schwester ihretwegen tat, und der jüngste Bruder weinte, und wohin seine Tränen fielen, da fühlte sie keine Schmerzen, da verschwanden die brennenden Blasen.

Die Nacht brachte sie bei ihrer Arbeit zu, denn sie hatte keine Ruhe, bevor sie die lieben Brüder erlöst hatte. Den ganzen folgenden Tag, während die Schwäne fort waren, saß sie in ihrer Einsamkeit, aber nie war die Zeit so schnell entflohen. Ein Panzerhemd war schon fertig, nun fing sie das zweite an.

Da ertönte ein Jagdhorn zwischen den Bergen; sie wurde von Furcht ergriffen, der Ton kam immer näher, sie hörte Hunde bellen, erschrocken floh sie in die Höhle, band die Nesseln, die sie gesammelt und gehechelt hatte, zu einem Bündel zusammen und setzte sich darauf.

Sogleich kam ein großer Hund aus der Schlucht hervorgesprungen, und darauf wieder einer und noch einer; sie bellten laut, liefen zurück, und kamen abermals wieder. Es währte nicht lange, da standen alle Jäger vor der Höhle, und der schönste unter ihnen war der König des Landes; dieser trat auf Elisa zu, nie zuvor hatte er ein schöneres Mädchen gesehen.

„Wie bist du hierher gekommen, du herrliches Kind?" fragte er. Elisa schüttelte das Haupt, sie durfte ja nicht sprechen, es galt ihrer Brüder Erlösung und Leben. Ihre Hände verbarg sie unter der Schürze, damit der König nicht sähe, was sie zu leiden hätte.

„Komm mit mir!" sagte er, „hier darfst du nicht bleiben! Bist du so gut, wie du schön bist, so will ich dich in Seide und Samt kleiden, eine Goldkrone auf das Haupt setzen, und du sollst in meinem reichsten Schlosse wohnen!" – Dann hob er sie auf sein Pferd. Sie weinte, rang ihre Hände, aber der König sagte: „Ich will nur dein Glück! Einst wirst du mir dafür danken." Dann jagte er fort durch die Berge und hielt sie vor sich auf dem Pferd, und die Jäger jagten hinterher.

Als die Sonne unterging, lag die schöne Königsstadt mit Kirchen und Kuppeln vor ihnen, der König führte sie in das Schloß, wo große Springbrunnen in den hohen Marmorsälen plätscherten, wo Wände und Decke von Gemälden prangten. Aber Elisa hatte keine Augen dafür, sie weinte und trauerte. Willig ließ sie sich von den Frauen königliche Kleider anlegen, Perlen in ihre Haare flechten und feine Handschuhe über die verbrannten Finger ziehen.

Als sie in all ihrer Pracht dastand, war sie so blendend schön, daß der Hof sich noch tiefer vor ihr verneigte. Und der König erkor sie zu seiner Braut, obwohl der Erzbischof den Kopf schüttelte und flüsterte, daß das schöne Waldmädchen gewiß eine Hexe sei; es blende die Augen und betöre das Herz des Königs.

Aber der König hörte nicht darauf, ließ die Musik ertönen, die köstlichsten Gerichte auftragen, die lieblichsten Mädchen um sie herum tanzen. Und sie wurde durch duftende Gärten in prächtige Säle geführt, aber nicht ein Lächeln glitt über ihre Lippen oder sprach aus ihren Augen, die voll Trauer waren. Nun öffnete der König eine kleine Kammer, dicht daneben, wo sie schlafen sollte; die war mit köstlichen grünen Teppichen geschmückt und glich ganz der Höhle, in der sie gewesen war. Auf dem Fußboden lag das Bund Flachs, das sie aus den Nesseln gesponnen hatte, und unter der Decke hing das Panzerhemd, das fertig gestrickt war. Alles dies hatte einer der Jäger als etwas Seltsames mitgenommen.

„Hier kannst du dich in deine frühere Heimat zurückträumen!" sagte der König. „Hier ist die Arbeit, die dich dort beschäftigte; inmitten all deiner Pracht wird es dich belustigen, an jene Zeit zurückzudenken."

Als Elisa das sah, was ihr am Herzen lag, spielte ein Lächeln um ihren Mund, und das Blut kehrte in die Wangen zurück. Sie dachte an die Erlösung ihrer Brüder, küßte des Königs Hand, und er drückte sie an sein Herz und ließ durch alle Kirchenglocken das Hochzeitsfest verkünden. Das schöne stumme Mädchen aus dem Wald wurde des Landes Königin.

Da flüsterte der Erzbischof böse Worte in des Königs Ohr, aber sie drangen nicht bis zu seinem Herzen. Die Hochzeit sollte stattfinden, und der Erzbischof selbst mußte ihr die Krone auf das Haupt setzen, und er drückte in seinem Unwillen den engen Ring fest auf ihre Stirne, daß es schmerzte. Doch es lag ein schwererer Ring um ihr Herz, die Trauer um ihre Brüder; sie fühlte nicht die körperlichen Leiden. Ihr Mund war stumm, denn ein einziges Wort würde ja ihren Brüdern das Leben kosten; aber in ihren Augen sprach sich eine innige Liebe zu dem guten, schönen König aus, der alles tat, um sie zu erfreuen. Sie gewann ihn von Tag zu Tag lieber und wünschte nur, daß sie sich ihm vertrauen, ihm ihre Leiden klagen dürfte! Aber stumm mußte sie sein, stumm mußte sie ihr Werk vollbringen. Darum schlich sie nachts von seiner Seite, ging in die kleine Kammer, die wie die Höhle geschmückt war, und strickte ein Panzerhemd nach dem anderen fertig. Aber als sie das siebente begann, hatte sie keinen Flachs mehr.

Auf dem Kirchhof, das wußte sie, wuchsen die Nesseln, die sie brauchen konnte, aber sie mußte sie selbst pflücken; wie sollte sie das tun? Wie sollte sie dahinaus gelangen? –

‚Oh, was ist der Schmerz in meinen Fingern gegen die Qual, die mein Herz erleidet', dachte sie. ‚Ich muß es wagen! Der Herr wird seine Hand nicht von mir zurückziehen!' Mit einer Herzensangst, als sei es eine böse Tat, die sie vorhabe, schlich sie sich in der mondhellen Nacht in den Garten hinunter, ging durch die langen Alleen und die einsamen Straßen zum Kirchhof hinaus. Da sah sie auf einem der breitesten Grabsteine einen Kreis häßlicher Hexen sitzen; die nahmen ihre Lumpen ab, als ob sie sich baden wollten, und gruben mit den langen, mageren Fingern die frischen Gräber auf, nahmen die Leichen heraus und aßen deren Fleisch. Elisa mußte nahe an ihnen vorbei, und sie hefteten ihre bösen Blicke auf sie, aber sie betete still, sammelte die brennenden Nesseln und nahm sie mit sich.

Nur ein einziger Mensch hatte sie gesehen, der Erzbischof; er war noch wach, wenn andere schliefen! Nun hatte er doch recht gehabt, als er meinte, daß es mit der Königin nicht sei, wie es sein sollte; sie war eine Hexe, darum hatte sie den König und das ganze Volk betört.

Er erzählte dem König, was er gesehen hatte und was er fürchtete, und als die harten Worte aus seinem Munde kamen, schüttelten die Heiligenbilder ihre Köpfe, als wenn sie sagen wollten: „Es ist nicht so! Elisa ist unschuldig!" Aber der Erzbischof legte es anders aus; er meinte, daß sie gegen die Königin zeugten, daß sie über ihre Sünden mit den Köpfen schüttelten. Da rollten zwei schwere Tränen über des Königs Wangen herab, er ging nach Hause mit Zweifel in seinem Herzen und stellte sich in der Nacht, als ob er schlafe; aber es kam kein Schlaf in seine Augen, er merkte, wie Elisa aufstand, jede Nacht wiederholte sie dieses, und jedesmal folgte er ihr und sah, wie sie in ihrer Kammer verschwand.

Tag für Tag wurde seine Miene finsterer; Elisa sah es, begriff aber nicht warum. Es ängstigte sie, und noch mehr litt sie in ihrem Herzen für ihre Brüder! Auf den königlichen Samt und Purpur flossen ihre heißen Tränen, sie lagen da wie schimmernde Diamanten, und alle, die die reiche Pracht sahen, wünschten Königin zu sein. Sie war nun bald mit ihrer Arbeit fertig, nur ein Panzerhemd fehlte noch; aber Flachs hatte sie auch nicht mehr und nicht eine einzige Nessel. Einmal noch, nur dieses letzte Mal, mußte sie darum auf den Kirchhof und einige Hände voll pflücken. Sie dachte mit Angst an diese einsame Wanderung und an die schrecklichen Hexen; aber ihr Wille war so fest wie ihr Vertrauen auf den Herrn.

Elisa ging, aber der König und der Erzbischof folgten ihr. Sie sahen sie durch die Gitterpforte des Kirchhofs verschwinden, und als sie sich derselben näherte, saßen die Hexen auf dem Grabstein, wie Elisa sie gesehen hatte, und der König wandte sich ab, denn unter diesen glaubte er sie, deren Haupt noch diesen Abend an seiner Brust geruht hatte.

„Das Volk muß sie verurteilen!" sagte er, und das Volk verurteilte sie zum Scheiterhaufen.

Aus den prächtigen Königssälen wurde sie in ein dunkles, feuchtes Loch geführt, wo der Wind durch das Gitterfenster hineinpfiff; anstatt des Samts und der Seide gab man ihr das Bund Nesseln, das sie gesammelt hatte, darauf konnte sie ihr Haupt legen. Die harten brennenden Panzerhemden, die sie gestrickt hatte, sollten ihre Decke sein. Aber nichts Lieberes konnten sie ihr geben; sie nahm wieder ihre Arbeit auf und betete zu Gott. Draußen sangen die Straßenbuben Spottlieder auf sie, und keine Seele tröstete sie mit einem freundlichen Wort.

Da sauste gegen Abend dicht am Gitter ein Schwanenflügel; es war der jüngste der Brüder, der die Schwester endlich gefunden hatte. Sie schluchzte vor Freude laut auf, obwohl sie dachte, daß die kommende Nacht vielleicht die letzte war, die sie zu leben hatte. Aber nun war ja auch die Arbeit fast beendet, und ihre Brüder waren hier.

Der Erzbischof kam nun, um die letzte Stunde bei ihr zu sein, das hatte er dem König versprochen, aber sie schüttelte den Kopf und bat mit Blick und Mienen, er möge gehen. In dieser Nacht mußte sie ja ihre Arbeit vollenden, sonst war alles vergeblich, alles, Schmerz, Tränen und die schlaflosen Nächte. Der Erzbischof entfernte sich mit bösen Worten gegen sie, aber die arme Elisa wußte, daß sie unschuldig war, und fuhr mit ihrer Arbeit fort.

Die kleinen Mäuse liefen auf dem Fußboden, sie schleppten Nesseln zu ihren Füßen hin, um doch etwas zu helfen, und die Drossel setzte sich an das Gitter des Fensters und sang die ganze Nacht so lustig sie konnte, damit Elisa nicht den Mut verlöre.

Es begann gerade zu dämmern, erst in einer Stunde würde die Sonne aufgehen, da standen die elf Brüder an der Pforte des Schlosses und verlangten, vor den König geführt zu werden. Das könne nicht geschehen, wurde geantwortet, es sei ja noch Nacht, der König schlafe und dürfe nicht geweckt werden. Sie baten, sie drohten, die Wache kam, ja selbst der König trat heraus und fragte, was das bedeute. Da ging die Sonne auf, und es waren keine Brüder mehr zu sehen, aber über das Schloß flogen elf wilde Schwäne hin.

Aus dem Stadttor strömte das Volk, es wollte die Hexe brennen sehen. Ein alter Gaul zog den Karren, auf dem sie saß; man hatte ihr einen Kittel aus grobem Sackleinen angezogen; ihr herrliches Haar hing lose um das schöne Haupt, ihre Wangen waren totenblaß, ihre Lippen bewegten sich leise, während die Finger den grünen Flachs flochten. Selbst auf dem Weg zu ihrem Tode unterbrach sie die angefangene Arbeit nicht; die zehn Panzerhemden lagen zu ihren Füßen, an dem elften strickte sie. Der Pöbel verhöhnte sie:

„Sieh die Hexe, wie sie murmelt! Kein Gesangbuch hat sie in der Hand, nein, mit ihrer häßlichen Gaukelei sitzt sie da. Reißt es ihr in tausend Stücke!"

Nun drängten alle auf sie ein und wollten die Panzerhemden zerreißen. Da kamen elf weiße Schwäne geflogen, die setzten sich rings um sie auf den Karren und schlugen mit ihren großen Schwingen. Da wich der Haufen erschrocken zur Seite.

„Das ist ein Zeichen des Himmels! Sie ist sicher unschuldig!" flüsterten viele, aber sie wagten nicht, es laut zu sagen.

Jetzt ergriff der Henker sie bei der Hand. Da warf sie hastig die elf Panzerhemden über die Schwäne. Und sogleich standen elf schöne Prinzen da. Aber der jüngste hatte einen Schwanenflügel statt des einen Armes,

denn es fehlte ein Ärmel in seinem Panzerhemd; den hatte sie nicht fertiggebracht.

„Nun darf ich sprechen!" sagte sie. „Ich bin unschuldig!"

Und das Volk, welches sah, was geschehen war, neigte sich vor ihr wie
vor einer Heiligen. Aber sie sank wie leblos in der Brüder Arme, so hatten
Spannung, Angst und Schmerz auf sie gewirkt.

„Ja, unschuldig ist sie", sagte der älteste Bruder, und nun erzählte er
alles, was geschehen war. Und während er sprach, verbreitete sich ein Duft
wie von Millionen Rosen, denn jedes Stück Brennholz im Scheiterhaufen
hatte Wurzeln geschlagen und trieb Zweige. Es stand eine duftende Hecke
da, hoch und groß, mit roten Rosen; ganz oben saß eine Blume, weiß und
glänzend, sie leuchtete wie ein Stern. Die pflückte der König und steckte sie
an Elisas Brust. Da erwachte sie mit Frieden und Glückseligkeit im Herzen.

Und alle Kirchenglocken läuteten von selbst, und die Vögel kamen in
großen Zügen. Es wurde ein Hochzeitszug zurück zum Schloß, wie ihn
noch kein König gesehen hatte!

Ein Blatt vom Himmel

Hoch oben in der dünnen, klaren Luft flog ein Engel mit einer Blume aus dem Garten des Himmels. Indem er die Blume küßte, fiel ein kleines Blättchen herab, auf den weichen Boden, mitten im Wald, schlug sogleich Wurzel und trieb Wurzel und Schößlinge mitten zwischen anderen Gewächsen.

„Das ist ein possierlicher Steckling, der da", sagten sie. Und niemand wollte ihn anerkennen, weder Disteln noch Brennesseln.

„Das wird wohl eine Art Gartenpflanze sein", sagten sie, und nun wurde die Pflanze als Gartengewächs verhöhnt.

„Wo willst du hin?" sagten die hohen Disteln, deren Blätter alle mit Stacheln bewaffnet sind.

„Du läßt die Zügel gar weit schießen, das ist dummes Zeug! Wir stehen nicht hier, um dich zu tragen!"

Der Winter kam, der Schnee bedeckte die Pflanze; von ihr aber bekam die Schneedecke einen Glanz, als werde sie auch von unten vom Sonnenlicht durchströmt. Als das Frühjahr kam, zeigte sich ein blühendes Gewächs, herrlich wie kein anderes im Wald.

Nun machte der Botanikprofessor sich auf, der es schwarz auf weiß hatte, daß er das war, was er eben war. Er besah die Pflanze, er kostete sie, aber sie stand nicht in seiner Pflanzenlehre; es war ihm nicht möglich herauszufinden, in welche Klasse sie gehöre.

„Das ist eine Abart!" sagte er. „Ich kenne sie nicht. Sie ist nicht in das System aufgenommen."

„Nicht in das System aufgenommen?" sagten Disteln und Brennesseln. Die großen Bäume, die ringsum standen, sahen und hörten es, aber sagten nichts – weder Böses noch Gutes, und das ist immer das klügste, wenn man dumm ist.

Da kam durch den Wald ein armes, unschuldiges Mädchen; sein Herz war rein, sein Verstand groß durch den Glauben; sein ganzes Erbteil war eine alte Bibel; aber aus ihren Blättern sprach Gottes Stimme. Wenn die Menschen uns Böses zufügen wollen, da heißt es von Joseph: „Sie dachten Böses in ihren Herzen, doch Gott lenkte es zum Guten." Leiden wir unrecht, werden wir verkannt und verhöhnt, da tönt es von ihm, dem Reinsten, dem Besten, von ihm, den sie verspotteten und an das Kreuz nagelten, wo er betete: „Vater, vergib ihnen, denn sie wissen nicht, was sie tun!" Das

Mädchen blieb vor der wunderbaren Pflanze stehen, deren grüne Blätter süß und erquickend dufteten, deren Blüten im klaren Sonnenschein wie ein Farbenfeuerwerk strahlten, und aus jeder klang es heraus, als verberge sie den tiefen Born der Melodien, den Jahrtausende nicht zu erschöpfen vermögen. Mit frommer Andacht erblickte es all diese Herrlichkeit Gottes, es bog einen der Zweige zu sich herab, um die Blüte recht zu beschauen und ihren Duft einatmen zu können. Es wurde hell in ihrem Sinne; es tat ihrem Herzen wohl; gern hätte es eine Blüte gepflückt, es konnte es aber nicht über sich bringen, sie abzubrechen; sie würde ja bald bei ihr verwelken; das Mädchen nahm nur ein einziges der grünen Blätter, das es daheim in ihre Bibel legte; da lag es frisch, immer grün und verwelkte nie.

Zwischen den Blättern der Bibel lag es aufgehoben; mit der Bibel wurde es unter den Kopf des jungen Mädchens gelegt, als es nach einigen Wochen in seinem Sarg lag mit dem heiligen Ernst des Todes auf dem frommen Gesicht, als ob es sich in dem irdischen Staub abpräge, daß es jetzt vor seinem Gott stehe!

Aber draußen im Wald blühte die wunderbare Pflanze; sie war fast wie ein Baum anzusehen, und alle Zugvögel beugten sich vor ihr.

„Das ist nun wieder so eine Ausländischtuerei", sagten die Disteln und die Kletten, „so können wir uns hier doch nicht betragen."

Die schwarzen Waldschnecken spuckten vor der Blume aus.

Dann kam der Schweinehirt. Er sammelte Disteln und Sträucher, um Asche daraus zu brennen. Die ganze wunderbare Pflanze mit all ihren Wurzeln kam mit in sein Bündel. „Sie soll auch nutzbar werden", sagte er, und gesagt, getan!

Doch seit Jahr und Tag litt der König des Landes an der tiefsten Schwermut, er war fleißig und arbeitsam, es half ihm aber nichts; man las ihm tiefsinnige, gelehrte Schriften vor, man las die oberflächlichsten, die leichtesten, die man finden konnte – es half nichts! Da sandte einer der Weisesten der Welt, an die man sich gewendet hatte, einen Boten ab und ließ sagen, daß es doch ein Mittel gebe, ihm Linderung zu verschaffen und ihn zu heilen: In dem eigenen Reich des Königs wüchse im Wald eine Pflanze himmlischen Ursprungs.

„Sie ist wohl mit in mein Bündel gekommen", sagte der Schweinehirt, „und ist schon lange zu Asche geworden, aber ich wußte es nicht besser."

„Wußtest es nicht besser? Unwissenheit über Unwissenheit!" Und diese Worte konnte sich der Schweinehirt zu Herzen nehmen; ihm und keinem anderen galten sie.

Kein Blatt war mehr zu finden, das einzige lag im Sarg der Toten, und davon wußte niemand etwas.

Und der König selbst wanderte in seinem Mißmut in den Wald zu dem Ort hinaus.

„Hier hat die Pflanze gestanden!" sagte er, „es ist eine heilige Stätte!"

Dann wurde der Platz mit einem goldenen Gitter eingezäunt und eine Schildwache dort aufgestellt!

Der Botanikprofessor schrieb eine große Abhandlung über die himmlische Pflanze; für diese wurde er vergoldet, und diese Vergoldung stand ihm und seiner Familie sehr gut. Und das ist das Erfreuliche bei der ganzen Geschichte, denn die Pflanze war verschwunden, und der König blieb mißmutig und betrübt – aber das war er auch vorher, sagte die Schildwache.

Der kleine Tuk

Ja, das war der kleine Tuk. Er hieß eigentlich nicht Tuk, aber zu der Zeit, als er noch nicht richtig sprechen konnte, nannte er sich selbst Tuk; das sollte Karl bedeuten, und es ist gut, wenn man das weiß; er sollte auf seine Schwester Marie achtgeben, die noch viel kleiner war als er, und dann sollte er auch seine Schulaufgaben lernen, aber beides auf einmal wollte nicht gehen. Der Knabe saß mit seiner kleinen Schwester auf dem Schoß und sang alle die Lieder, die er wußte, während er ab und zu in das Geographiebuch hineinsah, das offen vor ihm lag. Er sollte nämlich bis morgen alle Städte auf Seeland mitsamt ihren Merkwürdigkeiten hersagen können.

Nun kam seine Mutter nach Hause und nahm die kleine Marie. Tuk lief ans Fenster und las, daß er sich fast die Augen ausgelesen hätte, denn es wurde schon dunkel, aber die Mutter hatte kein Geld, um Licht zu kaufen.

„Da geht die alte Waschfrau aus der Gasse drüben!" sagte die Mutter, als sie aus dem Fenster blickte. „Sie kann sich selbst kaum schleppen, und muß doch den Eimer vom Brunnen tragen. Spring hinaus, Tuk, sei ein guter Junge! Hilf der alten Frau!"

Tuk eilte sogleich hin und half; als er aber wieder zurückkam, war es ganz finster geworden, und von Licht war keine Rede. Nun sollte er zu Bett, und das war eine alte Schlafbank. Auf dieser lag er und dachte an seine Geographieaufgabe und an alles, was der Lehrer erzählt hatte. Er hätte freilich noch lesen sollen, aber das konnte er nun nicht mehr. Das Geographiebuch steckte er unter das Kopfkissen, denn er hatte gehört, daß das bedeutend helfen soll, seine Aufgaben zu behalten.

Da lag er nun und überlegte, und da war es auf einmal, als ob ihn jemand auf Augen und Mund küßte. Er schlief und schlief doch nicht, und es war gerade, als ob die alte Waschfrau ihn mit ihren sanften Augen ansah und zu ihm sagte: „Es wäre eine große Schande, wenn du deine Aufgabe nicht gelernt hättest! Du hast mir geholfen, jetzt werde ich dir helfen, und der liebe Gott wird das immer tun!"

Und mit einem Mal kribbelte und krabbelte das Buch unter dem Kopfkissen des kleinen Tuk.

„Kikeriki! Put! Put!" Das war ein Huhn, und es kam aus Køge. „Ich bin ein Huhn aus Køge!" sagte es. Und dann erzählte es, wieviel Einwohner dort wären, und sprach von der Schlacht, die dort gewesen wäre, und die gar nicht der Rede wert war.

„Kribbel, krabbel, bums!" da fiel einer herunter, ein hölzerner Vogel, der Papagei vom Vogelschießen in Præstø. Der sagte, daß dort so viel Einwohner wären, wie er Nägel im Leibe habe, und er war recht stolz: „Thorwaldsen hat bei mir an der Ecke gewohnt. Plumps! Ich liege herrlich hier!"

Aber der kleine Tuk lag nicht, er war auf einmal zu Pferde. Im Galopp, im Galopp ging es fort. Ein prächtig gekleideter Ritter mit glänzendem Helm und wehendem Federbusch hielt ihn vor sich auf dem Pferde, und so ritten sie durch den Wald zur alten Stadt Vordingborg, und das war eine große und lebhafte Stadt. Hohe Türme prangten auf der Königsburg, und die Lichter leuchteten weit aus allen Fenstern; drinnen war Gesang und Tanz, und König Waldemar und die geputzten jungen Hoffräulein tanzten miteinander. – Es wurde Morgen, und sowie die Sonne erschien, sanken die Stadt und das Schloß des Königs und ein Turm nach dem anderen zusammen, zuletzt stand nur noch ein einziger auf dem Hügel, wo das Schloß gestanden hatte. Die Stadt war klein und arm, und die Schulknaben kamen mit ihren Büchern unter dem Arm und sagten: „Zweitausend Einwohner", aber das war nicht wahr, so viele waren es nicht.

Und der kleine Tuk lag in seinem Bett, und es war ihm, als ob er träumte und doch nicht träumte, aber jemand war dicht neben ihm.

„Kleiner Tuk, kleiner Tuk!" sprach es; das war ein Seemann, eine ganz kleine Figur, als ob es ein Kadett wäre. „Ich soll vielmals grüßen von Korsør. Das ist eine Stadt, die im Aufblühen ist, eine lebendige Stadt, die

Dampfschiffe und Postwagen hat. Früher wurde sie immer häßlich genannt, aber das ist eine veraltete Ansicht." – „Ich liege am Meer", sagte Korsør. „Ich habe Landstraßen und Lusthaine, und ich habe einen Dichter geboren, der sehr witzig war, und das sind sie nicht alle. Ich habe ein Schiff zur Fahrt rund um die Erde ausrüsten wollen, ich tat es nicht, hätte es aber tun können, und dann rieche ich auch so herrlich, und dicht am Tor blühen die schönsten Rosen!"

Der kleine Tuk sah sie, es wurde ihm rot und grün vor den Augen, als aber Ruhe in das Farbenspiel kam, war es ein bewaldeter Abhang dicht am Fjord, und hoch oben stand eine prächtige alte Kirche mit zwei hohen spitzen Türmen. Aus dem Abhang sprangen die Quellen in dicken Wasserstrahlen hervor, so daß es immerzu plätscherte, und dicht daneben saß ein alter König mit einer goldenen Krone auf dem langen Haar; das war König Hroar bei den Quellen, bei der Stadt Roskilde (Rosquelle), wie man sie jetzt nennt. Und über den Abhang hin gingen alle Könige und Königinnen Dänemarks Hand in Hand in die Kirche, alle mit goldenen Kronen auf dem Kopf, und die Orgel spielte und die Quellen rieselten. Der kleine Tuk sah alles, hörte alles. „Vergiß die Stände nicht!" sagte König Hroar.

Auf einmal war alles wieder fort; wo war es geblieben? Es war gerade, als ob man ein Blatt in einem Buch umwendet. Und nun stand eine alte Frau da, eine Jäterin, die aus Sorø kam, wo das Gras auf dem Markt wächst. Sie hatte ihre graue Leinwandschürze über Kopf und Rücken hängen, die war sehr naß, es mußte geregnet haben. „Ja, geregnet hat es!" sagte sie, und dann erzählte sie viel Lustiges aus Holbergs Komödien und von Waldemar und Absalon. Aber auf einmal schrumpfte sie zusammen und wackelte mit dem Kopf, als ob sie springen wollte. „Koax!" sagte sie, „es ist naß, es ist totenstill in Sorø!" Sie war auf einmal ein Frosch: „Koax!" und dann war sie wieder die alte Frau. „Man muß sich nach dem Wetter kleiden!" sagte sie. „Es ist naß, es ist naß! Meine Stadt ist wie eine Flasche, beim Pfropfen muß man hinein, und da muß man auch wieder hinaus! Ich habe früher Fische gehabt, und jetzt habe ich frische, rotwangige Knaben auf dem Boden der Flasche; dort lernen sie Weisheit: Griechisch! Griechisch! Koax!" Das klang gerade, als ob die Frösche quakten oder als ob man mit großen Stiefeln im Moorwasser geht. Es war immer derselbe Laut, so einförmig, so langweilig, so ermüdend, daß der kleine Tuk fest einschlief, und das tat ihm wohl.

Aber auch in diesen Schlaf kam ein Traum oder was es sonst war. Seine kleine Schwester Marie mit den blauen Augen und den blonden, lockigen

Haaren war auf einmal ein großes, schönes Mädchen, und ohne Flügel zu haben, konnte sie fliegen; und sie flogen über Seeland, über die grünen Wälder und die blauen Seen dahin.

„Hörst du die Hühner krähen, kleiner Tuk? Kikeriki! Die Hühner fliegen aus der Stadt Køge auf! Du bekommst einen Hühnerhof, du wirst weder Hunger noch Not leiden! Den Vogel wirst du abschießen, wie man sagt, du wirst ein reicher und glücklicher Mann werden! Dein Haus wird stolz prangen wie der Turm König Waldemars und reich geschmückt sein mit Statuen aus Marmor wie die aus Præstø. Du verstehst mich wohl! Dein Name wird mit Ruhm um die ganze Erde fliegen, wie das Schiff, das von Korsør hätte auslaufen sollen, und in der Stadt Roskilde – ‚gedenke der Stände!' sagte König Hroar – da wirst du gut und klug sprechen, kleiner Tuk, und wenn du dann einst in dein Grab kommst, dann sollst du ruhig schlafen . . .“

„Als ob ich in Sorø läge!“ sagte Tuk, und dann erwachte er. Es war heller Morgen, er konnte sich nicht mehr seines Traumes erinnern, aber das sollte er auch nicht, denn man darf nicht wissen, was einmal geschehen wird.

Er sprang rasch aus dem Bett und las in seinem Buch, und da wußte er seine Aufgabe sehr bald. Die alte Waschfrau steckte den Kopf zur Tür herein und sagte:

„Schönen Dank für deine Hilfe gestern, du liebes Kind! Der liebe Gott lasse auch deinen besten Traum in Erfüllung gehen!“

Der kleine Tuk wußte gar nicht, was er geträumt hatte, aber der liebe Gott wußte es.

Fliedermütterchen

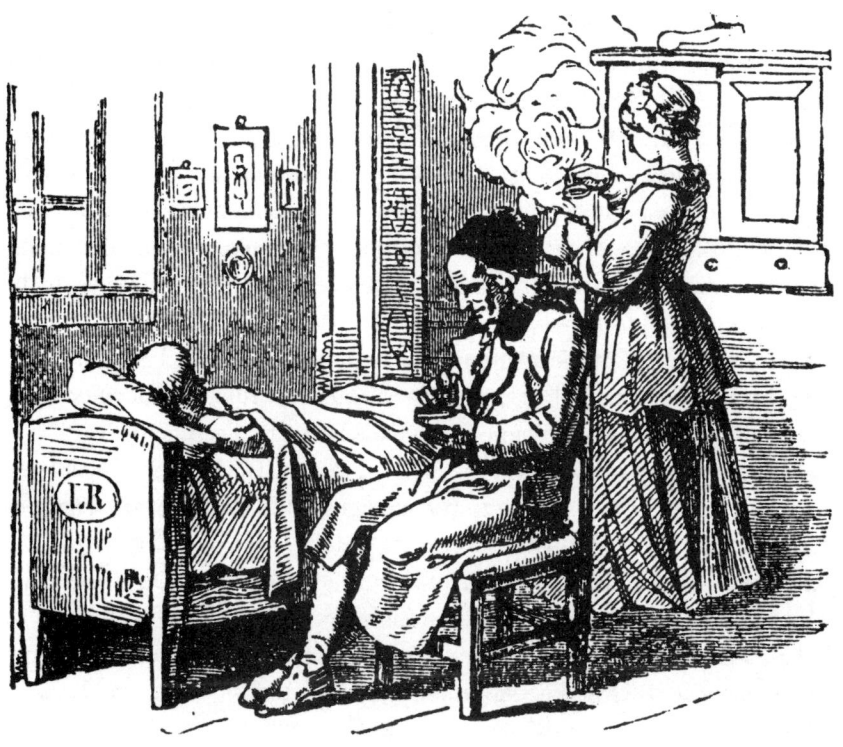

Es war einmal ein kleiner Knabe, der hatte sich erkältet; er war weggegangen und hatte nasse Füße bekommen; niemand konnte begreifen, woher er sie bekommen hatte, denn es war ganz trockenes Wetter. Nun entkleidete ihn seine Mutter, brachte ihn zu Bett und ließ die Teemaschine hereinbringen, um ihm eine gute Tasse Fliedertee zu bereiten, denn das wärmt. Zu gleicher Zeit kam auch der alte freundliche Mann zur Tür herein, der ganz oben im Hause wohnte und so allein lebte, denn er hatte weder Frau noch Kinder, liebte aber die Kinder und wußte so viele Märchen und Geschichten zu erzählen, daß es eine Lust war.

„Nun trinkst du deinen Tee", sagte die Mutter, „vielleicht bekommst du dann auch ein Märchen zu hören."

„Ja, wenn ich nur ein neues wüßte!" sagte der alte Mann und nickte. „Woher hat der Kleine denn die nassen Füße bekommen?" fragte er.

„Ja, woher hat er die nur?" sagte die Mutter, „das kann niemand begreifen."

„Erzählen Sie mir ein Märchen?" fragte der Knabe.

„Kannst du mir genau sagen, denn das muß ich zuerst wissen, wie tief der Rinnstein in der kleinen Straße ist, wo du zur Schule gehst?"

„Genau bis mitten an die Stiefelschäfte", sagte der Knabe, „aber dann muß ich in das tiefe Loch gehen!"

„Siehst du, daher hast du die nassen Füße!" sagte der Alte. „Nun soll ich freilich ein Märchen erzählen, aber ich weiß keines mehr!"

„Sie können ein neues machen!" sagte der kleine Knabe. „Mutter sagt, daß Sie aus allem, was Sie ansehen, ein Märchen machen können, und von allem, was Sie berühren, können Sie eine Geschichte erzählen!"

„Ja, aber die Märchen und Geschichten taugen nichts! Die richtigen, die kommen von selbst, die klopfen mir an die Stirn und sagen: Hier bin ich!"

„Klopft es nicht bald?" fragte der kleine Knabe, die Mutter lachte, tat Fliedertee in die Kanne und goß kochendes Wasser darauf.

„Erzählen Sie, bitte!"

„Ja, wenn ein Märchen von selbst käme, aber sie sind so vornehm, sie kommen nur, wenn sie Lust dazu haben! – Halt!" sagte er auf einmal. „Da haben wir eins! Gib acht, nun ist eins dort in der Teekanne!"

Der kleine Knabe sah zur Teekanne hin, der Deckel hob sich mehr und mehr, und die Fliederblüten kamen frisch und weiß daraus hervor.

Es war der herrlichste Fliederbusch, ein ganzer Baum; er ragte in das Bett hinein und schob die Vorhänge zur Seite. Wie das blühte und duftete, und mitten im Baum saß eine alte freundliche Frau in einem sonderbaren Kleid, es war so grün wie die Blätter des Fliederbaums und mit großen weißen Fliederblumen besetzt. Man konnte nicht sogleich erkennen, ob es Zeug oder lebendes Grün und Blüten waren.

„Wie heißt die Frau?" fragte der kleine Knabe.

„Ja die Römer und Griechen", sagte der alte Mann, „die nannten sie eine Dryade, aber das verstehen wir nicht. Draußen in der Vorstadt haben sie einen besseren Namen dafür, dort wird sie ‚Fliedermütterchen' genannt, und sie ist es, auf die du achtgeben mußt. Horch nur und betrachte den herrlichen Fliederbaum. Genau so ein großer blühender Baum steht da in der Vorstadt; er wuchs dort in einem Winkel eines kleinen ärmlichen Hofes. Unter diesem Baum saßen eines Mittags im schönsten Sonnenschein zwei alte Leute; es war ein alter, alter Seemann und seine alte, alte Frau; sie waren Urgroßeltern und sollten bald ihre goldene Hochzeit feiern, aber sie

konnten sich des Hochzeitstages nicht recht entsinnen; die Fliedermutter saß im Baum und sah so vergnügt aus wie hier. ‚Ich weiß wohl, wann eure goldene Hochzeit ist!' sagte sie, aber die beiden Alten hörten es nicht, sie sprachen von alten Zeiten.

‚Ja, entsinnst du dich?' sagte der alte Seemann, ‚damals als wir noch klein waren und herumliefen und spielten, es war derselbe Hof, in dem wir nun sitzen, und wir pflanzten kleine Zweige in den Hof und machten einen Garten.'

‚Ja', sagte die alte Frau, ‚dessen erinnere ich mich recht gut; und wir begossen die Zweige und einer von ihnen war ein Fliederzweig, der schlug Wurzeln, trieb grüne Zweige und ist ein großer stattlicher Baum geworden, unter dem wir alte Leute nun sitzen.'

‚Ja, richtig', sagte er; ‚und dort in der Ecke stand ein Wasserkübel, in dem mein Segelboot schwamm; ich hatte es selbst geschnitzt. Wie das segeln konnte! Aber ich mußte freilich bald woandershin segeln.'

,Ja, aber zuerst gingen wir in die Schule und lernten etwas', sagte sie, ,und dann wurden wir eingesegnet. Wir weinten beide; aber des Nachmittags gingen wir Hand in Hand auf den runden Turm und sahen in die Welt hinaus über Kopenhagen und das Wasser; dann gingen wir hinaus nach Friedrichsburg, wo der König und die Königin in ihren prächtigen Booten auf den Kanälen umherfuhren.'

,Aber ich mußte dann viele Jahre lang reisen!'

,Ja, ich weinte oft deinetwegen!' sagte sie. ,Ich glaubte, du seiest tot und lägest unten im Wasser. Manche Nacht stand ich auf und sah, ob der Wetterhahn sich drehte; ja, er drehte sich wohl, aber du kamst nicht! Ich erinnere mich deutlich, wie es eines Tages in Strömen vom Himmel goß, der Kehrichtwagen kam vor die Tür, wo ich diente, ich ging mit dem Kehrichtfaß hinunter und blieb in der Tür stehen – was war das für ein abscheuliches Wetter! Und als ich dastand, war der Briefträger neben mir und gab mir einen Brief, der war von dir! Ja, wie der herumgereist war! Ich riß ihn auf und las! Ich lachte und weinte, ich war so froh! Da stand, daß du in den warmen Ländern seiest, wo die Kaffeebohnen wachsen. Was muß das für ein wunderbares und herrliches Land sein! Du erzähltest viel, und ich sah das alles, während der Regen herniederströmte und ich mit dem Kehrichtfaß dastand. Da kam einer, der mich um den Leib faßte . . .'

,Ja, aber du gabst ihm einen tüchtigen Schlag auf das Ohr, daß es klatschte.'

,Ich wußte auch nicht, daß du es warst. Du warst ebenso geschwind gekommen wie dein Brief, und du warst so schön – das bist du noch. Du hattest ein langes, gelbes, seidenes Tuch in der Tasche und einen neuen Hut auf, du warst so fein. Gott, was war das für ein abscheuliches Wetter, und wie sah die Straße aus!'

,Dann heirateten wir uns', sagte er, ,erinnerst du dich? Und dann, als wir den ersten kleinen Knaben und dann Marie und Jakob und Peter und Hans und Christian bekamen?'

,Ja, und wie sie alle herangewachsen und ordentliche Menschen geworden sind, die ein jeder gerne hat.'

,Und ihre Kinder haben wieder Kleine bekommen', sagte der alte Matrose. ,Ja, das sind Kindeskindeskinder, da ist Kern darin! – War es nicht gerade um diese Jahreszeit, als wir Hochzeit hielten?'

,Ja, eben heute ist der goldene Hochzeitstag!' sagte Fliedermütterchen und steckte den Kopf zwischen die beiden Alten. Und die glaubten, es sei die Nachbarin, die da nickte. Sie sahen einander an und hielten sich an den Händen. Bald darauf kamen die Kinder und Kindeskinder, denn sie wußten wohl, daß es der goldene Hochzeitstag war; sie hatten schon am Morgen gratuliert, aber die Alten hatten es wieder vergessen, während sie sich so gut an alles erinnerten, was vor vielen Jahren geschehen war. Der Fliederbaum duftete stark, und die Sonne, die im Untergehen begriffen war, schien den beiden Alten gerade ins Gesicht. Sie sahen beide so rotwangig aus, und das kleinste der Kindeskinder tanzte um sie herum und rief ganz glücklich, daß diesen Abend ein großes Fest gefeiert würde, und sie würden warme Kartoffeln haben. Fliedermütterchen nickte im Baum und rief mit all den anderen ‚Hurra‘!"

„Aber das war ja kein Märchen!" sagte der kleine Knabe, der es erzählen hörte.

„Ja, das mußt du verstehen", sagte der Alte, der es erzählte. „Aber laß uns Fliedermütterchen danach fragen!"

„Das war kein Märchen", sagte die Fliedermutter, „aber nun kommt es! Aus der Wirklichkeit wächst eben das sonderbarste Märchen heraus, sonst könnte ja mein schöner Fliederbusch nicht aus der Teekanne hervorsprießen!" Und dann nahm sie den kleinen Knaben aus dem Bett, legte ihn an ihre Brust, und die Fliederzweige voller Blüten schlugen um sie zusammen. Sie saßen wie in der dichtesten Laube, und diese flog mit ihnen durch die Luft – es war unaussprechlich schön!

Fliedermütterchen war auf einmal ein junges niedliches Mädchen geworden, aber das Kleid war noch von demselben grünen, weißgeblümten Zeug, wie es Fliedermütterchen getragen hatte. An der Brust trug sie eine wirkliche Fliederblüte, und um ihr blond gelocktes Haar einen ganzen Kranz von Fliederblüten; ihre Augen waren so blau und herrlich anzuschauen! Sie und der Knabe küßten sich, und dann waren sie im gleichen Alter und von der gleichen Freude erfüllt.

Sie gingen nun Hand in Hand aus der Laube, und standen auf einmal im schönen Blumengarten des Elternhauses; bei dem frischen Grasplatz war des Vaters Stock an einen Pflock gebunden. Für die Kleinen war der Stock lebendig; sobald sie sich quer darauf setzten, verwandelte sich der blanke Knopf in einen prächtig wiehernden Pferdekopf, die lange schwarze Mähne flatterte, vier schlanke kräftige Beine schossen hervor; das Tier war stark und mutig. Im Galopp ging es um den Grasplatz herum, hussa! – „Nun reiten wir viele Meilen weit fort", sagte der Knabe, „wir reiten nach dem Gut, wo wir im vorigen Jahr waren!" Und sie ritten und ritten um den

Rasenplatz herum, und immer rief das kleine Mädchen, das, wie wir wissen, niemand anderes als das Fliedermütterchen war: „Nun sind wir auf dem Lande! Siehst du das Bauernhaus mit dem großen Backofen, der wie ein riesengroßes Ei aus der Mauer nach dem Weg heraus erscheint? Der Fliederbaum breitet seine Zweige darüber, und der Hahn geht und kratzt für die Hühner. Sieh, wie er sich brüstet! – Nun sind wir bei der Kirche, die liegt hoch auf dem Hügel unter den großen Eichen, von denen eine halb abgestorben ist! – Nun sind wir bei der Schmiede, wo das Feuer brennt und die Männer mit den Hämmern schlagen, daß die Funken weit umhersprühen. Fort, weiter nach dem prächtigen Gut!" Und alles, was das kleine Mädchen, das hinten auf dem Stock saß, sagte, das flog auch vorbei; der Knabe sah es, und doch kamen sie nur um den Grasplatz herum. Dann spielten sie im Seitenweg und ritzten in der Erde einen kleinen Garten; und sie nahm Fliederblüten aus ihrem Haar und pflanzte sie. Und sie wuchsen, so, wie bei den Alten damals, als sie noch klein waren, wie früher erzählt worden ist. Sie gingen Hand in Hand, wie die alten Leute es als Kinder getan hatten, aber nicht auf den runden Turm hinauf oder nach dem Friedrichsburger Garten, nein, das kleine Mädchen faßte den Knaben um den Leib, und dann flogen sie weit herum im ganzen Land. Und es war Frühjahr, und es wurde Sommer, und es war Erntezeit, und es wurde Winter, und Tausende von Bildern spiegelten sich in Augen und Herz des Knaben wider, und immer sang das kleine Mädchen ihm vor: „Das wirst du nie vergessen!"

Auf dem ganzen Flug duftete der Fliederbaum süß und herrlich. Der Knabe bemerkte wohl die Rosen und die frischen Buchen, aber der Fliederbaum duftete noch lieblicher, denn seine Blumen hingen am Herzen des kleinen Mädchens, und daran lehnte er im Fluge oft seinen Kopf.

„Hier ist es im Frühling so wunderschön!" sagte das junge Mädchen; und sie standen in dem frisch ausgeschlagenen Buchenwald, wo der grüne Klee zu ihren Füßen duftete, und in dem Grünen sahen die blaßroten Anemonen gar lieblich aus. „Oh, wäre es immer Frühling in dem duftenden Buchenwald!"

„Hier ist es herrlich im Sommer!" sagte sie, und sie fuhren an alten Schlössern aus der Ritterzeit vorbei, wo sich die roten Mauern und gezackten Giebel in den Kanälen spiegelten, wo die Schwäne schwammen und in die alten kühlen Alleen hineinsahen. Auf dem Feld wogte das Korn, gleich einem See, in den Gräben standen rote und gelbe Blumen, und auf den Gehegen wilder Hopfen und blühende Winden. Am Abend stieg der Mond rund und groß empor, und die Heuhaufen auf den Wiesen dufteten süß. „Das vergißt sich nie!"

„Hier ist es herrlich im Herbst!" sagte das kleine Mädchen, und der Himmel wurde doppelt so hoch und blau, der Wald bekam die schönsten Farben, Rot, Gelb und Grün. Jagdhunde jagten davon, ganze Scharen Vogelwild flogen schreiend über die Hünengräber hin, auf denen sich Brombeerranken um die alten Steine schlangen. Das Meer war schwarzblau, mit weißen Segeln bedeckt, und in der Tenne saßen alte Frauen, Mädchen und Kinder und pflückten Hopfen in einen großen Zuber. Die Jungen sangen Lieder, aber die Alten erzählten Märchen von Kobolden und bösen Zauberern. Besser konnte es nirgends sein.

„Hier ist es schön im Winter!" sagte das kleine Mädchen, und alle Bäume waren mit Reif bedeckt, so daß sie wie weiße Korallen aussahen; der Schnee knirschte unter den Füßen, als hätte man neue Stiefel an, und vom Himmel fiel eine Sternschnuppe nach der anderen. Im Zimmer wurde der Weihnachtsbaum angezündet, da gab es Geschenke und fröhliches Lachen; auf dem Land in der Bauernstube ertönte die Violine, um Apfelschnitte wurde gespielt; selbst das ärmste Kind sagte: „Es ist doch wunderschön im Winter!"

Ja, es war schön. Und das kleine Mädchen zeigte dem Knaben alles, und immer duftete der Fliederbaum, und immer wehte die rote Flagge, unter der der alte Seemann gesegelt war.

Der Knabe wurde zum Jüngling und sollte in die weite Welt hinaus, weit fort nach den warmen Ländern, wo der Kaffee wächst. Aber beim Abschied nahm das kleine Mädchen eine Fliederblüte von ihrer Brust und gab sie ihm zum Aufbewahren. Sie wurde sorgfältig in das Gesangbuch gelegt, und wenn er im fremden Land das Buch öffnete, geschah es immer an der Stelle, wo die Erinnerungsblume lag, und je mehr er diese betrachtete, desto frischer wurde sie, so daß er gleichsam einen Duft von den heimatlichen Wäldern einatmete, und deutlich sah er das kleine Mädchen, wie sie mit ihren klaren blauen Augen zwischen den Blütenblättern hervorblickte, und flüsterte dann: „Hier ist es schön im Frühling, im Sommer, im Herbst und im Winter!" Und Hunderte von Bildern glitten durch seine Gedanken.

So vergingen viele Jahre, und er war nun ein alter Mann und saß mit seiner alten Frau unter einem blühenden Fliederbaum. Sie hielten einander an den Händen, wie der Urgroßvater und die Urgroßmutter es getan hatten, und sie sprachen ebenso wie diese von den alten Tagen und von der goldenen Hochzeit. Das kleine Mädchen mit den blauen Augen und mit den

Fliederblüten im Haar saß oben im Baum, nickte beiden zu und sagte: „Heute ist der goldene Hochzeitstag!" Dann nahm es zwei Blumen aus ihrem Kranz, küßte sie, und sie glänzten zuerst wie Silber, dann wie Gold, und als es diese auf die Häupter der Alten legte, wurde jede Blüte zu einer Goldkrone. Da saßen sie beide, einem König und einer Königin gleich, unter dem duftenden Baum, der ganz und gar wie ein Fliederbaum aussah, und er erzählte seiner alten Frau die Geschichte von dem Fliedermütterchen, so wie sie ihm erzählt worden war, als er noch ein kleiner Knabe gewesen war. Und sie meinten beide, daß die Geschichte vieles enthalte, was ihrer eigenen gleiche, und das, was ähnlich war, gefiel ihnen am besten.

„Ja, so ist es!" sagte das kleine Mädchen im Baum. „Einige nennen mich Fliedermütterchen, andere nennen mich Dryade, aber eigentlich heiße ich Erinnerung; ich bin es, die im Baum sitzt, welcher wächst und wächst, ich kann zurückdenken, ich kann erzählen! Laß sehen, ob du deine Blume noch hast."

Und der alte Mann öffnete sein Gesangbuch, da lag die Fliederblüte so frisch, als wäre sie erst kürzlich hineingelegt worden, und die Erinnerung nickte, und die beiden Alten mit den Goldkronen auf dem Kopf saßen in der roten Abendsonne. Sie schlossen die Augen und – und – ja, da war das Märchen aus!

Der kleine Knabe lag in seinem Bett, er wußte nicht, ob er geträumt oder es erzählen gehört hatte. Die Teekanne stand auf dem Tisch, aber es wuchs kein Fliederbaum daraus hervor, und der alte Mann, der erzählt hatte, war eben im Begriff, zur Tür hinauszugehen, und das tat er auch.

„Wie schön war das!" sagte der kleine Knabe. „Mutter, ich bin in den warmen Ländern gewesen!"

„Ja, das glaube ich wohl", sagte die Mutter, „wenn man zwei volle Tassen Fliedertee zu sich nimmt, dann kommt man wohl nach den warmen Ländern!" – Und sie deckte ihn gut zu, damit er sich nicht wieder erkältete.

„Du hast wohl geschlafen, während ich mich mit dem alten Mann darüber stritt, ob es eine Geschichte oder ein Märchen sei!"

„Und wo ist das Fliedermütterchen?" fragte der Knabe.

„Es ist in der Teekanne", sagte die Mutter, „und dort kann es bleiben!"

Das alte Haus

a stand in der Nebenstraße ein altes, altes Haus, das fast dreihundert Jahre alt war; das konnte man an dem Balken lesen, wo die Jahreszahl zugleich mit Tulpen und Hopfenranken eingeschnitzt war. Da standen ganze Verse in altertümlicher Schrift, und über jedem Fenster war in den Balken ein fratzenhaftes Gesicht geschnitzt. Das eine Stockwerk trat weit über das andere hinaus, und unter dem Dach war eine bleierne Rinne mit einem Drachenkopf angebracht. Das Regenwasser sollte aus dem Rachen herauslaufen, aber es kam aus dem Bauch, denn in der Rinne war ein Loch.

Alle anderen Häuser in der Straße waren neu und hübsch, mit großen Fensterscheiben und glatten Wänden. Man konnte wohl sehen, daß sie nichts mit dem alten Haus zu tun haben wollten; sie dachten wohl: „Wie lange soll dieses alte Gemäuer hier noch zum allgemeinen Ärgernis in der Straße stehen? Auch springt der Erker so weit vor, daß niemand aus unseren Fenstern sehen kann, was auf jener Seite vorgeht! Die Treppe ist so breit wie die eines Schlosses und so hoch wie die zu einem Kirchturm. Das eiserne Geländer sieht aus wie die Tür zu einem Grabgewölbe und hat noch dazu Knöpfe aus Messing. Das zeugt nicht von besonders gutem Geschmack!"

Gerade gegenüber in der Straße standen auch neue Häuser, die dachten, wie die anderen aber am Fenster saß hier ein kleiner Knabe mit frischen roten Wangen, mit hellen, strahlenden Augen, dem das alte Haus noch am meisten gefiel, und das sowohl im Sonnenschein wie im Mondenschein. Und er sah hinüber zur Mauer, wo der Kalk abgefallen war, dann konnte er sitzen und sich die sonderbarsten Bilder ausdenken, wie die Straße früher ausgesehen haben mochte, mit Treppen, Erkern und spitzen Giebeln, er konnte Soldaten mit Hellebarden sehen und Dachrinnen, die wie Drachen und Lindwürmer umherliefen. – Das war so recht ein Haus zum Ansehen und Verweilen, und da drüben wohnte ein alter Mann, der Kniehosen, einen Rock mit großen messingenen Knöpfen und eine Perücke trug, der man es ansehen konnte, daß es eine echte Perücke war. Jeden Morgen kam ein alter Aufwärter zu ihm, der reinmachte und Gänge besorgte, sonst war der alte Mann in den Kniehosen ganz allein in dem alten Haus. Manchmal kam er an das Fenster und sah hinaus, und der kleine Knabe nickte ihm zu, und der alte Mann nickte wieder. So wurden sie miteinander bekannt und dann Freunde, obwohl sie nie miteinander gesprochen hatten, aber das war auch gar nicht notwendig.

Der kleine Knabe hörte seine Eltern sagen: „Der alte Mann da drüben hat es recht gut, aber er lebt schrecklich einsam!"

Am nächsten Sonntag nahm der kleine Knabe etwas, wickelte es in ein Stück Papier, ging vor die Haustür, und als der alte Aufwärter vorbeikam, sagte er zu ihm: „Höre, willst du das dem alten Mann da drüben von mir bringen? Ich habe zwei Zinnsoldaten, dies ist der eine; er soll ihn haben, denn ich weiß, er ist schrecklich einsam."

Der alte Aufwärter lächelte, nickte und trug den Zinnsoldaten hinüber in das alte Haus. Wenig später wurde angefragt, ob der kleine Knabe nicht Lust habe, selbst hinüberzukommen und einen Besuch abzustatten. Dazu erhielt er von seinen Eltern die Erlaubnis, und so kam er in das alte Haus.

Die Messingknöpfe des Treppengeländers glänzten weit stärker als sonst; man hätte glauben können, daß sie zu Ehren des Besuches poliert worden seien, und es war, als ob die ausgeschnitzten Trompeter – denn an der Tür waren Trompeter angebracht, die in Tulpen standen – aus allen Kräften bliesen, denn die Backen sahen weit dicker aus als je zuvor. Ja, sie bliesen: „Tratteratra! Der kleine Knabe kommt! Tratteratra!" – und dann ging die Tür auf. Der ganze Flur war mit alten Porträts von Rittern geschmückt. Die Harnische rasselten, und die seidenen Kleider rauschten! – Dann kam eine Treppe, die führte ein großes Stück hinauf und ein kleines Stück hinunter, und dann gelangte man auf einen Altan, der freilich sehr gebrechlich war, mit großen Löchern und langen Spalten; aber aus allen wuchsen Gras und Blätter, der ganze Altan, der Hof und die Mauern waren mit so vielem Grün bewachsen, daß es wie ein Garten aussah, aber es war nur ein Altan. Hier standen alte Blumentöpfe, die Gesichter und Eselsohren hatten; die Blumen wuchsen auf wie wilde Pflanzen. In einem Topf wuchsen nach allen Seiten Nelken, das heißt das Grüne davon, Schößling auf Schößling, die sprachen ganz deutlich: „Die Luft hat mich gestreichelt, die Sonne hat mich geküßt und mir zum Sonntag eine kleine Blüte versprochen, eine kleine Blüte zum Sonntag!"

Dann gelangte er in ein Zimmer, dessen Wände mit Schweinsleder überzogen waren, worauf goldene Blumen prangten.

„Vergoldung vergeht,
Aber Schweinsleder besteht!"

sagten die Wände.

Da standen Lehnstühle mit hohen Rückenlehnen und feinem Schnitz-
werk, ganz bunt und mit Armen an beiden Seiten. „Setzen Sie sich! Nehmen Sie Platz!" sagten diese. „Au, wie es in mir knackt! Nun bekomme ich
wohl auch die Gicht wie der alte Schrank! Gicht im Rücken, au!"

Und dann kam der kleine Knabe in das Erkerzimmer, wo der alte Mann
saß.

„Vielen Dank für den Zinnsoldaten, mein kleiner Freund!" sagte der alte
Mann. „Und herzlichen Dank dafür, daß du zu mir herüberkommst."

„Dank! Dank!" oder „Knack! Knack!" wisperte es in allen Möbeln; und
es waren so viele, daß sie, um den kleinen Knaben zu sehen, einander fast
im Wege standen.

Mitten an der Wand hing das Bild einer schönen Dame, die jung und
fröhlich aussah, aber wie vor alten Zeiten gekleidet war mit Puder im Haar
und steif stehenden Kleidern; sie sagte weder „Dank", noch „Knack", sah
aber mit ihren milden Augen den kleinen Knaben an, der den alten Mann
sogleich fragte: „Woher hast du sie bekommen?"

„Vom Trödler drüben!" sagte der alte Mann. „Dort hängen viele Bilder!
Niemand kennt sie oder kümmert sich um sie, denn sie sind alle begraben,
aber vor Zeiten habe ich diese gekannt, und nun ist sie tot seit einem halben
Jahrhundert!"

Unter dem Gemälde hing unter Glas und Rahmen ein verwelkter Blumenstrauß; die waren gewiß auch vor einem halben Jahrhundert gepflückt,
so alt sahen sie aus. Und der Perpendikel an der großen Uhr ging hin und
her, und die Zeiger drehten sich, und alles im Zimmer wurde noch älter,
aber niemand bemerkte es.

„Sie sagen zu Hause", sagte der kleine Knabe, „daß du schrecklich einsam bist!"

„Oh", sagte er, „die alten Gedanken und alles, was sie mit sich führen
können, kommen und besuchen mich, und nun kommst du ja auch! Ich bin
ganz zufrieden!"

Dann nahm er vom Bord ein Buch mit Bildern herunter, darin waren
lange Aufzüge, die sonderbarsten Kutschen, wie man sie heutzutage nicht
mehr sieht, Soldaten und Bürger mit wehenden Fahnen. Die Schneider
hatten eine Fahne mit einer Schere, die von zwei Löwen gehalten wurde,
und die Schuhmacher eine Fahne ohne Stiefel, aber mit einem Adler, der

zwei Köpfe hatte, denn die Schuhmacher müssen alles so haben, daß sie sagen können: „Das ist ein Paar!" Ja, das war ein Bilderbuch!

Der alte Mann ging in das andere Zimmer, um Eingemachtes, Äpfel und Nüsse zu holen; es war wirklich ganz herrlich in dem alten Haus.

„Ich kann es nicht aushalten!" sagte der Zinnsoldat, der auf der Kommode stand, „hier ist es so einsam und traurig; nein, wenn man das Familienleben kennengelernt hat, so kann man sich an diese Einsamkeit hier nicht gewöhnen! Ich kann es nicht aushalten! Der ganze Tag ist schrecklich lang, und der Abend noch länger! Hier ist es gar nicht so wie drüben bei dir, wo dein Vater und deine Mutter so fröhlich sprachen und wo du und deine Geschwister herrlichen Lärm machtet. Nein, wie lebt der alte Mann doch so einsam! Glaubst du wohl, daß er freundliche Blicke oder einen Weihnachtsbaum erhält? Außer einem Begräbnis bekommt er gar nichts. Ich kann es nicht aushalten!"

„Du mußt es nicht so schwernehmen!" sagte der kleine Knabe. „Mir kommt es hier ganz herrlich vor, und alle die alten Gedanken mit dem, was sie mit sich führen können, kommen und statten einen Besuch ab!"

„Ja, aber die sehe ich und kenne ich auch nicht!" sagte der Zinnsoldat. „Ich kann es nicht aushalten!"

„Das mußt du aber!" sagte der kleine Knabe.

Der alte Mann erschien wieder mit dem fröhlichsten Gesicht, dem schönsten Eingemachten sowie Äpfeln und Nüssen, und da dachte der kleine Knabe nicht mehr an den Zinnsoldaten.

Glücklich und vergnügt kam der kleine Knabe nach Hause, und es vergingen Tage und Wochen; und es wurde zum alten Hause hin- und vom alten Hause hergenickt, und dann kam der kleine Knabe wieder hinüber.

Die ausgeschnitzten Trompeter bliesen: „Tratteratra! Da ist der kleine Knabe! Tratteratra!" Schwerter und Rüstungen auf den alten Ritterbildern rasselten, und die seidenen Kleider rauschten, das Schweinsleder erzählte, und die alten Stühle hatten die Gicht im Rücken: „Au!" Es war so wie das erstemal, denn da drüben war der eine Tag und die eine Stunde genauso wie die andere.

„Ich kann es nicht aushalten!" sagte der Zinnsoldat, „ich habe Zinn geweint! Hier ist es viel zu traurig! Laß mich lieber in den Krieg ziehen und Arme und Beine verlieren! Das ist doch eine Abwechslung. Jetzt weiß ich, was es heißt, Besuch von seinen alten Gedanken zu erhalten und von allem, was sie mit sich führen können! Ich habe den Besuch der meinigen gehabt, und glaube mir, das ist auf die Dauer kein Vergnügen. Ich war nahe daran, von der Kommode herabzuspringen. Ich sah euch alle drüben im Haus so deutlich, als ob ihr wirklich hier wäret. Es war wieder der Sonntagmorgen, dessen du dich wohl entsinnst! Ihr Kinder standet alle vor dem Tisch und sanget den Choral wie jeden Morgen. Ihr standet andächtig mit gefalteten Händen, Vater und Mutter waren ebenso feierlich, als plötzlich die Tür aufging, und die kleine Schwester Maria, die noch nicht zwei Jahre alt ist und immer tanzt, wenn sie Musik oder Gesang hört, welcher Art es auch sein mochte, hereingebracht wurde. Sie sollte zwar nicht, fing jedoch zu tanzen an, konnte aber nicht in den Takt kommen, denn die Töne waren so lang, darum stand sie erst auf dem einen Bein und neigte den Kopf ganz vornüber, und dann auf dem anderen Bein und bog den Kopf wieder ganz vornüber, aber das stimmte nicht. Ihr standet alle sehr ernsthaft da, was euch freilich schwerfiel, aber ich lachte innerlich, daß ich vom Tisch fiel und mir eine Beule schlug, die ich noch immer trage, denn es war nicht recht von mir, daß ich lachte. Aber sage mir, ob ihr noch des Sonntags singt? Erzähle mir etwas von der kleinen Maria! Und wie ergeht es meinem Kameraden, dem anderen Zinnsoldaten? Ja, der ist wahrlich glücklich! – Ich kann es nicht aushalten!"

„Du bist verschenkt!" sagte der kleine Knabe. „Du mußt bleiben. Kannst du das nicht einsehen?"

Der alte Mann kam mit einem Kasten, worin viel zu sehen war, Balsambüchsen und alte Karten, so groß und so vergoldet, wie man sie jetzt nicht mehr sieht. Es wurden mehrere Kästen und auch das Klavier geöffnet, das innen auf dem Deckel mit einer Landschaft verziert war. Als der alte Mann darauf spielte, klang es sehr heiser, dann sang er leise ein Lied.

„Ja, das konnte sie singen!" sagte er, und dann nickte er dem Bild zu, das er beim Trödler gekauft hatte, und seine Augen leuchteten dabei hell auf.

„Ich will in den Krieg! Ich will in den Krieg!" rief der Zinnsoldat so laut er konnte und stürzte sich auf den Fußboden hinab.

Ja, wo war er geblieben? Der alte Mann suchte, der kleine Knabe suchte, fort war er und fort blieb er. „Ich werde ihn wohl finden!" sagte der Alte, aber er fand ihn nie wieder, der Fußboden war allzu durchlöchert – der Zinnsoldat war durch eine Spalte gefallen, und lag nun im offenen Grab.

Der Tag verging, und der kleine Knabe kam nach Hause, und die Woche verging, und es vergingen mehrere Wochen. Die Fenster waren fest zugefroren; der kleine Knabe mußte die Scheiben anhauchen, um ein Guckloch nach dem alten Haus hinüber zu erhalten. Dort war der Schnee in alle Schnörkel und Inschriften hineingeweht und lag hoch auf der Treppe, als ob niemand zu Hause wäre, es war auch niemand zu Hause, denn der alte Mann war gestorben.

Am Abend hielt ein Wagen vor der Tür, und auf denselben stellte man seinen Sarg, er sollte auf dem Land beerdigt werden. Da fuhr er nun, aber niemand folgte, alle seine Freunde waren ja tot. Der kleine Knabe warf dem Sarg, als er vorüberfuhr, Kußhändchen nach.

Einige Tage darauf wurden das Haus und sein Inhalt verkauft. Der kleine Knabe sah von seinem Fenster aus, wie man alles forttrug: die alten Ritter und die alten Damen, die Blumentöpfe mit langen Ohren, die alten Stühle und die alten Schränke. Einiges kam dahin und anderes dorthin; das Bild, das beim Trödler gefunden war, kam wieder zum Trödler zurück, und da blieb es für immer, denn niemand kannte die Frau mehr, und niemand kümmerte sich um das alte Bild.

Im Frühjahr riß man das alte Haus selbst nieder, denn es sei ein Gerümpel, sagten die Leute. Von der Straße aus konnte man gerade in das Zimmer mit dem schweinsledernen Wandüberzug hineinsehen, der zerfetzt und zerrissen wurde; und das Grüne am Altan hing ganz verwildert um die fallenden Balken. Dann wurde aufgeräumt.

„Das half!" sagten die Nachbarhäuser.

An die Stelle des alten Hauses wurde ein schönes Haus mit großen Fenstern und weißen, glatten Mauern gebaut, aber vorn, wo eigentlich das alte Haus gestanden hatte, legte man einen kleinen Garten an, und entlang der Mauer des Nachbarn wuchs wilder Wein empor. Vor den Garten kam ein großes eisernes Gitter mit einer eisernen Tür; es sah ganz prächtig aus, und die Leute standen still und guckten hinein. Die Sperlinge setzten sich dutzendweise auf die Weinranken und plauderten miteinander, so laut wie sie konnten, aber nicht von dem alten Haus, denn daran konnten sie sich nicht erinnern. Viele Jahre vergingen, der kleine Knabe war zu einem großen Mann herangewachsen, und zwar zu einem tüchtigen Mann, der seinen Eltern nur Freude bereitete. Er hatte sich eben verheiratet und war mit seiner jungen Frau in das neue Haus, das den Garten hatte, eingezogen, da stand er neben ihr, während sie eine Feldblume pflanzte, die sie sehr niedlich fand. Sie pflanzte diese mit ihrer kleinen Hand und drückte die Erde mit den Fingern fest. – „Au!" Was war das? Sie hatte sich gestochen. Etwas Spitzes ragte aus der weichen Erde hervor.

Das war – ja, denke! – es war der Zinnsoldat, derselbe, der dort oben bei dem alten Mann verlorengegangen war, und der zwischen Bauholz und Schutt sich umhergetrieben und dann viele Jahre in der Erde gelegen hatte.

Die junge Frau wischte den Zinnsoldaten zuerst mit einem grünen Blatt und dann mit ihrem feinen Taschentuch ab, das herrlich duftete. Und es war dem Zinnsoldaten gerade, als erwache er aus einer Ohnmacht.

„Laß mich ihn sehen!" sagte der junge Mann, lachte und schüttelte dann den Kopf. „Ja, derselbe kann es wohl nicht sein, aber er erinnert mich an eine Geschichte, die ich mit einem Zinnsoldaten hatte, als ich noch ein kleiner Knabe war!" Dann erzählte er seiner Frau von dem alten Haus und von dem alten Mann und von dem Zinnsoldaten, den er ihm hinübergeschickt hatte, weil er so schrecklich einsam war, und er erzählte alles so lebendig, wie es wirklich gewesen war, so daß der jungen Frau über das alte Haus und den alten Mann die Tränen in die Augen traten.

„Es ist doch möglich, daß es derselbe Zinnsoldat ist!" sagte sie. „Ich will ihn aufbewahren und alles dessen gedenken, was du mir erzählt hast; aber das Grab des alten Mannes mußt du mir zeigen!"

„Ja, das kenne ich nicht", sagte er, „und niemand kennt es! Alle seine Freunde waren tot, niemand pflegte es, und ich war ja ein kleiner Knabe!"

„Wie muß er doch schrecklich einsam gewesen sein!" sagte sie.

„Schrecklich einsam!" sagte der Zinnsoldat, „aber herrlich ist es, nicht vergessen zu werden!"

„Herrlich!" rief etwas dicht daneben, aber außer dem Zinnsoldaten sah niemand, daß es ein Fetzen der schweinsledernen Tapete war. Die Vergoldung war abgeblättert und sah aus wie nasse Erde, aber seine Ansicht hatte er doch und sprach sie auch aus:

„Vergoldung vergeht,
Aber Schweinsleder besteht!"

Doch das glaubte der Zinnsoldat nicht.

Der Flachs

er Flachs blühte. Er hatte herrliche blaue Blüten, so zart wie die Flügel einer Motte, aber noch viel feiner! – Die Sonne schien auf den Flachs, und die Regenwolken begossen ihn und das war sehr gut für ihn, ebenso wie es für kleine Kinder ist, wenn sie gewaschen werden und dazu noch einen Kuß von der Mutter bekommen; sie werden ja viel schöner davon, und das wurde der Flachs auch.

„Die Leute sagen, daß ich ausgezeichnet stehe", sagte der Flachs, „schön lang werde, daß ich einmal ein prächtiges Stück Leinwand bin! Wie glücklich bin ich doch! Ich bin gewiß der Allerglücklichste! Ich habe es gut, und aus mir wird noch etwas werden! Wie der Sonnenschein belebt und wie der Regen schmeckt und erfrischt! Ich bin ganz überglücklich, ich bin der Allerglücklichste!"

„Ja, ja, ja!" sagten die Zaunpfähle, „du kennst die Welt nicht, aber wir, denn wir haben Knorren in uns", und dann knarrten sie ganz jämmerlich:

> „Schnipp-Schnapp-Schnurre,
> Basselurre
> Aus ist das Lied!"

„Nein, das ist es nicht!" sagte der Flachs. „Die Sonne scheint am Morgen, der Regen tut so gut, ich kann hören, wie ich wachse, und ich kann fühlen, daß ich blühe! Ich bin der Allerglücklichste."

Aber eines Tages kamen Leute, die den Flachs beim Schopf faßten und ihn mit der Wurzel herausrissen; das tat weh; er wurde in Wasser gelegt, als ob er ertränkt werden solle; und dann kam er über Feuer, als wolle man ihn braten! Das war grausig!

„Es kann einem nicht immer gut ergehen!" sagte der Flachs. „Man muß etwas durchmachen, dann weiß man etwas!"

Aber es wurde sehr schlimm. Der Flachs wurde geknickt und gebrochen, gedörrt und gehechelt – ja, was wußte er, wie das hieß. Er kam auf den Spinnrocken, schnurre schnurr! Da war es nicht möglich, die Gedanken beisammenzuhalten.

‚Ich bin außerordentlich glücklich gewesen!' dachte er trotz seiner Schmerzen. ‚Man muß froh sein über das Gute, das man gehabt hat. Froh, froh, oh!' – Und das sagte er noch, als er auf den Webstuhl kam – und so wurde er zu einem schönen großen Stück Leinwand. Aller Flachs, jeder einzelne Stengel wurde zu dem einen Stück verarbeitet.

„Aber das ist ja großartig! Das hätte ich nie geglaubt! Nein, was habe ich für ein Glück!" Ja, die Zaunpfähle wußten gut Bescheid mit ihrem:

„Schnipp-Schnapp-Schnurre,
Basselurre!"

Das Lied ist keineswegs aus! Nun fängt es erst richtig an! ‚Es ist herrlich! Ja, ich habe gelitten, aber jetzt ist dafür auch etwas aus mir geworden, ich bin der Glücklichste von allen! – Ich bin so stark und so weich, so weiß und so lang! Das ist etwas anderes, als nur eine Pflanze zu sein, selbst wenn man Blumen trägt! Man wird nicht gepflegt, und bekommt nur Wasser, wenn es regnet! Doch jetzt ist das anders! Das Mädchen wendet mich jeden Morgen, und mit der Gießkanne bekomme ich jeden Abend ein Regenbad. Ja, die Frau Pastorin hat selbst eine Rede über mich gehalten und gesagt, daß ich das beste Stück im ganzen Kirchspiel sei. Glücklicher kann ich gar nicht werden!'

Nun kam die Leinwand ins Haus, dann unter die Schere. Wie man schnitt, wie man mit der Nähnadel hineinstach! Das war wahrlich kein Vergnügen. Aber aus der Leinwand wurden zwölf Stück Wäsche, von der Art, die man nicht gern nennt, die aber alle Menschen haben müssen.

‚Nun seht, jetzt ist erst etwas aus mir geworden! Das war also meine Bestimmung! Das ist ja herrlich; nun schaffe ich Nutzen in der Welt, und das ist es, was man soll, das ist das wahre Vergnügen. Wir sind zwölf Stück geworden, aber wir sind doch alle ein und dasselbe, wir sind ein Dutzend! Was ist das für ein erstaunliches Glück!'

Jahre vergingen – aber nun hielten sie nicht länger.

„Einmal muß es ja doch vorbei sein!" sagte jedes Stück. „Ich hätte gern länger gehalten, aber man darf nichts Unmögliches verlangen!" Dann wurden sie in Stücke und Fetzen zerrissen, so daß sie glaubten, nun sei es ganz vorbei, denn sie wurden zerhackt und zerquetscht und zerkocht, ja sie wußten selbst nicht, wie ihnen geschah – und dann wurden sie schönes, feines weißes Papier!

„Nein, das ist eine Überraschung! Und eine herrliche Überraschung!" sagte das Papier. „Nun bin ich feiner als zuvor, und nun wird man auf mir schreiben! Was kann nicht alles geschrieben werden! Das ist doch ein außerordentliches Glück!" Und es wurden die allerschönsten Geschichten darauf geschrieben, und die Leute hörten, was darauf stand, und das war richtig und gut, es machte die Menschen klüger und besser als bisher. Es war ein wahrer Segen, der dem Papier in den Worten gegeben war.

„Das ist mehr, als ich mir träumen ließ, da ich noch eine kleine blaue Blume auf dem Feld war! Nie hätte ich mir träumen lassen, daß ich den Menschen jemals Freude und Erkenntnisse vermittle! Ich kann es selbst noch nicht begreifen! Aber es ist nun einmal wirklich so! Der liebe Gott weiß, daß ich selbst durchaus nichts dazu getan habe, als was ich nach schwachem Vermögen für mein Dasein tun mußte! Und doch gewährt er mir eine Freude nach der anderen. Und jedesmal, wenn ich denke: ,Aus ist das Lied!', dann geht es wieder zu etwas Höherem und Besserem über. Nun werde ich gewiß auf Reisen in der ganzen Welt herumgeschickt werden, damit alle Menschen mich lesen können! Das ist das Wahrscheinlichste! Früher trug ich blaue Blüten, jetzt habe ich für jede Blüte die schönsten Gedanken! Ich bin der Allerglücklichste!"

Aber das Papier kam nicht auf Reisen, es kam zum Buchdrucker, und dort wurde alles, was darauf geschrieben stand, gedruckt und zu einem Buch gemacht, ja zu vielen hundert Büchern, denn so konnten unendlich viel mehr Menschen Nutzen und Freude davon haben, als wenn das einzige Papier, auf dem das Geschriebene stand, durch die ganze Welt gelaufen und auf halbem Wege abgenutzt worden wäre.

,Ja, das ist freilich das Allervernünftigste!' dachte das beschriebene Papier. ,Das fiel mir gar nicht ein! Ich bleibe zu Hause und werde in Ehren gehalten wie ein alter Großvater! Ich bin es, der beschrieben worden ist, die Worte flossen aus der Feder gerade in mich hinein. Ich bleibe, und die Bücher laufen umher. Nun kann ordentlich was daraus gemacht werden! Nein, wie bin ich froh, wie bin ich glücklich!'

Dann wurde das Papier zu einem Päckchen gebunden und in ein Fach gelegt. „Nach vollbrachter Tat ist gut ruhen!" sagte das Papier. „Es ist ganz in Ordnung, daß man sich sammelt und über das nachdenkt, was man in sich herumträgt. Jetzt weiß ich erst richtig, was in mir enthalten ist! Und sich selbst kennen, das ist erst der wahre Fortschritt. Was nun wohl kommen mag? Irgendein Fortschritt geschieht, denn es geht immer vorwärts!"

Eines Tages wurde alles Papier auf den Feuerherd gelegt, denn es sollte verbrannt und nicht an die Händler verkauft werden, die nur Butter und Zucker darin einwickeln. Alle Kinder im Hause standen dabei, denn sie wollten es auflodern sehen, sie wollten die vielen roten Feuerfunken in der Asche sehen, die scheinbar davonlaufen und erlöschen, einer immer nach dem andern, ganz geschwind – das sind die Kinder, die aus der Schule kommen, und der allerletzte Funke ist der Schulmeister; oft glaubt man,

daß er schon weg sei, aber dann kommt er auf einmal noch hinterher.

Und das ganze Papier lag in einem Bündel im Feuer. Uh, wie es auf-
loderte! „Uh!" sagte es, und auf einmal war da eine Flamme, die stieg so
hoch empor, wie der Flachs niemals seine kleinen blauen Blüten hatte erheben können, und leuchtete wie die weiße Leinwand nie hatte leuchten
können. Alle geschriebenen Buchstaben wurden augenblicklich ganz rot,
und alle Worte und Gedanken gingen in Flammen auf.

„Nun schwinge ich mich gerade zur Sonne hinauf!" sagte es in der
Flamme, und es war, als ob das tausend Stimmen mit einem Mund sagten,
und die Flamme schlug durch den Schornstein oben hinaus. – Feiner als die
Flammen, unsichtbar für das menschliche Auge, schwebten ganz kleine
Wesen, an Zahl den Blüten gleich, die der Flachs getragen hatte. Sie waren
noch leichter als die Flamme, deren Kinder sie waren, und als diese erlosch
und von dem Papier nur noch die schwarze Asche übrig war, tanzten sie
noch einmal darüber hin, und wo sie sie berührten, erblickte man ihre Spuren, das waren die roten Funken. „Die Kinder kamen aus der Schule, und
der Schulmeister war der letzte." Das war eine Freude, und die Kinder des
Hauses sangen bei der toten Asche:

> „Schnipp-Schnapp-Schnurre,
> Basselurre.
> Aus ist das Lied!"

Aber die kleinen unsichtbaren Wesen sagten alle: „Das Lied ist nie aus,
und das ist das schönste von allem! Ich weiß es, und darum bin ich der
Allerglücklichste!"

Aber das konnten die Kinder weder hören noch verstehen und das sollten
sie auch nicht, denn Kinder brauchen nicht alles zu wissen.

Die glückliche Familie

as größte grüne Blatt hierzulande ist ganz bestimmt das Klettenblatt; hält man es vor seinen kleinen Leib, so ist es wie eine ganze Schürze, und legt man es auf seinen Kopf, dann ist es im Regenwetter fast gut wie ein Regenschirm, denn es ist sehr groß. Nie wächst eine Klette allein, nein, wo eine wächst, wachsen auch mehrere, es ist eine große Herrlichkeit, und all diese Herrlichkeit ist Schneckenspeise. Die großen weißen Schnekken, aus denen vornehme Leute in früheren Zeiten Leckerbissen bereiten ließen, speisten und sagten: „Hm! Schmeckt das prächtig!" – denn sie glaubten nun einmal, daß es gut schmecke – diese Schnecken lebten von Klettenblättern, und darum wurden die Kletten gesät.

Nun gab es da ein altes Rittergut, wo man keine Schnecken mehr aß, die waren beinahe ganz ausgestorben, aber die Kletten nicht, sie wuchsen über alle Gänge und Beete, man konnte ihrer nicht mehr Meister werden. Es war ein ganzer Klettenwald; hier und da stand ein Apfel- und ein Pflaumenbaum, sonst hätte man gar nicht vermutet, daß es ein Garten sei. Alles war Klette, und darin wohnten die beiden letzten steinalten Schnecken.

Sie wußten selber nicht, wie alt sie waren, aber sie konnten sich sehr gut erinnern, daß ihrer weit mehr gewesen waren, daß sie von einer Familie aus fremden Landen abstammten und daß für sie und die Ihrigen der ganze Wald angepflanzt worden war. Sie waren niemals draußen gewesen, aber sie wußten, daß es noch etwas in der Welt gab, was das herrschaftliche Schloß hieß, und da oben wurde man gekocht, und dann wurde man schwarz, und dann wurde man auf eine silberne Platte gelegt, was aber danach noch weiter geschah, das wußten sie nicht. Wie es übrigens war, wenn man gekocht wurde und auf eine silberne Platte zu liegen kam, das konnten sie sich nicht denken, aber schön sollte es sein und besonders vornehm! Weder der Maikäfer noch die Kröte noch der Regenwurm, die sie darum befragten, konnten ihnen darüber Bescheid geben, denn keiner von ihrer Art war jemals gekocht oder auf eine silberne Platte gelegt worden.

Die alten weißen Schnecken waren die vornehmsten in der Welt, das wußten sie. Der Wald war ihretwegen da, und das herrschaftliche Schloß war da, damit sie gekocht und auf eine silberne Platte gelegt werden konnten.

Sie lebten nun sehr zurückgezogen und glücklich, und da sie selber kinderlos waren, so hatten sie einen kleinen gewöhnlichen Schneck zu sich genommen, den sie wie ihr eigenes Kind aufzogen. Allein der Kleine wollte nicht wachsen, denn er war nur ein gewöhnlicher Schneck; aber die Alten, namentlich die Schneckenmutter, meinte, daß sie denn doch merken könne, wie er zunehme. Und sie bat den Vater, falls er dies nicht sehen könne, doch nur einmal das kleine Schneckenhaus anzufühlen, und da betastete er es und fand, daß die Mutter recht habe.

Eines Tages regnete es sehr stark.

„Hör, wie es auf die Huflattichblätter trommelt, rundumdum, rundumdum", sagte der Schneckenvater.

„Da kommen auch Tropfen", sagte die Schneckenmutter. „Es läuft ja gerade am Stengel herunter. Du sollst sehen, es wird hier ganz naß werden. Ich freue mich nur, daß wir unsere guten Häuser haben und daß der Kleine auch seines hat! Es ist doch wirklich mehr für uns gesorgt als für alle anderen Geschöpfe; man sieht doch recht deutlich, daß wir die Herrschaften auf dieser Welt sind! Wir haben Häuser von Geburt an, und der Huflattichwald ist unseretwegen gesät worden. Ich möchte wohl wissen, wie weit sich der erstreckt und was danach kommt."

„Da ist nichts", sagte der Schneckenvater, „was besser wäre als bei uns, ich habe gar nichts zu wünschen."

„Ja", sagte die Mutter. „Ich möchte wohl auf das herrschaftliche Schloß kommen und gekocht und auf eine silberne Platte gelegt werden, das ist mit allen unseren Vorfahren geschehen, und du kannst mir glauben, dabei ist etwas ganz Apartes!"

„Das herrschaftliche Schloß ist vielleicht eingestürzt", sagte der Schneckenvater, „oder der Huflattichwald ist darüber hinweggewachsen, so daß die Menschen nicht herauskommen können. Das hat doch auch gar keine Eile. Aber du eilst immer so schrecklich, und der Kleine fängt das nun auch schon an. Kriecht er doch bereits seit drei Tagen an dem Stengel hinauf! Ich bekomme wirklich Kopfweh, wenn ich zu ihm emporblicke."

„Du mußt ihn nicht schelten!" sagte die Schneckenmutter. „Er kriecht so besonnen, wir werden gewiß viel Freude an ihm haben; und wir Alten haben ja nichts anderes, wofür wir leben. Aber hast du denn auch schon darüber nachgedacht, wo wir eine Frau für ihn herkriegen? Glaubst du nicht, daß sich im Huflattichwald noch mehrere unserer Art aufhalten?"

„Schwarze Schnecken werden wohl da sein, denke ich", sagte der Alte, „schwarze Schnecken ohne Haus, aber das ist so ordinär, und doch bilden sie sich etwas ein. Aber wir könnten den Ameisen den Auftrag geben, die laufen hin und her, als ob sie viel zu tun hätten; die wissen gewiß eine Frau für unseren Kleinen."

„Ich wüßte freilich die Allerschönste", sagte eine der Ameisen, „aber ich fürchte, daß es nicht angeht, denn sie ist Königin."

„Das schadet nichts", sagten die Alten. „Hat sie ein Haus?"

„Sie hat ein Schloß", antwortete die Ameise, „das schönste Ameisenschloß mit siebenhundert Gängen!"

„Schönen Dank!" sagte die Schneckenmutter. „Unser Sohn soll nicht in einen Ameisenhügel. Wißt ihr nichts Besseres, so geben wir den weißen Mücken den Auftrag, die fliegen weit umher in Regen und Sonnenschein, die kennen den Huflattichwald in- und auswendig."

„Wir haben eine Frau für ihn!" sagten die Mücken. „Hundert Menschenschritte von hier sitzt auf einem Stachelbeerstrauch eine kleine Schnecke mit Haus, die ist ganz allein und alt genug, sich zu verheiraten. Es ist bloß hundert Menschenschritte von hier."

„Ja, laß sie zu ihm kommen!" sagten die Ameisen. „Er hat einen ganzen Huflattichwald, sie hat bloß einen Strauch."

Und nun holten sie das kleine Schneckenfräulein. Es dauerte acht Tage, bis es kam, aber das war ja eben das Besondere dabei, denn daran sah man, daß es von der rechten Art war.

Und dann hielten sie Hochzeit. Sechs Glühwürmchen leuchteten, so gut sie es vermochten, ansonsten ging es ganz still zu, denn die alten Schnekkenleute konnten Herumschwärmen und Lustbarkeiten nicht vertragen. Aber eine herrliche Rede wurde von der Schneckenmutter gehalten. Der Vater konnte nicht sprechen, er war zu gerührt. Dann gaben sie ihnen als Erbteil den ganzen Huflattichwald und sagten, was sie stets gesagt hatten: daß er das Beste auf der Welt sei und daß sie, wenn sie rechtschaffen und ehrbar lebten und sich vermehrten, dereinst mit ihren Kindern auf das herrschaftliche Schloß kämen, schwarz gekocht und auf eine silberne Platte gelegt würden. Und nachdem die Rede gehalten war, krochen die Alten in ihr Haus hinein und kamen nie wieder heraus; sie schliefen. Das junge Schneckenpaar regierte nun im Wald und bekam eine zahlreiche Nachkommenschaft. Da sie aber niemals gekocht und nie auf die silberne Platte gelegt wurden, so schlossen sie daraus, daß das herrschaftliche Schloß eingestürzt und daß alle Menschen auf der Welt ausgestorben seien.

Das Liebespaar

in Kreisel und ein Ball lagen im Kasten zusammen unter anderem Spielzeug, und da sagte der Kreisel zum Ball: „Wollen wir nicht Brautleute sein, da wir doch zusammen in dem Kasten liegen?" Aber der Ball, der aus Saffian genäht war, und der sich ebensoviel einbildete wie ein feines Fräulein, wollte auf dergleichen nicht antworten.

Am nächsten Tag kam der kleine Knabe, dem das Spielzeug gehörte, bemalte den Kreisel rot und gelb und schlug einen Messingnagel mitten hinein; das sah nun recht prächtig aus, wenn der Kreisel sich drehte.

„Sehen Sie mich an!" sagte er zum Ball. „Was sagen Sie nun? Wollen wir nun nicht Brautleute sein, wir passen gut zueinander. Sie springen, und ich tanze! Glücklicher als wir beide kann niemand werden!"

„So, glauben Sie das?" sagte der Ball. „Sie wissen wohl nicht, daß mein Vater und meine Mutter Saffianpantoffeln gewesen sind und ich einen Kork im Leibe habe?"

„Ja, aber ich bin aus Mahagoniholz", sagte der Kreisel, „und der Stadtrichter hat mich selbst gedrechselt, denn er hat seine eigene Drechselbank, und es hat ihm viel Vergnügen bereitet."

„Kann ich mich darauf verlassen?" fragte der Ball.

„Möge ich niemals die Peitsche bekommen, wenn ich lüge!" erwiderte der Kreisel.

„Sie wissen gut für sich zu sprechen", sagte der Ball. „Aber ich kann doch nicht, ich bin einer Schwalbe so gut wie versprochen! Jedesmal, wenn ich in die Luft fliege, steckt sie den Kopf zum Nest heraus und fragt: ‚Wollen Sie?‘ und nun habe ich innerlich ‚ja‘ gesagt, und das ist so gut wie eine halbe Verlobung. Aber ich verspreche Ihnen, Sie nie zu vergessen!"

„Ja, das wird viel helfen!" sagte der Kreisel, und so sprachen sie nicht mehr miteinander.

Am nächsten Tage wurde der Ball von dem Knaben zum Spielen mitgenommen. Der Kreisel sah, wie er hoch in die Luft flog, wie ein Vogel, zuletzt konnte man ihn gar nicht mehr erblicken; jedesmal kam er wieder zurück, machte aber immer einen hohen Sprung, wenn er die Erde berührte, und das geschah immer aus Sehnsucht, oder weil er einen Kork im Leibe hatte. Das neunte Mal aber blieb der Ball fort und kam nicht mehr wieder, der Knabe suchte und suchte, aber weg war er.

„Ich weiß wohl, wo er ist", seufzte der Kreisel. „Er ist im Schwalbennest und hat sich mit der Schwalbe verheiratet!"

Je mehr der Kreisel daran dachte, um so mehr wurde er für den Ball eingenommen. Gerade weil er ihn nicht bekommen konnte, darum nahm die Liebe zu; daß er einen anderen genommen hatte, das war das Eigentümliche dabei, und der Kreisel tanzte herum und schnurrte, dachte immer an den Ball, der in seinen Gedanken immer schöner und schöner wurde. So vergingen manche Jahre – und da war es eine alte Liebe.

Der Kreisel war nicht mehr jung! Aber da wurde er eines Tages überall vergoldet, nie hatte er so schön ausgesehen; er war nun ein Goldkreisel und sprang, daß es nur schnurrte. Ja, das war doch noch etwas, aber auf einmal sprang er zu hoch – und weg war er!

Man suchte und suchte ihn, selbst unten im Keller, doch er war nicht zu finden.

Wo war er?

Er war in eine Tonne gesprungen, wo allerlei Gerümpel, Kohlstrünke, Kehricht und Schutt lag, der von der Dachrinne heruntergefallen war.

„Nun liege ich freilich gut! Hier wird die Vergoldung bald von mir abgehen! – unter welchen Unrat bin ich hier geraten!" Dann schielte er nach einem langen Kohlstrunk und nach einem sonderbaren runden Ding, das wie ein alter Apfel aussah; aber es war kein Apfel, es war ein alter Ball, der viele Jahre in der Dachrinne gelegen hatte und sich ganz mit Wasser vollgesogen hatte.

„Gott sei Dank, da kommt doch einer unsersgleichen, mit dem man sprechen kann!" sagte der Ball und sah den vergoldeten Kreisel. „Ich bin eigentlich aus Saffian, von Jungfrauenhänden genäht, und habe einen Kork im Leibe, aber das wird mir wohl niemand ansehen! Ich war nahe daran, mich mit einer Schwalbe zu verheiraten, aber da fiel ich in die Dachrinne, und dort habe ich wohl fünf Jahre gelegen und bin sehr aufgequollen! Glauben Sie mir, daß ist eine lange Zeit für ein junges Mädchen!"

Aber der Kreisel sagte nichts, er dachte an seine alte Liebe, und je mehr er hörte, desto klarer wurde es ihm, daß sie es war.

Da kam das Dienstmädchen und wollte den Kasten ausleeren. „Heisa, da ist der Goldkreisel!" sagte sie.

Der Kreisel kam wieder zu großem Ansehen und Ehren, aber vom Ball hörte man nichts. Und der Kreisel sprach nie mehr von seiner alten Liebe; die vergeht, wenn die Geliebte fünf Jahre lang in einer Wasserrinne gelegen hat und aufgequollen ist; ja, man erkennt sie überhaupt nicht wieder, wenn man ihr in einer Kehrichttonne begegnet.

Des Kaisers neue Kleider

or vielen Jahren lebte einmal ein Kaiser, der so ungeheuer viel auf hübsche neue Kleider hielt, daß er all sein Geld dafür ausgab, um recht geputzt zu sein. Er kümmerte sich nicht um seine Soldaten, kümmerte sich nicht um das Theater, und liebte es nicht, in den Wald zu fahren, außer um seine neuen Kleider zu zeigen. Er hatte einen Rock für jede Stunde des Tages, und – wie man von einem König sagt, er ist im Rate, so sagte man hier immer: „Der Kaiser ist in der Garderobe!"

In der großen Stadt, in der er wohnte, ging es sehr munter her. Jeden Tag kamen viele Fremde an, und eines Tages kamen auch zwei Betrüger, die sich für Weber ausgaben und sagten, daß sie das schönste Zeug, das man sich denken könne, zu weben verständen. Die Farben und Muster seien nicht allein ungewöhnlich schön, sondern die Kleider, die von dem Zeug genäht würden, besäßen die wunderbare Eigenschaft, daß sie für jeden Menschen unsichtbar wären, der nicht für sein Amt tauge oder der unverzeihlich dumm sei.

,Das wären ja prächtige Kleider', dachte der Kaiser. ,Wenn ich davon einige hätte, könnte ich ja dahinterkommen, welche Männer in meinem Reich zu dem Amt, das sie haben, nicht taugen; ich könnte die Klugen von den Dummen unterscheiden! Ja, das Zeug muß sogleich für mich gewebt werden!' Und dann gab er den beiden Betrügern viel Handgeld, damit sie mit der Arbeit begännen.

Sie stellten auch zwei Webstühle auf und taten, als ob sie arbeiteten, aber sie hatten überhaupt nichts auf dem Stuhl. Dennoch verlangten sie die feinste Seide und das prächtigste Gold, das steckten sie aber in ihre eigene Tasche und arbeiteten an den leeren Stühlen bis spät in die Nacht hinein.

,Nun möchte ich doch wissen, wie weit sie mit dem Zeug sind!' dachte der Kaiser, aber es war ihm beklommen zumute, wenn er überlegte, daß derjenige, der dumm war oder schlecht für sein Amt tauge, es nicht sehen könne. Nun glaubte er zwar, daß er für sich selbst nicht zu fürchten brauche, aber er wollte doch erst einen anderen senden, um zu sehen, wie es damit stände. Alle Menschen in der ganzen Stadt wußten, welche besondere Kraft das Zeug habe, und alle waren begierig zu sehen, wie schlecht oder dumm ihr Nachbar sei.

‚Ich will meinen alten, ehrlichen Minister zu den Webern senden‘, dachte der Kaiser. ‚Er kann am besten beurteilen, wie das Zeug sich ausnimmt, denn er hat Verstand, und keiner versieht sein Amt besser als er!‘ –

Nun ging der alte, gutherzige Minister in den Saal hinein, wo die zwei Betrüger saßen und an den leeren Webstühlen arbeiteten. ‚Gott behüte uns!‘ dachte der alte Minister und riß die Augen auf. ‚Ich kann ja nichts erblicken!‘ – Aber das sagte er nicht.

Beide Betrüger baten ihn, näher zu treten und fragten, ob es nicht ein hübsches Muster und schöne Farben seien. Dann zeigten sie auf den leeren Webstuhl, und der arme alte Minister fuhr fort, die Augen aufzureißen; aber er konnte nichts sehen, denn es war nichts da. ‚Herrgott!‘ dachte er, ‚sollte ich so dumm sein? Das habe ich nie geglaubt, und das darf kein Mensch wissen! Sollte ich nicht zu meinem Amt taugen? Nein, es geht nicht an, daß ich erzähle, ich könne das Zeug nicht sehen!‘

„Nun, Sie sagen nichts dazu?“ fragte der eine von den Webern.

„Oh, es ist hübsch, ganz allerliebst!“ antwortete der alte Minister und sah durch seine Brille. „Dieses Muster und diese Farben! – Ja, ich werde dem Kaiser sagen, daß es mir sehr gefällt!“

„Nun, das freut uns!“ sagten beide Weber, und darauf benannten sie die Farben mit Namen und erklärten das seltsame Muster. Der alte Minister paßte gut auf, damit er dasselbe sagen könnte, wenn er zum Kaiser zurückkomme, und das tat er auch.

Nun verlangten die Betrüger mehr Geld, mehr Seide und mehr Gold, um es zum Weben zu gebrauchen. Sie steckten alles in ihre eigenen Taschen, auf den Webstuhl kam kein Faden, aber sie fuhren fort, wie bisher an den leeren Stühlen zu arbeiten.

Der Kaiser sandte bald wieder einen anderen tüchtigen, ehrlichen Staatsmann hin, um zu sehen, wie es mit dem Weben stände und ob das Zeug bald fertig sei. Es ging ihm aber genau wie dem ersten, er guckte und guckte, weil aber außer dem leeren Webstuhl nichts da war, konnte er auch nichts sehen.

„Ist das nicht ein hübsches Stück Zeug?“ fragten die beiden Betrüger und zeigten und erklärten das prächtige Muster, das gar nicht da war.

‚Dumm bin ich nicht!' dachte der Mann, ‚es ist also mein gutes Amt, zu dem ich nicht tauge! Das wäre sehr sonderbar, aber das muß man sich nicht merken lassen!' Daher lobte er das Zeug, das er nicht sah, und versicherte ihnen seine Freude über die schönen Farben und das herrliche Muster. „Ja, es ist ganz allerliebst!" sagte er zum Kaiser.

Alle Menschen in der Stadt sprachen von dem prächtigen Zeug.

Nun wollte der Kaiser es selbst sehen, während es noch auf dem Webstuhl war. Mit einer ganzen Schar auserwählter Männer, unter denen sich auch die beiden ehrlichen Staatsmänner befanden, die schon früher dort gewesen waren, ging er zu den beiden listigen Betrügern hin, die nun aus allen Kräften webten, aber ohne Faser oder Faden.

„Ja, ist das nicht prächtig?" sagten die beiden ehrlichen Staatsmänner. „Möchten Eure Majestät sehen, welches Muster, welche Farben?" Und dann zeigten sie auf den leeren Webstuhl, denn sie glaubten, daß die anderen das Zeug wohl doch sehen könnten.

‚Was!' dachte der Kaiser, ‚ich sehe gar nichts! Das ist ja schrecklich! Bin ich dumm? Tauge ich nicht dazu, Kaiser zu sein? Das wäre das Schrecklichste, was mir begegnen könnte!' – „Oh, es ist sehr hübsch", sagte er. „Es hat meinen allerhöchsten Beifall!" Und er nickte zufrieden und betrachtete den leeren Webstuhl, denn er wollte nicht sagen, daß er nichts sehen könne. Das ganze Gefolge, das er bei sich hatte, schaute und schaute, aber bekam nicht mehr heraus als alle die anderen; aber sie sagten wie der Kaiser: „Oh, ist das hübsch!" Und sie rieten ihm, diese neuen prächtigen Kleider, zum erstenmal bei dem großen Fest, das bevorstand, zu tragen. „Es ist herrlich! Prächtig! Ausgezeichnet!" ging es von Mund zu Mund, und man war allerseits innig erfreut darüber. Der Kaiser verlieh den beiden Betrügern ein Ritterkreuz, im Knopfloch zu tragen, und den Titel „Hofweber".

Die ganze Nacht vor dem Morgen, an dem der Festzug stattfinden sollte, waren die Betrüger wach und hatten über sechzehn Lichter angezündet. Die Leute konnten sehen, daß sie stark beschäftigt waren, um des Kaisers neue Kleider fertig zu machen. Sie taten, als ob sie das Zeug aus dem Webstuhl nähmen, sie schnitten mit großen Scheren in der Luft herum, sie nähten mit Nähnadeln ohne Faden und sagten zuletzt: „Sieh, nun sind die Kleider fertig!"

Der Kaiser kam mit seinen vornehmsten Beamten selbst zu ihnen, und beide Betrüger hoben einen Arm in die Höhe, gerade als ob sie etwas hielten, und sagten: „Seht, hier sind die Beinkleider! Hier ist das Kleid!

Hier der Mantel!" und so weiter. „Es ist so leicht wie Spinnwebe, man sollte glauben, man habe nichts auf dem Körper, aber das ist gerade der Vorzug dabei!"

„Ja!" sagten alle Beamte, aber sie konnten nichts sehen, denn es war gar nichts.

„Belieben Eure Kaiserliche Majestät jetzt Ihre Kleider abzulegen", sagten die Betrüger, „dann wollen wir Ihnen die neuen hier vor dem großen Spiegel anziehen!"

Der Kaiser legte seine Kleider ab, und die Betrüger taten so, als ob sie ihm jedes Stück der neuen Kleider anzögen. Und der Kaiser wandte und drehte sich vor dem Spiegel.

„Ei, wie gut sie kleiden, wie herrlich sie sitzen!" riefen alle. „Welches Muster, welche Farben! Das ist ein kostbarer Anzug!"

„Draußen stehen sie mit dem Thronhimmel, der über Eurer Majestät getragen werden soll!" meldete der Oberzeremonienmeister.

„Seht, ich bin fertig!" sagte der Kaiser. „Sitzt es nicht gut?" Und dann wandte er sich nochmals vor den Spiegel, denn es sollte scheinen, als ob er seine Kleider recht betrachte.

Die Kammerherren, die die Schleppe tragen sollten, griffen mit den Händen gegen den Fußboden, als wenn sie die Schleppe aufhöben. Sie gingen und taten, als hielten sie etwas in der Luft; sie wagten nicht, es sich merken zu lassen, daß sie nichts sehen konnten.

So ging der Kaiser unter dem prächtigen Thronhimmel, und alle Menschen auf der Straße und in den Fenstern sprachen: „Wie sind des Kaisers neue Kleider unvergleichlich! Welch herrliche Schleppe er am Rocke trägt! Wie schön sie sitzt!" Keiner wollte es sich merken lassen, daß er nichts sah, denn dann hätte er ja nicht zu seinem Amt getaugt oder wäre sehr dumm gewesen. Keine Kleider des Kaisers hatten solches Glück gemacht wie diese.

„Aber er hat ja gar nichts an!" sagte endlich ein kleines Kind. „Hört die Stimme der Unschuld!" sagte der Vater; und einer flüsterte dem anderen zu, was das Kind gesagt hatte.

„Aber er hat ja gar nichts an!" rief zuletzt das ganze Volk. Das ergriff den Kaiser, denn es schien ihm recht zu haben; aber er dachte bei sich: ‚Nun muß ich es noch aushalten'. Und die Kammerherren gingen und trugen weiterhin die Schleppe, die gar nicht da war.

Elfenhügel

inige große Eidechsen huschten schnellfüßig in den Spalten eines alten Baumes umher; sie konnten einander gut verstehen, denn sie sprachen die Eidechsensprache.

„Wie das in dem alten Elfenhügel poltert und brummt!" sagte die eine Eidechse. „Ich habe vor dem Lärm schon zwei Nächte kein Auge zugetan; ich könnte ebensogut liegen und Zahnweh haben, denn da schlafe ich auch nicht!"

„Da ist etwas los!" sagte die andere Eidechse. „Sie lassen den Hügel, bis am Morgen der Hahn kräht, auf vier roten Pfählen stehen, er wird ordentlich ausgelüftet, und die Elfenmädchen haben neue Tänze gelernt. Da ist etwas los!"

„Ja, ich habe mit einem Regenwurm meiner Bekanntschaft gesprochen", sagte die dritte Eidechse, „der gerade aus dem Hügel kam, wo er Tag und Nacht in der Erde gewühlt hatte. Er hatte viel gehört, aber sehen kann er ja nicht, das arme Tier, aber vorfühlen und nachhören, das versteht er. Sie erwarten Fremde im Elfenhügel, vornehme Fremde, aber wen, das wollte der Regenwurm nicht sagen, oder er wußte es nicht. Alle Irrlichter sind bestellt, um einen Fackelzug abzuhalten, wie man das nennt, und Silber und Gold, wovon genug im Hügel ist, wird poliert und im Mondschein ausgestellt!"

„Wer mögen wohl die Fremden sein?" sagten alle Eidechsen. „Was mag da wohl los sein? Hört, wie es summt! Hört, wie es brummt!"

Zur gleichen Zeit teilte sich der Elfenhügel, und ein altes Elfenmädchen kam herausgetrippelt. Es war des alten Elfenkönigs Haushälterin, mit der Familie weitläufig verwandt, und es trug ein Bernsteinherz auf der Stirn. Ihre Beine bewegten sich so hurtig: tripp, tripp! Potztausend, wie konnte es trippeln, und das gerade hinunter ins Moor zum Nachtraben.

„Sie werden zum Elfenhügel eingeladen, und zwar noch heute nacht!" sagte sie. „Aber wollen Sie uns nicht erst einen großen Dienst erweisen und die übrigen Einladungen übernehmen? Sie müssen auch etwas tun, da Sie selbst kein Haus führen. Wir erwarten einige vornehme Fremde, Zauberer, die etwas zu bedeuten haben, und deshalb will der alte Elfenkönig sich zeigen!"

„Wer soll eingeladen werden?" fragte der Nachtrabe.

„Ja, zu dem großen Ball kann alle Welt kommen, selbst Menschen, wenn sie nur im Schlaf sprechen oder etwas tun können, was in unsere Art fällt. Aber zu dem ersten Fest soll strenge Auswahl herrschen, wir wollen nur die Allervornehmsten haben. Ich habe mich mit dem Elfenkönig gestritten, denn ich meinte, wir könnten nicht einmal Gespenster zulassen. Der Wassermann und seine Töchter müssen zuerst eingeladen werden, es mag ihnen wohl nicht lieb sein, aufs Trockene zu kommen, aber sie sollen schon einen nassen Stein zum Sitzen oder noch etwas Besseres erhalten, und dann, denke ich, werden sie es dieses Mal wohl nicht abschlagen. Alle alten Dämonen erster Klasse mit Schweifen, den Alraun und die Kobolde müssen wir haben, und dann, denke ich, können wir das Grabschwein, das Totenpferd und den Kirchenzwerg nicht weglassen; sie gehören freilich mit zur Geistlichkeit, die nicht zu unseren Leuten zählt, aber das ist nur ihr Amt, sie sind uns doch nahe verwandt und machen uns fleißig Besuche."

„Brav!" sagte der Nachtrabe und flog davon, um einzuladen.

Die Elfenmädchen tanzten schon auf dem Elfenhügel, und sie tanzten mit Schleiern, die aus Nebel und Mondschein gewebt waren, und das sieht recht niedlich aus für die, die dergleichen lieben. Mitten im Elfenhügel war der große Saal herrlich geschmückt, der Fußboden war mit Mondschein gewaschen und die Wände mit Hexenfett eingerieben, so daß sie wie Tulpenblätter vor dem Licht glänzten. In der Küche waren vollauf Frösche am Spieß, Schneckenhäute mit Kinderfingern darin und Salate von Pilzsamen und feuchten Mäuseschnauzen mit Schierling, Bier von der Sumpffrau und glänzender Salpeterwein aus Grabkellern; verrostete Nägel und Kirchenfensterglas gehörte zum Naschwerk.

Der alte Elfenkönig ließ seine Goldkrone mit gestoßenem Schiefer polieren; es war Tuffsteinschiefer, und es ist für den Elfenkönig sehr schwer, Tuffsteinschiefer zu erhalten. Im Schlafgemach wurden Gardinen aufgehängt und mit Schneckenhörnern befestigt. Ja, das war ein rechtes Summen und Brummen.

„Nun muß hier mit Roßhaaren und Schweineborsten geräuchert werden, dann glaube ich, das Meinige getan zu haben!" sagte das Elfenmädchen.

„Süßer Vater", schmeichelte die kleinste der Töchter, „bekomme ich nun zu wissen, wer die vornehmsten Fremden sind?"

„Nun denn", sagte er, „dann muß ich es wohl sagen! Zwei meiner Töchter müssen sich zum Heiraten bereithalten; zwei werden sicher verheiratet.

Der greise Kobold oben von Norwegen, er, der im alten Dovrefelsen wohnt und viele Klippenschlösser von Feldsteinen und ein Goldwerk besitzt, das besser ist, als man glaubt, kommt mit seinen beiden Söhnen herunter, die sich eine Frau aussuchen sollen. Der greise Kobold ist ein recht alter, ehrlicher, nordischer Greis, lustig und schlicht. Ich kenne ihn aus alten Tagen, als wir Brüderschaft miteinander tranken und er hier unten war, seine Frau zu holen. Nun ist sie tot, sie war eine Tochter des Felsenkönigs von Möen. Er nahm seine Frau auf die Kreide, wie man zu sagen pflegt. Oh, wie ich mich nach dem greisen nordischen Kobold sehne! Die Knaben, sagt man, sollen etwas unartige, naseweise Jungen sein, aber man kann ihnen ja auch Unrecht tun, und sie werden wohl besser, wenn sie älter werden. Laßt mich nun sehen, daß ihr ihnen Manieren beibringt!"

„Und wann kommen sie?" fragte die eine Tochter.

„Das kommt auf Wind und Wetter an!" sagte der Elfenkönig. „Sie reisen sparsam! Sie kommen mit Schiffsgelegenheit herunter. Ich wollte, sie sollten über Schweden gehen, aber der Alte neigte sich nicht nach jener Seite! Er schreitet nicht mit der Zeit fort, und das kann ich nicht leiden!"

Da kamen zwei Irrlichter angehüpft, das eine schneller als das andere.

„Sie kommen! Sie kommen!" riefen beide.

„Gebt mir meine Krone, und laßt mich im Mondschein stehen!" sagte der Elfenkönig.

Die Töchter hoben die Schleier auf und verneigten sich bis zur Erde.

Da stand der greise Kobold von Dovre mit der Krone von gehärteten Eis- und polierten Tannenzapfen; übrigens hatte er einen Bärenpelz und große Stiefel an, die Söhne hingegen gingen mit bloßem Hals und in Hosen ohne Träger, denn es waren Kraftmenschen.

„Ist das ein Hügel?" fragte der kleinste der Söhne und zeigte auf den Elfenhügel. „Das nennen wir oben in Norwegen ein Loch!"

„Jungen!" sagte der Alte. „Loch geht hinein, Hügel geht hinauf! Habt ihr keine Augen im Kopf?"

Das einzige, was sie hier unten verwunderte, sagten sie, sei, daß sie ohne weiteres die Sprache verstehen könnten.

„Man möchte glauben", sagte der Alte, „ihr wärt nicht recht ausgebacken!"

Dann gingen sie in den Elfenhügel hinein, wo die wahrhaft feine Gesellschaft versammelt war, und das in einer Hast, daß man glauben sollte, sie seien zusammengeweht, und für jeden war es niedlich und nett eingerichtet.

Die Wassermenschen saßen in großen Wasserzubern zu Tische; sie sagten, es sei gerade, als ob sie zu Hause wären. Alle beachteten die Tischsitte, außer den beiden kleinen nordischen Kobolden; die legten die Beine auf den Tisch, aber sie glaubten nun einmal, daß ihnen alles gut stehe!

„Die Füße vom Napf!" sagte der alte Kobold, da gehorchten sie, aber nicht sogleich. Ihre Tischdame kitzelten sie mit Tannenzapfen, die sie in der Tasche mit sich führten, und dann zogen sie ihre Stiefel aus, um bequem zu sitzen, und gaben ihr die Stiefel zu halten. Aber der Vater, der alte Dovrekobold, der war freilich ganz anders. Er erzählte schön von den stolzen norwegischen Felsen und von den Wasserfällen, die weißschäumend mit einem Gepolter wie Donnerschlag und Orgelklang zu Tale stürzten; er erzählte vom Lachs, der gegen die stürzenden Wasser emporsprang, wenn die Nixe auf der Goldharfe spielte. Er erzählte von den glänzenden Winternächten, wenn die Schlittenschellen läuten und die Burschen mit brennenden Fackeln über das blanke Eis hinlaufen, das so durchsichtig ist, daß sie die erschreckten Fische unter ihren Füßen schwimmen sehen. Ja, er konnte so erzählen, daß man sah und hörte, was er beschrieb. Es war, als wenn Sägemühlen gingen, als wenn Knechte und Mägde Lieder sängen und tanzten. Heisa, mit einemmal gab der greise Kobold dem alten Elfenmädchen einen Gevatterschmatz – das war ein ordentlicher Kuß! Und doch waren sie nicht miteinander verwandt.

Nun mußten die Elfenmädchen tanzen, einfach und mit Stampfen, und das stand ihnen gut an; dann kam der Kunsttanz. Herrlich, wie sie das Bein ausstrecken konnten. Man wußte nicht, was Ende und was Anfang war, nicht was Arme und Beine waren, das ging alles durcheinander wie Sägespäne, und dann schnurrten sie herum, daß es dem Totenpferd unwohl wurde und es vom Tisch gehen mußte.

„Prrr!" sagte der greise Kobold, „das ist ein Wirtschaften mit den Beinen! Aber was können sie mehr als Tanzen, die Beine ausstrecken und den Wirbelwind machen?"

„Das sollst du bald erfahren!" sagte der Elfenkönig, und dann rief er die jüngste von seinen Töchtern vor. Sie war so behende und so klar wie Mondschein, sie war die feinste von allen Schwestern. Sie nahm einen weißen Span in den Mund, und dann war sie ganz fort, das war ihre Kunst.

Aber der greise Kobold sagte, diese Kunst könne er bei seiner Frau nicht leiden, und er glaubte auch nicht, daß seine Knaben etwas davon hielten.

Die zweite konnte sich selbst zur Seite gehen, als wäre sie ihr eigener Schatten, und den haben die Elfen nicht.

Die dritte Tochter war ganz anderer Art. Sie hatte im Brauhaus der Sumpffrau gelernt, und sie verstand es, Elfenknorren mit Johanniswürmchen zu spicken.

„Sie wird eine gute Hausfrau abgeben!" sagte der greise Kobold, und dann stieß er mit den Augen an, denn er wollte nicht so viel trinken.

Nun kam die vierte Elfe; sie hatte eine große Harfe zum Spielen, und als sie auf der ersten Saite schlug, erhoben alle das linke Bein, denn die Kobolde sind linksbeinig, und als sie die andere Saite anschlug, mußten alle tun, was sie wollte.

„Das ist ein gefährliches Frauenzimmer!" sagte der greise Kobold, aber beide Söhne gingen zum Hügel hinaus, denn sie langweilten sich.

„Was kann die nächste Tochter?" fragte der greise Kobold.

„Ich habe gelernt, das Nordische zu lieben", sagte sie, „und nie werde ich mich verheiraten, wenn ich nicht nach Norwegen kommen kann!"

Aber die kleinste Schwester flüsterte dem Greis zu: „Das ist nur, weil sie aus einem nordischen Lied gehört hat, daß, wenn die Erde untergeht, doch die nordischen Klippen gleich Bausteinen stehenbleiben werden, darum will sie da hinauf, denn sie fürchtet das Untergehen sehr."

„Ho, ho!" sagte der greise Kobold, „war es so gemeint? Aber was kann die siebente und letzte?"

„Die sechste kommt erst vor der siebenten!" sagte der Elfenkönig, denn er konnte rechnen, aber die sechste wollte nicht recht hervorkommen.

„Ich kann nur den Leuten die Wahrheit sagen!" sagte sie „Um mich kümmert sich niemand, und ich habe genug damit zu tun, mein Leichenzeug zu nähen!"

Nun kam die siebente und letzte, und was konnte die? Ja, sie konnte Märchen erzählen, so viele sie wollte.

„Hier sind alle meine fünf Finger!" sagte der greise Kobold, „erzähle mir ein Märchen von jedem!"

Die Elfe faßte ihn um das Handgelenk, und er lachte, daß es in ihm gluckste, und als sie zum Goldfinger kam, der einen Goldring umhatte, als ob er wisse, daß Verlobung sein sollte, sagte der greise Kobold: „Halte fest, was du hast, die Hand ist dein, dich will ich selbst zur Frau haben!"

Und die Elfe sagte, daß die Märchen vom Goldfinger und vom kleinen Peter Spielmann noch fehlten.

„Diese wollen wir im Winter hören!" sagte der greise Kobold. „Von der Tanne wollen wir hören und von der Birke und von den Geistergeschenken und vom klingenden Frost! Du sollst schon erzählen, denn das versteht noch keiner so recht dort oben. – Und dann wollen wir in der Steinstube, wo der Kienspan brennt, sitzen und Met aus den goldenen Hörnern der alten norwegischen Könige trinken. Der Nöck hat mir ein Paar geschenkt, und wenn wir dann sitzen, kommt die Nixe zu Besuch; die singt dir alle Lieder der Hirtenmädchen im Gebirge. Das wird munter werden! Der Lachs wird im Wassersturz springen und gegen die Steinwände schlagen, aber er kommt doch nicht herein! – Ja, es ist gut sein in dem lieben alten Norwegen! Aber wo sind die Jungen?"

Ja, wo waren die? Sie liefen auf dem Feld herum und bliesen die Irrlichter aus, die so gutmütig kamen, um den Fackelzug zu bringen.

„Was ist das für ein Herumstreichen!" sagte der greise Kobold. „Ich habe mir eine Mutter für Euch genommen, nun könnt Ihr eine Tante nehmen!"

Aber die Jungen sagten, daß sie am liebsten eine Rede halten und Brüderschaft trinken wollten, zum Heiraten haben sie keine Lust. – Und sie hielten Reden, tranken Brüderschaft und machten die Nagelprobe, um zu zeigen, daß sie ausgetrunken hatten. Darauf zogen sie die Röcke aus und legten sich auf den Tisch, um zu schlafen, denn sie hatten kein Bett. Aber der greise Kobold tanzte mit seiner jungen Braut in der Stube herum und wechselte die Stiefel mit ihr, denn das ist feiner als Ringe wechseln.

„Nun kräht der Hahn!" sagte die alte Elfe, die das Hauswesen besorgte. „Nun müssen wir die Fensterläden schließen, damit die Sonne uns nicht verbrennt!"

Dann schloß sich der Hügel.

Aber draußen liefen die Eidechsen in dem geborstenen Baum auf und nieder, und die eine sagte zur anderen:

„Oh, wie mir der greise norwegische Kobold gefiel!"

„Mir gefielen die Knaben besser!" sagte der Regenwurm, aber es konnte ja nicht sehen, das arme Tier.

Die Schneekönigin

Ein Märchen in sechs Geschichten

Erste Geschichte,
die von dem Spiegel und den Scherben handelt

eht, nun fangen wir an. Wenn wir am Ende der Geschichte sind, wissen wir mehr als jetzt, denn es war ein böser Zauberer, einer der allerärgsten, es war der Teufel! Eines Tages war er bei guter Laune, denn er hatte einen Spiegel gemacht, der die Eigenschaft besaß, alles Gute und Schöne, das sich darin spiegelte, fast zu nichts zusammenschrumpfen zu lassen, aber das, was nichts taugte und sich schlecht ausnahm, das trat hervor und wurde nur noch schlimmer. Die herrlichsten Landschaften sahen darin wie gekochter Spinat aus, und die besten Menschen wurden häßlich oder standen ohne Körper auf dem Kopf. Ihre Gesichter wurden so verdreht, daß sie nicht zu erkennen waren, und hatte man Sommersprossen, so konnte man gewiß sein, daß sie sich über Nase und Mund ausbreiteten. Das sei äußerst belustigend, sagte der Teufel. Fuhr nun ein guter, frommer Gedanke durch einen Menschen, dann zeigte sich ein Grinsen im Spiegel, so daß der Zauberteufel über seine kunstreiche Erfindung lachen mußte. Alle, die die Zauberschule besuchten – denn er führte eine Zauberschule –, erzählten überall, daß ein Wunder geschehen sei; nun könne man erst sehen, meinten sie, wie die Welt und die Menschen wirklich aussehen. Sie liefen mit dem Spiegel umher, und zuletzt gab es kein Land oder keinen Menschen, der nicht verdreht darin gewesen wäre. Nun wollten sie auch sogar zum Himmel selbst hinauffliegen, um sich über die Engel und den lieben Gott lustig zu machen. Je höher sie mit dem Spiegel flogen, um so mehr grinste er, sie konnten ihn kaum festhalten; sie flogen höher und höher, Gott und den Engeln näher. Da erzitterte der Spiegel so fürchterlich in seinem Grinsen, daß er ihren Händen entglitt und zur Erde stürzte, wo er in hundert Millionen Stücke zersprang. Da gerade richtete er viel größeres Unglück an als zuvor, denn einige Stücke waren kaum größer als ein Sandkorn, und diese flogen ringsumher in der weiten Welt, und wo sie den Leuten ins Auge kamen, da blieben sie sitzen, und da sahen die Menschen alles verkehrt oder hatten nur Augen für das Verkehrte bei einer Sache, denn jede kleine Spiegelscherbe hatte dieselben Kräfte behalten, die der ganze Spiegel besaß. Einige Menschen bekamen sogar eine kleine Spiegelscherbe ins Herz, und dann war es ganz entsetzlich, das Herz wurde gerade zu einem Klumpen Eis. Einige Spiegelscherben waren so groß, daß sie zu Fensterscheiben gebraucht wurden, aber durch diese Scheiben taugte es nichts, seine Freunde zu betrachten. Andere Stücke kamen in Brillen, und dann ging es schlecht, wenn die Leute diese Brillen aufsetzten, um richtig zu sehen und gerecht zu sein. Der Böse lachte, daß ihm beinahe der Bauch platzte, und das kitzelte ihn sehr angenehm. Aber draußen flogen noch kleine Glasscherben in der Luft umher. Nun werden wir's hören.

Zweite Geschichte
Ein kleiner Knabe und ein kleines Mädchen

Drinnen in der großen Stadt, wo so viele Menschen und Häuser sind, so daß dort nicht Platz genug ist, daß alle Leute einen kleinen Garten besitzen können, und wo sich darum die meisten mit Blumen in Blumentöpfen begnügen müssen, da waren doch zwei arme Kinder, die einen etwas größeren Garten als einen Blumentopf besaßen. Sie waren nicht Bruder und Schwester, aber sie waren sich ebenso gut, als wenn sie es gewesen wären. Die Eltern wohnten einander gerade gegenüber; sie wohnten in zwei Dachkammern, da, wo das Dach des einen Nachbarhauses gegen das andere stieß und die Wasserrinne zwischen den Dächern entlanglief. Dort war in jedem Haus ein kleines Fenster, man brauchte nur über die Rinne zu schreiten, so konnte man von dem einen Fenster zum anderen gelangen.

Die Eltern hatten draußen jedes einen großen Holzkasten, darin wuchsen Küchenkräuter, die sie brauchten, und ein kleiner Rosenstock; es stand einer in jedem Kasten, und sie gediehen herrlich. Nun fiel es den Eltern ein, die Kästen quer über die Rinne zu stellen, so daß sie fast von einem Fenster zum anderen reichten und wie zwei Blumenwälle aussahen. Erbsenranken hingen über die Kästen hinunter, und die Rosenstöcke trieben lange Zweige, die sich um die Fenster rankten und sich einander entgegenbogen, es war fast eine Ehrenpforte von Blättern und Blumen. Da die Kästen sehr hoch waren und die Kinder wußten, daß sie nicht hinaufklettern durften, so erhielten sie oft die Erlaubnis, zueinander hinauszusteigen, auf ihren kleinen Schemeln unter den Rosen zu sitzen, und dort spielten sie dann prächtig.

Im Winter war dieses Vergnügen leider vorbei. Die Fenster waren dann oft ganz zugefroren. Aber dann wärmten die Kinder Kupfermünzen auf dem Ofen und legten sie gegen die gefrorene Scheibe, und dann entstand da ein schönes rundes Guckloch; dahinter blitzte ein sanftes Auge, eines hinter jedem Fenster. Das waren der kleine Knabe und das kleine Mädchen. Er hieß Kay und sie hieß Gerda. Im Sommer konnten sie mit einem Sprung zueinander gelangen, im Winter mußten sie erst die vielen Treppen hinunter und die anderen Treppen hinauf, und draußen wirbelte der Schnee.

„Das sind die weißen Bienen, die schwärmen", sagte die alte Großmutter.

„Haben sie auch eine Bienenkönigin?" fragte der kleine Knabe, denn er wußte, daß unter den wirklichen Bienen eine solche ist.

„Die haben sie!" sagte die Großmutter. „Sie fliegt dort, wo sie am dichtesten schwärmen, sie ist die größte von allen, und nie ist sie still auf der Erde, sie fliegt wieder in die schwarze Wolke hinauf. Manche Winternacht fliegt sie durch die Straßen der Stadt und blickt zu den Fenstern hinein, und dann gefrieren diese so wunderbar, als wären sie mit Blumen besät."

„Ja, das habe ich gesehen!" sagten beide Kinder und wußten, daß es wahr sei.

„Kann die Schneekönigin hier hereinkommen?" fragte das kleine Mädchen.

„Laß sie nur kommen", sagte der Knabe, „dann setze ich sie auf den warmen Ofen, und dann schmilzt sie."

Aber die Großmutter glättete sein Haar und erzählte andere Geschichten.

Am Abend, als der kleine Kay zu Hause und halb entkleidet war, kletterte er auf den Stuhl am Fenster und guckte durch das kleine Loch. Ein paar Schneeflocken fielen draußen, und eine von ihnen, die allergrößte, blieb auf dem Rand des einen Blumenkastens liegen; sie wuchs mehr und mehr und wurde zuletzt ein ganzes Frauenzimmer, in den feinsten weißen Flor gekleidet, der wie aus Millionen sternartiger Flocken zusammengesetzt war. Sie war schön und fein, aber aus Eis aus blendendem, blinkendem Eis, und doch war sie lebendig. Ihre Augen blitzten wie zwei klare Sterne, aber es war weder Rast noch Ruh in ihnen. Sie nickte dem Fenster zu und winkte mit der Hand. Der kleine Knabe erschrak und sprang vom Stuhl hinunter. Da war es, als ob draußen vor dem Fenster ein großer Vogel vorbeiflöge.

Am nächsten Tag gab es klaren Frost – und dann kam das Frühjahr, die Sonne schien, das Grün keimte hervor, die Schwalben bauten Nester, die Fenster wurden geöffnet, und die kleinen Kinder saßen wieder in ihrem Gärtchen hoch oben in der Dachrinne über allen Stockwerken.

Die Rosen blühten in diesem Sommer unvergleichlich schön. Das kleine Mädchen hatte in diesem Sommer ein Lied gelernt, in dem auch von Rosen die Rede war, und bei den Rosen dachte sie an ihre eigenen, und sie sang es dem kleinen Knaben vor, und er sang mit:

„Die Rosen, sie blühen und verwehen,
Wir werden das Christkind wiedersehen!"

Und die Kleinen hielten einander bei den Händen, küßten die Rosen und blickten in Gottes klaren Sonnenschein hinein und sprachen zu ihm, als ob das Jesuskind da wäre. Was waren das für herrliche Sommertage, wie schön war es draußen, bei den frischen Rosenstöcken, die mit dem Blühen nie aufhören zu wollen schienen!

Kay und Gerda saßen und sahen in das Bilderbuch mit Tieren und Vögeln, da war es – die Uhr schlug gerade fünf auf dem großen Kirchturm –, daß Kay sagte: „Au, es stach mir in das Herz! Und jetzt ist mir etwas ins Auge geflogen!"

Das kleine Mädchen faßte ihn um den Hals; er blinzelte mit den Augen, aber es war gar nichts zu sehen.

„Ich glaube, es ist fort!" sagte er, aber weg war es nicht. Es war eins von den Glaskörnern, die vom Spiegel gesprungen waren, dem Zauberspiegel, wir entsinnen uns seiner noch recht gut, das häßliche Glas, das alles Große und Gute, das sich darin abspiegelte, klein und häßlich machte; aber das Böse und Schlechte trat ordentlich hervor, und jeder Fehler an einer Sache war gleich zu bemerken. Der arme Kay hatte auch ein Korn gerade in das Herz hineinbekommen. Das sollte nun bald wie ein Eisklumpen werden. Nun tat es nicht mehr weh, aber es war da.

„Weshalb weinst du?" fragte er. „So siehst du häßlich aus! Mir fehlt ja nichts! Pfui!" rief er auf einmal, „die Rose dort hat einen Wurmstich! Und sieh, diese da ist ja ganz schief! Im Grunde sind es häßliche Rosen! Sie gleichen dem Kasten, in dem sie stehen!" Und dann stieß er mit dem Fuß gegen den Kasten und riß die beiden Rosen ab.

„Kay, was machst du?" rief das kleine Mädchen; und als er ihren Schrekken sah, riß er noch eine Rose ab und lief dann in sein Fenster hinein und verließ die kleine, liebliche Gerda.

Wenn sie später mit dem Bilderbuch kam, dann sagte er, daß das für Säuglinge sei; und erzählte die Großmutter Geschichten, so kam er immer mit einem ‚aber'; ja und manchmal ging er hinter ihr her, setzte eine Brille auf und sprach ebenso wie sie. Das machte er ganz treffend, und dann lachten die Leute über ihn. Bald konnte er alle Menschen in der ganzen Straße nachsprechen und nachahmen. Alles, was ihnen eigen und unschön war, das wußte Kay nachzumachen, und dann sagten die Leute: „Das ist sicher ein ausgezeichneter Kopf, den der Knabe hat!" Aber das war das Glas, das ihm ins Auge gekommen war, das Glas, das ihm im Herzen saß; daher kam es, daß er selbst die kleine Gerda neckte, die ihm von ganzem Herzen gut war.

Seine Spiele wurden nun ganz anders als früher, sie wurden mehr verständig! An einem Wintertag, als es schneite, kam er mit einem großen Brennglas, hielt seinen blauen Rockzipfel hinaus und ließ die Schneeflocken darauffallen.

„Sieh nun in das Glas, Gerda!" sagte er, und jede Schneeflocke wurde viel größer und sah aus wie eine prächtige Blume oder ein zehneckiger Stern. Es war herrlich anzusehen. „Siehst du, wie kunstvoll!" sagte Kay. „Das ist weit hübscher als die wirklichen Blumen, und es ist kein einziger Fehler daran, sie sind ganz gleichmäßig; wenn sie nur nicht schmelzen würden!"

Bald darauf kam Kay mit großen Handschuhen und seinem Schlitten auf dem Rücken und rief Gerda in die Ohren: „Ich habe Erlaubnis bekommen, auf den großen Platz zu fahren, wo die anderen Knaben spielen!" und weg war er.

Dort auf dem Platz banden die kecksten Knaben ihre Schlitten an die Bauernwagen an und fuhren dann ein gutes Stück mit. Das ging recht lustig. Als sie im besten Spiel waren, da kam ein großer Schlitten, der war ganz weiß angestrichen, und darin saß eine Person, die in einen rauhen weißen Pelz gehüllt war und eine weiße, rauhe Mütze trug. Der Schlitten fuhr zweimal um den Platz herum, und Kay band seinen kleinen Schlitten schnell daran fest und fuhr mit. Es ging rascher und rascher, und dann waren sie weg. Niemand wußte, wo er war, viele Tränen flossen, die kleine Gerda weinte viel und lange; dann sagten sie, er sei tot, er sei im Flusse versunken, der nahe bei der Stadt vorbeifloß. Oh, das waren recht lang dunkle Wintertage.

Nun kam der Frühling mit wärmerem Sonnenschein.

„Kay ist tot!" sagte die kleine Gerda.

„Das glaube ich nicht!" sagte der Sonnenschein.

„Er ist tot!" sagte sie zu den Schwalben.

„Das glauben wir nicht!" entgegneten diese, und am Ende glaubte die kleine Gerda es auch nicht.

„Ich will meine neuen roten Schuhe anziehen", sagte sie eines Morgens,

„die, welche Kay nie gesehen hat, und dann will ich zum Fluß hinuntergehen und den nach ihm fragen!"

Es war noch ganz früh, sie küßte die alte Großmutter, die noch schlief, zog die roten Schuhe an und ging ganz allein aus dem Tor zum Fluß.

„Ist es wahr, daß du meinen kleinen Spielkameraden genommen hast? Ich will dir meine roten Schuhe geben, wenn du mir ihn wiedergeben willst!"

Und es war, als nickten die Wellen sonderbar; da nahm sie ihre roten Schuhe, das, was sie am liebsten hatte, und warf sie beide in den Fluß, aber sie fielen dicht an das Ufer, und die kleinen Wellen trugen sie ihr wieder an Land. Es war, als wollte der Fluß das Liebste, das sie hatte, nicht nehmen, weil er den kleinen Kay ja nicht hatte. Gerda aber glaubte nun, daß sie die Schuhe nicht weit genug hinausgeworfen hätte, und so kletterte sie in ein Boot, das im Schilf lag; sie ging ganz an dessen äußerstes Ende und warf die Schuhe von da aus ins Wasser. Aber das Boot war nicht festgebunden, und bei der Bewegung, die sie verursachte, glitt es vom Land ab; sie bemerkte es und beeilte sich, herauszukommen, aber ehe es ihr gelang, war das Boot über eine Elle vom Land entfernt, und nun trieb es schneller davon.

Da erschrak die kleine Gerda sehr und fing an zu weinen; aber niemand außer den Sperlingen hörte sie, und die konnten sie nicht an das Land tragen, aber sie flogen das Ufer entlang und sangen, gleichsam um sie zu trösten: „Hier sind wir! Hier sind wir!" Das Boot trieb mit dem Strome; die kleine Gerda saß ganz still in bloßen Strümpfen. Ihre kleinen roten Schuhe trieben hinter ihr her, aber sie konnten das Boot nicht erreichen, das hatte schnellere Fahrt.

Hübsch war es an beiden Ufern, schöne Blumen, alte Bäume und Abhänge mit Schafen und Kühen, aber nicht ein Mensch war zu erblicken.

,Vielleicht trägt mich der Fluß zum kleinen Kay hin!' dachte Gerda, und da wurde sie heiter, erhob sich und betrachtete viele Stunden die schönen grünen Ufer; dann fuhr sie an einem großen Kirschengarten vorüber, worin ein kleines Haus mit merkwürdig roten und blauen Fenstern stand; übrigens hatte es ein Strohdach, und draußen waren zwei hölzerne Soldaten, die vor den Vorbeisegelnden das Gewehr präsentierten.

Gerda rief sie an, sie glaubte, daß sie lebendig seien, aber sie antworteten natürlich nicht; sie kam ihnen ganz nahe, der Fluß trieb das Boot gerade auf das Land zu.

Gerda rief noch lauter, und da kam eine alte, alte Frau aus dem Haus, die sich auf einen Krückstock stützte; sie hatte einen großen Sonnenhut auf, und der war mit den schönsten Blumen bemalt.

„Du armes kleines Kind!" sagte die alte Frau. „Wie bist du doch auf den großen, reißenden Strom gekommen und weit in die Welt hinausgetrieben?" Und dann ging die alte Frau nahe an das Wasser heran, erfaßte mit ihrem Krückstock das Boot, zog es an Land und hob die kleine Gerda heraus.

Diese war froh, wieder auf das Trockene zu gelangen, obwohl sie sich vor der alten Frau ein wenig fürchtete.

„Komm doch und erzähle mir, wer du bist, und wie du hierherkommst!" sagte sie.

Gerda erzählte ihr alles; und die Alte schüttelte mit dem Kopf und sagte: „Hm! Hm!" Und als ihr Gerda alles gesagt und gefragt hatte, ob sie nicht den kleinen Kay gesehen habe, sagte die Frau, daß er nicht vorbeigekommen sei, aber er komme wohl noch, sie solle also nicht betrübt sein, sondern die Kirschen kosten oder ihre Blumen betrachten, die seien schöner als

irgendein Bilderbuch, und jede könne eine Geschichte erzählen. Da nahm sie Gerda bei der Hand, sie gingen in das kleine Haus hinein, und die alte Frau schloß die Tür zu.

Die Fenster lagen sehr hoch, die Scheiben waren rot, blau und gelb, und das Tageslicht schien ganz seltsam herein; aber auf dem Tisch standen die schönsten Kirschen, und Gerda aß davon sehr viele. Während sie aß, kämmte die alte Frau ihr das Haar mit einem goldenen Kamm, und es lockte sich und glänzte herrlich goldblond rings um das kleine, freundliche Antlitz, das rund war und einer Rose glich.

„Nach einem so lieben kleinen Mädchen habe ich mich lange schon gesehnt!" sagte die Alte. „Nun wirst du sehen, wie gut wir miteinander leben werden!" und so wie sie der kleinen Gerda das Haar kämmte, vergaß diese mehr und mehr ihren Kameraden Kay, denn die alte Frau konnte zaubern, aber eine böse Zauberin war sie nicht. Sie zauberte nur ein wenig zu ihrem eigenen Vergnügen, und wollte gern die kleine Gerda behalten. Da ging sie hinaus in den Garten, streckte ihren Krückstock gegen alle Rosensträuche aus, und wie schön sie auch blühten, so sanken sie alle in die schwarze Erde hinein, und man konnte nicht sehen, wo sie gestanden hatten. Die Alte fürchtete, daß Gerda, wenn sie die Rosen erblickte, an ihre eigenen denken, sich dann an Kay erinnern und davonlaufen würde.

Nun führte sie Gerda in den Blumengarten. Was war da für ein Duft und eine Herrlichkeit! Alle nur denkbaren Blumen, für jede Jahreszeit, standen hier in prächtigster Blüte; kein Bilderbuch konnte bunter und hübscher sein. Gerda sprang hoch vor Freude, und spielte, bis die Sonne hinter den hohen Kirschbäumen unterging, dann bekam sie ein schönes Bett mit roten Seidenkissen, die mit Veilchen gefüllt waren, und sie schlief und träumte da so herrlich, wie eine Königin an ihrem Hochzeitstage.

Am nächsten Tag konnte sie wieder mit den Blumen im warmen Sonnenschein spielen. So vergingen viele Tage. Gerda kannte jede Blume, aber wie viele es auch waren, so schien es ihr doch, als ob eine fehlte, aber welche, das wußte sie nicht. Da sitzt sie eines Tages und betrachtet den Sonnenhut der alten Frau mit den gemalten Blumen, und gerade die schönste darunter war eine Rose. Die Alte hatte vergessen, diese vom Hut zu entfernen, als sie die anderen in die Erde verbannte. Aber so ist es, wenn man die Gedanken nicht immer zusammen hat! „Was!" sagte Gerda, „sind hier keine Rosen?" und sprang zwischen die Beete, suchte und suchte, aber es waren keine zu finden. Da setzte sie sich hin und weinte; aber ihre Tränen fielen gerade auf eine Stelle, wo ein Rosenstrauch versunken war, und als die warmen Trä-

nen die Erde benetzten, schoß der Strauch auf einmal empor, so blühend
wie er versunken war, und Gerda umarmte ihn, küßte die Rosen und dachte
an die herrlichen Rosen daheim – und mit ihnen auch an den kleinen Kay.

„Oh, wie bin ich aufgehalten worden!" sagte das kleine Mädchen. „Ich
wollte ja den Kay suchen! – Wißt ihr nicht, wo er ist?" fragte sie die Rosen.
„Glaubt ihr, er ist tot?"

„Tot ist er nicht", sagten die Rosen. „Wir sind ja in der Erde gewesen,
dort sind alle die Toten, aber Kay war nicht da!"

„Ich danke euch!" sagte Gerda, und sie ging zu den anderen Blumen hin,
sah in deren Kelch hinein und fragte: „Wißt ihr nicht, wo der kleine Kay
ist?"

Aber jede Blume stand in der Sonne und träumte ihr eigenes Märchen
oder Geschichtchen, davon hörte Gerda viele, viele, aber keine wußte etwas
von Kay.

Und was sagte die Feuerlilie dazu?

„Hörst du die Trommel? Bum! Bum! Es sind nur zwei Töne, immer
‚Bum! Bum!' Höre der Frauen Trauergesang! Höre den Ruf der Priester! –
In ihrem langen roten Mantel steht das Hinduweib auf dem Scheiterhaufen,
die Flammen lodern an ihr und ihrem toten Mann empor. Aber das Hinduweib denkt an den Lebenden hier im Kreise, an ihn, dessen Augen heißer
als die Flammen brennen, an ihn, dessen Augenfeuer ihr Herz stärker be-

rührt wie die Flammen, die bald ihren Körper zu Asche verbrennen. Kann die Flamme des Herzens in der Flamme des Scheiterhaufens ersterben?"

„Das verstehe ich durchaus nicht!" sagte die kleine Gerda.

„Das ist mein Märchen!" sagte die Feuerlilie.

Was sagte die Winde?

„Über den schmalen Feldweg hinaus hängt eine alte Ritterburg, dichtes Immergrün wächst an den alten roten Mauern empor, Blatt an Blatt, um den Altan herum, und da steht ein schönes Mädchen; sie beugt sich über das Geländer hinaus und sieht zum Weg hinunter. Keine Rose hängt frischer an den Zweigen als sie, keine Apfelblüte erscheint schwereloser als sie, wenn der Wind sie dem Baum entführt; wie rauscht das prächtige Seidengewand! ‚Kommt *er* noch nicht?' "

„Ist es Kay, den du meinst?" fragte die kleine Gerda.

„Ich spreche nur von meinem Märchen, meinem Traum!" erwiderte die Winde.

Was sagt die kleine Schneeblume?

„Zwischen den Bäumen hängt an Seilen ein langes Brett, das ist eine Schaukel. Zwei kleine hübsche Mädchen – die Kleider sind weiß wie Schnee, lange grüne Seidenbänder flattern von den Hüten – sitzen und schaukeln. Der Bruder, der größer ist als sie, steht in der Schaukel, er hat den Arm um das Seil geschlagen, um sich zu halten, denn in der einen Hand hält er eine kleine Schale, in der anderen eine Tonpfeife, mit der er Seifenblasen erzeugt. Die Schaukel schwingt, und die Blasen fliegen mit schönen, verschiedenen Farben; die letzte hängt noch am Pfeifenstiel und biegt sich im Wind. Der kleine schwarze Hund, leicht wie die Blasen, stellt sich auf die Hinterfüße und will mit in die Schaukel; sie schwingt weit aus, der Hund fällt, bellt und ist böse; er wird geneckt, die Blasen bersten. – Ein schaukelndes Brett, ein zerspringendes Schaumbild ist mein Gesang!"

„Es ist wohl möglich, daß es hübsch ist, was du erzählst, aber du sagst es so traurig und erwähnst den kleinen Kay gar nicht."

Was sagen die Hyazinthen?

„Es waren drei schöne Schwestern, durchsichtig und fein. Das Kleid der einen war rot, das der andern blau, das der dritten ganz weiß. Hand in Hand tanzten sie beim stillen See im klaren Mondschein. Es waren keine Elfen, es waren Menschenkinder. Dort duftete es süß, und die Mädchen verschwanden im Wald; der Duft wurde stärker; – drei Särge, darin lagen die schönen Mädchen, glitten vom Wald über den See dahin; die Johanniswürmchen flogen leuchtend ringsherum als kleine schwebende Lichter.

Schlafen die tanzenden Mädchen oder sind sie tot? – Der Blumenduft sagt, sie sind Leichen; die Abendglocke läutet den Grabgesang!"

„Du machst mich ganz betrübt!" sagte die kleine Gerda. „Du duftest so stark; ich muß an die toten Mädchen denken! Ach, ist denn der kleine Kay wirklich tot? Die Rosen sind unten in der Erde gewesen, und sie sagten: Nein!"

„Kling, klang!" läuteten die Hyazinthenglocken. „Wir läuten nicht für den kleinen Kay, wir kennen ihn nicht! Wir singen nur unser Lied, das einzige, das wir können!"

Und Gerda ging zur Butterblume, die aus den glänzenden, grünen Blättern hervorschien.

„Du bist eine kleine, klare Sonne!" sagte Gerda. „Sage mir, ob du weißt, wo ich meinen Gespielen finden kann?"

Und die Butterblume glänzte so schön und sah wieder auf Gerda. Welches Lied konnte die Butterblume wohl singen? Es handelte auch nicht von Kay.

„In einem kleinen Hof schien die liebe Gottessonne am ersten Frühlingstag schön warm, ihre Strahlen glitten an den weißen Wänden des Nachbarhauses hinab, dicht dabei wuchs die erste gelbe Blume und glänzte golden im warmen Sonnenschein. Die alte Großmutter saß draußen in ihrem Stuhl, die Enkelin, ein armes, schönes Dienstmädchen, kehrte von einem kurzen Besuch heim; sie küßte die Großmutter. Es war Gold, Herzensgold in dem gesegneten Kuß. Gold im Munde, Gold im Grunde, Gold dort in der Morgenstunde! Sieh, das ist meine kleine Geschichte!" sagte die Butterblume.

„Meine arme alte Großmutter!" seufzte Gerda. „Ja, sie sehnt sich gewiß nach mir und ist betrübt über mich, wie sie es über den kleinen Kay war. Aber ich komme bald wieder nach Hause, und dann bringe ich ihn mit. – Es nützt nichts, daß ich die Blumen frage, die wissen nur ihr eigenes Lied, sie geben mir keinen Bescheid!" Und sie band ihr kleines Kleid auf, damit sie rascher gehen könne; aber die Pfingstlilie schlug ihr über das Bein, indem sie darüber hinwegsprang. Da blieb sie stehen, betrachtete die lange gelbe Blume und fragte: „Weißt du vielleicht etwas?" Dabei bog sie sich ganz zur Pfingstlilie hinab; und was sagte die?

„Ich kann mich selbst erblicken, ich kann mich selbst sehen", sagte die Pfingstlilie. „Oh, oh, wie ich dufte! – Oben in dem kleinen Erkerzimmer steht, halb bekleidet, eine kleine Tänzerin, sie steht bald auf einem Bein, bald auf beiden, sie tritt die ganze Welt mit Füßen, denn sie ist nichts als Augenverblendung. Sie gießt Wasser aus dem Teetopf auf ein Stück Zeug aus, das sie hält, es ist der Schnürleib – Reinlichkeit ist eine schöne Sache! Das weiße Kleid hängt am Haken, das ist auch im Teetopf gewaschen und auf dem Dach getrocknet; sie zieht es an, nimmt das safrangelbe Tuch um den Hals, so scheint das Kleid weißer. Das Bein hält sie ausgestreckt! Sieh, wie sie auf einem Stiele bläht! Ich kann mich selbst erblicken! Ich kann mich selbst sehen!"

„Darum kümmere ich mich gar nicht!" sagte Gerda. „Das brauchst du mir nicht zu erzählen!" – Und sie lief zum Ende des Gartens.

Die Tür war zwar verschlossen, aber sie drückte auf die verrostete Klinke, so daß die Tür aufsprang, und Gerda lief mit bloßen Füßen in die weite Welt hinaus. Sie blickte dreimal zurück, aber niemand verfolgte sie. Zuletzt konnte sie nicht mehr gehen; sie setzte sich auf einen großen Stein, und als sie richtig um sich sah, war der Sommer vorbei, und es war Spätherbst, das konnte man in dem schönen Garten gar nicht bemerken, wo immer Sonnenschein herrschte und Blumen aller Jahreszeiten blühten.

„Gott, wie habe ich mich verspätet!" sagte Gerda. „Es ist ja Herbst geworden, da darf ich nicht ruhen!" Und sie erhob sich, um weiterzugehen.

Oh, wie wund und müde waren ihre kleinen Füße! Ringsumher sah es kalt und rauh aus; die langen Weidenblätter waren ganz gelb, und der Tau tröpfelte als Wasser herab, ein Blatt fiel nach dem anderen ab, und nur der Schlehendorn trug noch Früchte; aber die waren herbe und zogen den Mund zusammen. Oh, wie war es grau und schwer in der weiten Welt!

Dritte Geschichte
Prinz und Prinzessin

Gerda mußte sich wieder ausruhen. Da hüpfte dort auf dem Schnee, ihr gegenüber, eine große Krähe, die hatte lange dagesessen, sie aufmerksam betrachtet und mit dem Kopf gewackelt; nun sagte sie: „Kra! Kra! – Gut' Tag! Gut' Tag!" Besser konnte sie es nicht herausbringen, aber sie meinte es gut mit dem kleinen Mädchen und fragte, wohin es allein in die weite Welt hinausgehe. Das Wort „allein" verstand Gerda nur zu wohl und fühlte recht, wieviel darin lag; und sie erzählte der Krähe ihr ganzes Leben und Schicksal und fragte, ob sie Kay nicht gesehen habe.

Die Krähe nickte ganz bedächtig und sagte: „Das könnte sein!"

„Wie? Glaubst du?" rief das kleine Mädchen und hätte fast die Krähe totgedrückt, so küßte es diese.

„Vernünftig, vernünftig!" sagte die Krähe. „Ich denke, es wird der kleine Kay sein! Aber nun hat er dich gewiß über der Prinzessin vergessen!"

„Wohnt er bei einer Prinzessin?" fragte Gerda.

„Ja, höre!" sagte die Krähe. „Aber es fällt mir schwer deine Sprache zu reden. Verstehst du die Krähensprache, dann kann ich besser erzählen!"

„Nein, die habe ich nicht gelernt!" sagte Gerda, „aber die Großmutter konnte sie, und auch die P-Sprache* konnte sie sprechen. Hätte ich es nur gelernt!"

„Tut nichts!" sagte die Krähe, „ich werde erzählen, so gut ich kann, aber schlecht wird es freilich werden", dann erzählte sie, was sie wußte.

„In dem Königreich, in dem wir jetzt sitzen, wohnt eine Prinzessin, die ist so ungeheuer klug, aber sie hat auch alle Zeitungen, die es in der Welt gibt, gelesen und wieder vergessen, so klug ist sie. Vor kurzem sitzt sie auf dem Thron, und das ist doch nicht angenehm, sagt man; da fängt sie an, ein Lied zu singen: ‚Weshalb sollte ich mich nicht verheiraten? Höre, da ist etwas daran', sagte sie, und so wollte sie sich verheiraten, aber sie wollte einen Mann haben, der zu antworten verstand, wenn man mit ihm sprach, einen, der nicht nur stand und vornehm aussah, denn das ist zu langweilig. Nun ließ sie alle Hofdamen zusammentrommeln, und als diese hörten, was sie wollte, wurden sie sehr vergnügt. ‚Das mag ich leiden!' sagten sie, ‚daran dachte ich neulich auch!' – Du kannst glauben, daß jedes Wort, was ich sage, wahr ist!" sagte die Krähe. „Ich habe eine zahme Geliebte, die geht frei im Schlosse umher, und die hat mir alles erzählt!"

Die Geliebte war natürlicherweise auch eine Krähe, denn eine Krähe sucht die andere, und das bleibt immer eine Krähe.

„Die Zeitungen kamen sogleich mit einem Rand von Herzen und dem Namenszug der Prinzessin heraus. Man konnte darin lesen, daß es jedem jungen Mann, der gut aussah, freistände, auf das Schloß zu kommen und mit der Prinzessin zu sprechen, und den, welcher so rede, daß man hören könne, er sei dort zu Hause, und der am besten spreche, den wolle die Prinzessin zum Mann nehmen! – Ja, ja!" sagte die Krähe, „du kannst es mir glauben, es ist so wahr, wie ich hier sitze. Die Leute strömten herzu, da war ein Gedränge und ein Gelaufe, aber es glückte nicht, weder den ersten noch den zweiten Tag. Sie konnten alle gut sprechen, wenn sie draußen auf der Straße waren, aber wenn sie in das Schloßtor traten und sahen die Wachen in Silber und die Treppen hinauf die Diener in Gold und die großen, erleuchteten Säle, dann wurden sie verwirrt. Standen sie vor dem Thron, wo

* Ein Kauderwelsch von Kindern.

die Prinzessin saß, dann wußten sie nichts zu sagen als das letzte Wort, das sie gesprochen hatte, und sie kümmerte sich nicht darum, das noch einmal zu hören. Es war gerade, als ob die Leute drinnen Schnupftabak auf den Magen bekommen hätten und in den Schlaf gefallen wären, bis sie wieder auf die Straße kamen; dann konnten sie wieder sprechen. Da stand eine ganze Reihe vom Stadttor an bis zum Schloß. Ich war selbst drinnen, um es zu sehen!" sagte die Krähe. „Sie wurden hungrig und durstig, aber auf dem Schloß erhielten sie nicht einmal ein Glas Wasser. Zwar hatten einige der Klügsten Butterbrote mitgenommen, aber sie teilten sie nicht mit ihrem Nachbar. Sie dachten: Laß ihn nur hungrig aussehen, dann nimmt die Prinzessin ihn nicht!"

„Aber Kay, der kleine Kay?" fragte Gerda. „Wann kam er? Befand er sich unter der Menge?"

„Warte, warte, nun sind wir gerade bei ihm! Es war am dritten Tag, da kam eine kleine Person, ohne Pferd oder Wagen, ganz fröhlich auf das Schloß marschiert. Seine Augen glänzten wie deine, er hatte schöne lange Haare, aber sonst ärmliche Kleider."

„Das war Kay!" jubelte Gerda. „Oh, dann habe ich ihn gefunden!" und sie klatschte in die Hände.

„Er hatte ein kleines Ränzel auf dem Rücken!" sagte die Krähe.

„Nein, das war sicher sein Schlitten", sagte Gerda, „denn mit dem Schlitten ging er fort!"

„Das kann wohl sein", sagte die Krähe; „ich sah nicht so genau hin! Aber das weiß ich von meiner zahmen Geliebten, daß er, als er in das Schloßtor kam und die Leibwache in Silber und die Treppe hinauf die Diener in Gold sah, nicht im geringsten verlegen wurde. Er nickte ihnen zu und sagte: ‚Das muß langweilig sein, auf der Treppe zu stehen. Ich gehe lieber hinein!' Da glänzten die Säle im Lichterschein. Geheimräte und Exzellenzen gingen auf bloßen Füßen und trugen Goldgefäße; man konnte wohl beklommen werden. Seine Stiefel knarrten entsetzlich laut, aber ihm wurde doch nicht bange!"

„Das ist ganz gewiß Kay!" sagte Gerda. „Ich weiß, er hatte neue Stiefel; ich habe sie in der Stube der Großmutter knarren hören!"

„Ja, und wie sie knarrten!" sagte die Krähe. „Und guter Dinge ging er gerade zur Prinzessin hinein, die auf einer Perle so groß wie ein Spinnrad saß. Alle Hofdamen mit ihren Zofen und den Zofen ihrer Zofen und alle Kavaliere mit ihren Dienern und den Dienern der Diener, die wieder einen Burschen hielten, standen ringsherum aufgestellt; und je näher sie der Tür standen, desto stolzer sahen sie aus. Vor dem Burschen des Dieners seines Dieners, der immer in Pantoffeln geht, muß man den Blick zu Boden schlagen, so stolz steht er an der Tür."

„Das muß fürchterlich sein!" sagte die kleine Gerda. „Und Kay hat doch die Prinzessin bekommen?"

„Wäre ich nicht eine Krähe gewesen, so hätte ich sie bekommen, und das, obwohl ich schon verlobt bin. Er soll ebensogut gesprochen haben, wie ich spreche, wenn ich mich der Krähensprache bediene, das habe ich von meiner zahmen Geliebten gehört. Er war fröhlich und niedlich; er war gar nicht zum Freien gekommen, sondern nur, um die Klugheit der Prinzessin zu hören, und die fand er gut, und sie fand ihn wieder gut."

„Ja, sicher, das war Kay!" sagte Gerda, „er war so klug, er konnte mit Brüchen im Kopf rechnen! Oh, willst du mich nicht auf dem Schloß einführen?"

„Ja, das ist leicht gesagt!" sagte die Krähe. „Aber wie machen wir das? Ich werde darüber mit meiner zahmen Geliebten sprechen; sie kann uns wohl Rat geben. Denn das muß ich dir sagen, so ein kleines Mädchen, wie du bist, erhält nie die Erlaubnis zum Eintritt!"

„Ja, die bekomme ich!" sagte Gerda. „Wenn Kay hört, daß ich da bin, kommt er sogleich heraus und holt mich!"

„Erwarte mich dort am Gitter!" sagte die Krähe, wackelte mit dem Kopf und flog davon.

Erst als es spät am Abend war, kehrte die Krähe wieder zurück. „Rar! Rar!" sagte sie. „Ich soll dich vielmal von ihr grüßen. Hier ist ein kleines Brot für dich, das nahm sie aus der Küche, wo Brot genug ist und du bist hungrig! – Es ist nicht möglich, daß du in das Schloß hineinkommst, denn du bist ja barfuß. Die Wachen in Silber und die Diener in Gold würden es nicht erlauben. Aber weine nicht! Du sollst schon hinaufkommen. Meine Geliebte kennt eine kleine Hintertreppe, die zum Schlafgemach führt, und sie weiß, wo sie den Schlüssel erhalten kann!"

Sie gingen in den Garten hinein, in die große Allee, wo ein Blatt nach dem anderen abfiel, und als auf dem Schloß die Lichter ausgelöscht wurden, das eine nach dem anderen, führte die Krähe die kleine Gerda zu einer Hintertür die nur angelehnt war.

Oh, wie Gerdas Herz vor Angst und Sehnsucht klopfte! Es war ihr, als ob sie etwas Böses tun sollte, und sie wollte doch nur erfahren, ob der kleine Kay da wäre. Ja, er mußte es sein! Sie dachte an seine klugen Augen, an sein langes Haar; sie konnte richtig sehen, wie er lächelte, wie damals, als sie daheim unter den Rosen saßen. Er würde sicher froh sein, sie zu sehen, zu hören, welchen langen Weg sie um seinetwillen gegangen war, zu wissen, wie betrübt sie alle zu Hause gewesen wären, als er nicht wieder heimkehrte. Oh, das war eine Furcht und eine Freude!

Nun waren sie auf der Treppe. Dort brannte eine kleine Lampe auf einem Schrank. Mitten auf dem Fußboden stand die zahme Krähe und drehte den Kopf nach allen Seiten und betrachtete Gerda, die sich verneigte, wie die Großmutter sie gelehrt hatte.

„Mein Verlobter hat mir viel Gutes von Ihnen erzählt, mein kleines Fräulein", sagte die zahme Krähe. „Ihr Lebenslauf ist auch sehr rührend! – Wollen Sie die Lampe nehmen, dann werde ich vorangehen. Wir gehen hier den geraden Weg, denn da begegnen wir niemandem!"

„Es ist mir, als käme jemand hinter uns", sagte Gerda, und es sauste an ihr vorbei. Es war wie Schatten an der Wand entlang, Pferde mit fliegenden Mähnen, Jägerburschen, Herren und Damen zu Pferde.

„Das sind nur Träume!" sagte die Krähe, „sie kommen und holen die Gedanken der hohen Herrschaft zur Jagd ab. Das ist recht gut, dann können Sie sie besser im Bett betrachten. Aber ich hoffe, daß Sie, wenn Sie zu Ehren und Würden gelangen, dann ein dankbares Herz zeigen werden!"

„Darüber bedarf es keiner Worte!" sagte die Krähe vom Wald.

Nun kamen sie in den ersten Saal hinein; er war von rosenrotem Atlas mit künstlichen Blumen an den Wänden. Hier sausten die Träume schon an ihnen vorüber, flogen aber so schnell, daß Gerda die hohen Herrschaften nicht zu sehen bekam. Ein Saal war immer prächtiger als der andere: ja, man konnte dadurch wohl betäubt werden. Und dann waren sie im Schlafgemach. Die Decke desselben glich einer großen Palme mit Blättern aus Glas, kostbarem Glas, und mitten auf dem Fußboden hingen an einem dicken Stengel von Gold zwei Betten, von denen jedes wie eine Lilie aussah. Ein Bett war weiß, in diesem lag die Prinzessin; das andere war rot, und in diesem sollte Gerda den kleinen Kay suchen. Sie bog eines der roten Blätter zur Seite, und da erblickte sie einen braunen Nacken. – Ja, das war Kay! Sie rief ganz laut seinen Namen, hielt die Lampe zu ihm hin – die Träume sausten zu Pferde wieder in die Stube hinein –, er erwachte, wandte das Haupt und – es war nicht der kleine Kay.

Der Prinz ähnelte ihm nur im Nacken, war aber jung und hübsch. Und aus dem weißen Lilienblatt blinzelte die Prinzessin hervor und fragte, was das wäre. Da weinte die kleine Gerda und erzählte ihre ganze Gesichichte und alles, was die Krähen für sie getan hätten.

„Du arme Kleine!" sagten der Prinz und die Prinzessin, lobten die Krähen und sagten, daß sie gar nicht böse auf sie wären, aber sie sollten es doch
nicht wieder tun. Indessen sollten sie eine Belohnung erhalten.

„Wollt ihr frei fliegen?" fragte die Prinzessin. „Oder wollt ihr eine feste
Anstellung als Hofkrähen haben mit allem, was da in der Küche abfällt?"

Beide Krähen verneigten sich und baten um feste Anstellung, denn sie
dachten an das Alter und sagten, es wäre schön, im Alter sorgenfrei zu
leben.

Der Prinz stand aus seinem Bett auf und ließ Gerda darin schlafen, und
mehr konnte er wirklich nicht tun. Sie faltete ihre kleinen Hände und
dachte: Wie gut sind doch die Menschen und Tiere! Und dann schloß sie
ihre Augen und schlief sanft. Alle Träume kamen wieder hereingeflogen,
und da sahen sie wie Gottes Engel aus, und sie zogen einen kleinen Schlitten, auf dem saß Kay und nickte. Aber das Ganze war nur Traum, und
darum war es auch wieder fort, sobald sie erwachte.

Am nächsten Tag wurde sie von Kopf bis Fuß in Samt und Seide gekleidet, und es wurde ihr angeboten, auf dem Schloß zu bleiben und gute
Tage zu genießen, aber sie bat nur um einen kleinen Wagen mit einem Pferd
davor und um ein Paar Schuhe, dann wollte sie wieder in die weite Welt
hinausfahren und Kay suchen.

Sie erhielt sowohl Schuhe als auch einen Muff und wurde niedlich gekleidet, und als sie fortwollte, hielt vor der Tür eine neue Kutsche aus reinem

Gold, dazu Kutscher, Diener und Vorreiter, denn es waren auch Vorreiter da, sie saßen da mit Goldkronen auf dem Kopf. Der Prinz und die Prinzessin halfen ihr selbst in den Wagen und wünschten ihr alles Glück. Die Waldkrähe, die nun verheiratet war, begleitete sie die ersten drei Meilen; sie saß ihr zur Seite, denn sie konnte nicht ertragen, rückwärts zu fahren. Die andere Krähe stand in der Tür und schlug mit den Flügeln, sie kam nicht mit, denn sie litt an Kopfschmerzen, seitdem sie eine feste Anstellung und zu viel zu essen erhalten hatte. Inwendig war die Kutsche mit Zuckerbrezeln gefüttert, und im Sitz waren Früchte und Pfeffernüsse.

„Lebe wohl! Lebe wohl!" riefen der Prinz und die Prinzessin, die kleine Gerda weinte, und die Krähe weinte auch. – So ging es die ersten Meilen, da sagte auch die Krähe Lebewohl, und das war der schwerste Abschied. Sie flog auf einen Baum und schlug mit ihren schwarzen Flügeln, solange sie den Wagen, der wie der warme Sonnenschein glänzte, sehen konnte.

Vierte Geschichte
Das kleine Räubermädchen

Sie fuhren durch den dunklen Wald, aber die Kutsche leuchtete wie eine Fackel. Das stach den Räubern in die Augen, das konnten sie nicht ertragen.

„Das ist Gold, das ist Gold!" riefen sie, stürzten hervor, ergriffen die Pferde, erschlugen die kleinen Vorreiter, den Kutscher und die Diener und zogen nun die kleine Gerda aus dem Wagen.

„Sie ist fett, sie ist niedlich, sie ist mit Nußkernen gemästet!" sagte das alte Räuberweib, das einen struppigen Bart und Augenbrauen hatte, die ihr bis über die Augen herabhingen.

„Das ist so gut wie ein kleines, fettes Lamm! Na, wie die schmecken wird!" Sie zog ihr blankes Messer heraus, das blitzte, daß es greulich war.

„Au!" sagte das Weib zur gleichen Zeit, denn es wurde von ihrer eigenen Tochter ins Ohr gebissen, die auf ihrem Rücken hing. „Du häßlicher Balg!" sagte die Mutter und kam nicht dazu, Gerda zu schlachten.

„Sie soll mit mir spielen!" sagte das kleine Räubermädchen. „Sie soll mir ihren Muff, ihr hübsches Kleid geben, bei mir in meinem Bett schlafen!" Und dann biß es wieder, daß das Räuberweib in die Höhe sprang und sich ringsherum drehte, und alle Räuber lachten und sagten: „Seht, wie sie mit ihrem Jungen tanzt!"

„Ich will in den Wagen hinein!" sagte das kleine Räubermädchen, und es mußte und wollte seinen Willen haben, denn es war verzogen und hartnäckig. Es saß mit Gerda drinnen, und so fuhren sie über Stock und Stein tiefer in den Wald hinein. Das kleine Räubermädchen war so groß wie Gerda, aber stärker, breitschultriger und von dunkler Haut. Die Augen waren ganz schwarz, sie sahen fast traurig aus. Sie nahm die kleine Gerda um den Leib und sagte: „Sie sollen dich nicht schlachten, solange ich nicht böse auf dich werde. Du bist gewiß eine Prinzessin?"

„Nein!" sagte Gerda, und erzählte ihr alles, was sie erlebt hatte und wie lieb sie den kleinen Kay hätte.

Das Räubermädchen betrachtete sie ganz ernsthaft, nickte ein wenig mit dem Kopf und sagte: „Sie sollen dich nicht schlachten, selbst wenn ich dir böse werde, dann werde ich es schon selbst tun!" Dann trocknete es Gerdas Augen und steckte seine beiden Hände in den schönen Muff, der so weich und warm war.

Nun hielt die Kutsche still; sie waren mitten auf dem Hof eines Räuberschlosses, das von oben bis unten auseinandergeborsten war. Raben und Krähen flogen aus den offenen Löchern, und die großen Bullenbeißer, die aussahen, als könnte jeder einen Menschen verschlingen, sprangen hoch empor, aber ohne zu bellen, denn das war verboten.

In dem großen, alten, verräucherten Saal brannte mitten auf dem steinernen Fußboden ein großes Feuer; der Rauch zog unter die Decke hin und mußte sich selbst den Ausgang suchen; ein großer Braukessel mit Suppe kochte, und Hasen und Kaninchen wurden am Spieß gedreht.

„Du sollst diese Nacht mit mir bei allen meinen kleinen Tieren schlafen!" sagte das Räubermädchen. Sie erhielten zu essen und zu trinken und gingen dann nach einer Ecke, wo Stroh und Teppiche lagen. Oben darüber saßen auf Latten und Stäben mehr als hundert Tauben, die alle zu schlafen schienen, sich aber doch ein wenig drehten, als die beiden kleinen Mädchen kamen.

„Die gehören alle mir!" sagte das kleine Räubermädchen und ergriff schnell eine der nächsten, hielt sie bei den Beinen und schüttelte sie, bis sie mit den Flügeln schlug. „Küsse sie!" rief es und hielt sie Gerda vor das Gesicht. „Da sitzen die Waldtauben!" fuhr sie fort und deutete auf eine Menge Stäbe, die hoch oben vor einem Loch in die Mauer eingeschlagen waren. „Das sind Waldtauben, die beiden dort! Sie fliegen gleich weg, wenn man sie nicht ordentlich verschlossen hält; und hier steht mein allerliebster Bä!" Und es zog ein Rentier am Geweih hervor, das einen kupfernen Ring um den Hals trug und angebunden war. „Den müssen wir auch in der Klemme halten, sonst springt er uns fort. Jeden Abend kitzle ich ihn mit meinem scharfen Messer, davor fürchtet er sich!" Und das kleine Mädchen zog ein langes Messer aus einer Spalte in der Mauer und ließ es über den Hals des Rentiers hingleiten. Das arme Tier schlug mit den Beinen aus, und das kleine Räubermädchen lachte und zog dann Gerda mit in das Bett hinein.

„Willst du das Messer behalten, wenn du schläfst?" fragte Gerda und blickte etwas furchtsam darauf.

„Ich schlafe immer mit dem Messer!" sagte das kleine Räubermädchen. „Man weiß nie, was sich ereignen kann. Aber nun erzähle mir noch einmal, was du mir vorhin von dem kleinen Kay erzähltest und weshalb du in die weite Welt hinausgegangen bist." Gerda begann wieder von vorn, und die Waldtauben gurrten oben im Käfig, und die anderen Tauben schliefen. Das kleine Räubermädchen legte ihren Arm um Gerdas Hals, hielt das Messer in der anderen Hand und schlief, daß man es hören konnte. Gerda aber konnte ihre Augen nicht schließen, sie wußte nicht, ob sie leben oder sterben würde. Die Räuber saßen rund um das Feuer, sangen und tranken, und das Räuberweib schlug Purzelbäume. Oh, es war ganz greulich für das kleine Mädchen mit anzusehen.

Da sagten die Waldtauben: „Kurre, kurre! Wir haben den kleinen Kay gesehen. Ein weißes Huhn trug seinen Schlitten, er saß im Wagen der Schneekönigin, die dicht über den Wald hinfuhr, als wir im Nest lagen; sie blies auf uns Junge, und außer uns beiden starben alle. Kurre! Kurre!"

„Was sagt ihr dort oben?" rief Gerda. „Wohin reiste die Schneekönigin? Wißt ihr etwas davon?"

„Sie reiste wahrscheinlich nach Lappland, denn dort ist immer Schnee und Eis! Frage das Rentier, das am Strick angebunden steht."

„Dort ist Eis und Schnee, dort ist es herrlich und gut!" sagte das Rentier. „Dort springt man frei umher in den großen, glänzenden Tälern! Dort hat die Schneekönigin ihr Sommerzelt, aber ihr festes Schloß hat sie oben nach dem Nordpol zu, auf den Inseln, die Spitzbergen genannt werden!"

„Oh, Kay, kleiner Kay!" seufzte Gerda.

„Nun mußt du stilliegen", sagte das Räubermädchen, „sonst stoße ich dir das Messer in den Leib!"

Am Morgen erzählte Gerda ihr alles, was die Waldtauben gesagt hatten, und das kleine Räubermädchen sah ganz ernsthaft aus, nickte mit dem Kopf und sagte: „Das ist einerlei! Das ist einerlei! – Weißt du, wo Lappland ist?" fragte es das Rentier.

„Wer könnte es wohl besser wissen als ich!" sagte das Tier, und die Augen funkelten ihm im Kopf. „Dort bin ich geboren und aufgewachsen, dort bin ich auf den Schneefeldern herumgesprungen."

„Höre!" sagte das Räubermädchen zu Gerda, „du siehst, alle unsere Mannsleute sind fort, aber Mutter ist noch hier und bleibt auch zu Hause. Gegen Mittag trinkt sie aus der großen Flasche und schlummert dann darauf; dann werde ich etwas für dich tun!" Nun sprang es aus dem Bett, fiel der Mutter um den Hals, zog sie am Bart und sagte: „Mein einzig lieber Ziegenbock, guten Morgen!" Die Mutter gab ihr Nasenstüber, daß die Nase rot und blau wurde, aber alles nur aus lauter Liebe.

Als die Mutter dann aus der Flasche getrunken hatte und darauf einschlief, ging das Räubermädchen zum Rentier und sagte: „Ich könnte große Freude daran haben, dich noch manchmal mit dem scharfen Messer zu kitzeln, denn dann bist du so possierlich. Aber das ist einerlei, ich will deine Schnur lösen und dir hinaushelfen, damit du nach Lappland laufen kannst. Du mußt aber tüchtig laufen und dieses kleine Mädchen zum Schloß der Schneekönigin bringen, wo ihr Spielkamerad ist. Du hast wohl gehört, was es erzählte, denn es sprach laut genug, und du hast ja wie immer gelauscht!"

Das Rentier sprang vor Freude hoch auf. Das Räubermädchen hob die kleine Gerda hinauf und war vorsichtig genug, sie festzubinden und ihr sogar ein kleines Kissen zum Sitzen zu geben. „Das ist einerlei", sagte sie, „da hast du deine Pelzschuhe, denn es wird kalt, aber den Muff behalte ich, der ist gar zu niedlich! Doch du sollst deswegen nicht frieren. Hier hast du meiner Mutter große Fausthandschuhe, die reichen dir gerade bis an die Ellbogen! Ziehe sie an! – Nun siehst du an den Händen gerade wie meine häßliche Mutter aus!"

Gerda weinte vor Freude.

„Ich kann nicht leiden, daß du jammerst!" sagte das kleine Räubermädchen. „Nun mußt du gerade vergnügt aussehen! Hier hast du noch zwei Brote und einen Schinken, damit du nicht hungerst!" Beides wurde hinten auf das Rentier gebunden; das kleine Räubermädchen öffnete die Tür, lockte alle großen Hunde herein, durchschnitt dann den Strick mit seinem scharfen Messer und sagte zum Rentier: „Lauf, aber gib gut auf das kleine Mädchen acht!"

Gerda streckte die beiden Hände mit den großen Fausthandschuhen gegen das Räubermädchen aus, sagte Lebewohl, und dann flog das Rentier über Stock und Stein davon, durch den großen Wald, über Sümpfe und

Steppen, so schnell es vermochte. Die Wölfe heulten, und die Raben schrien. Und es war gerade, als sprühte der Himmel Feuer.

„Das sind meine alten Nordlichter!" sagte das Rentier, „sieh, wie sie leuchten!" Die Brote wurden verzehrt, der Schinken dazu, und dann waren sie in Lappland.

Fünfte Geschichte
Die Lappin und die Finnin

Vor einem kleinen, ärmlichen Haus hielten sie an; das Dach ging bis zur Erde hinunter, und die Tür war so niedrig, daß die Familie auf dem Bauch kriechen mußte, wenn sie heraus oder hinein wollte. Hier war außer einer alten Lappin, die bei einer Tranlampe stand und Fische briet, niemand daheim. Das Rentier erzählte ihr Gerdas ganze Geschichte, zuerst jedoch seine eigene, die ihm weit wichtiger erschien, und Gerda war vor Kälte so erstarrt, daß sie nicht zu reden vermochte.

„Ach, ihr Armen", sagte die Lappin, „da habt ihr noch weit zu laufen! Ihr müßt über hundert Meilen weit nach Finnmarken hinein, denn dort wohnt die Schneekönigin auf dem Lande und läßt jeden Abend ein Feuerwerk abbrennen. Ich werde ein paar Worte auf einen trockenen Fisch schreiben, weil ich kein Papier habe. Und diesen Brief werde ich euch für die Finnin dort oben mitgeben; die kann euch besser Bescheid geben als ich."

Und als Gerda nun erwärmt war und zu essen und zu trinken bekommen hatte, schrieb die Lappin ein paar Worte auf einen trockenen Klippfisch, bat Gerda, wohl darauf zu achten, band sie wieder auf dem Rentier fest, und dieses sprang davon. Die ganze Nacht brannten die schönsten blauen Nordlichter. Und dann kamen sie nach Finnland und klopften an den Schornstein der Finnin, denn sie hatte nicht einmal eine Tür.

Es herrschte eine so große Hitze in der Behausung, daß sogar die Finnin selbst fast ganz nackt ging. Sie war klein und ziemlich schmutzig. Sie löste sofort die Kleider der kleinen Gerda auf, zog ihr die Fausthandschuhe und Stiefel aus, denn sonst wäre es ihr zu heiß geworden, legte dem Rentier ein Stück Eis auf den Kopf und las dann, was auf dem Klippfisch geschrieben stand. Sie las es dreimal, dann wußte sie es auswendig und steckte den Fisch in den Suppentopf, denn der konnte ja gut gegessen werden, und sie verschwendete nie etwas.

Nun erzählte das Rentier erst seine Geschichte, dann die der kleinen Gerda, und die Finnin blinzelte mit den klugen Augen, sagte aber gar nichts.

„Du bist klug!" sagte das Rentier. „Ich weiß, du kannst alle Winde der Welt in einen Zwirnfaden zusammenbinden. Wenn der Schiffer den einen Knoten löst, so erhält er guten Wind, löst er den anderen, dann bläst er scharf, und löst er den dritten und vierten, dann stürmt es, daß die Wälder umfallen. Willst du nicht dem kleinen Mädchen einen Trank geben, daß es die Kraft von zwölf Männern erhält und die Schneekönigin überwindet?"

„Die Kraft von zwölf Männern", sagte die Finnin, „ja, das würde viel helfen!" Und dann ging sie zu einem Gestell, nahm ein großes zusammengerolltes Fell hervor und rollte es auf. Darauf waren wunderliche Buchstaben geschrieben, und die Finnin las, daß ihr das Wasser von der Stirn rann.

Aber das Rentier bat so sehr für die kleine Gerda, und diese sah die

Finnin mit so bittenden, tränenfeuchten Augen an, daß diese wieder mit den ihren zu blinzeln anfing und das Rentier in eine Ecke zog, wo sie ihm zuflüsterte, während es wieder frisches Eis auf den Kopf bekam:

„Der kleine Kay ist noch bei der Schneekönigin und findet dort alles nach seinem Geschmack und Gefallen und glaubt, es sei der beste Ort in der Welt. Das kommt aber davon, daß er einen Glassplitter in das Herz und ein kleines Glaskörnchen in das Auge bekommen hat. Die müssen zuerst heraus, sonst wird er nie ein Mensch, und die Schneekönigin wird die Gewalt über ihn behalten!"

„Aber kannst du nicht der kleinen Gerda etwas eingeben, so daß sie Gewalt über das Ganze erhält?"

„Ich kann ihr keine größere Gewalt geben, als sie schon besitzt! Siehst du nicht, wie groß diese ist? Siehst du nicht, wie Menschen und Tiere ihr dienen müssen, wie sie auf bloßen Füßen so gut in der Welt fortgekommen ist? Sie kann ihre Macht nicht von uns erhalten, diese sitzt in ihrem Herzen und besteht darin, daß sie ein liebes, unschuldiges Kind ist. Kann sie nicht selbst zur Schneekönigin hineingelangen und das Glas aus dem kleinen Kay bringen, dann können wir nicht helfen! Zwei Meilen von hier beginnt der Garten der Schneekönigin, dahin kannst du das kleine Mädchen tragen; setze sie beim großen Busch ab, der mit roten Beeren im Schnee steht, verliere aber nicht viele Worte und spute dich, hierher zurückzukommen!" Damit hob die Finnin die kleine Gerda auf das Rentier, das lief, was es konnte.

„Oh, ich bekam meine Schuhe nicht! Ich bekam meine Fausthandschuhe nicht!" rief die kleine Gerda in der schneidenden Kälte. Aber das Rentier wagte nicht anzuhalten, es lief, bis es zu dem Busch mit den roten Beeren gelangte. Da setzte es Gerda ab, küßte sie auf den Mund, und es liefen große Tränen über die Backen des Tieres; und dann lief es, was es nur konnte, wieder zurück. Da stand die arme Gerda, ohne Schuhe, ohne Handschuhe, mitten in dem fürchterlichen, eiskalten Finnmarken.

Sie lief vorwärts, so schnell sie konnte; da kam ein ganzes Heer Schneeflocken, aber sie fielen nicht vom Himmel herunter, der war ganz klar und glänzte von Nordlichtern; die Schneeflocken flogen vielmehr gerade auf der Erde hin, und je näher sie kamen, desto größer wurden sie. Gerda erinnerte sich noch, wie groß und kunstvoll sie damals ausgesehen hatten, als sie die Schneeflocken durch ein Brennglas betrachtet hatte. Aber hier waren sie wahrlich noch viel größer und fürchterlicher, sie waren lebendig, es waren die Vorposten der Schneekönigin. Sie hatten die seltsamsten Gestalten;

einige sahen aus wie häßliche große Stachelschweine, andere wie ganze Knoten, gebildet von Schlangen, die die Köpfe hervorstreckten, und andere wie kleine, dicke Bären, auf denen die Haare sich sträubten; alle aber schimmerten weiß, alle waren lebendige Schneeflocken.

Da betete die kleine Gerda ihr Vaterunser, und die Kälte war so groß, daß sie ihren eigenen Atem sehen konnte, der ihr wie Rauch vor dem Mund stand. Der Atem wurde immer dichter und dichter und formte sich zu kleinen, klaren Engeln, die mehr und mehr wuchsen, wenn sie die Erde berührten; und alle hatten Helme auf dem Kopf und trugen Spieß und Schild in den Händen. Ihre Anzahl wurde größer und größer, und als Gerda ihr Vaterunser beendet hatte, war da eine ganze Legion um sie. Sie stachen mit ihren Spießen nach den greulichen Schneeflocken, daß diese in hundert Stücke zersprangen und die kleine Gerda sicher und fröhlich weitergehen konnte. Die Engel streichelten ihre Hände und Füße, und da fühlte sie weniger, wie kalt es war, und ging rasch auf das Schloß der Schneekönigin zu.

Aber nun müssen wir erst sehen, wie es Kay geht. Er dachte freilich nicht an die kleine Gerda, und am wenigsten daran, daß sie draußen vor dem Schloß stände.

Sechste Geschichte
Im Schloß der Schneekönigin

Die Wände des Schlosses waren aus treibendem Schnee und Fenster und Türen aus schneidenden Winden. Über hundert Säle reihten sich aneinander wie sie der Schnee gerade zusammengetrieben hatte; der größte erstreckte sich viele Meilen lang. Alle aber waren beleuchtet von dem starken Nordlicht, und sie waren groß, leer, eisig kalt und glänzend. Niemals gab es hier eine Lustbarkeit, nicht einmal einen kleinen Bärenball, wozu der Sturm hätte aufspielen und die Eisbären hätten auf den Hinterfüßen gehen und ihre feinen Manieren zeigen können; leer, groß und kalt war es in den Sälen der Schneekönigin. Die Nordlichter flammten so regelmäßig, daß man sie zählen konnte, wann sie am höchsten und wann sie am niedrigsten standen. Mitten in dem leeren und unendlichen Schneesaal war ein zugefrorener See, der war in tausend Stücke gesprungen, aber jedes Stück war dem anderen so gleich, daß es ein wahres Kunstwerk war. Mitten auf dem See saß die Schneekönigin, wenn sie zu Hause war, und dann sagte sie, daß sie im Spiegel des Verstandes sitze und daß der der einzige und beste in dieser Welt wäre.

Der kleine Kay war ganz blau vor Kälte, ja fast schwarz, aber er merkte es nicht, denn sie hatte ihm den Frostschauer abgeküßt, und sein Herz glich einem Eisklumpen. Er ging und schleppte einige scharfe, flache Eisstücke, die er auf alle mögliche Weise zusammenlegte, um ein Muster nachzubilden, gerade wie wenn wir kleine Holztafeln in Figuren zusammenlegen, was man ‚Domino‘ nennt. Kay ging auch und legte Figuren, die allerkunstreichsten; das war das Eisspiel des Verstandes. In seinen Augen waren diese Figuren ganz ausgezeichnet und von der allerhöchsten Wichtigkeit; das machte das Glaskörnchen, das ihm im Auge saß! Er legte ganze Figuren, die ein geschriebenes Wort bildeten, aber nie konnte er das Wort legen, das er gerade haben wollte, das Wort: „Ewigkeit“, und die Schneekönigin hatte gesagt: „Kannst du die Figur ausfindig machen, dann sollst du dein eigener Herr sein, und ich schenke dir die ganze Welt und noch ein Paar neue Schlittschuhe.“ Aber er konnte es nicht.

„Nun sause ich fort nach den warmen Ländern!“ sagte die Schneekönigin. „Ich will hinfahren und in die schwarzen Töpfe hineinsehen!“ – Das waren die feuerspeienden Berge Ätna und Vesuv, wie man sie nennt. „Ich werde sie ein wenig weiß machen, das gehört dazu, das tut den Zitronen und Weintrauben gut!“ Darauf flog die Schneekönigin davon, und Kay saß

ganz allein in dem viele Meilen großen, leeren Eissaal, betrachtete die Eisstücke und dachte und dachte, daß es in ihm knackte; ganz steif und still
saß er da, man hätte glauben können, er wäre erfroren.

Da trat die kleine Gerda durch das große Tor in das Schloß. Schneidende
Winde wehten ihr entgegen, aber sie betete ein Abendgebet, und da legten
sich die Winde, als ob sie schlafen wollten. Sie trat in die großen, leeren,
kalten Säle hinein – da sah sie Kay, sie erkannte ihn, sie flog ihm um den
Hals, hielt ihn fest und rief: „Kay! Lieber kleiner Kay! Da habe ich dich
endlich gefunden!"

Er saß ganz still, steif und kalt; – da weinte die kleine Gerda heiße
Tränen, die fielen auf seine Brust, sie drangen in sein Herz, sie tauten den
Eisklumpen auf und verzehrten das kleine Spiegelstück darin; er sah sie,
und sie sang:

„Die Rosen, sie blühen und verwehen,
Wir werden das Christkind wiedersehen!"

Da brach Kay in Tränen aus; er weinte so, daß das Spiegelkörnchen aus
dem Auge geschwemmt wurde, er erkannte sie und jubelte: „Gerda! Liebe
kleine Gerda! – Wo bist du doch so lange gewesen? Und wo bin ich gewesen?" Und er blickte rings um sich her. „Wie kalt ist es hier! Wie weit
und leer es hier ist!" und er klammerte sich an Gerda und sie lachte und
weinte vor Freude. Das war so herrlich, daß selbst die Eisstücke vor Freude
ringsumher tanzten, und als sie müde waren und sich niederlegten, lagen sie
gerade in den Buchstaben, von denen die Schneekönigin gesagt hatte, daß
er sie ausfindig machen könnte, sollte er sein eigener Herr sein, und sie
wollte ihm die ganze Welt und ein Paar neue Schlittschuhe geben.

Gerda küßte seine Wangen, und sie wurden blühend; sie küßte seine
Augen, und sie leuchteten wie die ihrigen; sie küßte seine Hände und Füße,
und er war gesund und munter. Die Schneekönigin mochte nun nach Hause
kommen, sein Freibrief stand da mit glänzenden Eisstücken geschrieben.

Sie faßten einander bei den Händen und wanderten aus dem großen
Schloß hinaus. Sie sprachen von der Großmutter und von den Rosen auf
dem Dach, und wo sie gingen, ruhten die Winde und die Sonne brach hervor. Als sie den Busch mit den roten Beeren erreichten, stand das Rentier
da und wartete. Es hatte ein anderes junges Rentier mit sich, dessen Euter
voll war und den Kleinen seine warme Milch gab und sie auch auf den
Mund küßte. Dann trugen sie Kay und Gerda erst zu der Finnin, wo sie sich
in der heißen Stube erwärmten und über die Heimreise Bescheid erhielten,

und dann zur Lappin, die ihnen neue Kleider genäht und ihren Schlitten instand gesetzt hatte.

Das Rentier und das Junge sprangen zur Seite und folgten mit bis zur Grenze des Landes. Und dort, wo das erste Grün hervorsah, nahmen sie Abschied vom Rentier und von der Lappin. „Lebt wohl!" sagten sie alle. Die ersten kleinen Vögel begannen zu zwitschern, der Wald trieb grüne Knospen, und aus ihm kam auf einem prächtigen Pferd, das Gerda kannte (es war vor die goldene Kutsche gespannt gewesen), ein junges Mädchen angeritten mit einer leuchtenden roten Mütze auf dem Kopf und Pistolen im Gürtel. Das war das kleine Räubermädchen, das es satt hatte, zu Hause zu sitzen und nun erst nach Norden und später, wenn ihr dies zusagte, in eine andere Weltgegend gehen wollte. Es erkannte Gerda sofort, und Gerda erkannte es auch, das war eine Freude.

„Du bist ein wahrer Künstler im Umherschweifen!" sagte sie zum kleinen Kay. „Ich möchte wissen, ob du verdienst, daß man deinetwegen bis ans Ende der Welt läuft!"

Aber Gerda streichelte ihr die Wangen und fragte nach dem Prinzen und der Prinzessin.

„Die sind nach fremden Ländern gereist!" sagte das Räubermädchen.

„Aber die Krähe?" fragte Gerda.

„Ja, die Krähe ist tot!" erwiderte sie. „Seine zahme Geliebte ist Witwe geworden und geht mit einem schwarzwollenen Garn um das Bein. Sie klagt ganz jämmerlich, aber das Ganze ist nur Geschwätz! – Aber erzähle mir nun, wie es dir ergangen ist und wie du seiner habhaft geworden bist!"

Gerda und Kay erzählten.

Das Räubermädchen nahm beide bei den Händen und versprach, daß, wenn es je einmal durch ihre Stadt kommen sollte, sie dann besuchen würde; dann ritt es in die weite Welt hinaus. Aber Kay und Gerda gingen Hand in Hand, und wie sie gingen, war es herrlicher Frühling mit Blumen und mit Grün; die Kirchenglocken läuteten, und sie erkannten die hohen Türme, die große Stadt; es war die, in der sie wohnten, und sie gingen hinein und hin zu der Tür der Großmutter, die Treppe hinauf, in die Stube hinein, wo alles wie früher noch auf derselben Stelle stand. Die Uhr sagte: „Tick! Tack!" und die Zeiger drehten sich. Während sie aber durch die Tür schritten, bemerkten sie, daß sie erwachsene Menschen geworden waren. Die Rosen blühten von der Dachrinne her zu dem offenen Fenster herein, und da standen noch die kleinen Kinderstühle, und Kay und Gerda setzten sich, ein jedes auf den seinigen, und hielten einander bei den Händen. Die kalte leere Herrlichkeit bei der Schneekönigin hatten sie vergessen wie einen schweren Traum. Die Großmutter saß in Gottes hellem Sonnenschein und las laut aus der Bibel: „Wenn ihr nicht umkehret und werdet wie die Kinder, so werdet ihr nicht ins Himmelreich kommen!"

Kay und Gerda sahen einander in die Augen, und sie verstanden auf einmal den alten Gesang:

> „Rosen, die blühen und verwehen,
> Wir werden das Christkindlein wiedersehen!"

Da saßen sie beide, erwachsen und doch Kinder, Kinder im Herzen; und es war Sommer, warmer, erquickender, herrlicher Sommer.

Tante Zahnweh

Woher wir die Geschichte haben?

Willst du es wissen?

Wir haben sie aus der Tonne, aus der Tonne mit dem alten Papier.

Manches gute und seltene Buch ist schon zum Fettwarenhändler und zum Krämer gewandert, nicht zum Lesen, sondern zu wichtigeren Dingen. Sie brauchen Papiertüten für Stärke und Kaffeebohnen, für Heringe, Butter und Käse. Beschriebene Blätter kann man auch verwenden.

Häufig kommt in die Tonne, was nicht in die Tonne hinein sollte. Ich kenne einen Krämerlehrling, den Sohn eines Fettwarenhändlers. Er nahm seinen Weg vom Keller in den Laden im Erdgeschoß, er war ein Mensch von großer Belesenheit, von der Ladentischlektüre, den gedruckten und geschriebenen Blättern. Er hat eine interessante Sammlung solcher Papiere und darunter manches wichtige Aktenstück aus dem Papierkorb des einen oder des anderen allzu beschäftigten, zerstreuten Beamten. Dazu den einen oder anderen vertraulichen Brief von einer Freundin an die andere: Skandalgeschichten, die von keinem Menschen weitererzählt werden dürfen. Er ist eine lebendige Rettungsanstalt für einen nicht geringen Teil der Literatur, und er hat dafür ein großes Gebiet, die Läden seiner Eltern und seines Prinzipals. Manches Buch und manche Seite eines Buches hat er dort gerettet, das wohl verdiente, zweimal gelesen zu werden.

Er hat mir seine Sammlung gedruckter und geschriebener Sachen gezeigt, die aus der Tonne des Fettwarenhändlers stammen. In derselben befanden sich einige Blätter aus einem großen Schreibheft, die besonders schöne und deutliche Handschrift erregte sofort meine Aufmerksamkeit.

„Das hat der Student geschrieben", sagte er, „der Student, der uns gegenüber wohnt und vor einem Monat gestorben ist. Wie uns die Blätter sagen, hatte er schwer an Zahnweh zu leiden. Es ist ganz lustig zu lesen! Ich habe nur wenige der geschriebenen Blätter; es war einst ein ganzes Buch und noch einige lose Blätter mehr. Meine Eltern gaben der Wirtin des Studenten ein halbes Pfund grüne Seife dafür. Hier ist, was ich gerettet habe."

Ich lieh es, las es und teile es nun mit.

Die Überschrift lautet:

238

Tante Zahnweh

I.

Als ich klein war, gab Tante mir oft Süßigkeiten. Meine Zähne hielten es aus, wurden nicht hohl. Nun, da ich älter geworden, Student geworden bin, verwöhnt sie mich noch mit Süßigkeiten, sagt, daß ich ein Dichter bin.

Ich habe etwas von einem Dichter in mir, aber nicht genug. Oft, wenn ich durch die Straßen der Stadt gehe, erscheint es mir, als ob ich in einer großen Bibliothek gehe. Die Häuser sind die Regale, jede Etage ein Bord mit Büchern. Hier steht eine Alltagsgeschichte, dort ein gutes altes Lustspiel; wissenschaftliche Werke stehen in jedem Fach; hier ist Schmutzliteratur und dort gute Lektüre, und alle diese Bücher regen mich an, über sie zu phantasieren und zu philosophieren.

Es steckt etwas von einem Dichter in mir, aber leider nicht genug. Viele haben sicherlich ebensoviel davon in sich und tragen deshalb doch nicht ein Schild oder ein Halsband mit dem Wort: Dichter.

Ihnen und mir ist eine Gottesgabe, ein Talent gegeben worden, das wohl für eigenen Gebrauch groß genug, aber zu klein ist, um es für andere zu zerstückeln. Es kommt wie ein Sonnenstrahl und erfüllt Seele und Gedanken, es kommt wie Blumenduft, wie eine Melodie; man weiß und vernimmt doch nicht woher.

Gestern abend – ich saß in meiner Stube – drängte es mich zu lesen. Ich hatte nichts, kein Buch, kein Blatt. Da fiel ein Blatt, frisch und grün, von dem Lindenbaum in mein Zimmer hinein. Der Abendwind hatte es zu mir durchs Fenster getragen.

Ich betrachtete die vielen verzweigten Adern. Eine kleine Raupe kroch darüber, als wollte sie ein gründliches Studium des Blattes vornehmen. Da mußte ich an die menschliche Weisheit denken. Wir kriechen auch auf einem Blatt, kennen nur dasselbe und halten doch sofort einen Vortrag über den ganzen Baum mit Wurzel, Stamm und Krone, über den großen Baum: Gott, Welt und Unsterblichkeit, und kennen von ihm nur ein kleines Blatt.

Wie ich so dasaß, erhielt ich Besuch von Tante Mille.

Ich zeigte ihr das Blatt mit der Raupe, sagte ihr meine Gedanken darüber, und ihre Augen leuchteten.

„Du bist ein Dichter", sagte sie, „vielleicht der größte, den wir haben! Sollte ich das erleben, so will ich gern sterben. Du hast mich stets seit dem

Begräbnis des Brauers Rasmussen durch deine gewaltige Phantasie in Erstaunen gesetzt."

Das sagte Tante Mille und küßte mich.

Wer ist Tante Mille, und wer war Brauer Rasmussen?

II.

Die Tante der Mutter wurde von uns Kindern Tante genannt, wir haben keinen anderen Namen für sie.

Sie gab uns Eingemachtes und Zuckerwerk, obwohl es schädlich für unsere Zähne war. Aber sie wäre den süßen Kindern gegenüber zu schwach, sagte sie. Es wäre ja grausam, ihnen die wenigen Naschereien, die sie so sehr liebten, zu versagen.

Und deshalb hielten wir viel von der Tante.

Sie war ein altes Fräulein, sie war immer alt gewesen, soweit ich zurückdenken kann. Doch schien sie auch nicht älter zu werden.

In jüngeren Jahren hatte sie viel an Zahnweh gelitten. Sie sprach oft davon, und so kam es, daß ihr witziger Freund, der Brauer Rasmussen, sie Tante Zahnweh nannte.

Er braute seit Jahren nicht mehr, lebte von seinen Renten, kam häufig zur Tante und war älter als sie. Er hatte gar keine Zähne mehr, sondern nur einige schwarze Stümpfe.

Als Kind hatte er viel Zuckerwerk gegessen, sagte er zu uns Kindern, und deshalb sähe er so aus.

Tante hatte sicherlich in ihrer Kindheit niemals Zucker gegessen, sie hatte die schönsten weißen Zähne.

Sie schonte sie auch und schliefe des Nachts nicht mit ihnen, sagte der Brauer Rasmussen.

Darüber müßte man doch böse werden, dachten die Kinder, Tante aber sagte, es wäre nicht so bös gemeint.

Eines Vormittags beim Frühstück erzählte sie einen häßlichen Traum, den sie in der Nacht gehabt hatte: Einer ihrer Zähne wäre ihr ausgefallen.

„Das bedeutet", sagte sie, „daß ich einen treuen Freund oder eine treue Freundin verlieren werde."

„War es ein falscher Zahn", sagte der Brauer und lächelte, „so kann es nur bedeuten, daß Sie einen falschen Freund verlieren."

„Sie sind ein ungalanter alter Herr", sagte die Tante so zornig, wie ich sie nie vorher und auch nie später wieder gesehen habe.

Als Rasmussen fort war, sagte sie, daß ihr alter Freund sie nur habe necken wollen, er wäre der edelste Mensch auf der ganzen Welt, und wenn er einmal stürbe, würde er im Himmel zu einem kleinen Engel Gottes.

Ich dachte viel über diese Verwandlung nach und zweifelte, ob ich wohl imstande wäre, ihn in der neuen Gestalt zu erkennen.

Als Tante jung war und er auch, warb er um sie. Allein sie bedachte sich zu lange, blieb sitzen, blieb zu lange sitzen und wurde ein altes Fräulein, blieb ihm aber immer eine treue Freundin.

Und dann starb der Brauer Rasmussen.

Er wurde in dem teuersten Leichenwagen zu Grabe gefahren und hatte ein großes Gefolge, Leute mit Degen und Uniformen.

Tante stand schwarz gekleidet mit uns Kindern am Fenster, und in der Nähe lag der kleine Bruder, den der Storch vor einer Woche gebracht hatte.

Nun war der Leichenzug vorbei, die Straße leer. Tante wollte gehen, aber ich wollte noch hinaussehen. Ich wartete auf den Engel, auf Brauer Rasmussen. Er war ja nun ein kleines beflügeltes Kind Gottes geworden und mußte sich zeigen.

„Tante", sagte ich, „glaubst du nicht, daß er jetzt kommt? Oder bringt uns der Storch, wenn er uns wieder einen kleinen Bruder bringt, den Engel Rasmussen?"

Tante wurde von meiner Phantasie ganz überwältigt und sagte: „Das Kind wird ein großer Dichter." Und sie wiederholte es während meiner ganzen Schulzeit, ja, nach meiner Konfirmation und nun auch in meinen Studentenjahren.

Sie war und ist mir die teilnehmendste Freundin, sowohl in meinen Dichterwehen als im Zahnweh, ich hatte ja Anfälle von beiden.

„Schreibe mir alle deine Gedanken auf", sagte sie, „und lege sie in die Tischlade. Das tat Jean Paul auch, und er wurde ein großer Dichter. Ich liebe ihn freilich nicht, er ist nicht spannend genug. Du mußt spannend schreiben, und du wirst es tun!"

Die Nacht nach dieser Rede lag ich im Bett mit einem Herzen voll Sehnsucht und Schmerz, voll Drang und Lust, um wirklich der große Dichter zu werden, den Tante in mir sah und empfand. Ich lag in Dichterwehen! Aber ach! Es gibt noch ein schlimmeres Weh: Zahnweh! Es peinigte und zermürbte mich, ich krümmte mich wie ein Wurm unter Kleiebeutel und spanischer Fliege.

„Das kenne ich", sagte Tante.

Ein trauriges Lächeln saß um ihren Mund, ihre Zähne schimmerten weiß. Aber ich muß einen neuen Abschnitt in meiner und Tantes Geschichte beginnen.

III.

Ich war umgezogen und bewohnte seit einem Monat mein neues Heim. Davon erzählte ich meiner Tante.

„Ich wohne bei einer stillen Familie, sie kümmert sich nicht um mich, selbst wenn ich dreimal klingle. Übrigens ist es ein wahres Spektakelhaus; von Wind, Wetter und Menschen ist stets Lärm und Getöse. Ich wohne gleich über dem Eingang. Jeder Wagen, der ein- und ausfährt, läßt die Bilder an den Wänden sich regen. Die Tür rüttelt und schüttelt das Haus, als wäre ein Erdbeben. Liege ich im Bett, so spüre ich die Stöße in allen Gliedern, aber das soll ja nervenstärkend sein. Weht es – und es weht immer hierzulande –, so schlenkern die Fensterläden draußen hin und her und schlagen gegen die Mauer. Die Glocke an des Nachbars Gartenpforte tönt bei jedem Windstoß.

Unsere Hausbewohner kommen einzeln heim, spät am Abend bis gegen den Morgen. Gleich über mir wohnt ein Musiklehrer, der am Tage Posaunenunterricht gibt. Er kommt am spätesten nach Hause und legt sich nicht eher ins Bett, als bis er mit schweren Tritten und eisenbeschlagenen Stiefeln einen kleinen Mitternachtsspaziergang in seinem Zimmer gemacht hat.

Doppelte Fenster gibt es nicht, aber eine zerbrochene Scheibe gibt es, die meine Wirtin mit Papier überklebt hat. Der Wind bläst trotzdem durch die Spalten und bringt einen Laut wie eine summende Bremse hervor. Das ist die Schlafmusik. Falle ich endlich in Schlaf, so werde ich bald durch das Krähen eines Hahnes geweckt. Hahn und Hühner des Kellerbewohners melden aus ihrem Verschlag, daß es Tag werden will. Die kleinen Ponys, die keinen Stall haben und in dem Sandloch unter der Treppe angebunden stehen, stoßen gegen Türen und Verschalung, sooft sie sich rühren.

Der Tag dämmert. Der Hausmeister, der mit seiner Familie im Bodenraum schläft, poltert die Treppe herunter. Die Holzpantoffeln klappern, die Haustür fällt krachend ins Schloß, das Haus bebt, und ist das überstanden, beginnt der Mieter über mir seine Turnübungen. Er hebt mit jeder Hand eine schwere Eisenkugel, aber er kann sie nicht halten, und sie fallen wieder und wieder zu Boden. Zur selben Zeit stürzt die Jugend des Hauses, die zur

Schule geht, schreiend durchs Haus. Ich gehe ans Fenster und öffne es, um frische Luft zu schöpfen, und es wäre erquickend, wenn nicht die Mädchen im Hinterhause gerade Handschuhe in Fleckwasser waschen würden, womit sie ihren Unterhalt verdienen. Sonst ist es ein ganz nettes Haus, und ich wohne bei einer stillen Familie."

So war der Bericht, den ich der Tante von meiner Häuslichkeit gab. Ich gab ihn lebhafter, die mündliche Erzählung hat ja frischere Töne als die geschriebene.

„Du bist ein Dichter", rief die Tante. „Schreibe nur deine Erzählung auf, und du bist ein zweiter Dickens! Ja, mich interessierst du weit mehr. Du malst, wenn du erzählst! Du beschreibst dein Haus, so daß man es sieht! Man kriegt ja eine Gänsehaut dabei! Dichte weiter! Bringe Leben hinein, Menschen, reizende Menschen, am liebsten unglückliche!"

Das Haus wurde wirklich beschrieben, wie es dasteht mit all seinem Getöse und seinen Gebrechen, aber nur mit mir, ohne Handlung. Die kam später.

IV.

Es war an einem Winterabend nach Schluß des Theaters, es war ein fürchterliches Wetter, Schneesturm, so daß man kaum vorwärtskommen konnte.

Tante war im Theater, und ich war dort, um sie nach Hause zu begleiten. Aber man hatte Mühe, allein zu gehen, geschweige denn andere zu führen. Die Droschken waren alle besetzt. Tante wohnte weit drinnen in der Stadt, meine Wohnung war ganz in der Nähe. Das war ein glücklicher Zufall, sonst hätten wir uns im Schilderhaus bis auf weiteres unterstellen müssen.

Wir stapften durch den tiefen Schnee, umsaust von den wirbelnden Schneeflocken. Ich hob sie, ich hielt sie, ich schob sie vorwärts. Nur zweimal fielen wir, aber wir fielen weich.

Wir erreichten endlich meine Behausung, wo wir uns schüttelten. Wir legten Oberkleidung und Unterkleidung ab, alles was wir entbehren konnten. Die Wirtin lieh Tante trockene Strümpfe und eine Morgenhaube. Das sei nötig, sagte die Wirtin und fügte hinzu, daß Tante unmöglich diese Nacht heimgehen könnte, und bat sie, mit ihrer Wohnstube vorliebzunehmen. Dort wollte sie auf dem Sofa hinter der stets verschlossenen Tür, die in mein Zimmer führte, ein Bett zurechtmachen.

Und es geschah.

Das Feuer brannte in meinem Kachelofen, die Teemaschine kam auf den Tisch, es wurde behaglich in der kleinen Stube, wenn auch nicht so behaglich wie bei der Tante, die hatte im Winter dicke Vorhänge vor den Türen, dicke Gardinen vor den Fenstern und doppelte Fußteppiche mit drei Lagen Papier darunter, das Zimmer warm zu halten. Man saß dort wie in einer gutverkorkten Flasche mit warmer Luft. Doch wie gesagt, es wurde auch daheim bei mir behaglich, während draußen der Wind heulte.

Tante erzählte und erzählte. Die Kindheit kam wieder, der Brauer Rasmussen kam wieder, alte Erinnerungen!

Sie konnte sich noch der Zeit erinnern, als ich den ersten Zahn bekam, und wie froh die ganze Familie darüber war.

Der erste Zahn! Der Zahn der Unschuld! Wie ein Milchtropfen schimmerte er, der Milchzahn.

Erst kommt einer, dann kommen mehrere, eine ganze Reihe, Seite an Seite, oben und unten, die schönsten Kinderzähne. Und doch sind es nur Vortruppen, nicht die echten, die für das ganze Leben halten sollen.

Und sie kommen und mit ihnen der Weisheitszahn, der Flügelmann der Reihe, der unter Schmerzen und Beschwerden geboren wird.

Sie gehen wieder, jeder einzelne! Sie gehen, ehe die Dienstzeit um ist, selbst der letzte Zahn geht, und das ist kein Festtag, es ist ein Tag der Wehmut.

Dann ist man alt, selbst wenn das Herz noch jung ist.

Solche Gedanken und Gespräche stimmen nicht fröhlich, und doch kamen wir auf dies alles zu sprechen, wir kamen zurück auf die Jahre der Kindheit, erzählten und erzählten. Die Uhr schlug zwölf, ehe Tante in der Stube nebenan zur Ruhe ging.

„Gute Nacht, mein süßer Junge!" rief sie, „nun will ich schlafen, als ob ich in meinem eigenen Bette läge."

Und sie war zur Ruhe gegangen, aber ruhig wurde es nicht, weder im Haus noch draußen. Der Sturm rüttelte an den Fenstern, schlug mit den langen, klappernden Eisenkrampen und läutete mit der Türglocke zu des Nachbars Hintergarten. Der Mieter über mir war nach Hause gekommen. Er ging noch eine Zeitlang auf und ab, warf die Stiefel von sich und ging ins Bett und zur Ruhe. Allein er schnarchte, daß gute Ohren es durch die Decke hören konnten.

Ich fand keine Ruhe, fand keinen Schlaf. Das Unwetter legte sich auch nicht, es war unmanierlich lebendig. Der Wind sauste und sang auf seine Weise, meine Zähne fingen auch an, lebendig zu werden, sie sausten und sangen auf ihre Weise. Sie schlugen an für großes Zahnweh.

Vom Fenster kam ein kalter Luftzug. Der Mond schien auf den Fußboden. Der Lichtschein kam und ging, wie die Wolken in dem Sturm kamen und gingen. Es war ein Jagen von Licht und Schatten, aber endlich nahm der Schatten Gestalt an. Ich sah, wie sich etwas bewegte, und fühlte einen kalten Hauch.

Auf dem Fußboden saß eine Gestalt, dünn und lang, wie ein Kind mit einem Griffel etwas auf die Tafel zeichnet, das einen Menschen vorstellen soll. Ein einziger dünner Strich ist der Körper, ein Strich und noch einer sind die Arme, jedes Bein ist auch ein Strich, der Kopf ist ein Kreis mit vielen Ecken.

Bald wurde die Gestalt deutlicher, sie erhielt eine Art Gewand, das sehr dünn, sehr fein war, aber es zeigte, daß sie zum weiblichen Geschlecht gehörte.

Ich hörte ein Summen. War sie es oder der Wind, der wie eine Bremse in dem zerbrochenen Fenster sang?

Nein, sie war es selbst, Frau Zahnweh. Ihre Entsetzlichkeit Satania infernalis! Gott schütze und bewahre uns vor ihrem Besuch!

„Hier ist es gut sein", summte sie. „Hier ist ein gutes Quartier. Sumpfiger Grund! Moorboden. Hier haben die Mücken mit giftigem Stachel gesummt. Nun habe ich den Stachel, den ich will an Menschenzähnen wetzen. Sie scheinen so weiß dort aus dem Bett heraus! Sie haben bis jetzt Süßem und Saurem, Heißem und Kaltem, Nußschalen und Pflaumensteinen widerstanden. Aber ich will sie rütteln und schütteln, die Wurzel mit Zugwind füttern, bis sie ganz durchkältet ist."

Es war eine entsetzliche Rede, ein entsetzlicher Gast.

„Also, du bist ein Dichter", sagte sie, „na warte, ich will dich dichten lehren, dich in allen Versarten des Schmerzes dichten lehren. Ich will dir Eisen und Stahl in deinen Körper schütten und Fäden an alle deine Nervenenden knüpfen."

Es war mir, als ob ein glühender Pfriem sich in meine Kinnladen bohrte, ich wand und krümmte mich.

„Ein ausgezeichnetes Gebiß", sagte sie, „eine feine Orgel, auf der will ich spielen. Das gibt ein großartiges Konzert, Maultrommelkonzert mit Pauken und Trompeten, Pikkoloflöte und Posaune im Weisheitszahn. Großer Dichter, große Musik!"

Ja, sie spielte auf und sah entsetzlich aus, selbst wenn man von ihr nicht mehr als die Hände sah, diese schattengrauen, eiskalten Hände mit den langen, pfriemendünnen Fingern. Jeder von ihnen war ein Marterwerkzeug! Daumen und Zeigefinger hatten Kneifzange und Schraube, der Mittelfinger endete mit einem spitzigen Pfriemen, der Goldfinger war ein Bohrer und der kleine Finger eine Spritze mit Mückengift.

„Ich will dich die Versmaße lehren", sagte sie. „Der große Dichter soll großes Zahnweh haben, der kleine Dichter kleines Zahnweh."

„Oh, laß mich ein kleiner, laß mich kein Dichter sein", bat ich. „Und ich bin auch kein Dichter; ich hatte nur einen Anfall von Dichteritis, einen Anfall wie jetzt von Zahnweh. Fahre hin, fahre hin!"

„Erkennst du nun, daß ich mächtiger bin als Poesie, Philosophie, Mathematik und die ganze Musik?" sagte sie, „mächtiger als alle die gemalten und in Marmor gehauenen Gefühle? Ich bin älter als alle zusammen. Ich wurde bei dem Garten des Paradieses geboren, draußen, wo der Wind wehte und die feuchten Pilze wachsen. Ich bewog Eva, sich wegen des kalten Wassers zu bekleiden und Adam auch. Du kannst mir glauben, daß Kraft in dem ersten Zahnweh war."

„Ich glaube alles", sagte ich. „Fahre hin! Fahre hin!"

„Ja, wenn du es aufgeben willst, ein Dichter zu sein, niemals wieder Verse schreiben willst, weder auf Papier noch auf die Schiefertafel, noch auf irgendein anderes Schreibmaterial, will ich dich verlassen. Aber ich komme wieder, sowie du dichtest."

„Ich schwöre es", sagte ich. „Laß mich dich nur niemals wieder sehen oder fühlen."

„Sehen sollst du mich, aber in einer volleren, dir lieberen Gestalt als meiner jetzigen. Du sollst mich als Tante Mille sehen, und ich will dir sagen: ,Dichte, mein süßer Junge! Du bist ein großer Dichter, vielleicht der größte, den wir haben! Aber glaubst du mir und beginnst wieder zu dichten, so setze ich deine Verse in Musik und spiele sie auf deiner Maultrommel. Du süßer Junge!' Denke daran, wenn du Tante Mille siehst."

Damit verschwand sie.

Ich erhielt wie zum Abschied noch einen glühenden Pfriemenstich in die Kinnbacken, aber dann ließ der Schmerz bald nach. Da war es mir, als glitte ich über weites Wasser dahin, sähe die weißen Seerosen mit den breiten grünen Blättern schwanken, unter mir versinken, verwelken und sich lösen, und ich sank mit ihnen in Frieden und Ruhe aufgelöst.

„Sterben dahin, schmelzen wie der Schnee", sang und klang es in dem Wasser, „zu Wolken verdunsten, wie die Wolke dahinfahren."

Zu mir glänzten durch das Wasser hernieder große leuchtende Namen,

Inschriften auf wehenden Siegesfahnen, Patente der Unsterblichkeit – auf die Flügel einer Eintagsfliege geschrieben.

Der Schlaf war tief, ein traumloser Schlaf. Ich hörte nicht den sausenden Wind, die schmetternde Tür, die klingelnde Türglocke des Nachbars, die schweren Turnübungen des Mieters.

Glückseligkeit!

Da kam ein Windstoß, so daß die geschlossene Tür zur Tante hinein aufsprang. Tante sprang auf und kam in Schuhen, kam in Kleidern zu mir herein.

„Du schliefst fest wie ein Engel Gottes", sagte sie, „und ich hatte nicht das Herz, dich zu wecken."

Ich erwachte von selbst, schlug die Augen auf und hatte ganz vergessen, daß Tante hier war. Aber bald erinnerte ich mich, erinnerte mich an meine Zahnweherscheinung. Traum und Wirklichkeit gingen durcheinander.

„Du hast gestern abend wohl, nachdem wir uns gute Nacht gesagt, nicht mehr geschrieben", fragte sie. „Hättest du es nur getan! Du bist mein Dichter und bleibst es."

Mir schien es, als ob sie tückisch dabei lächelte. Ich wußte nicht, ob es meine gutmütige Tante Mille war, die mich liebte, oder jene entsetzliche, der ich zur Nacht das Versprechen gegeben hatte.

„Hast du gedichtet, süßer Junge?"

„Nein, nein", rief ich. „Du bist doch Tante Mille?"

„Wer sonst!" sagte sie. Und es war Tante Mille.

Sie küßte mich, stieg in die Droschke und fuhr heim.

Und ich schrieb nieder, was hier geschrieben steht. Es sind ja keine Verse und soll auch niemals gedruckt werden.

Ja, hier hörte das Manuskript auf.

Mein junger Freund, der angehende Krämergehilfe, konnte das Fehlende nicht auftreiben, es war in die Welt hinausgegangen als Papier für Heringe, Butter und grüne Seife, es hat seine Bestimmung erfüllt.

Der Brauer ist tot, Tante ist tot, der Student ist tot, er, dessen Geistesfunken in die Tonne kamen.

Alles kommt in die Tonne.

Das ist das Ende der Geschichte – der Geschichte von Tante Zahnweh.

Holger Danske

In Dänemark gibt es ein altes Schloß, das heißt Kronborg. Es liegt unmittelbar am Sund, wo die großen Schiffe jeden Tag zu Hunderten vorbeifahren, englische, russische und deutsche. Sie begrüßen das alte Schloß mit Kanonen: „Bum!" Und das alte Schloß antwortet mit Kanonen: „Bum!" Denn das ist die Sprache der Kanonen; so sagen sie „Guten Tag!" und „Schönen Dank!" – Im Winter segeln da keine Schiffe; dann ist alles mit Eis bedeckt bis hinüber zur schwedischen Küste, so daß das Wasser wie eine große Landstraße aussieht. Da weht die dänische Flagge, und Dänen und Schweden sagen einander: „Guten Tag!" und „Schönen Dank!" Aber nicht mit Kanonen, sondern mit freundlichem Handschlag, und der eine holt Weißbrot und Brezeln bei dem andern, denn fremde Kost schmeckt am besten. Aber das Prächtigste von allem ist doch das alte Kronborg, und unter diesem ist es, wo Holger Danske im tiefen, finsteren Keller sitzt, wo niemand hinkommt. Er ist in Eisen und Stahl gekleidet und stützt sein Haupt auf die starken Arme; sein langer Bart hängt über den Marmortisch hinaus, in dem er festgewachsen ist. Er schläft und träumt, aber im Traum sieht er alles, was oben in Dänemark geschieht. Jeden Weihnachtsabend kommt ein Engel Gottes und sagt ihm, daß er ruhig weiterschlafen könne, denn Dänemark befinde sich noch in keiner wirklichen Gefahr. Gerät es aber einmal in solche, ja, dann wird sich der alte Holger Danske erheben, daß der Tisch birst, wenn er den Bart loslöst. Dann kommt er hervor und schlägt so gewaltig drein, daß der Waffenlärm in allen Ländern der Erde gehört wird.

Ein alter Großvater saß und erzählte alles von Holger Danske seinem kleinen Enkel, und der kleine Knabe wußte, daß das, was der Großvater sagte, die reine Wahrheit war. Während der Alte saß und erzählte, schnitzte er an einem großen Holzbild, das Holger Danske darstellen und am Bug eines Schiffes angebracht werden solle, denn der alte Großvater war Bildschnitzer, und das ist ein Mann, der Galionsfiguren für die äußerste Spitze der Schiffe ausschneidet, nach denen jedes Schiff benannt wird. Hier hatte er nun Holger Danske geschnitzt, der schlank und stolz mit seinem langen Bart dastand und in der einen Hand das breite Schlachtschwert hielt, während er sich mit der anderen Hand auf das dänische Reichswappen stützte.

Der alte Großvater erzählte so viel von ausgezeichneten dänischen Männern und Frauen, daß es dem kleinen Enkel am Ende vorkam, als wisse er

nun ebensoviel, wie Holger Danske wissen konnte, der es ja doch nur
träumte. Als der Kleine in sein Bett kam, dachte er so viel daran, daß er
ordentlich sein Kinn gegen die Bettdecke preßte und meinte, er habe einen
langen Bart, der daran festgewachsen sei.

Aber der alte Großvater blieb bei seiner Arbeit sitzen und schnitzte an
dem letzten Teil desselben, dem dänischen Wappen. Als er sie beendet
hatte, betrachtete er sein Werk und dachte an alles, was er gelesen und
gehört und was er diesen Abend dem kleinen Knaben erzählt hatte. Er
nickte, wischte seine Brille ab, setzte sie wieder auf und sagte: „Ja, zu
meinen Lebzeiten kehrt Holger Danske wohl nicht wieder, aber der Knabe
dort im Bett kann ihn vielleicht zu sehen bekommen und mit dabei sein,
wenn es einmal losgeht." Und der alte Großvater nickte, und je länger er
seinen Holger Danske anschaute, desto klarer wurde es ihm, daß es ein
gutes Bild war, das er gemacht hatte. Es schien ihm Farbe zu bekommen,
und daß der Harnisch wie Eisen und Stahl glänzte. Die Herzen im dänischen Wappen wurden rot und röter, und die Löwen mit der Goldkrone auf
dem Kopf machten sich sprungbereit.

„Das ist doch das schönste Wappen, das es auf der Erde gibt!" sagte der
Alte. „Die Löwen sind die Stärke, und die Herzen die Milde und Liebe!"
Er betrachtete den ersten Löwen und gedachte des Königs Knud, der das
große England an Dänemarks Thron fesselte; und er blickte den zweiten
Löwen an und dachte an Waldemar, der Dänemark einte und die wendi-

schen Länder bezwang. Er sah den dritten Löwen und dachte an Margarethe, die Dänemark, Schweden und Norwegen vereinigte. Während er die roten Herzen betrachtete, leuchteten sie noch stärker als zuvor; sie wurden zu Flammen, die sich bewegten, und im Geist folgte er einer jeden.

Die erste Flamme führte ihn in ein enges, dunkles Gefängnis hinein. Da saß eine Gefangene, eine schöne Frau, Christian des Vierten Tochter: Eleonore Ulfeld; und die Flamme setzte sich ihr wie eine Rose an ihren Busen und blühte mit ihrem Herzen zusammen, an ihr, der edelsten und besten aller dänischen Frauen.

„Ja, das ist ein Herz in Dänemarks Wappen!" sagte der alte Großvater.

Und sein Geist folgte der zweiten Flamme, die ihn auf das Meer hinausführte, wo die Kanonen donnerten, wo die Schiffe in Pulverdampf gehüllt lagen; und die Flamme heftete sich als Ordensband auf Hvitfeldts Brust, als er sich und sein Schiff zur Errettung der Flotte in die Luft sprengte.

Die dritte Flamme führte ihn nach Grönlands erbärmlichen Hütten, wo der Missionar Hans Egede mit Liebe in Wort und Werken wirkte; die Flamme war ein Stern auf seiner Brust, ein Herz zum dänischen Wappen.

Und des alten Großvaters Geist eilte der schwebenden Flamme voran, denn sein Geist wußte, wohin die Flamme wollte. In der ärmlichen Stube der Bäuerin stand Friedrich der Sechste und schrieb seinen Namen mit Kreide an den Balken. Die Flamme bebte auf seiner Brust, bebte in seinem Herzen; in dieser Bauernstube wurde sein Herz ein Herz im dänischen Wappen. Und der alte Großvater trocknete seine Augen, denn er hatte König Friedrich mit den silberweißen Haaren und den ehrlichen blauen Augen gekannt und für ihn gelebt, und er faltete seine Hände und blickte still vor sich hin. Da trat des alten Großvaters Schwiegertochter herein und sagte, daß es schon spät sei, nun solle er ruhen, denn der Abendtisch sei gedeckt.

„Aber schön ist es, was du gemacht hast, Großvater!" sagte sie. „Holger Danske und unser ganzes altes Wappen! – Mir ist gerade, als hätte ich das Gesicht schon früher gesehen!"

„Nein, das hast du wohl nicht gesehen!" sagte der alte Großvater, „aber ich habe es gesehen, und war bestrebt, es so ins Holz zu schnitzen, wie ich es in der Erinnerung habe. Damals war es, als die Engländer auf der Reede lagen, am zweiten April, als wir zeigten, daß wir alte Dänen waren! Auf der ‚Dänemark', wo ich in Steen Billes Geschwader stand, hatte ich einen Mann zur Seite; es war, als fürchteten sich die Kugeln vor ihm! Lustig sang er alte Lieder und schoß und kämpfte, als wäre er mehr als ein Mensch. Ich

250

erinnere mich noch deutlich an sein Gesicht; aber woher er kam, wohin er ging, weiß ich nicht, das weiß niemand. Ich habe oft gedacht, das könnte der alte Holger Danske selbst gewesen sein, der von Kronborg heruntergeschwommen war, um uns in der Gefahr zu helfen. Das war so mein Gedanke, und dort steht sein Bild."

Dasselbe warf seinen langen Schatten die Wand hinauf, selbst über einen Teil der Decke. Es sah aus, als wäre es der wirkliche Holger Danske selbst, der dahinterstände, denn der Schatten bewegte sich; aber es konnte auch daher rühren, daß die Flamme des Lichtes nicht gleichmäßig brannte. Und die Schwiegertochter küßte den alten Großvater und führte ihn zum großen Lehnstuhl vor dem Tisch. Sie und ihr Mann, der ja des alten Großvaters Sohn und Vater des kleinen Knaben war, der im Bett lag, saßen und aßen ihr Abendbrot. Der alte Großvater sprach von den dänischen Löwen und den dänischen Herzen, von der Stärke und der Milde, und ganz deutlich erklärte er, daß es noch eine Stärke außer der gebe, die im Schwerte liege, und er zeigte nach dem Schrank, wo alte Bücher lagen, wo Holbergs sämtliche Komödien lagen, die so oft gelesen worden waren, daß man meinte, alle Personen vergangener Tage darin zu erkennen.

„Seht, der hat auch zu schlagen verstanden!" sagte der alte Großvater. „Er hat die Torheiten und das Eckige des Volkes, solange er konnte, gegeißelt!" Und der Großvater nickte zum Spiegel hin, wo der Kalender mit dem runden Turm* stand und sagte: „Tycho Brahe war auch einer, der das Schwert gebrauchte, nicht um in Fleisch und Bein zu hauen, sondern um einen deutlicheren Weg zwischen die Sterne des Himmels aufzuzeigen! – Und dann er, dessen Vater meinem Stande angehörte, des alten Bildschnitzers Sohn, er, den wir selbst gesehen haben, mit dem weißen Haar und den breiten Schultern, er, der in allen Ländern der Erde genannt wird! Ja, er konnte hauen, ich kann nur schnitzen! Ja, Holger Danske kann in vielen Gestalten kommen, so daß man in allen Ländern von Dänemarks Stärke hört. Wollen wir nun auf Bertels** Gesundheit trinken?"

Aber der kleine Knabe im Bett sah deutlich das alte Kronborg mit dem Öresund, den wirklichen Holger Danske, der tief unten, mit dem Bart im Marmortisch festgewachsen, saß und von allem, was hier oben geschieht, träumte. Holger Danske träumte auch von der kleinen ärmlichen Stube, in welcher der Bildschnitzer saß. Er hörte alles, was da gesprochen wurde, er nickte im Traum und sagte:

* Die Sternwarte in Kopenhagen.
** Bertel Thorwaldsen.

„Ja, erinnert euch meiner nur, ihr dänischen Leute, behaltet mich im Andenken! Ich komme in der Stunde der Not!" –

Draußen vor Kronborg schien der klare Tag und der Wind trug die Töne des Jägerhorns vom Nachbarland herüber, die Schiffe segelten vorbei und grüßten: „Bum! Bum!". Und von Kronborg antwortete es: „Bum! Bum!" Aber Holger Danske erwachte nicht, so stark sie auch schossen, denn es war ja nur: „Guten Tag!" – „Schönen Dank!" Da muß anders geschossen werden, bevor er erwachen wird; aber er erwacht sicher einmal, denn in Holger Danske ist treffliches Mark.

Die kleine Seejungfrau

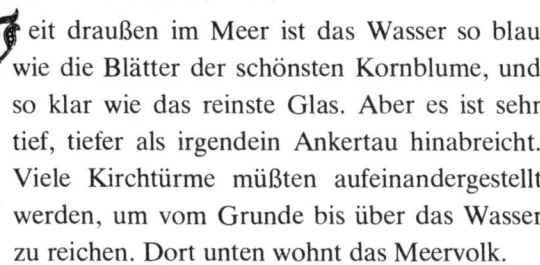

eit draußen im Meer ist das Wasser so blau
wie die Blätter der schönsten Kornblume, und
so klar wie das reinste Glas. Aber es ist sehr
tief, tiefer als irgendein Ankertau hinabreicht.
Viele Kirchtürme müßten aufeinandergestellt
werden, um vom Grunde bis über das Wasser
zu reichen. Dort unten wohnt das Meervolk.

Nun darf man aber nicht glauben, dort sei nur
der weiße Sandgrund. Nein, dort wachsen die
seltsamsten Bäume und Pflanzen, die so geschmeidig an Stiel und Blättern sind, daß sie
sich bei der geringsten Bewegung des Wassers
rühren, als ob sie lebten. Alle Fische, kleine und
große, huschen zwischen den Zweigen hin-
durch, genau wie die Vögel oben in der Luft. An der allertiefsten Stelle
liegt das Schloß des Meerkönigs. Die Mauern sind aus Korallen und die
langen spitzen Fenster aus allerklarstem Bernstein. Aber das Dach besteht
aus Muschelschalen, die sich öffnen und schließen, je nachdem das Wasser
strömt. Es sieht herrlich aus, denn in jeder liegen strahlende Perlen; eine
einzige davon würde in der Krone einer Königin der schönste Schmuck sein.

Der Meerkönig dort unten war seit vielen Jahren Witwer, während seine
alte Mutter bei ihm wirtschaftete. Sie war eine kluge Frau, aber stolz auf
ihren Adel. Deshalb trug sie zwölf Austern auf dem Schwanze, die anderen
Vornehmen durften nur sechs anhaben. – Sonst verdiente sie großes Lob,
besonders weil sie viel von den kleinen Meerprinzessinnen, ihren Enkelin-
nen, hielt. Es waren sechs bildschöne Kinder, aber die Jüngste war die
schönste von allen. Ihre Haut war so zart und fein wie ein Rosenblatt, ihre
Augen so blau wie die tiefste See, aber wie all die anderen hatte sie keine
Füße; ihr Körper endete in einem Fischschwanz.

Den ganzen Tag durften sie unten im Schloß spielen, in den großen Sälen, wo lebendige Blumen aus den Wänden hervorwuchsen. Die großen Bernsteinfenster wurden geöffnet, und dann schwammen die Fische zu ihnen herein, wie bei uns die Schwalben hereinfliegen, wenn wir die Fenster aufmachen.

Draußen vor dem Schloß lag ein großer Garten mit feuerroten und dunkelblauen Bäumen. Die Früchte strahlten wie Gold und die Blüten wie brennendes Feuer, da sie fortwährend Stengel und Blätter bewegten. Die Erde selbst war der feinste Sand, aber blau wie die Schwefelflamme. Über allem dort unten lag ein eigentümlich blauer Glanz. Man hätte eher glauben sollen, man stünde hoch in der Luft und sähe nur den Himmel über und unter sich, als daß man sich auf dem Grund des Meeres befände. Während der Windstille konnte man die Sonne erblicken, und sie erschien wie eine Purpurblüte, aus deren Kelch alles Licht ausströmte.

Jede der kleinen Prinzessinnen hatte ihren kleinen Fleck im Garten, wo sie graben und pflanzen durfte, wie es ihr gefiel. Die eine gab ihrem Blumengärtchen die Form eines Walfischs, einer anderen gefiel es besser, ihr Beet einer kleinen Meerjungfer gleichen zu lassen. Aber die Jüngste formte ihr Land ganz rund wie die Sonne und hatte nur Blumen, die wie jene rot leuchteten. Sie war ein seltsames Kind, still und nachdenklich; und während die anderen Schwestern mit den sonderbarsten Dingen, die sie von gestrandeten Schiffen holten, spielten, wollte sie außer den roten Blumen, die der Sonne hoch oben glichen, eine schöne Marmorstatue haben. Und das war ein schöner Knabe, aus weißem, klarem Marmor gehauen, der beim Stranden auf den Meeresgrund geraten war. Sie pflanzte neben die Statue eine rosenrote Trauerweide; die wuchs herrlich und ließ ihre frischen Zweige herabhängen, hinab auf den blauen Sandgrund, wo die Schatten violett spielten und sich wie die Zweige bewegten. Es sah aus, als ob die Spitze und die Wurzeln miteinander spielten, als wollten sie sich küssen.

Es gab keine größere Freude für sie, als von der Menschenwelt dort oben zu hören. Die alte Großmutter mußte alles erzählen, was sie von Schiffen und Städten, Menschen und Tieren wußte. Besonders schön erschien ihr, daß oben auf der Erde die Blumen dufteten – das taten sie auf dem Meeresgrunde nicht – und daß die Wälder grün sind, und daß die Fische, die man dort zwischen den Bäumen erblickt, so laut und herrlich singen konnten, daß es eine Lust war: Das waren die kleinen Vögel, die die Großmutter Fische nannte, denn sonst konnten die Kinder sie nicht verstehen, da sie noch keinen Vogel erblickt hatten.

„Wenn ihr fünfzehn Jahre werdet", sagte die Großmutter, „dürft ihr aus dem Meer emportauchen, im Mondschein auf der Klippe sitzen und die großen Schiffe sehen, die vorbeisegeln, dazu Wälder und Städte!" Im folgenden Jahr wurde die älteste der Schwestern fünfzehn Jahre alt, aber die anderen – da war eine immer ein Jahr jünger als die andere, die jüngste von ihnen hatte demnach noch volle fünf Jahre zu warten, bevor sie vom Meeresgrund aufsteigen und sehen durfte, wie es bei uns aussieht. Aber die eine versprach der anderen zu erzählen, was sie erblickte, was sie am ersten Tag am schönsten gefunden hatte. Denn ihre Großmutter erzählte ihnen nicht genug, und da war vieles, was sie wissen wollten.

Keine war so sehnsuchtsvoll wie die Jüngste, die noch die längste Zeit zu warten hatte und so still und nachdenklich war. Manche Nacht stand sie am offenen Fenster und sah durch das dunkelblaue Wasser empor, wie die Fische mit ihren Flossen und Schwänzen schlugen. Mond und Sterne konnte sie sehen, freilich schienen sie ganz bleich, aber durch das Wasser sahen sie viel größer aus, als wir sie sehen. Glitt dann etwas wie eine schwarze Wolke unter ihnen hin, so wußte sie, es war entweder ein Walfisch, der über ihr schwamm, oder aber ein Schiff mit vielen Menschen. Die dachten gewiß nicht daran, daß eine liebliche kleine Seejungfrau unten stand und ihre weißen Hände gegen den Kiel emporstreckte.

Jetzt war die älteste Prinzessin fünfzehn Jahre alt und durfte an die Oberfläche emporsteigen.

Als sie zurückkehrte, wußte sie hundert Dinge zu erzählen, aber das Schönste, sagte sie, war, im Mondschein auf einer Sandbank in der ruhigen See zu liegen und nahe beim Ufer die große Stadt zu sehen, wo die Lichter wie hundert Sterne blinkten, die Musik, den Lärm und das Getriebe von Wagen und Menschen zu hören, die vielen Kirchtürme und Zinnen zu sehen, und das Läuten der Glocken zu vernehmen.

Im Jahr darauf durfte die zweite Schwester hinaufsteigen und schwimmen, wohin sie wollte. Sie tauchte auf, eben als die Sonne unterging, und diesen Anblick fand sie den allerschönsten. Der ganze Himmel hatte wie Gold ausgesehen, sagte sie, und die Wolken, ja, deren Herrlichkeit konnte sie nicht genug beschreiben; rot und blau waren sie über ihr hingesegelt, aber weit schneller als sie flog, einem langen weißen Schleier gleich, ein Schwarm wilder Schwäne über das Wasser, wo die Sonne stand. Sie selbst schwamm der Sonne entgegen, aber die Sonne sank, und der Rosenschimmer erlosch auf den Wassern der Meeresfläche und den Wolken.

Im nächsten Jahr kam die dritte Schwester hinauf; sie war die mutigste von allen, und deshalb schwamm sie in einen breiten Fluß hinein, der in das Meer mündete. Herrlich grüne Hügel mit Weinranken erblickte sie, Schlösser und Gehöfte schimmerten aus prächtigen Wäldern hervor. Sie hörte, wie alle Vögel sangen, und die Sonne schien so warm, daß sie oft unter das Wasser tauchen mußte, um ihr brennendes Gesicht zu kühlen. In einer kleinen Bucht traf sie einen ganzen Schwarm Menschenkinder; ganz nackt liefen sie und plantschten im Wasser. Sie wollte mit ihnen spielen, aber jene sprangen erschrocken davon, und es kam ein kleines schwarzes Tier – ein Hund; aber sie hatte nie einen Hund gesehen, der bellte sie so schrecklich an, daß sie Angst bekam und sie das offene Meer suchte. Aber nie konnte sie die prächtigen Wälder, die grünen Hügel und die niedlichen Kinder vergessen, die im Wasser schwimmen konnten, obwohl sie keinen Fischschwanz hatten.

Die vierte Schwester war nicht so kühn, sie blieb draußen, mitten im wilden Meer, und erzählte, daß gerade dies das Schönste gewesen sei. Man sah ringsumher, viele Meilen weit, und der Himmel stand wie eine große Glasglocke darüber. Schiffe hatte sie gesehen, aber nur in weiter Ferne, die wie Strandmöwen aussahen. Und die lustigen Delphine hatten Purzelbäume geschlagen und die großen Walfische aus ihren Nasenlöchern Wasser gespritzt, so daß es wie hundert Springbrunnen um sie her ausgesehen hatte.

Jetzt kam die Reihe an die fünfte Schwester. Ihr Geburtstag war gerade im Winter, und deshalb sah sie, was die anderen zum erstenmal nicht gesehen hatten: Das Meer nahm sich ganz grün aus, und ringsumher schwammen große Eisberge, von denen jeder wie eine Perle aussah, sagte sie, und sei doch weit größer als die Kirchtürme, die die Menschen bauen. Sie zeigten sich in den sonderbarsten Gestalten und glitzerten wie Diamanten. Sie hatte sich auf einen der allergrößten gesetzt, und alle Segler kreuzten erschreckt draußen herum, wo sie saß und den Wind mit ihren langen Haaren spielen ließ. Aber gegen Abend hatte sich der Himmel mit Wolken überzogen, es blitzte und donnerte, während die schwarze See die großen Eisblöcke hoch emporhob und sie in den grellen Blitzen aufleuchten ließ. Auf allen Schiffen raffte man die Segel, da war eine Angst und ein Grauen, aber sie saß ruhig auf ihrem schwimmenden Eisberg und sah die blauen Blitzstrahlen im Zickzack in die schimmernde See hineinfahren.

Das erstemal, wenn eine der Schwestern über das Wasser hinaufkam, war jede immer über das Neue und Schöne, das sie erblickte, entzückt. Aber da sie nun, als erwachsene Mädchen, jederzeit hinaufsteigen konnten, war es ihnen einerlei. Sie sehnten sich wieder nach Hause, und nach Verlauf eines Monats sagten sie, daß es da unten bei ihnen doch am allerschönsten sei, und man sich hier so geborgen fühle!

Manche Abendstunde nahmen die fünf Schwestern einander in die Arme und stiegen in einer Reihe über das Wasser empor. Wunderbare Stimmen hatten sie, schöner als irgendein Mensch, und wenn ein Sturm aufzog, so daß sie glauben konnten, daß Schiffe untergingen, schwammen sie diesen voran und sangen so lieblich, wie schön es auch auf dem Grund des Meeres sei, und baten die Seeleute, sich nicht zu fürchten, dort hinabzukommen. Die aber konnten ihre Worte nicht verstehen und glaubten, es sei der Sturm. Und sie bekamen auch die Herrlichkeit dort unten nicht zu sehen, denn wenn das Schiff sank, ertranken die Menschen und gelangten nur als Tote zum Schloß des Meerkönigs.

Wenn die Schwestern am Abend so Arm in Arm durch das Wasser hinaufstiegen, dann stand die kleine Schwester ganz allein und sah ihnen nach, es war ihr, als müsse sie weinen. Aber eine Seejungfrau hat keine Tränen, und darum leidet sie desto mehr.

„Ach, wäre ich doch fünfzehn Jahre alt! seufzte sie. „Ich weiß, daß ich die Welt dort oben und die Menschen, die darauf wohnen, recht lieben würde.“

Endlich war sie fünfzehn Jahre alt.

„Sieh, nun bist du erwachsen!“ sagte die Großmutter, die alte Königinwitwe. „Komm, nun laß mich dich schmückten wie deine anderen Schwestern!“ Und sie setzte ihr einen Kranz weißer Lilien auf das Haar, aber jedes Blatt in der Blume war eine halbe Perle. Und die Alte ließ acht große Austern im Schwanz der Prinzessin festklemmen, um ihren hohen Rang zu zeigen.

„Das tut weh!“ sagte die kleine Seejungfrau.

„Ja, Schönheit schafft Leiden!“ sagte die Alte.

Ach, sie hätte gern alle diese Pracht abschütteln und den schweren Kranz ablegen mögen. Die roten Blumen im Garten schmückten sie besser, aber sie konnte es nun nicht ändern. „Lebt wohl!“ sagte sie und stieg so leicht und klar wie eine Luftblase durch das Wasser empor.

Die Sonne war eben untergegangen, als sie den Kopf aus dem Meer erhob, aber alle Wolken glänzten noch wie Rosen und Gold, und inmitten des blaßroten Himmels strahlte der Abendstern hell und schön. Die Luft war mild und frisch und das Meer lag ruhig. Da lag ein großes Schiff mit drei Masten, und nur ein einziges Segel war aufgezogen, denn es rührte sich kein Lüftchen, und ringsum im Takelwerk und auf den Rahen saßen Matrosen. Da war Musik und Gesang, und als es dunkler wurde, zündete man Hunderte bunter Laternen an. Es sah aus, als wehten die Flaggen aller Länder in der Luft. Die kleine Seejungfrau schwamm bis zum Kajütenfenster hin, und jedesmal, wenn das Wasser sie emporhob, konnte sie durch die spiegelklaren Fensterscheiben hineinschauen, wo viele geputzte Menschen standen. Aber der Schönste war doch der junge Prinz mit den großen schwarzen Augen. Er war sicher nicht mehr als fünfzehn Jahre alt; heute war sein Geburtstag, und deshalb herrschte all diese Pracht. Die Matrosen tanzten auf Deck, und als der junge Prinz hinaustrat, stiegen über hundert Raketen in die Luft; die leuchteten wie der helle Tag, so daß die kleine Seejungfrau sehr erschrak und ins Wasser tauchte. Aber sie streckte bald den Kopf wieder hervor, und da war es gerade, als fielen alle Sterne des Himmels zu ihr herab. Noch nie hatte sie solche Feuerkünste gesehen. Große Sonnen drehten sich wie Räder, prächtige Feuerfische flogen durch die blaue Luft, und alles schien aus der klaren, stillen See wider. Auf dem Schiff selbst war es so hell, daß man das kleinste Tau sehen konnte. Ach, wie war doch der junge Prinz hübsch, und er gab den Leuten die Hand und lächelte, während die Musik durch die milde Nacht klang!

Es wurde spät, aber die kleine Seejungfrau konnte ihre Augen nicht von dem Schiff und dem schönen Prinzen abwenden. Die bunten Laternen wurden gelöscht, die Raketen stiegen nicht mehr in die Höhe, und es ertönten auch keine Kanonenschüsse mehr. Aber tief drunten im Meer summte und brummte es. Inzwischen saß sie auf dem Wasser und schaukelte auf und nieder, so daß sie in die Kajüte hineinsehen konnte. Jetzt bekam das Schiff mehr Wind, ein Segel nach dem anderen wurde aufgezogen, nun gingen die Wellen stärker, große Wolken zogen auf, dann blitzte es in der Ferne. Oh, es würde ein schreckliches Wetter geben. Deshalb refften die Matrosen die Segel. Das große Schiff schaukelte in fliegender Fahrt auf der wilden See, das Wasser erhob sich wie große schwarze Berge, die sich über die Maste stürzen wollten; aber das Schiff tauchte wie ein Schwan zwischen den hohen Wogen hinab und ließ sich erneut auf die turmhohen Wasser heben. Der kleinen Seejungfrau schien es eine recht lustige Fahrt zu sein, aber so erschien es den Seeleuten nicht. Das Schiff ächzte und stöhnte, die dicken Planken bogen sich unter den heftigen Stößen; die See drang in das Schiff hinein, der Mast brach mitten durch, und das Schiff legte sich auf die Seite, während das Wasser ins Innere drang. Jetzt sah die kleine Seejungfrau, daß sie alle in Gefahr waren; sie mußte sich selbst vor Balken und Splittern in acht nehmen. Einen Augenblick war es so stockfinster, daß sie nicht das

geringste unterscheiden konnte. Aber als es dann blitzte, wurde es wieder so hell, daß sie alle auf dem Schiff erkannte. Sie suchte den jungen Prinzen, und sie sah ihn, als das Schiff zerbrach, in das tiefe Meer versinken. Zuerst wurde sie recht froh, denn jetzt kam er zu ihr hinab. Aber dann dachte sie daran, daß die Menschen nicht im Wasser leben können, und daß er nur tot zum Schloß ihres Vaters hinabkommen konnte. Nein, sterben, das durfte er nicht! Deshalb schwamm sie zwischen Balken und Planken, die auf der See trieben, und vergaß völlig, daß diese sie hätten zerquetschen können. Sie tauchte tief unter das Wasser hinab, stieg wieder zu den Wogen hoch und gelangte so zu dem Prinzen, der in der stürmenden See kaum mehr schwimmen konnte. Seine Arme und Beine begannen zu ermatten, die schönen Augen schlossen sich, und er hätte gewiß sterben müssen, wäre nicht die kleine Seejungfrau dazugekommen. Sie hielt seinen Kopf über dem Wasser und ließ sich mit ihm von den Wogen dahintreiben.

Am Morgen war das schlimme Wetter vorbei. Vom Schiff war kein Span mehr zu sehen. Die Sonne stieg rot und leuchtend aus dem Wasser, und es war, als belebten sich des Prinzen Wangen; doch blieben seine Augen geschlossen. Die Seejungfrau küßte seine hohe, schöne Stirn und strich sein nasses Haar zurück. Es schien ihr, als gleiche er der Marmorstatue drunten in ihrem kleinen Garten; sie küßte ihn wieder und wünschte, er möchte am Leben bleiben.

Jetzt sah sie das feste Land vor sich: Hohe blaue Berge, auf deren Gipfel der weiße Schnee schimmerte, als lägen Schwäne darauf. Unten am Ufer waren sanfte grüne Wälder, und davor lag eine Kirche oder ein Kloster –

das wußte sie nicht genau –, aber ein Gebäude war es. Zitronen- und Apfelsinenbäume wuchsen im Garten, und vor dem Tor standen hohe Palmen. Die See bildete hier eine kleine Bucht, die sehr still, aber sehr tief war, bis zur Klippe hin, wo weißer, feiner Sand angeschwemmt wurde. Dahin schwamm sie mit dem schönen Prinzen, legte ihn auf den Sand und sorgte besonders dafür, daß der Kopf im warmen Sonnenschein hochlag.

Jetzt läuteten die Glocken in dem großen weißen Gebäude, und es kamen viele junge Mädchen durch den Garten. Da schwamm die kleine Seejungfrau weiter hinaus, hinter einige hohe Steine, die aus dem Wasser aufragten, legte Seeschaum auf ihr Haar und ihre Brust, so daß niemand ihr kleines Antlitz sehen konnte, und dann paßte sie auf, wer zu dem armen Prinzen käme.

Es dauerte nicht lange, bis ein junges Mädchen dort hinkam. Sie schien sehr zu erschrecken, doch nur einen Augenblick. Dann holte sie andere Leute, und die Seejungfrau sah, daß der Prinz zum Leben zurückkehrte und daß er allen um sich herum zulächelte. Aber zu ihr heraus lächelte er nicht, denn er wußte ja gar nicht, daß sie ihn gerettet hatte. Sie fühlte sich sehr unglücklich, und als er in das große Gebäude hineingeführt wurde, tauchte sie traurig ins Wasser hinab und kehrte zum Schloß ihres Vaters zurück.

Immer war sie still und gedankenvoll gewesen, jetzt aber wurde sie es noch viel mehr. Die Schwestern fragten sie, was sie das erstemal dort oben gesehen hätte, aber sie erzählte nichts.

Manchen Abend und Morgen stieg sie dort hinauf, wo sie den Prinzen verlassen hatte. Sie sah, wie die Früchte des Gartens reiften und gepflückt wurden, sah, wie der Schnee auf den hohen Bergen schmolz, aber den Prinzen erblickte sie nicht; und deshalb kehrte sie immer betrübter heim. Da war es ihr einziger Trost, in ihrem kleinen Garten zu sitzen und ihre Arme um die schöne Marmorstatue zu schlingen, die dem Prinzen glich. Aber ihre Blumen pflegte sie nicht mehr, und die wuchsen wie in einer Wildnis über die Wege hinaus und flochten ihre langen Stengel und Blätter in die Zweige der Bäume, so daß es dort ganz dunkel wurde.

Zuletzt hielt sie es nicht mehr länger aus, sondern erzählte es einer ihrer Schwestern, und sogleich erfuhren es alle anderen. Aber nur diese und ein paar andere Seejungfrauen, die es ihren nächsten Freundinnen erzählten. Eine von ihnen wußte, wer der Prinz war, sie hatte auch das Fest auf dem Schiff gesehen und wußte, wo er herstammte und wo sein Königreich lag.

Dies war aus einer hellgelben, schimmernden Steinart errichtet, mit großen Marmortreppen, deren eine bis ins Meer hinabführte. Prächtige, vergoldete Kuppeln erhoben sich über das Dach, und zwischen den Säulen, die um das Gebäude herumliefen, standen Marmorbilder, die aussahen, als lebten sie. Durch das klare Glas in den hohen Fenstern blickte man in die prächtigsten Säle hinein, wo köstliche seidene Vorhänge und Teppiche aufgehängt und alle Wände mit großen Gemälden geziert waren; ein wahres Vergnügen, sie zu betrachten. Mitten im größten Saal plätscherte ein großer Springbrunnen, seine Strahlen reichten hoch hinauf gegen die Glaskuppel des Dachs, durch die die Sonne auf das Wasser und die schönen Pflanzen herabschien, die in dem großen Becken wuchsen.

Jetzt wußte sie, wo er wohnte, und dort war sie manchen Abend und manche Nacht auf dem Wasser. Sie schwamm viel näher ans Land als irgend eine der anderen es gewagt hätte, ja, sie stieg den schmalen Kanal hinauf, unter dem prächtigen Marmoraltan, der einen langen Schatten auf das Wasser warf. Hier saß sie und betrachtete den jungen Prinzen, der sich im klaren Mondschein alleine glaubte.

Sie sah ihn manchen Abend bei Musik in seinem prächtigen Boot segeln, auf dem Flaggen wehten. Sie sah durch das grüne Schilf, und dann ergriff der Wind ihren langen silberweißen Schleier, daß man glauben konnte, es sei ein Schwan, der die Flügel ausbreite.

Sie hörte manche Nacht, wenn die Fischer mit Fackeln auf der See waren, daß sie viel Gutes von dem jungen Prinzen erzählten, und es freute sie, ihm das Leben gerettet zu haben, als er halbtot in den Wogen trieb. Und sie dachte daran, wie fest sein Kopf an ihrer Brust geruht, und wie herzlich sie ihn geküßt hatte. Aber er wußte gar nichts davon, konnte nicht einmal von ihr träumen.

Mehr und mehr begann sie die Menschen zu lieben, und immer mehr wünschte sie, unter ihnen sein zu können, deren Welt ihr weit größer zu sein schien, als ihre eigene: Sie konnten ja auf Schiffen über das Meer fliegen, auf den hohen Bergen hoch über die Wolken emporsteigen, und die Länder, die sie besaßen, erstreckten sich mit Wäldern und Feldern weiter, als sie sehen konnte. Da war so vieles, das sie gerne gewußt hätte, aber die Schwestern konnten nicht auf alles antworten. Deshalb fragte sie die alte Großmutter, und die kannte die obere Welt recht gut, die sie sehr richtig die „Länder über dem Meer" nannte.

„Wenn die Menschen nicht ertrinken", fragte die kleine Seejungfrau, „können sie dann ewig leben, sterben sie nicht, wie wir unten im Meer?"

„Doch", sagte die Alte. „Sie müssen auch sterben, und ihre Lebenszeit ist sogar noch kürzer als unsere. Wir können dreihundert Jahre alt werden, aber wenn wir dann aufhören dazusein, werden wir nur Schaum auf dem Wasser, haben nicht einmal ein Grab hier unten bei unseren Lieben. Wir haben keine unsterbliche Seele, wir erhalten kein neues Leben; wir sind wie das grüne Schilf; ist das einmal durchschnitten, so grünt es nie wieder. Die Menschen hingegen haben eine Seele, die ewig lebt, lebt, nachdem ihr Körper zu Erde geworden ist. Sie steigt durch die klare Luft empor, hinauf zu den funkelnden Sternen! So wie wir aus dem Wasser auftauchen und die Länder der Menschen sehen, so tauchen sie zu unbekannten, herrlichen Orten auf, die wir nie sehen werden."

„Warum bekamen wir keine unsterbliche Seele?" fragte die kleine Seejungfrau betrübt. „Ich würde all meine dreihundert Jahre, die ich zu leben habe, hingeben, um nur einen Tag ein Mensch zu sein und dann an der himmlischen Welt teilzuhaben!"

„Daran darfst du nicht denken!" sagte die Alte. „Wir fühlen uns weit glücklicher und besser, als die Menschen dort oben!"

„Ich werde also sterben und als Schaum auf dem Meer treiben, darf nicht mehr die Musik der Wellen hören, die schönen Blumen und die rote Sonne sehen? Kann ich denn gar nichts tun, um eine unsterbliche Seele zu gewinnen?"

„Nein", sagte die Alte, „nur wenn ein Mensch dich so lieben würde, daß du ihm mehr wärst als Vater und Mutter, wenn er mit all seinem Denken und seiner ganzen Liebe an dir hinge und den Priester seine rechte Hand in die deinige legen ließe, mit dem Versprechen der Treue jetzt und in alle Ewigkeit, dann flösse seine Seele in deinen Körper über, und auch du erhieltest Anteil am Glück der Menschen. Er gäbe dir Seele und würde doch seine eigene behalten. Aber das kann nie geschehen! Was gerade hier im Meer schön ist, dein Fischschwanz, finden sie droben auf der Erde häßlich. Sie verstehen es ja nicht besser, man muß dort, um schön zu sein, zwei plumpe Stützen haben, die sie Beine nennen!"

Da seufzte die kleine Seejungfrau und sah auf ihren Fischschwanz.

„Laß uns froh sein!" sagte die Alte. „Tanzen und springen wollen wir in den dreihundert Jahren, die wir zu leben haben. Das ist wahrlich lange Zeit genug, später kann man um so besser in seinem Grab ausruhen. Heute abend halten wir Hofball!"

Das war eine Pracht, wie man sie auf Erden nie sieht. Die Wände und die Decke des großen Tanzsaals waren aus dickem, aber klarem Glas. Mehrere hundert riesige Muschelschalen, rosenrote und grasgrüne, standen in Reihen mit einem blauen, brennenden Feuer, das den ganzen Saal erhellte und durch die Wände hinausstrahlte, so daß die See draußen erleuchtet war. Man konnte alle die unzähligen Fische sehen, große und kleine, die gegen die Glasmauern hinschwammen; und an einigen glänzten die Schuppen purpurrot, auf anderen erschienen sie aus Silber und Gold. – Mitten durch den Saal floß ein breiter Strom, und auf diesem tanzten die Meermänner und Meerweibchen zu ihrem eigenen lieblichen Gesang. So schöne Stimmen haben die Menschen auf der Erde nicht. Die kleine Seejungfrau sang am schönsten von ihnen allen, und man klatschte ihr zu; und einen Augenblick fühlte sie eine Freude in ihrem Herzen, denn sie wußte, sie hatte die schönste Stimme von allen auf der Erde und im Wasser. Bald aber dachte sie wieder an die Welt über sich. Sie konnte den schönen Prinzen und ihre Trauer, daß sie nicht wie er eine unsterbliche Seele besaß, nicht vergessen. Deshalb schlich sie sich aus dem Schloß ihres Vaters hinaus; und während alles da drinnen Gesang und Fröhlichkeit war, saß sie betrübt in ihrem kleinen Garten. Da hörte sie Waldhörner durch das Wasser herabklingen und dachte: „Jetzt segelt er sicher dort droben, er, den ich mehr liebe als Vater und Mutter, er, an dem all mein Sinnen hängt und in dessen Hand ich das Glück meines Lebens legen möchte. Alles will ich wagen, um ihn und eine unsterbliche Seele zu gewinnen! Während meine Schwestern dort im Schloß meines Vaters tanzen, will ich zur Meerhexe gehen, vor der ich mich immer gefürchtet habe, aber sie kann mir vielleicht raten und helfen!‘

Und die kleine Seejungfrau ging aus ihrem Garten hinaus zu den brausenden Strudeln hin, hinter denen die Hexe wohnte. Diesen Weg war sie früher nie gegangen. Hier wuchsen keine Blumen, kein Seegras, nur der nackte, graue Sandboden dehnte sich an den Strudeln hin, wo das Wasser wie brausende Mühlräder herumwirbelte und alles, was es erfaßte, mit sich in die Tiefe riß. Mitten zwischen diesen zermalmenden Wirbeln mußte sie hindurch, um in den Bereich der Meerhexe zu gelangen. Hier war ein langes Stück kein anderer Weg als über warmen sprudelnden Schlamm, den die Hexe ihr Torfmoor nannte. Dahinter lag ihr Haus mitten in einem seltsamen Wald. Alle Bäume und Büsche waren Polypen, halb Tier und Pflanze; sie sahen aus wie hundertköpfige Schlangen, die aus der Erde hervorwuchsen. Alle Zweige waren lange, schleimige Arme mit Fingern wie geschmeidige Würmer; und Glied um Glied bewegten sie sich, von der Wurzel bis zur äußersten Spitze. Und alles, was sie im Meer erfassen konnten, umschlangen sie fest und ließen es nie wieder frei. Die kleine Seejungfrau blieb ganz erschreckt stehen, ihr Herz pochte vor Furcht, und fast wäre sie umgekehrt. Aber dann dachte sie an den Prinzen und an die Menschenseele, und da bekam sie Mut. Ihr langes, flatterndes Haar band sie fest um den Kopf, damit die Polypen sie nicht daran ergreifen sollten, ihre beiden Hände faltete sie vor der Brust und schoß so rasch davon, wie der Fisch durch das Wasser schießen kann, zwischen den häßlichen Polypen hindurch, die ihre geschmeidigen Arme und Finger nach ihr ausstreckten. Sie sah, jeder von ihnen hielt etwas, das er ergriffen hatte, mit Hunderten von kleinen Armen, die sie wie Eisenfesseln umschlangen. Menschen, die auf See umgekommen und tief hinunter gesunken waren, blickten als weiße Gerippe aus den Armen der Polypen hervor. Schiffsruder und Kisten hielten sie fest, Skelette von Landtieren und ein kleines Meerweib, das sie gefangen und erdrosselt hatten. Das war für sie fast das Schauerlichste!

Jetzt kam sie zu einem großen, sumpfigen Platz im Wald, wo große, fette Wasserschlangen sich tummelten und ihre häßlichen, weißgelben Bäuche zeigten. Mitten auf dem Platz war ein Haus aus weißen Knochen ertrunkener Menschen errichtet. Dort saß die Meerhexe und ließ eine Kröte aus ihrem Mund fressen, genau wie die Menschen einen kleinen Kanarienvogel Zucker von ihren Lippen picken lassen. Die häßlichen, fetten Wasserschlangen nannte sie ihre Küken und ließ sie sich auf ihrer schwammigen Brust wälzen.

„Ich weiß schon, was du willst!" sagte die Meerhexe. „Das ist zwar dumm von dir, doch sollst du deinen Willen haben, denn der wird dich ins Unglück stürzen, meine schöne Prinzessin. Du möchtest gern deinen Fischschwanz loswerden und statt dessen zwei Stützen wie die Menschen zum Gehen haben, damit sich der junge Prinz in dich verliebt und du ihn und eine unsterbliche Seele bekommst!" Dabei lachte die Hexe so widerlich, daß die Kröte und die Schlangen auf die Erde fielen und sich dort weiterwälzten. „Du kommst gerade zur rechten Zeit", sagte die Hexe. „Morgen, wenn die Sonne aufgeht, könnte ich dir nicht mehr helfen, ehe wieder ein Jahr vergangen ist. Ich will dir einen Trank bereiten, mit dem mußt du, bevor die Sonne aufgeht, an Land schwimmen, dich dort an das Ufer setzen und ihn trinken, dann verschwindet dein Schwanz und schrumpft zu dem zusammen, was die Menschen niedliche Beine nennen. Aber das tut weh! Es ist, als ob ein scharfes Schwert dich zerschneidet. Alle, die dich sehen, werden sagen, du seist das schönste Menschenkind, das sie je gesehen haben! Du behältst deinen schwebenden Gang, keine Tänzerin kann schweben wie du. Aber bei jedem Schritt, den du machst, ist dir, als ob du auf scharfe Messer trätest, als ob dein Blut fließen müßte. Willst du dies alles leiden, so werde ich dir helfen!"

„Ja!" sagte die kleine Seejungfrau mit bebender Stimme und dachte an den Prinzen und daran, seine unsterbliche Seele zu gewinnen.

„Aber bedenke", sagte die Hexe, „hast du erst menschliche Gestalt bekommen, so kannst du nie wieder eine Seejungfrau werden! Du kannst niemals durch das Wasser zu deinen Schwestern und zum Schloß deines Vaters zurückkehren. Und gewinnst du die Liebe des Prinzen nicht, so daß er um deinetwillen Vater und Mutter vergißt, an dir mit Leib und Seele hängt und den Priester eure Hände ineinanderlegen läßt, daß ihr Mann und Frau werdet, dann bekommst du keine unsterbliche Seele! Am ersten Morgen, nachdem er sich mit einer anderen verheiratet hat, da wird dein Herz brechen, und du wirst zu Schaum auf dem Wasser."

„Ich will es!" sagte die kleine Seejungfrau und war blaß wie der Tod.

„Aber du mußt mich auch bezahlen!" sagte die Hexe. „Und es ist nicht wenig, was ich verlange. Du hast die lieblichste Stimme von allen hier auf dem Grund des Meeres, und damit glaubst du wohl, ihn bezaubern zu können. Aber diese Stimme mußt du mir geben. Das Beste, was du besitzest, will ich für meinen kostbaren Trank haben! Mein eigen Blut muß ich dir ja darin geben, damit der Trank scharf wird wie ein zweischneidiges Schwert!"

„Aber wenn du meine Stimme nimmst", sagte die kleine Seejungfrau, „was bleibt mir dann übrig?"

„Deine hübsche Gestalt", sagte die Hexe, „dein schwebender Gang und deine sprechenden Augen, damit kannst du ein Menschenherz wohl betören. Nun, hast du den Mut verloren? – Streck deine kleine Zunge heraus, damit ich sie als Bezahlung abschneide, und du erhältst den kräftigen Trank!"

„Es geschehe!" sagte die kleine Seejungfrau, und die Hexe setzte ihren Kessel auf, um den Zaubertrank zu kochen. „Reinlichkeit ist eine gute Sache!" meinte sie und scheuerte den Kessel mit den Schlangen aus, die sie zu einem Knäuel zusammenballte. Jetzt ritzte sie sich selbst in die Brust und ließ ihr schwarzes Blut hineinträufeln. Der Dampf formte die wunderlichsten Gestalten, so daß einem angst und bang werden mußte. Jeden Augenblick warf die Hexe neue Sachen in den Kessel, und als es recht kochte, klang es, als ob ein Krokodil weinte. Zuletzt war der Trank fertig und sah aus wie das klare Wasser.

„Da hast du ihn!" sagte die Hexe und schnitt der kleinen Seejungfrau die Zunge ab, so daß sie stumm wurde, weder singen noch sprechen konnte. „Sollten die Polypen dich ergreifen, wenn du durch meinen Wald zurückgehst", bedeutete ihr die Hexe, „so spritze nur einen einzigen Tropfen dieses Getränks auf sie, dann zerspringen ihre Arme und Finger in tausend Stücke!" Aber das brauchte die kleine Seejungfrau nicht zu tun, die Polypen zogen sich erschrocken von ihr zurück, als sie den leuchtenden Trank erblickten, der in ihrer Hand strahlte, als wäre er ein funkelnder Stern. So kam sie rasch durch den Wald, das Moor und die brausenden Strudel.

Sie sah das Schloß ihres Vaters. Die Fackeln im großen Tanzsaal waren gelöscht. Aber sie schliefen wohl alle da drinnen. Aber sie wagte es nicht, sie aufzusuchen, jetzt, wo sie stumm war und sie für immer verlassen wollte. Es war, als bräche ihr Herz vor Trauer! Sie schlich sich in den Garten, nahm eine Blume vom Beet jeder Schwester, warf tausend Küsse gegen das Schloß und stieg empor durch die tiefblaue See hinauf.

Die Sonne war noch nicht aufgegangen, als sie das Schloß des Prinzen sah und die breite Marmortreppe hinaufstieg. Der Mond schien herrlich klar. Die kleine Seejungfer trank den brennenden, scharfen Trunk, und es war, als ginge ein zweischneidiges Schwert durch ihren zarten Körper. Sie wurde ohnmächtig und lag wie tot. Als die Sonne über das Meer schien, erwachte sie und fühlte einen brennenden Schmerz. Aber gerade vor ihr stand der schöne, junge Prinz. Er richtete seine schwarzen Augen auf sie, so daß sie die ihrigen niederschlug; und da sah sie, daß ihr Fischschwanz verschwunden war, und sie die niedlichsten weißen Beine hatte, die ein Mädchen haben kann. Aber sie war völlig nackt, und deshalb hüllte sie sich in ihr langes Haar. Der Prinz fragte, wer sie sei und wie sie hierhergekommen wäre, und sie sah ihn mit ihren tiefblauen Augen mild, aber dennoch traurig an, denn sprechen konnte sie ja nicht. Da nahm er sie bei der Hand und führte sie ins Schloß hinein. Jeder Schritt, den sie machte, war, wie die Hexe im voraus gesagt hatte, als träte sie auf spitze Nadeln und Messer. Aber das ertrug sie gern. An der Hand des Prinzen schritt sie so leicht wie eine Seifenblase empor, und er und alle wunderten sich über ihren lieblichen, schwebenden Gang.

Sie bekam kostbare Kleider aus Seide und Musselin, im Schloß war sie die Schönste von allen. Aber sie war stumm und konnte weder singen noch sprechen. Schöne Sklavinnen, in Seide und Gold gekleidet, traten auf und sangen vor dem Prinzen und seinen königlichen Eltern. Eine von ihnen sang schöner als die andere, und der Prinz klatschte in die Hände und lächelte. Da wurde die kleine Seejungfrau traurig, denn sie wußte, daß sie weit schöner gesungen hatte und dachte: ‚Ach, wüßte er bloß, daß ich, um bei ihm zu sein, meine Stimme für alle Ewigkeit hingegeben habe!' "

Jetzt tanzten die Sklavinnen liebliche, schwebende Tänze zur herrlichsten Musik. Da erhob die kleine Seejungfrau ihre schönen weißen Arme und schwebte auf den Zehenspitzen über den Boden dahin und tanzte, wie noch nie jemand getanzt hatte. Bei jeder Bewegung wurde ihre Schönheit noch offenbarer, und ihre Augen sprachen tiefer zum Herzen als der Gesang der Sklavinnen.

Alle waren begeistert, besonders der Prinz, der sie sein kleines Findelkind nannte. Und sie tanzte immer weiter, obwohl es ihr jedesmal, wenn ihr Fuß die Erde berührte, war, als träte sie auf scharfe Messer. Der Prinz sagte, sie müsse für immer bei ihm bleiben; und sie erhielt die Erlaubnis, vor seiner Tür auf einem Samtkissen zu schlafen.

Er ließ ihr eine Männertracht nähen, damit sie ihn zu Pferd begleiten könne; und sie ritten durch die duftenden Wälder, wo die grünen Zweige ihre Schultern berührten und die Vögel hinter den frischen Blättern sangen. Sie kletterte mit dem Prinzen auf die hohen Berge hinauf, und obwohl ihre zarten Füße bluteten, daß es die anderen sehen konnten, lachte sie doch darüber und folgte ihm, bis sie die Wolken unter sich segeln sahen, als wären sie ein Schwarm Vögel, die in fremde Länder zögen.

Zu Hause im Schloß des Prinzen, wenn die anderen schliefen, ging sie auf die breite Marmortreppe hinaus; es kühlte ihre brennenden Füße, im kalten Seewasser zu stehen, und dann dachte sie an die da drunten in der Tiefe.

Einmal des Nachts kamen ihre Schwestern Arm in Arm und sangen so traurig, indem sie über das Wasser dahinschwammen; sie winkte ihnen zu, und sie erkannten sie und erzählten ihr, wie sehr sie alle betrübt seien. Von da an kamen die Schwestern jede Nacht, und einmal sah sie weit draußen ihre alte Großmutter, die seit langen Jahren nicht mehr an der Oberfläche gewesen war, und den Meerkönig mit seiner Krone auf dem Kopf. Sie reckten die Hände nach ihr aus, wagten sich aber nicht so nah ans Land wie die Schwestern.

Tag für Tag wurde sie dem Prinzen lieber. Er liebte sie, wie man ein gutes, liebes Kind liebt. Aber sie zu seiner Königin zu machen, kam ihm nicht in den Sinn. Und seine Frau mußte sie doch werden, sonst erhielt sie keine unsterbliche Seele, sondern würde an seinem Hochzeitsmorgen zu Schaum auf dem Wasser werden.

„Liebst du mich nicht am meisten von allen?" schienen der kleinen Seejungfrau Augen zu fragen, wenn er sie in seine Arme schloß und ihre schöne Stirn küßte.

„Ja, du bist mir die liebste", sagte der Prinz, „denn du hast das beste Herz von allen. Du bist mir am meisten ergeben und gleichst einem jungen Mädchen, das ich einmal sah, aber sicher niemals wiederfinde. Ich war auf einem Schiff, das unterging; die Wellen warfen mich bei einem heiligen Tempel an das Land, wo mehrere junge Mädchen den Dienst verrichteten. Die jüngste von ihnen fand mich am Ufer und rettete mir das Leben, aber ich sah sie nur zweimal. Sie war die Einzige, die ich in dieser Welt lieben könnte; aber du gleichst ihr und verdrängst fast ihr Bild aus meiner Seele. Sie gehört dem heiligen Tempel an, und deshalb hat mir mein Glück dich gesandt, und niemals wollen wir uns trennen!" –

‚Ach, er weiß nicht, daß ich ihm das Leben gerettet habe!' dachte die kleine Seejungfrau. ‚Ich trug ihn übers Meer zu dem Hain, wo der Tempel steht; ich saß hier hinter dem Schaum und wartete, ob keine Menschen kämen. Ich sah das hübsche Mädchen, das er mehr liebt als mich! Und sie seufzte tief, denn weinen konnte sie nicht. Das Mädchen gehört dem heiligen Tempel an, hat er gesagt. Sie kommt niemals in die Welt hinaus; sie begegnen sich nicht mehr, ich bin bei ihm und sehe ihn jeden Tag; ich will ihn pflegen, lieben, ihm mein Leben opfern!'

Aber jetzt sollte der Prinz sich verheiraten und die schöne Tochter des Nachbarkönigs zur Frau bekommen, erzählte man. Und deshalb rüste er ein so prächtiges Schiff aus. Der Prinz reise, um des Nachbarkönigs Länder zu besichtigen, heiße es wohl, aber es geschähe nur, um des Nachbarkönigs

Tochter zu sehen. Die kleine Seejungfrau schüttelte das Haupt und lächelte. Sie kannte des Prinzen Gedanken weit besser als alle die anderen. „Ich muß reisen", hatte er zu ihr gesagt, „ich muß die schöne Prinzessin sehen. Meine Eltern verlangen es, aber sie wollen mich nicht zwingen, sie als meine Braut heimzuführen. Ich kann sie nicht lieben! Sie gleicht nicht dem schönen Mädchen im Tempel, dem du gleichsiehst! Sollte ich einst eine Braut wählen, so würdest eher du es, mein stummes Findelkind mit den sprechenden Augen!" Und er küßte ihren roten Mund, spielte mit ihrem langen Haar und legte seinen Kopf an ihr Herz, so daß es von Menschenglück und einer unsterblichen Seele träumte.

„Du fürchtest doch das Meer nicht, mein stummes Kind?" sagte er, als sie auf dem prächtigen Schiff standen, das sie in das Land des Nachbarkönigs bringen sollte. Und er erzählte ihr von Sturm und Windstille, von seltsamen Fischen in der Tiefe und von dem, was die Taucher dort gesehen hatten. Und sie lächelte bei seiner Erzählung, denn sie wußte ja besser über den Meeresgrund Bescheid als irgendein anderer.

In der mondhellen Nacht, als alle außer dem Steuermann, der am Ruder stand, schliefen, saß die Meerjungfrau an der Reling des Schiffes und starrte durch das klare Wasser hinab. Da glaubte sie ihres Vaters Schloß zu erblicken. Ganz oben stand ihre Großmutter mit der Silberkrone auf dem Kopf und starrte durch die reißende Strömung zum Kiel des Schiffes empor. Da tauchten aus der Flut ihre Schwestern empor, sahen sie traurig an und rangen ihre weißen Hände. Und sie winkte ihnen zu, lächelte und wollte erzählen, es gehe ihr gut und sie sei glücklich; aber da näherte sich ihr der Schiffsjunge, und die Schwestern tauchten unter, so daß er glaubte, das Weiße, das er gesehen, sei Schaum auf der See gewesen.

Am nächsten Morgen segelte das Schiff in den Hafen der prächtigsten Stadt des Nachbarkönigs. Alle Kirchenglocken läuteten, und von den hohen Türmen wurden die Posaunen geblasen, während die Soldaten mit fliegenden Fahnen und blitzenden Bajonetten dastanden. Jeder Tag hatte sein Fest, Bälle und Gesellschaften lösten einander ab, aber die Prinzessin war noch nicht da. Sie werde weit fort in einem heiligen Tempel erzogen, sagte man, und dort lerne sie königliche Tugenden. Endlich traf sie ein.

Die kleine Seejungfrau war begierig, ihre Schönheit zu sehen; und sie mußte zugeben, eine lieblichere Erscheinung hatte sie niemals gesehen. Ihre Haut war fein und zart, und unter den langen, dunklen Augenwimpern lächelte ein Paar schwarzblauer, treuergebener Augen.

„Du bist es!" sagte der Prinz, „du, die mich errettet hat, als ich wie tot am

Ufer lag!" Und er schloß seine errötende Braut in die Arme. „Ach, ich bin überglücklich!" sagte er zur kleinen Seejungfrau. „Das Beste, das ich nie zu hoffen wagte, ist mir in Erfüllung gegangen. Du wirst dich über mein Glück freuen, denn du hast mich von allen am liebsten!" Und die kleine Seejungfrau küßte seine Hand, und es kam ihr bereits vor, als fühle sie ihr Herz brechen. Sein Hochzeitsmorgen sollte ihr ja den Tod bringen und sie in Schaum des Meeres verwandeln.

Alle Kirchenglocken läuteten, die Herolde ritten durch die Straßen und verkündeten die Verlobung. Auf allen Altären brannte duftendes Öl in kostbaren Silberlampen, die Priester schwangen die Rauchfässer, und Braut und Bräutigam reichten einander die Hand und erhielten den Segen des Bischofs. Die kleine Seejungfrau war in Seide und Gold gekleidet und trug die Schleppe der Braut. Aber ihre Ohren hörten die festliche Musik nicht, ihr Auge sah die heilige Zeremonie nicht. Sie dachte an ihre Todesnacht, und an alles, was sie in dieser Welt verloren hatte!

Noch am gleichen Abend bestiegen Braut und Bräutigam das Schiff. Die Kanonen donnerten, alle Flaggen wehten, und mitten auf dem Schiff war ein königliches Zelt aus Gold und Purpur mit den schönsten Polstern errichtet, da sollte das Brautpaar in der stillen, kühlen Nacht schlafen!

Die Segel blähten sich im Wind, und das Schiff glitt leicht, ohne große Bewegung, über die klare See.

Als es dunkelte, wurden bunte Lampen angezündet, und die Seeleute tanzten lustig auf dem Deck herum. Die kleine Seejungfrau mußte ans erste Mal denken, als sie aus der Flut auftauchte und die gleiche Pracht und Freude erblickte. Sie wirbelte mit im Tanze und schwebte, wie eine Schwalbe schwebt, wenn sie verfolgt wird; und alle jubelten ihr Bewunderung zu: nie hatte sie so herrlich getanzt! Es schnitt wie scharfe Messer in ihren zarten Füßen, aber sie fühlte es nicht, denn es schnitt ihr noch schmerzlicher durch das Herz. Sie wußte, es war der letzte Abend, den sie ihn sah, ihn, für den sie ihre Verwandten und ihre Heimat verlassen, ihre schöne Stimme hingegeben und täglich unendliche Qualen erlitten hatte, ohne daß er es überhaupt ahnte. Es war die letzte Nacht, daß sie die gleiche Luft wie er atmete, das tiefe Meer und den sternhellen Himmel sah. Eine ewige Nacht ohne Gedanken und Traum wartete ihrer, die keine Seele besaß, keine gewinnen konnte. Und alles an Bord war Freude und Heiterkeit bis lang nach Mitternacht. Sie lachte und tanzte mit Todesgedanken im Herzen. Der Prinz küßte seine schöne Braut und diese spielte mit seinem schwarzen Haar, und Arm in Arm gingen sie zur Ruhe im prächtigen Zelt.

Es wurde still auf dem Schiff. Nur der Steuermann stand am Ruder, und die kleine Seejungfrau legte ihre weißen Arme auf die Reling und spähte gen Osten nach dem Morgenrot.

Der erste Sonnenstrahl, wußte sie, würde sie töten. Da sah sie ihre Schwestern aus dem Meer auftauchen. Sie waren blaß wie sie selbst. Ihr langes, schönes Haar wehte nicht mehr im Wind; es war abgeschnitten.

„Wir haben es der Hexe gegeben, um dir Hilfe bringen zu können, damit du diese Nacht nicht sterben mußt! Sie hat uns ein Messer gegeben; hier ist es! Siehst du, wie scharf? Ehe die Sonne aufgeht, mußt du es in das Herz des Prinzen stoßen! Und wenn dann sein warmes Blut auf deine Füße spritzt, wachsen sie zusammen zu einem Fischschwanz, und du wirst wieder eine Seejungfrau, kannst zu uns herabsteigen und lebst deine dreihundert Jahre, bevor du wieder toter, salziger Seeschaum wirst! Eile dich! Er oder du mußt sterben, ehe die Sonne aufgeht! Unsere alte Großmutter trauert so, daß ihr weißes Haar abgefallen ist, wie das unsrige von der Schere der Hexe fiel. Töte den Prinzen und komm zurück! Beeile dich, siehst du den roten Streifen am Himmel? In wenigen Minuten steigt die Sonne auf, dann mußt du sterben!" Und sie stießen einen tiefen Seufzer aus und sanken in die Wogen.

Die kleine Seejungfrau zog den Purpurteppich vom Zelt und sah die schöne Braut mit dem Kopf an der Brust des Prinzen ruhen. Und sie beugte sich nieder, küßte ihn auf die schöne Stirn, blickte zum Himmel auf, wo die Morgenröte mehr und mehr leuchtete, betrachtete das scharfe Messer und heftete die Augen wieder auf den Prinzen, der im Traum den Namen seiner Braut nannte – nur sie war in seinen Gedanken –, und das Messer zitterte in der Hand der Seejungfrau. Aber da warf sie es weit hinaus in die Wogen, die rot aufblitzten, wo es niederfiel. Und es sah aus, als quöllen Blutstropfen aus dem Wasser auf. Noch einmal sah sie mit halbgebrochenem Blick auf den Prinzen, stürzte sich vom Schiff in das Meer hinab und fühlte, wie sich ihr Leib in Schaum auflöste.

Jetzt stieg die Sonne aus dem Meer auf, und ihre Strahlen fielen mild und warm auf den totkalten Meerschaum, aber die kleine Seejungfrau fühlte den Tod nicht. Sie sah die lichte Sonne, und über ihr schwebten Hunderte von durchsichtigen, lieblichen Geschöpfen. Durch sie hindurch konnte sie das weiße Segel des Schiffs und die roten Wolken des Himmels sehen. Ihre Stimmen waren Musik, aber so geistig, daß kein menschliches Ohr sie hören, wie auch kein irdisches Auge sie sehen konnte. Ohne Flügel schwebten sie kraft ihrer eigenen Leichtigkeit durch die Luft, und die kleine Seejungfrau sah, sie hatte einen Körper wie jene, und der erhob sich mehr und mehr aus dem Schaum.

„Zu wem komme ich?" fragte sie, und ihre Stimme klang wie die der anderen Wesen, so geistig, daß keine irdische Musik es wiederzugeben vermag.

„Zu den Töchtern der Luft!" erwiderten die anderen. „Eine Seejungfrau hat keine unsterbliche Seele und kann auch keine gewinnen, wenn sie nicht die Liebe eines Menschen erringt! Von einer fremden Macht hängt ihr ewiges Dasein ab. Die Töchter der Luft haben auch keine ewige Seele, aber sie können sich durch gute Handlungen eine erschaffen. Wir fliegen in die warmen Länder, wo die schwüle Pestluft die Menschen tötet. Dort fächeln wir Kühlung. Wir breiten den Duft der Blumen durch die Lüfte und schenken Erquickung und Heilung. Wenn wir dreihundert Jahre lang gestrebt haben, alles Gute, das wir vermögen, weiterzugeben, erhalten wir eine unsterbliche Seele und werden des ewigen Glücks der Menschen teilhaftig. Du arme, kleine Seejungfrau hast mit deinem ganzen Herzen dasselbe wie wir erstrebt! Du hast gelitten und geduldet und dich in die Welt der Luftgeister erhoben. Jetzt kannst du dir selbst in drei Jahrhunderten durch gute Taten eine unsterbliche Seele erschaffen!"

Die kleine Seejungfrau erhob ihre zarten Arme gegen die Sonne Gottes, und zum erstenmal fühlte sie Tränen in ihren Augen. Auf dem Schiff war wieder Leben, und sie sah den Prinzen mit seiner schönen Braut nach ihr suchen. Wehmütig starrten sie in den perlenden Schaum, als wüßten sie, daß sie sich in die Wogen gestürzt hatte. Unsichtbar küßte sie die Stirn der Braut, lächelte dem Prinzen zu und stieg mit den anderen Kindern der Luft auf die rosenrote Wolke empor, die am Himmel segelte.

„In dreihundert Jahren schweben wir also in das Reich Gottes hinein!"

„Wir können auch früher hineinkommen!" flüsterte eine. „Unsichtbar schweben wir in die Häuser der Menschen hinein, wo Kinder sind. Und mit jedem Tag, an dem wir ein gutes Kind finden, das seinen Eltern Freude bereitet und ihre Liebe verdient, verkürzt Gott unsere Prüfungszeit. Das Kind weiß nicht, wann wir durch die Stube fliegen; aber müssen wir aus Freude über ein Kind lächeln, so wird ein Jahr von den dreihundert abgezogen. Sehen wir dagegen ein unartiges und böses Kind, so müssen wir Tränen der Trauer weinen, und jede Träne legt unserer Prüfungszeit einen Tag zu!" –

Der unartige Knabe

Es war einmal ein alter Dichter, so ein richtig guter alter Dichter. Eines Abends, als er zu Hause saß, gab es draußen ein schrecklich böses Unwetter; der Regen strömte hernieder, aber der Dichter saß warm und gemütlich bei seinem Ofen, wo das Feuer brannte und die Äpfel brutzelten.

„Es bleibt kein trockener Faden auf den Armen, die in dem Wetter draußen sind!" sagte er, denn er war ein guter Dichter.

„Oh, öffne mir! Mich friert, und ich bin ganz naß!" rief draußen ein kleines Kind. Es weinte und klopfte an der Tür, während der Regen herabströmte und der Wind an allen Fenstern rüttelte.

„Du armes Ding!" sagte der alte Dichter und ging, die Tür zu öffnen. Da stand ein kleiner Knabe; er war ganz nackt, und das Wasser floß aus seinen langen blonden Locken. Er zitterte vor Kälte; wäre er nicht hereingekommen, hätte er in dem bösen Wetter sicherlich umkommen müssen.

„Du armer Junge!" sagte der freundliche Dichter und nahm ihn bei der Hand. „Komm zu mir, ich werde dich schon erwärmen! Wein und einen Apfel sollst du haben, denn du bist ein prächtiger Knabe!"

Das war er auch. Seine Augen sahen wie zwei helle Sterne aus, und obwohl das Wasser aus seinen blonden Locken herabfloß, ringelten sie sich gar allerliebst. Er sah aus wie ein kleines Engelskind, war aber blaß vor Kälte und zitterte am ganzen Körper. In der Hand trug er einen herrlichen Bogen, aber der war vom Regen ganz verdorben. Alle Farben auf den schönen Pfeilen liefen vor Nässe ineinander.

Der alte Dichter setzte sich wieder an den Kachelofen, nahm den kleinen Knaben auf seinen Schoß, drückte das Wasser aus seinen Locken, wärmte ihm die Hände in seinen eigenen und kochte ihm süßen Wein. Da erholte er sich, bekam rote Wangen, sprang auf den Fußboden und tanzte rings um den alten Dichter herum.

„Du bist ein lustiger Knabe!" sagte der Alte. „Wie heißt du?"

„Ich heiße Amor!" erwiderte er. „Kennst du mich nicht? Dort liegt mein Bogen. Damit schieße ich sehr gut!"

„Aber dein Bogen ist verdorben!" sagte der alte Dichter.

„Das wäre schlimm!" sagte der kleine Knabe, nahm ihn auf und sah ihn an. „Oh, der ist ganz trocken und hat gar nicht gelitten. Die Sehne sitzt ganz stramm! Nun werde ich ihn probieren!" Dann spannte er ihn, legte einen Pfeil darauf, zielte und schoß dem guten alten Dichter gerade ins Herz: „Siehst du wohl, daß mein Bogen nicht verdorben war?" sagte er, lachte ganz laut und lief davon. Der unartige Knabe! So nach dem alten Dichter zu schießen, der ihn in die warme Stube aufgenommen, so gut gegen ihn gewesen war und ihm den schönen Wein und den besten Apfel gegeben hatte.

Der gute Dichter lag auf dem Fußboden und weinte. Er war wirklich gerade ins Herz getroffen. „Pfui", sagte er, „was ist dieser Amor für ein unartiger Knabe! Das werde ich allen guten Kindern erzählen, damit sie sich in acht nehmen können und niemals mit ihm spielen!"

Alle guten Kinder, Mädchen und Knaben, denen er dieses erzählte, nahmen sich auch vor dem bösen Amor in acht; aber der führte sie doch an, denn er ist sehr schlau! Wenn die Studenten von den Vorlesungen kommen, läuft er an ihrer Seite mit einem Buch unter dem Arm und hat einen schwarzen Rock an. Sie können ihn gar nicht erkennen. Und dann fassen sie ihn unter den Arm und glauben, er sei auch ein Student; aber dann sticht er ihnen den Pfeil in die Brust. Wenn die Mädchen vom Pfarrer kommen und wenn sie eingesegnet werden, so ist er auch hinter ihnen her. Ja, er ist immer hinter den Leuten her! Er sitzt im großen Kronleuchter im Theater und brennt lichterloh, so daß die Leute glauben, es sei eine Lampe; aber später erkennen sie ihren Irrtum! Er läuft im Schloßpark und auf den Wällen umher! Ja, er hat auch einmal deinen Vater und deine Mutter gerade ins Herz geschossen! Er ist hinter allen Menschen her. Denk einmal, er schoß sogar einmal einen Pfeil auf die alte Großmutter ab; das ist zwar schon lange her, aber das vergißt sie nie. Pfui, der böse Amor! Aber nun kennst du ihn und weißt, was er für ein unartiger Knabe ist!

Die Galoschen des Glücks

I.

Ein Anfang

n einem Haus in Kopenhagen, nicht weit vom Königsneumarkt, war einmal eine große Gesellschaft, eine sehr große Gesellschaft, um von den Eingeladenen wieder Einladungen zu erhalten. Die eine Hälfte der Gesellschaft saß bereits an den Spieltischen, und die andere Hälfte wartete darauf, was bei dem „Was wollen wir denn nun anfangen?" der Hausfrau herauskommen würde. Soweit war man, und die Unterhaltung war ziemlich lebhaft. Unter anderem kam auch die Rede auf das Mittelalter. Einige hielten es für ungleich besser als unsere Zeit; ja, der Justizrat Knapp verteidigte diese Meinung so eifrig, daß die Hausfrau ihm sogleich beistimmte, und beide eiferten nun gegen Ørsteds Abhandlung im Almanach über alte und neue Zeiten, worin unserem Zeitalter im wesentlichen der Vorzug gegeben wird. Der Justizrat betrachtete die Zeit des Dänenkönigs Hans* als die schönste und glücklichste.

Während all diesem Reden, das nur für einen Augenblick durch die Ankunft der Zeitung unterbrochen wurde, die nichts enthielt, was lesenswert war, wollen wir uns in das Vorzimmer hinausbegeben, wo die Mäntel, Stöcke und Galoschen Platz gefunden hatten. Hier saßen zwei Mädchen, ein junges und ein altes; man hätte glauben können, sie seien gekommen, um ihre weibliche Herrschaft nach Hause zu geleiten. Sah man sie aber etwas genauer an, so begriff man bald, daß sie keine gewöhnlichen Dienstmädchen waren, dazu waren sie zu edel, die Haut zu zart und der Schnitt der Kleider sehr kühn und gewagt. Es waren zwei Feen, die jüngste war nicht das Glück selbst, aber ein Kammermädchen einer der Kammerjungfrauen desselben, die die geringeren Gaben des Glückes umhertragen. Die ältere sah sehr ernst aus, es war die Trauer. Sie geht immer selbst, in höchst-

* 1481–1513.

eigener Person, ihre Geschäfte zu besorgen, dann weiß sie, daß sie gut ausgeführt werden.

Die beiden Feen erzählten einander, wo sie an diesem Tag gewesen
waren. Die Abgesandte der Kammerjungfer des Glückes hatte nur einige
unbedeutende Aufträge ausgeführt, einen neuen Hut vor einem Regenguß
bewahrt, einem ehrlichen Manne einen Gruß von einer vornehmen Null
verschafft und einiges mehr; aber was ihr noch zu tun übrigblieb, war etwas
ganz Ungewöhnliches.

„Ich muß dir erzählen", sagte sie, „daß heute mein Geburtstag ist, und
dem zu Ehren sind mir ein Paar Galoschen anvertraut, die ich der Menschheit überbringen soll. Die Galoschen haben die Eigenschaft, daß jeder, der
sie trägt, augenblicklich an die Stelle oder in die Zeit versetzt wird, wo er
am liebsten sein will. Jeglicher Wunsch in Hinsicht auf Zeit, Ort oder Dauer
wird sofort erfüllt, und der Mensch also endlich einmal glücklich hie-
nieden!"

„Ja, das magst du glauben!" sagte die Trauer. „Er wird sehr unglücklich
und segnet den Augenblick, wo er die Galoschen wieder los sein wird!"

„Wo denkst du hin?" erwiderte die andere. „Nun stelle ich sie an die Tür,
einer vergreift sich und wird der Glückliche!"

II.
Wie es dem Justizrat erging

Es war spät geworden; der Justizrat Knapp, ganz in die Zeit des Königs
Hans vertieft, wollte heimkehren, und das Schicksal lenkte es so, daß er anstatt seiner Galoschen die des Glücks anzog und nun auf die Oststraße hinaustrat: Aber er war durch die Zauberkraft der Galoschen in die Zeit des
Königs Hans zurückversetzt, und darum setzte er den Fuß gerade in
Schlamm und Morast auf die Straße, weil es zu jener Zeit noch kein Stein-
pflaster gab.

„Es ist entsetzlich, wie schmutzig es hier ist!" sagte der Justizrat. „Der
ganze Bürgersteig ist fort, und alle Laternen sind ausgelöscht!"

Der Mond war noch nicht hoch genug gestiegen, und die Luft überdies
ziemlich dick, so daß alle Gegenstände ringsumher in der Dunkelheit ineinander verschwammen. An der nächsten Ecke hing indessen eine Laterne
vor einem Marienbild, aber die Beleuchtung war so gut wie keine, er bemerkte sie erst, als er gerade darunter stand, und seine Augen fielen auf das

gemalte Bild mit der Mutter und dem Kind.

‚Das ist wohl‘, dachte er, ‚ein Kunstkabinett, wo man vergessen hat, das Schild herabzunehmen.‘

Ein paar Menschen in der Tracht der Zeit gingen an ihm vorbei.

„Wie sahen die denn aus! Die kommen wohl von einem Maskenball!“ Plötzlich ertönten Trommeln und Pfeifen, Fackeln leuchteten hell. Der Justizrat stutzte und sah nun einen sonderbaren Zug vorbeiziehen. Zuerst kam ein ganzer Trupp Trommelschläger, die ihre Trommeln recht tüchtig bearbeiteten; ihnen folgten Trabanten mit Bogen und Armbrüsten. Der Vornehmste im Zuge war ein geistlicher Herr. Erstaunt fragte der Justizrat, was das zu bedeuten habe und wer der Mann sei.

„Das ist der Bischof von Seeland!“

„Was fällt dem Bischof ein?“ seufzte der Justizrat und schüttelte den Kopf. Der Bischof konnte es unmöglich sein. Darüber grübelnd, und ohne zur Rechten oder Linken zu sehen, ging der Justizrat durch die Oststraße und über den Hohenbrückenplatz. Die Brücke zum Schloßplatz war nicht zu finden, er sah in schwachen Umrissen ein flaches Ufer, und er stieß endlich auf zwei Männer, die in einem Boot saßen.

„Will der Herr nach dem Holm übergesetzt werden?“ fragten sie.

„Nach dem Holm hinüber?“ sagte der Justizrat, der ja nicht wußte, in welchem Zeitalter er sich befand. „Ich will nach Christianshavn in die kleine Torfstraße!“

Die Leute betrachteten ihn.

„Sagt mir nur, wo die Brücke ist!“ bat er. „Es ist schändlich, daß hier keine Laternen angezündet sind, und dann ist hier ein Schmutz und Schlamm, als ginge man in einem Sumpf!“

Je länger er mit den Bootsmännern sprach, desto unverständlicher waren sie ihm.

„Ich verstehe euer Bornholmisch nicht!“ sagte er zuletzt ärgerlich und kehrte ihnen den Rücken. Die Brücke konnte er nicht finden, ein Geländer war auch nicht da. „Es ist eine Schande, wie es hier aussieht!“ sagte er. Nie hatte er sein Zeitalter elender gefunden als an diesem Abend. Ich glaube, ich werde am besten eine Droschke nehmen, dachte er; aber keine war zu sehen. „Ich werde zum Königsneumarkt zurückgehen müssen, dort halten wohl Wagen, sonst komme ich nie nach Christianshavn hinaus!“

Nun ging er zur Oststraße und war fast hindurchgekommen, als der Mond hervorbrach.

„Mein Gott, was ist das für ein Gerüst, das man hier errichtet hat!“ rief er aus, als er das Osttor erblickte, das zu jener Zeit am Ende der Oststraße stand.

Inzwischen fand er doch eine Pforte offen, und durch sie kam er nach unserem Neumarkt hinaus; aber das war ein großer Wiesengrund, einzelne Büsche ragten hervor, und quer durch die Wiese ging ein breiter Kanal oder Strom. Einige erbärmliche Holzbuden für holländische Schiffer, nach denen der Ort den Namen „Hollandsau" hatte, lagen auf dem jenseitigen Ufer.

„Entweder sehe ich eine Fata morgana – oder ich bin ertrunken!" jammerte der Justizrat. „Was ist das nur? Was ist das nur?"

Er kehrte wieder um, in der festen Überzeugung, daß er krank wäre. Als er in die Straße zurückkam, betrachtete er die Häuser etwas genauer, die meisten waren nur aus Fachwerk, und viele hatten nur ein Strohdach.

„Nein, mir ist gar nicht wohl!" seufzte er. „Und ich trank doch nur ein Glas Punsch; aber ich kann ihn nicht vertragen, und es war auch ganz und gar verkehrt, uns Punsch und warmen Lachs vorzusetzen. Das werde ich auch unserer Frau Wirtin sagen. Ob ich wohl wieder zurückkehre und sage, wie mir zumute ist? Aber das sieht so lächerlich aus, und wer weiß, ob sie noch auf sind!"

Er suchte nach dem Haus, aber es war gar nicht zu finden.

„Es ist doch schrecklich, ich kann die Oststraße nicht wiedererkennen! Nicht ein Laden ist da! Alte, elende, verfallene Häuser erblicke ich, als ob ich in Roskilde oder Ringstedt wäre! Ach, ich bin krank! Es nützt nichts, ängstlich zu sein! Aber wo in aller Welt ist das Haus des Stadtrats? Es ist nicht mehr dasselbe, aber dort drinnen sind noch Leute auf; ach, ich bin sicher krank!"

Nun stieß er auf eine angelehnte Tür, wo das Licht durch eine Spalte fiel. Es war eine Herberge jener Zeit, eine Art Bierhaus. Die Stube hatte das Ansehen einer holsteinischen Diele; eine Anzahl Leute, bestehend aus Schiffern, Kopenhagener Bürgern und einigen Gelehrten, saßen hier im eifrigsten Gespräch bei ihren Krügen und beachteten den Eintretenden nur wenig.

„Entschuldigung", sagte der Justizrat zur Wirtin, die ihm entgegenkam. „Es ist mir sehr unwohl geworden. Wollen Sie mir nicht eine Droschke nach Christianshavn hinaus besorgen?"

Die Frau sah ihn an und schüttelte den Kopf; darauf redete sie ihn in deutscher Sprache an. Der Justizrat nahm an, daß sie nicht Dänisch könne, und brachte deshalb seinen Wunsch auf deutsch vor. Dies, wie auch seine Kleidung bestärkten die Frau darin, daß er ein Ausländer wäre. Daß er sich unwohl befände, begriff sie bald und brachte ihm deshalb einen Krug Wasser, der etwas nach Seewasser schmeckte, obwohl es draußen aus dem Brunnen geschöpft worden war.

Der Justizrat stützte den Kopf auf die Hand, holte tief Atem und grübelte über alles Seltsame um sich her.

„Ist das ‚Der Tag‘* von heute abend?" fragte er, als er sah, daß die Frau ein großes Stück Papier fortlegte.

Sie verstand nicht, was er damit meinte, reichte ihm aber das Blatt. Es war ein Holzschnitt, der eine Lufterscheinung zeigte, die in der Stadt Köln gesehen worden war.

„Das ist sehr alt!", sagte der Justizrat, und wurde durch das vergilbte Blatt ganz aufgeräumt. „Wie sind Sie nur zu diesem seltenen Blatt gekommen? Das ist sehr interessant, obwohl das Ganze eine Fabel ist! Man erklärt dergleichen Lufterscheinungen durch Nordlichter, die man gesehen hat; wahrscheinlich entstehen sie durch die Elektrizität!"

Die ihm zunächst saßen und seine Rede hörten, sahen ihn erstaunt an, und einer von ihnen erhob sich, nahm ehrerbietig den Hut ab und sagte mit der ernsthaftesten Miene: „Ihr seid sicher ein höchst gelehrter Mann."

„Oh, nein!" erwiderte der Justizrat. „Ich kann nur von dem einen und dem anderen mitsprechen, was man gerade verstehen muß!"

„Bescheidenheit ist eine schöne Tugend!" sagte der Mann. „Übrigens muß ich zu eurer Rede sagen: Ich habe eine andere Ansicht, doch will ich hier mein Urteil gern zurückhalten!"

„Darf ich wohl fragen, mit wem ich das Vergnügen habe zu sprechen?" fragte der Justizrat.

„Ich bin Bakkalaureus der Heiligen Schrift!" erwiderte der Mann.

Diese Antwort genügte dem Justizrat; der Titel entsprach hier der Tracht. ‚Das ist sicher‘, dachte er, ‚ein alter Dorfschulmeister, wie man sie zuweilen oben in Jütland treffen kann.‘

„Hier ist wohl nicht der Ort zu gelehrten Gesprächen", begann der Mann, „doch bitte ich Euch, daß Ihr mit uns sprecht! Ihr seid gewiß sehr belesen?"

„Oh ja! Allerdings! antwortete der Rat. „Ich lese gern alte, nützliche Schriften, habe aber auch die neueren recht gern, mit Ausnahme der ‚Alltagsgeschichten‘, von denen wir in der Wirklichkeit genug haben!"

„Alltagsgeschichten?" fragte der Bakkalaureus.

„Ja, ich meine diese neuen Romane, die es jetzt gibt."

* Eine Abendzeitung in Kopenhagen.

„Oh", lächelte der Mann, „sie enthalten doch viel Geist und werden bei Hof gelesen. Der König liebt besonders den Roman von Herrn Ivent und Herrn Gaudian, der von König Artus und seinen Helden der Tafelrunde handelt. Er hat mit seinen hohen Herren darüber gescherzt."

„Ja, den habe ich noch nicht gelesen!" sagte der Justizrat, „es muß ein ganz neuer sein, den Heiberg herausgegeben hat!"

„Nein", erwiderte der Mann, „der ist nicht bei Heiberg, sondern bei Godfred von Gehmen herausgekommen!"

„So, ist das der Verfasser!" sagte der Justizrat. „Das ist ein sehr alter Name; so hieß ja wohl der erste Buchdrucker, der in Dänemark gewesen ist?"

„Ja, das ist unser erster Buchdrucker", sagte der Mann.

Bis dahin ging es ganz gut. Nun sprach einer der guten Bürgersleute von der schweren Pestilenz, die vor einigen Jahren gewütet hatte, und meinte die im Jahre 1484. Der Justizrat nahm an, daß es die Cholera sei, von der die Rede war, und so ging die Unterhaltung recht gut. Der Freibeuterkrieg von 1490 lag so nahe, daß er berührt werden mußte. Die englischen Freibeuter hätten Schiffe von der Reede genommen, sagten sie. Und der Justizrat, der sich in die Begebenheiten von 1801 recht hineingelebt hatte, stimmte vortrefflich gegen die Engländer mit ein. Das übrige Gespräch dagegen ging nicht so gut, jeden Augenblick verfiel man in den Schulmeisterton. Der Bakkalaureus war gar zu unwissend, und die einfachsten Äußerungen des Justizrats klangen ihm wieder zu dreist und zu überspannt. Sie sahen einander an, und wurde es gar zu arg, dann sprach der Bakkalaureus lateinisch, in der Hoffnung, besser verstanden zu werden, aber es half doch nichts.

„Wie ist es mit Ihnen?" fragte die Wirtin und zog den Rat am Ärmel. Nun kam seine Besinnung zurück, denn während des Gesprächs hatte er alles vergessen, was vorangegangen war.

„Mein Gott, wo bin ich?" sagte er, und ihm schwindelte, als er daran dachte.

„Klarett wollen wir trinken! Met und Bremer Bier", rief einer der Gäste. „Und ihr sollt mittrinken!"

Zwei Mädchen kamen herein und schenkten ein.

Er mußte mit den anderen trinken, ob er wollte oder nicht. Er war ganz verzweifelt, und als einer sagte, daß er betrunken sei, so zweifelte er durchaus nicht an dem Wort des Mannes, sondern bat nur, ihm eine Droschke zu verschaffen. Und da glaubten sie, er spreche moskowitisch.

Nie war er in so roher Gesellschaft gewesen. „Man könnte glauben, das Land wäre zum Heidentum zurückgekehrt", meinte er. „Das ist der schrecklichste Augenblick in meinem Leben!" Doch plötzlich kam ihm der Gedanke, sich unter den Tisch hinabzubücken und dann nach der Tür zu kriechen. Das tat er, aber als er beim Ausgang war, merkten die anderen, was er vorhatte. Sie ergriffen ihn bei den Füßen, und nun gingen dabei die Galoschen zu seinem Glück ab und – mit diesen verschwand die ganze Zauberei.

Der Justizrat sah ganz deutlich vor sich eine Laterne brennen und hinter dieser ein großes Gebäude; alles sah bekannt und prächtig aus. Es war die Oststraße, wie wir sie kennen; er lag mit den Beinen gegen eine Pforte, und gerade gegenüber saß der Wächter und schlief.

„Du mein Schöpfer, habe ich hier auf der Straße gelegen und geträumt!" sagte er. „Ja, es ist die Oststraße! Wie prächtig hell und bunt! Es ist doch schrecklich, wie das Glas Punsch auf mich gewirkt haben muß."

Zwei Minuten später saß er in einer Droschke, die ihn nach Christianshavn fuhr; er gedachte der Angst und Not, die er ausgestanden hatte, und pries von Herzen die glückliche Gegenwart, unsere Zeit, die mit allen ihren Mängeln doch weit besser wäre, als die, in der er vor kurzem gewesen war.

III.
Des Wächters Abenteuer

„Da liegen ja tatsächlich ein Paar Galoschen!" sagte der Wächter. „Die gehören sicher dem Leutnant, der dort oben wohnt."

Gern hätte der ehrliche Mann geklingelt und sie abgeliefert, aber er wollte die übrigen Leute im Haus nicht wecken, und deshalb unterließ er es.

„Das muß recht warm sein, ein Paar solcher Dinger am Fuß zu haben!" sagte er. „Sie sind weich im Leder. Und sie passen gut an meine Füße. Wie komisch ist doch die Welt! Nun könnte der Leutnant sich in sein warmes Bett legen, aber ob er es wohl tut? Nein, da geht er im Zimmer auf und ab. Was ist das für ein glücklicher Mensch! Er hat weder Frau noch Kinder, und jeden Abend ist er in Gesellschaft. Ach, wäre ich doch er, ja, dann wäre ich ein glücklicher Mann!"

Indem er den Wunsch aussprach, wirkten die Galoschen, die er inzwischen angezogen hatte; der Wächter ging vollständig in des Leutnants Sein und Wesen über. Da stand er oben im Zimmer und hielt ein kleines rosenrotes Papier zwischen den Fingern, worauf ein Gedicht stand, ein Gedicht des Herrn Leutnant selbst. Denn wer hat in seinem Leben nicht einmal einen dichterischen Augenblick gehabt, und schreibt man dann seine Gedanken nieder, so hat man ein Gedicht. Hier stand geschrieben:

„Oh, wär' ich reich!"

„Oh, wär' ich reich!" so wünscht' ich mir schon oft,
Als ich, kaum ellengroß, auf viel gehofft.
Oh, wär' ich reich, dann würd' ich Offizier,
Mit Säbel, Uniform und Bandelier.
Die Zeit kam auch, und ich ward Offizier;
Doch nun und nimmer ward ich reich, ich Armer;
Hilf mir, Erbarmer!

Einst saß ich abends, lebensfroh und jung,
Ein kleines Mädchen küßte meinen Mund,
Denn ich war reich an Märchenpoesie,
An Gold dagegen, ach, so arm wie nie;
Das Kind nur wollte diese Poesie;
Da war ich reich, doch nicht an Geld, ich Armer;
Du weißt's, Erbarmer.

„Oh, wär' ich reich!" so tönt zu Gott mein Fleh'n,
Das Kind hab' ich zur Jungfrau reifen seh'n;
Sie ist so klug, so hübsch, so seelengut:
Oh, wüßte sie, was mir im Herzen ruht,
Das große Märchen – wäre sie mir gut!
Doch bin zum Schweigen ich verdammt, ich Armer;
Du willst's, Erbarmer!

Oh, wär' ich reich an Trost und Ruhe hier,
Dann käme all mein Leid nicht aufs Papier.
Verstehst du mich, du, der ich mich geweiht,
So lies dies Blatt, aus meiner Jugendzeit,
Ein dunkles Märchen, dunkler Nacht geweiht.
Nur finstre Zukunft seh' ich, ach ich Armer!
Dich segne der Erbarmer!

Ja, solche Verse schreibt man, wenn man verliebt ist, aber ein besonnener Mann läßt sie nicht drucken. Leutnant, Liebe und Mangel, das ist ein Dreieck, oder ebensogut die Hälfte des zerbrochenen Würfels des Glücks. Das fühlte auch der Leutnant, und deshalb legte er den Kopf gegen den Fensterrahmen und seufzte tief.

„Der arme Wächter draußen auf der Straße ist weit glücklicher als ich, er kennt nicht, was ich Mangel nenne. Er hat eine Heimat, Frau und Kinder, die mit ihm weinen, oder sich mit ihm freuen, wenn er fröhlich ist! Oh, ich wäre glücklicher als ich bin, könnte ich in sein Wesen und Sein übergehen, denn, er ist ja glücklicher als ich!"

Im selben Augenblick war der Wächter wieder Wächter, denn durch die Galoschen des Glückes war er Leutnant geworden, aber wie wir sahen, fühlte er sich da noch weniger zufrieden und zog gerade das vor, das er vor kurzem verworfen hatte. Also war der Wächter wieder Wächter.

„Das war ein häßlicher Traum", sagte er, „aber seltsam genug. Es war mir, als wäre ich der Leutnant dort oben, was mir durchaus kein Vergnügen machte. Ich entbehrte die Frau und die Kinder, die mich halbtot küssen wollten!"

Er saß wieder und nickte, der Traum wollte ihm nicht recht aus den Gedanken, die Galoschen hatte er noch immer an den Füßen. Eine Sternschnuppe zog am Himmel entlang.

„Dort ging sie hin!" sagte er. „Doch was tut es, es sind ihrer noch genug vorhanden. Ich hätte wohl Lust, die Dinger etwas näher anzusehen, besonders den Mond. Wenn wir sterben, sagte der Student, für den meine Frau wäscht, fliegen wir von einem Stern zum anderen. Das ist eine Lüge, möchte aber recht hübsch sein. Könnte ich doch einen kleinen Sprung dahinauf machen, dann könnte der Körper gern hier auf der Treppe liegenbleiben!"

Seht, es gibt nun gewisse Dinge in der Welt, die auszusprechen man sehr vorsichtig sein muß, aber doppelt vorsichtig muß man sein, wenn man die Galoschen des Glückes an den Füßen hat. Hört nur, wie es dem Wächter erging.

Wir kennen alle die Schnelligkeit der Dampfbeförderung, wir haben sie entweder auf Eisenbahnen oder mit Schiffen über das Meer hin erprobt. Doch dieser Flug ist wie die Wanderung des Faultiers oder der Marsch der Schnecke im Verhältnis zur Lichtgeschwindigkeit. Es fliegt neunzehnmillionenmal schneller als der beste Wettrenner, und doch ist die Elektrizität noch schneller. Der Tod ist ein elektrischer Stoß, den wir ins Herz erhalten; auf den Schwingen der Elektrizität erhebt sich die befreite Seele. Acht Minuten und wenige Sekunden braucht das Sonnenlicht zu einer Reise von über zwanzig Millionen Meilen; mit der Schnellpost der Elektrizität bedarf die Seele nur weniger Minuten, um denselben Flug auszuführen. Der Raum zwischen den Weltkörpern ist für sie nicht größer, als er zwischen den Häusern unserer Freunde ist, selbst wenn diese ziemlich nahe beieinander liegen. Inzwischen kostet dieser elektrische Herzensstoß uns hier unten den Gebrauch des Körpers, falls wir nicht, gerade wie der Wächter, die Galoschen des Glückes anhaben.

In wenigen Sekunden hatte der Wächter die zweiundfünfzigtausend Meilen bis zum Mond zurückgelegt, der, wie man weiß, von einem leichteren Stoff als unsere Erde geschaffen und weich wie frisch gefallener Schnee ist. Er befand sich auf einem der unzählig vielen Ringberge, die wir aus Dr. Mädlers großer Mondkarte kennen. Nach innen zu ging es in einen Kessel, ungefähr eine halbe Meile senkrecht hinab. Darin lag eine Stadt, von deren Aussehen wir allein einen Begriff bekommen können, wenn wir Eiweiß in ein Glas Wasser schlagen. Das Material hier war ebenso weich und bildete Türme mit Kuppeln und segelförmigen Altanen, durchsichtig und in der dünnen Luft schwebend. Unsere Erde schwebte wie eine große dunkelrote Kugel über seinem Kopf.

Da gab es so viele Geschöpfe, die sicherlich das waren, was wir „Menschen" nennen, aber sie sahen ganz anders aus als wir. Sie hatten auch eine Sprache, aber es kann niemand verlangen, daß die Seele des Wächters sie verstehen sollte; dennoch konnte sie es, denn unsere Seele hat weit größere

Fähigkeiten, als wir glauben. Zeigt sie uns nicht in unseren Träumen ihre erstaunliche schöpferische Kraft?

Die Seele des Wächters verstand also die Sprache der Mondbewohner sehr gut. Sie unterhielten sich über unsere Erde und bezweifelten, daß sie bewohnt sein könnte. Die Luft müßte dort zu dick sein, als daß ein vernünftiges Mondgeschöpf darin leben könnte. Sie hielten den Mond allein für bewohnt, er war der eigentliche Weltkörper, wo die alten Weltbewohner lebten.

Sie sprachen auch von unserer jetzigen Zeit; doch wir begeben uns zur Oststraße zurück und sehen da, wie es dem Körper des Wächters ergeht.

Leblos saß derselbe auf der Treppe, der Spieß war ihm aus der Hand gefallen, und die Augen sahen zum Mond empor, auf dem die ehrliche Seele herumwandelte.

„Wieviel Uhr ist es, Wächter?" fragte ein Vorübergehender. Wer aber nicht antwortete, das war der Wächter. Da gab ihm der Mann ganz sacht einen Nasenstüber, und dadurch verlor er das Gleichgewicht. Da lag der Körper, so lang er war, und der Mensch war tot. Alle seine Kameraden erschraken sehr, doch tot war und blieb er; es wurde gemeldet, und es wurde besprochen, und in der Morgenstunde trug man den Körper zum Hospital hinaus.

Er wurde dort in das Reinigungszimmer gebracht, und das erste, was man tat, war natürlich, die Galoschen auszuziehen, und nun mußte die Seele zurück. Sie nahm sofort die Richtung nach dem Körper, und kurz darauf kam Leben in den Mann. Er versicherte, es wäre die schrecklichste Nacht seines Lebens gewesen; nicht für einen Taler wolle er solche Empfindungen wieder haben; aber nun war es ja überstanden.

Am selben Tag wurde er wieder entlassen, aber die Galoschen blieben im Hospital.

IV.
Ein Hauptmoment
Eine höchst ungewöhnliche Reise

Ein jeder Kopenhagener weiß, wie der Eingang zum Friedrichshospital in Kopenhagen aussieht; da aber vermutlich auch einige Nicht-Kopenhagener diese Geschichte lesen, müssen wir eine kurze Beschreibung davon geben.

Das Hospital ist von der Straße durch ein ziemlich hohes Gitter getrennt, in dem die dicken Eisenstäbe so weit voneinander stehen, daß, wie man sich erzählt, sich sehr dünne Leute hindurchgeklemmt und dann außerhalb ihre kleinen Besuche abgestattet haben. Der Körperteil, der am schwierigsten herauszubringen war, blieb der Kopf. Hier, wie oft in der Welt, waren also die kleinen Köpfe die glücklichsten. Dieses wird als Einleitung genug sein.

Einer der jungen Leute, von dem man nur in körperlicher Hinsicht sagen konnte, daß er einen dicken Kopf habe, ging gerade Wache an diesem Abend. Der Regen strömte herab, doch ungeachtet dieser beiden Hindernisse mußte er hinaus, nur eine Viertelstunde. Und das war ja nichts, was er dem Pförtner anvertrauen mußte, meinte er; wenn man durch die Eisenstangen schlüpfen könne. Da lagen die Galoschen, die der Wächter vergessen hatte; es fiel ihm nicht im mindesten ein, daß es die des Glückes seien, sie konnten in diesem Wetter recht gute Dienste leisten, daher zog er sie an. Nun kam es darauf an, ob er sich hindurchklemmen konnte; er hatte es früher nie versucht. Da stand er nun.

„Gott gebe, daß ich den Kopf hinausbekomme!" sagte er, und sofort, obwohl der sehr dick und groß war, glitt er leicht und glücklich hindurch. Das mußten die Galoschen bewirken. Aber nun mußte der Körper mit hinaus; hier stand er.

„Ach, ich bin zu dick!" sagte er. „Der Kopf, dachte ich, sei das Schlimmste! Ich komme nicht hindurch."

Nun wollte er rasch den Kopf zurückziehen, aber das ging nicht. Den Hals konnte er bequem bewegen, aber das war auch alles. Das erste Gefühl war, daß er ärgerlich wurde, das zweite, daß seine Laune unter Null sank. Die Galoschen des Glückes hatten ihn in diese schreckliche Lage gebracht, und unglücklicherweise fiel ihm nicht ein, sich frei zu wünschen, nein, er handelte, und kam nicht von der Stelle. Der Regen strömte herab, nicht ein Mensch war auf der Straße zu erblicken. Die Pfortenklingel konnte er nicht erreichen, wie sollte er nur loskommen? Er sah voraus, daß er hier bis zur Morgenstunde stehen könne, dann mußte man nach einem Schmied senden, um die Eisenstäbe zu zerfeilen. Aber das ging nicht so schnell; die ganze Knabenschule gerade gegenüber würde auf die Beine kommen, um ihn am Pranger zu sehen, es würde einen ungeheuren Auflauf geben. „Hu, das Blut steigt mir zu Kopf, so daß ich wahnsinnig werden muß! – Oh, wäre ich doch wieder los, dann ginge es wohl vorüber."

Seht, das hätte er früher sagen sollen; augenblicklich hatte er den Kopf frei und stürzte nun hinein, ganz verwirrt über den Schreck, den ihm die Galoschen des Glückes eingejagt hatten.

Wir dürfen nicht glauben, daß das Ganze hiermit vorbei war, nein – es wird noch ärger.

Die Nacht verging und auch der folgende Tag, aber es wurde nicht nach den Galoschen geschickt.

Am Abend fand eine Vorstellung in einem Liebhabertheater statt. Das Haus war bis auf den letzten Platz besetzt. Unter den Zuschauern befand sich auch der junge Mann aus dem Hospital, der sein Abenteuer der vergangenen Nacht vergessen zu haben schien. Die Galoschen hatte er angezogen, denn sie waren nicht abgeholt worden, und da es auf der Straße schmutzig war, so konnten sie ihm gute Dienste leisten. Ein neues Gedicht, „Die Brille der Muhme", wurde vorgetragen. Wenn man diese Brille aufgesetzt hatte und vor einer großen Versammlung von Menschen saß, so sahen die Menschen wie Karten aus, und man konnte aus ihnen alles, was im kommenden Jahr geschehen würde, prophezeien.

Die Idee beschäftigte ihn sehr, er hätte gern eine solche Brille gehabt. Wenn man sie richtig gebrauchte, konnte man vielleicht den Leuten gerade in die Herzen hineinschauen, das wäre eigentlich noch viel interessanter, meinte er, als zu sehen, was im nächsten Jahr geschehen würde, denn das erführe man doch, das andere dagegen nie. „Ich denke mir nun die ganze Reihe von Herren und Damen auf der ersten Bank – könnte man ihnen gerade in das Herz sehen, ja, da müßte so eine Öffnung, eine Art von Laden sein. Bei jener Dame dort würde ich sicher einen großen Modehandel entdecken, bei dieser da nur einen leeren Laden, doch würde es ihm nicht schaden, gereinigt zu werden. Würden da auch gute Läden sein? Ach ja!" seufzte er. „Ich kenne einen, in dem ist alles gut, aber darin herrscht schon ein Ladendiener, das ist das einzige Übel im ganzen Laden! Aus dem einen und dem anderen würde es rufen: Treten Sie gefälligst näher! Ja, könnte ich nur wie ein kleiner, niedlicher Gedanke hineinschlüpfen."

Seht, das genügte für die Galoschen; der junge Mann schrumpfte zusammen und begann eine höchst ungewöhnliche Reise mitten durch die Herzen der ersten Zuschauerreihe. Das erste Herz, das er durchwanderte, war das einer Dame; doch glaubte er augenblicklich, im Orthopädischen Institut zu sein, wo die Gipsabgüsse der verwachsenen Glieder an den Wänden hängen; nur war hier der Unterschied der, daß sie in der Anstalt genommen werden, wenn der Kranke hineinkommt, aber hier im Herzen waren sie genommen und aufbewahrt, indem die guten Personen hinausgegangen waren. Es waren Abgüsse von Freundinnen, deren körperliche und geistige Fehler hier aufbewahrt wurden.

Schnell war er in einem anderen weiblichen Herzen, aber dieses erschien ihm wie eine große, heilige Kirche. Die weiße Taube der Unschuld flatterte über dem Hochaltar. Wie gern wäre er auf die Knie niedergesunken, aber weiter mußte er, in das nächste Herz hinein, doch hörte er noch die Orgeltöne, und er selbst kam sich vor, als wäre er ein neuer und besserer Mensch geworden, er selbst fühlte sich nicht unwürdig, das nächste Heiligtum zu betreten, das ihm eine ärmliche Dachkammer mit einer kranken Mutter zeigte. Durch das offene Fenster strahlte Gottes warme Sonne, wunderschöne Rosen nickten von dem kleinen Holzkasten auf dem Dach, und zwei himmelblaue Vögel sangen von kindlicher Freude, während die kranke Mutter um Segen für die Tochter fehlte.

Nun kroch er auf Händen und Füßen durch einen überfüllten Metzgerladen, das war Fleisch und wieder Fleisch, es war das Herz eines reichen, geachteten Mannes, dessen Name überall bekannt war.

Nun war er im Herzen seiner Gemahlin, das war ein alter, verfallener Taubenschlag. Das Bild des Mannes diente als Wetterfahne; diese stand in Verbindung mit den Türen, und so gingen diese auf und zu, sobald der Mann sich drehte.

Darauf gelangte er in ein Spiegelzimmer, aber die Spiegel vergrößerten in einem unglaublichen Maßstabe. Mitten auf dem Fußboden saß, wie ein Dalai-Lama, das unbedeutende Ich der Person, erstaunt, seine eigene Größe zu sehen.

Hierauf glaubte er sich in einer engen Nadelbüchse voll spitzer Nadeln. Da mußte er denken: ‚Das ist sicher das Herz einer alten unverheirateten Jungfrau!' aber das war nicht der Fall, denn es war im Gegenteil ein ganz junger Krieger mit mehreren Orden, von dem man zu sagen pflegte: Ein Mann von Geist und Herz.

Ganz betäubt kam der arme Mann aus dem letzten Herzen in der Reihe, er vermochte seine Gedanken nicht zu ordnen, sondern glaubte, daß seine erregte Phantasie mit ihm durchgegangen war.

„Mein Gott", seufzte er, „ich habe bestimmt Anlage, verrückt zu werden. Hier drinnen ist es auch unverzeihlich heiß, das Blut steigt mir zu Kopf!" Und nun erinnerte er sich der großen Begebenheit des vorhergehenden Abends, wie er seinen Kopf nicht aus dem Eisengitter vor dem Hospitale habe zurückbringen können. „Dabei habe ich es mir zugezogen!" meinte er. „Ich muß beizeiten etwas tun. Ein russisches Bad könnte recht gut sein. Läge ich nur erst auf dem obersten Brett."

Und da lag er auf dem obersten Brett im Dampfbade, aber er lag da mit allen Kleidern, mit Stiefeln und Galoschen; die heißen Wassertropfen von der Decke fielen ihm in das Gesicht.

„Hu!" schrie er und fuhr hinunter, um ein Sturzbad zu erhalten. Der Aufwärter stieß dann einen lauten Schrei aus, als er den angekleideten Menschen erblickte.

Der junge Mann hatte indes soviel Fassung, daß er ihm zuflüsterte: „Es gilt eine Wette!" Aber das erste, was er tat, als er sein eigenes Zimmer erreichte, war, daß er sich ein großes spanisches Fliegenpflaster in den Nacken und eins auf den Rücken legte, damit die Verrücktheit hinausziehen könne.

Am nächsten Morgen hatte er einen blutigen Rücken, das war es, was er durch die Galoschen des Glückes gewonnen hatte.

V.
Die Verwandlung des Schreibers

Der Wächter, den wir gewiß noch nicht vergessen haben, gedachte inzwischen der Galoschen, die er gefunden und mit ins Hospital gebracht hatte. Er holte sie ab, aber da weder der Leutnant noch sonst jemand in der Straße sie als eigene anerkennen wollte, wurden sie auf der Polizei abgeliefert.

„Es sieht aus, als wären es meine eigenen Galoschen", sagte einer der Schreiber, indem er das gefundene Gut betrachtete und sie an die Seite der seinigen stellte. „Dazu gehört mehr als ein Schuhmacherauge, sie zu unterscheiden!"

Ein Diener, der mit einigen Papieren hereintrat, rief ihn. Der Schreiber wandte sich um, sprach mit dem Manne; als das geschehen war und er wieder die Galoschen ansah, war er in großer Ungewißheit darüber, ob es die zur Linken oder die zur Rechten wären, die ihm gehörten.

‚Es müssen die sein, die naß sind!' dachte er, aber es war gerade verkehrt gedacht, denn das waren die des Glückes; aber warum sollte nicht auch die Polizei irren können! Er zog sie an, steckte einige Papiere in die Tasche und andere unter den Arm, die zu Hause durchgelesen und abgeschrieben werden sollten. Aber nun war es gerade Sonntagvormittag, und das Wetter schön. ‚Ein Ausflug nach Friedrichsburg könnte mir wohltun!' dachte er, und so ging er hinaus.

Niemand konnte ein stillerer und nüchternerer Mensch sein, als gerade dieser junge Mann; wir gönnen ihm darum diesen kleinen Spaziergang wohl, denn er wird nach dem vielen Sitzen sicher recht wohltuend für ihn sein. Anfangs ging er nur wie ein gewöhnlicher Mensch, deshalb hatten die Galoschen keine Gelegenheit, ihre Zauberkraft zu beweisen.

Unterwegs begegnete er einem Bekannten, einem jüngeren Dichter, der ihm erzählte, daß er morgen seine Sommerreise beginnen würde.

„Nun wollen Sie wieder fort!" sagte der Schreiber. „Sie sind doch ein glücklicher, freier Mensch. Sie können fliegen, wohin Sie wollen, wir anderen haben eine Kette an dem Fuß!"

„Aber sie ist an dem Brotbaum befestigt!" erwiderte der Dichter. „Sie brauchen nicht für den morgigen Tag zu sorgen, und werden Sie alt, so bekommen Sie eine Pension!"

„Sie haben es doch am besten", sagte der Schreiber. „Es ist ja ein Vergnügen, zu sitzen und zu dichten. Die ganze Welt sagt Ihnen Angenehmes, und dann sind Sie Ihr eigener Herr! Ja, Sie sollten es nur versuchen, im Gericht bei den langweiligen Sachen zu sitzen!"

Der Dichter schüttelte den Kopf, der Schreiber schüttelte den Kopf, ein jeder blieb bei seiner Meinung, und darauf trennten sie sich.

„Es ist ein eigenes Volk, diese Dichter", sagte der Schreiber. „Ich möchte wohl versuchen, mich in eine solche Natur zu versetzen, um selbst ein Dichter zu werden. Ich bin gewiß, daß ich nicht solche Klageverse schreiben würde wie die anderen! – Heute ist ein rechter Frühlingstag für einen Dichter! Die Luft ist ungewöhnlich klar, die Wolken sind so schön, und das Grüne duftet so prächtig! Ja, in vielen Jahren habe ich es nicht so gefühlt wie in diesem Augenblick."

Wir merken schon, daß er ein Dichter geworden ist; das anzudeuten, würde in den meisten Fällen abgeschmackt sein, denn es ist eine törichte Vorstellung, sich einen Dichter anders als andere Menschen zu denken; es können unter diesen weit dichterischere Naturen sein, als manche große, anerkannte Dichter es sind. Der Unterschied ist nur der, daß der Dichter ein besseres geistiges Gedächtnis hat, er kann den Gedanken und das Gefühl festhalten, bis es klar und deutlich durch das Wort verkörpert ist, das können die anderen nicht. Aber der Übergang von einer Alltagsnatur zu einer begabten ist immer ein Übergang, und so muß er bei dem Schreiber in das Auge fallen.

„Der herrliche Duft!" sagte er. „Wie erinnert er mich an die Veilchen meiner guten Tante! Ja, das war, als ich ein kleiner Knabe war! Daran habe ich seit langer Zeit nicht gedacht! Das gute alte Mädchen, sie wohnte dort hinter der Börse. Immer hatte sie einen Zweig oder ein paar grüne Schößlinge im Wasser, mochte der Winter so streng sein, wie er wollte. Die Veilchen dufteten, während ich die erwärmten Kupfermünzen gegen die gefrorene Fensterscheibe legte und Gucklöcher machte. Das war ein hübscher Anblick. Draußen im Kanal lagen die Schiffe eingefroren, von der ganzen Mannschaft verlassen, eine schreiende Krähe bildete die einzige Besatzung. Wenn die Frühlingslüfte wehten, wurde es lebendig; unter Gesang und Hurraruf zersägte man Eis; die Schiffe wurden geteert und aufgetakelt, dann fuhren sie nach fremden Ländern. Ich bin hiergeblieben und muß immer hierbleiben, immer auf der Polizei sitzen und mit ansehen, wie sich die anderen Pässe ins Ausland mitnehmen; das ist mein Los! Ach ja!" seufzte er tief, dann hielt er plötzlich inne. „Wie ist mir denn! So habe ich früher nie gedacht und gefühlt! Das muß die Frühlingsluft sein. Das ist ebenso ängstlich wie angenehm!" Er griff in die Tasche nach seinen Papieren. „Diese werden mich auf andere Gedanken bringen!" sagte er und ließ die Augen über das erste Blatt hingleiten. „Frau Sigbrith, Trauerspiel in fünf Aufzügen", las er, „was ist das? Und das ist ja meine eigene Handschrift! Habe ich dieses Stück geschrieben? ‚Der Scherz auf dem Walle oder der Bußtag, ein Lustspiel'. – Aber wo habe ich das herbekommen? Man muß mir das in die Tasche gesteckt haben. Hier ist auch ein Brief!" Der war von dem Unternehmer einer Volksbühne, die Stücke waren verworfen, und der Brief war durchaus nicht höflich abgefaßt. „Hm! Hm!" sagte der Schreiber und setzte sich auf eine Bank nieder; seine Gedanken schweiften in die Ferne, sein Herz war weich. Unwillkürlich ergriff er eine der nächsten Blumen, eine gewöhnliche kleine Gänseblume; was uns die Naturforscher erst durch manche Vorlesungen sagen, verkündete sie in einer Minute; sie erzählte von ihrer Geburt, von der Kraft des Sonnenlichts, die ihre feinen Blätter ausspannte und sie zu duften zwang. Da dachte er an die Kämpfe des Lebens, die gleichfalls Gefühle in unserer Brust erwecken. Luft und Licht sind die Liebhaber der Blume, aber das Licht ist der begünstigte, nach dem Licht wendete sie sich, verschwand dieses, so rollte sie ihre Blätter zusammen und schlief in der Umarmung der Luft ein. „Das Licht ist es, was mich schmückt!" sagte die Blume. „Aber die Luft läßt dich atmen!" flüsterte die Dichterstimme.

Dicht daneben stand ein Knabe und schlug mit seinem Stock in einen morastigen Graben, daß die Wassertropfen bis zu den grünen Zweigen hinaufspritzten, und der Schreiber gedachte der Millionen Tierchen, die in dem Tropfen in die Höhe geschleudert wurden, was nach ihrer Größe für sie dasselbe war, was es für uns sein würde, bis hoch über die Wolken emporgewirbelt zu werden. Als der Schreiber daran dachte und an die ganze Veränderung, die mit ihm vorgegangen war, lächelte er. „Ich schlafe und träume! Merkwürdig ist es, wie natürlich man träumen und doch wissen kann, daß es nur ein Traum ist. Möchte ich mich doch morgen seiner entsinnen können, wenn ich erwache. Nun scheine ich ganz ungewöhnlich aufgelegt zu sein! Ich kann alles sehr klar sehen, und fühle mich so aufgeweckt, aber ich bin sicher, wenn ich morgen etwas davon behalten habe, so ist es verworrenes Zeug, das ist mir schon früher begegnet! Es geht mit allem Klugen und Prächtigen, was man im Traume hört und sagt, wie mit dem Gold der Unterirdischen; wenn man es bekommt, ist es reich und herrlich, aber bei Tag besehen, sind es nur Steine und vertrocknete Blätter. Ach", seufzte er ganz wehmütig und betrachtete die singenden Vögel, die fröhlich von Zweig zu Zweig hüpften. „Die haben es weit besser als ich!

Fliegen, das ist eine herrliche Kunst! Und glücklich der, der damit geboren ist. Ja, könnte ich mich in etwas verwandeln, dann möchte ich eine kleine Lerche sein!"

Im gleichen Augenblick flogen Rockschöße und Ärmel in Flügel zusammen, die Kleider wurden zu Federn und die Galoschen zu Krallen. Er bemerkte es sehr wohl und lachte innerlich. „So, nun kann ich doch sehen, daß ich träume; aber so närrisch habe ich es früher nicht getan!" Und er flog in die grünen Zweige hinauf und sang, aber es war keine Phantasie im Gesang, denn die Dichternatur war fort. Die Galoschen konnten, wie jeder, der etwas gründlich tut, nur eine Sache auf einmal besorgen; er wollte Dichter sein, das wurde er, jetzt wollte er ein kleiner Vogel sein, aber als er dieses wurde, hörte die vorige Eigentümlichkeit auf.

„Das ist lustig!" sagte er. „Bei Tage sitze ich auf der Polizei, und nachts kann ich träumen, als Lerche im Friedrichsburger Park zu fliegen. Es könnte wahrlich ein ganzes Volksstück davon geschrieben werden!"

Nun flog er in das Gras nieder, drehte den Kopf nach allen Seiten und schlug mit dem Schnabel auf die geschmeidigen Grashalme, die im Verhältnis zu seiner gegenwärtigen Größe ihm so lang wie die Palmenzweige Nordafrikas erschienen.

Es war nur einen Augenblick so, dann wurde es plötzlich kohlschwarze Nacht um ihn. Ein, wie ihm schien, ungeheurer Gegenstand wurde über ihn hingeworfen, es war eine große Mütze, die ein Knabe über den Vogel warf. Eine Hand kam herein und ergriff den Schreiber um Rücken und Flügel, so daß er pfiff. Im ersten Schreck rief er laut: „Du unverschämter Junge! Ich bin Beamter der Polizei!" Aber das klang dem Knaben wie ein Piepiepie-piep! Er schlug den Vogel auf den Schnabel und wanderte davon.

Unterwegs begegnete er zwei Schulknaben; sie kauften den Vogel für zwei Groschen, und so kam der Schreiber nach Kopenhagen zu einer Familie in der Oststraße.

„Es ist gut, daß ich träume", sagte der Schreiber, „sonst würde ich jetzt wirklich böse. Zuerst war ich Dichter, nun bin ich eine Lerche. Ja, das war sicher die Dichternatur, die mich in das kleine Tier verwandelte! Es ist doch eine jämmerliche Geschichte, besonders wenn man einigen Knaben in die Hände fällt. Ich möchte wohl wissen, wie das abläuft!"

Die Knaben brachten ihn in ein sehr schönes Zimmer. Eine dicke, lächelnde Dame empfing sie; aber sie war durchaus nicht erfreut, daß der gemeine Feldvogel, wie sie die Lerche nannte, mit hereinkam. Doch für heute wollte sie es sich gefallen lassen, und sie mußten ihn in den leeren

Käfig setzen, der am Fenster stand. „Das wird vielleicht dem Papchen Freude machen!" fügte sie hinzu und lachte einen großen Papagei an, der sich vornehm in seinem Ring in dem prächtigen Messingkäfig schaukelte. „Es ist Papchens Geburtstag!" sagte sie, „deshalb will der kleine Feldvogel Glück wünschen!"

Papchen erwiderte nicht ein einziges Wort, sondern schaukelte vornehm hin und her, dagegen begann ein hübscher Kanarienvogel, der im letzten Sommer aus seinem warmen, duftenden Vaterland hierhergebracht worden war, laut zu singen.

„Schreihals!" sagte die Dame und warf ein Taschentuch über den Käfig.

„Piep, piep!" seufzte er, „das ist ein schreckliches Schneewetter!" Und mit diesem Seufzer schwieg er.

Der Schreiber, oder, wie die Dame sagte, der Feldvogel, kam in einen kleinen Käfig dicht neben dem Kanarienvogel, nicht weit vom Papagei. Den einzigen Satz, den Papchen plaudern konnte, und der oft recht lustig klang, war der: „Nein, laßt uns nun Menschen sein!" Alles übrige, was er schrie, war ebenso unverständlich wie das Zwitschern des Kanarienvogels, nur nicht für den Schreiber, der nun selbst ein Vogel war.

„Ich flog unter der grünen Palme und dem blühenden Mandelbaum!" sang der Kanarienvogel. „Ich flog mit meinen Brüdern und Schwestern über die prächtigen Blumen und den spiegelklaren See, wo sich die Pflanzen auf dem Boden wiegten. Ich erblickte auch viel schöne Papageien, welche die lustigsten Geschichten erzählten."

„Das waren wilde Vögel", erwiderte der Papagei, „die besaßen keine Bildung. Nein, laßt uns nun Menschen sein! – Weshalb lachst du nicht? Wenn die Dame und alle Fremden darüber lachen können, so kannst du es auch. Es ist ein großer Fehler, das Ergötzliche nicht heiter zu finden. Nein, laßt uns nun Menschen sein!"

„Oh, entsinnst du dich der hübschen Mädchen, die unter dem ausgespannten Zelt unter den blühenden Bäumen tanzten? Entsinnst du dich der süßen Früchte und des kühlenden Saftes in den wildwachsenden Kräutern?"

„Oh ja", sagte der Papagei. „Aber hier habe ich es weit besser! Ich habe gutes Essen und eine vortreffliche Behandlung; ich weiß, ich bin ein guter Kopf, und mehr verlange ich nicht. Laßt uns nun Menschen sein! Du bist eine Dichterseele, wie sie es nennen, ich habe gründliche Kenntnisse und Witz; du hast viele Gaben, aber keine Besonnenheit, steigst in diesen hohen Naturtönen hinauf, und deshalb wirst du zugedeckt. Das bietet man mir nicht, nein, denn ich habe etwas mehr gekostet! Ich mache Eindruck mit meinem Schnabel und kann mit ,Witz' zurückschlagen. Nein, laßt uns nun Menschen sein!"

„Oh, mein warmes, blühendes Vaterland!" sang der Kanarienvogel. „Ich will deine dunkelgrünen Bäume und deine stillen Meeresbuchten besingen, wo die Zweige den klaren Wasserspiegel küssen, singen von dem Jubel aller meiner schimmernden Brüder und Schwestern, wo der Wüste Pflanzenquellen* wachsen!"

„Laß doch nur diese traurigen Töne!" sagte der Papagei, „sage etwas, worüber man lachen kann! Gelächter ist das Zeichen des höchsten geistigen Standpunktes. Sage mir, ob ein Hund oder Pferd lachen kann. Nein, weinen können sie, aber lachen, das ist allein dem Menschen gegeben. Ho, ho, ho!" lachte das Papchen, und fügte seinen Witz hinzu: „Laßt uns nun Menschen sein!"

„Du kleiner grauer Vogel", sagte der Kanarienvogel. „Du bist auch ein Gefangener geworden, und es ist sicher kalt in deinen Wäldern, aber dort ist die Freiheit; fliege hinaus! Man hat vergessen, deinen Käfig zu schließen;

* Kakteen

das oberste Fenster steht offen. Fliege, fliege!"

Und das tat der Schreiber auch, und flog aus dem Käfig. Im selben Augenblick knarrte die angelehnte Tür zum nächsten Zimmer, und geschmeidig, mit grünen, funkelnden Augen, schlich sich die Hauskatze herein und machte Jagd auf ihn. Der Kanarienvogel flatterte im Käfig, der Papagei schlug mit den Flügeln und rief: „Laßt uns nun Menschen sein!" Der Schreiber fühlte den tödlichsten Schreck und flog zum Fenster hinaus, über die Häuser und Straße davon; zuletzt mußte er etwas ausruhen. Das gegenüberliegende Haus hatte etwas Heimisches für ihn, ein Fenster stand offen, er flog hinein – es war sein eigenes Zimmer; er setzte sich auf den Tisch.

„Laßt uns nun Menschen sein!" sagte er unwillkürlich dem Papagei nach, und im selben Augenblick war er der Schreiber, aber er saß auf dem Tisch.

„Gott bewahre mich!" sagte er. „Wie bin ich hier heraufgekommen und eingeschlafen? Das war ein unruhiger Traum, den ich hatte. Dummes Zeug war die ganze Geschichte!"

VI.
Das Beste, was die Galoschen brachten

Am folgenden Tag, in der frühen Morgenstunde, als der Schreiber noch im Bett lag, klopfte es an seine Tür. Es war sein Nachbar im gleichen Stockwerk, ein junger Theologe, der hereintrat.

„Leihe mir deine Galoschen", bat er. „Es ist so naß im Garten, aber die Sonne scheint so herrlich, daß ich eine Pfeife dort unten rauchen möchte."

Er zog die Galoschen an und war bald unten im Garten, der einen Pflaumen- und einen Apfelbaum enthielt. Selbst ein so kleiner Garten wie dieser gilt in einer Großstadt als eine große Herrlichkeit.

Der Theologe wanderte im Gang auf und nieder; die Uhr war erst sechs; draußen von der Straße ertönte ein Posthorn.

„Oh, reisen, reisen!" rief er aus. „Das ist doch das größte Glück in der Welt, das ist meiner Wünsche höchstes Ziel! Da würde diese Unruhe, die ich fühle, gestillt werden. Aber weit fort müßte es sein! Ich möchte die herrliche Schweiz sehen, Italien bereisen und . . ."

Ja, gut war es, daß die Galoschen sofort wirkten, sonst wäre er gar zu weit herumgekommen, sowohl für sich selbst wie für uns andere. Er reiste. Er war mitten in der Schweiz, aber mit acht anderen in das Innere einer Postkutsche eingepackt; er hatte Kopfschmerzen, fühlte sich müde im Nacken, und das Blut war ihm in die Füße gesunken, die angeschwollen waren und von den Stiefeln gedrückt wurden. Er befand sich in einem Zustand zwischen Schlafen und Wachen. In seiner Tasche zur Rechten trug er Wertpapiere, in seiner Tasche zur Linken den Paß und in einem kleinen Lederbeutel auf der Brust einige festgenähte Goldstücke. Jeder Traum verkündete ihm, daß eines oder das andere dieser Kostbarkeiten verloren wäre, und deshalb fuhr er wie im Fieber empor, und die erste Bewegung, die seine Hand machte, war ein Dreieck von der Rechten zur Linken und gegen die Brust hinauf, um zu fühlen, ob er seine Sachen noch hätte oder nicht. Schirme, Stöcke und Hüte schaukelten im Netz über ihm und nahmen ihm so ziemlich die Aussicht, die wundervoll war; er schielte danach, während das Herz sang, was wenigstens schon ein Dichter, den wir kennen, in der Schweiz gesungen hat, was er aber bis jetzt noch nicht veröffentlichte:

Hier ist's schön, so frei und still,
Montblanc seh' ich, den steilen.
Wenn nur das Geld ausreichen will,
Ach, dann ist hier gut weilen!

Groß, ernst und dunkel war die ganze Natur ringsumher. Die Tannenwälder erschienen wie Heidekraut auf den hohen Felsen, deren Gipfel im Wolkennebel verborgen waren; nun begann es zu schneien, und der kalte Wind blies.

„Ach", seufzte er, „wären wir doch auf der anderen Seite der Alpen, dann wäre es Sommer, und ich hätte Geld auf meine Wertpapiere erhoben. Die Angst, die ich darum habe, macht, daß ich die Schweiz nicht zu genießen vermag. Oh, wäre ich doch schon auf der anderen Seite!"

Und da war er auf der anderen Seite, mitten im Herzen Italiens war er, zwischen Florenz und Rom. Der Trasimenische See lag in der Abendbeleuchtung wie flammendes Gold zwischen den dunkelblauen Bergen. Hier, wo Hannibal den Flaminius schlug, hielten sich nun die Weinranken friedlich an den grünen Fingern; liebliche halbnackte Kinder hüteten eine Herde kohlschwarzer Schweine unter einer Gruppe duftender Lorbeerbäume am Weg. Könnten wir dieses Gemälde richtig wiedergeben, so würden alle jubeln: „Herrliches Italien!" Aber das sagte keineswegs der Theologe noch ein einziger seiner Reisegefährten in der Postkutsche.

Millionen giftige Fliegen und Mücken flogen zu ihnen in den Wagen hinein; vergeblich schlugen sie mit einen Myrthenzweig um sich, die Fliegen stachen dennoch. Es war nicht ein Mensch im Wagen, dessen Gesicht nicht von den blutigen Bissen angeschwollen gewesen wäre. Die armen Pferde waren von Fliegen umschwärmt, saßen in großen Scharen auf ihnen, und nur für einen Augenblick half es, daß der Kutscher abstieg und die Tiere abschabte. Jetzt sank die Sonne, eine kurze, aber eisige Kälte ging durch die ganze Natur, es war wie ein kalter Luftzug nach einem heißen Sommertag, aber ringsumher nahmen Berge und Wolken einen satten grünen Ton an, wie wir ihn auf alten Gemälden finden. Es war ein herrliches Schauspiel, aber – der Magen war leer, der Körper ermüdet, alle Sehnsucht des Herzens drehte sich um ein Nachtquartier, aber war ein solches tatsächlich zu erwarten? Man sah weit sehnlicher danach als nach der schönen Natur.

Der Weg ging durch einen Olivenwald, und es war, als führe er daheim zwischen knotigen Weiden. Hier lag das einsame Wirtshaus. Ein Dutzend bettelnder Krüppel hatte sich davorgelagert; der Geschickteste von ihnen sah aus, um einen Ausdruck von Marryat zu gebrauchen, wie „der älteste Sohn des Hungers, der das Alter seiner Volljährigkeit erreicht hat", die anderen waren entweder blind, hatten vertrocknete Beine, krochen auf den Händen oder zeigten abgezehrte Arme mit fingerlosen Händen. Das war das Elend recht aus den Lumpen gezogen. „Erbarmen, meine Herren!" seufzten sie und streckten die kranken Glieder vor. Die Wirtin selbst, mit bloßen Füßen, ungekämmten Haaren und nur mit einer schmutzigen Bluse bekleidet, empfing die Gäste. Die Türen waren mit Bindfaden zusammengebunden, der Fußboden in den Zimmern bot ein halbaufgerissenes Pflaster von Mauersteinen dar; Fledermäuse flogen unter der Decke hin.

„Decken Sie unten im Stall!" sagte einer der Reisenden. „Dort unten weiß man doch, was man einatmet!"

Die Fenster wurden geöffnet, damit etwas frische Luft hereindringen könnte, aber schneller als diese kamen die verdorrten Arme und das ewige Jammern: „Erbarmen!" herein. Auf den Wänden standen viele Inschriften, die Hälfte war gegen das schöne Italien.

Das Essen wurde aufgetragen; es gab eine Suppe aus Wasser, gewürzt mit Pfeffer und ranzigem Öl, mit dem auch der Salat benetzt war. Faule Eier und gebratene Hahnenkämme waren die Hauptgerichte. Selbst der Wein hatte einen Beigeschmack, er war eine wahre Arznei.

Zur Nacht wurden die Koffer gegen die Tür gestellt; einer der Reisenden hatte die Wache, während die anderen schliefen; der Theologe war der Wachhabende. Oh, wie schwül war es hier drinnen! Die Hitze drückte, die Mücken summten und stachen, die Armen draußen jammerten im Schlaf.

„Ja, reisen ist schon gut", sagte der Theologe, „hätte man nur keinen

Körper! Könnte dieser ruhen und der Geist dagegen fliegen. Wohin ich komme, fühle ich einen Mangel, der das Herz bedrückt. Etwas Besseres als das Augenblickliche ist es, was ich haben will; ja, etwas Besseres, das Beste, aber wo und was ist es? Im Grunde weiß ich wohl, was ich will; ich will zu einem glücklichen Ziel, dem glücklichsten von allen!"

Sowie das Wort ausgesprochen war, befand er sich in der Heimat. Die langen weißen Vorhänge hingen vor den Fenstern herab, und mitten auf dem Fußboden stand der schwarze Sarg. Darin lag er in stillem Todesschlaf, sein Wunsch war erfüllt, der Körper ruhte, der Geist reiste. „Preise niemand glücklich, bevor er in seinem Grabe ist!" waren die Worte Solons, und hier wurde ihre Wahrheit erneut bekräftigt.

Jede Leiche ist die Sphinx der Unsterblichkeit, aber auch die Sphinx hier auf dem schwarzen Sarg beantwortete uns, was der Lebende zwei Tage vorher niedergeschrieben hatte:

> Du starker Tod, dein Schweigen machet Graun;
> Hast du uns nur die Totengruft zu bieten,
> Soll nicht der Geist die Jakobsleiter schaun?
> Und fortbestehen nur in den Grabesblüten?
>
> Das größte Leiden sieht die Welt oft nicht!
> Du, der du einsam warst bis an dein Ende,
> Weit schwerer drückt das Herz so manche Pflicht,
> Als hier die Erde an des Sarges Wände!

Zwei Gestalten bewegten sich im Zimmer; wir kennen sie beide, es war die Fee der Trauer und die Abgesandte des Glückes; sie beugten sich über den Toten hin.

„Siehst du", sagte die Trauer, „was für ein Glück brachten deine Galoschen wohl der Menschheit?"

„Sie brachten wenigstens ihm, der hier schläft, ein dauerndes Gut!" antwortete die Freude.

„O nein", sagte die Trauer. „Selbst ging er fort, er wurde nicht gerufen. Seine geistige Kraft war nicht stark genug, um die Schätze zu heben, die er seiner Bestimmung nach heben muß! Ich will ihm eine Wohltat erweisen!"

Sie zog die Galoschen von seinen Füßen; da war der Todesschlaf zu Ende, und der Wiederbelebte erhob sich. Die Trauer verschwand, mit ihr aber auch die Galoschen; sie hat sie sicher als ihr Eigentum betrachtet.

Die Prinzessin auf der Erbse

s war einmal ein Prinz, der wollte eine Prinzessin heiraten. Aber das sollte eine wirkliche Prinzessin sein. Da reiste er in der ganzen Welt herum, um eine solche zu finden, aber überall fehlte etwas. Prinzessinnen gab es genug, aber ob es wirkliche Prinzessinnen waren, konnte er nie herausfinden. Immer war da etwas, was nicht ganz in Ordnung war. Da kam er wieder nach Hause und war ganz traurig, denn er wollte doch gern eine wirkliche Prinzessin haben.

Eines Abends zog ein furchtbares Wetter auf; es blitzte und donnerte, der Regen stürzte herab, und es war ganz entsetzlich. Da klopfte es an das Stadttor, und der alte König ging hin, um aufzumachen.

Es war eine Prinzessin, die draußen vor dem Tor stand. Aber wie sah sie vom Regen und dem bösen Wetter aus! Das Wasser lief ihr von den Haaren und Kleidern herab, lief in die Schnäbel der Schuhe hinein und zum Absatz wieder hinaus. Sie sagte, daß sie eine wirkliche Prinzessin wäre.

„Ja, das werden wir schon erfahren!' dachte die alte Königin, aber sie sagte nichts, ging in die Schlafkammer hinein, nahm alles Bettzeug ab und legte eine Erbse auf den Boden der Bettstelle. Dann nahm sie zwanzig Matratzen, legte sie auf die Erbse und dann noch zwanzig Eiderdaunendecken oben auf die Matratzen.

Hier sollte nun die Prinzessin die ganze Nacht über liegen.

Am Morgen wurde sie gefragt, wie sie geschlafen hätte.

„Oh, entsetzlich schlecht!" sagte die Prinzessin. „Ich habe fast die ganze Nacht kein Auge geschlossen! Gott weiß, was in meinem Bett gewesen ist. Ich habe auf etwas Hartem gelegen, so daß ich am ganzen Körper ganz braun und blau bin! Es ist ganz entsetzlich!"

Daran konnte man sehen, daß sie eine wirkliche Prinzessin war, da sie durch die zwanzig Matratzen und die zwanzig Eiderdaunendecken die Erbse gespürt hatte. So feinfühlig konnte niemand sein, außer einer echten Prinzessin.

Da nahm sie der Prinz zur Frau, denn nun wußte er, daß er eine wirkliche Prinzessin gefunden hatte. Und die Erbse kam auf die Kunstkammer, wo sie noch zu sehen ist, wenn sie niemand gestohlen hat.

Seht, das war eine wirkliche Geschichte!

Die roten Schuhe

Da war einmal ein kleines Mädchen, fein und niedlich, aber im Sommer mußte es immer barfuß gehen, denn es war arm, und im Winter mit großen Holzschuhen, so daß der kleine Fuß ganz rot wurde, und das sah zum Erbarmen aus.

Mitten im Dorf wohnte die alte Schustermutter. Die saß und nähte, so gut sie konnte, aus alten roten Tuchstreifen ein Paar kleine Schuhe. Sie waren ganz plump, aber es war gut gemeint, und die sollte das kleine Mädchen haben, das Karen hieß.

Gerade an dem Tag, als ihre Mutter beerdigt wurde, bekam sie die roten Schuhe und hatte sie zum erstenmal an. Freilich war es nichts, um damit zu trauern, aber sie hatte keine anderen, daher ging sie mit diesen hinter dem ärmlichen Sarg her.

Da kam auf einmal ein großer alter Wagen, und darin saß eine vornehme Dame; sie betrachtete das kleine Mädchen und fühlte Mitleid mit ihr, und da sagte sie zum Pfarrer: „Hört, gebt mir das kleine Mädchen, dann werde ich mich ihrer annehmen!"

Karen glaubte, das geschehe alles nur der roten Schuhe wegen, aber die alte Dame meinte, die seien entsetzlich, und sie wurden verbrannt. Karen selbst aber wurde rein und ordentlich angezogen; sie mußte lesen und nähen lernen, und die Leute sagten, sie sei niedlich; aber der Spiegel sagte: „Du bist weit mehr als niedlich, du bist schön!"

Da reiste die Königin eines Tages durch das Land und hatte ihre kleine

Tochter bei sich, eine Prinzessin, und das Volk strömte vor das Schloß, unter ihnen Karen, und die kleine Prinzessin stand in seinen weißen Kleidern am Fenster und ließ sich bewundern. Sie hatte weder Schleppe noch Goldkrone, aber herrliche rote Saffianschuhe, die freilich weit schöner waren, als die, welche die Schustermutter der kleinen Karen genäht hatte. Nichts in der Welt ließ sich mit roten Schuhen vergleichen!

Nun war Karen so alt, daß sie eingesegnet werden sollte. Sie bekam neue Kleider, und neue Schuhe sollte sie auch haben. Der Schuhmacher in der Stadt nahm Maß von ihrem kleinen Fuß, das geschah zu Hause in seinem eigenen Zimmer, und da standen große Glasschränke mit niedlichen Schuhen und glänzenden Stiefeln. Das sah allerliebst aus, aber die alte Dame konnte nicht gut sehen und hatte deshalb auch kein Vergnügen daran. Mitten unter den Schuhen stand ein Paar rote, wie sie die Prinzessin getragen hatte. Wie schön waren die! Der Schuhmacher sagte, sie seien für ein Grafenkind genäht worden, aber sie hätten dann doch nicht gepaßt.

„Das ist wohl Glanzleder?" fragte die alte Dame. „Sie glänzen so!"

„Ja, sie glänzen!" sagte Karen, und sie paßten und wurden gekauft, aber die alte Dame wußte nichts davon, daß sie rot waren, denn sie hätte Karen nie erlaubt, in roten Schuhen zur Einsegnung zu gehen, aber das tat sie nun.

Alle Menschen betrachteten ihre Füße, und als sie zur Chortür über die Kirchenschwelle schritt, kam es ihr vor, als wenn selbst die alten Bilder der Verstorbenen, der Pfarrer und Pfarrfrauen mit steifen Kragen und langen, schwarzen Kleidern die Augen auf ihre roten Schuhe hefteten. Und nur an diese dachte sie, als der Pfarrer seine Hand auf ihren Kopf legte und von der heiligen Taufe sprach, vom Bunde mit Gott und daß sie nun eine erwachsene Christin sein solle. Die Orgel spielte feierlich, die hübschen Kinderstimmen fielen ein, und der alte Lehrer sang. Aber Karen dachte nur an die roten Schuhe.

Am Nachmittag hatte dann die alte Dame von allen Leuten erfahren, daß es rote Schuhe waren, und sie sagte, es zieme sich nicht. Karen solle künftig beim Kirchgang immer in schwarzen Schuhen gehen, selbst wenn diese alt seien. Am nächsten Sonntag war Abendmahl, und Karen betrachtete die schwarzen Schuhe, dann die roten – und zog die roten an.

Es war herrlicher Sonnenschein; Karen und die alte Dame gingen den Pfad entlang durch das Korn, und es staubte ein wenig.

An der Kirchentür stand ein alter Soldat mit einem Krückstock und mit einem wunderbar langen Bart, der war mehr rot als weiß, und er verneigte sich bis zur Erde und fragte die alte Dame, ob er ihre Schuhe abwischen dürfe. Karen streckte auch ihren kleinen Fuß aus. „Sieh, was für schöne Tanzschuhe!" sagte der Soldat. „Sitzt fest, wenn ihr tanzt!" Und dann schlug er mit der Hand gegen die Sohlen.

Die alte Dame gab dem Soldaten einen Groschen, und dann ging sie mit Karen in die Kirche hinein.

Alle Menschen drinnen sahen auf Karens rote Schuhe, und alle Bilder sahen darauf, und als Karen vor dem Altar kniete und den goldenen Kelch an ihren Mund setzte, dachte sie nur an die roten Schuhe, und es war ihr, als ob sie im Kelch herumschwämmen; und sie vergaß ihr Lied zu singen, sie vergaß, ihr ‚Vaterunser' zu beten.

Jetzt gingen alle Leute aus der Kirche, und die alte Dame stieg in ihren Wagen. Karen erhob den Fuß, um ihr nachzusteigen, da sagte der alte Soldat: „Sieh, was für schöne Tanzschuhe!" Und Karen konnte nicht umhin, sie mußte einige Tanzschritte machen. Und als sie begann, fuhren die Beine fort zu tanzen, und es war gerade, als hätten die Schuhe Macht über sie gewonnen. Sie tanzte um die Ecke der Kirche, sie konnte es nicht lassen. Der Kutscher mußte ihr hinterherlaufen und sie greifen, und er hob sie in den Wagen, aber die Füße fuhren fort zu tanzen, so daß sie die gute alte Dame heftig trat. Endlich zogen sie ihr die Schuhe aus, und ihre Beine bekamen Ruhe.

Daheim wurden die Schuhe in einen Schrank gestellt, aber Karen konnte es nicht unterlassen, sie zu betrachten.

Bald lag die Dame krank im Bett, und es hieß, sie werde nicht wieder gesund. Gepflegt und betreut mußte sie werden, und niemand war dazu mehr verpflichtet als Karen. Aber in der Stadt war ein großer Ball, und Karen war dazu eingeladen. – Sie betrachtete die alte Dame, die doch nicht mehr genesen konnte, und sie sah auf die roten Schuhe und meinte, es sei keine Sünde dabei. – Sie zog die roten Schuhe an, dann ging sie zum Ball und fing an zu tanzen.

Als sie aber zur Rechten wollte, tanzten die Schuhe nach links, und als sie in den Saal hineinwollte, tanzten die Schuhe hinaus, die Treppe hinunter, durch die Straßen aus dem Stadttor hinaus. Sie tanzte und mußte tanzen, gerade hinaus in den dunklen Wald.

Da leuchtete es zwischen den Bäumen, und sie glaubte, es sei der Mond, denn es war ein Gesicht. Es war aber der alte Soldat mit dem roten Bart. Er saß und nickte ihr zu und sagte: „Sieh, was für schöne Tanzschuhe!"

Da erschrak Karen und wollte die roten Schuhe abwerfen. Die aber saßen fest. Sie riß ihre Strümpfe ab, aber die Schuhe waren an den Füßen festgewachsen, und sie tanzte und mußte über Feld und Wiese, in Regen und Sonnenschein, bei Nacht und bei Tage tanzen; aber in der Nacht war es am allerschrecklichsten.

Sie tanzte in den offenen Kirchhof, aber die Toten dort tanzten nicht, die hatten viel Besseres zu tun, als zu tanzen. Sie wollte sich auf das Grab des Armen setzen, wo das bittere Farnkraut wächst, aber für sie gab es weder Rast noch Ruhe. Und als sie gegen die offene Kirchentür hintanzte, sah sie dort einen Engel in weißen Kleidern und mit Flügeln, die von den Schultern bis zur Erde herabreichten. Sein Antlitz war streng und ernst, und in der Hand hielt er ein breites, glänzendes Schwert.

„Tanzen sollst du", sagte er, „tanzen auf deinen roten Schuhen, bis du bleich und kalt wirst und deine Haut zu einem Gerippe zusammenschrumpft! Tanzen sollst du von Tür zu Tür; und wo stolze, hochmütige Kinder wohnen, sollst du anklopfen, so daß sie dich hören und fürchten! Tanzen sollst du, tanzen –!"

„Gnade!" rief Karen. Aber sie hörte nicht, was der Engel antwortete; denn die Schuhe trugen sie durch die Tür auf das Feld, über Weg und Steg, und immer mußte sie tanzen.

Eines Morgens tanzte sie an einer Tür vorbei, die sie gut kannte. Drinnen ertönte frommer Gesang, dann wurde ein Sarg herausgetragen, der mit Blumen geschmückt war. Da wußte sie, daß die alte Dame gestorben war, und nun fühlte sie, daß sie von allen verlassen und von Gottes Engel verdammt war.

Sie tanzte und mußte tanzen, tanzen in der finsteren Nacht. Ihre Schuhe trugen sie über Stock und Stein, und sie riß sich ganz blutig; sie tanzte über die Heide zu einem kleinen, einsamen Haus. Hier wußte sie, wohnte der Scharfrichter, und sie klopfte mit den Fingern an die Scheibe und sagte:

„Komm heraus! – Komm heraus! – Ich kann nicht hineinkommen, denn ich muß tanzen!"

Und der Scharfrichter sagte: „Du weißt wohl nicht, wer ich bin? Ich schlage den Menschen die Köpfe ab, und ich merke, meine Axt zittert!"

„Schlage mir nicht den Kopf ab!" sagte Karen. „Dann kann ich meine Sünde nicht mehr bereuen! Schlage mir lieber meine Füße mit den roten Schuhen ab!"

Sie beichtete ihre Sünde, und der Scharfrichter hieb ihr die Füße mit den roten Schuhen ab. Aber die Schuhe tanzten mit den kleinen Füßen über das Feld in den tiefen Wald hinein.

Der Scharfrichter schnitzte ihr Holzfüße und Krücken, lehrte sie ein Kirchenlied, das die Sünder immer singen, und sie küßte die Hand, die die Axt geführt hatte, und ging über die Heide fort.

„Nun habe ich genug für die roten Schuhe gelitten!" sagte sie. „Jetzt will ich in die Kirche gehen, damit sie mich sehen können!" Und sie ging rasch auf die Kirchentür zu. Aber als sie hinkam, tanzten die roten Schuhe vor ihr her, und sie erschrak und wandte sich ab.

Die ganze Woche hindurch war sie betrübt und weinte bittere Tränen, aber als es Sonntag wurde, sagte sie: „Nun habe ich genug gelitten und gestritten! Ich glaube wohl, daß ich ebensogut bin wie viele von denen, die in der Kirche sitzen und sich brüsten!" Und dann ging sie mutig hin. Aber sie

kam nicht weiter als bis zur Kirchhoftür, da sah sie die roten Schuhe vor sich tanzen, und sie erschrak, wandte sich um und bereute von Herzen ihre Sünde.

Sie ging zur Pfarrwohnung und bat, daß man sie dort in Dienst nehmen möge, fleißig wollte sie sein und alles tun, was sie könne. An Lohn denke sie nicht, nur daß sie unter ein Dach komme und bei guten Menschen sei. Die Pfarrersfrau hatte Mitleid mit ihr und nahm sie in ihren Dienst. Karen war fleißig und nachdenklich. Still saß sie da und horchte auf, wenn der Pfarrer am Abend laut aus der Bibel vorlas. Alle Kinder hatten sie gern; wenn sie aber von Putz und Pracht und von Schönheit sprachen, schüttelte Karen mit dem Kopf.

Am nächsten Sonntag gingen alle in die Kirche, und sie fragten sie, ob sie nicht mitgehen wolle. Aber sie blickte betrübt mit Tränen in den Augen auf ihre Krücken, und dann gingen die anderen hin, um Gottes Wort zu hören; sie aber ging allein in ihre kleine Kammer, die nicht größer war, als daß das Bett und ein Stuhl darin Platz fanden. Hier setzte sie sich mit ihrem Gesangbuch hin, und als sie mit frommem Sinn darin las, trug der Wind die Orgeltöne von der Kirche zu ihr herüber, und sie erhob ihr Gesicht unter Tränen und sagte: „Ach, Gott, hilf mir!"

Da schien die Sonne ganz hell, und gerade vor ihr stand Gottes Engel in den weißen Kleidern, den sie in jener Nacht an der Kirchentür erblickt hatte. Aber er trug nicht mehr das scharfe Schwert, sondern einen herrlichen grünen Zweig, der voller Rosen saß. Er berührte damit die Decke, und sie erhob sich hoch; und wo er sie berührt hatte, erstrahlte ein goldener Stern. Und er berührte die Wände, die sich erweiterten, und sie sah die Orgel, die spielte; und sie sah die alten Bilder mit Pfarrern und Pfarrfrauen! Die Gemeinde saß in geschmückten Stühlen und sang aus ihren Gesangbüchern. – Denn die Kirche war selbst zu dem armen Mädchen in der engen Stube gekommen. Sie saß im Stuhl bei den übrigen Leuten des Pfarrers, und als sie fertiggesungen hatten und aufblickten, nickten sie und sagten: „Das war recht, daß du kamst, Karen!"

„Das war Gnade!" sagte sie.

Und die Orgel brauste, und die Kinderstimmen im Chor klangen sanft und lieblich! Der helle Sonnenschein strömte warm durch das Fenster auf den Kirchstuhl, worin Karen saß. Ihr Herz wurde so voll von Sonnenschein, Frieden und Freude, daß es brach. – Und ihre Seele flog mit dem Sonnenschein hin zu Gott; und dort war niemand, der nach den roten Schuhen fragte.

Der Springer

L. R.

Der Floh, der Grashüpfer und der Springbock wollten einmal sehen, wer von ihnen am höchsten springen könnte, und da luden sie alle ein, die kommen wollten, die Pracht mitanzusehen. Und es waren drei tüchtige Springer, die sich im Zimmer versammelt hatten.

„Ich gebe meine Tochter dem, der am höchsten springt!" sagte der König. „Denn es wäre zu schäbig, sollten die Personen umsonst springen."

Der Floh kam zuerst dran. Er hatte feine Sitten und grüßte nach allen Seiten, denn er hatte Fräuleinblut in den Adern und war gewohnt, nur mit Menschen umzugehen, und das macht sehr viel aus.

Nach ihm kam der Grashüpfer, der war freilich bedeutend schwerer, aber er hatte doch eine ganz gute Figur und trug einen grünen Rock, der ihm angeboren war. Zudem behauptete er, daß er im Land Ägypten eine sehr alte Familie habe und er dort hochgeschätzt sei. Er war gerade vom Felde genommen und in ein Kartenhaus mit drei Stockwerken gesetzt worden, die alle aus Kartenfiguren zusammengesetzt waren. Da waren Türme und Fenster ausgeschnitten. „Ich singe so", sagte er, „daß sechzehn eingeborene Heimchen, die von ihrer Kindheit an gepfiffen und doch kein Kartenhaus erhalten haben, vor lauter Ärger noch dünner wurden, als sie schon waren, wie sie mich hörten!"

Beide, der Floh und der Grashüpfer, taten so gehörig kund, wer sie waren, und daß sie wohl glaubten, eine Prinzessin heiraten zu können.

Der Springbock sagte nichts, aber man erzählte von ihm, daß er desto mehr überlegte, und als der Hofhund ihn nur beschnüffelte, haftete er dafür, daß der Springbock von guter Familie sei. Der alte Ratsherr, der drei Orden für das Stillschweigen erhalten hatte, versicherte, daß der Springbock mit Weissagungskraft begabt sei; man könne an seinem Rücken erkennen, ob man einen milden oder strengen Winter bekomme, und das kann man nicht einmal auf dem Rücken dessen sehen, der den Kalender schreibt.

„Ich sage gar nichts!" sagte der alte König. „Ich gehe nur immer still für mich und denke mein Teil!"

Nun mußten sie den Sprung tun. Der Floh sprang so hoch, daß niemand es sehen konnte, und da behaupteten sie, daß er gar nicht gesprungen sei, und das war doch recht böse!

Der Grashüpfer sprang nur halb so hoch, aber er sprang dem König gerade ins Gesicht, und da sagte dieser, das sei ekelhaft.

Der Springbock stand lange still und dachte nach; am Ende glaubte man, daß er gar nicht springen könne.

„Wenn ihm nur nicht unwohl geworden ist!" sagte der Hofhund, und dann beschnüffelte er ihn wieder. Rutsch! da sprang er mit einem kleinen, schiefen Sprung in den Schoß der Prinzessin, die auf einem niedrigen Goldschemel saß.

Da sagte der König: „Der höchste Sprung ist der, zu meiner Tochter hinaufzuspringen, denn darin liegt das Feine, aber es gehört ein kluger Kopf dazu, darauf zu kommen, und der Springbock hat gezeigt, daß er einen klugen Kopf besitzt!"

Und so erhielt er die Hand der Prinzessin.

„Ich sprang doch am höchsten!" sagte der Floh. „Aber es ist einerlei! Laß sie nur den Gänserücken mit Stock und Pech haben! Ich sprang doch am höchsten, aber es gehört in dieser Welt ein Körper dazu, damit man gesehen werden kann!"

Und dann ging der Floh in fremde Kriegsdienste, wo er, wie man sagt, erschlagen worden sein soll.

Der Grashüpfer setzte sich draußen in den Graben und dachte darüber nach, wie es eigentlich in der Welt zugehe, und er sagte auch: „Körper gehört dazu! Körper gehört dazu!" Und dann sang er sein eigentümlich trübseliges Lied. — Daher haben wir auch die Geschichte erfahren, die doch erlogen sein könnte, wenn sie auch gedruckt ist.

Der Rosenelf

itten in einem Garten wuchs ein Rosenstock, der war ganz voller Rosen, und in der schönsten von allen wohnte ein Elf. Der war so winzig klein, daß kein menschliches Auge ihn sehen konnte. Hinter jedem Blatt der Rose hatte er eine Schlafkammer, und er war so wohlgebildet und schön, wie nur ein Kind sein konnte, und hatte Flügel von den Schultern bis gerade hinunter zu den Füßen. Oh, welcher Duft war in seinen Zimmern, und wie klar und schön waren die Wände! Es waren ja die blaßroten Rosenblätter.

Den ganzen Tag erfreute er sich im warmen Sonnenschein, flog von Blume zu Blume, tanzte auf den Flügeln des fliegenden Schmetterlings und maß, wieviel Schritte er zu gehen hatte, um über alle Landstraßen und Stege zu gelangen, die auf einem einzigen Lindenblatt sind. Das war, was wir die Adern im Blatt nennen, die er für Landstraßen und Stege nahm. Ehe er damit fertig wurde, ging die Sonne unter.

Es wurde kalt, der Tau fiel, und der Wind wehte; nun war es das Beste, nach Hause zu kommen. Er beeilte sich, sosehr er konnte, aber die Rose hatte sich schon geschlossen, und er konnte nicht mehr hineingelangen – keine einzige Rose stand geöffnet. Der arme kleine Elf erschrak sehr. Er war früher nie in der Nacht weggewesen, hatte immer warm und süß hinter den Rosenblättern geschlummert.

Am anderen Ende des Gartens, wußte er, war eine Laube mit schönem Jelängerjelieber, die Blüten sahen wie große, bemalte Hörner aus; in eine von ihnen wollte er hinabsteigen und bis zum Morgen darin schlafen.

Er flog dahin. Aber was sah er da! Es waren zwei Menschen darin, ein junger, hübscher Mann und ein schönes Mädchen. Sie saßen nebeneinander und wünschten, daß sie sich nicht zu trennen brauchten; sie waren einander so gut, weit mehr noch, als das beste Kind seinen Eltern.

„Doch müssen wir uns trennen!" sagte der junge Mann. „Dein Bruder mag uns nicht leiden, deshalb sendet er mich mit einem Auftrag so weit über Berge und Seen fort! Lebe wohl, meine süße Braut!"

Dann küßten sie sich, und das junge Mädchen weinte und gab ihm eine Rose. Aber bevor sie ihm diese reichte, drückte sie einen Kuß darauf, so fest und so innig, daß die Blume sich öffnete. Da flog der kleine Elf in diese hinein und lehnte seinen Kopf an die feinen, duftenden Wände; hier konnte er gut hören, daß Lebewohl gesagt wurde. Und er fühlte, daß die Rose ihren Platz an des jungen Mannes Brust erhielt. Und wie schlug doch das Herz darin! Der kleine Elf konnte gar nicht einschlafen, so pochte es.

Doch nicht lange lag die Rose an der Brust. Der Mann nahm sie hervor, und während er durch den dunklen Wald ging, küßte er die Blume, so oft und stark, daß der kleine Elf fast erdrückt wurde. Er konnte durch das Blatt fühlen, wie die Lippen des Mannes brannten, und die Rose selbst hatte sich, wie bei der stärksten Mittagssonne, geöffnet.

Da kam ein anderer Mann, finster und böse; es war des hübschen Mädchens schlechter Bruder. Er zog ein scharfes und großes Messer hervor, und während der junge Mann die Rose küßte, stach der schlechte Mann ihn tot, schnitt seinen Kopf ab und begrub ihn mit dem Körper in der weichen Erde unter dem Lindenbaum.

Nun ist er vergessen und fort, dachte der schlechte Bruder; er kommt nie mehr zurück. Eine lange Reise sollte er machen, über Berge und Seen, da kann man leicht das Leben verlieren, und das hat er verloren. Er kommt nicht mehr zurück, und mich darf meine Schwester nicht nach ihm fragen.

Dann scharrte er mit dem Fuß dürre Blätter über die lockere Erde und ging in der dunklen Nacht nach Hause. Aber er ging nicht allein, wie er glaubte; der kleine Elf begleitete ihn. Er saß in einem vertrockneten, aufgerollten Lindenblatt, das dem bösen Manne, als er grub, in die Haare gefallen war. Darauf saß der Hut, es war dunkel darin, und der Elf zitterte vor Schreck und Zorn über die ruchlose Tat.

In der Morgenstunde kam der böse Mann nach Hause; er nahm seinen Hut ab und ging in die Schlafstube der Schwester hinein. Da lag das schöne, blühende Mädchen und träumte von ihm, den sie so gern hatte und von dem sie nun glaubte, daß er über Berge und durch Wälder gehe. Der böse Bruder neigte sich über sie und lachte häßlich, wie nur ein Teufel lachen kann. Da fiel das trockene Blatt aus seinem Haar auf die Bettdecke nieder, aber er bemerkte es nicht und ging hinaus, um in der Morgenstunde selbst ein wenig zu schlafen. Aber der Elf schlüpfte aus dem dürren Blatt, setzte sich in das Ohr des schlafenden Mädchens und erzählte ihr wie in einem Traum den schrecklichen Mord, beschrieb ihr den Ort, wo der Bruder ihn erschlagen und seine Leiche verscharrt hatte, erzählte von dem blühenden Lindenbaum dicht dabei und sagte: „Damit du nicht glaubst, daß es nur ein Traum sei, was ich dir erzählte, so wirst du auf deinem Bett ein dürres Blatt finden!" Und das fand sie auch, als sie erwachte.

Oh, was für bittere Tränen weinte sie und durfte doch niemand ihren Schmerz anvertrauen! Das Fenster stand den ganzen Tag offen, der kleine Elf konnte leicht zu den Rosen und all den übrigen Blumen im Garten hinausgelangen. Aber er wagte es nicht, die Betrübte zu verlassen. Im Fenster stand ein Strauch mit Monatsrosen; und in eine der Blüten setzte er sich und betrachtete das arme Mädchen.

Sobald es dunkel wurde, schlich sie sich aus dem Haus, und ging im Wald zu der Stelle, wo der Lindenbaum stand, nahm die Blätter von der Erde, grub sie auf und fand darin ihren erschlagenen Liebsten.

Gern hätte sie die Leiche mit nach Hause genommen, aber das konnte sie nicht; da nahm sie das bleiche Haupt mit den geschlossenen Augen, küßte den kalten Mund und schüttelte die Erde aus seinem schönen Haar. „Das will ich behalten!" sagte sie, und als sie Erde und Blätter auf den toten Körper gelegt hatte, nahm sie den Kopf und einen kleinen Zweig von dem Jasminstrauch, der im Wald blühte, wo er begraben war, mit sich nach Hause.

Sobald sie in ihrer Stube war, holte sie sich den größten Blumentopf, der zu finden war, und legte in diesen den Kopf des Toten, schüttete Erde darauf und pflanzte dann den Jasminzweig in den Topf.

„Lebewohl! Lebewohl!" flüsterte der kleine Elf, denn er konnte es nicht länger ertragen, all diesen Schmerz zu sehen, und flog deshalb hinaus zu seiner Rose im Garten. Aber sie war bereits verblüht, da hingen nur noch einige welke Blätter an der grünen Hagebutte.

„Ach, wie bald ist es doch mit all dem Schönen und Guten vorbei!" seufzte der Elf. Zuletzt fand er eine Rose wieder, die wurde sein Haus, und hinter ihren feinen und duftenden Blättern konnte er wohnen.

Jeden Morgen flog er zum Fenster des armen Mädchens, und da stand sie immer bei dem Blumentopf und weinte. Die bitteren Tränen fielen auf den Jasminzweig, und mit jedem Tage, wie sie bleicher und bleicher wurde, stand der Zweig frischer und grüner da; ein Schößling nach dem anderen trieb hervor, kleine weiße Knospen blühten auf, und die küßte sie. Aber der böse Bruder schalt sie aus und fragte, ob sie närrisch geworden sei. Er konnte es nicht begreifen, weshalb sie immer über dem Blumentopf weinte. Er wußte ja nicht, welche Augen da geschlossen und welche roten Lippen da zu Erde geworden waren; sie neigte ihr Haupt gegen den Blumentopf, und der kleine Elf von der Rose fand sie so schlafend; da setzte er sich in ihr Ohr, erzählte von dem Abend in der Laube, vom Duft der Rose und der Liebe der Elfe. Sie träumte süß, und während sie träumte, entschwand das Leben, sie war nun bei ihm, den sie liebte, nämlich im Himmel.

Und die Jasminblüten öffneten ihre großen weißen Glocken, die eigentümlich süß dufteten; anders konnten sie nicht über die Tote weinen.

Aber der böse Bruder betrachtete den herrlich blühenden Strauch, nahm ihn als Erbgut an sich und setzte ihn in seine Schlafstube dicht bei seinem Bett, denn er war schön anzuschauen, und der Duft war süß und lieblich. Der kleine Rosenelf folgte mit, flog von Blüte zu Blüte, denn in jeder wohnte ja eine kleine Seele und erzählte von dem ermordeten jungen Mann, dessen Haupt nun Erde unter der Erde war, sowie von dem bösen Bruder und der armen Schwester.

„Wir wissen es", sagte jede Seele in den Blumen, „wir wissen es! Sind wir nicht aus des Erschlagenen Augen und Lippen entsprossen?"

Der Rosenelf konnte es gar nicht begreifen, wie sie so ruhig sein konnten, und flog hinaus zu den Bienen; und auch ihnen erzählte er die Geschichte von dem bösen Bruder, und die Bienen sagten es ihrer Königin, die befahl, daß sie alle am nächsten Morgen den Mörder umbringen sollten.

Aber in der Nacht vorher, es war die erste Nacht, die auf den Tod der Schwester folgte, als der Bruder in seinem Bett dicht neben dem duftenden Jasminstrauch schlief, öffnete sich jeder Blütenkelch. Unsichtbar, aber mit giftigen Stacheln, stiegen nun die Blumenseelen heraus, setzten sich zuerst in seine Ohren und erzählten ihm böse Träume. Dann flogen sie über seine Lippen und stachen seine Zunge mit den giftigen Stacheln. „Jetzt haben wir den Toten gerächt!" sagten sie und flogen zurück in die weißen Jasminglocken.

Als es Morgen war und das Fenster der Schlafstube geöffnet wurde, flog der Rosenelf mit der Bienenkönigin und dem ganzen Bienenschwarm herein, um ihn zu töten.

Aber er war schon tot. Und um sein Bett herum standen Leute, die sagten: „Der Jasminduft hat ihn getötet!"

Da verstand der Rosenelf die Rache der Blumen, und er erzählte es der Königin der Bienen. Diese summte nun mit ihrem ganzen Schwarm um den Blumentopf, aber die Bienen waren nicht zu verjagen. Da nahm ein Mann den Blumentopf fort, und eine der Bienen stach ihm dabei in die Hand, so daß er den Topf fallen ließ, der zerbrach.

Da sahen sie den weißen Totenschädel, und sie wußten nun, daß der Tote im Bett ein Mörder war.

Die Bienenkönigin summte in der Luft und sang von der Rache der Blumen und von dem Rosenelf, und daß hinter dem geringsten Blatte einer wohnt, der das Böse erzählen und rächen kann!

Das kleine Mädchen
mit den Schwefelhölzern

s war entsetzlich kalt; es schneite und begann bereits finster zu werden. Es war ja auch der letzte Abend im Jahr, der Silvesterabend. In dieser Kälte und in dieser Finsternis ging auf der Straße ein kleines, armes Mädchen mit bloßem Kopf und nackten Füßen. Sie hatte freilich Pantoffeln angehabt, als sie von zu Hause fortging, aber was half das! Es waren sehr große Pantoffeln, ihre Mutter hatte sie zuletzt getragen, so groß waren sie, aber die verlor die Kleine, als sie über die Straße eilte, während zwei Wagen vorüberjagten. Der eine Pantoffel war nicht mehr zu finden gewesen, und mit dem anderen lief ein Knabe davon, der behauptete, er könne ihn als Wiege benutzen, wenn er selbst einmal Kinder bekäme.

Da ging nun das arme Mädchen auf den nackten kleinen Füßen, die ganz rot und blau vor Kälte waren. In einer alten Schürze trug es eine Menge Schwefelhölzer, und ein Bund hielt sie in der Hand. Niemand hatte ihm während des ganzen Tages etwas abgekauft, niemand ihm auch nur einen Dreier geschenkt. Hungrig und halb erfroren schlich es einher und sah sehr verschüchtert aus, das arme Kleine! Die Schneeflocken fielen auf sein langes blondes Haar, das sich so hübsch in ihrem Nacken lockte; aber an diesen Schmuck dachte es freilich nicht.

In einem Winkel zwischen zwei Häusern – das eine sprang etwas weiter in die Straße vor, als das andere – da setzte es sich und kauerte sich ganz zusammen. Die kleinen Füße hatte es fest angezogen, aber es fror noch mehr, und es wagte nicht, nach Hause zu gehen, denn es hatte ja keine Schwefelhölzer verkauft, nicht für einen einzigen Dreier. Sein Vater würde es schlagen, und kalt war es daheim auch. Sie hatten das Dach gleich über sich, und da pfiff der Wind herein, obwohl Stroh und Lappen in die größten Ritzen gestopft waren. Die kleinen Hände waren vor Kälte fast ganz erstarrt. Ach, ein Schwefelhölzchen könnte so wohltun! Wenn es nur wagen dürfte, eins aus dem Bund herauszuziehen, es an der Wand anzustreichen und die Finger daran zu wärmen. Es zog eins heraus. „Ritsch!" Wie sprühte es, wie brannte es! Es gab eine warme, helle Flamme, wie ein kleines Licht, als es das Händchen darum hielt – ein wunderbares Licht! Es kam dem kleinen Mädchen vor, als säße es vor einem großen eisernen Ofen mit Messingfüßen und Messingbeschlägen; das Feuer brannte so herrlich darin und wärmte schön! – Die Kleine streckte schon die Füße aus, um auch diese zu wärmen – da erlosch die Flamme. Der Ofen verschwand – sie saß mit einem kleinen Stumpf des ausgebrannten Schwefelholzes in der Hand.

Ein neues wurde angestrichen, es brannte, es leuchtete, und wo dessen Schein auf die Mauer fiel, wurde sie durchsichtig wie ein Flor. Das Mädchen sah gerade in das Zimmer hinein, wo der Tisch mit einem schneeweißen Tischtuch und mit feinem Porzellan gedeckt stand. Herrlich dampfte eine mit Pflaumen und Äpfeln gefüllte gebratene Gans darauf! Und was noch prächtiger war, die Gans sprang aus der Schüssel und watschelte mit Messer und Gabel im Rücken auf dem Fußboden dahin und kam gerade auf das arme Mädchen zu. Da erlosch das Schwefelholz, und nur die dicke, kalte Mauer war zu sehen.

Es zündete ein neues an. Da saß es unter dem schönsten Weihnachtsbaum. Der war noch größer und geputzter als der, den es zu Weihnachten durch die Glastür bei dem reichen Kaufmann erblickt hatte. Viele tausend Lichter brannten auf den grünen Zweigen, und bunte Bilder, wie die, welche die Ladenfenster schmücken, blickten zu ihm herab. Die Kleine streckte beide Hände in die Höhe – da erlosch das Schwefelholz. Die vielen Weihnachtslichter stiegen höher und immer höher, und nun sah sie, daß es die klaren Sterne am Himmel waren. Einer von ihnen fiel herab und zog einen langen Feuerstreifen über den Himmel.

„Jetzt stirbt jemand!" sagte die Kleine, denn ihre alte Großmutter, die einzige, die sie liebgehabt hatte, die jetzt aber tot war, hatte gesagt: „Wenn ein Stern fällt, so steigt eine Seele zu Gott empor."

Sie strich wieder ein Schwefelholz an der Mauer an. Es leuchtete ringsumher, und in seinem Glanz stand die alte Großmutter, klar und strahlend, so mild und himmlisch!

„Großmutter!" rief die Kleine. „Ach, nimm mich mit! Ich weiß, daß du auch gehst, wenn das Schwefelholz ausgeht, wie der warme Ofen, der herrliche Gänsebraten und der große, schöne Weihnachtsbaum!" – Sie strich eiligst den ganzen Rest der Schwefelhölzer an, der noch im Bund gewesen war. Sie wollte die Großmutter richtig festhalten! Und die Schwefelhölzer verbreiteten einen solchen Glanz, daß es heller wurde als am lichten Tag.

Die Großmutter war nie so schön, so groß gewesen! Sie hob das kleine Mädchen auf ihren Arm, und beide flogen in Glanz und Freude empor. Da fühlte es keine Kälte mehr, auch keinen Hunger und keine Furcht – sie waren bei Gott!

Aber im Winkel am Haus saß in der kalten Morgenstunde das kleine Mädchen mit roten Wangen, mit lächelndem Mund – tot, erfroren am letzten Abend des alten Jahres. Das Neujahr graute über der kleinen Leiche, die mit den Schwefelhölzern dasaß, von denen ein Bund fast verbrannt war. „Sie hat sich wärmen wollen", sagte man. Aber niemand wußte, welche Pracht sie erblickt hatte, in welchem Glanz sie mit der alten Großmutter zur Neujahrsfreude eingegangen war.

Des Pförtners Sohn

Der General wohnte im ersten Stock, der Pförtner wohnte im Keller; da war ein großer Zwischenraum zwischen den beiden Familien: Die ganze Parterrewohnung und die Rangordnung, aber sie wohnten unter demselben Dach mit Aussicht nach der Straße und zum Hof. In diesem befand sich ein Rasenstück mit einem blühenden Akazienbaum – wenn er blühte –, und unter diesem saß zuweilen die geputzte Amme mit dem noch geputzteren Generalskinde, der kleinen Emilie. Vor ihnen sprang barfüßig der kleine Sohn des Pförtners herum, mit den großen braunen Augen und dem dunklen Haar, und das Kind lächelte ihn an, streckte die Hände gegen ihn aus, und wenn der General das vom Fenster aus erblickte, so nickte er und sagte: „Charmant!"

Die Generalin, die so jung war, daß sie ganz gut die Tochter ihres Mannes aus einer frühen Ehe hätte sein können, blickte niemals aus dem Fenster, das zum Hof ging, aber sie hatte Befehl gegeben, daß der Knabe der Kellerleute zwar dem Kind etwas vorspielen, es aber nicht anrühren dürfte. Die Amme befolgte genau den Befehl der gnädigen Frau.

Die Sonne strahlte hinein zu den Leuten im ersten Stock und zu den Leuten im Keller, der Akazienbaum setzte Blüten an, sie fielen ab, und es kamen das nächste Jahr wieder neue, der Baum blühte: Der kleine Knabe des Pförtners blühte, er sah aus wie eine frische Tulpe.

Die kleine Tochter des Generals wurde fein und blaß wie das hellrote Blatt der Akazienblüte. Sie kam jetzt selten unter den Baum hinab, sie schöpfte frische Luft in der Kutsche. Sie fuhr mit Mama aus, und alsdann nickte sie Georg immer zu, ja, sie warf ihm einen Handkuß zu, bis die Mutter ihr sagte, sie sei nun zu groß, um das ferner tun zu dürfen.

Eines Vormittags sollte Georg dem General die Briefe und Zeitungen hinaufbringen, die am Morgen in der Pförtnerwohnung abgegeben worden waren. Als er die Treppe hinaufstieg und an der Tür zum Sandloch vorüberging, hörte er dort ein Piepen; und er dachte, es sei ein junges Huhn, das sich verlaufen hatte und wehklagte, aber es war die kleine Tochter des Generals in Flor und Spitzen.

„Sage es Papa und Mama nicht, sie werden sonst böse."

„Was gibt's denn, kleines Fräulein?" fragte Georg.

„Es brennt alles!" sagte sie. „Es brennt in heller Flamme."

Georg eilte die Treppe hoch und stand im nächsten Augenblick in der Wohnung des Generals; er öffnete die Tür zur Kinderstube, der Fenstervorhang war fast ganz verbrannt, der Gardinenstock war in Flammen. Georg sprang auf einen herbeigeholten Stuhl, riß die brennenden Gegenstände herunter und rief Leute zur Hilfe herbei. Ohne ihn wäre das ganze Haus niedergebrannt.

Der General und die Generalin fragten die kleine Emilie aus.

„Ich nahm nur ein einziges Streichhölzchen", sagte sie, „es brannte gleich, und der Vorhang brannte auch. Ich spuckte, um es zu löschen, ich spuckte, was ich konnte, aber ich hatte nicht genug Spucke, und so lief ich davon und versteckte mich, denn ich dachte, Papa und Mama würden böse werden."

„Spucken!" sagte die Generalin. „Was ist das für ein Wort? Hast du jemals gehört, daß Papa und Mama spucken sagen? Das mußt du von unten haben!"

Georg bekam einen Groschen, der wurde aber nicht in den Konditor-

laden getragen, sondern kam in die Sparbüchse, und bald waren so viele Groschen darin, daß er sich einen Farbenkasten kaufen und damit malen konnte. Er hatte viele Zeichnungen, die gleichsam von selbst aus dem Bleistift und den Fingern herauskamen. Die ersten farbigen Bilder schenkte er Emilie.

„Charmant!" sagte der General, und selbst die Generalin räumte ein, daß man deutlich sehe, was der Knabe sich gedacht hatte. „Genie hat er!" Das waren die Worte, die die Pförtnersfrau in den Keller trug.

Der General und seine gnädige Frau waren vornehme Leute; sie führten zwei Wappenschilder an ihrem Wagen, ein Schild für jeden von ihnen, die gnädige Frau hatte diese Wappen an jedem Stück ihrer Wäsche, draußen und drinnen, an der Nachthaube und am Nachthemd; das ihrige war ein teures Wappen, von ihrem Vater für blanke Taler gekauft, denn er war damit nicht geboren, sie auch nicht, sie war zu früh auf die Welt gekommen, sieben Jahre vor dem Wappen, dessen erinnerten sich noch die meisten Leute, die Familie aber nicht. Das Wappen des Generals war alt und groß, es konnte schon in einem knacken, wenn er es tragen mußte, geschweige denn, wenn er zwei Wappenzeichen tragen mußte, und es knackte auch in der Generalin, wenn sie stramm und stattlich zum Hofball fuhr.

Der General war alt und grau, aber er saß gut zu Pferd, das wußte er, und er ritt jeden Tag aus, den Reitknecht in geziemender Entfernung hinter sich. Trat er in eine Gesellschaft, so sah er aus, als käme er auf seinem hohen Pferd hereingeritten, und Orden trug er, so viele, daß es unbegreiflich war, aber er war gar nicht schuld daran. Als ganz junger Mensch war er schon Offizier geworden und war bei den großen Herbstmanövern gewesen, die damals in Friedenszeiten mit den Truppen abgehalten wurden. Aus der Zeit erzählte er eine Anekdote, die einzige, die er zu erzählen wußte: Sein Unteroffizier nahm einen der Prinzen gefangen, und der mußte nun als Gefangener mit seiner kleinen Truppe überwältigter Soldaten hinter dem General durch die Stadt reiten. Das war ein unvergessenes Ereignis, das immer, jahraus jahrein, vom General wieder erzählt wurde, und zwar mit denselben denkwürdigen Worten, die er gesprochen hatte, als er dem Prinzen den Degen wieder überreichte: „Nur mein Unteroffizier konnte Eure Hoheit gefangennehmen, ich niemals!" Und der Prinz hatte geantwortet: „Sie sind unvergleichlich!" Im wirklichen Kriege aber war der General niemals gewesen. Und als der Krieg kam, ging er zur Diplomatie und wurde an drei ausländische Höfe geschickt. Er sprach das Französische so gut, daß er seine eigene Sprache fast vergaß, er tanzte gut, er ritt gut, es wuchsen Orden an seinem Rock bis ins Unbegreifliche, die Schildwachen präsentierten vor ihm, eins der schönsten Mädchen präsentierte auch vor ihm – und wurde Generalin, und sie bekamen ein kleines, niedliches Kind, es war wie vom Himmel gefallen, so niedlich war es, und der Sohn des Pförtners tanzte ihm etwas vor im Hof, sobald es begreifen konnte, und schenkte ihm alle seine gezeichneten farbigen Bilder, und die kleine Emilie sah sie an, freute sich und riß sie entzwei. Sie war so fein und so niedlich.

„Mein Rosenblättchen!" sagte die Generalin. „Für einen Prinzen bist du geboren!"

Der Prinz stand schon draußen vor der Tür, aber man wußte nichts davon. Diese Menschen sehen nicht weit über ihre Schwelle hinaus.

„Vorgestern teilte unser Junge sein Butterbrot mit ihr!" sagte die Pförtnersfrau. „Da war weder Käse noch Fleisch darauf, aber es schmeckte ihr, als wenn es Rinderbraten gewesen wäre. Das hätte einen Spektakel gegeben, wenn Generals die Mahlzeit gesehen hätten, aber sie sahen es nicht."

Georg hatte sein Butterbrot mit der kleinen Emilie geteilt, er hätte gern sein Herz mit ihr geteilt, wenn es ihr nur Freude gemacht hätte. Er war ein guter Junge, aufgeweckt und klug, und er ging jetzt in die Abendschule der Akademie, um dort richtig zeichnen zu lernen. Die kleine Emilie lernte auch immer mehr, sie sprach Französisch mit ihrer Erzieherin und hatte auch einen Tanzmeister.

„Georg wird Ostern eingesegnet!" sagte die Pförtnersfrau.

„Am vernünftigsten wäre es wohl jetzt, wenn er in die Lehre käme!" sagte der Vater. „Ein ordentliches Handwerk müßte es sein! Dann wären wir die Sorge los."

„Er müßte doch zu Hause schlafen!" sagte die Mutter. „Es ist nicht leicht, einen Meister zu finden, der Platz für das Nachtquartier hat! Kleider müssen wir ihm auch halten! Das bißchen Essen, das er braucht, wird wohl auch herbeigeschafft! Er ist ja glücklich, wenn er ein paar gekochte Kartoffeln hat! Freies Lernen hat er. Laß du ihn seinen Gang gehen, du wirst sehen, daß wir Freude an ihm erleben, das sagt auch der Professor!"

Die Konfirmationskleider waren fertig, die Mutter selbst hatte sie genäht, aber zugeschnitten hatte sie der Flickschneider, und der schnitt gut zu; wenn der anders gestellt gewesen wäre und eine Werkstatt mit Gesellen hätte halten können, sagte die Pförtnersfrau, so hätte der Mann sehr gut Hofschneider werden können.

Die Kleider waren fertig, und der Konfirmand war fertig. Georg bekam am Tage seiner Konfirmation eine große Tombakuhr von seinem Paten, dem alten Ladendiener des Eisenwarenhändlers, dem reichsten der Paten Georgs. Die Uhr war alt und bewährt, sie ging immer vor, aber das ist besser als nachzugehen. Das war ein kostbares Geschenk. Von Generals erhielt er ein Gesangbuch in Saffian, von dem kleinen Fräulein, dem Georg die Bilder geschenkt hatte. Vorne im Buch stand sein Name und ihr Name und „gewogene Gönnerin", das war nach dem Diktat der Generalin geschrieben, und der General hatte es durchgelesen und „Charmant" gesagt.

„Das ist wirklich eine große Aufmerksamkeit von einer so hohen Herrschaft", sagte die Pförtnersfrau, und Georg mußte in seinem Konfirmationsstaat, das Gesangbuch in der Hand, sich vorstellen und bedanken.

Die Generalin saß eingehüllt und hatte ihre starken Kopfschmerzen, die sie stets hatte, wenn sie sich langweilte. Sie schaute Georg freundlich an und wünschte ihm alles Gute und niemals ihre Kopfschmerzen. Der General ging im Schlafrock umher, trug eine Mütze mit einer großen Quaste auf dem Kopf und rotschäftige, russische Stiefel; er schritt dreimal auf und ab im Zimmer, in seine Gedanken und Erinnerungen vertieft, blieb dann stehen und sagte:

„Der kleine Georg ist also jetzt ein Christenmensch! Sei nun auch ein braver Mann und ehre deine Obrigkeit! Diese Sentenz, kannst du einmal als alter Mann sagen, hat dich der General gelehrt."

Das war eine längere Rede, als der General sonst zu halten pflegte. Er kehrte wieder zu seinem Insichgekehrtsein zurück, und sah dabei sehr vornehm aus. Doch von allem, was Georg hier oben hörte und sah, blieb ihm das kleine Fräulein Emilie am stärksten in seinen Gedanken; wie war Emilie anmutig, wie sanft, wie schwebend, wie fein war sie! Wenn sie gezeichnet werden sollte, so müßte es in einer Seifenblase sein. An ihren Kleidern, an ihrem gelockten gelben Haar war ein Duft, als sei sie eine frisch aufgeblühte Rose, und mit ihr hatte er einmal sein Butterbrot geteilt,

sie hatte es mit ungeheurem Appetit gegessen und ihm bei jedem zweiten Bissen zugenickt. Ob sie sich dessen wohl noch erinnerte? Ja, gewiß! Sie hatte ihm ja zur Erinnerung daran das schöne Gesangbuch geschenkt! Als es zum ersten Male nach diesem Ereignis Neujahr und Neumond wurde, nahm er ein Stück Brot, einen Groschen und sein Gesangbuch, begab sich ins Freie und schlug das Buch auf, um zu sehen, welchen Psalm er bekäme. Es war ein Lob- und Dankpsalm, er schlug nochmals das Buch auf, um zu sehen, was der kleinen Emilie beschieden sein möchte, er nahm sich sehr in acht, daß er nicht da in das Buch hineingreife, wo die Leichenpsalmen standen, und dennoch griff er hinein zwischen Tod und Grab. Das sei ja nichts, woran man glauben müsse, meinte er, erschrak aber doch, als bald darauf das niedliche kleine Mädchen bettlägerig wurde und der Doktorwagen jeden Mittag am Torweg hielt.

„Sie behalten sie nicht!" sagte die Pförtnersfrau. „Der liebe Gott weiß schon, wen er haben will!"

Aber sie behielten sie doch, und Georg zeichnete Bilder und sandte sie ihr, er zeichnete das Schloß des Zaren, den alten Kreml in Moskau, mit seinen Türmen und Kuppeln, die wie riesige grüne und vergoldete Gurken aussahen, wenigstens in Georgs Zeichnung. Das erfreute die kleine Emilie sehr, und deshalb schickte Georg ihr im Verlauf der Woche noch ein paar Bilder, alle mit Gebäuden, denn bei diesen konnte sie sich selbst so vieles denken, was innerhalb der Tore und Fenster vor sich ging.

Er zeichnete ein chinesisches Haus mit einem Glockenspiel durch alle sechzehn Stockwerke, er zeichnete zwei griechische Tempel mit schlanken Säulen aus Marmor und Treppen ringsherum; er zeichnete eine norwegische Kirche, man sah deutlich, daß sie ganz aus Balken gebaut war, die geschnitzt und sonderbar zusammengestellt waren. Jedes Stockwerk sah aus, als habe es Wiegenbügel. Am schönsten war aber doch das Blatt mit dem Schloß, das er „Emiliens Schloß" nannte. So sollte sie wohnen; dieses Schloß hatte Georg sich selbst ausgedacht und dazu alles genommen, was er bei jedem der anderen Bauwerke am schönsten fand. Es hatte geschnitztes Gebälk wie die norwegische Kirche, Marmorsäulen wie die griechischen Tempel, ein Glockenspiel in jedem Stockwerk und ganz oben grüne, vergoldete Kuppeln wie der Kreml des Zaren. Es war ein richtiges Kinderschloß! Und unter jedem Fenster stand geschrieben, wozu der Saal oder das Zimmer sein sollte: „Hier schläft Emilie", „Hier tanzt Emilie", „Hier spielt sie Gäste empfangen". Es war eine Freude, das Schloß anzusehen.

„Charmant!" sagte der General.

Aber der alte Graf, denn es war auch ein alter Graf da, der noch vornehmer war als der General und ein Schloß besaß, sagte gar nichts, er hörte, daß es von dem kleinen Sohn des Pförtners ausgedacht und gezeichnet war. Nein, so sehr klein war er gerade nicht, er war schon konfirmiert. Der alte Graf betrachtete die Bilder und hatte seine eigenen stillen Gedanken dabei.

Eines Tages, es war gerade recht graues, nasses und häßliches Wetter, ging der hellste und schönste Tag für den kleinen Georg auf, denn der Professor der Kunstakademie rief ihn zu sich herein.

„Höre, mein Freund", sagte der Professor, „ich habe mit dir zu sprechen! Der liebe Gott ist gut gegen dich mit deinem Talent gewesen, aber er ist auch gut gegen dich mit guten Menschen. Der alte Graf drüben an der Ecke hat zu mir von dir gesprochen. Ich habe auch deine Bilder gesehen, aber von denen wollen wir jedoch nicht weiter reden, es ist vieles an ihnen zu verbessern! Aber von jetzt an kannst du zweimal wöchentlich in meine Zeichenklasse kommen, dann wirst du schon dahinterkommen, es besser zu machen. Ich glaube, es steckt in dir mehr von einem Baumeister als von einem Maler; du hast nun genug Zeit, dir das zu überlegen, aber gehe heute noch zu dem alten Grafen drüben an der Ecke und danke Gott für diesen Mann."

Das Haus des alten Grafen, das an der Ecke stand, war sehr groß. An den Fenstern waren Elefanten und Dromedare ausgehauen, alles aus alter Zeit; aber der alte Graf liebte am meisten die neue Zeit mit dem, was sie brachte, mochte es nun vom ersten Stock, vom Keller oder vom Dach herunterkommen.

„Ich glaube", sagte die Pförtnersfrau, „je vornehmer die Leute sind, desto weniger machen sie aus sich. Wie ist der alte Graf so hübsch und geradezu! Und er spricht ebenso wie du und ich; das können Generals nicht! Und Georg war gestern außer sich vor Freude über die gute Aufnahme, die er beim Grafen hatte, und heute bin ich es, nachdem ich mit dem mächtigen Mann gesprochen habe. War es nun nicht gut, daß wir Georg nicht in die Lehre zu einem Handwerker schickten? Fähigkeiten hat er."

„Aber die müssen Hilfe von außen haben!" sagte der Vater.

„Die hat er jetzt bekommen", sagte die Mutter, „der Graf sprach es mit klaren, deutlichen Worten."

„Das wird von Generals ausgegangen sein!" sagte der Vater. „Bei ihnen müssen wir uns auch bedanken."

„Das können wir gern tun!" sagte die Mutter. „Aber ich glaube, wir haben da nicht viel zu danken; dem lieben Gott will ich danken, und ihm will ich auch dafür danken, daß sich die kleine Emilie wieder erholt."

Mit Emilie ging es wieder aufwärts, und mit Georg weiter vorwärts; im Laufe des Jahres bekam er die kleine silberne Preismedaille der Akademie und später die größere.

„Es wäre doch besser gewesen, wenn er in die Lehre zu einem Handwerker gekommen wäre!" sagte die Pförtnersfrau und weinte, „da hätten wir ihn behalten. Was soll er in Rom? Ich kriege ihn nie mehr zu sehen, selbst nicht, wenn er wieder zurückkehrt, aber das tut er nicht, der liebe Junge!"

„Aber das ist sein Glück und sein Ruhm!" sagte der Vater.

„Ja, ich danke dir, mein Freund!" sagte die Mutter, „du sagst, was du nicht meinst! Du bist ebenso betrübt wie ich."

Und es hatte seine Richtigkeit mit der Betrübnis und mit der Abreise. Es sei aber ein großes Glück für den jungen Menschen, sagten alle Leute. Und es wurde Abschied genommen, auch bei dem General, die Frau Generalin zeigte sich nicht, sie hatte wieder ihre Kopfschmerzen. Der General erzählte beim Abschied seine einzige Anekdote, was er zum Prinzen gesagt und was der Prinz zu ihm gesagt hatte: „Sie sind unvergleichlich!" Und darauf reichte er Georg seine Hand, seine schlaffe Hand.

Emilie reichte Georg auch die Hand und sah fast betrübt aus, aber Georg war doch der Betrübteste.

Die Zeit vergeht, wenn man etwas tut, sie vergeht aber auch, wenn man nichts tut. Die Zeit ist gleich lang, aber nicht gleich nützlich. Für Georg war sie nützlich und gar nicht lang, wenn er nicht gerade an die Heimat dachte. Wie mochte es wohl den Leuten ergehen, oben und unten? Ja, davon wurde geschrieben, und man kann gar vieles in einen Brief hineinlegen, den hellen Sonnenschein und die dunklen, schweren Tage. Die lagen in dem Brief, der ihn benachrichtigte, daß sein Vater tot und die Mutter nun allein sei; Emilie sei wie ein Engel des Trostes gewesen, sie sei zur Mutter gekommen, schrieb diese und fügte über sich selbst hinzu, daß man ihr die Pförtnerstelle gelassen hatte.

Die Generalin führte ein Tagebuch, darin stand jede Gesellschaft verzeichnet, jeder Ball, den sie besucht, und alle Gäste, die sie empfangen hatte. Das Tagebuch wurde durch die Visitenkarten der Diplomaten und des höchsten Adels illustriert, sie war stolz auf ihr Tagebuch, es wuchs lange Zeit hindurch unter vielen großen Kopfschmerzen, aber auch bei vielen durchwachten Nächten, das heißt Hofbällen. Emilie war zum ersten Mal auf einem Hofball gewesen. Die Mutter hatte Hellrot mit schwarzen Spitzen getragen, spanisches Kostüm, die Tochter Weiß, klar und fein, grüne seidene Bänder flatterten wie Schilf zwischen den blonden Locken, auf dem Kopf trug sie einen Kranz von weißen Wasserlilien; die Augen waren so blau und klar, der Mund so fein und rot; sie glich einer kleinen, schönen Wassernixe. Drei Prinzen tanzten mit ihr, das heißt, erst der eine und dann der andere; die Generalin hatte acht Tage lang keine Kopfschmerzen.

Aber der erste Ball war nicht der letzte, und das hielt Emilie nicht aus. Es war deshalb gut, daß der Sommer mit Ruhe und frischer Landluft kam. Die Familie wurde von dem alten Grafen auf sein Schloß eingeladen. Das war ein Schloß mit einem Garten, der sehenswert war. Ein Teil dessen war ganz wie in alten Tagen mit steifen grünen Hecken, man ging dort hindurch wie zwischen grünen Wänden mit Gucklöchern. Buchsbaum und Taxus standen da, als Sterne und Pyramiden geschnitten, Wasser sprang aus großen mit Muschelschalen bekleideten Grotten, ringsum standen steinerne Figuren aus dem allerschwersten Stein, das sah man an den Kleidern und an den Gesichtern. Jedes Blumenbeet hatte eine andere Gestalt, als Fisch, Wappenschild oder Namenszug, das war der französische Teil des Gartens, von diesem aus gelangte man gleichsam in den freien, frischen Wald, wo die Bäume wachsen durften, wie sie wollten, und deshalb so groß und prächtig waren. Das Gras war grün und zum Begehen, es wurde auch gewalzt, geschnitten, gehegt und gepflegt, das war der englische Teil des Gartens.

„Alte Zeit und neue Zeit!" sagte der Graf, „hier gehen sie gut ineinander. In zwei Jahren soll das Gebäude selbst sein richtiges Ansehen bekommen, es wird eine Verwandlung zum Schönen und Besseren werden; ich werde die Zeichnungen zeigen und den Baumeister, er ißt heute hier zu Mittag."

„Charmant!" sagte der General.

„Hier ist's paradiesisch", sagte die Generalin, „und dort haben Sie eine Ritterburg!"

„Das ist mein Hühnerhaus", sagte der Graf, „die Tauben wohnen im Turm, die Puten im ersten Stock, aber im Erdgeschoß regiert die alte Else. Sie hat Gastzimmer nach allen Seiten: Die Legehühner für sich, die mit den Küken für sich, und die Enten haben ihren eigenen Ausgang zum Wasser."

„Charmant!" wiederholte der General.

Und alle schritten weiter, um diese Herrlichkeit zu sehen.

Die alte Else stand in der Stube und neben ihr der Baumeister Georg; er und Emilie begegneten sich nach mehreren Jahren, trafen sich zum ersten Mal wieder.

Ja, hier stand er, und schön genug war er, um angesehen zu werden; sein Antlitz war offen und energisch, sein Haar glänzte schwarz, und um seinen Mund spielte ein Lächeln, das sagte: Es sitzt mir ein Schelm im Nacken, der kennt euch in- und auswendig. Die alte Else hatte die Holzschuhe ausgezogen und stand in Strümpfen da zur Ehre der vornehmen Gäste. Und die Hühner glucksten, und der Hahn krähte, und die Enten watschelten davon: „Rab! Rab!" Aber das feine, blasse Mädchen, die Freundin seiner Kindheit, die Tochter des Generals, stand da mit einem rosigen Schimmer auf den sonst so blassen Wangen, ihre Augen wurden ganz groß, während es um ihren Mund sprach, ohne daß ihr Mund selbst ein einziges Wort sagte. Und der Gruß, den er bekam, war der schönste Gruß, den sich ein junger Mensch von einer jungen Dame wünschen konnte, wenn sie nicht verwandt waren oder oft zusammen getanzt haben. Und sie und der Baumeister hatten niemals zusammen getanzt.

Der Graf drückte seine Hand und stellte ihn vor: „Ganz fremd ist er nicht, unser junger Freund Georg!"

Die Generalin verneigte sich, die Tochter war nahe daran, ihm die Hand zu reichen, aber sie reichte sie ihm nicht.

„Unser kleiner Herr Georg!" sagte der General. „Alte Hausfreunde, charmant!"

„Sie sind ganz Italiener geworden", sagte die Generalin, „Sie sprechen die Sprache gewiß wie ein Eingeborener?"

„Die Generalin singt die Sprache, aber spricht sie nicht", sagte der General.

Zur Mittagszeit saß Georg zur Rechten Emiliens, der General hatte sie, der Graf die Generalin zu Tisch geführt.

Herr Georg sprach und erzählte, und er erzählte gut, er war das Wort und der Geist am Tisch, obgleich der alte Graf es auch sein konnte. Emilie saß schweigend da, die Ohren hörten, die Augen leuchteten. Aber sie sagte nichts.

In der Veranda zwischen den Blumen standen sie und Georg, die Rosenhecke verbarg sie. Georg hatte wieder das Wort, hatte es zuerst.

„Vielen Dank für Ihre freundliche Gesinnung gegen meine alte Mutter", sagte er. „Ich weiß es, Sie kamen zu ihr hinunter in der Nacht, als mein Vater starb, und blieben bei ihr, bis seine Augen sich schlossen, herzlichen

Dank!" Und er ergriff Emiliens Hand und küßte sie, das durfte er schon bei der Gelegenheit; sie errötete tief, aber sie drückte seine Hand wieder und schaute ihn mit ihren lieben blauen Augen an.

„Ihre Mutter war eine liebe Seele! Wie liebte sie ihren Sohn! Alle Ihre Briefe ließ sie mich lesen, ich glaube fast, ich kenne Sie ganz genau. Wie freundlich waren Sie gegen mich, als ich ein kleines Mädchen war, Sie schenkten mir Bilder . . ."

„Die Sie zerrissen!" sagte Georg.

„Nein, ich habe noch mein Schloß."

„Jetzt muß ich es in Wirklichkeit bauen!" sagte Georg, und ihm wurde bei dem, was er sagte, ganz warm.

Der General und die Generalin sprachen unter sich in ihren Zimmern von dem Sohn des Pförtners, wie gut er sich zu bewegen wisse und wie geschickt er sich auszudrücken verstehe. „Er könnte Hauslehrer werden!" sagte der General.

„Geist hat er!" sagte die Generalin, aber mehr sagte sie nicht.

Während der schönen Sommerzeit kam Herr Georg öfters auf das Schloß des Grafen. Man vermißte ihn, wenn er nicht kam.

„Was hat der liebe Gott Ihnen doch vieles vor uns anderen armen Menschen vorausgegeben!" sagte Emilie zu ihm. „Sind Sie auch recht dankbar dafür?"

Es schmeichelte Georg, daß das schöne junge Mädchen zu ihm hinaufblickte, denn er fand Emilie ungewöhnlich begabt.

Der General fühlte sich immer mehr und mehr davon überzeugt, daß Herr Georg unmöglich ein Kind aus dem Keller sein könnte. „Die Mutter war übrigens eine sehr brave Frau!" sagte er, „das bin ich schuldig, ihr noch ins Grab nachzusagen."

Der Sommer verging, der Winter kam, es wurde wieder von Herrn Georg gesprochen, er war wohl angesehen und in den höchsten Kreisen gut aufgenommen, der General hatte ihn auf einem Hofball angetroffen.

Im Haus des Generals sollte nun Emiliens wegen ein Ball gegeben werden könnte man Herrn Georg wohl auch dazu einladen?

„Wen der König einlädt, den kann auch der General einladen!" sagte der General und hob sich einen ganzen Zoll vom Fußboden empor.

Herr Georg wurde also eingeladen, und er kam, und es kamen Prinzen und Grafen, und einer tanzte immer besser als der andere, aber Emilie konnte nur den ersten Tanz tanzen, dabei tat sie einen Fehltritt, nicht gefährlich, aber doch so, daß der Fuß schmerzte. Deshalb mußte man mit dem Tanzen aufhören; und nun saß sie da und sah zu, und der Baumeister stand ihr zur Seite.

„Sie schenken ihr wohl die ganze Peterskirche!" sagte der General im Vorübergehen und lächelte wie das Wohlwollen selbst.

Mit demselben Lächeln des Wohlwollens empfing er einige Tage später Herrn Georg. Der junge Mann kam gewiß, um sich für den Ball zu bedanken, was sonst? Ja doch, etwas höchst Überraschendes, Staunenswertes, Wahnsinniges sprach er, der General traute kaum seinen eigenen Ohren; „pyramidale Deklamation", einen Antrag, der undenkbar war: Herr Georg bat um die Hand der kleinen Emilie.

„Mann!" sagte der General und wurde puterrot im Gesicht. „Ich verstehe

Sie nicht! Was sagen Sie? Was wollen Sie? Ich kenne Sie nicht! Herr! Mensch! Was fällt Ihnen ein, in mein Haus einzufallen!" – Und er schritt rücklings in sein Schlafzimmer, drehte den Schlüssel um und ließ Herrn Georg allein; dieser blieb noch einige Minuten stehen, worauf er sich umdrehte und das Zimmer verließ. Im Gang stand Emilie.

„Mein Vater antwortete –?" fragte sie, und ihre Stimme zitterte.

Georg drückte ihr die Hand: „Er lief einfach weg!" sagte er. „Aber es wird eine bessere Zeit kommen!"

In Emiliens Augen standen Tränen, aus den Augen des jungen Mannes sprachen Zuversicht und Mut, und die Sonne schien durch das Fenster auf beide und gab ihnen ihren Segen.

Der General saß ganz kochend vor Wut in seinem Zimmer, ja, es kochte noch immer in ihm, und es lief über in Worten und Ausrufen: „Wahnsinn! Pförtner-Dreistigkeit!"

Keine Stunde war vergangen, so wußte es die Generalin aus dem Mund des Generals, und sie rief Emilie herbei und blieb allein mit ihr.

„Du armes Kind! Dich so zu beleidigen! Uns zu beleidigen! In deinen Augen sind auch Tränen, aber sie stehen dir gut! Du bist schön in Tränen! Du siehst mir ähnlich, wie ich an meinem Hochzeitstag war. Weine nur, süße Emilie!"

„Ja, das muß ich!" sagte Emilie, „wenn du und Vater nicht ja sagen!"

„Kind!" rief die Generalin, „du bist krank! Du sprichst irre, und ich bekomme meine entsetzlichen Kopfschmerzen! All das Unglück, das über unser Haus kommt! Laß deine Mutter nicht sterben, Emilie, sonst hast du keine Mutter!"

Und die Augen der Generalin wurden feucht, sie konnte es nicht ertragen, an ihren eigenen Tod zu denken.

In der Zeitung stand zu lesen: Herr Georg ernannt zum Professor, fünfter Klasse, Nummer acht.

„Es ist schade, daß seine Eltern begraben sind und es nicht lesen können!" sagten die neuen Pförtnerleute, die jetzt im Keller unter dem General wohnten, sie wußten, daß der Professor hier, innerhalb der vier Wände, geboren und aufgewachsen war.

„Jetzt muß er Rangsteuer bezahlen!" sagte der Mann.

„Ist das nicht sehr viel für ein armes Kind?" sagte die Frau.

„Achtzehn Taler jährlich!" sagte der Mann. „Doch, das ist viel Geld!"

„Nein, die angesehene Stellung meine ich!" sagte die Frau. „Glaubst du, daß ihn das Geld kümmert? Die paar Taler kann er hundertmal verdienen, und eine reiche Frau bekommt er wohl obendrein. Wenn wir Kinder hätten, Mann, so sollte unser Kind auch Baumeister und Professor werden!"

Man sprach nur Gutes von Georg im Keller, und man sprach Gutes von ihm im ersten Stock, der alte Graf erlaubte sich das.

Die Bilder aus seiner Kindheit gaben dazu Veranlassung. Aber warum kam das Gespräch auf diese Bilder? Man sprach von Rußland, von Moskau, und da war man auch beim Kreml, den der kleine Georg einst für Fräulein Emilie gezeichnet hatte; er hatte viele Bilder gezeichnet, an eines erinnerte sich der Graf ganz besonders. Es war „Das Schloß Emiliens", wo sie schlief, wo sie tanzte und „Gäste empfangen" spielte; der Professor war sehr tüchtig, er würde gewiß als alter Geheimrat sterben, das wäre gar nichts Unmögliches, nachdem er der jetzt so jungen Dame wirklich ein Schloß gebaut haben würde, weshalb nicht?

„Das war ja eine sonderbare Heiterkeit bei dem Grafen", bemerkte die Generalin, als der Graf sich entfernt hatte. Der General schüttelte bedächtig den Kopf, ritt mit dem Reitknecht in gehöriger Entfernung hinter sich aus und saß stolzer als je auf seinem hohen Pferd.

Es war Emiliens Geburtstag; Blumen, Bücher, Briefe und Visitenkarten wurden abgegeben, die Generalin küßte sie auf den Mund, der General auf die Stirn. Sie waren liebevolle Eltern, und sie und Emilie bekamen hohen Besuch, zwei Prinzen. Es wurde von Bällen und vom Theater, von diplomatischen Sendungen, von der Regierung der Reiche und Länder gesprochen. Es wurde von Tüchtigkeit, von der Tüchtigkeit des eigenen Landes gesprochen, und dadurch kam auch die Rede auf den Herrn Baumeister.

„Er baut an seiner Unsterblichkeit!" hieß es, „er baut sich gewiß auch in eine unserer ersten Familien hinein!"

„Eine unserer ersten Familien!" wiederholte der General später der Generalin. „Wer ist eine unserer ersten Familien?"

„Ich weiß, auf wen das hindeutet!" sagte die Generalin, „aber ich spreche es nicht aus! Ich denke es nicht! Gott waltet! Aber staunen werde ich!"

„Ich staune auch!" sagte der General, „aber ich habe keine Idee in meinem Kopf!" Und er versank in Erwartung.

Es liegt eine Macht, eine unnennbare Macht in dem Quell der Gnade von oben, in der Gunst des Hofes, der Gunst Gottes – und all diese Gunst hatte der kleine Georg. Aber wir vergessen den Geburtstag.

Emiliens Zimmer duftete von Blumen, die Freunde und Freundinnen gebracht hatten, auf dem Tisch lagen schöne Geschenke als Gruß und zum

Andenken, aber nicht ein einziges von Georg, das konnte nicht kommen, aber es bedurfte auch eines solchen nicht, erinnerte doch das ganze Haus an ihn. Selbst aus dem Sandloch unter der Treppe piepte die Erinnerungsblume hervor, dort hatte Emilie gepiept als der Fenstervorhang brannte und Georg als erste Spritze zur Rettung kam. Ein Blick aus dem Fenster, und der Akazienbaum erinnerte an die Zeit der Kindheit. Blüten und Blätter waren abgefallen, aber der Baum stand da mit Reif bedeckt, als sei er ein ungeheurer Korallenzweig, und der Mond schien klar und groß zwischen die Zweige, unverändert in all seiner Veränderlichkeit, wie damals, als Georg sein Butterbrot mit der kleinen Emilie teilte.

Aus einem Kasten holte sie die Zeichnungen mit dem Schloß des Zaren und ihrem eigenen Schloß hervor, die Erinnerungen an Georg, sie wurden besehen, und viele Erinnerungen stiegen in ihr auf. Sie erinnerte sich an den Tag, an dem sie unbemerkt von Vater und Mutter zur Pförtnersfrau hinabging, die im Sterben lag; sie blieb bei ihr sitzen, hielt die Hand der alten Frau in der ihren und hörte ihre letzten Worte: „Segen! – Georg!" Die Mutter dachte an ihren Sohn. – Jetzt legte Emilie ihre Deutung hinein. Ja, Georg war freilich mit beim Geburtstag!

Am folgenden Tage, es traf sich so, war wieder ein Geburtstag im Hause, der Geburtstag des Generals. Er war am Tag nach dem Geburtstag seiner Tochter geboren. Nur früher als sie, viele Jahre früher. Es kamen viele Geschenke an, und unter diesen auch ein Sattel von ausgezeichneter Arbeit, bequem und kostbar, nur einer der Prinzen hatte einen solchen. Von wem der Sattel wohl war? Der General war entzückt. Es lag ein kleines Zettelchen bei dem Sattel, hätte darauf nur gestanden: „Besten Dank für den gestrigen Empfang!" – so hätten wir anderen schon erraten können, von wem er kam, aber es stand darauf: „Von jemand, den der Herr General nicht kennt."

„Wen in aller Welt kenne ich nicht!" sagte der General. „Alle Menschen kenne ich!" Und seine Gedanken wanderten in die große Gesellschaft, er kannte alle Menschen dort. „Der ist von meiner Frau!" rief er zuletzt. „Sie neckt mich! Charmant!"

Aber sie neckte ihn nicht, denn die Zeit war vorbei.

Und wieder war ein Fest, aber nicht im Hause des Generals, es war Kostümball bei einem der Prinzen, man durfte auch maskiert kommen.

Der General kam als Rubens in spanischer Tracht mit kleiner Halskrause, Degen und guter Haltung; die Generalin war Madame Rubens, in schwarzem Samt hoch bis an den Hals, entsetzlich warm, mit Mühlstein um den Hals, das heißt mit großer Halskrause, getreu nach einem holländischen Gemälde, das der General besaß, und an dem namentlich die Hände bewundert wurden: Sie glichen ganz und gar den Händen der Generalin.

Emilie war Psyche in Flor und Spitzen. Sie war wie schwebender Schwanenflaum, sie hatte die Flügel gar nicht nötig, sie trug sie nur als Symbol der Psyche.

Ein Glanz, eine Pracht, Licht und Blumen, Reichtum und Geschmack waren bei diesem Ball entfaltet; es war da so vieles zu sehen, daß man die schönen Hände der Madame Rubens gar nicht bemerkte.

Ein schwarzer Domino mit einer Akazienblüte auf der Kapuze tanzte mit Psyche.

„Wer ist das?" fragte die Generalin.

„Seine königliche Hoheit!" sagte der General, „ich bin dessen gewiß, ich erkannte ihn sofort an dem Händedruck!"

Die Generalin bezweifelte das.

General Rubens zweifelte nicht, näherte sich dem schwarzen Domino und schrieb ihm die königlichen Buchstaben in die Hand; aber sie wurden verleugnet, doch ein Fingerzeig wurde gegeben:

„Die Devise des Sattels! Einer, den Sie nicht kennen, Herr General."

„Aber da kenne ich Sie ja!" sagte der General. „Sie haben mir den Sattel gesandt!"

Der Domino erhob die Hand und verschwand unter die anderen.

„Wer ist der schwarze Domino, mit dem du tanztest, Emilie?" fragte die Generalin.

„Ich habe nicht nach seinem Namen gefragt!" antwortete sie.

„Weil du ihn wußtest! Es ist der Professor! – Ihr Protegé, Herr Graf, ist hier!" fuhr die Generalin fort, sich an den Grafen wendend, der in der Nähe stand. „Schwarzer Domino mit Akazienblüte!"

„Sehr möglich, meine Gnädige!" antwortete der Graf. „Allein einer der Prinzen ist ebenso kostümiert."

„Ich kenne den Händedruck!" sagte der General. „Vom Prinzen ist der Sattel! Ich bin meiner Sache so gewiß, daß ich ihn zu Tisch einladen könnte."

„Tun Sie das! Ist es der Prinz, so kommt er gewiß!" sagte der Graf.

„Und ist es der andere, so kommt er nicht!" sagte der General und näherte sich dem schwarzen Domino, der gerade mit dem König sprach. Der General brachte eine sehr ehrerbietige Einladung an, „damit sie einander kennenlernen könnten", und er lächelte so sicher in seiner Gewißheit über die Person, die er einlud; er sprach laut und vernehmlich.

Der Domino lüftete die Maske; es war Georg.

„Wiederholen Sie die Einladung, Herr General?" fragte er.

Der General wurde freilich um einen Zoll höher, nahm eine festere Stellung an, trat zwei Schritte zurück und einen Schritt vorwärts wie zu einem Menuett, und es kamen Ernst und Ausdruck in das feine Gesicht des Generals, soviel wie der General eben hineinlegen konnte, und er gab zur Antwort:

„Ich nehme niemals mein Wort zurück! Sie sind eingeladen, Herr Professor!" Und er verbeugte sich mit einem Blick gegen den König, der das Ganze sicher gehört hatte.

Und nun war eine Mittagsgesellschaft beim General, aber nur der alte Graf und sein Protegé waren eingeladen.

„Den Fuß unter den Tisch", meinte Georg, „dann ist der Grundstein gelegt!" Und der Grundstein wurde wirklich mit großer Feierlichkeit bei dem General und der Generalin gelegt.

Der Mensch war gekommen und hatte ganz wie ein Mann aus der guten Gesellschaft gesprochen, war höchst interessant gewesen, daß der General oft sein „Charmant" wiederholen mußte. Der General sprach von dem Mittagtisch, sprach sogar mit einer der Damen am Hof davon, und diese, eine der geistreichsten, erbat sich eine Einladung fürs nächste Mal, wenn der Professor käme. Er mußte also wieder eingeladen werden, und er wurde eingeladen, kam und war wieder charmant; er konnte sogar Schach spielen.

„Er ist nicht aus dem Keller!" sagte der General, „er ist ganz gewiß ein Sohn aus vornehmer Familie! Es gibt viele Söhne aus vornehmer Familie, und daran ist der junge Mann ganz unschuldig."

Der Herr Professor, der ins Haus des Königs kam, konnte sehr gut ins Haus des Generals kommen, aber daß er da anwachsen könnte, davon war hier noch keine Rede, nur die ganze Stadt sprach davon.

Er wuchs. Der Tau der Gnade fiel von oben!

Es war deshalb auch gar keine Überraschung, daß der Professor Geheimrat, und Emilie Geheimrätin wurde.

„Das Leben ist Tragödie oder Komödie", sagte der General, „in der Tragödie sterben sie, in der Komödie kriegen sie sich."

Hier kriegten sie sich. Und sie bekamen drei muntere Knaben.

Die süßen Kinder ritten auf ihren Steckenpferden durch alle Zimmer, wenn sie bei Großvater und Großmutter waren. Und der General ritt auch sein Steckenpferd, ritt hinter ihnen her: „Als Jockei der kleinen Geheimräte!"

Die Generalin saß auf dem Sofa und lächelte, selbst wenn sie ihre starken Kopfschmerzen hatte.

So weit brachte es Georg, und noch viel weiter, sonst wäre es nicht der Mühe wert gewesen, von dem Sohn des Pförtners zu erzählen.

Der Umziehtag

Ich habe einen alten Freund, den Turmwächter Ole. In der Regel gehe ich um die Neujahrszeit zu ihm hinauf, dieses Mal war es aber am allgemeinen Umziehtag, denn an diesem Tage ist es nicht angenehm unten in den Straßen der Stadt; sie sind voll von Kehricht, Scherben und anderem Unrat. Da ging ich nun die Straße entlang und sah ein paar Kinder, die in diesem ausgeschütteten Überfluß „zu Bett gehen" spielten; es war zu einladend in diesem Spiel, meinten sie, ja sie krochen in das Stroh hinein und zogen ein altes zerrissenes Stück Wandtapete über sich als Bettdecke. „Das sei zu nett!" sagten sie. Mir war das zuviel, und deshalb mußte ich fort, zu Ole hinauf.

„Es ist Umziehtag!" sagte er. „Straßen und Gassen dienen als Kehrichtkasten, großartige Kehrichtkasten! Mir ist ein Wagen voll genug! Aus dem kann ich etwas herauskriegen, und das bekam ich auch kurz nach Weihnachten. Ich ging unten durch eine Straße, es war rauh, naß und schmutzig, daß man sich erkälten konnte; der Kehrichtmann hielt da mit seinem Wagen, der gefüllt war: eine Mustersammlung von den Straßen der Stadt am Umziehtag. Hinten im Wagen stand ein Tannenbaum, noch ganz grün und noch Flittergold an den Zweigen; die Tanne hatte am Weihnachtsabend gedient, und nun war sie auf die Straße geworfen und der Kehrichtmann hatte sie hinten in seinen Müll hineingesteckt, komisch zu sehen oder auch traurig, je nachdem, was man dabei denkt, und ich dachte dabei an dieses und jenes, was im Wege lag, dachte ganz gewiß auch oder hätte denken können, was sich ja gleich bleibt. Da lag nun ein löchriger Damenhandschuh; was der wohl dachte? Soll ich es Ihnen sagen? Er lag da und zeigte mit dem kleinen Finger gerade auf den Tannenbaum. ‚Der Baum erregt mein Mitleid!' dachte er, ‚auch ich bin auf einem Fest mit Kronleuchtern gewesen! Mein eigentliches Leben war eine Ballnacht, ein Händedruck, und ich platzte! Damit stockt meine Erinnerung, mehr habe ich nicht, wofür ich lebe!' Das dachte der Handschuh oder könnte es gedacht haben. ‚Es ist eine dumme Geschichte mit dem Tannenbaum!' sagten die Scherben. Scherben finden stets alles dumm. ‚Ist man einmal auf dem Kehrichtwagen', sagten sie, ‚so soll man die Nase nicht mehr so hoch und auch kein Flittergold tragen! Ich weiß, daß ich genützt habe in dieser Welt, mehr genützt als dieser grüne Stecken!' Seht, das war nun auch eine Ansicht, die wohl mehrere teilen mögen, aber der Tannenbaum sah doch gut aus, er war fast ein wenig Poesie auf dem Kehrichthaufen, und alten Krempel gibt es genug auf den Straßen am Umziehtag. Der Weg dort unten wurde mir schwer und mühsam, und ich verspürte Lust, wieder fort und auf den Turm zu kommen und hier oben zu bleiben; hier sitze ich und schaue mit Humor darauf hinab.

Da spielen die Leutchen nun Häuser tauschen! Sie schleppen und quälen sich mit ihrem Hab und Gut ab, und der Hausklatsch und der Familienklatsch, die Sorgen und Kümmernisse ziehen mit aus der alten Wohnung in die neue, und was kommt für sie und uns bei dem Ganzen heraus? Ja, das steht wahrhaftig schon längst in dem alten guten Vers geschrieben, wo es heißt:

‚Denke an den großen Umziehtag des Todes!'

Das ist ein ernster Gedanke, aber er ist ihnen wohl nicht unangenehm. Der Tod ist und bleibt der zuverlässigste Beamte, seiner vielen kleinen Ämter ungeachtet!

Der Tod ist Omnibusführer, er ist Paßschreiber, er beglaubigt unser Zeugnisbuch, und er ist Direktor der großen Sparkasse des Lebens. Verstehen Sie mich? – Alle Taten unseres Erdenlebens, große und kleine, tragen wir auf diese Sparkasse, und wenn dann der Tod mit seinem Umziehomnibus kommt und wir einsteigen und mit nach dem Lande der Ewigkeit fahren müssen, dann gibt er uns an der Grenze unser Wanderbuch als Paß! Als Zehrpfennig für die Reise nimmt er aus der Sparkasse diese oder jene Tat heraus, die wir vollbracht haben und die unser Tun am besten kennzeichnet; das kann lustig sein, aber auch entsetzlich.

Noch ist kein Mensch dieser Omnibusfahrt entgangen, es wird zwar von jemand erzählt, dem man die Fahrt nicht erlaubte, dem Schuster von Jerusalem, denn er mußte hinterdreinlaufen. Hätte man ihm das Einsteigen in den Omnibus erlaubt, so wäre er der Behandlung der Poeten entgangen. Werft mal in Gedanken einen Blick in den großen Umziehomnibus hinein! Da ist eine gemischte Gesellschaft! Es sitzen Könige und Bettler, der Geniale und der Idiot nebeneinander; fort müssen sie, ohne Gut und ohne Gold, nur mit dem Wanderbrief und dem Zehrgeld aus der Sparkasse! Aber welche Tat wird wohl herausgenommen und einem mitgegeben? Vielleicht eine ganz kleine, klein wie eine Erbse? – Aber die Erbse kann eine blühende Ranke treiben!

Dem Armen, der auf dem niedrigen Schemel im Winkel saß und Schläge und harte Worte bekam, dem gibt man vielleicht den niedrigen Schemel mit als Zeichen und Zehrgeld, er wird ein Tragstuhl, der in das Land der Ewigkeit trägt, der sich in einen Thron verwandelt, strahlend wie Gold, blühend wie eine Laubhütte.

Derjenige, der immer aus dem Becher des Vergnügens trank, um seine Taten hier zu vergessen, bekommt ein hölzernes Tönnchen mit und muß daraus während der Omnibusfahrt trinken, und der Trank ist rein und unverfälscht, so daß die Gedanken geklärt, alle guten und edlen Gefühle geweckt werden. Er sieht und empfindet, was er früher nicht sehen wollte oder sehen konnte, und dann hat er die Strafe in seinem Innern, den nagenden Wurm, der nicht stirbt in alle Ewigkeit. Stand auf dem Becher geschrieben: ‚Vergessenheit‘, so steht auf dem Tönnchen: ‚Erinnerung‘.

Lese ich ein gutes Buch, eine historische Schrift, dann muß ich mir stets die Person, von der ich lese, zuletzt so denken, wie sie in den Omnibus des

Todes steigt, und muß darüber nachdenken, welche ihrer Taten wohl der Tod für sie aus der Sparkasse nahm, welchen Zehrpfennig sie beim Eingang in das Land der Ewigkeit mitbekam. Es war einmal ein französischer König, seinen Namen habe ich vergessen – der Name des Guten wird zuweilen vergessen, aber er fällt mir wohl wieder ein; es war ein König, der während einer Hungersnot der Wohltäter seines Volkes wurde, und das Volk errichtete ihm ein Monument aus Schnee mit der Inschrift: ‚Schneller als dieses schmilzt, halfst du!' Ich kann mir denken, daß der Tod ihm, mit Rücksicht auf das Monument, eine einzige Schneeflocke gab, die niemals schmilzt und als ein weißer Schmetterling über seinem königlichen Haupt in das Land der Unsterblichkeit hineinflog. Da war nun auch Ludwig XI., ja, seinen Namen habe ich behalten, des Bösen erinnert man sich immer leicht; ein Zug von ihm kommt mir immer in den Sinn, ich wollte, man könnte sagen, die Geschichte sei eine Lüge. Er ließ seinen Konnetabel hinrichten, das konnte er, mit Recht oder Unrecht, aber die unschuldigen Kinder des Konnetabels, das eine acht Jahre, das andere sieben Jahre alt, ließ er auf das Schaffot stellen und mit dem warmen Blute des Vaters bespritzen, darauf in die Bastille führen und dort in einen eisernen Käfig sperren, wo sie nicht einmal eine Decke zu ihrem Schutz bekamen. König Ludwig sandte jeden achten Tag den Scharfrichter zu ihnen und ließ einem jeden einen Zahn ausziehen, damit es nicht zu gut haben sollten; die Älteste sagte: ‚Meine Mutter würde sich zu Tode grämen, wenn sie wüßte, daß mein kleiner Bruder so viel leiden muß, ziehen sie mir zwei Zähne aus und lassen sie ihn frei ausgehen!' Dem Scharfrichter traten die Tränen in die Augen, aber der Wille des Königs war stärker als die Tränen, und an jedem achten Tage wurden dem König zwei Kinderzähne auf einem silbernen Teller gebracht, er hatte sie verlangt, er bekam sie. Diese zwei Zähne, denke ich, nahm der Tod aus der Sparkasse des Lebens für König Ludwig XI. und gab sie ihm mit auf die Reise ins Land der Unsterblichkeit; sie flogen ihm voran wie zwei Feuerfliegen, sie leuchteten, sie brannten, sie bissen ihn, die unschuldigen Kinderzähne.

Ja, es ist eine ernste Fahrt, die Omnibusfahrt am großen Umziehtag! Und wann kommt er wohl?

Das ist das Ernste dabei, daß man den Omnibus jeden Tag, jede Stunde, jede Minute erwarten kann. Welche unserer Taten mag wohl dann der Tod aus der Sparkasse nehmen und uns mitgeben? Ja, denken wir darüber nach, denn der Umziehtag steht nicht im Kalender verzeichnet."

Das Abc-Buch

Es war einmal ein Mann, der hatte neue Verse zum Abc-Buch geschrieben, und zwar zwei Zeilen zu jedem Buchstaben, geradeso wie in dem alten Abc-Buch. Er meinte, daß man neue haben müsse, da die alten zu sehr abgenutzt wären, auch hatte er großen Gefallen an seinen eigenen Versen. Das neue Abc lag bis jetzt nur geschrieben vor und stand neben dem alten in dem großen Bücherschrank, worin so manches gelehrte und unterhaltende Buch stand. Allein das alte Abc wollte wohl nicht der Nachbar des neuen sein und war deshalb von seinem Brett herabgesprungen. Dabei hatte es dem neuen einen Stoß gegeben, daß es auch auf den Fußboden fiel und seine losen Blätter ringsumher verstreut wurden. Das alte Abc kehrte die erste Seite nach oben, und das ist die wichtigste von allen, denn da stehen alle Buchstaben, die großen und die kleinen. Das Blatt enthält alles, wovon sämtliche Bücher leben: Das ganze Alphabet, die Buchstaben, die die Welt regieren. Eine furchtbare Macht ist ihnen gegeben, aber es kommt allein darauf an, wie man sie kommandiert. Sie können Leben geben und totschlagen, erfreuen und bedrohen. Alleinstehend bedeuten sie nichts, aber in Reih und Glied – ja, als Gott ihnen seine Gedanken unterlegen ließ, vernahmen wir mehr, als wir ertragen konnten, wir verneigten uns tief, aber die Buchstaben befähigten uns, sie zu ertragen.

Da lagen sie nun nach oben gekehrt, und der Hahn in dem großen A glänzte von roten, blauen und grünen Federn; er brüstete sich, denn er wußte, was die Buchstaben bedeuteten, und daß er das einzige lebende Wesen unter ihnen war.

Als das alte Abc-Buch auf den Boden gefallen war, schlug er mit den Flügeln, flog herauf, setzte sich auf eine Ecke des Bücherschrankes, glättete sein Gefieder mit dem Schnabel und krähte, daß es nur so schallte. Jedes Buch im Schrank, das sonst Tag und Nacht wie im Traum dastand, wenn es nicht gebraucht wurde, hörte den Trompetenstoß, und dann erzählte der Hahn laut und vernehmlich von dem Unrecht, das dem alten, würdigen Abc-Buch geschehen wäre.

„Heutzutage soll alles neu, alles anders sein", sagte er. „Alles soll vorwärtsstreben, die Kinder sind so klug, daß sie lesen können, ehe sie die Buchstaben kennen. ‚Sie wollen etwas Neues‘, sagte er, der die neuen Abc-Verse schrieb, die dort auf dem Boden liegen. Ich kenne sie, mehr als zehnmal habe ich ihn diese sich selbst vorlesen hören, es machte ihm riesiges Vergnügen. Nein, da will ich lieber für meine eigenen bitten, für die guten alten mit den Bildern, die dazugehören. Für sie will ich kämpfen, für sie will ich krähen. Jedes Buch im Schrank kennt sie. Jetzt will ich die neuen lesen, sie in aller Ruhe lesen. Laßt uns einig darüber sein, daß sie nichts taugen."

A. Amme
Die Amme geht im Sonntagskleide,
Ein fremdes Kind ist ihre Freude.

B. Bauer
Der Bauer war ein geplagter Mann,
Jetzt ist er schon weit besser dran.
„Diesen Vers finde ich flau", sagte der Hahn, „aber ich lese weiter."

C. Columbus
Columbus fuhr durchs Meer als Held
Und gab uns eine neue Welt.

D. Dänemark
Die Sage geht vom dänischen Land:
Gott zieht nicht ab von ihm die Hand.
„Das werden viele schön finden", sagte der Hahn, „aber ich nicht, ich finde an diesem Vers nichts Schönes. Weiter!"

E. Elefant
Der Elefant schwerfällig geht,
Selbst wenn er in der Jugend steht.

F. Ferkel

Geht auch das Ferkel noch so fein,
Gesittet wird's doch nimmer sein.

G. Grab

Und Mutter Erde ist auch unser Grab,
Woher wir kamen, gehn wir auch hinab.

H. Hurra

Das Hurra ist ein schönes Wort,
Doch paßt es nicht an jeden Ort.

„Wie soll das nun ein Kind verstehen", sagte der Hahn, „es steht freilich auf dem Titelblatt: ‚Abc-Buch für Große und Kleine', aber die Großen haben anderes zu tun, als Abc-Buchverse zu lesen, und die Kleinen können es nicht verstehen. Alles hat seine Grenzen! Weiter!"

I. Idee

Und die Idee, die alle Welt bewegt,
Hat anfangs nur ein einz'ger Kopf gehegt.

K. Kuh, Kalb

Die Kuh ist Frau, der Stier der Mann,
Das Kalb es einmal werden kann.

„Wie kann man nur vor Kindern Familienverhältnisse erklären?"

L. Löwe, Liebe

Der wilde Löwe trägt keine Lorgnette,
Die trägt der zahme im numerierten Parkette.

M. Morgensonne

Die gold'ne Morgensonn' aufgeht,
Jedoch nicht, weil der Hofhahn kräht.

„Nun sagt man mir Grobheiten", sagte der Hahn, „aber ich bin doch wenigstens in guter Gesellschaft, in Gesellschaft der Sonne. Weiter!"

N. Neger

Schwarz ist der Neger allerorten,
Er ist noch niemals weiß geworden.

O. Olive, Ölblatt

Das beste Blatt – wer kann es sagen?
Ist's Ölblatt, das die Taube einst getragen.

P. Pulver

Wer's Pulver nicht erfunden hat, glaubt oft,
Daß er's erfinden werde unverhofft.

Q. Quecke

Die Quecke nützt dem Landmann nicht,
Und nimmt dem Korn doch Luft und Licht.

R. Runder Turm

Ist man auch wie der runde Turm geschaffen,
Gehört man deshalb oft doch zu den Laffen.

S. Schwein

Gebärde dich nur nicht zu stolz,
Schickst du auch manches Schwein in Holz.

„Erlauben Sie, daß ich jetzt krähe!" sagte der Hahn. „Das viele Lesen
strengt meine Kräfte an. Ich muß mich ein wenig verschnaufen." Und er
krähte, daß es wie eine Messingtrompete schallte, und das zu hören, war ein
großes Vergnügen – für den Hahn nämlich. „Weiter!"

T. Teekessel, Teemaschine

Teekessel hat nur Schornsteinrang
Und doch der Teemaschine Sang.

U. Uhr

Obschon die Uhr stets schlägt und geht,
Man mitten in der Ewigkeit steht.

„Das soll nun tief sein", sagte der Hahn, „aber ich kann es durchaus nicht
finden."

V. Vieh

Vieh zu besitzen ist famos.
Ein Vieh zu sein ein traurig Los.

W. Waschbär

Der Waschbär oft das Waschen treibt,
Bis von der Beute ihm nichts mehr bleibt.

X

„Hier hat er nichts Neues erfinden können."
Im Ehstandssee gibt's eine Klippe,
Von Sokrates genannt – Xanthippe.
„Er mußte doch Xanthippe nehmen! Xanthus ist aber besser."

Y. Yggdrasil

Ja, mit der Weltenesche Yggdrasil,
Die Heidengötter starben und ihr Reich zerfiel.

Z. Zopf

Und ist der Zopf auch noch so klein,
Das Drehen ist unnütz, abschneiden muß sein.

„Nun bin ich fertig! Allein es ist noch nicht überstanden! Man wird es drucken! Und man wird es lesen! Diese Reimereien sollen die alten, ehrwürdigen Verse in meinem Buch verdrängen. Was sagt die Versammlung dazu, gelehrte und ungelehrte, einzelne und gesammelte Werke? Was meint der Bücherschrank? Ich habe gesprochen – nun mögen die anderen handeln."

Aber die Bücher regten sich nicht, und der Schrank regte sich nicht. Der Hahn aber flog wieder in sein großes A und sah sich stolz um. „Ich sprach gut, ich krähte gut. – Das macht mir das neue Abc-Buch nicht nach! Es stirbt sicherlich! Es ist schon tot! Denn es hat keinen Hahn."

Hühnergretes Familie

Hühnergrete war der einzige Mensch, der in dem neuen stattlichen Häuschen wohnte, das man für die Hühner und Enten des Herrenhauses gebaut hatte. Es stand da, wo ehemals die alte Ritterburg mit Turm, gezacktem Giebel, Wallgraben und Zugbrücke gestanden hatte. Dicht daneben war eine Wildnis von Bäumen und Büschen. Hier war der Garten gewesen und hatte sich bis an einen großen See erstreckt, der jetzt Moorland war. Krähen und Dohlen flogen schreiend über die alten Bäume dahin, und es wimmelte von Vögeln. Sie wurden nicht weniger, wenn man auch in das Gewühl hineinschoß, es vermehrte sich eher. Man hörte das Geschrei bis in das Hühnerhaus, wo Hühnergrete saß, und die Entlein ihr über die Holzschuhe liefen. Sie kannte jedes Huhn, jede Ente von der Zeit her, seit sie aus dem Ei gekrochen waren, sie war stolz auf ihre Hühner und Enten, stolz auf das stattliche Haus, das für sie gebaut worden war. Ihr eigenes Stübchen im Hause war rein und nett, so wollte es die gnädige Frau, der das Haus gehörte; sie kam oft hierher in Begleitung von feinen, vornehmen Gästen und zeigte diesen „die Hühner- und Entenkaserne", wie sie das Häuschen nannte.

Und in der Stube war ein Kleiderschrank und ein Lehnstuhl, ja sogar eine Kommode, und darauf lag eine blankpolierte Messingplatte, auf der das Wort „Grubbe" eingraviert stand, und das war der Name des alten hochadligen Geschlechts, das hier im Ritterhaus gewohnt hatte. Die Messingplatte war gefunden, als man hier den Grund ausgrub, und der Küster hatte gesagt, sie habe keinen anderen Wert, als daß sie ein altes Andenken sei. Der Küster wußte schon Bescheid von dem Ort und den alten Zeiten, er hatte sein Wissen aus Büchern, und in seinem Tischkasten lag manches, das er aufgeschrieben hatte. Doch die älteste Krähe wußte vielleicht mehr als er und schrie es auch aus in ihrer Sprache, aber das war Krähensprache, die verstand der Küster nicht, so klug er auch war.

Nach heißen Sommertagen standen manchmal die Dünste über dem Moorland, als liege ein ganzer See hinter den alten Bäumen, zwischen denen die Krähen und Dohlen umherflatterten. So hatte es ausgesehen, als Ritter Grubbe hier lebte und das alte Herrenhaus mit seinen roten dicken Mauern noch stand. Die Hundekette reichte damals ganz bis über den Torweg hin; durch den Turm gelangte man in den gepflasterten Gang, der zu den Zimmern führte; die Fenster waren schmal, die Scheiben klein, selbst in

dem großen Saal, wo getanzt wurde, waren sie so; aber zu des letzten Grubbes Zeiten war seit Menschengedenken nicht getanzt worden, und doch lag hier noch eine alte Pauke, die bei der Musik gedient hatte. Hier stand auch ein kunstvoll geschnitzter Schrank, in dem seltene Blumenzwiebeln aufbewahrt waren, denn Frau Grubbe liebte die Pflanzen und zog Bäume und Kräuter. Ihr Gemahl aber ritt lieber aus, um auf Wölfe und Eber zu schießen, und dabei begleitete ihn immer seine Tochter Marie. Im Alter von fünf Jahren saß sie schon stolz auf ihrem Pferd und sah mit ihren großen schwarzen Augen keck umher. Ihre Lust war es, mit der Peitsche zwischen die Jagdhunde zu schlagen. Der Vater hätte aber lieber gesehen, daß sie zwischen die Bauernknaben schlug, die zusammenliefen, um die Herrschaft zu begaffen.

Der Bauer in der Erdhütte dicht am Herrenhaus hatte einen Sohn namens Sören, im gleichen Alter mit der kleinen hochadeligen Jungfrau. Er kletterte gut und mußte ihr immer die Vogelnester herunterholen, wobei die Vögel schrien, was sie konnten, und einer der größten hackte ihn mit dem Schnabel über dem Auge, daß das Blut strömte, und man glaubte, das Auge wäre draufgegangen, aber es hatte doch keinen Schaden erlitten. Marie Grubbe nannte ihn ihren Sören, das war eine große Gunst, und die kam dem Vater, dem armen Jon zugute. Der hatte eines Tages etwas versehen und sollte zur Strafe auf dem hölzernen Pferd reiten. Das stand im Hof, hatte vier Pfähle als Beine und ein einziges schmales Brett als Rücken. Darauf sollte Jon rittlings sitzen und außerdem einige schwere Mauersteine an den Füßen haben, damit er nicht gar zu bequem säße; er schnitt fürchterliche Gesichter dabei, und Sören weinte und flehte die kleine Marie an, die gebot sogleich, daß Sörens Vater herabgehoben werden solle, und als man ihr nicht gehorchte, stampfte sie auf den Fußboden und riß am Rockärmel des Vaters, daß er zerriß. So bekam sie ihren Willen, Sörens Vater wurde herabgehoben.

Frau Grubbe, die dazukam, strich ihrem Töchterchen das Haar und blickte sie sanft an. Marie begriff nicht, weshalb. –

Sie wollte zu den Jagdhunden und nicht mit der Mutter, die in den Garten zum See hinabging, wo die Wasserlilie blühte, Schilfkolben und Brautlichter im Wasser schwankten; sie sah auf diese Üppigkeit und Frische. „Wie angenehm!" sagte sie. Im Garten stand damals ein seltener Baum, den sie selbst gepflanzt hatte, er hieß die Blutbuche, eine Art von Mohr unter den übrigen Bäumen, so schwarzbraun waren seine Blätter; er mußte viel Sonnenschein haben, im steten Schatten würde er sonst grün wie die anderen Bäume werden und so seine Eigenart einbüßen. In den hohen Kastanien waren viele Vogelnester, auch im Gebüsch und in der Wiese. Es war, als wüßten die Vögel, daß sie hier geschützt waren, daß hier niemand mit der Büchse knallen durfte.

Die kleine Marie ging mit Sören hierher, er verstand zu klettern, wie wir wissen, und es wurden Eier und flaumfedrige Junge heruntergeholt. Die Vögel, groß und klein, flogen in Angst und Schrecken umher, der Kiebitz vom Feld, die Krähen und Dohlen von den hohen Bäumen schrien und schrien.

„Was tut ihr da, Kinder?" rief die sanfte Frau, „das ist ja gotteslästerlich!"

Sören stand eingeschüchtert da, die kleine hochadlige Jungfrau schaute auch ein wenig seitwärts, aber darauf sagte sie kurz und patzig: „Ich darf das, Vater hat es erlaubt!"

„Krah, krah! Fort, fort von hier!" schrien die großen schwarzen Vögel und flogen davon, kehrten aber am folgenden Tag wieder, denn sie waren hier zu Hause. –

Die stille, sanfte Frau aber blieb hier nicht lange zu Hause, der liebe Gott rief sie bald zu sich, bei ihm war auch eher ihre Heimat als hier auf dem Herrensitz. Die Kirchenglocken läuteten feierlich, als ihre Leiche zur Kirche gefahren wurde, und die Augen der armen Leute wurden feucht, denn sie war eine gute Herrin gewesen.

Als sie fort war, nahm sich niemand ihrer Pflanzen an, und der Garten verödete.

Herr Grubbe war ein harter Mann, sagte man, aber die Tochter, so jung sie auch war, wußte ihn zu bändigen, er mußte lachen, und sie bekam ihren

Willen. Sie war jetzt zwölf Jahre alt und von kräftigem Gliederbau, sie blickte mit ihren schwarzen Augen die Leute durchdringend an, ritt ihr Pferd wie ein Mann und schoß ihre Büchse ab wie ein geübter Jäger.

Da kam einmal großer Besuch in die Gegend, der allervornehmste, den es geben konnte, der junge König und sein Halbbruder sowie Kamerad, Herr Ulrich Friedrich Gyldenlöwe; sie wollten Wildschweine jagen und ein paar Tage auf dem Herrensitz Herrn Grubbes verleben. –

Gyldenlöwe saß am Tisch neben Marie Grubbe, faßte sie um den Kopf und gab ihr einen Kuß, als wären sie miteinander verwandt; sie aber gab ihm eine Ohrfeige und sagte, daß sie ihn nicht ausstehen könne, und darüber wurde sehr gelacht, als wenn das gar so lustig wäre.

Das ist es vielleicht auch gewesen, denn fünf Jahre später, Marie hatte ihr siebzehntes Jahr vollendet, kam ein Bote mit einem Brief an, in dem Herr Gyldenlöwe sich die Hand der hochadligen Jungfrau erbat, das war schon was!

„Er ist der vornehmste und galanteste Herr im ganzen Reich", sagte Herr Grubbe, „du darfst ihn nicht verschmähen."

„Ich mache mir nicht viel aus ihm!" sagte Marie Grubbe, aber sie verschmähte den vornehmsten Mann des Landes nicht, der dem König zur Seite saß.

Silberzeug, wollene und leinene Sachen gingen mit einem Schiff nach Kopenhagen ab, sie selber machte die Reise landeinwärts in zehn Tagen. Die Aussteuer aber hatte konträren Wind oder gar keinen Wind; es vergingen vier Monate, bis sie ankam, und als sie ankam, war Frau Gyldenlöwe fort. –

„Eher will ich auf gröbster Leinwand liegen als in seidenen Betten!" sagte sie. „Lieber gehe ich barfuß, als mit ihm in der Kutsche zu fahren!"

An einem Abend im November ritten zwei Frauen in die Stadt Århus ein, es waren die gnädige Frau Gyldenlöwe, Marie Grubbe, und ihre Bedienerin. Sie kamen von der Stadt Veile, wohin sie mit einem Schiff von Kopenhagen aus gelangt waren. Sie hielten bei Herrn Grubbes steinernem Haus in Århus an. Herr Grubbe fand diesen Besuch nicht angenehm. Marie wurde hart angefahren, aber sie bekam doch eine Kammer zum Schlafen, sie bekam auch ihre Biersuppe am Morgen. Aber der Vater war zornig auf sie, und das war sie nicht gewöhnt, denn von sanftem Gemüt war sie nicht; wie man angeredet wird, so antwortet man, sie antwortete freilich und sprach mit Bitterkeit und Haß von ihrem Eheherrn, mit dem sie nicht leben wolle, dazu sei sie zu ehrbar. –

Es verging ein Jahr, es verging nicht angenehm. Es fielen böse Worte zwischen Vater und Tochter, das darf niemals sein. Böse Worte tragen böse Frucht. Was für ein Ende sollte das nehmen!

„Wir beide können nicht unter einem Dach bleiben!" sagte eines Tages der Vater. „Ziehe von hier fort in unseren alten Herrenhof, aber beiße dir lieber die Zunge ab, als daß du Lügen unter die Leute bringst!"

So trennten sich die beiden; sie zog mit ihrer Bedienerin in den alten Herrensitz ein, wo sie geboren war, wo die stille, fromme Frau, ihre Mutter, in der Grabkammer der Kirche lag; ein alter Hirte wohnte auf dem Hof, das war ihr ganzer Schutz. In den Zimmern hing das Spinngewebe schwarz und schwer von Staub bedeckt, im Garten wuchs alles, wie es wollte; Hopfen und Schlingpflanzen liefen wie ein Netz zwischen Baum und Gebüsch, Schierling und Nessel nahmen an Größe und Kraft zu. Die Blutbuche war überwuchert und im Schatten, und ihre Blätter waren jetzt grün wie die der anderen gewöhnlichen Bäume, mit ihrer Herrlichkeit war es vorbei. Krähen und Dohlen flogen in großen Scharen über die hohen Kastanien dahin, es war ein Geschrei, als hätten sie sich einander wichtige Neuigkeiten zu erzählen. Jetzt sei sie wieder da, die Kleine, die ihre Eier und Brut habe stehlen lassen; der Dieb selbst, der sie herunterholte, kletterte nun am blattlosen Baum herum, er saß im hohen Schiffsmast und bekam seine Schläge mit dem Tauende, wenn er sich nicht schickte. –

Das alles erzählte in unserer Zeit der Küster, er hatte es gesammelt und zusammengesucht aus Büchern und Aufzeichnungen, es lag mit vielem anderen geschrieben und verschlossen in seinem Tischkasten.

„Auf und ab geht der Lauf der Welt!" sagte er, „es ist sonderbar zu hören!" – Und wir wollen hören, wie es Marie Grubbe erging; wir vergessen deshalb nicht Hühnergrete, die in ihrem stattlichen Hühnerhaus sitzt.

Der Winter verging, das Frühjahr und der Sommer vergingen, dann kehrte wieder die stürmische Herbstzeit mit den Meeresnebeln zurück. Es war ein einsames, langweiliges Leben auf dem alten Herrensitz.

Marie Grubbe nahm ihre Büchse zur Hand und ging in die Heide hinaus, schoß Hasen und Füchse und schoß, was sie von Vögeln erreichen konnte. Draußen traf sie mehr denn einmal den adeligen Herrn Palle Dyre von Nörrebäk, er strich auch mit seiner Büchse und seinen Hunden umher. Er war groß und stark, damit prahlte er, wenn sie miteinander sprachen. Er hätte sich mit dem seligen Herrn Brockenhuus zu Egeskov auf Fünen messen dürfen, von dem die Leute noch heute sprachen.

Palle Dyre hatte nach dem Beispiel des Brockenhuus eine eiserne Kette mit einem Jagdhorn in seinem Torweg anhängen lassen, und wenn er nach Hause geritten kam, so ergriff er die Kette, hob sich mitsamt dem Pferd vom Boden auf und blies in das Horn.

„Kommen Sie selbst und sehen das mit an, Frau Marie!" sagte er. „Man atmet frisch und frei auf Nörrebäk."

Wann sie auf seinen Herrensitz gekommen ist, steht nicht verzeichnet, aber auf den Altarleuchtern in der Kirche zu Nörrebäk war zu lesen, daß sie von Palle Dyre und Marie Grubbe auf Nörrebäk geschenkt waren.

Groß und stark war Palle Dyre, er trank wie ein Schwamm, er war wie eine Tonne, die nicht voll werden konnte, er schnarchte wie ein ganzer Schweinestall, rot und aufgedunsen sah er aus.

„Hinterlistig und tückisch ist er!" sagte Frau Palle Dyre, Grubbes Tochter. Bald hatte sie das Leben mit ihm satt, aber deshalb wurde es nicht besser.

Eines Tages stand der Tisch gedeckt, und die Speisen wurden kalt, Palle Dyre war auf der Fuchsjagd, und die gnädige Frau war nirgends zu finden. – Palle Dyre kehrte gegen Mitternacht zurück, Frau Dyre kam weder um Mitternacht noch am nächsten Morgen, sie hatte Nörrebäk den Rücken gekehrt, war ohne Gruß und Lebewohl davongeritten.

Es war graues, nasses Wetter, der Wind blies kalt, es flog eine Schar schwarzer, schreiender Vögel über sie dahin, die waren nicht so heimatlos wie sie.

Zuerst zog sie südwärts, ganz hinab bis zum Deutschen Reich; ein paar goldene Ringe mit kostbaren Steinen wurden zu Geld gemacht, dann lenkte sie ostwärts, dann kehrte sie wieder um und ging westwärts, sie hatte kein

Ziel vor Augen und haderte mit allem, selbst mit dem lieben Gott, so elend war ihr Gemüt; bald wurde auch ihr Körper elend, sie vermochte kaum den Fuß zu rühren. Der Kiebitz flog auf, als sie über den Erdhügel fiel, wo er sein Nest hatte, der Vogel schrie, wie er immer schreit: „Du Dieb! Du Dieb!" Sie hatte nie das Gut ihres Nächsten gestohlen, aber Vogeleier und junge Vögel hatte sie sich als kleines Mädchen vom Hügel und Baum herabholen lassen, daran dachte sie jetzt.

Von dort, wo sie lag, konnte sie die Sanddünen sehen, am Meeresufer dort wohnten Fischer, aber dorthin konnte sie nicht gelangen, so krank war sie. Die großen weißen Möwen flogen hier über sie hinweg und schrien, wie die Krähen und Dohlen schrien zu Hause im Garten des Herrensitzes. Die Vögel flogen ganz nahe an sie heran, zuletzt schien es ihr, als würden sie rabenschwarz, aber dann wurde es auch Nacht vor ihren Augen. –

Als sie die Augen wieder aufschlug, wurde sie aufgehoben und getragen, ein großer, starker Mann hatte sie auf seine Arme genommen, sie blickte ihm gerade in sein bärtiges Gesicht, er hatte eine Narbe über dem einen Auge, die die Braue gleichsam in zwei Teile trennte, er trug sie, so elend sie war, zum Schiff, wo er dafür vom Schiffer böse Worte zu hören bekam.

Am Tage darauf segelte das Schiff ab. Marie Grubbe kam nicht ans Land, sie segelte also mit. Aber sie kehrte doch wohl wieder? – Ja, wann und wo?

Auch hiervon wußte der Küster zu erzählen, und es war keine Geschichte, die er selbst zusammenstoppelte; er hatte den ganzen seltsamen Hergang aus einem alten glaubwürdigen Buch, das wir selbst hervorholen können und lesen. Der dänische Schriftsteller Ludwig Holberg, der so viele lesenswerte Bücher und die lustigen Komödien geschrieben hat, aus welchen wir seine Zeit und deren Menschen recht kennenlernen können, erzählt in seinen Briefen von Marie Grubbe, wo und wie er ihr begegnete; es ist wohl wert zu hören, deshalb vergessen wir aber Hühnergrete durchaus nicht, die sitzt fröhlich und gut in dem stattlichen Hühnerhaus.

Das Schiff segelte ab mit Marie Grubbe, dabei blieben wir stehen.

Es vergingen lange Jahre.

Die Pest wütete in Kopenhagen, es war im Jahre 1711. Die Königin von Dänemark zog fort in ihre deutsche Heimat, der König verließ die Hauptstadt, jeder, der konnte, beeilte sich, hinwegzukommen. Die Studenten, selbst wenn sie freie Wohnung und Kost hatten, verließen die Stadt. Einer von ihnen, der letzte, der im Freikollegium geblieben war, zog endlich auch fort. Es war zwei Uhr morgens; er trug seinen Ranzen, der mehr mit Büchern und Manuskripten als mit Kleidungsstücken gefüllt war. Ein feuchter Nebel hing über der Stadt, kein Mensch war auf den Straßen zu sehen; an die Türen der Häuser ringsum waren Kreuze gemacht, zum Zeichen, daß drin die Seuche sei oder die Leute gestorben waren. Ein großer Leichenwagen rasselte an ihm vorüber, der Kutscher schwang die Peitsche, die Pferde flogen im Galopp dahin, der Wagen war mit Toten gefüllt. Der junge Student hielt die Hand vor sein Gesicht und roch an einem starken Spiritus, den er auf einem Schwamm in einem kleinen Messingbehälter bei sich führte. Aus einer Kneipe in einer der Gassen schallten Gesang und unheimliches Gelächter heraus von Leuten, die die Nacht hindurch tranken, um zu vergessen, daß die Seuche vor der Türe stand und sie mit zu den anderen Toten im Leichenwagen holen wollte. Der Student lenkte seine Schritte zum Kanal an der Schloßbrücke, dort lagen ein paar kleine Schiffe; eins lichtete den Anker, um von der pestangesteckten Stadt fortzukommen.

„Wenn Gott uns am Leben läßt und wir Wind dazubekommen, so gehen wir nach Grönsund bei Falster!" sagte der Schiffer und fragte den Studenten, der mit wollte, um seinen Namen.

„Ludwig Holberg", antwortete der Student, und der Name klang wie jeder andere, jetzt ist er einer der stolzesten Namen Dänemarks, damals aber war er nur ein junger, unbekannter Student.

Das Schiff glitt am Schloß vorüber. Es war noch nicht heller Tag, als es das offene Meer erreichte. Ein leichter Wind schwellte die Segel, der junge Student setzte sich mit dem Gesicht gegen den frischen Wind gewendet und schlief ein, und das war gerade nicht das Ratsamste.

Schon am dritten Morgen lag das Schiff an der Insel Falster. „Kennt Ihr jemand hier am Ort, wo ich mich mit wenig Geld einlogieren könnte?" fragte Holberg den Schiffer.

„Ich sollte meinen, Ihr tätet gut, wenn Ihr zu der Fährfrau im Borrehaus ginget", antwortete dieser. „Wollt Ihr sehr höflich sein, so heißt sie Mutter Sören Sörensen Müller. Doch kann es sich ereignen, daß sie wütend wird, wenn Ihr gar zu fein mit ihr tut. Ihr Mann ist wegen eines Verbrechens verhaftet, sie führt selbst das Fährboot und hat harte Fäuste!"

Der Student nahm seinen Ranzen und begab sich zum Fährhaus. Die Haustür war nicht verschlossen, sie ging auf, und er trat in eine gepflasterte Stube, wo die Schlafbank mit einer großen ledernen Decke das bedeutendste Hausgerät bildete. Eine weiße Henne mit ihren Küken war an die Bank gebunden und hatte den Wassernapf umgestoßen, daß das Wasser über den Fußboden floß. Es waren keine Leute hier oder in der anstoßenden Kammer, nur eine Wiege, in der ein Kind lag, stand da. Das Fährboot kam zurück, es saß nur eine Person darin, ob Mann oder Weib, war nicht so leicht zu unterscheiden. Sie war in einen groben Mantel gehüllt und trug auf dem Kopf eine Art Kapuze. Das Boot legte bei.

Es war eine weibliche Person, die ausstieg und in die Stube trat. Sie sah recht ansehnlich aus, als sie sich aufrichtete, zwei stolze Augen saßen unter den schwarzen Brauen. Es war Mutter Sören, die Fährfrau; Krähen und Dohlen würden einen anderen Namen schreien, den wir besser kennen.

Sie sah mürrisch aus, vom Reden mochte sie wohl nicht viel halten, aber so viel wurde doch besprochen und abgemacht, daß der Student sich auf unbestimmte Zeit in Kost bei ihr gab, während es in Kopenhagen so schlecht bestellt war.

Zum Fährhaus kam häufig aus dem nahen Städtchen dieser und jener achtbare Bürger. Es kamen der Messerschmied Franz und der Zöllner Sivert; sie tranken einen Krug Bier im Fährhaus und diskutierten mit dem Studenten; dieser war ein tüchtiger junger Mann, der Griechisch und Lateinisch las und Bescheid in gelehrten Sachen wußte. –

„Je weniger man weiß, desto weniger drückt es einen !" sagte Mutter Sören.

„Ihr habt es schwer!" sagte Holberg eines Tages, als sie ihre Wäsche in der scharfen Lauge wusch und selbst das Holz zur Feuerung spalten mußte.

„Das ist meine Sache!" antwortete sie.

„Habt Ihr Euch von Kindheit an immer so schinden müssen?"

„Das könnt Ihr an meinen Fäusten ablesen!" sagte sie und zeigte zwei freilich kleine, aber harte, starke Hände mit abgestoßenen Nägeln. „Ihr seid ja gelehrt und könnt lesen."

Zur Weihnachtszeit begann es stark zu schneien; die Kälte stellte sich ein, der Wind blies scharf, als führe er Scheidewasser mit, um den Leuten das

Gesicht zu waschen. Mutter Sören ließ sich das nicht anfechten, sie warf den Mantel um und zog die Kapuze über den Kopf. Es war schon früh am Nachmittag finster im Hause; sie legte Holz und Torf auf den Herd und setzte sich dann, ihre Strümpfe zu stopfen, es war kein anderer da, der es tat. Gegen Abend sprach sie mehr Worte zu dem Studenten, als es sonst ihre Gewohnheit war, sie sprach von ihrem Mann. „Er hat unvorsichtig einen Schiffer von Dragör ums Leben gebracht und muß nun dafür drei Jahre in Eisen arbeiten. Er ist nur ein gemeiner Matrose, deshalb muß das Gesetz seinen Lauf haben."

„Das Gesetz gilt auch für die höheren Stände!" sagte Holberg.

„Glaubt Ihr!" sagte Mutter Sören und schaute eine Weile ins Feuer, aber dann ergriff sie wieder das Wort. „Habt Ihr von Kai Lykke gehört, der eine seiner Kirchen einreißen ließ, und als der Herr Pfarrer Martin ihn deshalb von der Kanzel herab strafte, schlug er ihn in Eisen, ließ Gerichtstag halten und ihn selbst zum Tode verurteilen, und er mußte richtig den Hals herreichen, das war keine fahrlässige Tötung, und doch ging Kai Lykke damals frei aus!"

„Er war nach damaliger Zeit in seinem Recht!" sagte Holberg. „Jetzt sind wir darüber hinaus."

„Das könnt Ihr einer Dummen einreden!" sagte Mutter Sören, stand auf und ging in die Kammer, wo das kleine Kind lag, das lüftete sie und legte es zurecht, darauf machte sie den Bettkasten des Studenten zurecht, er hatte das große Deckbett, er war frostempfindlicher als sie, und er war doch in Norwegen geboren.

352

Der Neujahrsmorgen war ein richtig heller, sonniger Tag. Der Frost war so stark gewesen oder war es noch, daß der gefallene Schnee so hart zusammengefroren war, daß man auf ihm gehen konnte. Die Glocken des Städtchens läuteten zur Kirche. Student Holberg hüllte sich in seinen wollenen Mantel und wollte zur Stadt gehen.

Über das Fährhaus flogen mit großem Geschrei Krähen und Dohlen dahin, man vernahm durch das Geschrei kaum die Kirchglocken. Mutter Sören stand vor dem Hause und füllte einen Messingkessel mit Schnee, um ihn über das Feuer zu setzen und Trinkwasser zu bekommen; sie blickte zu dem Gewimmel der Vögel hinauf und hatte dabei so ihre eigenen Gedanken.

Student Holberg ging zur Kirche; auf dem Hin- und Rückweg kam er am Haus des Einnehmers Sivert am Stadttor vorüber. Hier wurde er zu einer Tasse Warmbier mit Sirup und Ingwer eingeladen; das Gespräch kam auf Mutter Sören, aber der Zolleinnehmer wußte nicht viel Bescheid, das wußten wohl überhaupt nicht viele, sie sei nicht von der Insel Falster, sagte er, ein wenig Mittel habe sie wohl einmal gehabt, ihr Mann sei ein gemeiner Matrose, hitzig von Temperament, einen Dragör-Schiffer habe er totgeschlagen, das Weib prügelt er, und doch verteidigt es ihn. –

„Ich duldete eine solche Behandlung nicht!" sagte die Frau des Zolleinnehmers. „Ich stamme auch von besseren Leuten ab! Mein Vater war königlicher Strumpfweber!"

„Deshalb seid Ihr auch mit einem königlichen Beamten in die Ehe getreten", sagte Holberg und machte eine Reverenz vor ihr und dem Zolleinnehmer. –

Es war am Abend des Festes der Heiligen Drei Könige. Mutter Sören zündete Holberg ein Dreikönigslicht an, das heißt ein dreizackiges Talglicht, das sie selbst gezogen hatte.

„Ein Licht für jeden Mann!" sagte Holberg.

„Jeden Mann?" sagte die Frau und sah ihn scharf an.

„Jeden der weisen Männer aus dem Morgenland!" sagte Holberg.

„Ach so!" sagte sie und schwieg lange. Aber an diesem Abend erfuhr er doch mehr, als er vorher gewußt hatte.

„Ihr seid Eurem Mann recht in Liebe zugetan", sagte Holberg, „die Leute sagen doch, daß er Euch schlecht behandelt."

„Das geht niemand an außer mir!" antwortete sie. „Die Schläge hätten mir guttun können, als ich Kind war, jetzt bekomme ich sie wohl meiner Sünden halber! Was er mir aber Gutes getan hat, das weiß ich", und sie erhob sich. „Als ich auf der öden Heide krank lag und niemand sich meiner annehmen, niemand mit mir zu schaffen haben wollte, es seien denn Krähen und Dohlen, um mich zu zerhacken, da trug er mich auf seinen Armen und mußte böse Worte hören wegen der Beute, die er an Bord des Schiffes brachte. – Ich bin nicht dazu geschaffen, um krank zu liegen, und erholte mich auch bald wieder. Jeder hat so seine Art und Weise, Sören hat seine, man darf das Pferd nicht nach dem Halfter beurteilen! Mit ihm habe ich alles in allem angenehmer gelebt als mit dem, den sie den vornehmsten und galantesten aller Untertanen des Königs nannten. Ich habe den Statthalter Gyldenlöwe, des Königs Halbbruder, zum Ehegemahl gehabt, nachher nahm ich den Palle Dyre. Der eine war wie der andere, jeder in seiner Weise und ich in der meinigen. – Das war ein langer Schnack, aber jetzt wißt Ihr es!" Und damit verließ sie die Stube.

Es war Marie Grubbe! So sonderbar hatte ihr das Leben mitgespielt. Viele Abende des Heiligen Dreikönigsfestes erlebte sie nicht mehr. Holberg hat es niedergeschrieben, daß sie im Juni 1716 starb, aber er hat nicht niedergeschrieben, denn er wußte es nicht, daß eine Menge großer schwarzer Vögel über das Fährhaus kreisten, als Mutter Sören, wie sie genannt wurde, dort als Leiche lag; sie schrien nicht, als wüßten sie, daß zum

Begräbnis Stille gehört. Sobald sie in der Erde lag, waren die Vögel nicht mehr zu sehen, aber am gleichen Abend wurde in Jütland bei dem alten Herrenhof eine unermeßliche Menge Krähen und Dohlen gesehen; sie schrien, eine lauter als die andere, als hätten sie etwas kundzutun, vielleicht von ihm, der als kleiner Knabe ihre Eier und Jungen ausnahm, dem Bauernsohn, der auf Königsunkosten ein Hosenband von Eisen bekam, und der hochadeligen Jungfrau, die als Frau des Fährmanns endete. „Bravo! Bravo!" schrien sie.

Und ihre Nachkommen schrien: „Bravo, bravo!" als das alte Herrenhaus eingerissen wurde. „Sie schreien noch, und es ist nichts mehr zu beschreien!" sagte der Küster, wenn er erzählte: „Das Geschlecht ist ausgestorben, das Herrenhaus niedergerissen, und wo es stand, da steht jetzt das stattliche Hühnerhaus mit vergoldeten Windfahnen und mit der alten Hühnergrete. – Sie freute sich sehr ihrer reizenden Wohnung, – wäre sie nicht hierher gekommen", fügte der Küster hinzu, „so hätte sie ins Armenhaus gemußt."

Die Tauben girrten über ihr, die Truthühner kollerten ringsum, und die Enten schnatterten.

„Niemand kannte sie", sagten sie, „Familie hat sie nicht. Es ist reine Barmherzigkeit, daß sie hier ist. Sie hat weder Entenvater noch Hühnermutter, keine Nachkommen!"

Familie hatte sie wohl, sie kannte sie nur nicht, der Küster auch nicht, wenn er auch noch soviel aufgeschrieben und in seinem Tischkasten hatte, aber eine der alten Krähen wußte es und erzählte davon. Sie hatte von ihrer Mutter und Großmutter, von der Mutter und Großmutter der Hühnergrete gehört; auch wir kennen die Großmutter, wir sahen sie als Kind über die Zugbrücke reiten und stolz um sich schauen, als gehörte ihr die ganze Welt und alle Vogelnester, und wir sahen sie auf der Heide an den Sanddünen und zuletzt im Fährhause. Die Enkelin, die letzte ihres Geschlechts, war wieder in die Heimat gekommen, wo das alte Herrenhaus gestanden hatte, wo die schwarzen, wilden Vögel schrien; aber sie saß unter den zahmen Vögeln, und die kannten sie und hatten sie lieb. Hühnergrete hatte nichts mehr zu wünschen, sie war alt genug und freute sich auf den Tod.

„Grab! Grab!" schrien die Krähen.

Und Hühnergrete bekam ein gutes Grab, das niemand kannte außer der alten Krähe, wenn die nicht auch tot ist.

Und nun kennen wir die Geschichte von dem alten Herrensitz, dem alten Geschlecht und der ganzen Familie der Hühnergrete.

Was die Distel erlebte

An dem reichen Herrensitz lag ein schöner, gut gepflegter Garten mit seltenen Bäumen und Blumen; die Gäste des Besitzers sprachen ihr Entzücken über diese aus, die Leute der Umgegend von Land und Stadt kamen an Sonn- und Feiertagen und baten um Erlaubnis, den Garten zu sehen, ja ganze Schulen fanden sich zu solchen Besuchen ein.

Außerhalb des Gartens am Pfahlzaun neben dem Feldweg stand eine große, mächtige Distel; sie breitete sich von der Wurzel in mehrere Zweige aus, so daß sie wohl ein Distelbusch genannt werden konnte. Niemand außer dem alten Esel, der den Milchwagen des Milchmädchens zog, sah sie an. Der machte einen langen Hals nach der Distel hinüber und sagte: „Schön bist du, ich möchte dich fressen!" Aber der Strick war nicht lang genug, und er konnte sie nicht erreichen und fressen.

Es war große Gesellschaft auf dem Herrenhof, hochadelige Verwandte aus der Hauptstadt, junge hübsche Mädchen, und unter diesen ein Fräulein aus weiter Ferne; sie kam aus Schottland, war von hoher Geburt, reich an Gut und Geld, eine Braut, die wohl zu besitzen wert sei, sagte mehr als einer der jungen Herren, und auch die Mütter sagten es.

Die Jugend tummelte sich auf dem Rasen und spielte Ball; sie spazierten zwischen den Blumen umher, und jedes der jungen Mädchen brach eine Blume und steckte sie einem der jungen Herren ins Knopfloch. Aber das schottische Fräulein schaute sich lange wählerisch um, keine der Blumen schien ihrem Geschmack zu entsprechen. Da fiel ihr Blick über den Zaun hinaus, draußen stand der große Distelbusch mit den rotblauen, kräftigen

Blumen, sie sah sie, lächelte und bat den Sohn des Hauses, ihr eine zu pflücken.

„Sie ist die Blume Schottlands!" sagte sie, „sie prangt im Wappen des Landes, geben Sie sie mir!"

Und er holte die schönste und stach sich in die Finger, als wäre sie am spitzesten Rosendorn gewachsen.

Die Distelblume steckte sie in das Knopfloch des jungen Mannes, und er fühlte sich hochgeehrt. Jeder der anderen jungen Herren hätte gern seine Prachtblume hingegeben, um diese zu tragen, die von der feinen Hand des schottischen Fräuleins gegeben war. Und fühlte sich der Sohn des Hauses geehrt, wie fühlte sich dann erst der Distelbusch! Es war, als durchströme ihn Tau und Sonnenschein.

„Ich bin etwas mehr, als ich weiß!" sprach die Distel in sich hinein. „Ich gehöre wohl eigentlich in den Garten und nicht davor. Man wird in der Welt oft sonderbar gestellt! Aber jetzt habe ich doch einige meiner Angehörigen im Garten und sogar im Knopfloch!"

Dieses Ereignis erzählte er jeder Knospe, die hervorschoß und sich entfaltete, und es vergingen nicht viele Tage, so hörte der Distelbusch, nicht von Menschen, nicht aus dem Vogelgezwitscher, sondern aus der Luft selbst, die die Laute bewahrt und weit umherführt, aus den entlegensten Gartengängen und aus den Zimmern des Hauses, in denen Fenster und Türen offenstanden, daß der junge Herr, der die Distelblume aus der Hand des feinen schottischen Fräuleins bekam, nun auch ihre Hand und ihr Herz erhalten hatte. Es war ein schönes Paar, eine gute Partie.

„Die habe ich zusammengebracht!" meinte die Distel und dachte an die Blüte, die sie für das Knopfloch hergegeben hatte. Jede Blume, die sich entfaltete, bekam dieses Ereignis zu hören.

‚Ich werde gewiß in den Garten gepflanzt!' dachte die Distel, ‚und vielleicht in einen Topf gesetzt, der mich zusammendrückt, das soll die allergrößte Ehre sein!'

Und die Distel dachte sich das so lebhaft, daß sie mit voller Überzeugung sprach: „Ich werde in einen Topf gesetzt."

Sie versprach jeder kleinen Distelblüte, die sich entfaltete, daß auch sie in einen Topf und vielleicht ins Knopfloch kommen sollte, was das Höchste sei, das man erreichen könne; aber keine von ihnen kam in den Topf, geschweige denn ins Knopfloch, sie tranken Luft und Licht, leckten Sonnenschein am Tage und Tau in der Nacht, blühten, bekamen Besuche von Bienen und Bremsen, die nach der Mitgift, dem Honig der Biene, suchten, und den Honig nahmen sie, die Blume ließen sie stehen.

„Das Räuberpack!" sagte die Distel. „Wenn ich sie nur aufspießen könnte! Aber ich kann nicht."

Die Blumen ließen die Köpfe hängen, welkten vor sich hin, aber es kamen wieder neue.

„Ihr kommt wie gerufen", sagte die Distel. „Ich erwarte jede Minute, daß ich über den Zaun komme."

Einige unschuldige Gänseblümchen und ein dürrer, langer Wegerich standen und hörten mit tiefer Bewunderung zu und glaubten alles, was sie sagte.

Der alte Esel des Milchkarrens stand am Rande des Feldweges und schielte zum blühenden Distelbusch hinüber, aber der Strick war zu kurz, als daß er ihn hätte erreichen können.

Und die Distel dachte so lange an die Distel Schottlands, zu deren Geschlecht sie sich zählte, daß sie zuletzt meinte, sie sei aus Schottland gekommen und ihre Eltern seien in das schottische Wappen hineingewachsen. Das war ein großer Gedanke, aber eine große Distel kann schon einen großen Gedanken haben.

„Man ist oft aus feiner Familie, ohne daß man es weiß!" sagte die Nessel, die nebenan wuchs, sie hatte eine Ahnung, daß aus ihr Nesseltuch werden könne, wenn sie richtig behandelt würde.

Und der Sommer verging, und der Herbst verging, die Blätter fielen von den Bäumen, die Blumen bekamen tiefere Farbtöne und dufteten weniger. Der Gärtnerbursche sang im Garten über den Zaun hinaus:

„Bergauf, bergab, ja, ab und auf,
Das ist der ganze Lebenslauf!"

Die jungen Tannenbäume im Wald begannen sich nach Weihnacht zu sehnen, aber noch war es lange Zeit bis Weihnachten hin.

„Hier stehe ich noch!" sagte die Distel. „Es ist, als dächte niemand an mich, und ich habe doch die Partie gestiftet; verlobt wurden sie, und Hochzeit haben sie gehabt, es sind jetzt acht Tage her. Ja, ich tue keinen Schritt, denn ich kann nicht."

Es vergingen noch einige Wochen; die Distel stand da mit ihrer letzten einzigen Blüte, die groß und voll, gerade aus der Wurzel hervorgeschossen war, der Wind blies kalt über sie hinweg, die Farben vergingen, und der Blütenkelch, groß wie der einer Artischocke, nahm sich aus wie eine versilberte Sonnenblume.

Da traten eines Tages das junge Paar, jetzt Mann und Frau, in den Garten, sie gingen am Zaun entlang hin, und die junge Frau sah darüber hinweg.

„Da steht noch die große Distel", sagte sie. „Jetzt hat sie keine Blüte mehr."

„Oh ja, das Gespenst der letzten ist noch da", sagte er und deutete auf den silberschimmernden Rest der Blüte, selbst eine Blüte.

„Schön ist sie freilich", sagte sie. „Eine solche muß in den Rahmen unseres Bildes geschnitzt werden."

Und der junge Mann mußte wieder über den Zaun hinüber und den Distelblütenbecher abbrechen. Der stach ihn in den Finger, hatte er ihn doch ein Gespenst genannt. Und der Distelblütenbecher kam in den Garten, ins Haus, in den Saal, dort stand ein Gemälde: „Die jungen Eheleute". Im Knopfloch des Bräutigams war eine Distelblüte gemalt. Es wurde von dieser gesprochen, und auch von dem Blütenbecher, den sie brachten, der letzten jetzt silberglänzenden Distelblüte, deren Abbild in den Rahmen geschnitzt werden sollte.

Und die Luft trug das Gesprochene hinaus, weit umher.

„Was man doch erleben kann!" sagte der Distelbusch. „Meine Erstgeborene kam ins Knopfloch, meine Letztgeborene kam in den Rahmen! Wohin komme ich?"

Und der Esel stand am Weg und schielte zu der Distel hinüber.

„Komm zu mir, mein Freßliebchen! Ich kann nicht zu dir, der Strick ist nicht lang genug!"

Aber die Distel antwortete nicht, sie wurde immer nachdenklicher, sie sann und sann bis zur Weihnachtszeit, und dann trieb das Denken seine Blüte.

„Wenn es den Kindern drinnen nur gut geht, so findet sich die Mutter darein, draußen vor dem Zaun zu stehen."

„Das ist ein ehrenwerter Gedanke!" sagte der Sonnenstrahl. „Sie sollen auch einen guten Platz bekommen."

„Im Topf oder im Rahmen?" fragte die Distel.

„In einem Märchen!" sagte der Sonnenstrahl.

Das Glück kann in einem Zweige liegen

Nun will ich eine Geschichte vom Glück erzählen. Wir alle kennen das Glück, einige sehen es jahraus, jahrein, andere nur in gewissen Jahren an einem einzigen Tag, ja, es gibt Menschen, die es nur einmal in ihrem Leben sehen, aber gesehen wird es von allen einmal.

Ich brauche wohl nicht erst zu erzählen – denn es weiß jeder –, daß Gott die kleinen Kinder schickt und sie in den Schoß einer Mutter legt, in dem reichen Schloß oder in dem wohlhabenden Haus oder auch auf dem freien Feld, wo der kalte Wind weht. Aber jeder weiß wohl nicht – und gewiß ist es trotzdem –, daß Gott, wenn er die Kinder schickt, er ihnen auch eine Glücksgabe gibt. Aber sie wird nicht frei für jedes Auge neben sie gelegt, sondern sie wird an einen Ort gelegt, wo man sie am wenigsten zu finden glaubt, und doch wird sie stets gefunden, das ist das Erfreulichste. Sie kann in einen Apfel gelegt werden, so war es bei einem gelehrten Mann, der Newton hieß. Der Apfel fiel, und er fand sein Glück. Kennst du die Geschichte nicht, so lasse sie dir von jemand erzählen, der sie kennt. Ich will eine andere Geschichte erzählen, und zwar die Geschichte von einer Birne.

Es war einmal ein armer Mann, der war in Armut geboren, in Armut aufgewachsen und mit der Armut vermählt. Er war übrigens Drechsler von Beruf und drechselte besonders Schirmgriffe und Schirmringe, aber er lebte kaum von der Hand in den Mund.

„Ich finde das Glück nie", sagte er. Es ist eine wirkliche, erlebte Geschichte, und man könnte Land und Ort nennen, wo der Mann wohnte, aber das ist von keiner Bedeutung.

Die roten, herben Vogelbeeren wuchsen wie der reichste Schmuck um Haus und Garten herum. Dort stand auch ein Birnbaum, aber er trug nicht eine einzige Birne, und doch war das Glück in diesen Birnbaum gelegt, in die unsichtbaren Birnen hineingelegt.

Eines Nachts stürmte es ganz entsetzlich. In der Zeitung war zu lesen, daß die schwere Postkutsche vom Wind in die Höhe gehoben wurde und wie ein Fetzen Papier in den Graben geflogen sei. Wie leicht konnte da ein großer Zweig vom Birnbaum abgebrochen werden.

Der Zweig kam in die Werkstatt, und der Mann drechselte zum Scherz aus ihm eine große Birne, eine kleinere und einige ganz kleine.

„Der Baum müßte doch einmal Birnen tragen", sagte der Mann, und dann gab er sie den Kindern zum Spielen.

Zu den Notwendigkeiten des Lebens gehört in einem nassen Land ganz gewiß ein Regenschirm. Die ganze Familie hatte nur einen einzigen zum gemeinsamen Gebrauch. Wehte der Wind stark, so klappte der Schirm über, ja, er brach sogar ein paarmal, aber der Mann reparierte ihn sofort wieder. Doch am ärgerlichsten war es, daß der Knopf, der ihn zusammenhalten sollte, wenn er aufgerollt war, gar zu häufig absprang, oder daß der Ring, der über den Knopf gelegt wurde, zerbrach.

Eines Tages sprang der Knopf ab, und der Mann suchte nach ihm auf dem Boden und ergriff eine von den allerkleinsten Birnen, eine von denen, die die Kinder zum Spielen erhalten hatten.

„Der Knopf ist nicht zu finden", sagte der Mann, „aber das kleine Ding tut's auch!" Deshalb bohrte er ein Loch hinein, zog eine Schnur hindurch, und die kleine Birne schloß dann den zerbrochenen Ring wieder. Es war wahrhaftig der beste Verschluß, den der Schirm je gehabt hatte.

Als der Mann im nächsten Jahr Schirmgriffe nach der Hauptstadt schicken sollte, wohin er seine Arbeit zu liefern pflegte, schickte er auch einige der gedrehten kleinen Holzbirnen mit, die in einem halben Ring steckten, und bat, sie zu erproben. Und so kamen sie nach Amerika. Dort bemerkte man bald, daß die kleine Birne viel besser hielt als irgendein anderer Knopf, und nun verlangte man vom Händler, daß alle nachfolgenden Schirme durch eine kleine Birne geschlossen werden sollten.

Und da gab es viel zu tun! Birnen zu Tausenden! Holzbirnen an allen Schirmen! Der Mann mußte sich rühren! Er drehte und drehte! Der ganze Birnbaum ging in kleine Birnen auf! Es gab Schillinge, es gab viele Taler!

„In den Birnbaum war mein Glück gelegt", sagte der Mann. Er besaß nun eine große Werkstatt mit Gesellen und Lehrburschen. Immer war er guter Laune und sagte: „Das Glück kann in einem Zweige liegen."

Das sage auch ich, der die Geschichte erzählt.

Wir haben die Redensart: Nimm einen weißen Zweig in den Mund, so bist du unsichtbar. Aber es muß der richtige Zweig sein, derjenige, den uns Gott als Glücksgabe gegeben hat. Den bekam ich, und ich kann dem Mann klingendes, blinkendes Gold holen, das allerbeste, das Gold, das aus den Kinderaugen blitzt und aus dem Kindermund klingt. Das zeigt sich auch bei Vater und Mutter, wenn sie die Geschichten lesen und ich mitten unter ihnen stehe, unsichtbar im Zimmer stehe, denn ich habe den weißen Zweig im Mund. Vernehme ich dann, daß sie froh über das sind, was ich erzähle, ja, dann sage ich auch: „Das Glück kann in einem Zweige liegen."

Der Floh und der Professor

Es war einmal ein Luftschiffer, dem es sehr schlecht erging, denn der Ballon platzte, der Mann stürzte und schlug sich in hundert Stücke. Seinen Sohn hatte er zwei Minuten vorher in einem Fallschirm hinuntergeschickt, das war sein Glück. Er blieb unverletzt und trug sich mit großen Gedanken: Luftschiffer wollte er werden. Aber er hatte keinen Ballon und keine Mittel, sich einen anzuschaffen.

Leben mußte er, und deshalb verlegte er sich auf die Künste der Gewandtheit; er brachte es sogar dahin, mit dem Magen zu sprechen, das Bauchreden genannt wurde. Er war jung, sah gut aus, und als ihm ein Schnurrbart wuchs und er zu guten Kleidern kam, konnte man ihn für ein Grafenkind halten. Die Damen fanden ihn schön, ja, eine Jungfrau wurde von seiner Schönheit und seinen Künsten so bezaubert, daß sie ihm in alle fremden Städte und Länder folgte. Dort nannte er sich Professor, weniger konnte er nicht sein.

Sein ständiger Gedanke war, sich einen Luftballon zu verschaffen, um mit seiner kleinen Frau in die Lüfte zu steigen; aber noch hatte er nicht die Mittel dazu.

„Sie kommen noch!" sagte er.

„Kämen sie nur bald!" sagte sie.

„Wir sind ja jung, und ich bin Professor. Brocken sind auch Brot."

Sie half ihm fleißig, saß an der Tür und verkaufte Karten für die Vorstellung, und das war im Winter ein kaltes Vergnügen. Sie half ihm auch bei einem Kunststück. Er setzte seine Frau in die Tischschublade, in eine große Tischschublade. Sie kroch in die hintere Schublade, und war dann in der vorderen nicht mehr zu sehen. Das war Augentäuschung.

Als er nun eines Abends die Schublade aufzog, war sie fort, nicht in der vorderen und nicht in der hinteren Schublade, nicht in dem ganzen Haus, nicht zu sehen und nicht zu hören. Sie kam niemals wieder. Sie hatte dieses Leben satt, und er hatte es auch satt; er verlor seine gute Laune, konnte nicht mehr lachen und Possen treiben, und deshalb kam niemand mehr. Der Verdienst wurde schlecht, die Kleider wurden schlecht. Er besaß zuletzt nur noch einen großen Floh, ein Erbstück von seiner Frau, und deshalb liebte er ihn sehr. Er dressierte ihn, lehrte ihn viele Künste, lehrte ihn das Gewehr zu präsentieren und eine kleine Kanone abzufeuern.

Der Professor war stolz auf den Floh, und dieser war stolz auf sich selbst.

Er hatte etwas gelernt, hatte menschliches Blut und war in den größten Städten gewesen, war von Prinzen und Prinzessinnen gesehen worden und hatte ihren hohen Beifall erhalten. Das stand in Zeitungen und Anzeigen gedruckt. Er wußte, daß er eine Berühmtheit war und einen Professor, ja eine ganze Familie ernähren konnte.

Stolz war er und berühmt war er, und doch, wenn er mit dem Professor reiste, fuhren sie auf der Eisenbahn nur vierter Klasse, sie fährt ja ebenso schnell wie die erste. Es war ein stillschweigendes Übereinkommen, daß sie sich niemals trennen, sich nie verheiraten wollten. Der Floh wollte Junggeselle bleiben und der Professor Witwer, das kommt aufs gleiche hinaus.

„Wo man großes Glück gemacht hat", sagte der Professor, „dahin soll man nicht zweimal kommen." Er war ein Menschenkenner, und das ist auch eine Wissenschaft.

Zuletzt hatte er alle Länder bereist, nur nicht die Länder der Wilden, und deshalb wollte er zu den Wilden. Sie aßen freilich christliche Menschen – das wußte der Professor, aber er war kein richtiger Christ und der Floh kein richtiger Mensch. Deshalb meinte er, daß sie wohl reisen dürften und einen guten Verdienst haben würden.

Sie reisten mit dem Dampfschiff und mit dem Segelschiff, der Floh machte seine Kunststücke, und so hatten sie freie Reise und freie Kost und kamen in das Land der Wilden.

Hier regierte eine kleine Prinzessin, sie war nur acht Jahre alt, aber sie regierte. Sie hatte Vater und Mutter die Macht genommen, denn sie hatte einen festen Willen und war unaussprechlich reizend und unartig.

Als der Floh das Gewehr präsentierte und die Kanone abfeuerte, wurde sie von ihm so eingenommen, daß sie sagte: „Er oder keiner!" Sie wurde ganz wild vor Liebe und war es doch schon immer gewesen.

„Aber mein süßes, kleines, vernünftiges Mädchen!" sagte ihr Vater, „könnte man nur einen richtigen Menschen aus ihm machen."

„Das geht dich nichts an, Alter!" sagte sie, und das war nicht nett gesagt von einer kleinen Prinzessin, die zu ihrem Vater spricht, aber sie war wild.

Sie setzte den Floh auf ihre kleine Hand.

„Nun bist du ein Mensch und regierst mit mir, aber du mußt tun, was ich will, sonst schlage ich dich tot und verzehre den Professor."

Der Professor durfte in einem großen Saal wohnen. Die Wände waren aus Zuckerrohr, er konnte hingehen und davon naschen, aber er war kein Leckermaul. Zum Schlafen erhielt er eine Hängematte, es war, als läge er in einem Luftballon, den er sich immer gewünscht hatte.

Der Floh blieb bei der Prinzessin, saß auf ihrer kleinen Hand und auf ihrem schönen Hals. Sie hatte ein Haar von ihrem Kopf genommen. Das mußte der Professor ihm um die Beine binden, und damit hielt sie ihn an einem großen Korallenstück fest, das sie im Ohrläppchen trug.

Das war eine schöne Zeit, auch für den Floh, meinte sie. Aber der Professor war nicht zufrieden, er war das Reisen gewohnt und liebte es, von Stadt zu Stadt zu ziehen, in den Zeitungen von seiner Unermüdlichkeit und Klugheit zu hören, womit er dem Floh menschliches Verhalten lehrte. Tagein, tagaus lag er in der Hängematte, schlief und hatte sein gutes Essen: frische Vogeleier, Elefantenaugen und geröstete Giraffenlenden. Die Menschenfresser leben nicht nur von Menschenfleisch, das ist eine Delikatesse. „Kinderschultern in scharfer Sauce", sagte die Prinzessinenmutter, „ist das Allerschönste."

Der Professor langweilte sich und wollte gern fort aus dem Land der Wilden, aber den Floh mußte er mithaben, er war sein Wunderwerk und sein Lebensunterhalt. Wie konnte er ihn fangen und behalten? Das war nicht so leicht.

Er spannte alle seine Gedanken vor, und dann sagte er: „Nun hab ich's!"

„Prinzessinvater! Vergönne mir etwas zu tun. Laß mich den Bewohnern des Landes das Präsentieren einüben, denn das nennt man in den größeren Ländern der Welt Kultur."

„Und was kannst du mich lehren?" fragte der Vater.

„Meine größte Kunst ist," sagte der Professor, „eine Kanone abzufeuern, daß die ganze Erde zittert und die leckersten Vögel des Himmels gebraten zur Erde fallen. So stark ist der Knall!"

„Bringe mir die Kanone", sagte der Prinzessinvater.

Aber im ganzen Land war keine Kanone, außer der, die der Floh mitgebracht hatte, und die war zu klein.

„Ich gieße eine größere", sagte der Professor. „Gib mir nur die Mittel. Ich muß feines Seidenzeug haben, Nadel und Faden, Tau und Schnüre und Magentropfen für den Luftballon. Sie blasen auf, machen leicht und heben ihn, sie verursachen den Knall im Kanonenmagen."

Alles, was er verlangte, erhielt er.

Das ganze Land kam zusammen, um die große Kanone zu sehen. Der Professor sprach nicht, ehe er den Ballon zum Füllen und Aufsteigen fertig hatte.

Der Floh saß auf der Hand der Prinzessin und sah zu. Der Ballon wurde gefüllt, er schwoll auf und konnte kaum gehalten werden, so wild war er.

„Nun muß er hochsteigen, damit er abkühlt", sagte der Professor und setzte sich in den Korb, der unter dem Ballon hing. „Allein kann ich ihn nicht steuern. Ich muß einen kundigen Kameraden haben, der mir hilft! Und das kann nur der Floh."

„Ich erlaube es nur ungern", sagte die Prinzessin, aber sie reichte doch dem Professor den Floh, der auf ihrer Hand saß.

„Schneidet Taue und Stricke durch!" sagte er. „Nun steigt der Ballon auf!"

Sie glaubten, daß er „Kanone" sagte.

Und dann stieg der Ballon höher und höher, bis über die Wolken, fort aus dem Land der Wilden.

Die kleine Prinzessin, ihr Vater und ihre Mutter und das ganze Volk standen und warten. Sie warten noch, und glaubst du es nicht, so reise ins Land der Wilden. Dort spricht jedes Kind von dem Floh und dem Professor und glaubt, daß sie wiederkommen, wenn die Kanone abgekühlt ist. Aber sie kommen nicht wieder, sie sind bei uns, in ihrem Vaterland, und fahren auf der Eisenbahn erster Klasse. Sie haben einen guten Verdienst, einen großen Ballon. Niemand fragt, wie sie den Ballon gemacht haben oder woher sie ihn bekamen. Es sind wohlhabende Leute, ehrenwerte Leute, der Floh und der Professor.

Die Teekanne

Es war einmal eine stolze Teekanne, die stolz auf ihr Porzellan war, stolz auf ihre lange Tülle, stolz auf ihren breiten Henkel, sie hatte was vorne und was hinten, die Tülle vorne, den Henkel hinten, und davon sprach sie sehr gern; aber sie sprach nicht von ihrem Deckel, der war gebrochen und genietet, er hatte Mängel, und von seinen Mängeln spricht man nicht gerne, das tun schon andere. Die Tassen, die Sahne- und Zuckerschale, das ganze Teeservice würde schon mehr an die Gebrechlichkeit des Deckels als an den guten Henkel und die ausgezeichnete Tülle denken und von ihnen reden, das wußte die Teekanne.

„Ich kenne sie!" sprach sie in sich hinein, „ich kenne auch meinen Mangel und gebe ihn zu, darin liegt meine Demut, meine Bescheidenheit, Mängel haben wir alle, aber man hat denn auch seine Vorzüge. Die Tassen bekamen einen Henkel, die Zuckerschale einen Deckel, ich bekam beides und noch eins voraus, das die anderen niemals erhalten, ich bekam eine Tülle, und das macht mich zur Königin auf dem Teetisch. Der Zuckerschale und dem Sahnetopf wurde es vergönnt, die Dienerinnen des Wohlgeschmacks zu sein, aber ich bin die Spenderin, die Waltende, ich verbreite den Segen unter die durstige Menschheit, in meinem Innern werden die chinesischen Blätter in dem geschmacklosen kochenden Wasser verarbeitet."

Dieses alles sprach die Teekanne in ihrer mutigen Jugendzeit. Sie stand auf dem gedeckten Tisch, sie wurde von der feinsten Hand gehoben, aber die feinste Hand war linkisch, die Teekanne fiel. Die Tülle brach ab, der Henkel brach ab, der Deckel ist nicht der Rede wert, von dem ist genug gesprochen, die Teekanne lag ohnmächtig auf dem Fußboden, das kochende Wasser strömte aus ihr heraus. Es war ein derber Stoß, den sie bekam, und das traurigste war, daß die Leute lachten, sie lachten über die Teekanne und nicht über die linkische Hand.

„Die Erinnerung daran kriege ich nun nie und nimmer aus mir heraus!" sagte die Teekanne, wenn sie später ihren Lebenslauf sich selbst erzählte. „Man hieß mich Invalide, stellte mich in einen Winkel und schenkte mich tags darauf einer armen Frau, die um Bratenfett bettelte; ich geriet in die Schichten der Armut hinab, stand sprachlos da, aber wie ich dastand, begann mein besseres Leben, die ursprüngliche Bestimmung wird durch die Ereignisse oft in ganz andere Bahnen gelenkt. Es wurde Erde in mich hineingetan, das ist für eine Teekanne dasselbe, wie begraben zu werden, aber in die Erde wurde eine Blumenzwiebel gelegt, wer sie einlegte, wer sie hergab, das weiß ich nicht, hergegeben wurde sie, als Ersatz für die chinesischen Blätter und das kochende Wasser, als Ersatz für den abgebrochenen Henkel und die Tülle. Und die Zwiebel lag in der Erde, lag in mir, sie wurde mein Herz, mein lebendiges Herz, ein solches hatte ich vordem niemals gehabt. Es war Leben in mir, Kraft und Willen, der Puls schlug, die Zwiebel keimte, sie war nahe daran, von Gedanken und Gefühlen gesprengt zu werden, diese brachen hervor in einer Blume, ich sah dieselbe, ich war die Trägerin, ich vergaß mich selbst in ihrer reizenden Schönheit, herrlich ist es, sich selbst in anderen zu vergessen! Die Blume aber bedankte sich nicht bei mir, sie dachte nicht an mich; sie wurde bewundert und mit Lob überschüttet. Ich freute mich sehr darüber, wie erfreut mußte sie davon nicht sein! Eines Tages hörte ich, wie man sagte, daß sie eine bessere Kanne verdiene. Man schlug mich entzwei, das tat fürchterlich weh; aber die Blume gelangte in eine bessere Kanne – und ich wurde in den Hofraum geworfen und liege noch dort wie eine alte Scherbe, aber ich habe die Erinnerung, die kann ich nicht verlieren."

Was die alte Johanne erzählte

Der Wind rauscht in der alten Weide! Es klingt wie ein altes Lied, der Wind singt es, und der Baum erzählt es. Verstehst du es nicht, so frage die alte Johanne im Armenhaus, sie kennt es, sie ist im Dorf alt geworden.

Vor vielen Jahren, als die alte Landstraße hier noch vorüberführte, war der Baum schon groß und schön. Er stand, wo er noch jetzt steht, vor des Schneiders getünchter Fachwerkhütte dicht neben dem Wassertümpel, der damals noch so groß war, daß das Vieh hier trank und die kleinen Bauernjungen hier an warmen Sommertagen nackt umherliefen und durch das Wasser planschten. Unter dem Baum erhob sich ein Meilenstein; nun liegt er am Boden, und Brombeerranken wachsen darüber hin.

Jenseits des großen Bauernhofes wurde die neue Landstraße gebaut, die alte wurde ein Feldweg, der Teich ein Tümpel, von Wasserlinsen überwachsen; sprang einmal ein Frosch hinein, so teilte sich das Grün, und das schwarze Wasser sah hervor; ringsherum wuchsen und wachsen noch jetzt Rohrkolben, Bitterklee und die goldgelbe Schwertlilie.

Des Schneiders Haus wurde alt und schief, das Dach eine reiche Pflanzstätte für Moos und Hauslauch; der Taubenschlag verfiel, und Stare nisteten in ihm, die Schwalben klebten Nest an Nest unter den Giebel und unter das Dach, als wäre hier ein Ort des Glücks.

So war es einst, nun war es einsam und still geworden. Allein und schwachsinnig wohnt hier der kranke Rasmus, wie er genannt wurde; er war hier geboren, hatte hier gespielt, war über Gräben und Hecken gesprungen, war nackt durch den flachen Teich gelaufen und auf den alten Weidenbaum geklettert.

Prächtig stand er da mit voller, breiter Krone, und noch jetzt war er schön, allein der Sturm hatte den Stamm ein wenig geneigt und das Alter ihn gebeugt; Wind und Wetter trugen Erde hinein, und Gras und Kräuter wuchsen aus dem Spalt hervor, ja selbst ein kleiner Vogelbeerstrauch hatte sich hier angesiedelt.

Wenn im Frühling die Schwalben kamen, flogen sie um den Baum und um das Dach, sie klebten und flickten an ihren alten Nestern, aber der kranke Rasmus ließ sein Nest stehen und fallen, wie es wollte; er flickte und stützte es nicht. „Was kann das helfen", war seine ständige Redensart, und so hatte sein Vater auch gesagt.

Er blieb daheim, die Schwalben flogen fort, allein sie kamen wieder, die treuen Tiere! Die Stare flogen fort, sie kamen wieder und flöteten ihr Lied; einst tat's Rasmus mit ihnen um die Wette, jetzt flötete er nicht und sang auch nicht.

Der Wind rauschte in der alten Weide; er rauscht noch jetzt, es klingt wie ein altes Lied: der Wind singt es, der Baum erzählt es; verstehst du es nicht, so frage die alte Johanne im Armenhaus, sie kennt es, sie versteht sich auf alte Geschichten, sie gleicht einer Chronik voll alter Erinnerungen.

Das Haus war neu und schön, als der Dorfschneider Ivar Olsen und seine Frau Maren einzogen, es waren strebsame, ehrenwerte Leute. Die alte Johanne war damals noch ein Kind, sie war die Tochter des Holzschuh-machers, eines der Ärmsten in der Gemeinde. Manches Stück Brot bekam sie von Frau Maren, die keine Nahrungssorgen kannte. Sie stand sich gut mit der Gutsfrau, lachte immer und war immer froh, sie ließ sich nicht ent-mutigen, Mund und Hände verstand sie zu rühren, sie gebrauchte die Nadel so schnell wie den Mund und fand noch Zeit, auf Haus und Kinder zu achten; es waren fast ein Dutzend, volle elf, das zwölfte war ausgeblieben.

„Die Armen haben stets ein Nest voller Jungen", brummte der Gutsherr, „könnte man sie nur wie junge Katzen ersäufen und nur ein oder zwei der kräftigsten behalten, so wäre es noch zu ertragen."

„Gott behüte mich", sagte die Schneidersfrau. „Kinder sind ein Segen Gottes, sie bringen Freude ins Haus. Jedes ist ein Vaterunser mehr. Ist es knapp und hat man für viele Mäuler zu sorgen, so spannt man sich stärker an und findet Rat und Tat in allen Ehren. Unser Herrgott verläßt uns nicht, wenn wir ihn nicht verlassen."

Die Gutsfrau stimmte ihr zu, nickte freundlich und streichelte ihr die Wangen; das hatte sie so manches Mal getan. Einmal hatte sie sie sogar geküßt, aber da war die Frau noch ein kleines Kind und Maren ihr Kinder-mädchen, und die beiden hielten viel voneinander.

Zur Weihnachtszeit kam jedes Jahr vom Gutshof Wintervorrat in des Schneiders Haus: eine Tonne Mehl, ein Schwein, zwei Gänse, ein Fäßchen Butter, Käse und Äpfel. Das besserte ihre Speisekammer auf. Ivar Olsen war jedesmal rot vor Freude, aber bald kam er doch wieder mit seiner Redensart: „Was kann das helfen."

Rein und freundlich war es im Hause, Gardinen hingen vor den Fenstern und Blumen standen davor, Nelken und Balsaminen. Das Namentuch hing im Rahmen an der Wand und dicht daneben der Verlobungsbrief in Ver-sen; Maren Olsen hatte ihn selbst gedichtet, sie zeigte gern, wie sich die Reime zusammenfügten. Sie war nicht wenig stolz auf den Familiennamen

Olsen (Ölse), denn es war das einzige Wort in der dänischen Sprache, das sich auf Wurst *(polse)* reimte. „Es ist doch gut, wenn man den anderen etwas voraus hat", sagte sie und lachte. Immer bewahrte sie ihre gute Laune, niemals sagte sie wie ihr Mann: „Was kann das helfen." Ihre Redensart hieß: „Vertraue auf den lieben Gott!" Das tat sie, und sie hielt das Ganze zusammen. Die Kinder gediehen, entwuchsen dem elterlichen Haus, kamen weit herum und wurden brauchbare Menschen. Rasmus war das kleinste, er war als Kind so schön, daß einer der Maler aus der Stadt ihn malte, so nackt, wie er zur Welt gekommen war. Das Bild hing nun im Schloß des Königs, dort hatte die Gutsfrau es gesehen und den kleinen Rasmus gleich erkannt, obwohl er keine Kleider anhatte.

Aber nun kam eine schwere Zeit. Der Schneider bekam die Gicht in beiden Händen, es bildeten sich große Knoten, und kein Arzt konnte helfen.

„Man muß nur nicht verzagen", sagte Maren. „Das Kopfhängen hilft nicht, und da wir Vaters beide Hände nicht mehr zur Mithilfe haben, so muß ich die meinigen flinker gebrauchen lernen. Der kleine Rasmus kann auch schon die Nadel führen."

Er saß bereits auf dem Arbeitstisch und pfiff und sang, er war ein lustiger Bursche.

„Den ganzen Tag soll er hier nicht sitzen", sagte die Mutter, „das wäre eine Sünde gegen das Kind, spielen und springen muß er auch."

Holzschuhmachers Johanne war sein bester Spielkamerad, sie war auch jetzt noch ärmer als Rasmus. Schön war sie nicht, sie ging barfuß, die Kleider waren zerrissen, sie hatte niemand, der ihr flicken half, und es selbst zu tun, fiel ihr nicht ein, sie war ein Kind und froh wie ein Vogel in Gottes liebem Sonnenschein.

Bei dem steinernen Meilenstein unter der großen Weide spielten Rasmus und Johanne.

Er hatte große Pläne, er wollte einmal ein feiner Schneider werden und in der Stadt wohnen wie der Meister, der zehn Gesellen hatte. Das hatte er von seinem Vater gehört, dort wollte er Geselle sein und dort Meister werden, und dann sollte Johanne kommen und ihn besuchen, und wenn sie zu kochen verstünde, sollte sie für alle das Essen bereiten und ihre eigene Stube haben.

Johanne wollte nicht recht daran glauben, allein Rasmus glaubte fest, daß es eintreffen würde.

So saßen sie unter dem alten Baum, und der Wind rauschte in den Zweigen und Blättern, es war, als ob der Wind sänge und der Baum erzählte.

Im Herbst fiel ein Blatt nach dem anderen zur Erde, und der Regen tropfte von den nackten Zweigen.

„Die werden wieder grün", sagte Maren.

„Was kann das helfen", sagte der Mann. „Neues Jahr, neue Sorge."

„Die Speisekammer ist gefüllt", sagte Maren. „Das haben wir der gnädigen Frau zu danken. Und ich bin gesund und gut bei Kräften. Es ist unrecht von uns, zu klagen."

Die Weihnachtstage blieb die Herrschaft auf ihrem Hof, aber am Tage nach Neujahr zog sie in die Stadt, wo sie den Winter in Freude und Vergnügen verbrachte, und sie hatte auch Zutritt zu den Bällen und Festen am königlichen Hof.

Die Frau hatte sich zwei kostbare Kleider aus Frankreich schicken lassen, sie waren in Stoff und Schnitt so vortrefflich, daß Schneiders Maren noch niemals etwas Ähnliches gesehen hatte. Sie bat die gnädige Frau um die Erlaubnis, ihren Mann mitbringen zu dürfen, damit auch er die Kleider sähe. „Das hat noch kein Dorfschneider gesehen", sagte sie.

Er sah sie und sagte kein Wort, bevor er heimkam, und dann sagte er nur,

was er immer sagte: „Was kann das helfen." Aber diesmal wurden seine Worte wahr.

Die Herrschaft war in der Stadt, die Bälle und die Vergnügungen nahmen ihren Anfang, aber mitten in all der Herrlichkeit starb der alte Gutsherr, und die Frau kam nicht dazu, die prächtigen Kleider anzuziehen. Sie war in tiefer Trauer und kleidete sich schwarz vom Kopf bis zu den Füßen, nicht einmal eine weiße Spitze duldete sie; die ganze Dienerschaft ging schwarz, selbst die Staatskarosse wurde schwarz überzogen.

Es war eine frostklare Winternacht, der Schnee leuchtete, die Sterne funkelten, der neue Leichenwagen brachte die Leiche aus der Stadt zur Gutskirche, wo sie in der Familiengruft beigesetzt werden sollte. Der Gutsverwalter und der Dorfschulze ritten mit Fackeln voran bis zur Kirchhofspforte. Die Kirche war erleuchtet, und der Pfarrer stand in der offenen Kirchentür und erwartete den Toten. Der Sarg wurde im Chor aufbewahrt, die ganze Gemeinde folgte. Eine schöne Leichenrede wurde gehalten und ein Lied gesungen. Die gnädige Frau war auch in der Kirche, sie war in der schwarzbehangenen Staatskutsche gekommen, die war innen und außen schwarz verhängt. Das hatte man nie zuvor in der Gemeinde gesehen.

Von diesem Begräbnis sprach man noch den ganzen Winter über.

„Da sieht man doch, was der Mann bedeutete", sagten die Dorfbewohner. „Hochgeboren kam er zur Welt, und hochgeboren wurde er begraben."

„Was kann das helfen", sagte der Schneider. „Nun hat er weder Leben noch Besitz. Wir haben doch wenigstens noch eines."

„Sprich nicht so", sagte Maren. „Er hat das ewige Leben drüben im Jenseits."

„Woher weißt du es, Maren?" sagte der Schneider. „Ein toter Mensch ist

ein guter Dünger, aber dieser hier war selbst im Tode zu vornehm, um nützlich zu sein, er mußte in der Kapelle begraben werden."

„Sprich doch nicht so gottlos", sagte Maren, „ich sage es noch einmal, er hat jetzt das ewige Leben."

„Woher weißt du es, Maren?" erwiderte der Schneider.

Und Maren warf ihre Schürze über den kleinen Rasmus, er sollte es nicht hören. Sie trug ihn in den Torfschuppen hinüber und weinte.

„Was du eben gehört hast, lieber Rasmus, das hat nicht dein Vater gesprochen, es war der Teufel, der durch die Stube ging und deines Vaters Stimme hatte. Sprich ein Vaterunser! Wir wollen zusammen beten!" Und sie faltete die Hände des Knaben.

„Nun bin ich wieder froh", sagte sie. „Vertrau auf dich und den lieben Gott."

Das Trauerjahr war zu Ende, die Gutsfrau ging nur noch halb in Trauer, die Freude zog wieder in ihr Herz.

Es verlautete, daß ein Freier gekommen wäre und man bereits an die Hochzeit dächte. Maren wußte nicht viel darüber und der Pfarrer nur wenig mehr.

Am Palmsonntag nach der Predigt sollte das Aufgebot verkündigt werden. Der neue Gutsherr war Steinmetz oder Bildhauer, aber man wußte nicht recht, wie man's nennen sollte, denn Thorwaldsen und seine Kunst waren damals noch wenig im Volk bekannt. Er war nicht von hohem Adel, aber doch ein recht stattlicher Mann. Es war einer, der etwas konnte, sagte man. Und er haue Bildnisse, sei tüchtig in seinem Beruf und jung und schön.

„Was kann das helfen", sagte der Schneider.

Am Palmsonntag wurde das Aufgebot verkündigt, man sang und ging zum Abendmahl. Der Schneider, Maren und der kleine Rasmus waren auch in der Kirche, die Eltern gingen zum Abendmahl. Rasmus saß indes allein im Kirchenstuhl, er war noch nicht konfirmiert. In der letzten Zeit hatte man sparsam mit den Kleidern im Hause des Schneiders umgehen müssen, ihre alten waren gewendet und wieder gewendet, genäht und geflickt worden, nun gingen alle drei in neuen Kleidern, allein sie waren schwarz wie bei einem Begräbnis, denn sie waren aus dem Überzug der Trauerkutsche gemacht. Der Vater hatte Rock und Hose bekommen, Maren ein hochschließendes Kleid und Rasmus einen ganzen Anzug, in den er bis zur Konfirmation wohl hineinwachsen würde. Sie hatten den äußeren und den inneren Beschlag der Trauerkutsche gebraucht. Keiner sollte es wissen, aber die Leute kriegten es doch bald heraus, die kluge Stine und ein paar ebensokluge Frauen, die aber nicht von ihrer Klugheit lebten, sagten, daß die Kleider Krankheit ins Haus bringen würden; man dürfe sich nur in Leichentuch kleiden, wenn man zu Grabe getragen würde.

Des Holzschuhmachers Johanne weinte, als sie diese Worte hörte, und da es sich traf, daß von jenem Tag an der Schneider mehr und mehr kränkelte, so mußte es sich zeigen, ob er sterben oder genesen würde.

Und es zeigte sich.

Am ersten Sonntag nach Trinitatis starb der Schneider Olsen, und nun mußte Maren das Ganze allein zusammenhalten; sie tat es, denn sie vertraute sich und Gott.

Ein Jahr später wurde Rasmus konfirmiert. Nun sollte er in der Stadt zu einem Schneider in die Lehre, der hatte allerdings nur einen Gesellen und nicht zehn, und der kleine Rasmus konnte höchstens für einen halben gelten, doch war er froh und sah vergnügt drein; allein Johanne weinte, sie hielt mehr von ihm, als sie selbst wußte. Maren blieb in dem alten Haus und führte das Geschäft weiter.

Um diese Zeit wurde die neue Landstraße fertiggestellt; die alte bei der Weide und dem Haus des Schneiders wurde zum Feldweg, Gras wuchs darüber, und die Wasserlinse legte sich über den Wassertümpel; der Meilenstein fiel um, er brauchte ja nicht mehr zu stehen, aber der Baum blieb kräftig und schön, und der Wind rauschte in seinen grünen Zweigen und Blättern.

Die Schwalben flogen fort, die Stare flogen fort, aber sie kamen im Frühjahr wieder, und als sie zum vierten Male zurückkehrten, kam auch Rasmus in das elterliche Haus zurück. Er hatte sein Gesellenstück gemacht, er war ein schöner, aber schmächtiger Bursche; nun wollte er seinen Ranzen schnüren und fremde Länder sehen. Aber seine Mutter hielt ihn fest, daheim sei es doch am besten, seine Geschwister waren fortgegangen, er war der Jüngste, er sollte einmal das Haus haben. Arbeit könnte er genug bekommen, wenn er in der Umgegend umherziehen und vierzehn Tage auf dem einen Hof und vierzehn Tage auf einem anderen nähen würde. Das hieße auch reisen. Und Rasmus folgte dem Rat seiner Mutter.

So schlief er wieder unter dem elterlichen Dach, saß wieder unter dem alten Weidenbaum und hörte die Blätter im Wind rauschen.

Ja, Rasmus sah gut aus, er konnte singen wie ein Vogel und kannte alte und neue Lieder. Man sah ihn gern auf den großen Bauernhöfen, besonders bei Klaus Hansen, dem zweitreichsten Bauern im Dorf.

Seine Tochter Else war schön wie die Rose im Garten, und immer sah man sie lachen. Es gab freilich Leute, die so schlecht waren, daß sie sagten, sie lache nur, um ihre weißen Zähne zu zeigen. Fröhlich war sie und immer zu Narrenstreichen aufgelegt, aber es stand ihr gut.

Sie verliebte sich in Rasmus, und er verliebte sich in sie, aber keines von ihnen wagte es, auch nur ein Wort zu sagen.

So kam es, daß er schwermütig wurde, denn er hatte viel von seines Vaters Wesen. Froh wurde er nur, wenn Else kam, dann lachten die beiden, scherzten miteinander und trieben Narrenpossen, aber trotz der guten Gelegenheit sagte er auch nicht das leiseste Wort von seiner Liebe. Was kann das helfen, sprachen seine Gedanken. Ihre Eltern sehen auf das Geld, und ich habe nichts; klug beraten wäre ich, wenn ich fortginge. Aber er konnte sich nicht losreißen, es war, als ob Else ihn an einem Faden festhielt, er war wie ein wohlabgerichteter Vogel, der nur zu ihrer Freude und nach ihrem Willen sang und flötete.

Johanne, des Holzschuhmachers Tochter, war Dienstmagd auf demselben Hof, sie war eine der Geringsten. Sie schob den Milchkarren auf das Feld hinaus, wo sie mit anderen Mägden die Kühe melkte; sie mußte sogar Mist fahren, wenn es nötig war. Sie kam niemals in die große Stube und sah Rasmus und Else nur selten, aber sie hörte, daß die beiden sich so gut wie Brautleute wären.

„Dann kommt Rasmus zu Wohlstand", sagte sie. „Das gönne ich ihm." Und ihre Augen wurden naß, aber es war doch nichts, worüber sie weinen mußte.

In der Stadt war Jahrmarkt, Klaus Hansen fuhr hin, und Rasmus war dabei, er saß neben Else, auf der Hinfahrt und auf der Rückfahrt. Er war selig vor Liebe, aber er sagte kein Wort.

„Er muß doch das erste Wort sagen", meinte Else, und darin hatte sie recht. „Wenn er nicht reden will, so will ich ihn schon aufschrecken."

Und bald erzählte man sich auf dem Hof, daß der reichste Bauer der Gemeinde um Else gefreit hätte, und das war wahr, aber niemand wußte, welche Antwort sie ihm gegeben hatte.

Die Gedanken surrten in Rasmus' Kopf herum.

Eines Abends steckte Else einen goldenen Ring auf ihren Finger und fragte Rasmus, was es bedeute.

„Eine Verlobung", sagte er.

„Und mit wem glaubst du?" fragte sie.

„Mit dem reichen Bauernsohn?" sagte er.

„Du hast es getroffen", sagte sie, nickte ihm zu und lief davon.

Aber auch er lief fort, kam heim zu seiner Mutter, wild vor Zorn und Schmerz, und schnürte seinen Ranzen. Er wollte in die weite Welt hinaus; es half auch nicht, daß die Mutter weinte.

Er schnitt sich einen Stock von der alten Weide und pfiff laut dabei, als wäre er in fröhlichster Stimmung, weil er hinaus sollte, um die Herrlichkeit der Welt zu sehen.

„Für mich ist es ein großer Kummer", sagte die Mutter. „Aber für dich wird es wohl das beste sein, fortzugehen. Ich werde mich schon dreinfinden. Vertrau auf dich und den lieben Gott, so sehe ich dich einst wieder."

Er ging die neue Landstraße, da sah er Johanne mit einer Fuhre Mist daherkommen; sie hatte ihn nicht bemerkt, und er wollte sie nicht sehen. Er setzte sich hinter die Grabenhecke, dort war er geborgen, und Johanne fuhr vorüber.

Er ging in die Welt hinaus, keiner wußte wohin. Die Mutter dachte zwar, daß er wiederkäme, ehe ein Jahr vergangen sei. Nun gab es Neues zu sehen und Neues zu denken, aber die alten Falten, die konnte kein Eisen wieder glätten. „Er hat zu viel von seines Vaters Wesen, ich wollte, er hätte das meine, der arme Junge, doch er wird schon wiederkommen, er kann mich und das Haus nicht alleine lassen."

Die Mutter wollte Jahr und Tag warten, Else wartete nur einen Monat, dann ging sie heimlich zur klugen Stine. Die wußte mehr als ihr Vaterunser und konnte aus den Karten und dem Kaffeesatz wahrsagen. Sie wußte auch, wo Rasmus war, das las sie aus dem Kaffeesatz. Er war in einer fremden Stadt, aber ihren Namen konnte sie nicht lesen. Dort gab es Soldaten und schöne Mädchen, und er wollte die Flinte nehmen oder eines der Mädchen.

Das konnte Else nicht ertragen; sie wollte gern ihre Sparpfennige hergeben, um ihn freizukaufen, aber niemand durfte es wissen, daß sie es war.

Und die alte Stine versprach hoch und teuer, daß er zurückkommen würde, sie wüßte ein Mittel, freilich ein gefährliches Mittel für den, dem es galt, allein es gäbe kein anderes. Sie wollte einen Topf aufs Feuer setzen und ihn hinterher kochen, und dann mußte er fort, wo er auch wäre, er mußte zur Heimat zurück, wo der Topf kochte und die Braut ihn erwartete; es könnten zwar Monate vergehen, ehe er käme, aber kommen mußte er.

Ohne Ruh und Rast, bei Tag und bei Nacht mußte er wandern, über Seen und Gebirge, über glatte und steinige Wege und waren seine Füße noch so müde. Heim sollte er, heim mußte er.

Der Mond stand im ersten Viertel, das wäre gerade die rechte Zeit für dieses Mittel, sagte die alte Stine. Draußen brauste der Sturm und schüttelte die alte Weide. Stine schnitt einen Zweig ab und machte einen Knoten hinein; er sollte mithelfen, Rasmus heim zu seiner Mutter Haus zu ziehen. Moos und Hauslauch wurden vom Dach genommen, in den Topf geworfen und aufs Feuer gesetzt. Else sollte ein Blatt aus dem Gesangbuch reißen; sie traf zufällig das letzte mit den Druckfehlern. „Das tut nichts", sagte Stine und warf es ebenfalls hinein.

Mancherlei kam in den Brei, der kochen und ständig kochen mußte, bis Rasmus heimkam. Der schwarze Hahn der alten Stine mußte seinen roten Kamm hergeben, er kam in den Topf. Elses dicker Goldring kam auch hinein, sie sähe ihn niemals wieder, sagte Stine. Ja sie war klug, die alte Stine. Noch viele Dinge, die wir nicht nennen können, kamen in den Topf, er stand immer auf dem Feuer, auf glühenden Kohlen oder in der heißen Asche. Nur sie und Else wußten es.

Es wurde Neumond, es wurde Vollmond, und jedesmal kam Else und fragte: „Siehst du ihn noch nicht kommen?"

„Vieles weiß ich", sagte Stine, „und vieles sehe ich, aber die Weglänge, die vor ihm liegt, kann ich nicht sehen. Nun ist er über die ersten Berge! Nun ist er auf dem Meer bei bösem Wetter! Sein Weg führt durch große Wälder, er hat Blasen an den Füßen und Fieber in den Gliedern, aber weiter muß er."

„Nein, nein", rief Else, „es darf nicht sein."

„Nun kann er nicht innehalten", sagte Stine, „und tun wir es, so stürzt er tot auf die Landstraße nieder."

Jahr und Tag waren vergangen. Der Mond schien rund und voll. Der Wind rauschte in dem alten Weidenbaum, da zeigte sich am nächtlichen Himmel ein Regenbogen.

„Das ist ein Zeichen der Bestätigung", sagte Stine. „Nun kommt Rasmus."

Aber er kam doch nicht.

„Die Zeit des Wartens ist lang", sagte Stine.

„Ich bin es müde", sagte Else. Sie kam seltener zu Stine, und sie brachte ihr auch keine Geschenke mehr.

Ihre Trauer schwand, und eines schönen Morgens wußten es alle im Dorf, daß Else sich dem reichsten Bauern versprochen hatte.

Sie ging hinüber, um Hof und Feld, Vieh und Einrichtung zu sehen. Alles war vortrefflich, und man brauchte nicht mit der Hochzeit zu warten.

Der Hochzeitsschmaus dauerte drei Tage. Es wurde getanzt, Geige und Flöte erklangen. Keiner im Dorf war vergessen. Mutter Olsen war auch da, und als das Fest zu Ende war, die Gastgeber den Gästen Dank gesagt und die Musikanten zum Abschied gespielt hatten, ging sie heim.

Die Tür hatte sie nur mit einem Holzpflock geschlossen, er war herausgezogen, die Tür stand offen, und Rasmus saß in der Stube. Er war heimgekehrt, in dieser Stunde zurückgekommen.

„Rasmus", sagte die Mutter, „bist du es wirklich? Du bist krank, aber ich bin doch von Herzen froh, daß ich dich wiederhabe."

Und sie gab ihm von der guten Speise, die sie mitgebracht hatte, ein Stück Braten und ein Stück Hochzeitstorte.

Er hätte in den letzten Wochen, sagte er, häufig an seine Mutter denken müssen, an das Haus und an die alte Weide.

Else nannte er nicht. Krank war er, und er mußte das Bett hüten, aber sicherlich war der Topf nicht schuld daran, noch hatte er irgendeinen Einfluß auf ihn ausgeübt; nur die alte Stine und Else glaubten es, aber sie sprachen nicht davon.

Rasmus lag im Fieber, es war ansteckend; niemand kam deshalb zu ihm, außer Johanne, des Holzschuhmachers Tochter. Sie weinte, als sie sah, wie krank Rasmus war.

Der Arzt verschrieb ihm ein Mittel aus der Apotheke, doch er wollte die Arznei nicht nehmen. „Was kann das helfen", sagte er.

„Ja, so wirst du nicht wieder gesund", sagte die Mutter. „Vertrau auf dich und den lieben Gott. Wenn du nur erst wieder Fleisch auf den Knochen hast, wenn ich dich wieder pfeifen und singen höre, will ich gerne sterben."

Und Rasmus genas von seinem Siechtum; doch dann bekam es seine Mutter; Gott rief sie – und nicht ihn.

Einsam war es nun im Haus, und die Armut zog hinein. „Es ist aufgebraucht", sagten die Leute im Dorfe. „Kranker Rasmus!"

Er hatte auf der Reise ein wildes Leben geführt, das, und nicht der schwarze, kochende Topf, hatte an seinem Mark gezehrt und das Fieber in seinem Körper entzündet. Sein Haar war dünn und grau, arbeiten mochte er nicht mehr. „Was kann das helfen", sagte er. Er ging lieber ins Wirtshaus als in die Kirche.

An einem Herbstabend wankte er in Sturm und Regen mühsam die schmutzige Straße vom Wirtshaus zu seinem Haus daher; zu dieser Zeit lag seine Mutter schon lange Zeit im Grabe. Die Schwalben und Stare waren fortgeflogen, die treuen Tiere! Johanne, des Holzschuhmachers Tochter, war nicht fort. Sie holte ihn ein und ging ein Stück des Weges mit ihm.

„Nimm dich zusammen, Rasmus!"

„Was kann das helfen", sagte er.

„Das ist eine häßliche Redensart", sagte sie. „Denke an deiner Mutter Worte: ‚Vertrau auf dich und den lieben Gott.' Das tust du nicht, Rasmus! Das soll und muß man. Sage niemals wieder: ‚Was kann das helfen', und du reißt die Wurzel deiner Schwachheit aus."

Sie ging mit ihm bis zu seinem Haus, dort ging sie von ihm. Er ging nicht hinein, sondern ging zur alten Weide und setzte sich auf einen Stein.

Der Wind rauschte in den Zweigen des Baumes, es war wie ein Lied, wie eine Geschichte. Rasmus antwortete ihm, er sprach laut, aber niemand hörte es, nur der Baum und der brausende Wind.

„Hm! Mir ist so kalt! Es ist Zeit, zu Bett zu gehen! Schlafen! Schlafen!" sagte er.

Und er ging, aber nicht zu seinem Haus, sondern zu dem Teich; dort stolperte er und fiel auf die Erde. Der Regen strömte herab, der Wind war eisig kalt, er fühlte es nicht; aber als die Sonne aufging und die Krähen über den schilfbewachsenen Teich flogen, erwachte er halberstarrt. Hätte der Kopf gelegen, wo die Füße lagen, er hätte sich niemals wieder erhoben, die grünen Wasserlinsen wären sein Leichentuch geworden.

An diesem Tag kam Johanne in des Schneiders Haus.

Sie war seine Hilfe, sie pflegte ihn wie im Krankenhaus.

„Wir kennen uns von Kindheit an", sagte sie, „deine Mutter hat mir zu essen und zu trinken gegeben, ihr kann ich es niemals vergelten. Und du, Rasmus, wirst wieder gesund, du sollst nicht sterben."

Und Gott wollte es, daß er leben sollte, aber es dauerte lange, bis er sich erholte; häufig brach er kraftlos zusammen oder redete in wirren Phantasien.

Die Schwalben und Stare kamen und gingen und kamen wieder; Rasmus wurde alt vor der Zeit. Einsam saß er in seinem Haus, das mehr und mehr verfiel. Arm war er jetzt, ärmer als Johanne.

„Du hast keinen Glauben", sagte sie, „und haben wir Gott nicht, was haben wir dann. Du solltest mit zum Abendmahl gehen, du bist seit deiner Konfirmation nicht hingegangen."

„Was kann das helfen", sagte er.

„Ist das dein Glaube, so laß es sein. Unwillige Gäste will der Herr nicht an seinem Tisch sehen. Denk doch an deine Mutter und an deine Kindheit. Du warst ein guter, frommer Knabe. Soll ich dir einen Psalm vorlesen?"

„Was kann das helfen", sagte er.

„Mich tröstet es immer", sagte sie.

„Johanne, du bist mir noch am treuesten von allen geblieben", sagte er, und er sah sie an mit matten, müden Augen.

Und Johanne sprach einen Psalm, doch las sie nicht aus einem Buch vor, er hatte keins, und sie wußte ihn auswendig.

„Das waren schöne Worte", sagte er, „aber ich konnte dir nicht ganz folgen. Mir ist so schwer im Kopf."

Rasmus war ein alter Mann geworden, aber Else war auch nicht mehr jung. Wir müssen sie schon nennen, denn Rasmus nannte sie niemals. Sie war Großmutter, ein kleines munteres Mädchen war ihre Enkelin. Die lag mit anderen Kindern mitten auf der Straße. Rasmus kam des Wegs daher und stützte sich dabei schwer auf seinen Stock. Er hielt an, sah auf die Kinder nieder und lächelte, die alte Zeit tauchte dabei wieder in seinen Gedanken auf. Aber Elses Enkelin zeigte mit dem Finger auf ihn und rief: „Kranker Rasmus!" Die anderen Kinder folgten ihrem Beispiel und riefen: „Kranker Rasmus!" und verfolgten ihn mit ihrem Geschrei.

Es kamen graue, kalte Tage, aber ihnen folgte endlich doch ein Tag voller Sonnenschein.

Es war ein herrlicher Pfingstmorgen, die Kirche war mit grünen Zweigen geschmückt. Der Duft des Waldes zog durch den Raum, und die Sonne leuchtete durch die blanken Fenster. Die großen Altarlichter waren angezündet, es war Abendmahl; Johanne war unter den Andächtigen, aber Rasmus war nicht dabei. Gerade an diesem Morgen hatte Gott ihn zu sich gerufen.

Denn bei Gott ist Gnade und Barmherzigkeit.

Viele Jahre sind seitdem vergangen; des Schneiders Haus steht noch, aber niemand bewohnt es, denn es kann beim ersten Sturm einstürzen. Der Teich ist überwachsen mit Schilf und Bitterklee. Der Wind rauscht in dem alten Baum, es klingt wie ein altes Lied; der Wind singt es, der Baum erzählt es, verstehst du es nicht, so frage die alte Johanne im Armenhaus.

Sie lebt dort und singt ihren Psalm, den sie Rasmus einst vorsang, sie denkt an ihn und bittet für ihn zu Gott, die treue Seele! Sie kann erzählen von Zeiten, die vergangen sind und von Erinnerungen, die in dem alten Baume rauschen.

Der Hausschlüssel

Jeder Schlüssel hat seine Geschichte, und es gibt viele Schlüssel: Kammerherrnschlüssel, Uhrschlüssel und der Schlüssel von Sankt Peter. Wir können von allen Schlüsseln erzählen, aber diesmal erzählen wir nur von dem Schlüssel des Kammerrats.

Er wurde von einem Kleinschmied gemacht, aber er hatte Grund zu glauben, daß er bei einem Grobschmied war, so packte, hämmerte und feilte man ihn. Für die Hosentasche war er zu groß, deshalb kam er in die Fracktasche. Hier lag er häufig im Dunkeln, aber fürs erste hatte er seinen bestimmten Platz an der Wand neben dem Jugendbildnis des Kammerrats, der sich darauf wie ein Kloß in Kalbsgekröse ausnahm.

Man sagt, daß jeder Mensch in Charakter und Betragen etwas von dem Himmelszeichen empfangen hat, unter dem er geboren ist, von Tieren, Jungfrauen, Skorpionen und wie sie alle im Kalender heißen. Die Kammerrätin nannte keins davon; sie sagte, ihr Mann sei unter dem Zeichen des Schubkarrens geboren, denn man hätte ihn stets schieben müssen.

Sein Vater schob ihn in ein Kontor hinein, seine Mutter schob ihn in den Ehestand, und seine Frau schob ihn zum Kammerrat hinauf. Aber davon sprach sie nicht; sie war ein umsichtiges, braves Weib, das zur rechten Zeit schweigen und zur rechten Zeit reden und schieben konnte.

Nun war er in gutem Alter, „wohlproportioniert", wie er zu sagen pflegte, ein belesener, gutmütiger Mann und schlüsselklug dazu, wovon wir näher hören werden. Er war stets guter Laune, liebte alle Menschen und sprach gern mit ihnen. Ging er durch die Stadt, so war es schwer, ihn wieder nach Hause zu bekommen, wenn „Mutter" nicht dabei war und ihn schob. Er mußte mit jedem Bekannten sprechen, dem er begegnete, und er hatte viele Bekannte. Es währte oft über die Mittagszeit hinaus.

Die Kammerrätin stand am Fenster und paßte auf. „Nun kommt er", sagte sie zu dem Mädchen, „setze den Topf auf! – Nun steht er still und spricht mit jemand, nimm den Topf wieder ab, sonst wird das Essen zu weich! – Nun kommt er doch! Ja, dann setze den Topf nur wieder auf!"

Aber darum kam er doch noch nicht!

Er konnte schon unter den Fenstern des Hauses stehen und hinaufnicken, aber kam dann ein Bekannter vorbei, so konnte er ihn nicht gehen lassen, er mußte ihm einfach ein paar Worte sagen. Kam, während er mit ihm sprach, ein anderer Bekannter, so hielt er den ersten am Knopfloch fest und nahm

den zweiten bei der Hand, während er einem dritten, der vorbei wollte, zurief.

Es war eine Geduldsprobe für die Kammerrätin. „Kammerrat! Kammerrat!" rief sie dann. „Ja, der Mann ist unter dem Zeichen der Schubkarre geboren, er kommt nicht weiter, wenn er nicht geschoben wird."

Er liebte es, in den Bücherladen zu gehen und Bücher und Zeitschriften zu betrachten. Er gab seinem Buchhändler ein wenig Geld, um bei sich zu Hause die neuen Bücher aufschneiden zu dürfen, das heißt, er hatte die Erlaubnis, sie an der Längsseite aufzuschneiden, aber nicht an der Querseite, denn dann konnten sie nicht mehr als neu verkauft werden. Er war eine lebendige Zeitung, ohne jedoch den Anstand zu verletzen; er wußte Bescheid über Verlobungen, Hochzeiten und Begräbnisse, Bücherklatsch und Stadtklatsch, ja, er warf geheimnisvolle Andeutungen hin, als wüßte er manches, was niemand wußte. Er hatte es von dem Hausschlüssel.

Schon als junge Neuvermählte wohnten Kammerrats in ihrem eigenen Hause, und seit der Zeit hatte er stets denselben Hausschlüssel. Aber damals kannte er seine wunderlichen Kräfte noch nicht, die lernte er erst später kennen.

Es war zur Zeit König Friedrichs VI. In Kopenhagen gab es damals weder Gas noch Tranlampen, es gab auch kein Tivoli und kein Kasino, von der Pferdebahn und der Eisenbahn ganz zu schweigen. Es gab damals sehr wenig Vergnügungen. Am Sonntag machte man einen Spaziergang zum Tor hinaus zum Assistentenkirchhof, las die Inschriften auf den Grabsteinen, setzte sich ins Gras, aß aus seinem Eßkorb und trank seinen Schnaps dazu. Oder man ging nach Friedrichsberg, wo vor dem Schloß Regimentsmusik war und viele Leute umherwanderten, um die königliche Familie in den kleinen, engen Kanälen rudern zu sehen. Der alte König steuerte das Boot, und er und die Königin grüßten alle Menschen ohne Ansehen des Standes.

Dahin zogen Kammerrats an einem schönen Sonntagnachmittag, das Dienstmädchen ging voran mit der Teemaschine, einem Korb voll Eßwaren und einem Fläschchen mit Magenbitter.

„Nimm den Hausschlüssel mit", sagte die Kammerrätin , „damit wir ins Haus können, wenn wir zurückkommen. Du weißt, es wird mit Dunkelwerden geschlossen, und der Glockenzug ist heute morgen abgerissen. Wir kommen spät nach Hause. Wir wollen ja, wenn wir in Friedrichsberg gewesen sind, in Corsatis Theater an der Westbrücke und uns die Pantomime vom ‚Harlekin' ansehen; es kostet zwei Mark die Person."

Und sie gingen nach Friedrichsberg, hörten die Musik, sahen das königliche Boot mit der wehenden Flagge, sahen den alten König und die weißen Schwäne. Nachdem sie einen guten Tee getrunken hatten, sputeten sie sich, aber sie kamen doch nicht rechtzeitig ins Theater.

Der Reihentanz war vorbei, der Stelzentanz war vorbei, und die Pantomime hatte schon begonnen. Sie kamen wie immer zu spät, und daran war der Kammerrat schuld. Jeden Augenblick blieb er stehen, um mit Bekannten zu sprechen. Im Theater traf er auch gute Freunde, und als die Vorstellung zu Ende war, mußten er und seine Frau eine Familie zur Brücke begleiten, um ein Glas Punsch zu trinken. Es würde sie nur zehn Minuten aufhalten, aber daraus wurde eine ganze Stunde. Es wurde erzählt und erzählt. Besonders unterhaltend war ein schwedischer Baron, oder war es ein deutscher, das hatte der Kammerrat nicht behalten, dagegen die Kunst mit dem Schlüssel, die er von ihm lernte, behielt er für alle Zeiten. Es war außerordentlich interessant! Er konnte den Schlüssel auf alles antworten lassen, was man ihn fragte, selbst auf das Allergeheimste.

Der Schlüssel des Kammerrats eignete sich vortrefflich dazu, denn er hatte einen schweren Bart, und der mußte herabhängen. Den Griff des Schlüssels ließ der Baron auf dem Zeigefinger seiner rechten Hand ruhen. Lose und leicht hing er dort, jeder Pulsschlag der Fingerspitzen konnte ihn in Bewegung setzen, so daß er sich drehte, und geschah es nicht, so verstand es der Baron, ihn sich unmerklich drehen zu lassen, wie er es gerade wollte. Jede Drehung bedeutete einen Buchstaben, bei A begann es und so weiter im Alphabet hinab, wie man wollte. Wenn der erste Buchstabe gefunden war, drehte sich der Schlüssel nach der entgegengesetzten Seite, dann suchte man den nächsten Buchstaben, und auf diese Weise erhielt man ganze Worte, ja ganze Sätze als Antwort auf die Frage. Lüge war das Ganze, aber immerhin ein Zeitvertreib, und das war auch so ziemlich der erste Gedanke des Kammerrats.

„Mann! Mann!" rief die Kammerrätin. „Das Westtor wird um zwölf Uhr geschlossen! Wir kommen nicht hinein! Wir haben nur noch eine Viertelstunde, wir müssen uns beeilen."

Und sie beeilten sich, aber mehrere Leute, die auch in die Stadt wollten, kamen schon an ihnen vorbei. Endlich näherten sie sich dem äußersten

Wachhaus, da schlug die Uhr zwölf, und das Tor schlug schallend zu. Eine große Anzahl Menschen war ausgeschlossen, und unter ihnen befanden sich Kammerrats mit Mädchen, Teemaschine und leerem Eßkorb. Einige standen in großem Schrecken da, andere voll Ärger. Jeder nahm es auf seine Weise. Was war nun zu tun?

Glücklicherweise galt in der letzten Zeit die Bestimmung, daß eins der Stadttore, das Nordtor, nicht geschlossen werden sollte. Hier konnten die Fußgänger durch das Wachhaus in die Stadt schlüpfen.

Der Weg dahin war nicht kurz, aber schön, der Himmel klar mit Sternen und Sternschnuppen, die Frösche quakten in Gräben und Sümpfen. Die Gesellschaft begann zu singen, ein Lied nach dem anderen. Aber der Kammerrat sang nicht mit, er sah auch nicht nach den Sternen, ja nicht einmal nach seinen eigenen Beinen. Deshalb fiel er, so lang er war, am Grabenrand nieder; man konnte glauben, daß er zu viel getrunken hätte. Aber es war nicht der Punsch, es war der Schlüssel, der ihm zu Kopf gestiegen war und sich dort drehte.

Endlich erreichte man das Wachhaus der Nordbrücke und schlüpfte über die Brücke in die Stadt hinein.

„Nun bin ich wieder vergnügt", sagte die Kammerrätin. „Hier ist unser Haus."

„Aber wo ist der Hausschlüssel?" sagte der Kammerrat. Er war nicht in der Hintertasche, auch nicht in der Seitentasche.

„Barmherziger Himmel", rief die Kammerrätin, „hast du den Schlüssel nicht? Du hast ihn sicher bei den Schlüsselkunststückchen mit dem Baron verloren. Wie kommen wir nun hinein? Der Glockenzug – weißt du doch – ist heute morgen abgerissen, und der Wächter hat keinen Schlüssel zum Haus. Es ist zum Verzweifeln!"

Das Dienstmädchen fing an zu heulen, der Kammerrat war der einzige, der seine Fassung behielt.

„Wir müssen beim Fettwarenhändler eine Scheibe einschlagen", sagte er, „und ihn wecken, damit er uns hilft!"

Er schlug eine Scheibe ein, er schlug zwei ein. „Petersen!" rief er und steckte seine Schirmkrücke durch das Fenster. Da schrie die Tochter des Kellermieters drinnen laut auf. Der Fettwarenhändler riß die Ladentür auf und rief „Wächter!" Und ehe er recht die Kammerratsfamilie gesehen, erkannt und eingeschlossen hatte, pfiff der Wächter, und aus der nächsten Straße antwortete pfeifend ein anderer Wächter. Die Leute kamen an die Fenster. „Wo ist das Feuer?" – „Wo ist der Dieb?" fragten sie, und sie fragten noch, als der Kammerrat bereits in seiner Wohnung war, den Frack auszog, und – hier fand er den Hausschlüssel, nicht in der Tasche, sondern im Futter. Er war durch ein Loch, das nicht in der Tasche sein sollte, hindurchgeschlüpft.

Seit diesem Abend erlangte der Hausschlüssel eine besonders große Bedeutung, nicht nur, wenn man abends ausging, sondern auch, wenn man zu Hause saß und der Kammerrat seine Klugheit zeigte und den Schlüssel auf seine Fragen antworten ließ.

Er dachte sich die wahrscheinlichste Antwort aus und ließ sie dann durch den Schlüssel geben. Zuletzt glaubte er selbst daran, aber der Apotheker glaubte ihm nicht, er war noch jung und ein naher Verwandter des Kammerrats.

Der Apotheker war ein kluger Kopf, ein kritischer Kopf, der schon als Schüler Kritiken über Bücher und Theatervorstellungen geliefert hatte, aber ohne seinen Namen zu nennen, das macht viel aus. Er war, was man einen Schöngeist nennt, aber er glaubte trotzdem nicht an Geister, wenigstens nicht an Schlüsselgeister.

„Ja, ich glaube, ich glaube doch", sagte er, „verehrter Herr Kammerrat, an den Hausschlüssel und alle Schlüsselgeister so fest wie an die neue Wissenschaft, die das Tischrücken und die Geister in alten und neuen Möbeln zu erkennen anfängt. Haben Sie davon gehört? Ich habe gezweifelt – Sie wissen, ich bin ein Zweifler. Aber ich habe mich bekehrt, als ich in einer glaubhaften ausländischen Zeitung eine fürchterliche Geschichte las. Kammerrat, glauben Sie mir, ich erzähle die Geschichte, wie ich sie gelesen habe. Zwei kluge Kinder hatten ihre Eltern den Geist in einem großen Eßtisch erwecken sehen. Als die Kleinen allein waren, versuchten sie, auf dieselbe Weise Leben in eine alte Kommode zu reiben. Es entstand Leben, der Geist erwachte, aber er duldete die Kinderherrschaft nicht. Er erhob sich – es knackte in der Kommode – er stieß die Schubladen auf und legte mit seinen Kommodenbeinen die Kinder dort hinein. Und dann lief die Kommode mit ihnen durch die offene Tür, die Treppen hinunter auf die Straße, hinaus zum Kanal, in den sie sich hineinstürzte und beide Kinder ertränkte. Die kleinen Leichen kamen in christliche Erde, aber die Kommode wurde auf das Rathaus gebracht, wegen Kindermordes verurteilt und lebendig auf dem Marktplatz verbrannt. Ich habe es gelesen", sagte der Apotheker, „es in einem ausländischen Blatt gelesen, auch nicht das Geringste ist von mir erfunden worden. Der Schlüssel läßt es mich für wahr halten, darauf schwöre ich einen heiligen Eid."

Der Kammerrat fand, daß diese Erzählung für einen Scherz zu grob wäre, sie könnten niemals wieder über den Schlüssel sprechen. Der Apotheker war schlüsseldumm.

Der Kammerrat schritt in der Schlüsselwissenschaft fort; der Schlüssel war sein Zeitvertreib und seine Klugheit.

Eines Abends, der Kammerrat wollte zu Bett gehen, klopfte es an der Tür auf dem Gang. Es war der Kellerinhaber, der so spät kam. Er war auch nur halb bekleidet, aber ihm war, sagte er, plötzlich ein Gedanke gekommen, und er hatte Angst, ihn über Nacht zu vergessen.

„Ich muß Ihnen von meiner Tochter Lotte-Lene erzählen. Sie ist ein schönes Mädchen und schon konfirmiert, ich möchte sie gern gut untergebracht sehen."

„Ich bin doch kein Witwer", sagte der Kammerrat und lächelte, „und ich habe auch keinen Sohn, den ich ihr geben kann."

„Sie verstehen mich nicht, Herr Kammerrat!" sagte der Kellerinhaber, „Klavierspielen kann sie, singen kann sie; es muß bis hier oben im Hause gehört werden. Damit wissen Sie aber nicht alles, was das junge Mädchen kann; sie kann alle Menschen in Sprache und Bewegung nachahmen. Sie ist für das Theater wie geschaffen, und es ist ein guter Weg für hübsche Mädchen aus guter Familie, sie könnte sich eine Grafschaft erheiraten, doch daran denken ich und Lotte-Lene nicht. Singen kann sie, Klavierspielen kann sie. Deshalb ging ich neulich mit ihr auf die Singschule. Sie sang, aber sie hat nicht, was ich bei Frauenzimmern Bierbaß nenne, nicht das Kanarienvogelgekreisch oben in den höchsten Tönen, wie man es jetzt von den Sängerinnen verlangt, und deshalb riet man ihr gänzlich von diesem Weg ab. Na, dachte ich, kann sie nicht Sängerin sein, so kann sie immer noch Schauspielerin werden, dazu gehört nur Sprache. Heute sprach ich darüber mit dem Instrukteur, wie sie ihn nennen. ‚Ist sie belesen?' fragte er. ‚Nein', sagte ich, ‚ganz und gar nicht!' ‚Belesenheit ist für eine Künstlerin notwendig', sagte er. ‚Die kann sie noch bekommen', meinte ich, und ging dann nach Hause. Sie kann in eine Leihbibliothek gehen und lesen, was dort vorhanden ist, dachte ich. Aber wie ich noch heute abend so dasitze und mich auskleide, fällt mir auf einmal ein: Warum Bücher mieten, wenn man sie geliehen bekommen kann. Der Kammerrat hat eine Menge Bücher. Wenn Sie erlauben, daß Lotte-Lene sie lesen darf, so besitzt sie genügend Belesenheit, und sie kann sie umsonst haben."

„Lotte-Lene ist ein seltenes Mädchen", sagte der Kammerrat, „ein schönes Mädchen. Sie soll Bücher zum Lesen haben. Aber hat sie auch, was man den Blick des Geistes nennt, das Geniale, das sogenannte Genie? Und hat sie, was hier ebenso wichtig ist – hat sie Glück?"

„Sie hat zweimal in der Warenlotterie gewonnen", sagte der Händler. „Einmal einen Kleiderschrank und einmal zwölf Bettücher, das nenne ich Glück, das hat sie auch."

„Ich will den Schlüssel fragen", sagte der Kammerrat.

Und er stellte den Schlüssel auf seinen rechten Zeigefinger und auf den rechten Zeigefinger des Händlers, ließ den Schlüssel sich drehen und Buchstaben auf Buchstaben mitteilen.

Der Schlüssel sagte: „Sieg und Glück", und damit war Lotte-Lenes Zukunft bestimmt.

Der Kammerrat gab ihr sofort zwei Bücher zu lesen: „Dyveke" und Knigges „Über den Umgang mit Menschen".

Von diesem Abend an begann eine Art näherer Bekanntschaft zwischen Lotte-Lene und Kammerrats. Sie kam in die Familie herauf; und der Kammerherr fand, daß sie ein verständiges Mädchen sei, denn sie glaubte an ihn und den Schlüssel. Die Kammerrätin sah in dem Freimut, womit sie jeden Augenblick ihre Unwissenheit zeigte, etwas Kindliches, Unschuldiges. Das Ehepaar glaubte – jedes auf seine Weise – an sie, und sie glaubte auch an sich.

„Es riecht hier oben so reizend", sagte Lotte-Lene.

Es war ein Duft von Äpfeln auf dem Flur, wo die Kammerrätin eine ganze Tonne Gravensteiner Äpfel hingestellt hatte. Auch war ein Weihrauchduft von Rosen und Lavendel in allen Zimmern.

„Es gibt etwas Feines!" sagte Lotte-Lene. Ihre Augen freuten sich besonders über die schönen Blumen, die die Kammerrätin immer hatte; selbst mitten im Winter blühten hier Flieder- und Kirschzweige. Die abgeschnittenen blattlosen Zweige wurden ins Wasser gestellt, und in dem warmen Zimmer trugen sie bald Blüten und Blätter.

„Man sollte meinen, daß das Leben aus den nackten Zweigen fort wäre, aber man sieht sie von dem Tode auferstehen."

„Es ist mir niemals vorher eingefallen", sagte Lotte-Lene. „Die Natur ist doch reizend."

Und der Kammerrat ließ sie sein „Schlüsselbuch" sehen, worin die Dinge, die der Schlüssel gesagt, aufgeschrieben standen, selbst über einen halben Apfelkuchen hatte er ausgesagt, der aus dem Schrank verschwunden war, gerade an dem Abend, als das Dienstmädchen ihren Bräutigam zu Besuch hatte.

Und der Kammerrat fragte seinen Schlüssel: „Wer hat den Apfelkuchen gegessen, die Katze oder der Liebhaber?" Und der Haustürschlüssel antwortete: „Der Liebhaber!" Der Kammerrat glaubte es schon, ehe er fragte, und das Dienstmädchen gestand, der verwünschte Schlüssel wüßte auch alles.

„Ja, ist es nicht merkwürdig", sagte der Kammerrat. „Der Schlüssel, der Schlüssel! Und von Lotte-Lene hat er gesagt: ‚Sieg und Glück!' Wir werden es schon sehen. Ich stehe dafür."

„Das ist reizend", sagte Lotte-Lene.

Die Frau des Kammerrats war nicht so zuversichtlich, aber sie sagte ihre Zweifel nicht so, daß ihr Mann es hörte. Aber sie vertraute später Lotte-Lene an, daß der Kammerrat in seinen jungen Jahren auch dem Theater verfallen gewesen war. Hätte ihn damals jemand geschoben, so wäre er sicher als Schauspieler aufgetreten, aber die Familie schob ihn dort weg. Auf die Bühne wollte er aber dennoch, und deshalb schrieb er ein Lustspiel.

„Es ist ein großes Geheimnis, was ich Ihnen anvertraue, liebe Lotte-Lene. Das Lustspiel war nicht schlecht, es wurde vom Königlichen Theater angenommen und ausgepfiffen, so daß man niemals seitdem davon gehört hat, und darüber bin ich froh. Ich bin seine Frau und kenne ihn. Nun wollen Sie denselben Weg gehen! Ich wünsche Ihnen alles Gute, aber ich glaube nicht, daß es geht, ich glaube nicht an den Schlüssel."

Lotte-Lene glaubte an ihn, und in diesem Glauben traf sie sich mit dem Kammerrat.

Ihre Herzen verstanden sich in Zucht und Ehren.

Das junge Mädchen hatte übrigens mehrere Fähigkeiten, die die Kammerrätin sehr schätzte. Lotte-Lene verstand Stärke aus Kartoffeln zu bereiten, seidene Handschuhe aus alten seidenen Strümpfen zu nähen, alte seidene Tanzschuhe neu zu überziehen, trotzdem sie die Mittel hatte, sich alles neu zu kaufen. Sie hatte, wie der Fettwarenhändler sagte, Schillinge in der Schublade und Banknoten im Geldschrank. ‚Sie wäre eigentlich eine Frau für den Apotheker', dachte die Kammerrätin, aber sie sagte es nicht und ließ es auch den Schlüssel nicht sagen. Der Apotheker würde sich bald niederlassen, eine eigene Apotheke haben, und das in einer der größten Provinzstädte.

Lotte-Lene las ständig in „Dyveke" und in Knigges „Über den Umgang mit Menschen". Sie behielt die beiden Bücher zwei Jahre, aber dann konnte sie den „Dyveke" auswendig. Aber sie wollte nur in einer Rolle, als „Dyveke", auftreten, doch nicht in der Hauptstadt, wo so viel Mißgunst herrscht und man sie nicht haben wollte. Sie wollte ihre Künstlerlaufbahn, wie der Kammerrat es nannte, in einer der großen Provinzstädte des Landes beginnen.

Nun traf es sich ganz sonderbar, daß es gerade derselbe Ort war, wo der junge Apotheker sich niedergelassen hatte.

Der große, verhängnisvolle Abend kam, Lotte-Lene sollte auftreten, Sieg und Glück gewinnen, wie der Schlüssel gesagt hatte. Der Kammerrat war nicht dabei, er lag zu Bett, und die Kammerrätin pflegte ihn; er bekam warme Umschläge und Kamillentee, die Umschläge auf und den Tee in den Leib.

Das Ehepaar wohnte der „Dyveke-Vorstellung" nicht bei, aber der Apotheker war dort und schrieb darüber an seinen Verwandten, den Kammerrat, einen Brief.

„Der Dyvekekragen war das Beste", schrieb er. „Hätte ich den Schlüssel des Kammerrats in meiner Tasche gehabt, ich hätte ihn vorgenommen und darauf gepfiffen, das verdiente sie und der Schlüssel, der sie so schändlich genasführt hat."

Der Kammerrat las den Brief. „Die reine Bosheit", sagte er. „Schlüssel-haß, der auf das unschuldige Mädchen übergeht."

Und sobald er aus dem Bett aufstehen konnte und wieder Mensch war, schickte er ein kleines, giftspeiendes Schreiben an den Apotheker, der wieder antwortete, als ob die ganze Epistel nichts anderes als ein Spaß und gute Laune gewesen sei.

Er dankte dafür, wie für jeden zukünftigen, wohlwollenden Beitrag zur Information über des Schlüssels unvergleichlichen Wert und seine wahre Bedeutung. Zunächst vertraute er dem Kammerrat an, daß er in seinen Mußestunden an einem großen Schlüsselroman schreibe, in dem alle handelnden Personen Schlüssel, einzig und allein Schlüssel seien. Der Hausschlüssel sei natürlich die Hauptperson, und sein Vorbild wäre der Hausschlüssel des Kammerrats, der mit Seherblick und Wahrsagekraft begabt sei. Um diesen müßten die anderen Schlüssel sich drehen, der alte Kammerherrnschlüssel, der den Glanz und die Festlichkeiten des Hofes kannte, der Uhrschlüssel, klein, fein und vornehm, für vier Schillinge beim Eisenkrämer zu haben, der Schlüssel zum Kirchenstuhl, der sich mit zur Geistlichkeit rechnet, und der, als er eine Nacht in dem Schlüsselloch der Kirche gesteckt, Geister gesehen hatte; der Speisekammer-, Holzkammer- und Weinkellerschlüssel, alle träten auf, verneigten sich und drehten sich um den Hausschlüssel. Die Sonnenstrahlen beleuchten ihn, daß er leuchtete wie

Silber, der Wind, der Weltgeist, führe durch ihn hindurch, daß er pfiff. Er sei der Schlüssel aller Schlüssel, er sei der Hausschlüssel des Kammerrats, nun sei er der Schlüssel des Himmelstors, der päpstliche Schlüssel, der unfehlbar sei.

„Bosheit!" sagte der Kammerrat. „Pyramidale Bosheit!"

Er und der Apotheker sahen sich nicht wieder – doch, bei dem Begräbnis der Kammerrätin.

Sie starb zuerst.

Sie wurde betrauert und vermißt im Hause. Selbst die abgeschnittenen Kirschzweige, die frische Knospen und Blüten angesetzt hatten, trauerten und welkten. Sie standen vergessen, niemand pflegte sie.

Der Kammerrat und der Apotheker gingen hinter ihrem Sarg her, Seite an Seite, als die beiden nächsten Verwandten. Hier hatte keiner Zeit und Lust, sich zu streiten.

Lotte-Lene band den Trauerflor um den Hut des Kammerrats. Sie war längst ohne Sieg und Glück von der Künstlerlaufbahn nach Hause zurückgekehrt. Aber es konnte noch kommen, Lotte-Lene hatte eine Zukunft. Der Schlüssel hatte es gesagt, und der Kammerrat hatte es gesagt.

Sie kam zu ihm hinauf. Sie sprachen über die Verstorbene und weinten, Lotte-Lene war weich, sie sprachen über die Kunst und Lotte-Lene war stark.

„Das Theaterleben ist reizend", sagte sie, „aber es gibt da zu viel Klatsch und Neid. Ich gehe lieber meinen eigenen Weg. Zuerst für mich, dann für die Kunst."

Knigge hatte in dem Kapitel über die Schauspieler die Wahrheit gesagt, das sah sie ein, der Schlüssel hatte nicht die Wahrheit gesagt, aber davon sprach sie mit dem Kammerrat nicht, denn sie liebte ihn.

Der Hausschlüssel war während des ganzen Trauerjahres sein Trost und seine Freude. Er gab ihm Fragen, und der Schlüssel gab ihm Antwort. Und als das Jahr herum war und er und Lotte-Lene an einem stimmungsvollen Abend nebeneinandersaßen, fragte er den Schlüssel:

„Verheirate ich mich, und mit wem verheirate ich mich?"

Es war niemand, der ihn schob, so schob ihn der Schlüssel, und der sagte: „Lotte-Lene!"

Nun war es gesagt, „Lotte-Lene!", und dann wurde Lotte-Lene Kammerrätin.

„Sieg und Glück!" Die Worte waren von dem Hausschlüssel vorausgesagt worden – und trafen genauso ein.

Der Krüppel

Es war ein alter Edelhof mit jungen, prächtigen Herrschaften. Reichtum und Glück hatten sie, fröhlich leben wollten sie, und Gutes taten sie. Alle Menschen wollten sie froh machen, wie sie es selber waren.

Am Weihnachtsabend stand ein schön geschmückter Weihnachtsbaum in dem alten Rittersaal, wo das Feuer im Kamin brannte und Tannenzweige um die alten Bilder gehängt waren. Hier versammelten sich Herrschaft und Gäste, und es wurde gesungen und getanzt.

Einige Stunden früher gab es schon Weihnachtsfreude in der Gesindestube. Auch hier stand ein großer Tannenbaum mit brennenden roten und weißen Kerzen, mit der kleinen Danebrog-Flagge und mit aus buntem Papier ausgeschnittenen Schwänen und Fischnetzen, die mit Naschwerk gefüllt waren. Die armen Kinder des Dorfes waren mit ihren Müttern eingeladen; aber sie sahen nicht viel zu dem Baum hin, aber zum Weihnachtstisch, wo Wollenes und Leinenzeug, Kleider- und Hosenstoff lagen. Ja, dahin sahen die Mütter und die erwachsenen Kinder; nur die ganz Kleinen streckten die Hände nach Lichtern, dem Flittergold und den Fahnen aus.

Die ganze Versammlung kam ziemlich früh am Nachmittag, bekam Weihnachtsgrütze und Gänsebraten mit Rotkohl. Hatte man dann den Tannenbaum gesehen und die Gaben empfangen, so erhielt jeder ein kleines Glas Punsch und gefüllte Apfelschnitten.

Danach gingen sie wieder heim in ihre kleinen, armseligen Stuben und erzählten dort von dem guten Leben, das heißt vom Essen und Trinken, und besahen noch einmal ihre Geschenke.

Zum Gut gehörten auch Garten-Kirsten und Garten-Ole. Sie waren miteinander verheiratet und hatten das Haus und ihr tägliches Brot, weil sie im herrschaftlichen Garten hackten und jäteten. Jedes Jahr an Weihnachten erhielten sie ihr gutes Teil von den Geschenken. Sie hatten auch fünf Kinder, und alle fünf wurden von der Herrschaft eingekleidet.

„Es sind wohltätige Leute, unsere Herrschaft", sagten sie. „Aber sie haben auch die Mittel dazu und haben ihre Freude daran."

„Hier sind gute Kleider für die vier Kinder zum Zerreißen", sagte Garten-Ole. „Aber warum gab es nichts für den Krüppel? Ihn beschenkten sie doch sonst auch, obwohl er nicht beim Fest sein kann."

Es war das älteste der Kinder, den sie „Krüppel" nannten, der aber auf den Namen Hans getauft war.

Als er klein war, war er das flinkste und lebhafteste Kind, aber dann wurde er plötzlich „schwach in den Beinen", wie sie es nannten. Er konnte weder gehen noch stehen und lag nun schon das fünfte Jahr.

„Ja, etwas bekam ich auch für ihn", sagte die Mutter. „Aber es ist nichts, es ist nur ein Buch, in dem er lesen kann."

„Davon wird er nicht fett", sagte der Vater.

Aber es machte Hans froh. Er war ein aufgeweckter Junge, der gern las, aber auch seine Zeit zur Arbeit benutzte, soweit er sich, da er immer im Bett liegen mußte, nützlich machen konnte. Er war geschickt, konnte seine Hände gebrauchen und strickte wollene Strümpfe, ja sogar ganze Bettdecken. Die gnädige Frau hatte sie gerühmt und gekauft.

Es war ein Märchenbuch, das Hans erhalten hatte; es gab viel darin zu lesen und viel darüber nachzudenken.

„Es bringt uns nicht den geringsten Nutzen", sagte der Vater. „Aber laß ihn nur lesen, dann vergeht die Zeit auch, er kann doch nicht immer Strümpfe stricken."

Der Frühling kam, Blumen und Büsche begannen zu sprießen, auch das Unkraut, wie man ja wohl die Brennesseln nennen kann, trotzdem das Kirchenlied so schön von ihnen sagt:

„Die Könige in ihrer Macht,
Wie hoch sie sich auch schätzen,
Sie können nicht das kleinste Blatt
An eine Nessel setzen."

Es gab viel zu tun im herrschaftlichen Garten, nicht nur für den Gärtner und seine Lehrlinge, sondern auch für Garten-Kirsten und Garten-Ole.

„Es ist eine böse Arbeit", sagten sie. „Wir haben die Wege geharkt und sie fein sauber gemacht, aber sie wurden doch gleich wieder zertreten. Auf dem Edelhof sind viele Fremde. Und es geht lustig zu. Was muß das kosten! Aber die Herrschaften sind ja reiche Leute."

„Es ist sonderbar verteilt", sagte Ole. „Wir sind alle Kinder Gottes, sagt der Pfarrer. Weshalb dann dieser Unterschied?"

„Das kommt vom Sündenfall", sagte Kirsten.

Am Abend sprachen sie wieder darüber, bei Hans, dem Krüppel, der mit seinem Märchenbuch im Bett lag.

Entbehrung, Sorge und Arbeit hatten die Eltern hart an Händen und hart in Urteil und Meinung gemacht; sie konnten es nicht begreifen, es sich nicht erklären und redeten sich immer mehr in Zorn und Unzufriedenheit hinein.

„Einigen Menschen ist Wohlstand und Glück, anderen nur Armut be-

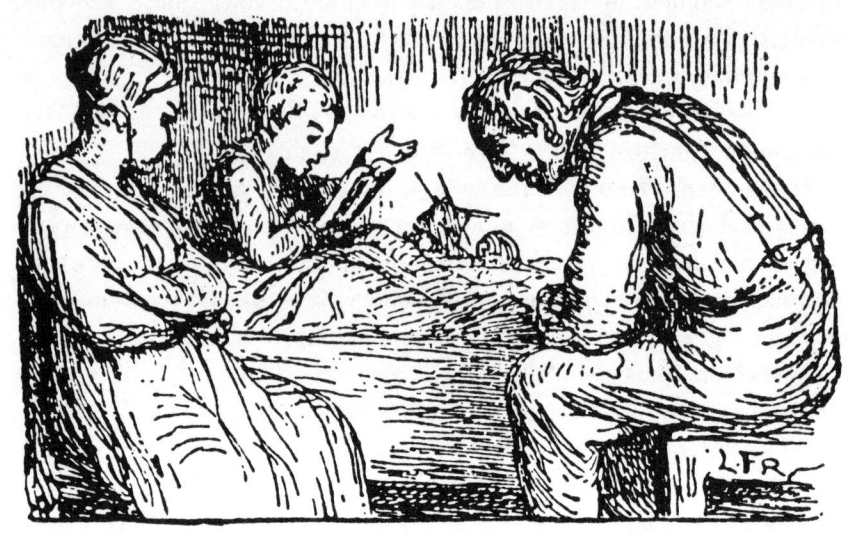

schieden. Warum sollen wir unter dem Ungehorsam und der Neugier unserer ersten Eltern leiden? Wir hätten uns nicht so wie die beiden benommen!"

„Ja, wir hätten", sagte Hans auf einmal. „Das steht alles hier in diesem Buch."

„Was steht in dem Buch?" fragten die Eltern.

Und Hans las ihnen das alte Märchen von dem Holzhauer und seiner Frau vor. Die schalten auch über Adam und Evas Neugier, die an ihrem Unglück schuld sei. Der König des Landes kam gerade vorbei. „Folgt mir auf mein Schloß!" sagte er, „so sollt ihr es ebenso gut haben wie ich; Ihr sollt sieben Gerichte zum Essen und ein Gericht zum Anschauen haben; und das ist eine geschlossene Schüssel, die ihr nicht anrühren dürft, denn sonst ist es mit eurem Herrenleben vorbei." – „Was kann in der Schüssel sein?" fragte die Frau. „Das geht uns nichts an", sagte der Mann. „Ich bin auch nicht neugierig", sagte die Frau, „aber ich möchte nur wissen, weshalb wir den Deckel nicht hochheben dürfen, er verbirgt gewiß etwas Schönes!" – „Wenn nur kein Mechanismus dabei ist", sagte der Mann, „so ein Pistolenschuß, der losknallt und das ganze Haus weckt." – „Eia!" sagte die Frau und rührte die Schüssel nicht an. Aber in der Nacht träumte sie, daß der Deckel sich von selbst höbe und es nach dem schönsten Punsch duftete, wie man ihn nur auf Hochzeiten und Begräbnissen bekommt. Ein großer

394

silberner Schilling lag dabei mit der Inschrift: „Trinkt ihr von diesem Punsch, so werdet ihr die reichsten Leute der Welt, und alle anderen Menschen werden Bettler." In diesem Augenblick erwachte die Frau und erzählte den Traum ihrem Mann. „Du denkst zu viel an die Sache", sagte er. „Wir können ja vorsichtig zu Werke gehen", sagte die Frau. „Vorsichtig!" sagte der Mann. Und die Frau hob ein wenig den Deckel – da sprangen zwei kleine, flinke Mäuse heraus und waren sogleich in einem Mauseloch verschwunden. „Gute Nacht!" sagte der König. „Nun könnt ihr heimgehen und euch wieder in euer Bett legen. Scheltet nicht mehr auf Adam und Eva, denn ihr seid ebenso neugierig und undankbar." – –

„Wie kommt die Geschichte in das Buch?" sagte Garten-Ole. „Es ist, als ob sie uns gelten sollte. Sie gibt viel zum Nachdenken."

Am nächsten Tag gingen sie wieder an die Arbeit, sie wurden von der Sonne gebraten und vom Regen bis auf die Haut durchnäßt. Verdrießliche Gedanken wohnten in ihnen, die sie immer wiederkäuten.

Es war noch hell am Abend, als sie daheim ihre Milchgrütze verspeist hatten.

„Lies uns noch einmal die Geschichte vom Holzhauer", sagte GartenOle.

„Es stehen noch viele andere schöne Märchen in dem Buch", sagte Hans, „viele, die ihr nicht kennt".

„Ja, die gehen mich nichts an", sagte Garten-Ole. „Ich will die hören, die ich kenne."

Und er und seine Frau hörten sie wieder.

„Richtig erklären kann ich mir die Geschichte doch nicht", sagte Garten-Ole. „Es ist mit den Menschen wie mit süßer Milch, die sauer wird. Einiges davon wird zu schönem weichem Käse, anderes zu dünner, wäßriger Molke. Manche Menschen haben in allem Glück, sind alle Tage obenauf und kennen weder Sorge noch Mangel."

Das hörte Hans, der Krüppel. Schwach war er in den Beinen, aber stark im Kopf. Er las ihnen aus dem Märchenbuch vor, las von dem „Manne ohne Sorge und Not". Ja, wo war dieser zu finden? Und gefunden werden mußte er!

Der König lag krank und konnte nur genesen, wenn ihm das Hemd angezogen wurde, das von einem Menschen getragen und genommen war, der ehrlich sagen konnte, daß er niemals Sorge und Not gekannt habe.

Boten wurden in alle Länder der Welt, an alle Schlösser und Edelhöfe ausgesandt, zu allen wohlhabenden und fröhlichen Menschen, aber wenn man gehörig nachforschte, so hatte doch jeder von ihnen Sorge und Not erfahren.

· „Die kenne ich nicht", sagte der Schweinehirt, der am Grabenrand saß, sang und lachte. „Ich bin der glücklichste Mensch."

„So gib mir dein Hend", sagten die Abgesandten, „du sollst mit einem halben Königreich dafür bezahlt werden."

Aber er hatte kein Hemd und hielt sich doch für den glücklichsten Menschen.

„Das war ein feiner Kerl", rief Garten-Ole und lachte, und seine Frau lachte, wie sie in Jahr und Tag nicht gelacht hatten.

Der Schullehrer ging vorbei.

„Wie vergnügt ihr seid!" sagte er, „Das ist bei euch zu Hause ja eine große Seltenheit. Habt ihr einen Treffer in der Lotterie gemacht?"

„Nein, das nicht", sagte Garten-Ole. „Hans las uns aus dem Märchenbuch vor, er las von dem ‚Mann ohne Sorge und Not', und der Kerl hatte nicht einmal ein Hemd. Da gehen einem die Augen über, wenn man so etwas hört, und das steht gedruckt in einem Buch. Jeder hat noch sein Los zu ziehen, doch können wir uns darüber nicht einigen. Und darin ist immer ein Trost."

„Woher habt ihr das Buch?" fragte der Schullehrer.

„Das erhielt unser Hans zu Weihnachten vor einem Jahr. Die Herrschaft gab es ihm. Sie weiß, daß er solche Lust am Lesen hat, und er ist ja ein Krüppel. Wir hätten damals lieber gesehen, daß er zwei leinene Hemden erhalten hätte. Aber das Buch ist merkwürdig, denn es kann ja einem die Gedanken beantworten."

Der Lehrer nahm das Buch und öffnete es.

„Laß uns dieselbe Geschichte noch einmal hören", sagte Garten-Ole. „Ich begreife sie noch immer nicht ganz." Und dann mußte Hans auch noch die andere von dem Holzhauer lesen.

Diese beiden Geschichten waren und blieben genug für Ole. Sie waren zwei Sonnenstrahlen in der armen Hütte, in ihren gedrückten Gedanken, wenn sie mürrisch und verdrossen waren.

Hans hatte das ganze Buch gelesen, hatte es mehrmals gelesen. Die Märchen trugen ihn in die Welt hinaus, wohin er niemals kommen konnte, da die Beine ihn nicht trugen.

Der Schulmeister saß an seinem Bett, sie sprachen zusammen, und es machte beiden Freude.

Seit dem Tag kam der Schulmeister öfter zu Hans, wenn die Eltern bei der Arbeit waren. Es war ein Fest für den Knaben, wenn er kam. Wie lauschte er auf das, was ihm der alte Mann von der Größe der Erde und von fremden Ländern erzälte, und daß die Sonne fast eine halbe Million mal größer als die Erde sei und so weit entfernt, daß eine Kanonenkugel in ihrem Flug von der Sonne zur Erde fünfundzwanzig Jahre brauchte, während die Lichtstrahlen die Erde in nur acht Minuten erreichten.

Das alles weiß heute jeder Schuljunge, aber für Hans war es neu und viel wunderbarer als alles, was in dem Märchenbuch stand.

Der Schulmeister aß jährlich einige Male bei der Herrschaft, und bei einer solchen Gelegenheit erzählte er, welche Bedeutung das Märchenbuch in der armen Hütte gewonnen hatte, wie vor allem zwei Märchen Erleuchtung und Segen gebracht hätten. Der kranke, flinke kleine Knabe hatte mit dem Lesen Nachdenklichkeit erweckt und Freude ins Haus gebracht.

Als der Schulmeister vom Edelhof heimging, drückte ihm die gnädige Frau zwei blanke Taler für den kleinen Hans in die Hand.

„Die müssen Vater und Mutter haben", sagte der Knabe, als der Schulmeister ihm das Geld brachte.

Und Garten-Ole und Garten-Kirsten sagten: „Hans der Krüppel bringt uns doch auch Nutzen und Segen."

Einige Tage später, als die Eltern bei der Arbeit auf dem Hof waren, hielt draußen der herrschaftliche Wagen. Es war die herzensgute Frau, die kam, froh, daß ihr Weihnachtsgeschenk ein solcher Trost und eine solche Freude für Knabe und Eltern geworden war.

Sie brachte feines Brot, Früchte und eine Flasche süßen Saft mit. Aber was viel schöner war – sie brachte ihm, in einem vergoldeten Bauer, einen kleinen schwarzen Vogel, der gar wunderbar singen konnte. Das Bauer mit dem Vogel wurde auf eine alte Kommode gestellt, die ein wenig vom Bett des Knaben entfernt stand. Er konnte den Vogel sehen und hören. Ja, sogar die Leute draußen auf der Landstraße konnten seinen Gesang hören.

Garten-Ole und Garten-Kirsten kamen erst heim, als die gnädige Frau fortgefahren war. Sie sahen, wie froh Hans war, aber meinten doch, daß das Geschenk, das sie gemacht hätte, ihnen nur Mühe brächte.

„Reiche Leute denken einmal nicht so weit", sagten sie. „Sollen wir nun auch noch auf den Vogel aufpassen? Hans kann es doch nicht. Das Ende wird sein, daß die Katze ihn holt."

Acht Tage vergingen, dann noch einmal acht. Die Katze war unterdessen manchmal in der Stube gewesen, ohne den Vogel zu erschrecken, ohne ihm ein Leid zu tun. Da ereignete sich etwas ganz Besonderes. Es war am Nachmittag, die Eltern und die Geschwister waren bei der Arbeit, Hans war ganz allein. Das Märchenbuch hatte er in der Hand und las von der Frau des Fischers, der alle Wünsche erfüllt wurden. Sie wollte König werden – sie wurde es; sie wollte Kaiser werden – sie wurde es; aber dann wollte sie Gott werden – da saß sie wieder in der Schlammgrube, aus der sie gekommen war.

Dieses Märchen hatte nun keine Beziehung zum Vogel oder zur Katze, aber es war gerade das Märchen, das er las, als das Ereignis eintraf.

Das Bauer stand auf der Kommode, die Katze stand auf dem Fußboden und sah mit ihren gelbgrünen Augen starr auf den Vogel. Im Gesicht der Katze war etwas, das dem Vogel sagen wollte: „Wie reizend du bist! Ich möchte dich fressen."

Hans verstand es, er las es in ihrem Gesicht.

„Fort, Katze! Fort!" rief er. „Willst du machen, daß du aus der Stube kommst!"

Sie schien sich zum Sprung niederzuducken. Hans konnte sie nicht erreichen, hatte aber auch nichts anderes zum Werfen als seinen liebsten Schatz, das Märchenbuch. Er warf es, aber der Einband saß lose, er flog zur einen Seite, und das Buch flog mit allen Blättern zur anderen Seite. Die Katze ging langsam einige Schritte im Zimmer zurück und sah Hans an, als wollte sie sagen:

„Mische dich nicht in diese Angelegenheit, kleiner Hans! Ich kann gehen und springen, du kannst nichts dergleichen!"

Hans hielt seine Augen auf die Katze gerichtet und war in großer Unruhe. Der Vogel wurde auch unruhig. Kein Mensch war da, den er rufen konnte; es war, als ob die Katze es wußte. Sie duckte sich zum Sprung. Hans hob seine Bettdecke, aber die Katze kümmerte sich nicht darum, setzte mit einem Sprung auf den Stuhl und auf die Fensterbank, wo sie dem Vogel näher war.

Hans fühlte, wie es warm in ihm aufstieg, aber er dachte nicht daran, er dachte nur an die Katze und den Vogel. Außerhalb des Bettes konnte er sich ja nicht helfen, auf den Beinen stehen konnte er nicht, gehen noch weniger. Er hatte das Gefühl, als ob sich ihm das Herz umdrehe, als er sah, wie die Katze von der Fensterbank auf die Kommode sprang und an das Bauer stieß, daß es umfiel. Der Vogel flatterte angstvoll darin umher.

Hans stieß einen Schrei aus, ein Ruck ging durch seinen Körper, und ohne dabei zu denken, sprang er aus dem Bett, ging zur Kommode, riß die Katze herunter und hielt das Bauer fest, in dem der Vogel voller Entsetzen aufgeregt mit den Flügeln schlug. Er hielt das Bauer in der Hand und lief mit ihm auf die Straße hinaus.

Tränen strömten ihm aus den Augen, er jubelte und rief:

„Ich kann gehen! Ich kann gehen!"

Er hatte seine Gesundheit wieder. So etwas kann geschehen, und mit ihm war es geschehen.

Der Schulmeister wohnte in der Nähe; zu ihm lief er auf bloßen Füßen, nur mit Hemd und Jacke bekleidet und mit dem Vogel im Bauer.

„Ich kann gehen!" rief er. „Herr mein Gott!" Und er schluchzte vor Freude.

Und Freude gab es im Hause bei Garten-Ole und Garten-Kirsten. „Fröhlichere Tage können wir nicht erleben", sagten die beiden.

Hans wurde auf den Gutshof gerufen. Den Weg war er seit vielen Jahren nicht mehr gegangen. Es war, als ob die Bäume und Haselsträucher ihm zunickten und sagten: „Guten Tag, Hans! Willkommen hier draußen!" Die Sonne schien ihm ins Gesicht und ins Herz hinein.

Er mußte sich neben die jungen, wohltätigen Gutsleute setzen, und sie sahen so froh aus, als ob er mit ihnen verwandt wäre.

Am frohesten aber war die Gutsfrau, die ihm das Märchenbuch und den kleinen Singvogel gegeben hatte. Der war nun freilich tot, vor Schreck gestorben, aber er war doch das Mittel zu Hans' Genesung gewesen, und das Buch hatte ihm und seinen Eltern zur Freude und Erbauung gedient. Er hatte es noch, er wollte es verwahren und darin lesen, wenn er auch schon ganz alt sein würde. Jetzt konnte er auch seinen Eltern von Nutzen sein. Er wollte ein Handwerk lernen, am liebsten Buchbinder werden. „Denn", sagte er, „dann kann ich alle neuen Bücher zu lesen bekommen!"

Am Nachmittag ließ die gnädige Frau die Eltern zu sich rufen. Sie und ihr Mann hatten zusammen von Hans geredet; er war ein frommer und kluger Junge, hatte Lust zum Lernen, und es ward ihm leicht. Der liebe Gott ist immer für eine gute Sache.

An dem Abend kamen die Eltern recht froh vom Schloß nach Hause, besonders Kirsten, aber eine Woche später weinten sie, denn da reiste der kleine Hans; er hatte gute Kleider bekommen; er war ein guter Junge; aber jetzt sollte er über das salzige Wasser, weit fort, in die Schule geschickt werden, in eine gelehrte Schule, und es würden viele Jahre vergehen, ehe sie ihn wiedersahen.

Das Märchenbuch bekam er nicht mit, das wollten die Eltern zum Andenken behalten. Und der Vater las oft darin, aber immer nur die zwei Geschichten, denn die kannte er.

Und sie bekamen Briefe von Hans, einer immer glücklicher als der andere. Er war bei guten Menschen, in guten Verhältnissen, und am allerschönsten war es, zur Schule zu gehen; da war so viel zu lernen und zu wissen; er wünschte nur, daß er hundert Jahre alt werden möchte und daß er einmal Schullehrer werden könnte.

„Wenn wir das erleben sollten!" sagten die Eltern, und sie drückten einander die Hände wie beim Abendmahl.

„Was ist doch nur aus Hans geworden!" sagte Ole. „Der liebe Gott denkt doch auch an die armen Kinder! Gerade bei dem Krüppel sollte sich das zeigen! Ist es nicht, als ob Hans uns das alles aus dem Märchenbuch vorgelesen hätte?"

Wer war die Glücklichste?

Welche wunderschönen Rosen!" sagte der Sonnenschein. „Und jede Knospe wird aufblühen und ebenso schön werden. Die sind meine Kinder! Ich habe sie ins Leben geküßt!"

„Es sind meine Kinder!" sagte der Tau. „Ich habe sie mit meinen Tränen genährt."

„Ich sollte doch meinen, daß ich ihre Mutter bin!" sagte der Rosenstrauch. „Ihr anderen seid nur die Gevattern, die nach Kräften und gutem Willen ihre Patengeschenke brachten."

„Meine wunderschönen Rosenkinder!" sagten sie alle drei und wünschten jeder Blüte das größte Glück; aber nur eine konnte die Glücklichste, eine die am wenigsten Glückliche werden. Aber welche von ihnen?

„Das werde ich auskundschaften!" sagte der Wind. „Ich sause weit umher, dringe durch die engsten Spalten und weiß Bescheid, außen und innen."

Jede erblühte Rose hörte, was gesagt wurde, jede schwellende Knospe vernahm es.

Da schritt durch den Garten eine trauernde, liebevolle Mutter, ganz in Schwarz gehüllt; sie brach eine der Rosen, die halb erblüht, frisch und gefüllt war und ihr die Schönste von allen zu sein schien. Sie brachte die Blume in die stille Kammer, wo vor wenigen Tagen noch die junge, lebensfrohe Tochter sich munter bewegt hatte, jetzt aber wie ein schlafendes Marmorbild in dem schwarzen Sarg lag. Die Mutter küßte die Tote, küßte darauf die halberblühte Rose und legte sie an die Brust des jungen Mädchens, als wenn sie durch ihre Frische und durch den Kuß einer Mutter das Herz wieder zum Schlagen bringen könnte.

Es war, als schwoll die Rose auf, jedes Blatt bebte in sinniger Freude: „Welcher Weg der Liebe war mir vergönnt! Ich werde wie ein Menschenkind, mir wird der Kuß einer Mutter, das Wort des Segens zuteil, und ich gehe mit hinein in das unbekannte Reich, träumend an der Brust der Toten! Gewiß, ich wurde die Glücklichste von allen meinen Schwestern!"

Im Garten, wo der Rosenstrauch stand, ging die alte Frau, die das Unkraut aus Beeten und Wegen ausjätete; auch sie betrachtete die Herrlichkeit des Strauches und sah dann auf die größte, herrlich blühende Rose. Noch ein Morgentau und ein warmer Tag, dann würden die Blätter abfallen, das sah die Frau und fand, daß die Rose ihre Schönheit schon gegeben hatte, und meinte, daß sie nunmehr auch Nutzen bringen müsse. Und deshalb

brach sie die Rose ab und wickelte sie in ein Stückchen Zeitungspapier, sie sollte mit nach Hause zu den anderen verblühten Rosen und mit ihnen eingemacht werden, sollte mit den kleinen blauen Jungens, die Lavendel heißen, zusammengeführt, mit Salz einbalsamiert werden. Und einbalsamiert werden nur Rosen und Könige!

„Mir wird die meiste Ehre zuteil!" sagte die Rose, als die Frau sie brach. „Ich werde die Glücklichste! Ich werde einbalsamiert!"

Zwei junge Männer traten in den Garten, der eine war Maler, der andere Dichter, ein jeder von ihnen brach eine Rose.

Der Maler malte auf die Leinwand ein Bild der blühenden Rose, so daß sie sich zu spiegeln glaubte.

„So", sagte der Maler, „soll sie leben von einem Menschenalter zum anderen, während Millionen und aber Millionen von Rosen hinwelken und sterben."

„Ich wurde die Begünstigste!" sagte die Rose, „ich gewann das größte Glück!"

Der Dichter betrachtete seine Rose, schrieb ein Gedicht, eine ganze Lebensgeschichte von ihr, schrieb all das nieder, was er Blatt für Blatt von ihr ablas, was der Rose innewohnte: „Ein Bilderbuch der Liebe"; es war eine unsterbliche Dichtung.

„Ich bin unsterblich!" sagte die Rose, „ich bin die Glücklichste!"

In all der Rosenpracht gab es eine, die von den anderen fast verdeckt saß; zufälligerweise, vielleicht glücklicherweise, hatte sie einen Fehler, sie saß schief auf dem Stiel, und an der einen Seite waren die Blätter nicht ganz so entwickelt wie an der anderen; und aus der Mitte der Blume selbst wuchs ein kleines, verkrüppeltes grünes Blatt hervor.

„Armes Kind!" sagte der Wind und küßte ihr die Wange. Die Rose meinte, das sei ein Gruß, eine Huldigung; sie hatte das Gefühl, etwas anderes zu sein als die anderen Rosen, und daß ein grünes Blatt aus ihrem Inneren wuchs, das betrachtete sie als Auszeichnung. Ein Schmetterling setzte sich auf sie und küßte ihre Blätter, das war ein Freier, sie ließ ihn weiterfliegen. Es kam ein großer Grashüpfer, der setzte sich freilich auf eine andere Rose, da rieb er sich verliebt das Schienbein, das ist nun so das Lebenszeichen der Grashüpfer; die Rose, auf der er saß, verstand das nicht, aber die mit der Auszeichnung, mit dem grünen, verkrüppelten Blatt, verstand es, denn der Grashüpfer sah sie an mit Augen, aus denen es deutlich sprach: „Ich könnte dich vor lauter Liebe auffressen!" Und weiter kann die Liebe nun einmal nicht gehen, die eine geht in dem anderen auf! Allein die Rose wollte nicht in dem Springinsfeld aufgehen. Die Nachtigall sang in der sternenhellen Nacht.

„Die singt nur meinetwegen!" sagte die Rose mit dem Fehler oder der Auszeichnung: „Daß ich so in allem vor meinen Schwestern ausgezeichnet werde. Daß ich dieses Besondere bekam, macht mich zu der Glücklichsten!"

Da traten zwei zigarrenrauchende Herren in den Garten, sie sprachen von Rosen und vom Tabak; Rosen, sagt man, vertragen den Tabakrauch nicht, sie wechseln die Farbe und werden grün, das wollten sie untersuchen. Sie konnten es aber nicht übers Herz gewinnen, eine der allerprächtigsten Rosen für das Experiment zu nehmen, und so nahmen sie die mit dem Fehler.

„Welch eine Auszeichnung!" sagte sie. „Ich bin sehr glücklich! Die Allerglücklichste!"

Und sie wurde grün vom Tabakrauch und grün vor Stolz.

Eine Rose, noch eine halbe Knospe, vielleicht die schönste auf dem ganzen Strauch, bekam einen Ehrenplatz in dem kunstmäßig gebundenen Blumenstrauß des Gärtners; er wurde dem jungen Herrn des Hauses gebracht und fuhr mit ihm in der Kutsche davon; sie saß als die schönste zwischen anderen Blumen und prächtigem Grün, sie kam zu Fest und Glanz, Männer und Frauen saßen fein gekleidet da und waren bestrahlt von Tausenden von Lampen; die Musik erklang, es war im Lichtermeer des Theaters, und als unter stürmischem Jubel die gefeierte junge Tänzerin auf die Bühne schwebte, flog ihr Strauß auf Strauß wie ein Blumenregen zu Füßen. Da fiel auch der Strauß, in dem die wunderschöne Rose als ein Edelstein saß; sie empfand ihr ganzes namenloses Glück, die Ehre und den Glanz, in den sie hineinschwebte, und als sie den Fußboden berührte, tanzte sie mit, sprang sie, flog sie über die Bretter dahin, von ihrem Stiel getrennt, als sie fiel. Sie gelangte nicht in die Hand der Gehuldigten, sie rollte hinter die Kulissen, wo einer der Maschinenleute sie aufhob, bemerkte, wie schön, wie voll Duft sie war, daß sie aber keinen Stiel mehr hatte. Er steckte sie in die Tasche, und als er am späten Abend nach Hause gelangte, bekam sie ihren Platz in einem Schnapsglas, das er mit Wasser füllte; hier lag sie die ganze Nacht auf dem Wasser. Am frühen Morgen wurde sie der alten Großmutter hingestellt, die siech und kraftlos im Lehnstuhl saß. Sie betrachtete den herrlichen Rosenkopf und freute sich an seinem Duft.

„Ja, du kamst nicht auf den Tisch des reichen, feinen Fräuleins, sondern zu der armen alten Frau, aber hier bist du wie ein ganzer Rosenstock, wie wunderschön du bist!"

Und sie schaute mit kindlicher Freude die Rose an, wobei sie gewiß auch an ihre eigene, längst vergangene, frische Jugendzeit dachte.

„In der Fensterscheibe war ein Loch", sagte der Wind, „ich gelangte leicht hinein, sah die jugendstrahlenden Augen der alten Frau und die abgebrochene wunderschöne Rose im Schnapsglas – die Glücklichste von allen! Ich weiß es! Ich kann es sagen!"

Jede Rose an dem Strauch im Garten hatte ihre Geschichte. Jede hielt sich für die Glücklichste, und der Glaube macht selig. Die letzte Rose meinte, sie sei die Allerglücklichste!

„Ich überlebte alle die anderen! Ich bin die letzte, die einzige, ich bin das liebste Kind der Mutter!"

„Und ich bin die Mutter der Rosen!" sagte der Rosenstock.

„Ich bin es!" sagte der Sonnenschein.

„Und ich!" sagte der Tau.

„Jeder von uns hat teil an ihnen", sagte der Wind. „Und jeder soll teil an ihnen haben!" Und darauf streute der Wind ihre Blätter über den Stock hinaus, an dem die Tautropfen lagen und der Sonnenschein. „Auch ich bekam meinen Teil", sagte der Wind. „Ich bekam die Geschichte aller Rosen, und die will ich in alle Welt hinaustragen! Sage mir nun, wer die Glücklichste von allen war! Ja, das mußt du sagen, ich habe genug gesagt!"

Der Bischof von Börglum

Wir befinden uns oben im nördlichen Jütland im Wildmoor, wir vernehmen das Brausen der sich an der jütischen Westküste brechenden Nordsee, es rollt und donnert, daß es meilenweit ins Land hineinschallt, und wir sind ganz in der Nähe dieses Gebrauses. Vor uns erhebt sich ein großes Sandjoch, ein Berg, den wir schon lange gesehen haben und nach dem wir noch immer hinlenken, langsam fahren wir dahin in dem tiefen Sand. Auf diesem Sandberg liegt ein großes altes Gebäude, das Kloster Börglum, in einem Flügel desselben, und zwar dem größten, befindet sich die Kirche. Und nach diesem Kloster gelangen wir jetzt in später Abendstunde, aber das Wetter ist klar in der hellen Juninacht, die uns leuchtet; weit, weit scheint das Auge umher, über Feld und Moor bis an den Aalborger Meerbusen, über Heide und Wiese und weit über das dunkelblaue Meer hinaus.

Jetzt sind wir dort und rollen zwischen Scheunen und anderen Wirtschaftsgebäuden dahin, wenden, links vom Tor, auf dem alten Burghof um, da wo die Linden in Reihen längs der Mauern stehen und Schutz haben vor Wind und Wetter und so üppig wachsen, daß Zweige und Blätter fast die Fenster verdecken.

Wir steigen die steinerne Wendeltreppe hinauf und schreiten die langen Gänge unter der Balkendecke dahin; hier saust der Wind gar sonderbar, sowohl innen als außen – man weiß eigentlich nicht recht wo, und dabei erzählt man sich – ja, man erzählt gar vieles, man sieht gar vieles, wenn es einem graust oder man in andern Grausen erregen will. Die alten, verstorbenen Chorherren, so sagt man, gleiten still an uns vorüber in der Kirche, wo die Messe gesungen wird. Man kann es in dem Sausen des Windes vernehmen und eine wunderbare Stimmung bemächtigt sich unser dabei; man denkt an die alten Zeiten, man versenkt sich ganz und gar in die alten Zeiten.

An der Küste ist ein Schiff gestrandet, die Leute des Bischofs sind dort, sie schonen die nicht, die das Meer schonte; die See spielt das rote Blut hinweg, das von zerschmetterten Hirnschädeln floß. Die gestrandeten Güter gehören dem Bischof, und hier ist viel Gut. Die See wirft Fässer und Tonnen aus, gefüllt mit köstlichem Wein für den Keller des Klosters, und im Kloster liegt schon Bier und Met vollauf; vollauf gibt es in der Küche: Erlegtes Wildbret, Geflügel, Schinken und Würste, in den Fischteichen draußen schwimmt der fette Barsch und die leckere Karausche.

Der Bischof von Börglum ist ein mächtiger Herr, große Ländereien besitzt er, und doch gelüstet ihm noch nach mehr. Alles muß sich dem mächtigen Oluf Glob beugen. Im Thyland ist sein reicher Vetter gestorben, die Witwe muß eigentlich sein reiches Erbe bekommen. Wie kommt's doch, daß ein Blutsverwandter dem anderen immer härter zusetzt, als selbst Fremde tun würden? Ihr Gemahl gebot über ganz Thyland, die Kirchengüter ausgenommen. Ihr Sohn ist nicht daheim. Schon als Knabe ging er auf Reisen, um fremde Länder und Völker zu sehen, wonach sein Sinn stand. Seit Jahren fehlte jede Kunde von ihm, vielleicht ist er längst zu Grabe getragen und wird nie in die Heimat zurückkehren, um da zu gebieten, wo jetzt seine Mutter gebietet.

„Ei, was hat ein Weib zu gebieten!" sagte der Bischof. Er ließ die Witwe vor Gericht bescheiden – doch was erreichte er dadurch? Die Witwe war dem Gesetz nie ungehorsam gewesen und stark durch ihre gerechte Sache.

„Bischof Oluf zu Börglum, was sinnest du? Was schreibst du nieder aufs glatte Pergament? Was verschließest du da unter Siegel und Band und übergibst es dem Reiter und Knappen, die von dannen reiten, zum Lande hinaus, weit hin nach des Papstes Stadt?"

„Es ist Laubfallzeit, Strandungszeit, bald tritt der eisige Winter ein!"

Zweimal kam er wieder, bevor der Bischof den Reiter und den Knappen willkommen in der Heimat hieß. Sie kehrten zurück aus Rom mit päpstlichen Schreiben, mit der Bannbulle über die Witwe, die es gewagt hatte, den frommen Bischof zu beleidigen! „Verflucht sei sie und alles, was ihr gehört! Ausgestoßen sei sie aus der Kirche und Gemeinde! Niemand reiche ihr die helfende Hand, Freunde und Anverwandte mögen sie meiden wie Pest und Aussatz!"

„Was nicht biegen will, muß brechen!" sagte der Bischof von Börglum.

Alle ließen von der Witwe ab, aber sie läßt von ihrem Gott nicht ab, er ist ihr Schutz und Wehr.

Ein einziger Dienstbote, eine alte Magd, bleibt ihr treu, mit der alten Dienerin geht die Witwe selbst hinter dem Pflug einher – und das Getreide wächst, wenngleich der Boden von Papst und Bischof verflucht ist.

„Du Kind der Hölle! Ich werde doch meinen Willen durchsetzen!" ruft der Bischof von Börglum. „Jetzt lege ich die Hand des Papstes auf dich und bescheide dich vor das Gericht zur Verurteilung!"

Da spannt die Witwe die letzten zwei Ochsen, die ihr gehören, vor den Wagen, setzt sich mit ihrer alten Dienerin hinein und fährt über die Heide dahin, hinaus aus dem dänischen Lande. Als ein Fremdling kommt sie in fremdes Land, wo man fremde Sprache spricht, wo fremde Sitten herrschen – weit und immer weiter gelangt sie, dahin, wo grüne Hügel sich zu Bergen erheben und der Wein wächst. Fremde Kaufleute fahren an ihr vorüber, sie spähen ängstlich von ihren mit Waren beladenen Wagen herab, Überfall befürchtend von der Raubritter Knappen. Die beiden armen Frauen in ihrem elenden Fuhrwerk, von zwei schwarzen Ochsen gezogen, ziehen furchtlos durch den unsicheren Hohlweg und die dichtbestandenen Wälder. Sie befinden sich in Franken, hier begegnete ihnen ein stattlicher Ritter mit einem Gefolge von zwölf gewappneten Knappen. Er macht halt, betrachtet den sonderbaren Aufzug und befragte die beiden Frauen über das Ziel ihrer Reise und von woher sie kämen. Da nennt die eine Thyland in Dänemark, spricht von ihrem Kummer, ihrem Elend. Aber jetzt hat alles ein Ende, so hat es der liebe Gott gelenkt. Der fremde Ritter ist der Witwe Sohn. Er reicht ihr die Hand, er drückt sie an die Brust, und die Mutter weint – seit Jahren hatte sie nicht weinen können, hatte sich nur in die Lippen gebissen, daß das Blut in Tropfen hervorquoll.

Es ist Laubfallzeit, Strandungszeit, bald tritt der eisige Winter ein!

Das Meer rollt Weinfässer ans Land für den Keller des Bischofs, in der Küche brät über dem Feuer das aufgespießte Wild, auf Börglum ist es warm und gut in dem geheizten Zimmer, während draußen harter Winter ist. Da hinterbringt man dem Bischof eine Neuigkeit: Jens Glob zu Thyland ist zurückgekehrt und mit ihm seine Mutter.

Jens Glob klagt wider den Bischof, er läßt ihn vor das geistliche und vor das weltliche Gericht bescheiden.

„Das wird ihm wenig helfen!" sagte der Bischof. „Laß lieber ab vom Streit, Ritter Jens!"

Es ist wieder Laubfallzeit, wieder Strandungszeit! Der eisige Winter kehrt wieder, die weißen Bienen schwärmen, sie stechen ins Gesicht, bis sie zerschmelzen.

„Du Börglum-Bischof!" ruft er aus, „ich werde dich doch überwältigen! Unter dem Deckmantel des Papstes erreicht dich das Gesetz nicht, aber Jens Glob wird dich erreichen!"

Darauf schreibt er einen Brief an seinen Schwager, Herrn Oluf Hase in Sallingland und bittet ihn, am Weihnachtsabend zur Messe in der Kirche zu Wittberg mit ihm zusammenzutreffen; der Bischof selbst liest dort die Messe und reist deshalb von Börglum nach Thyland. Das weiß Jens Glob.

Wiese und Moor liegen unter Eis und Schnee. Sie tragen Pferd und Reiter, den ganzen Zug, den Bischof mit Priestern und Knechten. Sie reiten den kürzesten Weg durch das Röhricht, durch das der Wind traurig saust.

„Stoße in deine Messingtrompete, du Spielmann im Fuchspelz. Es klingt gut in der klaren Luft." So reiten sie südlich über Heide und Moor, den Grasgarten der Fata Morgana an warmen Sommertagen, sie wollen zur Kirche von Hoidberg.

Stärker stößt der Wind in seine Posaune, es weht ein Sturm, ein Wetter Gottes, das zu gewaltiger Kraft anwächst. Zum Haus Gottes geht es fort in diesem Wetter. Gottes Haus steht fest, aber die Wetter Gottes fahren hin über Feld und Moor, über Haff und Meer. Der Bischof von Börglum erreicht die Kirche, das vermag schwerlich Herr Oluf Hase, wie scharf er auch reitet. Er kommt mit seinen Mannen jenseits des Haffs Jens Glob zu Hilfe. Nun, Bischof, wirst du vor den Richterstuhl des Höchsten geladen!

Gottes Haus ist der Gerichtssaal, der Altartisch der Gerichtstisch. Die Lichter sind in den schweren Messingleuchtern angezündet. Der Sturm liest Klage und Urteil. Es saust in den Lüften über Moor und Heide und das rollende Wasser. Kein Fährmann setzt in solchem Wetter über das Haff.

Oluf Hase macht halt am Ottesunde, dort verabschiedet er seine Mannen, schenkt ihnen Pferd und Rüstung und gibt ihnen Urlaub, nach Hause zu ziehen mit Gruß an sein Weib, er allein will sein Leben wagen in dem brausenden Gewässer, aber sie sollen Zeugnis geben, daß nicht sein die Schuld ist, daß Jens Glob ohne Entsatz in der Kirche zu Hoidberg steht. Die treuen Knappen verlassen ihn nicht, sie folgen ihm in die tiefen Wasser hinaus. Zehn von ihnen werden hinweggespült, aber Oluf Hase und zwei der jüngsten Knappen erreichen das jenseitige Ufer: Noch haben sie vier Meilen zu reiten.

Es ist Mitternacht vorüber, es ist Weihnachten. Der Wind hat nachgelassen, die Kirche ist erleuchtet, der strahlende Lichtschein bricht durch die Fensterscheiben und fließt über Wiese und Heideland hinaus. Die Messe ist längst zu Ende. Stille herrscht im Gotteshaus, man hört drinnen das Wachs von den Lichtern der Kronleuchter auf den steinernen Fußboden tropfen. Jetzt langt Oluf Hase an.

In der Waffenhalle bietet Jens Glob ihm guten Tag und fügt die Worte hinzu: „Soeben hab' ich mich mit dem Bischof verglichen."

„Das hättest du?" ruft Oluf Hase, „dann sollst weder du noch der Bischof lebendig aus der Kirche gelangen!"

Und das Schwert fährt aus der Scheide und Oluf Hase haut ein, daß die Felder der Kirchentüre, die Jens Glob eiligst zwischen ihm und sich zuschlägt, in Stücke zersplittern.

„Haltet ein, Schwager! Erst nimm Einsicht von dem Vergleich. Ich habe den Bischof und seine Mannen alle erschlagen. Kein Wort sagen sie mehr und ich auch nicht von all dem Unrecht, das meiner Mutter widerfahren ist."

Rot scheinen die langen Dochte der Altarlichter, röter noch scheint es vom Fußboden, dort liegt der Bischof im Blute mit zerspaltener Stirn, um ihn her seine toten Gesellen; still und lautlos ist die heilige Weihnachtsnacht.

Am vierten Weihnachtsabend läuten aber die Glocken im Kloster Börglum zur Leichenschau, der ermordete Bischof und die erschlagenen Mannen und Pfaffen sind ausgestellt unter einem schwarzen Thronhimmel, umstellt von florumhüllten Armleuchtern. In schwarzem, silbergesticktem Mantel, den Krummstab in der machtlosen Hand, liegt der Tote, der einst mächtige Herr, da. Die Räucherungen duften, die Mönche singen, es klingt wie Klage, es klingt wie ein Urteil des Zorns und der Verdammnis, als wenn es weit über das Land hinaus vernommen werden müßte, vom Winde getragen, vom Winde mitgesungen; wohl schweigt sie manchmal, aber nimmer stirbt sie, immer wieder erhebt sie sich und singt ihre Lieder, singt sie herein in unsere Zeit, singt hier oben vom Bischof von Börglum und seinem harten Neffen, vernommen wird sie in der finsteren Nacht von dem geängstigten Bauersmann, der in schwerem Sandwege am Kloster Börglum vorüberfährt, vernommen wird sie von dem lauschenden Schlaflosen in den von dicken Mauern eingeschlossenen Zimmern auf Börglum, und deshalb seufzt und huscht es in den langen, laut widerhallenden Gängen, die zur Klosterkirche führen, deren vermauerter Eingang längst verschlossen ist, nur nicht dem Auge des Aberglaubens; das sieht noch diese Türe, sieht sie sich auftun, sieht die Lichter von den messingenen Kronleuchtern der Kirche flammen, die Räuchergefäße duften, die Kirche strahlen in der ehemaligen Pracht, die Mönche singen und lesen Messe über den erschlagenen Bischof, der da liegt in dem schwarzen, silbergesticktem Mantel, mit dem Krummstab in der machtlosen Hand, und auf seiner bleichen, stolzen Stirn leuchtet die blutige Wunde, leuchtet wie Feuer! Es sind der weltliche Sinn und die bösen Gelüste, die da brennen.

Versinkt ins Grab, in Nacht, in Vergessenheit, ihr unheimlichen Gestalten der alten Zeit!

Hört diese Stöße des zornigen Windes! Sie übertönen das rollende Meer. Ein Sturm naht draußen, der Menschenleben fordert! Dem Meer war kein neuer Sinn mit der neuen Zeit. Diese Nacht nur ein grausiger Schlund zum Verschlingen, ist es morgen vielleicht ein klares Auge zum Widerspiegeln – wie in der alten Zeit, die wir begruben. Schlafe süß, wenn du's vermagst!

Jetzt ist es Morgen!

Die neue Zeit wirft Sonnenschein ins Zimmer. Der Wind hält immer noch gewaltig aus. Eine Strandung – wie in der alten Zeit – wird gemeldet.

Während der Nacht, dort unten am Lökken, dem kleinen Fischerdorf mit den roten Ziegeldächern – wir sehen es vom Fenster aus hier oben –, ist ein Schiff gestrandet. Draußen stieß es an und rannte sich fest in den Meeresgrund, aber die Rettungsrakete warf ein rettendes Tau an Bord und band eine Brücke vom Wrack aus auf das feste Land hinüber, gerettet wurden alle, die an Bord waren, sie gelangten ans Land und wurden in erwärmende Kissen gebettet, heute sind sie auf dem Herrenhofe zu Kloster Börglum eingeladen. In gemütlichen Zimmern kommen ihnen dort Gastfreundschaft und milde Augen entgegen, sie werden in ihrer Landessprache begrüßt, vom Klavier her erklingen ihnen Töne heimatlicher Melodien und bevor diese verhallt sind, braust eine andere Saite, lautlos und doch klangvoll und sicher: Der Gedankendraht reicht bis in die Heimat der Schiffbrüchigen, ins fremde Land hinein und meldet ihre Rettung. Da wird der Sinn leicht, da schwingen sie sich abends im Tanz beim Festgelage auf Börglum in der großen Halle, Walzer und Langsteyrisch wechseln ab und dänische Volksweisen und fremde Lieder aus neuerer Zeit.

Gesegnet sei du, neue Zeit! Sommer. Reite du auf gereinigter Luftströmung in die Stadt ein! Sende deine Sonnenstrahlen leuchtend in die Herzen und Gedanken! Auf deinem strahlenden Grund schweben sie vorüber, die finsteren Sagen aus harten, strengen Zeiten.

Die Lichter

Es war einmal ein großes Wachslicht, und es wußte schon, was an ihm war. „Ich bin als Wachs geboren und in eine Form gegossen", sagte es. „Ich leuchte besser und brenne länger als andere Lichter; mein Platz ist im Kronleuchter oder im Silberleuchter!"

„Das muß ein prächtiges Dasein sein!" sagte das Talglicht. „Ich bin nur aus Talg, nur ein gezogenes Licht, aber ich tröste mich, daß es immer ein wenig mehr ist, als ein Licht für einen Dreier; das wird nur zweimal eingetaucht, ich bin achtmal eingetaucht, um meine anständige Dicke zu bekommen. Ich bin zufrieden! Es ist ganz gewiß feiner und glücklicher, Wachs zu sein und nicht Talg, aber man stellt sich ja nicht selbst auf seinen Platz in dieser Welt. Die wächsernen Lichter kommen in die Putzstube in die gläsernen Kronleuchter, ich bleibe in der Küche, aber das ist gewiß auch ein guter Ort, von dort aus bekommt das ganze Haus das Essen!"

„Aber es gibt etwas, das wichtiger ist als das Essen", sagte das Wachslicht, „nämlich die Geselligkeit! Andere strahlen zu sehen und selbst zu strahlen! Hier ist heute abend Ball, und ich und meine ganze Familie werden bald abgeholt."

Kaum war das gesagt, so wurden sämtliche Wachslichter abgeholt, aber auch das Talglicht kam mit. Die gnädige Frau selbst nahm es in ihre feine Hand und trug es in die Küche; dort stand ein kleiner Knabe mit einem Korb, der wurde mit Kartoffeln gefüllt, auch ein paar Äpfel kamen hinein. Alles gab die gute Frau dem armen Knaben.

„Da hast du auch ein Licht, mein kleiner Freund!" sagte sie. „Deine Mutter sitzt und arbeitet bis tief in die Nacht, sie kann es gebrauchen."

Die kleine Tochter des Hauses stand neben der Mutter, und als sie die Worte „bis tief in die Nacht" hörte, sagte sie mit inniger Freude: „Ich bleibe auch auf bis in die Nacht, denn wir haben Ball, und ich bekomme die großen roten Schleifen angeheftet."

Wie strahlte ihr Antlitz! Das war eine Freude! Kein Wachslicht kann so strahlen wie zwei Kinderaugen.

‚Das war ein prächtiger Anblick!' dachte das Talglicht, ‚das vergesse ich nie, und das bekomme ich nie mehr zu sehen.'

Darauf wurde es in den Korb unter den Deckel gelegt, und der Knabe trug es mit sich fort.

‚Wo ich wohl jetzt hinkomme', dachte das Licht, ‚ich muß zu armen

Leuten, bekomme vielleicht nicht einmal einen Messingleuchter, während das Wachslicht in Silber steckt und die feinsten Leute sieht. Wie muß es prächtig sein, den feinsten Leuten zu leuchten! Mein Los wurde es, nur Talg und nicht Wachs zu sein.'

Und das Licht gelangte zu armen Leuten, zu einer Witwe mit drei Kindern in einem kleinen, niedrigen Zimmer, gegenüber dem reichen Haus.

„Gott segne die gute gnädige Frau für ihre Gabe", sagte die Mutter, „das ist ja ein prächtiges Licht, das kann bis in die Nacht hinein brennen!"

Das Licht wurde angezündet.

„Fut-pfui!" sagte es. „Das Streichholz roch sehr schlecht, an dem sie mich anzündete. Das wird man drüben in dem reichen Haus kaum einem Wachslicht bieten."

Auch drüben wurden die Lichter angezündet, sie strahlten über die Straße hinaus, die Wagen mit den geputzten Ballgästen rasselten heran, die Musik spielte.

‚Jetzt fangen sie drüben an', dachte das Talglicht und besann sich dabei

auf das strahlende Gesicht des kleinen Mädchens, das noch strahlender war als alle die Wachslichter. Das werde ich nie mehr sehen!

Da trat das kleinste der Kinder des armen Hauses ein, es war ein kleines Mädchen; sie umarmte Bruder und Schwester und hatte etwas sehr Wichtiges zu erzählen, aber es mußte geflüstert werden. „Wir werden heute abend – denkt einmal! – wir werden heute abend warme Kartoffeln haben!"

Und ihr Gesicht strahlte vor Glückseligkeit; das Licht warf seinen Schein darauf und sah eine Freude, ein Glück so groß, wie drüben in dem reichen Haus, wo das kleine Mädchen sagte: „Wir haben heute abend Ball, und ich werde die großen roten Schleifen tragen!"

„Ist es denn ein ebenso großes Glück, wenn man warme Kartoffeln bekommt?" fragte sich das Licht. „Hier herrscht ja ebenso große Freude unter den Kindern!" Und es mußte niesen, das heißt, es spritzte, mehr vermag ein Talglicht nicht.

Der Tisch wurde gedeckt, die Kartoffeln gegessen. Oh, wie die fein schmeckten! Es war eine wahre Festmahlzeit, und jedes Kind bekam hinterher noch einen Apfel, und das kleinste Kind sprach den Vers:

> „Du guter Gott, dir danke ich,
> Daß satt du wieder machtest mich!
> Amen."

„War das nicht hübsch gesprochen, Mutter?" sagte darauf die Kleine.

„Das darfst du nicht fragen oder sagen", sprach die Mutter. „Du mußt nur an den guten lieben Gott denken, der dich gesättigt hat."

Die Kleinen wurden zu Bett gebracht, bekamen einen Kuß von der Mutter und schliefen sofort ein, und die Mutter saß und nähte bis in die Nacht hinein, um sich und ihre Kinder zu ernähren. Und drüben von dem reichen Haus schienen die Lichter, und die Musik klang herüber; die Sterne funkelten über allen Häusern, über denen Reichen und der Armen, gleich hell, gleich freundlich.

„Das war eigentlich ein gemütlicher Abend!" meinte das Talglicht. „Ob es die Wachslichter in ihrem silbernen Leuchter wohl besser hatten? Das möchte ich schon wissen, ehe nichts mehr von mir da ist!"

Und es dachte an die beiden Glücklichen, eines von einem Wachslicht, das andere von dem Talglicht bestrahlt.

Das, das ist die ganze Geschichte!

Das Unglaublichste

Wer das Unglaublichste tun könnte, der sollte die Königstochter und das halbe Reich dazubekommen.

Die jungen Leute, ja selbst die alten Leute, strengten all ihr Denken, ihre Sehnen und Muskeln an. Zwei aßen sich zu Tode, und einer trank sich tot, um das zu tun, was das Unglaublichste war, aber das war doch nicht das Richtige! Kleine Straßenbuben übten sich darin, sich selber auf den Rücken zu spucken, das war für sie das Unglaublichste.

An einem bestimmten Tag sollte das vorgezeigt werden, was jeder als das Unglaublichste vorzuzeigen hatte. Als Richter waren angestellt Kinder von drei Jahren an bis zu Leuten hoch in den Neunzigern hinauf. Es gab eine ganze Ausstellung von unglaublichen Dingen, aber alle einigten sich bald dahin, daß das Unglaublichste eine große Wanduhr wäre, die innen und außen ganz merkwürdig ausgedacht war. Bei jedem Stundenschlag zeigten sich an ihr lebende Bilder, die angaben, was die Glocke geschlagen hatte. Es waren ganze zwölf Vorstellungen, mit beweglichen Figuren und mit Gesang und Rede.

Das sei das Unglaublichste, sagten die Leute.

Die Uhr schlug eins, und Moses stand hoch auf dem Berg und schrieb das erste Gebot auf die Gesetzestafeln nieder: „Es gibt nur einen einzigen wahren Gott."

Die Uhr schlug zwei, und es zeigte sich der Garten des Paradieses, wo sich Adam und Eva begegneten, beide glücklich, obwohl sie gar nichts besaßen, nicht einmal einen Kleiderschrank, den sie auch nicht brauchten.

Auf den Schlag drei zeigten sich die Heiligen Drei Könige, der eine kohlschwarz, wofür er jedoch nichts konnte, die Sonne hatte ihn geschwärzt. Sie kamen mit Weihrauch und Kostbarkeiten an.

Schlag vier kamen die Jahreszeiten: der Frühling mit dem Kuckuck auf einem grünen Baumzweig, der Sommer mit einem Grashüpfer auf der reifen Kornähre, der Herbst mit einem leeren Storchennest, denn der Vogel war fortgeflogen, und der Winter mit einer alten Krähe, die allerhand Geschichten im Ofenwinkel zu erzählen wußte.

Wenn die Uhr fünf schlug, so zeigten sich die fünf Sinne: das Gesicht kam als Brillenmacher, das Gehör als Kupferschmied, der Geruch bot Veilchen und Waldmeister feil, der Geschmack war ein Koch, und das Gefühl war dargestellt als Leichenträger mit einem Trauerflor, der bis an die Stiefelhacken reichte.

Wenn die Uhr sechs schlug, so sah man einen Spieler dasitzen, er würfelte, und der Würfel zeigte die höchste Zahl: sechs.

Da kamen die sieben Wochentage oder die sieben Todsünden, darüber konnten sich die Leute nicht einigen, die gehörten ja zusammen und waren nicht zu unterscheiden.

Dann kam um acht Uhr ein Mönchschor zum Vorschein und stimmte die Frühmesse an.

Auf den Schlag neun folgten die neun Musen, eine war bei der Astronomie angestellt, eine im historischen Archiv, die übrigen gehörten zum Theater.

Bei dem Schlage zehn trat Moses wieder hervor mit den Gesetzestafeln, auf denen nun alle Gebote Gottes geschrieben standen, und das waren zehn Gebote.

Die Uhr schlug wieder, und nun hüpften und sprangen kleine Mädchen hervor, sie spielten und sangen dazu: „Husch, da kommen die Wölfe, es hat geschlagen elfe!"

Nun schlug es zwölfe, da trat der Nachtwächter in voller Amtstracht hervor und sang den alten Wächtervers:

„Um Mitternacht geboren,
Uns der Erlöser ward!"

Und während er sang, wuchsen Rosen hervor und wurden zu Engelsköpfen, getragen von regenbogenfarbenen Flügeln.

Das war prächtig zu hören und zu sehen. Das Ganze war ein Kunstwerk sondergleichen, war das Unglaublichste, sagten alle Menschen.

Der Künstler war ein junger Mensch, herzensgut, fröhlich wie ein Kind und hilfreich gegen seine armen Eltern, er verdiente die Prinzessin und die Hälfte des Reiches, hieß es.

Der Tag der Entscheidung war da, die ganze Stadt prangte in vollem Staate, und die Prinzessin saß auf dem Thron des Landes. Die Richter ringsherum blinzelten demjenigen, der siegen sollte, zu, und er stand frisch und fröhlich da, sein Glück war gewiß, er hatte das Unglaublichste geleistet.

„Nein, das werde ich jetzt leisten!" rief plötzlich ein langer, knochiger Kraftmensch. „Ich bin der Mann, der das Unglaublichste machen kann!" Und damit schwang er ein großes Beil gegen das Kunstwerk. „Krach!" Da lag das Ganze. Räder und Federn flogen umher, alles war zertrümmert.

„Das konnte ich!" sagte der Mann. „Meine Tat hat die seinige geschlagen und euch allesamt! Ich habe das Unglaublichste geleistet!"

„Ein solches Kunstwerk zu zertrümmern!" sagten die Richter. „Ja, das ist das Unglaublichste!"

Das ganze Volk sagte es gleichfalls, und so war er denn derjenige, der die Prinzessin und die Hälfte des Reiches haben sollte, denn Gesetz bleibt Gesetz, wenn es auch das Unglaublichste ist.

Es wurde nun geblasen von den Wällen und von allen Türmen der Stadt: „Die Hochzeit soll gefeiert werden!" Die Prinzessin war ganz und gar nicht

damit zufrieden, aber sie sah liebenswürdig aus und war kostbar gekleidet. Die Kirche strahlte im Kerzenschein am späten Abend, da nahm es sich am besten aus. Die adeligen Jungfrauen der Stadt sangen und führten die Braut zum Altar. Die Ritterschaft sang und schritt hinter dem Bräutigam her, der stolzierte dahin, als wenn er niemals geknickt werden könnte. Der Gesang verstummte, es wurde so still, daß man eine Stecknadel zu Boden fallen hören konnte, aber inmitten dieser Stille flog die große Kirchentür auf, und mit großem Lärm „Bum! Bum!" kam das ganze Uhrwerk den Kirchengang heraufmarschiert und stellte sich zwischen Braut und Bräutigam. Tote Menschen können nicht wiederkehren, das wissen wir sehr gut, aber ein Kunstwerk kann es, der Körper war entzweigeschlagen, aber der Geist nicht, der Kunstgeist spukte, und das war kein Scherz.

Das Kunstwerk stand leibhaftig da wie damals, als es ganz und unberührt gewesen war. Die Glockenschläge ertönten, ein Schlag nach dem anderen, bis zwölf, und die Gestalten drängten sich hervor; erst Moses, es leuchtete gleichsam wie Feuerflammen aus seiner Stirn hervor, er warf die schweren Steintafeln auf die Füße des Bräutigams und band sie dadurch an den Fußboden der Kirche.

„Ich vermag sie nicht wieder aufzuheben!" sagte Moses. „Du hast mir die Arme abgeschlagen! Bleibe stehen, wie ich stehe!"

Darauf kamen Adam und Eva, die Weisen aus dem Morgenland und die vier Jahreszeiten, alle sagten sie ihm unangenehme Wahrheiten. „Pfui, schäme dich!"

Aber er schämte sich nicht.

Alle Gestalten, die jede Stunde vorzuzeigen hatte, traten aus der Uhr heraus, und alle wuchsen und erreichten eine schreckliche Größe, es war, als würden die wirklichen Menschen gar keinen Platz mehr in der Kirche haben.

Und als bei dem Schlage zwölf der Nachtwächter in voller Amtstracht mit seinem Stabe mit dem Morgenstern heraustrat, da entstand eine sonderbare Bewegung unter den Leuten; der Wächter schritt gerade auf den Bräutigam zu und schlug ihn nieder.

„Liege du da!" sagte er. „Gleiches mit Gleichem. Wir sind gerächt, und der Meister ist gerächt! Wir verschwinden!"

Und das ganze Kunstwerk verschwand, aber alle Lichter in der Kirche wurden zu großen Lichtblüten, und die vergoldeten Sterne sandten lange, helle Strahlen aus, und die Orgel klang von selbst. Alle Menschen sagten, das sei das Unglaublichste, das sie je erlebt hätten.

„Wollen Sie nun den Richtigen hereinholen!" sagte die Prinzessin. „Der, der das Kunstwerk schuf, der soll mein Gemahl sein!"

Und er war in der Kirche, das ganze Volk gab ihm das Geleit, alle freuten sich, alle segneten ihn – und nicht ein einziger war neidisch. Ja, und das, das war eigentlich das Unglaublichste!

418

„Tanze, tanze, Püppchen mein!"

Ja, das ist nun ein Lied für ganz kleine Kinder!" versicherte Tante Amalie, „da kann ich mit dem besten Willen nicht mitsingen."

Aber die kleine Amalie, die konnte das Lied singen; sie war nur drei Jahre alt, spielte mit Puppen und erzog diese, daß sie ebenso klug werden möchten wie Tante Amalie.

Ein Student, der die Schulaufgaben mit den Brüdern durchging, kam oft ins Haus, er sprach immer viel mit der kleinen Amalie und ihren Puppen, und er sprach ganz anders als alle die anderen; das sei sehr amüsant, meinte die Kleine, und doch hielt Tante Amalie dagegen, daß er es gar nicht verstehe, mit Kindern umzugehen; die kleinen Köpfe könnten unmöglich all das Gerede vertragen. Die kleine Amalie konnte es aber, ja, sie lernte gar vom Studenten ein ganzes Lied auswendig: „Tanze, tanze, Püppchen mein!" Und sie sang es ihren drei Puppen vor; zwei waren neu, die eine war ein Fräulein, die andere ein Herr, aber die dritte Puppe war alt und hieß Liese. Sie bekam auch das Lied zu hören und war bei allem mit dabei.

IBOSSE.

Tanze, tanze, Püppchen mein!
Nein, wie ist das Fräulein fein!
Und der Kavalier erst dann –
Er hat Hut und Handschuh an,
Blauen Rock und Höschen weiß,
In der Hand ein Bambusreis,
Hühneraug' am großen Zeh,
Daß es manchmal tut ihm weh.
Er ist fein, und sie ist fein!
Tanze, tanze, Püppchen mein!

Hier die alte Liese auch!
Sie kommt doch nicht aus dem Brauch;
Ist geflickt nun ganz und gar,
Und hat schönes neues Haar.
Beinah ist sie wieder jung,
Tanzen soll sie nun mit Schwung.
Komm nur mit, du alte Haut!
Lustig soll es werden, schaut!
Wie es wunderherrlich geht,
Es ist wert, daß ihr es seht!

Tanze, tanze, Püppchen mein!
Mach die richt'gen Tritte fein!
Auswärts setz das Füßchen leicht,
Wie ich dir es hab' gezeigt.
Frisch und fröhlich, frei und frank;
So bist du gar so süß und schlank!
Schwing dich lustig in die Rund',
Das ist schön und ist gesund!
Niedlich tanzt ihr alle drei –
Polka, Walzer, Allerlei.

Und die Puppen verstanden das Lied, die kleine Amalie verstand es, der
Student verstand es; er selbst hatte es gedichtet und sagte, es sei sehr schön;
nur Tante Amalie verstand es nicht, sie war über die Grenzen der Kind-
lichkeit hinaus. „Das ist läppisch", sagte sie, aber die kleine Amalie war
nicht so klug, sie singt es. Von ihr haben wir es.

Der Wind erzählt von Waldemar Daa
und seinen Töchtern

Wenn der Wind über das Gras dahinstreicht, kräuselt sich dies wie ein Gewässer, streicht er über die Saaten hin, dann wogen und wallen diese wie der hohe See: Das heißt des Windes Tanz – doch der Wind tanzt nicht allein, er erzählt auch, und wie singt er dann alles so recht aus voller Brust heraus, und wie klingt es gar verschieden in des Waldes Wipfeln, durch die Schallöcher und Ritzen und Sprünge der Mauer. Siehst du, wie der Wind dort oben die Wolken jagt, als seien sie eine geängstigte Lämmerherde! Hörst du, wie der Wind hier unten durch das offene Tor heult, als sei er ein Wächter und blase in sein Horn! Mit wunderlichen Tönen saust und pfeift er die Esse herab, in den Kamin hinein, das Feuer flammt und knistert dabei und leuchtet weit in das Zimmer, und warm und gemütlich ist das Stübchen, gar schön sitzt sich's dort, dem Spuk lauschend. Lasset den Wind nur erzählen, weiß er doch die Hülle und Fülle von Märchen und Geschichtchen, viel mehr denn wir alle insgesamt. Hört einmal zu, wie der Wind erzählt:

Huh-uh-usch! Dahingebraust! Das ist der Refrain des Liedes.

„An den Ufern des Großen Belts, einer der Wasserstraßen, die das Kattegat mit der Ostsee verbinden, liegt ein alter Herrensitz mit dicken roten Mauern", sagte der Wind, „ich kenne jeden Stein darin, ich sah ihn schon damals, als er noch zu der Burg des Marsk Stig auf der Landzunge gehörte, aber dort mußte er herunter! Der Stein aber kam wieder hinauf und wurde zu einer neuen Mauer, einem neuen Herrensitz, am anderen Orte: Borreby Herrensitz, wie er jetzt noch steht an der Küste.

Ich habe sie gekannt, die hochadeligen Herren und Frauen, die wechselnden Geschlechter, die darin gehaust, jetzt erzähle ich von Waldemar Daa und seinen Töchtern. Wie stolz trug er die Stirn, er war von königlichem Geblüt. Er wußte mehr, als bloß den Hirsch zu jagen und den Humpen zu leeren, das wird sich schon machen, pflegte er zu sagen.

Seine Gemahlin schritt stolz in goldgewirkten Gewändern über den blanken getäfelten Fußboden dahin, die Tapeten waren prächtig, die Möbel teuer angekauft, sie waren kunstvoll ausgeschnitzt. Gold- und Silberzeug hatte sie ins Haus gebracht, deutsches Bier lagerte im Keller, schwarze, mutige Hengste wieherten im Stall, reich sah es drinnen im Herrenhaus von

Borreby aus, damals, als der Reichtum überhaupt dort vorhanden war.

Vier Kinder waren auch dort, drei feine Jungfrauen, Ida, Johanna und Anna Dorothea; die Namen sind mir noch immer geblieben.

Reiche Leute waren es, vornehme Leute, in Herrlichkeit geboren, in Herrlichkeit erzogen! – Huh-uh-usch! Dahingebraust!" sang der Wind, und darauf erzählte er weiter:

„Hier sah ich nicht wie in den anderen alten Herrensitzen die hochgeborene Frau mit ihren Zofen im Saal sitzen und den Spinnrocken drehen, sie schlug die klingenden Saiten der Zither und sang dazu, aber nicht immer die alten dänischen Weisen, sondern Lieder fremder Zunge. Hier war ein Leben und Lebenlassen, fremde Gäste kamen herangezogen aus nah und fern, die Musik klang, die Becher klangen, ich vermochte nicht, diese Klänge zu übertönen!" sprach der Wind. „Hochmut und Hoffart mit Prunk und Pracht, Herrschaft war da, aber der Herrgott war nicht da!

Und es war gerade am Abend des ersten Maitages", sprach der Wind, „ich kam aus dem Westen, hatte geschaut, wie die Schiffe mit Mann und Maus von den Meereswellen zermalmt und an die Westküste Jütlands geworfen wurden, ich war über die Heide und über Jütlands waldumzäunte östliche Küste, über die Inseln Fünen dahingejagt und fuhr nun über den Großen Belt, ächzend und pustend.

Da legte ich mich zur Ruh' auf den Strand von Seeland, in der Nähe vom Herrensitz Borreby, wo damals noch der Wald, der herrliche Eichenwald prangte.

Die jungen Knechte der Gegend lasen Reisig und Äste unter den Eichen auf, die größten und dürrsten, die sie fanden, diese trugen sie in das Dorf, türmten sie zu einem Haufen auf, zündeten diesen an, und Knechte und Mägde tanzten singend im Kreise um den flammenden Scheiterhaufen.

Ich lag ganz ruhig", sagte der Wind, „allein ich berührte leise einen Ast, der von dem schönsten Knecht hinzugetragen wurde, und sein Holz flammte nun hell auf, flammte am höchsten auf, er war der Auserkorene und trug von Stund an den Ehrennamen, der Straßenbock, er zuerst wählte unter den Mägden sein Straßenlämmchen heraus; es war eine Freude, ein Jubel, größer als je da drinnen in den Sälen des reichen Herrensitzes.

Und auf den Herrensitz zu fuhren die hohe Frau und ihre drei Töchter, sechsspännig in vergoldeter Karosse, und die Töchter waren so zart, so jung, drei reizende Blumen: Rose, Lilie und die blasse Hyazinthe. Die Mutter war eine prahlende Tulpe, sie dankte nicht einem von der ganzen Schar der Knechte und Mägde, die im Spiel innehielten, und nickte und grüßte; man hätte glauben können, die Gnädige sei etwas spröde im Stengel.

Rose, Lilie und die blasse Hyazinthe, ja, ich sah sie alle drei! Wessen Straßenlämmchen würden sie wohl einst werden, dachte ich, ihr Straßenbock wird ein stattlicher Ritter sein, ein Prinz vielleicht! – Hu-uh-usch! Dahingebraust! Hingebraust!

Ja, die Karosse brauste dahin mit ihnen, und die Bauersleute brausten im Tanz dahin. Sie ritten den Sommer ein in alle Dörfer der Gegend.

Allein nachts, als ich mich erhob", sprach der Wind, „legte die hochführnehme Frau sich nieder, um sich nimmermehr zu erheben, es überkam sie so, wie es alle Menschen überkommt, das ist nichts Neues. Waldemar Daa stand ernst und gedankenschwer eine Weile; der stolzeste Baum kann gebeugt, aber nicht geknickt werden, sprach es in seinem Innern, die Töchter weinten, und alle Leute auf dem Herrensitz trockneten sich die Augen, aber Frau Daa war abgefahren – und ich fuhr auch ab, brauste dahin, huhuh-usch", sprach der Wind.

„Ich kehrte wieder, ich kehrte oft wieder über Fünenland und des Beltes Strand, ließ mich nieder bei Borreby an dem prächtigen Strand, dort nisteten die Fischadler, die Waldtauben, die blauen Raben und gar der schwarze Storch. Es war noch Frühjahr, einige hatten noch Eier und brüteten, andere hatten schon die Jungen ausgebrütet. Aber wie sie aufflogen, wie sie schrien, die Axt erklang Schlag auf Schlag, der Wald sollte gefällt werden. Waldemar Daa wollte ein prächtiges Schiff, ein Kriegsschiff, einen Dreidecker bauen, den der König schon ankaufen würde; deshalb fiel der Wald, das Wahrzeichen der Seefahrer, der Vögel Obdach. Der Habicht schreckte auf und flog davon, sein Nest wurde zerstört, der Fischadler und alle Vögel des Waldes wurden heimatlos, sie flogen irrend umher in Ängsten und im Zorn, ich verstand es wohl, wie ihnen zumute war, Krähen und Dohlen schrien laut wie zum Spott: ‚Krach, krach! Das Nest kracht! Krah, krah!'

Weit drinnen im Wald, wo die Schar der Arbeiter tobte, standen Waldemar Daa und seine drei Töchter, und alle lachten sie bei dem wilden Geschrei der Vögel, nur einer, der jüngeren der Töchter, Anna Dorothea, tat es im Herzen leid, und als man daran gehen wollte, auch einen schon fast eingegangenen Baum zu fällen, auf dessen nacktem Zweig der schwarze Storch sein Nest gebaut hatte, und die kleinen jungen Störche die Köpfe hervorstreckten, bat sie um Schonung für die Kleinen und tat es mit nassem Auge, und deshalb ließ man den Baum mit dem Nest des schwarzen Storches stehen. Der Baum war nicht der Rede wert.

Es wurde gehauen und gesägt, ein Schiff mit drei Decks wurde gebaut. Der Baumeister selbst war von geringem Holz, aber vom besten Stolz, Augen und Stirn sprachen davon, wie klug er sei, und Waldemar Daa hörte ihn gern erzählen, und auch sein Töchterlein Ida, das älteste, fünfzehnjährige, hörte ihm gern zu, und während er dem Vater ein Schiff baute, baute er sich selbst ein Luftschloß, in das er und Ida als Mann und Frau hineinzögen, was auch geschehen sein würde, wenn nur das Schloß aus steinernen Mauern mit Wällen und Wallgraben und mit Waldpark bestanden hätte. Aber seines klugen Kopfes ungeachtet blieb der Meister doch nur ein armer Vogel, und was will auch überhaupt ein Spatz im Pfauentanz? Huh-uh-husch! – Ich fuhr davon, und er auch, denn bleiben durfte er doch nicht, und Idalein verschmerzte es, dieweil sie es verschmerzen mußte!

Im Stall wieherten die stolzen Rappen, sie waren des Beschauens wert, und sie wurden auch beschaut. – Der Admiral, der vom König selbst gesandt war, um das neue Kriegsschiff zu besichtigen und dessen Ankauf einzuleiten, sprach in lauter Bewunderung von den schönen Pferden. Ich hörte das alles", sagte der Wind, „ich begleitete die Herren durch die offene Tür und streute Strohhalme gleich Goldbarren vor ihre Füße. Gold wollte Waldemar Daa, der Admiral wollte die stolzen Rappen, weshalb er sie auch so sehr lobte, allein das wurde nicht verstanden, und so wurde denn das Schiff auch nicht gekauft; es blieb auf dem Strand stehen, überdeckt mit Brettern, eine Arche Noah, die nie ins Wasser gelangte. Huh-uh-husch, dahingebraust! Und das war kläglich!

Zur Winterzeit, wenn die Felder mit Schnee bedeckt, die Gewässer voll Treibeis, daß ich auf die Küste hinaufschnaubte", sprach der Wind, „kamen Raben und Krähen, einer schwärzer als der andere, große Scharen, und sie ließen sich auf das öde, das tote, vereinsamte Schiff am Strand nieder und schrien in heiseren Tönen vom Wald, der dahin war, von den vielen prächtigen Vogelnestern, die vernichtet waren, von den obdachlosen Alten, den heimatlosen Kleinen, und alles, alles um des großen Gerumpel willen, des stolzen Fahrzeugs, das nie hinaussegelte.

Ich machte das Schneegestöber wirbelnd, und der Schnee lag wie große Seen hoch um das Schiff herum, über das Schiff hinweg! Ich ließ es meine Stimme vernehmen, was ein Sturm zu sagen hat, gewiß, ich tat das Meinige, daß es Schiffkenntnis erlange. Huh-uh-husch! Dahingefahren!

Und der Winter fuhr dahin, Winter und Sommer, sie fuhren, und sie fahren, wie ich dahinfahre, wie der Schnee stöbert, die Apfelblüten stöbern, das Laub fällt! Dahin, dahin, dahin fahren auch die Menschen!

Doch die Töchter waren noch jung, Idalein eine Rose, schön zu schauen wie damals, als der Schiffsbaumeister sie sah. Oft faßte ich ihr langes braunes Haar, wenn sie im Garten am Apfelbaum stand, sinnend und nicht achtend, daß ich ihr Blüten übers Haupt streute und es löste, während sie die rote Sonne und den goldenen Himmelsgrund anblickte durch das dunkle Gebüsch und die Bäume des Gartens hindurch.

Ihre Schwester war wie eine Lilie, glänzend und schlank. Johanna hatte Haltung und Gestaltung, war wie die Mutter, etwas spröde im Stengel. Gar gern durchwandelte sie den großen Saal, wo die Ahnen- und Familienbilder hingen, die Frauen waren in Samt und Seide abkonterfeit, ein kleines, perlengesticktes winziges Hütchen auf die Haarflechten gedrückt, es waren schöne Frauen! Die Herren erblickte man dort in Stahl oder in kostbaren Mänteln, die mit Eichkatzenfell gefüttert waren, sie trugen kleine Halskrausen, und das Schwert war ihnen um die Lende, nicht um die Hüfte geschnallt. Wo würde wohl einst das Bild Johannas dort an der Wand hängen, und wie würde wohl er, der adlige Herr und Gemahl aussehen? Ja, daran dachte sie, davon sprach sie leise in sich hinein, ich hörte es, wenn ich in den langen Gang in den Saal hineinfuhr und mich drinnen wieder umkehrte!

Anna Dorothea, die blasse Hyazinthe, ein vierzehnjähriges Kind nur, war still und sinnend, die großen wasserblauen Augen schauten gedankenschwer drein, aber das Lächeln des Kindes umspielte noch ihre Lippen, ich vermochte es nicht, dasselbe hinwegzublasen, und ich wollte es auch nicht.

Wir begegneten uns im Garten, im Hohlweg, auf Feld und Flur, sie sammelte Kräuter und Blumen, von denen sie wußte, daß ihr Vater sie zu den Getränken und Tropfen gebrauchte, die er zu destillieren wußte; Waldemar Daa war hochmütig und stolz, aber auch kenntnisreich, und er wußte gar vieles, das war kein Geheimnis, es wurde auch viel davon gemunkelt. Das Feuer flammte selbst bei Sommerzeit in seinem Kamin, er schloß die Kammertür ab, während das Feuer tage- und nächtelang geschürt wurde, aber hiervon sprach er nicht viel, die Naturkräfte muß man schweigend bannen, er würde schon bald das Beste ausfindig machen – das rote Gold.

Deshalb rauchte es auch im Kamin, deshalb knisterte und flammte es! Ja, ich war dabei!" erzählte der Wind. „,Laß fahren! Laß fahren!' sang ich durch den Schornstein hinab. ,Es wird Rauch, Schmauch, Kohlen und Asche! Du wirst dich selbst verbrennen!' Huh-uh-husch, dahinfahren, dahinfahren! Aber Waldemar Daa ließ es nicht fahren.

Die prächtigen Rappen im Stall – wo bleiben die? Die alten silbernen und goldenen Gefäße in Schränken und Kisten, die Kühe auf dem Feld, Haus und Hof? Ja, die können schmelzen, in dem goldenen Tiegel schmelzen und geben doch kein Gold.

Es wurde leer in der Scheune und in der Vorratskammer, im Keller und auf dem Boden. Die Leute nahmen ab, die Mäuse nahmen zu. Eine Fensterscheibe zersprang, eine andere barst, ich brauchte nicht durch die Tür hineinzugehen!" sagte der Wind. „Wo der Schornstein raucht, wird die Mahlzeit gebraten; der Schornstein rauchte, derjenige, der alle Mahlzeiten verschlang um des roten Goldes willen.

Ich blies durch das Hoftor, als sei es ein Wächter, der ins Horn blase, aber kein Wächter war da!" sprach der Wind, „ich drehte den Wetterhahn an der Turmspitze, er schnarrte, als wenn der Turmwächter schnarche, aber es war kein Wächter da, Ratten und Mäuse waren da, Armut deckte den Tisch, Armut saß dort im Kleiderschrank und im Küchenschrank, die Tür ging aus der Angel, Risse und Sprünge kamen zum Vorschein, ich ging aus, ich ging ein dort", sprach der Wind, „deshalb weiß ich auch Bescheid von allem!

In Rauch und Asche, in Kummer und in schlafloser Nacht ergraute das Haar im Bart und um die Schläfen, die Haut verblaßte und vergilbte, die Augen schauten gierig nach Gold, nach dem ersehnten Gold.

Ich blies ihm Rauch und Asche in Gesicht und Bart, Schulden statt Gulden kamen heraus. Ich sang durch die gesprungenen Fensterscheiben und die klaffenden Mauerritzen hindurch, ich blies hinein in die Laden der Töchter, in denen die Kleider verblaßt, fadenscheinig dalagen, weil sie immer und immer wieder vorhalten mußten. Das Lied war den Kindern nicht an der Wiege gesungen! Aus dem Herrenleben wurde ein Kummerleben! Ich allein jubelte laut im Schlosse", sprach der Wind. „Ich schneite sie ein, das macht warm, sagt man; Holz hatten sie nicht, der Wald war umgehauen, aus welchem sie es hätten herbeiholen können. Es war schneidender Frost, ich schwang mich durch Schallöcher und Gänge, über Giebel und Mauer, damit ich flink bleibe, darinnen lagen sie im Bette, der Kälte wegen, die adeligen Töchter, der Papa kroch unter das lederne Deckbett. Nichts zu beißen, nichts zu brechen, kein Feuer im Kamin, das ist ein Herrenleben! Huh-uh-husch! Laß 's fahren! Doch das konnte Herr Daa nicht, er konnte es nicht lassen!

‚Nach dem Winter kommt der Frühling‘, sagte er, ‚nach der Not kommen die guten Zeiten, man muß nur nicht die Geduld verlieren, muß sie erwarten können! Jetzt ist Haus und Hof verpfändet, jetzt ist es die äußerste

Zeit – und alsdann wird das Gold schon kommen! Zu Ostern!'

Ich hörte, wie er in das Gewebe der Spinne hineinsprach: ,Du flinker kleiner Weber! Du lehrst mich ausharren! Zerreißt man dein Gespinst, so beginnst du wieder von neuem und vollendest es! Wiederum zerrissen – und unverdrossen gehst du wieder an die Arbeit, von neuem! Von neuem! Das ist es, was zu tun ist, und das lohnt sich!'

Es war am Ostermontag, die Glocken klangen herüber von der nahen Kirche, die Sonne ,tanzte' am Himmel. In Fieberwallung hatte er die Nacht durchwacht, hatte gekocht und abgekühlt, gemischt und destilliert. Ich hörte ihn seufzen wie eine verzweifelte Seele, ich hörte ihn beten, ich vernahm es, wie er seinen Atem zurückhielt. Die Lampe war ausgebrannt, er bemerkte es nicht, ich blies das Kohlenfeuer an, es warf seinen roten Schein in sein kreideweißes Antlitz, das dadurch Farbe bekam, die Augen starrten zusammengekniffen aus ihren tiefen Höhlen heraus – doch nun wurden sie größer, groß – als wollten sie zerspringen.

Seht, das alchimistische Glas! Es glänzt in dem Glase, glühend, pur und schwer! Er hob es mit zitternder Hand, er rief mit zitternder Zunge: ,Gold! Gold!'

Ihm schwindelte dabei, ich hätte ihn umblasen können", erzählte der Wind, „aber ich fachte nur die glühenden Kohlen an, begleitete ihn durch die Tür hinein, wo die Töchter saßen und froren. Sein Rock war mit Asche bestreut, Asche hing in seinem Bart und in seinem verworrenen Haar. Er richtete sich hoch auf, hob seinen reichen Schatz in dem zerbrechlichen Glas empor: ,Gefunden! Gewonnen! Gold!' rief er und hielt das Glas hoch in die Höhe, daß es in den Sonnenstrahlen blitzte; und seine Hand zitterte, und das Glas fiel klingend zu Boden und zersprang in tausend Stücke, zerplatzt war die letzte Blase seines Glückes. Huh-uh-husch! Dahingefahren! Und ich fuhr davon vom Herrenhof des Goldmachers.

Im Spätherbst, bei den kurzen Tagen, wenn der Nebel kommt und nasse Tropfen auf die roten Beeren und die entblätterten Zweige setzt, kehrte ich zurück in frischer Stimmung, jagte durch die Luft, fegte den Himmel rein und knickte die dürren Äste, was freilich keine große Arbeit ist, aber es muß gemacht werden. Da wurde auch in anderer Weise reingefegt auf dem Herrensitz Borreby bei Waldemar Daa. Sein Feind Owe Ramel von Basnäs war dort, in der Tasche den Schuldbrief über Haus und Hof und alles, was sich im Hause befand. Ich trommelte an die zersprungenen Fensterscheiben, schlug mit den alten morschen Türen, pfiff durch Ritzen und Spalten: Huih! Herr Owe sollte gerade keine Lust verspüren, dazubleiben. Ida und Anna

Dorothea weinten bitterlich, Johanna stand stolz und blaß da, biß sich in den Daumen, daß er blutete – das sollte was helfen! Owe Ramel vergönnte Herrn Daa, bis ans Ende seines Lebens auf dem Herrenhof zu bleiben, aber man dankte ihm nicht für sein Anerbieten, ich lauschte wohl danach; ich sah den obdachlosen Herrn seinen Kopf stolzer erheben und emporwerfen, und ich warf mich dermaßen gegen das Haus und die alten Linden, daß einer der dicksten Zweige knickte, der nicht verdorrt war, der Zweig blieb an der Einfahrt liegen, ein Reisbesen, wenn jemand auskehren wollte, und ausgekehrt wurde dort, ich dachte es mir wohl!

Es war ein harter Tag, die Haltung zu behaupten, aber der Sinn war hart. Nichts konnten sie ihr Eigentum nennen, außer was sie an Kleidern am Körper trugen, und doch! Das alchimistische Glas, ein neues, das kürzlich angekauft und mit dem angefüllt, was als verschüttet vom Boden wieder aufgelesen war, der Schatz, der viel versprach, aber sein Versprechen nicht hielt. Waldemar Daa verbarg das Glas an seiner Brust, nahm darauf seinen Stock zur Hand, und der einst reiche Herr wanderte mit seinen drei Töchtern aus dem Herrensitz Borreby. Ich blies kalt auf seine heißen Wangen, ich strich seinen grauen Bart, sein langes weißes Haar, ich sang, wie ich es eben verstand: Huh-uh-husch! Dahingefahren, fahren! Das war das Ende der reichen Herrlichkeit.

Ida schritt an der einen Seite, Anna Dorothea an der anderen Seite des alten Mannes dahin, Johanna wandte sich an der Einfahrt um, wozu? Das Glück wollte sich doch nicht wenden. Sie blickte das rote Gemäuer der alten Burg des Marsk Stig an, dachte sie vielleicht an dessen Töchter:

,Die Älteste reichte der Jüngsten die Hand,
Und weit sie fuhren ins fremde Land.'

Dachte sie an dieses alte Lied? – Hier waren sie ihrer drei und auch der Vater dabei. – Sie schritten den Weg entlang, wo sie einst dahingefahren in der reichen Karosse, sie gingen den Bettlergang mit dem Vater, wanderten hinaus auf das offene Feld, auf die Heide in die Lehmhütte, die sie um anderthalb Taler jährlichen Mietzins erstanden, in den neuen Herrensitz mit leeren Wänden und leeren Gefäßen. Krähen und Dohlen flogen über sie dahin und schrien wie zum Spott: ,Krach, krach, aus dem Neste! Krah, Krah!' wie sie es geschrien im Walde bei Borreby, als die Bäume gefällt wurden.

Herr Daa und seine Töchter hörten es schon, ich strich ihnen um die Ohren, was sollten sie auch viel noch horchen!

Und sie zogen hinein in die Lehmhütte auf dem offenen Felde – und ich fuhr dahin über Flur und Feld, durch nacktes Gebüsch und entblätterte Wälder, nach den offenen Gewässern, den freien Stränden, anderen Länden, huh-uh-husch! Dahingefahren! Fahren! Jahraus, jahrein!"

Wie erging es Waldemar Daa? Wie erging es seinen Töchtern? – Der Wind erzählte es:

„Die, welche ich zuletzt sah, ja zum letzten Male, war Anna Dorothea, die blasse Hyazinthe; damals war sie alt und gebeugt, es war ein halbes Jahrhundert später. Sie blieb länger am Leben als die anderen, sie wußte alles.

Drüben auf der Heide bei der alten jütländischen Kreisstadt Miborg lag das neue schöne Haus des Dompropstes von roten Mauersteinen mit gezacktem Giebel, der Rauch quoll dick aus dem Schornstein heraus. Die sanfte Frau Propstin und die holden Töchter saßen im Erker und schauten über das hängende Hagedorngebüsch des Gartens hinaus in die braune Heide. Wonach schauten sie? Ihre Blicke blieben an dem Storchennest draußen, an der dem Einsturz nahen Hütte haften; das Dach bestand aus Moos und Hauslaub, soweit überhaupt Dach da war, am meisten deckte das Nest des Storches, und das allein wurde auch instand gehalten, der Storch hielt es instand.

Das war ein Haus zum Ansehen, nicht zum Anfassen, ich mußte leise verfahren!" sagte der Wind. „Um des Storchennestes willen ließ man noch das Häuschen stehen, es verunstaltete sonst die Heidelandschaft. Den Storch wollte man nicht wegjagen, deshalb ließ man die Baracke stehen, und die Arme, die darin wohnte, konnte denn auch wohnen bleiben, das hatte sie dem ägyptischen Vogel zu verdanken, oder war es vielleicht Vergeltung, weil sie einst Fürbitte für das Nest seines schwarzen Bruders im Wald bei Borreby tat? Damals war sie, die Arme, ein Kind, eine zarte, blasse Hyazinthe in dem adeligen Garten. Sie erinnerte sich an all das, Anna Dorothea!

‚Oh! oh!' – Ja, die Menschen können seufzen, wie es der Wind tut im Schilf und Röhricht. ‚Oh! Keine Glocken läuteten bei deinem Begräbnis, Waldemar Daa! Die armen Schulknaben sangen nicht, als der ehemalige Herr von Borreby in die Erde gebettet wurde. – Oh! Alles hat doch ein Ende, auch das Elend! – Schwester Ida wurde das Weib eines Bauern! Das war unserem Vater die härteste Prüfung! Der Mann der Tochter ein elender Leibeigener, der vom Gutsherrn aufs hölzerne Pferd gebracht werden könne! Jetzt ist er wohl unter der Erde? Und auch du? Ida? – O ja! O ja! Es ist doch noch nicht zu Ende, ich Elende! Ich Arme! Vergönne mir zu sterben, reicher Christ!'

Das war Anna Dorotheas Gebet in der elenden Hütte, die man noch des Storches wegen stehen ließ.

„Der Flinkesten der Schwestern nahm ich mich an!" sprach der Wind, „mannhaft war ihr Sinn, und in Manneskleidern, als Knecht, verdang sie sich an Bord eines Schiffes, sie war karg mit Worten, finster von Gesicht, aber willig bei ihrer Arbeit, doch das Klettern verstand sie nicht, so blies ich sie denn über Bord, ehe noch jemand erfuhr, daß sie ein Weib sei, und das war meiner Ansicht nach gut gemacht!" sagte der Wind.

„An einem Ostermorgen wie damals, wo Waldemar Daa wähnte, er habe das rote Gold gefunden, vernahm ich Psalmentöne unter dem Storchennest zwischen den morschen Wänden, es war Anna Dorotheas letztes Lied.

Ein Fenster war nicht da, nur ein Loch in der Wand. Die Sonne kam herauf, einem Goldklumpen gleich, und setzte sich darin, das war ein Glanz! Ihre Augen brachen, ihr Herz brach! Das hätten sie sowieso getan, wenn auch die Sonne an jenem Morgen Anna Dorothea nicht beschienen hätte.

Der Storch deckte ihre Hütte bis zu ihrem Tod! Ich sang an ihrem Grab!" sprach der Wind, „ich sang auch am Grab ihres Vaters, ich weiß, wo sein Grab und auch wo das ihrige ist, das weiß sonst niemand.

Neue Zeiten, andere Zeiten! Die alte Heerstraße führt in das umzäunte Feld; wo die gehegten Gräber sind, schlängelt sich die Landstraße; und bald kommt der Dampf mit seiner Wagenreihe und braust über die Gräber hin, die vergessen sind wie die Namen, hu-huh-husch! Dahingefahren!

Das ist die Geschichte von Waldemar Daa und seinen Töchtern. Erzählt sie besser, ihr anderen, wenn ihr es könnt!" sprach der Wind und wandte sich um.

Dahin war er.

Der Gärtner und die Herrschaft

Eine Meile von der Hauptstadt entfernt lag ein alter Herrensitz mit dicken Mauern, Türmen und zackigen Giebeln.

Hier wohnte während der Sommerszeit eine reiche, hochadlige Herrschaft. Dieses Gut war das beste und schönste von allen den Gütern, die sie besaß; das Herrenhaus war renoviert worden und stand da wie neugeboren in seiner zweiten Jugend, und innen herrschten Gemütlichkeit und Bequemlichkeit. Das Wappen der Familie war über dem Portal in Stein gehauen, prächtige Rosen schlängelten sich um Wappen und Erker, ein ganzer Rasenteppich breitete sich vor dem Haus aus; hier standen Rotdorn und Weißdorn und seltene Blumen, sogar außerhalb des Treibhauses.

Die Herrschaft hatte auch einen tüchtigen Gärtner, und es war eine Freude, den Blumengarten, den Obst- und Gemüsegarten zu sehen. An den letzteren stieß noch ein Überbleibsel von dem ursprünglichen alten Garten, einige Buchsbaumhecken, so beschnitten, daß sie Kronen und Pyramiden bildeten. Dahinter standen zwei gewaltige alte Bäume, sie waren fast immer blattlos, und man hätte leicht auf den Gedanken kommen können, daß irgendein Sturmwind oder eine Windhose sie mit großen Klumpen von Schmutz oder Mist überstreute, aber jeder Klumpen war ein Vogelnest.

Hier nistete seit undenklichen Zeiten ein Gewimmel von Krähen und Dohlen, ein ganzes Vogeldorf, und die Vögel waren die Besitzer, das älteste Geschlecht und die eigentliche Herrschaft; von den Menschen dort unten ging sie niemand etwas an, aber sie duldeten diese niedriggehenden Geschöpfe, ungeachtet diese dann und wann mit der Büchse knallten, daß es ihnen im Rückgrat kribbelte und jeder Vogel vor Schreck aufflog und schrie: „Rack! Rack!"

Der Gärtner sprach oft mit seiner Herrschaft von den alten Bäumen, daß sie nicht gut aussähen, daß man sie eigentlich umhauen müsse und daß, wenn sie fortkämen, man wahrscheinlich doch auch die schreienden Vögel los wäre, die dann anderswo ihr Unterkommen suchen würden. Aber die Herrschaft wollte sowenig die Bäume wie die schreienden Vögel missen, beides sei nicht auszurotten, es sei ein Überbleibsel der alten Zeit, und die solle man nicht so ganz mit Stumpf und Stiel auslöschen.

„Die Bäume sind nun einmal das Erbgut der Vögel, mögen sie es behalten, mein lieber Larsen!"

Der Gärtner hieß Larsen, wenn es hier auch weiter nichts zur Sache tut.

„Haben Sie denn nicht Platz genug für Ihre Tätigkeit, guter Larsen? Haben Sie doch den ganzen Blumengarten, die Treibhäuser, den Obst- und Gemüsegarten!"

Ja, die hatte er, und er pflegte und hegte sie mit Eifer und Tüchtigkeit, was die Herrschaft auch erkannte, wenn sie ihm andererseits auch nicht verheimlichte, daß sie bei anderen Herrschaften oft Obst gegessen und Blumen gesehen hatte, die alles übertrafen, was in ihrem Garten wuchs. Das machte den Gärtner betrübt, denn er wollte das Beste und tat sein Bestes. Er war ein herzensguter und auch tüchtiger Mensch.

Eines Tages ließ ihn die Herrschaft zu sich rufen und sagte ihm in aller Freundlichkeit und Leutseligkeit, daß sie tags zuvor bei vornehmen Freunden eine Sorte Äpfel und Birnen gegessen hätte, die so saftig und wohlschmeckend waren, daß sie und alle Gäste mit Bewunderung darüber gesprochen hätten. Das Obst sei freilich kein inländisches gewesen, aber es müsse eingeführt, müsse im Lande heimisch werden, wenn das Klima es erlaube. Man wußte, daß jene Äpfel und Birnen in der Stadt beim Obsthändler gekauft waren, der Gärtner sollte zur Stadt reiten und sich erkundigen, woher dieses Obst kam, und dann Pfropfreiser verschreiben.

Der Gärtner kannte den Obsthändler sehr gut, es war gerade der, an den er das überflüssige Obst aus dem Garten des Herrensitzes verkaufte. Er ritt zur Stadt und fragte den Obsthändler, woher er seine gepriesenen Äpfel und Birnen habe. „Die sind ja aus Ihrem eigenen Garten!" antwortete der Obsthändler und zeigte ihm die Äpfel und Birnen, die er sofort wiedererkannte.

Wie unser Gärtner sich freute! Er beeilte sich, nach Hause zurückzukehren, stellte sich bei der Herrschaft ein und erzählte ihr, daß die Äpfel wie die Birnen aus ihrem eigenen Garten seien.

Das wollte die Herrschaft nun gar nicht glauben. „Das ist nicht möglich, Larsen! Können Sie uns die schriftliche Versicherung des Obsthändlers beschaffen?"

Das konnte er, er beschaffte eine schriftliche Bestätigung.

„Nein, das ist merkwürdig!" sagte die Herrschaft.

Von nun an gelangten täglich große Schüsseln mit diesen prächtigen Äpfeln und Birnen aus ihrem eigenen Garten auf den herrschaftlichen Tisch; es wurde von diesem Obst scheffelweise an Freunde in der Stadt und außerhalb der Stadt, ja selbst ins Ausland versandt. Das war ein wirkliches Vergnügen! Aber sie fügten doch hinzu, daß es freilich zwei merkwürdig gute Sommer für Baumobst hintereinander gewesen seien, und daß dieses Obst überall im Lande gut gedieh.

Es verging einige Zeit. Die Herrschaft speiste eines Mittags bei Hofe. Tags darauf wurde der Gärtner zu der Herrschaft gerufen. Diese hatte an der königlichen Tafel ganz besonders saftvolle und schmackhafte Melonen aus dem Treibhaus der Majestäten gespeist.

„Sie müssen zu dem Hofgärtner gehen, lieber Larsen, und uns einige Saatkerne von diesen köstlichen Melonen verschaffen!"

„Der Hofgärtner hat die Kerne von uns erhalten", sagte der Gärtner ganz erfreut.

„Dann hat der Mann es verstanden, die Frucht zu einem erhöhten Grade von Entwicklung zu bringen!" antwortete die Herrschaft. „Jede Melone war ausgezeichnet!"

„Dann kann ich stolz sein!" sagte der Gärtner. „Ich muß nämlich der gnädigen Herrschaft sagen, daß der Hofgärtner dieses Jahr kein Glück mit seinen Melonen gehabt hat, und als er sah, wie prächtig die unseren aussahen, und sie kostete, da bat er mich, ich möchte ihm drei Stück davon aufs Schloß schicken."

„Aber Larsen, bilden Sie sich doch nicht ein, daß es die Melonen aus unserem Garten gewesen sind."

„Das glaube ich ganz bestimmt!" sagte der Gärtner, begab sich zum Hofgärtner und erhielt von ihm eine schriftliche Bescheinigung darüber, daß die Melonen auf der königlichen Tafel aus dem Garten des Herrensitzes gewesen seien.

Das war der Herrschaft eine wirkliche Überraschung, und sie verschwieg auch diesen Fall nicht, sondern zeigte vielmehr die Bescheinigung überall vor, ja, es wurden Melonenkerne weit und breit versandt wie früher Äpfel, Birnen und Pfropfreiser.

Über die Pfropfreiser bekam man die Nachricht, daß sie anschlugen, Früchte ansetzten, ganz ausgezeichnete Früchte, und daß man der Sorte den Namen des Herrensitzes gegeben habe, so daß dieser Name nun dadurch in Englisch, Deutsch und Französisch zu lesen war.

Das hatte man sich vorher nicht gedacht.

„Wenn nur der Gärtner nicht eine zu hohe Meinung von sich bekommt!" sagte die Herrschaft.

Der Gärtner nahm das nun anders, er wollte sich von nun an gerade bemühen, daß sein Name als der eines der besten Gärtner des Landes genannt würde, wollte jedes Jahr versuchen, etwas Vorzügliches von allen Arten Gartengewächsen zu ziehen, und tat es auch, aber er mußte doch oft hören, daß die allerersten Früchte, die er gebracht hatte, die Äpfel und Birnen, eigentlich die besten waren, daß alle späteren Arten weit darunterständen. Die Melonen seien dieses und jenes Jahr zwar sehr gut gewesen, aber das eigentlich die besten waren, daß alle späteren Arten weit darunterständen. Die Melonen seien dieses und jenes Jahr zwar sehr gut gewesen, aber das war ja auch eine ganz besondere Art. Die Erdbeeren könne man vortrefflich nennen, aber sie seien nicht besser als die, welche andere Herrschaften hatten, und als die Radieschen eines Jahres mißlangen, da sprach man nur von den schlechten Radieschen und nicht von den guten Früchten und dem guten Gemüse.

Es war fast, als fühle die Herrschaft eine Erleichterung, wenn sie sagte: „Dieses Jahr, lieber Larsen, wollte es nicht recht gehen!" Sie waren ganz erfreut, sagen zu können: „Es war dieses Jahr nicht sonderlich gut!"

Ein paarmal in der Woche brachte der Gärtner frische Blumen in das Zimmer der Herrschaft hinauf; sie waren stets geschmackvoll angeordnet, wodurch die Farben durch die Zusammenstellung gleichsam in ein besseres Licht kamen. „Sie haben Geschmack, Larsen!" sagte die Herrschaft, „das ist eine Gabe Gottes, nicht von Ihnen selbst."

Eines Tages trat der Gärtner ins Zimmer mit einer großen Glasschale, in der ein Seerosenblatt auf dem Wasser lag, auf diesem Blatt lag wiederum, mit ihrem langen dicken Stengel ins Wasser hängend, eine strahlendblaue Blume, so groß wie eine Sonnenblume.

„Der indische Lotos!" rief die Herrschaft.

Eine solche Blume hatten sie noch nicht gesehen, und sie wurde am Tage in den Sonnenschein, abends unter den Kronleuchter gestellt. Jeder, der sie sah, fand sie wunderschön und selten, ja das sagte selbst die vornehmste der jungen Damen des Landes, eine Prinzessin, die auch klug und herzensgut war.

Die Herrschaft sah es als eine Ehre an, ihr die Blume zu überreichen, und so gelangte sie mit der Prinzessin ins Schloß.

Nun begab sich die Herrschaft in den Garten, um selbst eine Blume dieser Art zu pflücken, wenn es noch eine solche gab. Aber sie war nicht aufzufinden. Sie riefen den Gärtner und fragten, woher er die blaue Lotosblüte habe.

„Wir haben vergeblich gesucht!" sagten sie. „Wir sind in den Treibhäusern und überall im Blumengarten gewesen."

„Nein, dort ist sie freilich nicht!" sagte der Gärtner. „Sie ist nur eine geringe Blume aus dem Blumengarten! Aber nicht wahr, sie ist sehr schön! Sieht sie doch aus, als sei sie ein blauer Lotos, und ist doch nur die Blüte der Artischocke!"

„Aber das hätten Sie uns gleich sagen müssen!" sagte die Herrschaft. „Wir mußten ja denken, es sei eine fremde, seltene Blume. Wir haben uns der jungen Prinzessin gegenüber blamiert! Sie sah die Blume bei uns, fand sie sehr schön, kannte sie nicht, obgleich sie in der Botanik sehr gut Bescheid weiß, aber die Wissenschaft hat nichts mit Gemüsepflanzen zu tun. Wie konnte es Ihnen einfallen, guter Larsen, uns eine solche Blume ins Zimmer zu bringen? Das hat uns überall lächerlich gemacht!"

Und von der schönen blauen Prachtblume, die aus dem Gemüsegarten geholt worden war, gelangte vorerst kein zweites Exemplar in das herrschaftliche Zimmer, denn da gehörte sie nicht hin, sagte die Herrschaft; ja, sie entschuldigte sich bei der Prinzessin und erzählte, daß die Blume nur ein Gemüsekraut sei, daß der Gärtner den Einfall gehabt habe, es als etwas Besonderes zur Schau zu stellen, daß er dafür aber eine ernste Zurechtweisung erhalten habe.

„Aber das ist ja Unrecht gewesen!" sagte die Prinzessin. „Hat er doch unseren Blick auf eine Prachtblume gelenkt, die wir gar nicht zu würdigen wußten, und die Schönheit dort gezeigt, wo wir sie nicht gesucht hätten! Der Schloßgärtner soll jeden Tag, solange die Artischocken blühen, mir eine Blüte in mein Zimmer bringen!"

Und so geschah es auch.

Die Herrschaft ließ dem Gärtner nun auch sagen, daß er wieder eine frische Artischockenblüte bringen könne.

„Sie ist eigentlich schön", sagte sie, „höchst merkwürdig!" Und der Gärtner wurde gelobt.

„Ja, das liebt der Larsen sehr!" sagte die Herrschaft. „Er ist wie ein verhätscheltes Kind!"

An einem Herbsttage erhob sich ein entsetzlicher Sturm; er steigerte sich noch zur Nachtzeit und wurde so gewaltig, daß am Waldsaum viele große Bäume mit den Wurzeln aus dem Boden gerissen wurden, und zum großen Kummer der Herrschaft, aber zur Freude des Gärtners, stürzten auch die beiden großen Bäume mit allen Vogelnestern um. Durch den Sturm hörte man das Geschrei und Gekreische der Krähen und Dohlen.

„Jetzt sind Sie wohl recht froh, Larsen!" sagte die Herrschaft. „Der Sturm hat die Bäume gefällt, und die Vögel haben den Wald aufgesucht. Hier ist nun nichts mehr von der alten Zeit zu sehen, jedes Zeichen, jede Spur ist fort! Uns hat das sehr betrübt!"

Der Gärtner sagte nichts, aber er überlegte sich, wie er den prächtigen sonnigen Platz, den er früher nicht zur Verfügung hatte, ausnutzen werde; er sollte dem Garten zum Schmuck und der Herrschaft zur Freude werden.

Die großen umgestürzten Bäume hatten die uralten Buchsbaumhecken mit ihren Kronen und Pyramiden gänzlich zerstört. Er setzte an deren Stelle ein Gebüsch von einheimischen Pflanzen und Sträuchern.

Das, was keinem anderen Gärtner eingefallen war, in Fülle in den herrschaftlichen Garten einzupflanzen, setzte er hier in den für jedes Gewächs bereiteten Boden, in Sonnenschein und in Schatten, wie es jede Art verlangte, und er pflegte es mit Liebe, so daß es prächtig wuchs.

Der Wacholder aus der jütländischen Heide, der in Form und Farbe der Zypresse Italiens gleicht, der blanke Christdorn, der immer grün bleibt bei Winterkälte und Sommersonne, wuchsen prächtig empor. Da wuchs der Farn, viele verschiedene Arten, einige sahen aus, als seien sie die Kinder der Palme, und andere, als wären sie die Eltern der feinen, schönen Pflanze, die wir Venushaar nennen. Hier stand die geringgeachtete Distel, die in ihrer Frische so schön ist. Die Distel stand auf trockenem Boden; in dem feuchten Boden wuchs das Klettenkraut, ebenfalls eine geringgeschätzte Pflanze – und doch durch ihre Größe und ihr mächtiges Blatt so malerisch schön. Klafterhoch, Blume an Blume gereiht, wie ein großer vielarmiger Kandelaber, erhob sich die Königskerze, vom Feld hier eingepflanzt. Hier standen Waldmeister, Schlüsselblume, die wilde Kalla und der dreiblättrige, feine Sauerklee. Es war ein prächtiger Anblick.

Vor diesem Gebüsch, gestützt auf ein feines Drahtgeländer, wuchsen in Reihen ganz niedrige Birnenbäume aus Frankreich; sie hatten Sonne und gute Pflege und trugen bald große saftige Früchte wie in dem Land, aus dem sie stammten.

Doch statt der beiden alten, blattlosen Bäume war eine hohe Flaggenstange aufgerichtet, von der der Daneborg wehte, und dicht dabei noch eine Stange, um die sich zur Sommerzeit und zum Herbst die Hopfenranke mit ihren duftenden Blütenbüscheln schlängelte, wo aber im Winter nach alter Sitte eine Hafergarbe befestigt wurde, damit die Vögel während der fröhlichen Weihnachtszeit eine Mahlzeit hatten.

„Der gute Larsen wird sentimental auf seine alten Tage!" sagte die Herrschaft. „Aber er ist uns treu und ergeben."

Um die Neujahrszeit erschien in einem der illustrierten Blätter der Hauptstadt ein Bild von dem alten Herrensitz; man sah hier die Flaggenstange und auch die andere Stange mit der Hafergarbe für die Vögel zur fröhlichen Weihnachtszeit; und im Text zu dem Bild war es bemerkt und als schöner Gedanke hervorgehoben, daß hier eine alte Sitte zu Ehren gelangt sei.

„Für alles, was dieser Larsen tut, rührt man die Trommel", sagte die Herrschaft. „Er ist ein glücklicher Mann! Wir müssen ja fast stolz darauf sein, daß wir ihn haben!"

Aber sie waren gar nicht stolz darauf! Sie wußten schon, daß sie die Herrschaft waren, sie konnten ja Larsen seine Stelle kündigen, aber sie taten es nicht, sie waren gute Menschen, und von ihrer Art gibt es viele gute Menschen, und das ist für jeden Larsen erfreulich.

Die große Seeschlange

Es war ein kleiner Seefisch von guter Familie, an den Namen erinnere ich mich nicht mehr, mögen die Gelehrten ihn dir sagen. Der kleine Fisch hatte achtzehnhundert Geschwister, alle gleich alt, sie kannten weder Vater noch Mutter, sie waren sich von Anfang an selbst überlassen gewesen und waren so aufs Geratewohl umhergeschwommen, aber das war ein großes Vergnügen. Trinkwasser hatten sie genug, das ganze Weltmeer; an Futter dachten sie nicht, das würde schon kommen; jeder wollte auf seine Weise lustig sein; jeder würde auch seine eigene Geschichte haben, ja, daran dachte auch keiner von ihnen.

Die Sonne schien ins Wasser hinab, es leuchtete um sie herum, mit einer wunderbaren Klarheit, und es war eine Welt mit den sonderbarsten Geschöpfen, einige riesig groß mit furchtbaren Rachen, die hätten die achtzehnhundert Geschwister verschlingen können, aber daran dachten sie nicht, es war nämlich noch keines von ihnen verschlungen worden.

Die Kleinen schwammen zusammen, dicht beieinander, wie die Heringe und Makrelen; aber wie sie so im Wasser schwammen und an gar nichts dachten, senkte sich, mit einem entsetzlichen Laut, von oben her, mitten unter sie herab, ein langes, schweres Ding, das gar kein Ende zu haben schien; immer weiter und weiter dehnte es sich aus, und jeder der kleinen Fische, der daran stieß, wurde zerquetscht oder bekam einen Stoß, den er nicht überstehen konnte. Alle kleinen Fische, auch die großen, von der Meeresoberfläche bis hinunter zum Meeresgrund, fuhren entsetzt zurück; das schwere, gewaltige Ding senkte sich tiefer, es wurde länger und länger, meilenlang, durch das ganze Meer hindurch.

Fische und Schnecken, alles was schwimmt, alles, was kriecht dort unten oder von den Strömungen getrieben wird, sah dieses entsetzliche Ding, diesen gewaltigen unbekannten Meeraal, der so unerwartet von oben heruntergekommen war.

Was war das für ein Ding? Ja, wir wissen es! Es war das große, meilen-

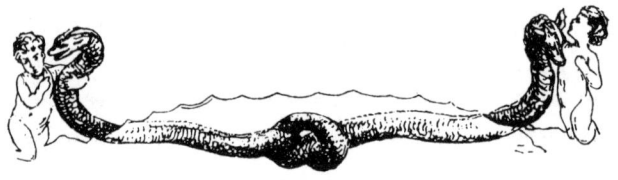

lange Telegrafenkabel, welches die Menschen zwischen Europa und Amerika versenkten.

Alles entsetzte sich, und großer Aufruhr entstand unter den rechtmäßigen Bewohnern des Meeres, dort, wo das Kabel hinabgesenkt wurde. Die fliegenden Fische flogen über die Meeresoberfläche dahin, so hoch sie eben vermochten, und der Knurrhahn flog einen ganzen Büchsenschuß weit über das Meer hinweg, denn das kann er; andere Fische suchten den Meeresgrund auf, und sie stießen mit solcher Schnelligkeit hinab, daß sie lange, bevor das Telegrafenkabel dort unten zu sehen war, ankamen; sie erschreckten den Kabeljau und die Flunder, die da unten auf dem Grunde friedlich einherschwammen und ihre Mitgeschöpfe fraßen.

Ein paar Seegurken erschreckten sich dermaßen, daß sie ihren Magen ausspien, aber sie blieben doch am Leben, denn das haben sie gelernt. Viele Hummer und große Krabben gingen aus ihren festen Harnischen heraus und mußten ihre Beine zurücklassen.

Bei all diesem Schreck und der Verwirrung gerieten die achtzehnhundert Geschwister auseinander und begegneten sich nicht wieder oder kannten sich nicht mehr; nur etwa dreißig Stück blieben auf demselben Fleck, und nachdem sie sich einige Stunden ganz ruhig verhalten hatten, überwanden sie den ersten Schrecken und begannen, neugierig zu werden.

Sie schauten sich um, sie sahen hinauf und hinab, und unten in der Tiefe meinten sie, das entsetzliche Ding zu sehen, das sie wie alle anderen erschreckt hatte. Das Ding lag über dem Meeresgrund dahingestreckt, so weit sie sehen konnten; sehr dünn war es, aber sie wußten ja nicht, wie dick es sich möglicherweise machen konnte oder wie stark es war. Es lag ganz still da, aber sie dachten, das könnte eine Hinterlist sein.

„Mag es liegen, wo es liegt, es geht uns nichts an!" sagte der vorsichtigste der kleinen Fische, aber der allerkleinste unter ihnen wollte sich damit nicht zufriedengeben; er wollte wissen, was an dem Ding war; von oben herab war es gekommen, und von oben müsse man sich am Ende den besten Bescheid holen können. Und dann schwammen sie alle zur Oberfläche hinauf; und das Wasser war sehr ruhig.

An der Oberfläche begegnete ihnen ein Delphin, der ist so eine Art Springinsfeld, ein Herumtreiber des Meeres, der seine Purzelbäume auf dem Wasserspiel schlägt. Sie fragten ihn auch, ob er Bescheid wüßte, aber er hatte nur an sich und seine Purzelbäume gedacht, und hatte nichts gesehen, wußte nicht zu antworten, schwieg deshalb und machte ein stolzes Gesicht.

Darauf wandten sie sich an den Seehund, der gerade untertauchte; er war höflicher, obgleich er kleine Fische frißt; aber an diesem Tag war er satt. Er wußte ein wenig mehr als der Springfisch.

„Ich habe manche Nacht auf einem nassen Stein gelegen", sagte er, „und ins Land hineingesehen, meilenweit, es sind hübsche Geschöpfe dort, die man in ihrer eigenen Sprache Menschen nennt; sie stellen uns nach, aber in der Regel entkommen wir ihnen; das habe ich – und das hat auch der Meeraal getan, von dem ihr sprecht. Er ist in ihrer Gewalt gewesen, ist auf dem Lande gewesen, wahrscheinlich seit undenklichen Zeiten, dann haben sie ihn auf einen Wagen und hierhergebracht, um ihn übers Meer zu bringen in ein weit entferntes Land. Ich sah es, was sie für Mühe dabei hatten, aber bewältigen konnten sie ihn schon, muß er doch auf dem festen Lande matt geworden sein. Sie legten ihn in Kranz und Kreis, ich hörte, wie er rollte und knackte, als sie ihn legten, aber er entschlüpfte ihnen doch. Sie hielten ihn aus Leibeskräften fest, aber er entschlüpfte doch und gelangte auf den Grund, dort liegt er nun bis auf weiteres, denke ich."

„Er ist ziemlich dünn!" sagten die kleinen Fische.

„Sie haben ihn hungern lassen!" sagte der Seehund, „aber er wird sich bald erholen und seine frühere Dicke bekommen. Ich denke mir, er ist die große Seeschlange, die die Menschen so sehr fürchten und von der sie soviel sprechen; ich habe sie früher nie gesehen und nie an sie geglaubt, jetzt glaube ich, daß er es ist!" Und dann tauchte der Seehund hinab.

„Er wußte viel! Und wieviel sprach er!" sagten die kleinen Fische. „So klug wie jetzt bin ich noch nie gewesen! – Wenn es nur keine Lüge ist!"

„Schwimmen wir doch hinab und untersuchen die Sache!" sagte der Kleinste, „unterwegs hören wir auch die Ansichten anderer."

„Wir tun keinen Flossenschlag, um etwas zu erfahren!" sagten die anderen und zogen ihre Wege.

„Ich tue es aber!" sagte der Kleinste und steuerte vorwärts, in die Tiefe hinab; aber er befand sich weit von der Stelle, wo das lange Ding lag.

Noch nie hatte er gewußt, daß er in einer so großen Welt lebte. Die Heringe wanderten hier in großen Schwärmen, leuchtend wie ein silbernes Riesenbeet; die Makrelen schwammen auch zusammen und sahen noch prächtiger aus. Fische in allen Gestalten und Formen zogen umher; Medusen, wie halbdurchsichtige Blumen, die sich von den Strömungen führen ließen. Große Pflanzen wuchsen aus dem Meeresgrund empor, klafterhohes Gras und palmenförmige Bäume, jedes Blatt mit leuchtenden Schaltieren besetzt.

Endlich erblickte der kleine Fisch einen langen dunklen Streifen unten und steuerte auf diesen zu, aber der Streifen war weder Fisch noch Kabel, es war die Reling eines großen gesunkenen Schiffes, dessen oberes und unteres Deck durch den Wasserdruck geborsten waren. Der kleine Fisch schwamm in den Schiffsraum hinein, aus dem die vielen Menschen, die beim Sinken des Schiffes umgekommen waren, hinausgespült waren bis auf zwei: eine junge Frau lag dort, mit einem kleinen Kind im Arm. Das Wasser hob sie, schaukelte sie gleichsam. Der kleine Fisch erschrak nicht wenig, er wußte nicht, daß sie nicht erwachen konnten. Wasserpflanzen hingen als Laubwerk über die Reling herab, über die zwei Leichen von Mutter und Kind. Wie still, wie einsam war es hier. Der kleine Fisch sputete sich, was er konnte, um von hier fortzukommen; dort hinaus, wo das Wasser hell leuchtete, und wo auch Fische zu sehen waren. Er war nicht weit gelangt, als ihm ein junger, entsetzlich großer Walfisch entgegenkam.

„Verschlinge mich nicht!" sagte der kleine Fisch, „ich bin nicht mehr als ein Kosthäppchen, so klein bin ich, und mir ist es gar zu angenehm, am Leben zu bleiben."

„Was willst du so tief hier unten, wo deine Art sonst nicht hinkommt?" fragte der Walfisch. Und nun erzählte der kleine Fisch von dem sonderbaren Aal oder was das Ding sein mochte, das sich von oben herabgesenkt und selbst die mutigsten Seegeschöpfe erschreckt hatte.

„Ho, ho!" sagte der Walfisch und zog dermaßen Wasser an sich, daß er, wenn er nach oben kam und Atem holte, einen gewaltigen Wasserstrahl von sich spritzen mußte. „Ho, ho!" sagte er, „also das Ding ist es gewesen, das mich am Rücken kitzelte, als ich mich umdrehte. Ich dachte, es sei ein Schiffsmast, an dem ich mich kratzen konnte. Aber hier an diesem Ort war es nicht. Das Ding liegt viel weiter draußen. Ich will es doch untersuchen, ich habe nichts anderes zu tun."

Und damit schwamm er vorwärts und der kleine Fisch hinterdrein, nicht zu nahe, denn es ging gleichsam ein reißender Sog von dem großen Walfisch aus.

Es begegneten ihm ein Hai und ein alter Schwertfisch, die beiden hatten auch von dem seltsamen Meeraal gehört, der so lang und so dünn war, aber gesehen hatten sie ihn nicht, doch sie wollten es.

Dann kam eine Meerkatze hinzu.

„Ich mache mit", sagte sie, „wir gehen denselben Weg. Ist die große Seeschlange nicht dicker wie ein Ankertau, so beiße ich sie durch und durch mit einem Biß!" Und sie öffnete ihren Rachen und zeigte ihre sechs Reihen Zähne. „Ich beiße sogar Löcher in einen Schiffsanker, da werde ich sie doch wohl durchbeißen können."

„Da ist sie!" sagte der große Walfisch, „ich sehe sie!" Er glaubte, er sehe besser als die anderen. „Sieh mal, wie sie sich hebt, biegt und krümmt!"

Sie war es doch nicht, sondern es war ein fürchterlich großer Meeraal, mehrere Ellen lang, der sich näherte.

„Den habe ich früher schon einmal gesehen!" sagte der Schwertfisch, „der hat nie besonderes Aufsehen erregt oder große Fische erschreckt."

Und nun erzählten sie ihm von dem neuen Aal und fragten, ob er mit auf die Entdeckungsfahrt gehen wollte.

„Ist der Aal länger als ich", sagte der Meeraal, „so soll er die Schwerenot kriegen!"

„Das soll er!" sagten die anderen. „Wir sind genug, um ihn nicht zu dulden!" Und darauf eilten sie vorwärts.

442

Aber da kam ihnen etwas in den Weg, ein sonderbares Ungeheuer, größer als sie allesamt. Es sah aus wie eine schwimmende Insel, die sich nicht oben halten konnte.

Es war ein uralter Walfisch. Sein Kopf war mit Meerespflanzen überwachsen, sein Rücken mit kriechenden Tieren und mit so vielen Austern und Muscheln besetzt, daß sein schwarzes Fell ganz weißscheckig war.

„Komm mit, Alter!" sagten sie. „Hier ist ein neuer Fisch angekommen, der nicht geduldet werden darf."

„Ich bleibe lieber liegen, wo ich liege!" sagte der Walfisch. „Laßt mich in Ruhe! Laßt mich liegen! Oh ja, ja, ja! Ich leide an einer schweren Krankheit! Linderung habe ich nur, wenn ich oben an die Meeresoberfläche gelange und den Rücken übers Wasser kriege. Dann kommen die großen Seevögel und suchen mich ab, das tut mir so wohl, wenn sie die Schnäbel nur nicht zu tief einhauen, das dringt oft tief in meinen Speck hinein. Seht mal! Das ganze Skelett von einem Vogel sitzt mir noch im Rücken; der Vogel schlug die Krallen zu tief ein und konnte nicht wieder loskommen, als ich tauchte. Jetzt haben die kleinen Fische ihn abgeknabbert, seht, wie er aussieht und wie ich aussehe! Ich bin krank!"

„Das ist lauter Einbildung!" sagte der junge Walfisch. „Ich bin niemals krank. Kein Fisch ist krank!"

„Bitte um Verzeihung!" sagte der alte Walfisch, „der Aal hat seine Hautkrankheit, der Karpfen Pocken, und wir alle haben Eingeweidewürmer."

„Dummes Zeug!" sagte der Haifisch, er mochte nichts mehr hören, die anderen auch nicht, sie hätten anderes zu tun, meinte er.

Endlich gelangten sie an die Stelle, wo das Telegrafenkabel lag. Es lag von Europa bis nach Amerika, über Sandhügel und Seeschlamm, Felsengrund und Pflanzenwildnis, über ganzen Wäldern von Korallen. Es ist dort unten eine Unruhe, ein Platschen, ein Summen, ein Sausen: Von dem Sausen spukt noch ein wenig nach in den großen leeren Seemuscheln, wenn wir sie an das Ohr halten.

„Da liegt das Tier!" sagten die großen Fische, und der kleine sagte es auch. Sie starrten das Kabel an, dessen Anfang und Ende weit über ihren Gesichtskreis hinaus verschwanden.

Schwämme, Polypen und Gorgonen erhoben sich vom Grunde und schwankten hin und her, senkten und beugten sich über das Kabel, so daß es bald nicht mehr zu sehen war, bald wieder zum Vorschein kam. Seeigel, Schnecken und Würmer regten und bewegten sich drumherum, riesenhafte

Spinnen, die eine ganze Besatzung von kriechenden Tieren auf sich hatten, spazierten das Tau entlang. Dunkelgrüne Seegurken oder wie das Gewürm heißt, das mit dem ganzen Körper frißt, lagen da und berochen das neue Tier, das sich auf den Meeresgrund gelegt hatte. Flundern und Kabeljaus kehrten sich im Wasser um, damit sie von allen Seiten horchen konnten. Der Sternfisch, der sich stets in den Schlamm einbohrt und nur zwei lange Stiele mit Augen draußen behält, lag da und glotzte, um zu sehen.

Das Telegrafenkabel lag unbeweglich da. Aber in ihm waren Leben und Gedanken! Menschengedanken durchzogen es.

„Dem Ding ist nicht zu trauen!" sagte der Walfisch. „Es ist imstande und schlägt mich in den Bauch, und der Bauch ist nun meine schwache Seite!"

„Fühlen wir uns voran!" sagte der Polyp. „Ich habe lange Arme, ich habe geschmeidige Finger! Ich habe es schon berührt, ich will jetzt etwas derber angreifen."

Und er streckte seine längsten, geschmeidigsten Arme zu dem Tau hinab und legte sie drumherum.

„Das Ding hat keine Schuppen!" sagte der Polyp, „es hat auch kein Fell! Ich glaube, lebendige Jungen wird es nicht gebären können."

Der Meeraal legte sich der Länge nach neben das Telegrafenkabel und streckte sich so lang aus, wie er konnte.

„Das Ding ist länger als ich!" sagte er. „Aber es kommt auf die Länge nicht an, man muß Haut, Magen und Geschmeidigkeit haben."

Der Wal, der junge, starke Wal, kam tiefer hinab, als er es jemals getan hatte.

„Bist du Fisch oder Pflanze?" fragte er. „Oder bist du nur so ein Werk von oben, das hier unten bei uns nicht gedeihen kann?"

Aber das Telegrafenkabel antwortete nicht; es gingen Gedanken durch sein Inneres, Menschengedanken, und die flogen in einer Sekunde viele Hunderte von Meilen von Land zu Land.

„Wirst du antworten oder willst du zermalmt werden?" fragte der wilde Hai, und alle die anderen großen Fische fragten dasselbe: „Willst du antworten oder willst du zermalmt werden?"

Das Kabel rührte sich nicht, es hatte seine Gedanken für sich, und die kann es schon haben, denn es ist voller Gedanken.

„Mögen sie mich zerstören, ich werde aufgenommen und wieder instand gesetzt, so ist es auch anderen meiner Art passiert!"

Es antwortete deshalb nicht, es hatte anderes zu tun, es telegrafierte, und lag würdig in seinem Amte auf dem Meeresgrund.

444

Oben ging die Sonne unter; sie wurde wie das röteste Feuer, und alle Wolken des Himmels leuchteten wie Feuer, eine prächtiger als die andere. „Jetzt bekommen wir die rote Beleuchtung!" sagten die Polypen. „Bei der wird man das Ding vielleicht besser sehen können, wenn es überhaupt nötig ist."

„Drauf los! Drauf!" rief die Meerkatze und zeigte alle ihre Zähne.

„Drauf! Drauf!" sagten der Schwertfisch, der Walfisch und der Meeraal.

Sie stürzten vor, die Meerkatze voran; aber als sie oben in das Tau hineinbeißen wollte, jagte der Schwertfisch der Meerkatze im Übereifer sein Schwert in das Hinterteil, das war ein großes Malheur, und die Katze verlor die Kraft zum Beißen.

Es entstand ein Getümmel unten, Großfische und Kleinfische, Seegurken und Schnecken rannten gegeneinander an, fraßen sich gegenseitig und knufften und zerdrückten sich. Das Kabel lag still und verrichtete seine Arbeit, und das muß man auch.

Oben brütete die finstere Nacht, aber die Millionen und Milliarden von lebendigen Tierchen des Meeres leuchteten, ebenso wie die Krebse, die kaum so groß wie ein Stecknadelkopf waren.

„Was ist es für ein Ding? Und was ist es nicht?"

Ja, das war die Frage.

Da kam die alte Seekuh zum Vorschein. Die Menschen nennen das Tier Meerfrau oder Meermann. Es war aber eine Sie, und sie hatte einen Schwanz und zwei kurze Arme zum Plätschern und auf dem Kopf Tang und Schmarotzer, und auf die war sie stolz.

„Wollt ihr Auskunft haben?" sagte sie, „dann bin ich am Ende die einzige, die sie geben kann; aber ich verlange dafür gefahrloses Weiden auf dem Meeresgrund für mich und die Meinigen. Ich bin Fisch, wie ihr es seid, und bin durch Übung auch eine Art kriechendes Tier. Ich bin das klügste Geschöpf des Meeres, ich weiß Bescheid über alles, was sich hier unten regt, und von allem, was sich dort oben über uns rührt. Das Ding da, über das ihr so sehr grübelt, ist von oben, und was von dort oben her runterplumpst, das ist tot, bleibt tot und ist machtlos; laßt es liegen, was es auch ist. Es ist nur Menschenerfindung!"

„Ich glaube nun freilich, es ist doch etwas mehr an dem Ding!" sagte ein kleiner Seefisch.

„Halt dein Maul, Makrele!" sagte die große Seekuh.

„Stichling!" sagten die anderen, und das war noch beleidigender.

Und die Seekuh setzte ihnen näher auseinander, daß das ganze große

Lärmtier, das nicht einmal „Buh" sagen könne, nur eine Erfindung, eine List der Menschen sei. Und sie hielt einen kurzen Vortrag über die Hinterlist der Menschen.

„Sie gehen nur darauf aus, uns zu packen", sagte sie. „Sie leben und atmen für weiter gar nichts, sie setzen Garn aus und kommen mit Köder und Angelhaken, um uns heranzulocken. Das Ding da ist eine Art große Angelschnur, und sie denken, wir werden anbeißen, so dumm sind sie! Das sind wir aber nicht! Rühren wir das Machwerk da gar nicht an, es zerfasert zuletzt von selbst und wird zu Schlamm. Was von oben kommt, hat immer seinen Knacks weg, es taugt einfach nichts!"

„Taugt nichts!" wiederholten alle Meeresgeschöpfe und vertraten die Meinung der Seekuh, damit sie doch eine Meinung hatten.

Nur der kleine Seefisch hatte seinen eigenen Gedanken. „Diese unendlich dünne, lange Schlange ist am Ende der wunderbarste Fisch im ganzen Meer. Ich habe eine Empfindung davon."

„Ja, der wunderbarste!" sagen wir Menschen auch und sagen es mit Kenntnis und Gewißheit.

Es ist die große Seeschlange, von der längst in Liedern und Sagen erzählt ist.

Sie ist geboren und großgezogen, entsprungen aus der Klugheit der Menschen und auf den Meeresboden niedergelegt, wo sie sich von den Ländern des Ostens bis zu den Ländern des Westens erstreckt und die Botschaft so schnell weiterträgt, wie der Strahl des Lichts von der Sonne zu unserer Erde hinabdringt. Sie wächst, wächst an Macht und Ausdehnung, wächst Jahr für Jahr, durch alle Meere, um die ganze Welt herum, unter den strömenden Wassern und den glasklaren Wassern, wo der Schiffer hinabsieht, als segele er durch die durchsichtige Luft, wo er wimmelnde Fische sieht, ein ganzes Farbenfeuerwerk.

Ganz tief unten erstreckt sich die Schlange, eine sagenhafte, segenspendende Riesenschlange, die sich in den Schwanz beißt, indem sie die Erde umschließt. Fische und kriechendes Gewürm rennen mit der Stirn dagegen, sie verstehen die Dinge von oben doch nicht: Der Menschheit gedankenerfüllte, in allen Sprachen redende und doch lautlose Schlange der Erkenntnis des Guten und Bösen, das wunderbarste von allen Wundern des Meeres, die große Seeschlange unserer Zeit.

Der Wassertropfen

u kennst ja wohl ein Vergrößerungsglas, so ein rundes Brillenglas, das alles hundertmal größer macht, als es ist? Wenn man es nimmt, vor das Auge hält und dadurch einen Wassertropfen draußen vom Teich betrachtet, so erblickt man über tausend wunderbare Tiere, die man sonst nie im Wasser sieht, aber sie sind da, es ist wirklich so. Es sieht beinahe aus wie ein ganzer Teller voll Krabben, die untereinander herumspringen, sehr raubgierig sind und einander Arme, Beine, Enden und Stücke abreißen und doch auf ihre Art froh und vergnügt sind.

Nun war da einmal ein alter Mann, den alle Leute Kribbel-Krabbel nannten, denn so hieß er. Er wollte immer nur das Beste von jeder Sache haben, und wenn das nun durchaus nicht gehen wollte, dann nahm er es durch Zauberei.

Dieser Mann sitzt nun eines Tages da, hält sein Vergrößerungsglas vor das Auge und betrachtet einen Wassertropfen, den er aus einer Pfütze im Graben genommen hatte. Wie es da kribbelte und krabbelte! All die tausend Tierchen hüpften und sprangen, zerrten aneinander und fraßen voneinander.

„Aber das ist ja abscheulich!" sagte der alte Kribbel-Krabbel, „kann man sie nicht soweit bringen, in Ruhe und Frieden zu leben, und daß jeder sich nur um sich selbst kümmert?" Er dachte und dachte, aber es wollte nicht gehen, und darum mußte er zaubern. „Ich muß ihnen Farbe geben, damit sie deutlicher werden!" sagte er, und dann tröpfelte er etwas, einem kleinen Tropfen Rotwein ähnlich, in den Wassertropfen, aber das war Hexenblut, von der feinsten Gattung zu sechs Pfennig; nun wurden alle die wunderbaren Tierchen über den ganzen Körper rosenrot; es sah aus wie eine ganze Stadt voller nackter wilder Männer.

„Was hast du da?" fragte ein anderer alter Zauberer, der keinen Namen hatte, und das war gerade das Feine an ihm.

„Ja, kannst du raten, was es ist", sagte Kribbel-Krabbel, „so will ich es dir schenken, aber es ist nicht leicht herauszufinden, wenn man es nicht weiß!"

Der Zauberer, der keinen Namen hatte, sah durch das Vergrößerungsglas. Es sah wirklich aus wie eine ganze Stadt, wo alle Menschen ohne Kleider herumliefen. Es war schauerlich, aber noch schauerlicher war es, zu sehen, wie der eine den anderen puffte und stieß, wie sie gezwickt und gezupft, gebissen und gekratzt wurden. Was unten war, sollte nach oben, und was oben war, sollte wieder nach unten! „Sieh! Sieh! Sein Bein ist länger als meins! Baff! Weg damit!" Da ist einer, der hat eine kleine Beule hinter dem Ohr, ein kleines unschuldiges Beulchen, aber sie quält ihn, und darum soll sie nicht noch mehrere quälen! Sie hackten und sie zerrten ihn, und sie fraßen ihn der kleinen Beule wegen. Da saß eine so still wie eine kleine Jungfrau und wünschte nur Ruhe und Frieden. Aber nun sollte die Jungfrau hervor, und sie zerrten an ihr, und sie zerrissen und verschlangen sie!

„Das ist sehr belustigend!" sagte der Zauberer.

„Ja, aber was glaubst du wohl, daß es ist?" fragte Kribbel-Krabbel. „Kannst du es herausfinden?"

„Nun, das ist ja leicht", sagte der andere. „Das ist irgendeine große Stadt, sie gleichen einander ja alle. Eine große Stadt ist es!"

„Es ist Grabenwasser!" sagte Kribbel-Krabbel.

Der böse Fürst

s war einmal ein böser und übermütiger Fürst, der nur darauf sann, alle Länder der Erde erobern und durch seinen Namen Schrecken einzujagen. Er fuhr umher mit Feuer und Schwert; seine Soldaten zertraten das Korn auf den Feldern, sie zündeten des Bauern Haus an, so daß die Flamme die Blätter von den Bäumen leckte und die Früchte gebraten an den versengten Ästen herabhingen. Manche arme Mutter verbarg sich mit ihrem nackten Säugling hinter den rauchenden Mauern, aber die Soldaten suchten sie, und wenn die Mutter und das Kind aufgespürt waren, so begann ihre teuflische Freude; böse Geister konnten nicht ärger verfahren. Der Fürst aber meinte, es gehe wie es solle. Tag für Tag wuchs die Macht, sein Name war von allen gefürchtet, und das Glück begleitete ihn bei allen seinen Taten. Aus den eroberten Städten führte er große Schätze heim; in seiner Königsstadt wurde ein Reichtum aufgehäuft, der an keinem anderen Orte seinesgleichen fand. Nun ließ er prächtige Schlösser, Kirchen und Hallen bauen, und jeder, der diese Herrlichkeit erblickte, sagte: „Welch großer Fürst!" Sie dachten aber nicht an die Not, die er über andere Länder gebracht hatte, sie hörten nicht die Seufzer und den Jammer, der sich von den niedergebrannten Städten erhob.

Der Fürst sah auf sein Gold, sah seine prächtigen Gebäude und dachte wie die Menge: ‚Welch großer Fürst, aber ich muß mehr haben, viel mehr! Keine Macht darf der meinen gleichen oder größer genannt werden!' Er führte Krieg mit allen seinen Nachbarn und besiegte sie alle. Die überwundenen Könige ließ er mit goldenen Ketten an seinen Wagen fesseln, wenn er durch die Straßen fuhr. Wenn er zu Tisch saß, so mußten sie ihm und seinen Hofleuten zu Füßen liegen und die Brocken aufsammeln, die man ihnen zuwarf.

Nun ließ der Fürst seine Bildsäule überall aufrichten, ja, er wollte sie sogar in den Kirchen vor dem Altar des Herrn aufstellen lassen, aber die Geistlichen sagten: „Fürst, du bist groß, aber Gott ist größer, wir wagen es nicht!"

„Gut", sagte der böse Fürst, „dann werde ich auch Gott überwinden!"
Und in seines Herzens Übermut und Torheit ließ er ein schnittiges Schiff
bauen, mit dem man die Lüfte durchfahren konnten. Der Fürst saß in der
Mitte des Schiffes, er brauchte nur an eine Feder zu drücken, dann flogen
tausend Kugeln hinaus, und die Büchsen waren rasch wieder geladen.
Hunderte von starken Adlern wurden vor das Schiff gespannt, und so flog
er nun der Sonne entgegen. Die Erde lag tief unten; zuerst erschien sie mit
ihren Bergen und Wäldern nur wie ein aufgepflügter Acker, wo das Grüne
aus den umgewendeten Rasenstücken hervorblickt, später glich sie einer
flachen Landkarte, und bald war sie ganz in Nebel und Wolken gehüllt.
Höher und höher flogen die Adler, und da sandte Gott einen einzigen seiner
unzähligen Engel aus, und der böse Fürst ließ Tausende von Kugeln gegen
ihn fliegen, aber die Kugeln prallten wie Hagel an den schimmernden Flügeln des Engels ab; ein Blutstropfen, nur ein einziger, tröpfelte von der
weißen Flügelfeder, und dieser Tropfen fiel auf das Schiff, in dem der König
saß, er brannte sich ein, er lastete wie tausend Zentner Blei und riß das
Schiff in stürzender Fahrt zur Erde nieder. Die starken Schwingen der
Adler zerbrachen, der Wind umsauste des Fürsten Haupt, und die Wolken
ringsum – halbtot lag der König im Schiff, das zuletzt in des Waldes dicken
Baumzweigen hängenblieb.

„Ich will Gott besiegen!" sagte er, „ich habe es geschworen, mein Wille
soll geschehen!" Und er ließ sieben Jahre lang künstliche Schiffe zum
Segeln in den Lüften bauen, er ließ Blitzstrahlen aus dem härtesten Stahl
schmieden, denn er wollte des Himmels Befestigung sprengen. Aus allen
seinen Landen sammelte er große Kriegsheere, die einen Raum von mehreren Meilen bedeckten. Sie bestiegen die kunstvollen Schiffe, der König
selbst näherte sich dem seinen, da sandte Gott einen einzigen kleinen
Mückenschwarm. Der umschwirrte den König und zerstach sein Gesicht
und seine Hände; zornig zog er sein Schwert, schlug aber nur in die leere
Luft, die Mücken konnte er nicht treffen. Da befahl er, daß kostbare Teppiche gebracht werden sollten, mit denen man ihn umwickelte, daß keine
Mücke mit ihrem Stachel durchdringen konnte. Aber eine einzige Mücke
setzte sich auf die innere Seite des Teppichs, sie kroch in das Ohr des
Königs und stach ihn dort; es brannte wie Feuer, das Gift drang in sein
Gehirn, wie rasend schleuderte er die Teppiche von sich, zerriß seine Kleider und tanzte nackt vor den rohen, wilden Soldaten umher, die nun des
tollen Fürsten spotteten, der Gott bestürmen wollte und von einer Mücke
überwunden worden war.

450

Der Schatten

n den heißen Ländern brennt die Sonne sehr stark, die Leute werden ganz mahagonibraun; ja, in den allerheißesten Ländern werden sie zu Negern gebrannt. Aber es war nur nach den heißen Ländern, wohin ein gelehrter Mann aus den kalten gelangt war; der glaubte nun, daß er dort ebenso herumlaufen könne, wie zu Hause, doch das wurde ihm bald abgewöhnt. Er und alle vernünftigen Leute mußten zu Hause bleiben, die Fensterläden und Türen waren den ganzen Tag über geschlossen; es sah aus, als ob das ganze Haus schliefe oder niemand zu Hause wäre. Die schmale Straße mit den hohen Häusern, wo er wohnte, war so gebaut, daß die Sonne vom Morgen bis zum Abend hineinschien; es war wirklich nicht auszuhalten! – Der gelehrte Mann aus den kalten Ländern war ein kluger junger Mann. Es kam ihm vor, als säße er in einem glühenden Ofen; das griff ihn so an, daß er ganz mager wurde, selbst sein Schatten schrumpfte zusammen, der wurde viel kleiner als in seiner Heimat; die Sonne nahm auch ihn mit. Sie lebten erst am Abend auf, wenn die Sonne untergegangen war.

Das mitanzusehen, war eine Freude. Sobald das Licht in das Zimmer gebracht wurde, erstreckte sich der Schatten über die ganze Wand hinweg, so lang machte er sich; er mußte sich strecken, um wieder zu Kräften zu kommen! Der Gelehrte trat auf den Altan, um sich dort auszustrecken, und sobald die Sterne schienen, dann war es ihm, als ob er wieder auflebte. Auf allen Altanen in der Straße – und in den warmen Ländern hat jedes Fenster einen Altan – kamen Leute zum Vorschein, denn Luft muß man haben, selbst wenn man gewöhnt ist, mahagonibraun zu sein! Es wurde lebhaft oben und unten. Schuhmacher und Schneider, alle Leute zogen auf die Straße, und das Licht brannte, ja, über tausend Lichter brannten, und der eine sprach zum anderen und sang, und die Leute spazierten, die Wagen fuhren, Maultiere trotteten einher, „klingelingeling", denn sie trugen Glocken. Da wurden Leichen mit Gesang begraben, die Straßenjungen brannten Sprühteufelchen ab, die Glocken läuteten, ja, es war recht lebhaft unten auf der Straße. Nur in dem einen Haus, das dem, worin der fremde, gelehrte Mann wohnte, gerade gegenüberlag, war es ganz still. Und doch wohnte dort jemand, denn es standen Blumen auf dem Altan, die wuchsen rasch in der Sonnenhitze, und das hätten sie nicht gekonnt, wenn sie nicht begossen worden wären, und jemand mußte sie doch begießen. Leute mußten also da sein. Die Tür da drüben wurde auch gegen Abend geöffnet, aber es war finster da drinnen, wenigstens im vordersten Zimmer; aus dem Innern ertönte Musik. Der gelehrte fremde Mann fand sie außerordentlich schön, aber es war auch möglich, daß er sich das nur einbildete, denn er fand da draußen in den warmen Ländern alles vortrefflich, wenn nur die Sonne nicht so sehr gebrannt hätte. Der Wirt des Fremden sagte, daß er nicht wisse, wer das gegenüberliegende Haus gemietet habe, man sehe ja keine Menschen, und die Musik hielt er für langweilig. Es sei gerade, als ob jemand ein Stück übe, das er doch nicht herausbringe, immer das gleiche Stück. „Ich bekomme es doch heraus!" meinte er, aber es gelingt ihm nicht, wie lange er auch spielt.

Eines Nachts erwachte der Fremde, er schlief bei offener Altantür, der Vorhang wurde durch den Wind bewegt, und es war ihm, als ob ein wunderbarer Glanz vom gegenüberliegenden Altan käme, alle Blumen leuchteten wie Flammen in den herrlichsten Farben, und mitten unter den Blumen stand eine schlanke, liebliche Jungfrau, es war, als ob sie auch leuchtete. Es stach ihm in die Augen, er riß sie aber auch sehr weit auf, denn er kam eben aus dem Schlaf. Mit einem Sprung stand er auf dem Fußboden, ganz leise schlich er hinter den Vorhang, aber die Jungfrau war fort, der Glanz war fort; die Blumen leuchteten nicht mehr, sondern standen sehr gut, wie immer, die Tür war angelehnt, und tief aus dem Innern erklang Musik, so lieblich und schön, daß man dadurch wirklich in süße Gedanken versinken konnte. Es war doch wie ein Zauber, und wer wohnte da? Wo war der eigentliche Eingang? Im ganzen Erdgeschoß war Laden an Laden, und da konnten die Leute doch nicht immer durchlaufen.

Eines Abends saß der Fremde draußen auf seinem Altan, im Zimmer hinter ihm brannte Licht, und darum war es ganz natürlich, daß sein Schatten auf die gegenüberliegende Wand fiel, ja, da saß er gerade drüben zwischen den Blumen auf dem Altan; und wenn der Fremde sich bewegte, so bewegte sich der Schatten auch, denn das tut er.

„Ich glaube, mein Schatten ist das einzige Lebendige, was man da drüben erblickt!" sagte der gelehrte Mann. „Sieh, wie hübsch er zwischen den Blumen sitzt, die Tür ist angelehnt, und nun sollte der Schatten so pfiffig sein

452

und hineingehen, dann zurückkehren und mir erzählen, was er dort erblickt hat! Ja, du solltest dich nützlich machen!" sagte er im Scherz. „Gehe gefälligst hinein! Nun, wirst du gehen?" Und dann nickte er dem Schatten zu, und der Schatten nickte wieder. „Nun so gehe, aber bleibe nicht ganz fort!" Der Fremde erhob sich, und sein Schatten auf dem gegenüberliegenden Altan erhob sich auch, der Fremde drehte sich um, und der Schatten drehte sich auch um, ja, wenn jemand genau darauf geachtet hätte, so hätte er deutlich sehen können, daß der Schatten in die halbgeöffnete Altantür des gegenüberliegenden Hauses hineinging, gerade wie der Fremde in sein Zimmer hineintrat und den langen Vorhang hinter sich fallen ließ.

Am folgenden Morgen ging der gelehrte Mann aus, um Kaffee zu trinken und Zeitungen zu lesen. „Was ist das?" sagte er, als er in den Sonnenschein trat. „Ich habe ja keinen Schatten! Also ist er wirklich gestern abend fortgegangen und nicht zurückgekehrt; das ist doch recht unangenehm!"

Und es ärgerte ihn, doch nicht so sehr, daß der Schatten fort war, sondern weil er wußte, daß es eine Geschichte von einem Manne ohne Schatten gab, diese kannten alle Leute daheim in den kalten Ländern. Und kam nun der gelehrte Mann wieder nach Hause und erzählte seine Geschichte, so würde man sagen, daß er nur nachgeahmt hätte, und das brauchte er nicht. Darum wollte er gar nicht davon sprechen, und das war vernünftig gedacht.

Am Abend ging er wieder auf seinen Altan hinaus, das Licht hatte er ganz richtig hinter sich gestellt, denn er wußte, daß der Schatten immer seinen Herrn zum Schirm haben will, aber er konnte ihn nicht hervorlocken. Er machte sich klein, er machte sich groß, aber es kam kein Schatten wieder. Er sagte: „Hm, hm!" aber es half nichts.

Ärgerlich war es, aber in den warmen Ländern wächst alles so geschwind, und nach Verlauf von acht Tagen bemerkte er zu seinem großen Vergnügen, daß ihm ein neuer Schatten von den Beinen aus wuchs, sobald er in den Sonnenschein kam; die Wurzel mußte geblieben sein. Nach drei Wochen hatte er einen ganz leidlichen Schatten, der, als er sich heim nach den nördlichen Ländern begab, auf der Reise mehr und mehr wuchs, so daß er zuletzt so lang und so groß war, daß die Hälfte genug gewesen wäre.

So kam der gelehrte Mann nach Hause, und er schrieb Bücher über das, was wahr ist in der Welt, und über das, was gut und was schön ist, und so verstrichen Tage und Jahre – es vergingen viele Jahre.

Da sitzt er eines Abends in seinem Zimmer, da klopft es ganz sacht an die Tür.

„Herein!" sagte er, aber es kam niemand, da öffnet er die Tür, und vor

ihm stand ein außerordentlich magerer Mensch, so daß es ihm eigentümlich zumute wurde. Übrigens war der Mensch sehr fein gekleidet, es mußte ein vornehmer Mann sein.

„Mit wem habe ich die Ehre zu sprechen?" fragte der Gelehrte.

„Ja, das dachte ich wohl", sagte der feine Mann, „daß Sie mich nicht erkennen würden! Ich bin so sehr Körper geworden, ich habe ordentlich Fleisch und Kleider bekommen! Sie haben wohl nie daran gedacht, mich in solchem Wohlstand zu erblicken? Kennen Sie Ihren alten Schatten nicht? Ja, Sie haben sicher nicht geglaubt, daß ich je wiederkommen würde. Mir ist es außerordentlich gut ergangen, seitdem ich das letzte Mal bei Ihnen war, ich bin in jeder Hinsicht sehr vermögend geworden. Wenn ich mich vom Dienst freikaufen will, so kann ich es!" Dabei klapperte er mit einem ganzen Bund kostbarer Petschafte, die an der Uhr hingen, und er steckte seine Hand durch die dicke goldene Kette, die er um den Hals trug; wie blitzten die Diamantringe an seinen Fingern! Und es war alles echt!

„Nein, ich kann mich gar nicht erholen!" sagte der gelehrte Mann, „was bedeutet dieses alles?"

„Ja, es ist nichts Gewöhnliches!" sagte der Schatten. „Aber Sie gehören ja selbst nicht zu den Gewöhnlichen, und ich, das wissen Sie wohl, bin von

Kindesbeinen an in Ihre Fußstapfen getreten. Sobald Sie fanden, daß ich reif war, um allein in die Welt hinauszugehen, ging ich meinen eigenen Weg. Ich befinde mich in der besten Lage, aber es befiel mich eine Art von Sehnsucht, Sie einmal zu sehen, bevor Sie sterben, denn Sie müssen ja einmal sterben! Auch wollte ich diese Länder gern wiedersehen, denn man liebt das Vaterland doch immer! – Ich weiß, Sie haben einen anderen Schatten bekommen; habe ich ihm oder Ihnen etwas zu bezahlen? Haben Sie nur die Güte, es zu sagen."

„Nein, bist du es wirklich?" sagte der gelehrte Mann. „Das ist doch höchst merkwürdig! Nie hätte ich geglaubt, daß ein alter Schatten als Mensch wiederkommen könne!"

„Sagen Sie mir, was ich zu bezahlen habe!" sagte der Schatten, „denn ich will nicht gern jemands Schuldner sein."

„Wie kannst du so sprechen!" sagte der gelehrte Mann, „von Schuld kann hier nicht die Rede sein! Sei so frei wie irgendeiner! Ich freue mich außerordentlich über dein Glück! Setze dich, alter Freund, und erzähle mir nur, wie sich alles zugetragen und was du dort in den warmen Ländern in dem gegenüberliegenden Hause erblickt hast!"

„Ja, das werde ich Ihnen erzählen", sagte der Schatten und setzte sich nieder, „aber dann müssen Sie mir auch versprechen, daß Sie nie jemand hier in der Stadt, wo Sie mich auch treffen mögen, sagen, daß ich Ihr Schatten gewesen bin! Ich beabsichtige mich zu verloben; ich kann mehr als eine Familie ernähren!"

„Sei ganz unbesorgt", sagte der gelehrte Mann, „ich werde niemand sagen, wer du eigentlich bist! Hier ist meine Hand! Ich verspreche es, und ein Mann, ein Wort!"

„Ein Wort, ein Schatten!" sagte der Schatten, denn so mußte er sprechen.

Es war übrigens wirklich merkwürdig, wie sehr er Mensch war. Er war ganz schwarz gekleidet und trug das allerfeinste schwarze Tuch, hatte glänzende Stiefel und einen Hut, den man zusammendrücken konnte, so daß er nichts als Deckel und Krempe war, dann die Petschafte, die goldene Halskette und die Diamantringe; ja, der Schatten war außerordentlich gut gekleidet, und das war es gerade, was ihn zu einem ganzen Menschen machte.

„Nun werde ich erzählen", sagte der Schatten, und dann setzte er seine Beine mit den Stiefeln, so fest er konnte, auf den Arm vom neuen Schatten des gelehrten Mannes nieder, der wie ein Pudel zu seinen Füßen lag, und das geschah nun entweder aus Hochmut, oder vielleicht, daß der neue

Schatten daran hängenbleiben sollte. Aber der liegende Schatten verhielt sich ganz still und ruhig, um recht zuzuhören, er wollte wohl auch wissen, wie man so loskommen und sich zu seinem eigenen Herrn hinaufdienen könne.

„Wissen Sie, wer in dem gegenüberliegenden Haus wohnte?" fragte der Schatten. „Es war das Schönste von allem, es war die Poesie! Ich war drei Wochen dort, und das ist ebenso wirksam, als ob man dreitausend Jahre lebte und alles lesen würde, was gedichtet und geschrieben ist, das behaupte ich, und das ist richtig. Ich habe alles gesehen, und ich weiß alles!"

„Die Poesie!" rief der gelehrte Mann. „Ja — sie ist oft Einsiedlerin in den großen Städten! Die Poesie! Ja, ich habe sie einen einzigen kurzen Augenblick gesehen, aber ich hatte die Augen voll Schlaf! Sie stand auf dem Altan und leuchtete, wie das Nordlicht leuchtet. Erzähle, erzähle! Du warst auf dem Altan, du gingst zur Tür hinein und dann —"

„Dann befand ich mich im Vorzimmer", sagte der Schatten. „Sie saßen stets und sahen nach dem Vorzimmer hinüber. Dort war gar kein Licht, dort herrschte eine Art Dämmerung, aber in einer langen Reihe von Zimmern und Sälen standen die einander gegenüberliegenden Türen offen. Dort war es hell, ich wäre vom Licht völlig erschlagen worden, wenn ich ganz bis zur Jungfrau hineingekommen wäre. Aber ich war besonnen, ich nahm mir Zeit, und das muß man tun!"

„Und was erblicktest du dann?" fragte der gelehrte Mann.

„Ich sah alles, und ich werde es Ihnen erzählen, aber — es ist durchaus kein Stolz von mir — als freier Mann und bei den Kenntnissen, die ich besitze, meine gute Stellung und meine ausgezeichneten Vermögensverhältnisse nicht zu erwähnen, so wünschte ich wohl, daß Sie mich ‚Sie' nennen möchten!"

„Ich bitte um Verzeihung", sagte der gelehrte Mann, „es ist eine alte, eingewurzelte Gewohnheit! — Sie haben vollkommen recht, und ich werde daran denken; aber nun erzählen Sie mir alles, was Sie gesehen haben."

„Alles", sagte der Schatten, „denn ich sah alles, und ich weiß alles!"

„Wie sah es in den innersten Sälen aus?" fragte der gelehrte Mann. „War es dort wie in dem frischen Wald? War es dort wie in einer Kirche? Waren die Säle wie der sternenhelle Himmel, wenn man auf Bergen steht?"

„Alles war da!" sagte der Schatten. „Ich ging ja nicht ganz hinein, ich blieb im vordersten Zimmer in der Dämmerung, aber da stand ich sehr gut, ich sah alles und ich weiß alles! Ich bin am Hof der Poesie im Vorraum gewesen."

„Aber was sahen Sie? Gingen durch die großen Säle alle Götter der Vorzeit? Kämpften dort die alten Helden? Spielten dort liebliche Kinder und erzählten ihre Träume?"

„Ich sage Ihnen, daß ich dort war, und Sie begreifen wohl, daß ich alles sah, was dort zu sehen war! Wären Sie hinübergekommen, so wären Sie nicht Mensch geblieben, aber das wurde ich. Und zugleich lernte ich meine innerste Natur, mein Angeborenes, die Verwandtschaft, die ich mit der Poesie hatte, kennen. Ja damals, als ich bei Ihnen war, dachte ich nicht darüber nach, aber immer, das wissen Sie, wenn die Sonne auf- und unterging, wurde ich so wunderbar groß, im Mondschein war ich fast noch deutlicher als Sie selbst. Ich verstand damals meine Natur nicht, im Vorgemach der Poesie wurde es mir klar! – Ich wurde Mensch! – Reif ging ich daraus hervor, aber Sie waren nicht mehr in den warmen Ländern. Ich schämte mich, als Mensch zu gehen, wie ich ging; ich brauchte Stiefel und Kleider, diesen ganzen Menschenfirnis, der den Menschen erkennbar macht. – Ich suchte Schutz, ja, Ihnen sage ich es, Sie setzen es ja in kein Buch, ich suchte Schutz im Rock der Kuchenfrau, darunter versteckte ich mich. Die Frau dachte gar nicht daran, wieviel sie verbarg; erst am Abend ging ich aus, lief im Mondschein auf der Straße herum und streckte mich lang gegen die Mauer, das kitzelt so schön den Rücken. Ich lief hinauf und hinab, schaute durch die höchsten Fenster in die Säle und auf das Dach, ich sah hin, wohin niemand sehen konnte, und ich sah, was kein anderer sah, was niemand sehen sollte! Es ist im Grunde eine böse Welt! Ich möchte nicht Mensch sein, wenn es nicht überall angenommen würde, daß es etwas bedeute, einer zu sein! Ich sah das Allerunglaublichste bei den Frauen, bei den Männern, bei den Eltern und bei den unvergleichlich lieben Kindern. Ich sah, was kein Mensch wissen sollte, was sie aber alle so gern wissen möchten, das Böse bei den Nachbarn. – Hätte ich eine Zeitung geschrieben, die wäre gelesen worden! Aber ich schrieb gerade an die Personen selbst, und es entstand Schrecken in allen Städten, in die ich kam. Sie hatten Angst vor mir, und sie hatten mich außerordentlich lieb. Die Lehrer machten mich zum Lehrer, die Schneider gaben mir neue Kleider, ich bin gut versorgt; der Münzmeister schlug Münzen für mich, und die Frauen sagten, ich sei schön! – So wurde ich der Mann, der ich bin, und nun sage ich Ihnen Lebewohl. Hier ist meine Karte, ich wohne auf der Sonnenseite und bin bei Regenwetter immer zu Hause!" Damit ging der Schatten.

„Das war doch merkwürdig!" sagte der gelehrte Mann.

Und es vergingen Jahr und Tag, dann kam der Schatten wieder.

„Wie geht es?" fragte er.

„Ach!" sagte der gelehrte Mann, „ich schreibe über das Wahre und das Gute und das Schöne, aber niemand mag dergleichen hören, ich bin ganz verzweifelt, denn ich nehme mir das so zu Herzen!"

„Das tue ich nicht", sagte der Schatten, „ich werde fett, und das muß man zu werden trachten! Ja, Sie verstehen sich nicht auf die Welt. Sie werden krank dabei. Sie müssen reisen! Ich mache im Sommer eine Reise, wollen Sie mitkommen? Ich möchte wohl einen Reisekameraden haben, wollen Sie als Schatten mitreisen? Es wird mir sehr viel Vergnügen machen, Sie mitzunehmen, und ich bezahle die Reise!"

„Das geht zu weit!" sagte der gelehrte Mann.

„Das ist gerade, wie man es nimmt!" sagte der Schatten. „Eine Reise wird Ihnen außerordentlich gut tun! Wollen Sie mein Schatten sein, so sollen Sie auf der Reise alles frei haben!"

„Das ist zu toll!" sagte der gelehrte Mann.

„Aber die Welt ist nun so", sagte der Schatten, „und so bleibt sie auch!" Und dann ging der Schatten.

Dem gelehrten Mann ging es gar nicht gut, Sorgen und Plagen verfolgten ihn, und was er über das Wahre und das Gute und das Schöne sagte, das war für die meisten gerade wie die Rosen für eine Kuh! – Er war zuletzt sehr krank.

„Sie sehen wirklich wie ein Schatten aus!" sagten die Leute zu ihm, und es schauderte den gelehrten Mann, wenn er darüber nachdachte.

„Sie müssen in ein Bad reisen", sagte der Schatten, der ihn besuchen kam, „da hilft nichts weiter! Ich will Sie unserer alten Bekanntschaft wegen mitnehmen. Ich bezahle die Reise, und Sie machen davon eine Beschreibung und belustigen mich unterwegs! Ich will in ein Bad. Mein Bart wächst nicht so, wie er sollte, das ist auch eine Krankheit, und einen Bart muß man haben! Seien Sie vernünftig, und nehmen Sie mein Anerbieten an, wir reisen ja wie Kameraden!"

Und dann reisten sie. Der Schatten war nun der Herr, und der Herr war Schatten. Sie fuhren miteinander, sie ritten und gingen zusammen, Seite an Seite, vor- und hintereinander, je nachdem die Sonne stand. Der Schatten wußte sich immer auf dem Herrenplatz zu halten, und das fiel dem gelehrten Mann nicht weiter auf; er war sehr gutmütig und sehr sanft und freundlich, und da sagte er eines Tages zum Schatten: „Da wir nun Reisekameraden geworden und von Kindheit an miteinander aufgewachsen sind, wollen wir da nicht Brüderschaft trinken? Das ist doch weit vertraulicher!"

„Sie sagen da etwas", sagte der Schatten, der ja nun der eigentliche Herr war, „das ist recht gerade heraus und wohlgemeint gesprochen. Sie, als gelehrter Mann, wissen sicher, wie sonderbar die Natur ist. Manche Menschen können es nicht ertragen, graues Papier anzufassen, dann wird ihnen unwohl; anderen geht es durch alle Glieder, wenn man einen Nagel über eine Glasscheibe zieht. Ich habe ein ähnliches Gefühl, wenn ich höre, daß Sie du zu mir sagen, ich fühle mich gleichsam zu Boden gedrückt, wie in meiner ersten Stellung bei Ihnen. Sie sehen, es ist ein Gefühl, es ist nicht Stolz. Ich kann Sie nicht du zu mir sagen lassen, aber ich werde gern du zu Ihnen sagen, dann ist die Hälfte Ihres Wunsches erfüllt!"

Und dann sagte der Schatten „du" zu seinem früheren Herrn.

Das ist doch wahrhaft toll, dachte er, daß ich „Sie" sagen muß, und er sagt „du"! Aber nun mußte er es aushalten.

Dann kamen sie in das Bad, wo viele Fremde waren und unter diesen eine schöne Königstochter, die die Krankheit hatte, daß sie allzu scharf sah, und das war höchst beängstigend.

Sie merkte sogleich, daß der Neuangekommene eine ganz andere Person war als alle anderen. „Er ist hier, um seinen Bart zum Wachsen zu bringen, sagte man, aber ich erkenne die rechte Ursache, er kann keinen Schatten werfen."

Sie war neugierig geworden, und daher ließ sie sich sogleich auf der Promenade mit dem fremden Herrn in ein Gespräch ein. Als Königstochter brauchte sie nicht viel Umstände zu machen, und darum sagte sie: „Ihre Krankheit ist, daß Sie keinen Schatten werfen können."

„Ihre Königliche Hoheit müssen sich auf dem Wege der Besserung befinden!" sagte der Schatten. „Ich weiß, daß Ihr Übel darin besteht, daß Sie zu scharf sehen, das hat sich aber verloren, Sie sind geheilt. Ich habe gerade einen ganz ungewöhnlichen Schatten! Sehen Sie nicht die Person, die immer neben mir geht? Andere Menschen haben einen gewöhnlichen Schatten, ich liebe aber das Gewöhnliche nicht. Man gibt seinen Dienern oft feineres Tuch, als man selbst trägt, und so habe ich meinen Schatten zum Menschen aufputzen lassen! Ja, Sie sehen, daß ich ihm sogar einen Schatten gegeben habe. Das ist etwas Kostbares, aber ich liebe es, etwas für mich allein zu haben."

,Wie', dachte die Prinzessin, ,sollte ich mich wirklich erholt haben! Dieses Bad ist das beste von allen! Das Wasser hat in unserer Zeit ganz erstaunliche Kräfte. Aber ich reise nicht ab; der Fremde gefällt mir. Wenn nur sein Bart nicht wächst, denn dann reist er doch wieder ab'!

Am Abend in dem großen Ballsaal tanzten die Königstochter und der Schatten. Sie war leicht, aber er war noch leichter, einen solchen Tänzer hatte sie noch nie gehabt. Sie sagte ihm, aus welchem Land sie sei, und er kannte das Land, er war dort gewesen, aber damals war sie nicht zu Hause; er hatte in die Fenster geschaut, oben wie unten, er hatte auch das eine und das andere gesehen, und daher konnte er der Königstochter antworten und Andeutungen machen, daß sie ganz erstaunt war. Er mußte der weiseste Mann auf der ganzen Erde sein! Sie bekam große Achtung vor seinem Wissen, und als sie dann wieder tanzten, verliebte sie sich in ihn, und das konnte der Schatten recht gut merken, denn sie hätte fast durch ihn hindurchgesehen. Dann tanzten sie noch einmal, und da war sie nahe daran, es zu sagen, aber sie war besonnen, sie dachte an ihr Land und an ihr Reich und an die vielen Menschen, die sie zu regieren hatte. „Ein weiser Mann ist er", sagte sie zu sich selbst, „das ist gut, und herrlich tanzt er, das ist auch gut. Ob er aber gründliche Kenntnisse hat, das muß untersucht werden." Nun fing sie an, ihn nach dem Allerschwierigsten zu fragen, sie hätte es selbst nicht beantworten können, und der Schatten machte ein ganz sonderbares Gesicht.

„Das können Sie nicht beantworten!" sagte die Königstochter.

„Es gehört zu meiner Schulgelehrsamkeit", sagte der Schatten, „ich glaube sogar, mein Schatten dort bei der Tür kann es beantworten!"

„Ihr Schatten", sagte die Königstochter, „das wäre höchst merkwürdig!"

„Ja, ich sage nicht mit Bestimmtheit, daß er es kann", sagte der Schatten, „aber ich möchte es glauben. Er ist mir nun viele Jahre lang gefolgt und hat mich gehört, ich möchte es wohl glauben! Aber Eure Königliche Hoheit erlauben, daß ich Sie darauf aufmerksam mache, daß er so stolz ist, um für einen Menschen gelten zu wollen, daß er, wenn er bei guter Laune sein soll, und das muß er sein, um gut zu antworten, ganz wie ein Mensch behandelt werden muß."

„Das gefällt mir!" sagte die Königstochter.

So ging sie zu dem gelehrten Mann bei der Tür und sprach mit ihm von Sonne und Mond und von den Menschen überall, und er antwortete klug und gut.

,Was muß das für ein Mann sein, der einen so weisen Schatten hat!' dachte sie. ,Es würde ein wahrer Segen für mein Volk und Reich sein, wenn ich ihn zum Gemahl erwählte – ich tue es!'

Und sie waren bald einig, die Königstochter und der Schatten, aber niemand sollte etwas davon erfahren, bevor sie in ihr Reich zurückkam.

„Niemand, nicht einmal mein Schatten!" sagte der Schatten, und da hatte er seine eigenen Gedanken dabei!

Dann kamen sie in das Land, wo die Königstochter regierte, wenn sie zu Hause war.

„Höre, mein guter Freund", sagte der Schatten zu dem gelehrten Mann, „jetzt bin ich so glücklich und mächtig geworden, wie nur jemand sein kann, nun will ich auch etwas Außerordentliches für dich tun. Du sollst immer bei mir auf dem Schloß wohnen, mit mir in meinem königlichen Wagen fahren und jährlich hunderttausend Reichstaler haben; aber dann

mußt du dich von allen und jedem Schatten nennen lassen; du darfst nicht sagen, daß du je Mensch gewesen bist! Und einmal im Jahr, wenn ich auf dem Altan im Sonnenschein sitze und mich sehen lasse, mußt du zu meinen Füßen liegen, wie es einem Schatten gebührt! – Ich will dir sagen, ich heirate die Königstochter, heute abend soll die Hochzeit gefeiert werden."

„Nein, das ist allzu toll", sagte der gelehrte Mann, „das will ich nicht, das tue ich nicht; das heißt, das ganze Land betrügen und die Königstochter dazu! Ich sage alles, daß ich ein Mensch bin und du ein angekleideter Schatten bist!"

„Das glaubt niemand!" sagte der Schatten, „sei vernünftig, oder ich rufe die Wache!"

„Ich gehe gerade zur Königstochter!" sagte der gelehrte Mann. „Aber ich gehe zuerst", sagte der Schatten, „und du gehst in das Gefängnis!" – Und das mußte er, denn die Schildwachen gehorchten ihm, von dem sie wußten, daß die Königstochter ihn heiraten wollte.

„Du zitterst", sagte die Königstochter, als der Schatten zu ihr kam. „Ist etwas vorgefallen? Du darfst heute abend nicht krank werden, jetzt, wo wir Hochzeit halten wollen."

„Ich habe das Schlimmste erlebt, was man erleben kann!" sagte der Schatten. „Denke dir – ja, solch ein armes Schattengehirn kann nicht viel aushalten, – denke dir, mein Schatten ist verrückt geworden, er glaubt, er sei ein Mensch, und daß ich – denke nur – daß ich sein Schatten sei!"

„Das ist doch fürchterlich", sagte die Prinzessin, „er ist doch eingesperrt?"

„Das ist er! Ich fürchte, er wird sich nie wieder erholen."

„Der arme Schatten", sagte die Prinzessin, „er ist sehr unglücklich; es ist eine wahre Wohltat, ihn von dem bißchen Leben, das er hat, zu befreien, und wenn ich recht darüber nachdenke, so glaube ich, wird es notwendig sein, daß man es in aller Stille mit ihm abmacht!"

„Das ist freilich hart", sagte der Schatten, „denn er war ein treuer Diener!" Und dann tat er, als wenn er seufzte.

„Du bist ein edler Mann!" sagte die Königstochter.

Am Abend war die ganze Stadt erleuchtet, und die Kanonen wurden abgefeuert. – Und die Soldaten präsentierten das Gewehr. Das war eine Hochzeit! Die Königstochter und der Schatten traten auf den Altan hinaus, um sich sehen zu lassen und noch einmal ein Hurra zu bekommen.

Der gelehrte Mann hörte nichts von diesen Herrlichkeiten – denn ihm hatten sie das Leben genommen.

Die Glocke

Des Abends in den schmalen Straßen der großen Stadt, wenn die Sonne unterging und die Wolken wie Gold oben zwischen den Schornsteinen glänzten, hörte häufig bald der eine, bald der andere einen sonderbaren Laut, so wie der Klang einer Kirchenglocke, aber man hörte ihn nur einen Augenblick, denn dort war ein starkes Wagenrasseln und ein störendes Rufen. „Nun läutet die Abendglocke!" sagte man, „nun geht die Sonne unter!"

Die, welche außerhalb der Stadt waren, wo die Häuser weiter auseinanderlagen, mit Gärten und kleinen Feldern dazwischen, sahen den Abendhimmel noch prächtiger und hörten den Klang der Glocke weit stärker; es war, als käme der Ton von einer Kirche tief aus dem stillen, duftenden Wald, und die Leute blickten dorthin und wurden ganz andächtig.

Nun verging längere Zeit. Der eine sagte zum anderen: „Ob wohl eine Kirche draußen im Wald ist? Die Glocke hat doch einen eigentümlichen, herrlichen Klang! Wollen wir nicht hinaus und sie näher betrachten?" Die reichen Leute fuhren, und die Armen gingen, aber der Weg wurde ihnen erstaunlich lang, und als sie zu den Weidenbäumen kamen, die am Rande des Waldes wuchsen, da setzten sie sich und blickten zu den langen Zweigen hinauf und glaubten, daß sie nun recht im Grünen seien. Der Bäcker kam hinaus und schlug sein Zelt auf, und dann kam noch einer, der hing eine Glocke gerade über seinem Zelt auf, eine Glocke, die geteert war, um den Regen aushalten zu können, aber der Klöppel fehlte. Wenn dann die Leute wieder nach Hause gingen, sagten sie, daß es wunderschön gewesen sei. Drei Personen versicherten, daß sie in den Wald hineingegangen seien bis dahin, wo er ende, und sie hatten immer den sonderbaren Glockenklang gehört, aber es war ihnen dort gerade, als wenn er aus der Stadt komme. Der eine schrieb ein ganzes Lied davon und sagte, daß die Glocke wie die Stimme einer Mutter zu einem lieben klugen Kind klinge, keine Melodie sei herrlicher als der Klang der Glocke.

Der Kaiser des Landes wurde auch aufmerksam darauf und versprach, daß derjenige, der ausfindig machen könne, woher der Klang komme, den Titel eines „Weltglöckners" haben solle, und das selbst, wenn es auch keine Glocke sei.

Nun gingen viele deswegen in den Wald, aber da war nur einer, der mit einer Art Erklärung zurückkehrte. Keiner war tief genug eingedrungen, und er ebensowenig, aber er sagte doch, daß der Glockenton von einer sehr alten Eule in einem hohlen Baum herkomme, das sei eine Weisheitseule, die ihren Kopf fortwährend gegen den Baum schlage; ob aber der Ton von ihrem Kopf oder von dem hohlen Stamm komme, das könne er noch nicht mit Bestimmtheit sagen, und dann wurde er als Weltglöckner angestellt und schrieb jedes Jahr eine kleine Abhandlung über die Eule; man war darum ebenso klug wie vorher.

Nun war es gerade ein Einsegnungstag. Der Pfarrer hatte schön und innig gesprochen, die Kinder waren sehr bewegt gewesen, es war ein wichtiger Tag für sie, sie wurden aus Kindern mit einem Male zu erwachsenen Menschen – die Kinderseele sollte nun gleichsam in eine verständigere Person hinüberfliegen. Es war der herrlichste Sonnenschein, die Kinder gingen aus der Stadt hinaus, und vom Wald erklang die große unbekannte Glocke ganz besonders stark. Sie bekamen sogleich Lust, dorthin zu gehen, bis auf drei Kinder; ein Mädchen wollte nach Hause gehen und ihr Ballkleid anziehen, denn es war gerade das Kleid und der Ball, denen sie verdankte, daß sie dieses Mal eingesegnet worden war, denn sonst wäre sie nicht mitgekommen; das zweite, ein armer Knabe, der Rock und Stiefel vom Sohn des Wirtes geliehen hatte und zu einer bestimmten Zeit abliefern mußte. Der dritte sagte, daß er nie an einen fremden Ort gehe, wenn seine Eltern nicht dabei wären, daß er immer ein artiges Kind gewesen wäre und es auch bleiben wolle, und darüber solle man sich nicht lustig machen! Aber das taten die anderen dennoch.

Drei von ihnen gingen also nicht mit, die anderen aber trabten los. Die Sonne schien, und die Vögel sangen, und die Kinder sangen mit und hielten einander bei den Händen. Aber bald ermüdeten zwei der Kleinsten, kehrten um und gingen wieder zur Stadt; zwei kleine Mädchen setzten sich und banden Kränze, sie kamen auch nicht mit, und als die anderen die Weidenbäume erreichten, wo der Bäcker war, da sagten sie: „Sieh, nun sind wir draußen, die Glocke existiert doch eigentlich nicht, sie ist nur etwas, das man sich einbildet!"

Da ertönte plötzlich tief im Wald die Glocke so schön und feierlich, daß vier oder fünf sich entschlossen, doch weiter in den Wald hineinzugehen. Der war dicht belaubt, es war außerordentlich schwer voranzukommen; Waldlilien und Anemonen wuchsen sehr hoch, blühende Winden und Brombeerranken hingen in langen Girlanden von Baum zu Baum, wo die Nachtigallen sangen und die Sonnenstrahlen spielten. Oh, das war herrlich, aber für die Mädchen war es kein gangbarer Weg, sie würden sich die Kleider zerreißen. Da lagen große Felsstücke mit Moos von allen Farben bewachsen; das frische Quellwasser quoll hervor, und wunderbar tönte es gleich wie „Gluck, gluck!"

„Das ist wohl die Glocke?" fragte eines der Kinder und legte sich nieder und horchte. „Das muß man ordentlich hören!" Da blieb es zurück und ließ die anderen gehen.

Sie kamen zu einem Haus aus Baumrinde und Zweigen; ein großer Baum mit wilden Äpfeln lehnte sich darüber hin, als wolle er seinen Segen über das Dach ausschütten, das blühende Rosen trug; die langen Zweige lagen gerade um den Giebel hin, und an diesem hing eine kleine Glocke. Sollte es diese sein, die man gehört hatte? Ja, darin stimmten alle überein, bis auf einen, der sagte, daß die Glocke zu klein und fein sei, als daß man sie so weit hören könne, wie sie sie gehört hatten, und daß es ganz andere Töne wären, die ein Menschenherz so rührten. Der so sprach, war ein Königssohn, und da sagten die anderen, er wolle immer klüger sein.

Dann ließen sie ihn allein gehen, und wie er ging, wurde seine Brust mehr und mehr von der Einsamkeit des Waldes erfüllt; aber noch hörte er die kleine Glocke, über die sich die anderen erfreuten, und mitunter, wenn der

Wind die Töne vom Bäcker herübertrug, konnte er auch hören, wie dort gesungen wurde. Aber die tiefen Glockenschläge tönten doch stärker, bald war es, als spielte eine Orgel dazu, der Klang kam von der linken Seite, auf der das Herz sitzt.

Nun rasselte es im Busch, und da stand ein Knabe vor dem Königssohn, ein Knabe in Holzschuhen und mit einer so kurzen Jacke, daß man seine langen Handgelenke sehen konnte. Sie kannten einander, der Knabe war derjenige von den Eingesegneten, der nicht hatte mitkommen können, weil er nach Hause mußte, um Rock und Stiefel an den Sohn des Wirtes abzuliefern. Das hatte er getan und war nun in Holzschuhen und den ärmlichen Kleidern allein fortgegangen, denn die Glocke klang so stark und tief, daß er hinaus mußte.

„Da können wir ja zusammen gehen!" sagte der Königssohn. Aber der arme Knabe mit den Holzschuhen war ganz verschämt, er zupfte an den kurzen Ärmeln der Jacke und sagte, er fürchte, er könne nicht so rasch mitkommen; überdies meinte er, daß die Glocke zur Rechten gesucht werden müsse, denn dieser Platz habe ja alles Große und Herrliche an sich.

„Ja, dann begegnen wir uns gar nicht!" sagte der Königssohn und nickte dem armen Knaben zu, der in den tiefsten, dichtesten Teil des Waldes hineinging, wo die Dornen seine ärmlichen Kleider entzwei und Gesicht, Hände und Füße blutig rissen. Der Königssohn bekam auch einige tüchtige Risse, aber die Sonne beschien doch seinen Weg, und er ist es, dem wir nun folgen, denn er war ein flinker Bursche.

„Die Glocke muß und will ich finden" sagte er, „wenn ich auch bis zum Weltende gehen muß!"

Die häßlichen Affen saßen oben in den Bäumen und fletschten alle Zähne. „Wollen wir ihn prügeln?" sagten sie. „Wollen wir ihn dreschen? Er ist ein Königssohn!"

Aber er ging unverdrossen tiefer und tiefer in den Wald, wo die wunderbarsten Blumen wuchsen; da standen weiße Steinlilien mit blutroten Staubfäden, himmelblaue Tulpen, die im Winde funkelten, und Apfelbäume, deren Äpfel ganz und gar wie große, glänzende Seifenblasen aussahen; wie mußten die Bäume im Sonnenlicht strahlen! Rings um die schönsten grünen Wiesen, wo Hirsch und Hindin im Grase spielten, wuchsen prächtige Eichen und Buchen, und war von einem der Bäume die Rinde gesprungen, so wuchsen Gras und lange Ranken in den Spalten; da waren auch große Waldstrecken mit stillen Landseen, worin weiße Schwäne schwammen und mit den Flügeln schlugen. Der Königssohn stand oft still und lauschte; oft

glaubte er, daß von einem dieser tiefen Seen
die Glocke zu ihm heraufklinge, aber dann
merkte er wohl, daß es nicht daher komme,
sondern daß die Glocke noch tiefer im Wald
ertönte.

Nun ging die Sonne unter, die Luft glänzte
rot wie Feuer, es wurde still im Wald, und er
sank auf seine Knie, sang sein Abendlied und
sagte: „Nie finde ich, was ich suche! Nun
geht die Sonne unter, nun kommt die Nacht,
die finstere Nacht. Doch einmal kann ich die
Sonne vielleicht noch sehen, bevor sie ganz
hinter der Erde versinkt. Ich will dort auf die
Klippen hinaufsteigen, ihre Höhe erreicht die
der höchsten Bäume!"

Und er ergriff nun Ranken und Wurzeln und kletterte an den nassen
Steinen empor, wo die Wasserschlangen sich wanden, wo die Kröten ihn
gleichsam anbellten; aber hinauf kam er, bevor die Sonne, von dieser Höhe
gesehen, ganz untergegangen war. Oh, welche Pracht! Das Meer, das
große, herrliche Meer, das seine langen Wogen gegen die Küste wälzte,
streckte sich vor ihm aus, und die Sonne stand wie ein großer, funkelnder
Altar da draußen, wo Meer und Himmel sich begegneten. Alles schmolz in
glühenden Farben zusammen, der Wald sang, und das Meer sang, und sein
Herz sang mit, die ganze Natur war eine große Kirche, worin Bäume und
schwebende Wolken die Pfeiler, Blumen und Gras die gewebte Samtdecke
und der Himmel selbst die große Kuppel bildeten. Dort oben erloschen die
roten Farben, indem die Sonne verschwand, aber Millionen Sterne wurden
angezündet, da glänzten Millionen Diamantlampen, und der Königssohn
breitete seine Arme gegen den Himmel aus, gegen das Meer und den
Wald. – Und da kam plötzlich vom rechten Seitenweg der arme Knabe mit
den kurzen Ärmeln und den Holzschuhen; er war ebenso zeitig angekommen; und sie liefen einander entgegen und hielten sich bei den Händen
in der großen Kirche der Natur und der Poesie, und über ihnen erklang die
unsichtbare heilige Glocke, selige Geister umschwebten sie zu einem
jubelnden Halleluja!

Peiter, Peter, Peer

Es ist unglaublich, was die Kinder heutzutage alles wissen! Man ‚weiß kaum mehr, was sie nicht wissen. Daß der Storch sie aus dem Brunnen oder dem Mühlenteich geholt und sie ganz klein zu Vater und Mutter gebracht hat, ist jetzt ein so altes Märchen, daß sie nicht mehr daran glauben, und doch ist es das einzig richtige.

Aber wie kommen die Kinder in den Mühlenteich oder den Brunnen? Ja, das wissen nicht viele, aber einige wissen es doch. Hast du schon einmal den Himmel in einer sternhellen Nacht betrachtet, die vielen Sternschnuppen gesehen, die wie Sterne fallen und verschwinden? Die Gelehrtesten können nicht erklären, was sie selbst nicht wissen, man kann es nur erklären, wenn man es weiß. Es ist wie ein kleines Weihnachtslicht, das vom Himmel fällt und erlischt; es ist ein Seelenfunken Gottes, der zur Erde fährt, und kommt er in dichtere, schwerere Luft, so verschwindet der Glanz, er wird etwas, das unsere Augen nicht mehr zu sehen vermögen, denn es ist viel feiner als die Luft. Es ist ein Himmelskind, das herabgesandt wird, ein kleiner Engel, aber ohne Flügel, der Kleine soll ja ein Mensch werden. Still gleitet er durch die Luft, und der Wind trägt ihn in eine Blume – eine Nachtviole, eine Kuhblume, eine Rose oder eine Pechnelke. Luftig und leicht ist er, eine Fliege kann mit ihm fortfliegen, eine Biene erst recht, und sie kommen scharenweise und suchen den süßen Blütensaft. Liegt nun das Luftkind ihnen im Wege, so werfen sie es nicht hinaus – das bringen sie nicht übers Herz –, sondern legen es in die Sonne auf das Blatt einer Seerose, und von dort kriecht und krabbelt es ins Wasser, wo es schläft und wächst, bis der Storch es sehen kann und es für eine Menschenfamilie holt, die sich ein kleines, süßes Wesen wünschte. Aber wie süß es ist, hängt ganz davon ab, ob das Kleine aus dem reinen Quell getrunken hat oder ob Schlamm oder Entengrütze ihm in die falsche Kehle gekommen ist. Der Storch nimmt das erste, was er sieht. Eins kommt in ein gutes Haus zu vortrefflichen Eltern, ein anderes kommt zu harten Menschen in großes Elend, daß es besser im Mühlenteich geblieben wäre.

Die Kleinen erinnern sich nicht, was sie im Teich unter dem Seerosenblatt träumten, wo ihnen am Abend die Frösche „Koax, koax, brekkekekex" vorsangen. Das bedeutet in menschlicher Sprache: „Könntet ihr doch sehen, wie süß ihr schlaft und träumt." Sie können sich auch nicht erinnern, in welcher Blume sie zuerst lagen oder wie sie duftete, und doch sagt etwas in ihnen, wenn sie erwachsene Menschen geworden sind: „Diese Blume liebe ich am meisten!" Und sie ist es dann, in der sie als Luftkinder gelegen haben.

Der Storch wird ein sehr alter Vogel, und er gibt immer acht, wie es den Kleinen geht, die er gebracht hat, und wie sie sich in die Welt schicken. Er kann freilich nichts für sie tun, auch nicht ihr Los ändern, er hat für seine eigene Familie zu sorgen. Aber er läßt sie nie aus seinen Gedanken.

Ich kenne einen alten, sehr ehrenwerten Storch mit großen Kenntnissen, der mehrere kleine Kinder geholt hat und ihre Geschichte kennt, worin freilich immer ein wenig Schlamm und Entengrütze aus dem Mühlenteich vorkommt. Ich bat ihn, mir die Lebensgeschichte eines der Kinder zu erzählen, und dann sagte er, daß ich drei für eine aus dem Hause Peitersen hören sollte.

Peitersens waren eine besonders nette Familie. Der Mann gehörte zu den zweiunddreißig Ältesten der Stadt, und das war eine Auszeichnung. Er lebte für die zweiunddreißig und ging in die zweiunddreißig auf. Hierher kam der Storch und brachte einen kleinen Peiter, wie das Kind genannt wurde. Im nächsten Jahr kam der Storch wieder mit einem Kind, das sie Peter nannten, und als das dritte gebracht wurde, bekam es den Namen Peer, denn die Namen Peiter – Peter – Peer lagen im Namen Peitersen.

Es waren also drei Brüder, drei Sternschnuppen, jeder in seiner Blume gewiegt, jeder unter ein Seerosenblatt im Mühlenteich gelegt und von dort vom Storch zur Familie Peitersen gebracht, deren Haus an der Ecke liegt, wie du wohl weißt.

Sie nahmen zu an Körper und Geist, und darum wollten sie etwas mehr werden als nur einer der Ältesten.

Peiter sagte, daß er Räuber werden wolle. Er hatte die Oper „Fra Diavolo" gesehen und sich für das Räuberhandwerk, das schönste in der Welt, bestimmt.

Peter wollte Kehrichtfeger werden – das Klappern der Deckel und Eimer gefiel ihm sehr – und Peer, der ein sehr süßes Kind, drall und rund war, aber an seinen Nägeln kaute – das war sein einziger Fehler –, Peer wollte Pfarrer werden. Das sagten sie stets, wenn man sie fragte, was sie werden wollten.

Und dann kamen sie in die Schule. Einer wurde der Erste, der andere der Letzte, und einer kam in die Mitte zu sitzen. Aber deshalb konnten sie doch alle gleich gut und gleich klug sein, und das waren sie auch, sagten ihre einsichtsvollen Eltern.

Sie kamen auf Kinderbälle, sie rauchten Zigarren, wenn es niemand sah; sie nahmen zu an Wissen und Können.

Peiter war von klein an streitsüchtig, wie ja ein Räuber sein muß. Er war ein sehr verzogener Junge. Aber das kam davon, sagte die Mutter, daß er an Würmern litt. Unartige Kinder haben immer Würmer: Schlamm im Magen. Sein Trotz und seine Rechthaberei vergriffen sich eines Tages auch an Mamas neuem Seidenkleid.

„Stoß nicht an den Kaffeetisch, mein Zuckerlämmchen!" hatte sie gesagt. „Du könntest den Sahnetopf umwerfen, daß ich Flecke auf mein neues seidenes Kleid erhalte."

Und das „Zuckerlämmchen" nahm mit fester Hand den Sahnetopf und goß die Sahne der Mama in den Schoß, die nur sagen konnte: „Aber Lämmchen! Lämmchen! Das war sehr unbesonnen von dir!" Aber einen festen Willen hatte der Knabe, das mußte man zugeben. Fester Wille ist ein Zeichen von Charakter, und das ist vielversprechend für eine Mutter.

Er hätte leicht Räuber werden können, aber er wurde es nicht in wahrem Sinne. Er brachte es nur dazu, wie ein Räuber auszusehen. Er ging mit verbeultem Hut, bloßem Hals und langem, wallendem Haar. Er sollte Künstler werden, aber nur seine Kleider zeigten es, er sah dabei aber wie eine Stockrose aus. Alle Menschen, die er zeichnete, sahen auch wie Stockrosen aus, so lang waren sie. Er liebte diese Blumen sehr, und er hätte auch in einer Stockrose gelegen, sagte der Storch.

Peter hatte in einer Butterblume gelegen. Er sah schmierig um die Mundwinkel aus, und seine Haut war gelb, man mußte glauben, es käme Butter heraus, wenn man ihm in die Backe schnitt. Er war zum Butterhändler wie geboren und hätte sein eigenes Schild abgeben können, aber seinem innersten Wesen nach war er Kehrichtfeger. Er war der musikalische Teil der Familie Peitersen, „aber es reichte für alle zusammen", sagten die Nachbarn. Er machte siebzehn Polkas in einer Woche und setzte sie zu einer Oper für Trompete und Pauke zusammen. Pfui, war sie schön!

Peer war weiß und rot, klein und gewöhnlich, er hatte in einem Gänseblümchen gelegen. Niemals schlug er um sich, wenn die anderen Knaben ihn prügelten. Er sagte, er sei der Vernünftigste, und der Vernünftigste gebe immer nach. Er sammelte zuerst Griffel, später Siegel, dann legte er sich eine kleine Naturaliensammlung an, worin das Skelett eines Stichlings, drei blindgeborene junge Ratten in Spiritus und ein ausgestopfter Maulwurf waren. Peer hatte Sinn für die Wissenschaft und ein Auge für die Natur, und das war für die Eltern und auch für Peer sehr erfreulich. Er ging lieber in den Wald als in die Schule, lieber in die Natur als zum Lernen. Seine Brüder waren schon verlobt, als er noch für die Vervollständigung einer Eiersammlung von Tieren lebte. Er wußte bald mehr von den Tieren als von den Menschen, und auch, daß die Tiere mitunter mehr Liebe entwickeln können als die Menschen. Er sah, wenn das Nachtigallweibchen die Eier ausbrütete, daß das Männchen in der Nähe saß und die ganze Nacht für sein kleines Weibchen sang: „Kluck! Kluck! Zi, zi! Lo, lo, li!" Das hätte Peer niemals tun, niemals sich diesem Gefühl so hingeben können. Wenn die Störchin mit den Jungen im Nest lag, stand der Storchenvater die ganze Nacht auf einem Bein auf dem Dachfirst. Peer hätte so nicht eine Stunde stehen können. Und als er eines Tages das Netz der Spinne und was darin lag betrachtete, gab er ganz und gar die Ehe auf. Herr Spinne spinnt, um unachtsame Fliegen zu fangen, junge und alte, vollbütige und spindeldürre, er lebt nur, um für seine Familie zu spinnen und zu sorgen; aber Frau Spinne lebt einzig und allein für den Vater. Sie frißt ihn aus purer Liebe auf, sie frißt sein Herz, seinen Kopf, seinen Magen, nur seine langen, dürren Beine bleiben im Spinnennetz zurück, wo er mit Nahrungssorgen für die ganze Familie saß. Das ist eine Wahrheit, die jeder der Naturgeschichte entnehmen kann. Das sah Peer, darüber dachte er nach. So von seiner Frau geliebt zu werden, von ihr vor lauter Liebe aufgefressen zu werden – nein, so weit treibt es kein Mensch. Und wäre dieses auch wünschenswert?

Peer beschloß, sich niemals zu verheiraten, niemals einen Kuß zu geben oder zu nehmen, denn das könnte als der erste Schritt zur Ehe angesehen werden. Aber einen Kuß erhielt er doch, den wir alle erhalten, den starken, verzehrenden Kuß des Todes. Wenn wir lange genug gelegen haben, erhält der Tod den Auftrag: „Küß ihn weg!" Und dann ist der Mensch weg. Ein Sonnenblitz Gottes leuchtet auf, so stark, daß es uns dunkel vor den Augen wird. Die menschliche Seele, die wie eine Sternschnuppe gekommen ist, fliegt wieder wie eine Sternschnuppe fort, aber nicht, um in einer Blume zu ruhen oder unter einem Seerosenblatt zu träumen. Sie hat wichtigere Dinge vor. Sie fliegt in das große Land der Ewigkeit, aber wie es dort aussieht, vermag niemand zu sagen. Keiner hat je hineingesehen, nicht einmal der Storch. Er wußte auch nichts von Peer mehr, wohl aber noch manches von Peiter und Peter; aber von ihnen habe ich genug gehört, und du wohl auch. Deshalb sagte ich dem Storch für diesmal meinen Dank. Aber da verlangte er für diese kleine gewöhnliche Geschichte drei Frösche und eine junge Schlange. Willst du bezahlen? Ich will's nicht! Ich habe weder Frösche noch junge Schlangen.

Eine Geschichte

Im Garten blühten alle Apfelbäume, sie hatten sich gesputet, Blüten zu treiben, ehe sie grüne Blätter bekamen; und im Hof gingen alle Entlein spazieren, und auch die Katze; sie sonnte sich gerade und leckte den Sonnenschein von ihrer eigenen Pfote; und sah man über die Felder hin, stand dort das Korn und prangte so herrlich grün, und es war ein Zwitschern und Schwirren von all den kleinen Vögeln, als sei es ein großes Fest, und das war es denn eigentlich auch, denn es war Sonntag. Die Glocken läuteten, und alle Leute gingen geputzt in ihren besten Kleidern zur Kirche und sahen so vergnügt aus; ja, an allem war etwas Vergnügtes; es war ein Tag, so warm und gesegnet, daß man wohl sagen konnte: „Der liebe Gott ist überaus beispiellos gut mit uns Menschen!"

Aber drinnen in der Kirche stand der Pfarrer auf der Kanzel und sprach so laut und so zornig. Er sagte, die Menschen seien alle so gottlos, Gott würde sie deshalb strafen, und wenn sie stürben, kämen die Bösen alle in die Hölle, um ewig zu brennen, und sie würden weder Rast noch Ruhe finden. – Das war furchtbar zu hören, und er sagte es mit einer solchen Überzeugung; er beschrieb ihnen die Hölle als eine verpestete Höhle, wo aller Unrat der ganzen Welt zusammenfließt; dort sei keine andere Luft als die heiße, brennende Schwefelflamme, kein Grund und Boden sei dort, sie – die Bösen – sänken und sänken immer tiefer und tiefer in einem ewigen Schweigen! Es war schon sehr schlimm davon zu hören, aber der Pfarrer sagte es aus vollem Herzen, und alle Leute in der Kirche waren ganz entsetzt darüber. Und draußen sangen alle kleinen Vögel so vergnügt, und die Sonne schien so warm, es war, als sagte jedes Blümchen: „Gott ist so beispiellos gut gegen uns alle." Ja, draußen war es aber gar nicht so, wie es der Pfarrer predigte.

Am Abend beim Schlafengehen erblickte der Pfarrer seine Frau, wie sie sinnend und gedankenvoll dasaß.

„Was fehlt dir?" fragte er sie.

„Ja, was mir fehlt!" sagte sie. „Mir fehlt, daß ich meine Gedanken nicht recht zu sammeln vermag, daß ich das, was du heute in der Kirche sagtest, nicht recht fassen kann, daß es so viele gottlose Menschen gäbe, und daß sie ewig brennen sollten! Ewig, ach, wie lange! Ich bin nur ein Mensch, eine Sünderin vor Gott, aber ich könnte es nicht über mein Herz bringen, selbst den ärgsten Sünder ewig brennen zu lassen, und wie sollte es denn der liebe

Gott können, der so unendlich gut ist und der da weiß, wie das Böse von außen und von innen kommt. Nein, ich kann es mir nicht denken, obwohl du es sagst!"

Es war Herbst, die Blätter fielen von den Bäumen, der ernste, strenge Pfarrer saß am Lager einer Sterbenden; eine fromme, gläubige Seele schloß die Augen: die Frau des Pfarrers.

„Wenn jemand Ruhe im Grabe und Gnade vor seinem Gott findet, so bist du es!" sagte der Pfarrer, und er faltete ihre Hände und las einen Psalm für die Tote.

Und man trug sie zu Grabe; zwei große Tränen rollten über die Wangen des ernsten Mannes, und im Pfarrhaus war es still und leer; die Sonne des Hauses war erloschen, *sie* war heimgegangen.

Es war Nacht, ein kalter Wind strich über das Haupt des Pfarrers, er schlug die Augen auf, und es war ihm, als scheine der Mond in sein Zimmer herein, aber der Mond schien nicht. Eine Gestalt war es, die vor seinem Bett stand; er sah den Geist seiner verstorbenen Frau; sie blickte ihn so innig betrübt an, es war, als wolle sie ihm etwas sagen.

Und der Pfarrer erhob sich halb im Bett, streckte die Arme gegen sie aus: „Auch dir ist nicht die ewige Ruhe vergönnt! Du leidest! Du, die Beste, die Frömmste?"

Und die Tote neigte ihren Kopf zum Ja und legte die Hand auf die Brust.

„Und vermag ich dir die Ruhe im Grabe zu verschaffen?"

„Ja!" war die Antwort.

„Und wie?"

„Gib mir ein Haar, nur ein einziges Haar vom Kopfe *des* Sünders, dessen Feuer nimmer erlöschen wird, *des* Sünders, den Gott zu ewiger Pein in die Hölle verstoßen wird."

„Ja, so leicht mußt du erlöst werden können, du Reine, Fromme!" sagte er.

„So folge mir!" sagte die Tote. „Es ist uns so vergönnt. An meiner Seite schwebst du, wohin deine Gedanken wollen; den Menschen unsichtbar, dringen wir in ihre geheimsten Winkel; aber mit sicherer Hand mußt du denjenigen ausfindig machen, der zu ewiger Qual auserlesen ist, und vor dem Hahnenschrei muß er gefunden sein!"

Und schnell, wie von den beflügelten Gedanken getragen, befanden sie sich in der großen Stadt, und von den Mauern und Wänden der Häuser leuchteten ihnen in Flammenschrift die Namen der Todsünden entgegen: Hochmut, Geiz, Trunksucht, Wollust, kurz, der ganze siebenfarbige Bogen der Sünde.

„Ja, da drinnen, wie ich es wohl glaubte, wie ich es wußte", sagte der Pfarrer, „hausen die, die dem ewigen Feuer Anheimgefallenen!" – Und sie standen vor dem prächtig erleuchteten Portal, die breiten Treppen waren mit Teppichen und mit Blumen geschmückt, und durch die festlichen Säle ertönte die Tanzmusik. Am Eingang stand der Schweizer in Seide und Samt gekleidet mit seinem großen silberbeschlagenen Stab.

„Unser Ball kann sich mit dem des Königs messen!" sagte er und wandte sich verächtlich an die gaffende Menge auf der Straße; was er dachte, leuchtete sattsam aus seinen Mienen und Bewegungen hervor: „Lumpengesindel! Gegen mich seid ihr insgesamt Kanaille!"

„Hochmut!" sagte die Tote, „siehst du ihn?"

„Den da?" erwiderte der Pfarrer. „Er ist ja nur ein armer Tor, ein Narr, und nicht dem ewigen Feuer der Qual verfallen!"

„Nur ein Narr!" tönte es durch das ganze Haus des Hochmuts; das waren sie dort alle.

Und sie flogen in die nackten vier Wände des Geizigen hinein, wo dürr und klappernd vor Kälte, hungrig und durstig, sich ein Greis mit allen seinen Gedanken an sein Gold klammerte. Sie sahen, wie er im Fieber von dem elenden Lager sprang und einen losen Stein aus der Mauer nahm. Da lagen Goldstücke in einem Strumpfe. Er tastete sein lumpiges Hemd ab, in das Goldstücke genäht waren, und die feuchten Finger zitterten.

„Er ist krank! Das ist Wahnwitz, ein freudloser Wahnwitz, umringt von Angst und bösen Träumen."

Und sie entfernten sich hastig und standen vor der Pritsche der Verbrecher, auf der sie in langer Reihe, Seite an Seite, schliefen. Wie ein wildes Tier fuhr einer aus dem Schlafe empor, einen häßlichen Schrei ausstoßend; er stieß mit seinen spitzen Ellenbogen nach seinem Kameraden; der wandte sich schläfrig um:

„Halt's Maul, du Vieh, und schlaf! – Das ist jede Nacht –!"

„Jede Nacht!" wiederholte der andere, „ja, jede Nacht kommt er und heult und würgt mich. In der Hitze habe ich manches getan, der jähe Zorn ist mir angeboren, der hat mich nun das zweite Mal hier hereingebracht. Aber habe ich schlecht getan, so habe ich nun meine Strafe. Nur eins habe ich nicht bekannt. Als ich das letzte Mal hier herauskam und am Hofe meines letzten Herrn vorbeikam, kochte es in mir empor – ich strich ein Schwefelholz an der Mauer an, dort wo das Strohdach anstößt. Alles brannte; die Hitze fiel darüber her, wie sie über mich herfällt. Ich half das Vieh und die Bewohner retten. Nichts Lebendes verbrannte außer einer Schar Tauben, die ins Feuer hineinflogen, und dann der Kettenhund. An den hatte ich nicht gedacht. Man konnte ihn heulen hören – und dies Heulen höre ich noch immer, wenn ich schlafen will. Und kommt endlich der Schlaf, dann kommt auch der Hund, groß und zottig. Er legt sich über mich, heult und drückt und erwürgt mich. – So hör doch, was ich erzähle! Schnarchen kannst du, schnarchen die ganze Nacht, und ich nicht eine ganze Viertelstunde." Und das Blut stieg dem Hitzigen zu Kopfe, er warf sich über den Kameraden und schlug ihn mit der Faust ins Gesicht.

„Der wütende Mads ist wieder verrückt geworden!" rief es ringsumher, und die anderen Verbrecher faßten ihn, rangen mit ihm und bogen ihn krumm, daß der Kopf zwischen den Beinen saß. Dort banden sie ihn fest. Das Blut sprang ihm fast aus den Augen und allen Poren.

„Ihr tötet ihn!" rief der Pfarrer, „den Unglücklichen!" Und indem er abwehrend die Hand über den Sünder hinstreckte, der schon hier zu hart leiden mußte, wechselte die Szene. Sie flogen durch reiche Säle und durch ärmliche Stuben; Wollust, Mißgunst, alle Todsünden schritten an ihnen vorbei. Ein Engel des Gerichts verlas ihre Sünden und ihre Verantwortung. Die war zwar gering vor Gott, aber Gott liest in den Herzen, er kennt alles, das Böse, das von außen, und das, was von innen kommt.

Des Pfarrers Hand zitterte, er wagte sie nicht auszustrecken, nicht ein Haar von des Sünders Haupt zu reißen. Und die Tränen strömten aus seinen Augen wie Wasser der Gnade und Liebe, die der Hölle ewiges Feuer löschen.

Da krähte der Hahn.

„Erbarmender Gott! Gib ihr die Ruhe im Grabe, die ich ihr nicht einzulösen vermochte."

„Die habe ich nun", sagte die Tote, „es war dein hartes Wort, dein finsterer Menschenglaube von Gott und seinen Geschöpfen, der mich zu dir trieb! Erkenne die Menschen, in welchen selbst bei den Bösen ein Teil von Gott ist, ein Teil, der siegen und das Feuer der Hölle löschen wird."

Und ein Kuß wurde auf des Pfarrers Mund gedrückt, es leuchtete hell um ihn; Gottes lichte Sonne schien in die Kammer, wo seine Frau, lebendig, sanft und liebevoll, ihn aus einem Traume weckte, der ihm von Gott gesandt war.

Vogel Phönix

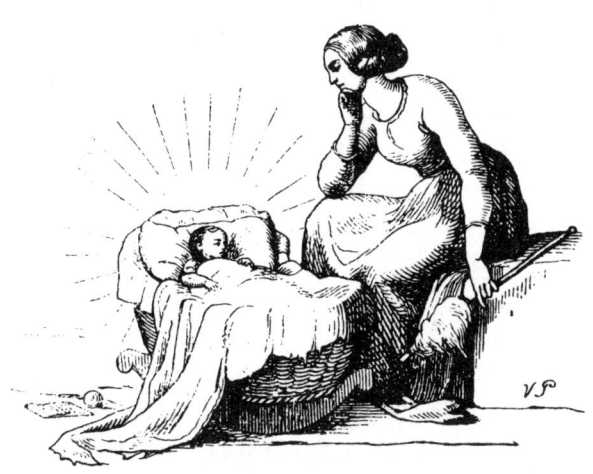

Im Garten des Paradieses, unter dem Baum der Erkenntnis, blühte ein Rosenstrauch. Hier in der ersten Rose wurde ein Vogel geboren; sein Flug war wie die Strahlen des Lichtes, seine Farbe herrlich, bezaubernd sein Gesang!

Aber als Eva die Frucht der Erkenntnis brach, als sie und Adam aus dem Paradies verjagt wurden, da fiel vom Flammenschwert des strafenden Cherubs ein Funken in das Nest des Vogels und zündete es an. Der Vogel kam in den Flammen um, aber aus dem roten Ei schwang sich ein neuer, der einzige, der immer einzige Vogel Phönix empor. Die Sage berichtet, daß er in Arabien nistet, wo er sich selbst alle hundert Jahre in seinem Nest den Flammentod gibt, doch fliegt ein neuer Phönix, der einzige der Welt, aus dem roten Ei hervor.

Uns umflattert der Vogel, schnell wie das Licht, herrlich an Farbe, bezaubernd im Gesang. Wenn die Mutter an der Wiege ihres Kindes sitzt, ruht er am Kopfkissen und schlägt mit seinen Flügeln eine Glorie um das Haupt des Kindes. Er durchfliegt die Kammer der Genügsamkeit, und es ist Sonnenglanz darin; auf dem ärmlichen Schrank duften die Veilchen.

Doch Vogel Phönix ist nicht allein Arabiens Vogel; er flattert im Nordlichtschimmer über Lapplands Eisflächen, er hüpft zwischen den gelben Blumen in Grönlands kurzem Sommer. Unter Faluns Kupferfelsen, in Englands Kohlengruben fliegt er wie eine staubige Motte über das Gesangbuch dahin, das in den Händen des frommen Arbeiters ruht. Auf dem Lotosblatt gleitet er auf den heiligen Wassern des Ganges hinab, und das Auge des Hindumädchens leuchtet bei seinem Anblick.

Vogel Phönix! – kennst du ihn nicht? Den Vogel des Paradieses, den heiligen Schwan des Gesanges! Auf dem Thespiskarren saß er als schwatzender Rabe und schlug mit den schwarzen, hefebestrichenen Flügeln; über Islands tönende Harfe strich der rote Schnabel des Schwans; auf Shakespeares Schulter saß er als Odins Rabe und flüsterte ihm ins Ohr: Unsterblichkeit! Er flatterte durch Wartburgs Rittersaal am Sängerfest.

Vogel Phönix! – kennst du ihn nicht? Er sang dir die Marseillaise, und du küßtest die Feder, die seinem Flügel entfiel; er kam im Glanz des Paradieses, und du wandtest dich vielleicht ab, dem Sperling zu, der dasaß mit Goldschaum an den Flügeln.

Der Vogel des Paradieses! – Jedes Jahrhundert, verjüngt, geboren in Flammen, gestorben in Flammen. Dein Bild, in Gold gefaßt, hängt in den Hallen der Reichen; selbst fliegst du oft irrend und einsam umher – eine Sage nur: „Vogel Phönix in Arabien".

– Im Paradies, als du geboren wurdest unter dem Baum der Erkenntnis in der ersten Rose, küßte dich der Herr und gab dir deinen rechten Namen – Poesie!

Die Nachbarfamilien

an hätte wahrlich glauben mögen, daß in dem Dorfteich etwas im Gange sei; aber da irrte man sich!
Alle Enten, die gerade auf dem Wasser lagen oder
auf dem Kopf standen, denn das konnten sie,
schwammen auf einmal schnurstracks ans Ufer; im
nassen Lehmboden konnte man die Spuren ihrer
Füße sehen und schon von weitem ihr Geschnatter
hören. Das Wasser kam sehr in Bewegung, und war kurz zuvor hell wie ein
Spiegel; man erblickte darin jeden Baum, jeden Busch in der Nähe, das alte
Bauernhaus mit den Löchern im Giebel und dem Schwalbennest, besonders aber den großen Rosenstrauch, der von der Mauer bis fast aufs Wasser
hing, und das Ganze stand darin wie ein Gemälde, aber alles auf dem Kopf.
Als das Wasser aber unruhig wurde, da lief das eine in das andere, das
ganze Bild war fort. Zwei Entenfedern, die den aufsteigenden Enten ent-
fielen, schaukelten auf und nieder, als ob es windig wäre; aber es war gar
kein Wind. Man sah deutlich den Giebel mit dem Schwalbennest und erblickte den Rosenstrauch; jede Rose spiegelte sich, sie waren sehr schön,
aber sie wußten es selbst nicht, denn niemand hatte es ihnen gesagt. Die
Sonne schien durch die feinen, duftigen Blätter; und es war für jede Rose so
wie für uns, wenn wir, in Gedanken versunken, uns recht glücklich fühlen.

„Wie schön ist das Dasein!" sagte jede Rose. „Das einzige, was ich
wünschte, ist, die Sonne zu küssen, weil sie so warm und freundlich ist. – Ja,
die Rosen dort unten im Wasser möchte ich auch küssen, denn sie gleichen
uns so sehr. Ich möchte die süßen jungen Vögel dort unten im Nest küssen;
ja, es gibt auch viele über uns. Sie stecken die Köpfe heraus und piepen
ganz leise; sie haben auch gar keine Federn, wie ihr Vater und ihre Mutter.
Das sind gute Nachbarn, die wir haben, die oben wie die unten. Oh, wie
schön ist das Dasein!"

Die kleinen Jungen oben und unten – die unten waren nur der Wider-
schein im Wasser – waren Sperlinge; sie hatten das verlassene Schwalbennest vom vorigen Jahr besetzt, in diesem waren sie nun zu Hause.

„Sind das Entenkinder, die dort schwimmen?" fragten die jungen Sperlinge, als sie die Entenfedern auf dem Wasser treiben sahen.

„Fragt vernünftig!" sagte die Mutter. „Seht ihr denn nicht, daß es Federn sind, lebendiges Kleiderzeug, wie ich es habe und wie ihr es bekommt, aber unseres ist feiner! Ich wollte übrigens, wir hätten sie hier oben im Nest, denn sie wärmen sehr. Ich möchte wissen, worüber die Enten so erschraken! Da muß etwas im Wasser gewesen sein, denn ich war es gewiß nicht, obwohl ich freilich etwas laut ‚Piep' zu euch sagte! Die dickköpfigen Rosen müßten es wissen, aber die wissen gar nichts, die sehen nur sich selbst an und riechen vor sich hin. Es sind mir recht langweilige Nachbarn!"

„Hört die lieben kleinen Vögel dort oben!" sagten die Rosen, „sie wollen jetzt auch anfangen zu singen! – Sie verstehen es noch nicht recht, aber es wird schon kommen! – Was wird das für ein großes Vergnügen sein! Es ist recht ergötzlich, solch lustige Nachbarn zu haben!"

Gleichzeitig kamen zwei Pferde im Galopp an, weil sie getränkt werden sollten. Ein Bauernjunge saß auf dem einen, und er hatte alle seine Kleider abgelegt, seinen schwarzen, breiten Hut ausgenommen. Der Knabe pfiff gerade, als ob er ein kleiner Vogel wäre, und ritt dann zur tiefsten Stelle des Teichs. Als er am Rosenstock vorüberkam, riß er eine der Rosen ab und steckte sie auf den Hut, so glaubte er, recht geputzt zu sein, und ritt dann damit fort. Die anderen Rosen blickten ihrer Schwester nach und fragten einander: „Wohin reist sie?" Aber das wußte keine.

„Ich möchte wohl in die Welt hinaus!" sagte die eine Rose zur anderen, „aber hier zu Hause in unserem eigenen Grün ist es doch auch schön! Am Tage scheint die Sonne warm, und nachts glänzt der Himmel noch schöner, was wir durch die vielen kleinen Löcher sehen können, die darin sind!"

Es waren die Sterne, von denen sie glaubten, daß sie Löcher seien; die Rosen wußten es eben nicht besser!

„Wir beleben das Haus", sagte die Sperlingsmutter, „und Schwalbennester bringen Glück, sagen die Leute, darum freuen sie sich, uns zu haben. Aber die Nachbarn, wie jener Rosenstrauch dort an der Mauer, verursachen Feuchtigkeit. Ich hoffe, er kommt bald weg, dann kann dort auch Korn wachsen. Rosen sind nur zum Ansehen und zum Riechen da. Jedes Jahr, das weiß ich von meiner Mutter, fallen sie ab; die Bauersfrau legt sie mit Salz ein, sie bekommen einen französischen Namen, den ich nicht aussprechen kann, und um den ich mich auch nicht kümmere, dann werden sie aufs Feuer gelegt, wenn es gut riechen soll. Seht, das ist nun ihr Lebenslauf! Sie sind nur für Augen und Nase da. Nun wißt ihr es!"

Als es Abend wurde und die Mücken in der warmen Luft tanzten, kam die Nachtigall und sang den Rosen vor, daß das Schöne dem Sonnenschein in dieser Welt gleiche, und das Schöne ewig lebe. Die Rosen aber glaubten, daß die Nachtigall sich selbst besinge, und das konnte man ja auch denken. Es fiel ihnen gar nicht ein, daß sie es waren, denen der Gesang galt, sie freuten sich aber darüber und dachten nach, ob nicht all die jungen Sperlinge auch zu Nachtigallen werden könnten.

„Ich verstand sehr wohl, was der Vogel sang", sagten die jungen Sperlinge. „Und da war nur ein Wort, das ich mir nicht erklären kann: Was ist das Schöne?"

„Das ist nichts", sagte die Sperlingsmutter, „das ist nur das Äußere. Oben auf dem Rittergut, wo die Tauben ihr eigenes Haus haben und jeden Tag Erbsen und Korn in den Hof gestreut bekommen – ich habe mit ihnen gegessen, und das sollt ihr auch erleben. Sage mir, mit wem du umgehst, und ich werde dir sagen, wer du bist! –, dort oben auf dem Herrengut halten sie zwei Vögel mit grünen Hälsen und einem Kamm auf dem Kopf; ihr Schweif kann sich ausbreiten, als wäre er ein großes Rad, und er hat alle Farben, so daß einem die Augen schmerzen; Pfaue werden sie genannt, und sie sind das Schöne! Sie sollten ein wenig gerupft werden, dann würden sie nicht anders aussehen als alle anderen. Ich hätte sie gebissen, wenn sie nicht so groß gewesen wären!"

„Ich will sie beißen!" sagte der kleinste der jungen Sperlinge, der noch keine Federn hatte.

Im Bauernhaus wohnten zwei junge Leute, die sich sehr liebten; sie waren recht fleißig und flink, und es sah sehr nett bei ihnen aus. Am Sonntagmorgen kam die junge Frau heraus, nahm eine ganze Handvoll der schönsten Rosen und stellte sie in ein Wasserglas.

„Nun sehe ich, daß es Sonntag ist!" sagte der Mann, küßte seine Frau, und dann setzten sie sich nieder, lasen einen Psalm, hielten einander bei den Händen, und die Sonne schien zu den Fenstern hinein auf die frischen Rosen und die jungen Leute.

„Dieser Anblick langweilt mich!" sagte die Sperlingsmutter, die aus dem Nest gerade in die Stube hineinsah; und dann flog sie davon.

Das tat sie auch am folgenden Sonntag, denn jeden Sonntag wurden frische Rosen in das Glas gestellt, und immer blühte die Rosenhecke gleich schön. Die jungen Sperlinge, die jetzt Federn bekommen hatten, wollten gern mitfliegen, aber die Mutter sagte: „Ihr bleibt hier!", und so blieben sie. – Sie flog, doch wie es sich nun auch zugetragen haben mag, auf einmal hing sie in einer Vogelschlinge aus Pferdehaaren, die einige Knaben an einem Zweig befestigt hatten. Die Pferdehaare schlangen sich fest um das

Bein, so fest, als sollte es zerschnitten werden. Das war ein Schmerz und ein Schreck! Die Knaben sprangen darauf zu und ergriffen den Vogel, und sie griffen ihn schrecklich hart an. „Das ist nichts weiter als ein Sperling!" sagten sie, aber sie ließen ihn doch nicht wieder fliegen, sie gingen mit ihm nach Hause, und jedesmal, wenn er schrie, schlugen sie ihm auf den Schnabel.

Im Bauernhof stand ein alter Mann, der Seife für den Bart und für die Hände, Seife in Kugeln und Seife in Stücken anzufertigen verstand. Es war ein herumwandernder lustiger Alter, und als er den Sperling erblickte, mit dem die Knaben daherkamen, und aus dem sie sich, wie sie sagten, nichts machten, fragte er: „Wollen wir ihn schön machen?", und es schauderte der Sperlingsmutter, als er das sagte. Aus seinem Kasten, in dem die schönsten Farben lagen, nahm er dann eine Menge glänzendes Schaumgold, die Knaben mußten ein Ei herbeischaffen; davon nahm er das Weiße und bestrich den ganzen Vogel damit. Dann klebte er Goldschaum darauf, so war die Sperlingsmutter vergoldet; sie aber dachte nicht an den Staat, sie zitterte an allen Gliedern. Und der Seifenmann nahm einen roten Lappen, den er aus dem Futter seiner alten Jacke riß, schnitt daraus einen gezackten Hahnenkamm und klebte ihn auf dem Kopf des Vogels fest.

„Jetzt sollt ihr den Goldvogel fliegen sehen!" sagte er und ließ den Sperling los, der in der schrecklichsten Angst in den klaren Sonnenschein hineinflog. Nein, wie der glänzte! Alle Sperlinge, ja sogar eine große Krähe, nicht mehr ganz so jung, erschraken über diesen Anblick, aber sie flogen doch hinterdrein, denn sie wollten wissen, was das für ein fremder Vogel sei.

„Woher? Woher?" schrie die Krähe.

„Wart ein bißchen! Wart ein bißchen!" sagten die Sperlinge. Aber sie wollte nicht warten; von Angst und Schrecken ergriffen, flog sie nach Hause; sie war nahe daran, zur Erde zu sinken, und immer mehr Vögel kamen hinzu, kleine und große; einige flogen gerade auf sie zu, um auf sie loszuhacken. „Seht den! Seht den!" schrien alle.

„Seht den! Seht den!" schrien die Jungen, als sie auf das Nest zukam. „Das ist gewiß ein junger Pfau, das sind alle Farben, die in die Augen stechen, wie die Mutter sagte. Piep! Das ist das Schöne!" Dann hackten sie mit ihren kleinen Schnäbeln, so daß es ihr nicht möglich war, hineinzuschlüpfen, und sie war vor Schrecken so ermattet, daß sie nicht mehr „Piep!", viel weniger: „Ich bin doch eure Mutter!" sagen konnte. Die anderen Vögel hackten nun alle auf sie ein, so daß sie alle Federn verlor, und blutig sank die Sperlingsmutter in den Rosenstrauch hinab.

„Das arme Tier!" sagten die Rosen. „Komm, wir wollen dich verbergen! Lehne dein Köpfchen an uns an!"

Die Sperlingsmutter breitete noch einmal die Flügel aus, zog sie dann wieder fest an sich – und war bei der Nachbarfamilie, den frischen schönen Rosen, gestorben.

„Piep!" sagten die jungen Sperlinge im Nest. „Wo nur die Mutter bleiben mag, das können wir gar nicht begreifen! Es soll doch nicht etwa ein Wink von ihr sein, damit wir uns selbst ernähren und für uns sorgen sollen? Das Haus hat sie uns als Erbteil hinterlassen, aber wer von uns soll es allein besitzen, wenn wir Familie bekommen?"

„Ja, ich kann euch nicht alle hierbehalten, wenn ich mein Hauswesen mit Frau und Kindern erweitere!" sagte der Kleinste.

„Ich bekomme wohl mehr Frauen und Kinder als du!" sagte der Zweite.

„Ich bin der Älteste!" sagte ein Dritter. Alle fingen nun an, miteinander zu schelten, sie schlugen mit den Flügeln, hackten mit den Schnäbeln, und bums, wurde der eine nach dem anderen aus dem Nest gepufft. Da lagen sie und waren böse. Den Kopf hielten sie ganz auf die eine Seite und blinzelten mit dem Auge, das nach oben gekehrt war; das war so ihre Art zu schmollen.

Ein wenig konnten sie fliegen, und dann übten sie sich noch etwas mehr, und zuletzt kamen sie überein, daß sie, um sich wieder zu erkennen, wenn sie sich später in der Welt begegneten, „Piep!" sagen und dreimal mit dem linken Fuß kratzen wollten.

Der Junge, der im Nest zurückgeblieben war, machte sich so breit, wie er nur konnte, er war ja nun Hauseigentümer, aber das währte nicht lange. – In der Nacht leuchtete das rote Feuer durch die Fenster, die Flammen schlugen unter dem Dach hervor, das trockene Stroh loderte auf, das ganze Haus verbrannte und der junge Sperling mit. Die jungen Leute aber kamen glücklich davon.

Als die Sonne am nächsten Morgen wieder aufgegangen war und alles aussah wie nach einem sanften Nachtschlaf, war von dem Bauernhof nichts weiter übriggeblieben als einige schwarze verkohlte Balken, die sich an den Schornstein anlehnten, der nun sein eigener Herr war. Aus den Trümmern quoll noch starker Rauch, aber davor stand frisch und blühend der ganze Rosenstrauch, der jeden Zweig und jede seiner Blumen in dem ruhigen Wasser spiegelte.

„Wie schön blühen die Rosen vor dem abgebrannten Haus!" rief ein Mann, der gerade vorbeikam. „Das ist das lieblichste kleine Bild! Das muß ich haben!" Der Mann zog ein kleines Buch mit weißen Blättern aus der Tasche hervor und nahm seine Bleifeder zur Hand, denn er war ein Maler, und zeichnete dann die rauchenden Trümmer, die verkohlten Balken am überhängenden Schornstein, denn dieser neigte sich mehr und mehr. Vorn stand der große, blühende Rosenstrauch, der war wahrhaft schön und auch der Grund dazu, daß das Ganze gezeichnet wurde.

Später am Tage kamen zwei Sperlinge vorbei, die hier geboren waren. „Wo ist das Haus?" sagten sie. „Wo ist das Nest? – Piep! Alles ist verbrannt, und unser starker Bruder ist mit umgekommen; das hat er davon, daß er das Nest behielt. – Die Rosen sind gut davongekommen, die stehen noch mit roten Wangen da. Sie trauern also nicht über das Unglück ihrer Nachbarn. Ich spreche nicht mit ihnen, und häßlich ist es hier, das ist meine Meinung!" Dann flogen sie davon.

Spät im Herbst gab es einen schönen sonnigen Tag, man hätte glauben können, man sei noch mitten im Sommer. Es war trocken und rein im Hof vor der großen Treppe beim Edelmann, und da trippelten die Tauben, schwarze und weiße und bunte, sie glänzten im Sonnenschein, und die alten Taubenmütter sagten zu den Jungen: „Steht in Gruppen, Kinder! Steht in Gruppen, Kinder!" So nahmen sie sich nämlich weit besser aus.

„Was ist das kleine Graue, das hier zwischen uns herumläuft?" fragte eine alte Taube, die Rot und Grün in den Augen hatte. „Kleine Graue, kleine Graue!" sagte sie.

„Das sind Sperlinge! Gute Tierchen! Wir haben stets in dem Ruf gestanden, großmütig zu sein, darum wollen wir ihnen auch gestatten, etwas mit aufzulesen! – Sie kratzen so niedlich mit den Füßen."

Ja, sie kratzten, dreimal kratzten sie mit dem linken Fuß, aber sie sagten auch „Piep!" – Und dann erkannten sie sich, denn es waren drei Sperlinge vom abgebrannten Haus.

„Hier gibt es außerordentlich gut zu fressen!" sagten die Sperlinge. Und die Tauben gingen umeinander herum, brüsteten sich und behielten ihre Meinung für sich.

„Siehst du die Kropftaube?" sagte die eine Taube zu der anderen. „Siehst du, wie sie Erbsen verschluckt? Sie bekommt zu viele! Sie bekommt die besten! Kurr! Kurr! Siehst du, wie die da kahl im Kamme wird, siehst du das häßliche, das boshafte Tier? Kurre! Kurre!" Und alle Augen waren ganz rot vor Bosheit. „Steht in Gruppen! Steht in Gruppen! Kleine Graue, kleine Graue! Kurre, kurre, kurre!" So ging es in einem fort unter den sanften Tauben und Täubchen, und so geht es wohl noch tausend Jahre lang.

Die Sperlinge fraßen gut, und sie hörten gut, ja, sie stellten sich sogar mit auf, aber das stand ihnen nicht gut. Zuletzt waren sie satt, gingen von den Tauben weg und äußerten gegenseitig ihre Meinung über sie, hüpften dann unter dem Gartenzaun durch, und da die Tür zum Gartenzimmer offenstand, hüpfte der eine auf die Türschwelle; er war übersatt und darum sehr mutig. „Piep!" sagte er. „Das wage ich!" – „Piep!" sagte der zweite, „das wage ich auch, und noch etwas mehr!" Und dann hüpfte er in das Zimmer hinein. Es befanden sich keine Leute darin, das sah der dritte wohl, und dann flog er noch weiter in das Zimmer hinein und sagte: „Ganz oder gar nicht! Das ist übrigens ein sonderbares Menschennest, und was hier aufgestellt ist, was ist das?"

Gerade vor den Sperlingen blüten die Rosen, sie spiegelten sich im Wasser, und die verkohlten Balken lehnten am Schornstein!

Alle drei Sperlinge wollten über die Rosen und den Schornstein hinfliegen, aber ihr Flug wurde gehemmt, es war eine flache Wand, gegen die sie anflogen. Das Ganze war ein Gemälde, ein großes, prächtiges Stück, das der Maler nach seiner kleinen Zeichnung gemacht hatte.

„Piep!" sagten die Sperlinge, „es ist nichts, es sieht nur so aus! Piep! Das ist das Schöne! Kannst du das begreifen? Ich kann es nicht!" Und dann flogen sie davon, denn es kamen Menschen in das Zimmer.

Nun vergingen Jahr und Tag. Die Tauben hatten vielmal gekurrt, um nicht zu sagen geknurrt, die boshaften Tiere. Die Sperlinge hatten den Winter über gefroren und den Sommer hindurch lustig gelebt. Sie waren alle verlobt oder verheiratet. Junge hatten sie, und das eines jeden war natürlich das schönste und klügste von allen; der eine flog hierhin, der andere dorthin, und begegneten sie sich, dann erkannten sie sich gegenseitig am „Piep!" und dem dreimaligen Kratzen mit dem linken Fuß. Die älteste von ihnen war nun ein altes Sperlingsfräulein, sie hatte kein Nest und auch keine Jungen; sie wollte so gern einmal in eine große Stadt, und darum flog sie nach Kopenhagen.

Da lag ein großes, bunt angestrichenes Haus dicht am Schloß und am Kanal, wo mit Äpfeln und Töpfen beladene Schiffe im Wasser schaukelten. Die Fenster waren unten breiter als oben, und guckten die Sperlinge da hinein, so war jede Stube, wie es ihnen vorkam, so, als ob sie in eine Tulpe hineinsahen und alle möglichen Farben und Schnörkel gewahr wurden. Und mitten in der Tulpe standen weiße Menschen, die waren aus Marmor, einige von ihnen auch aus Gips, doch für Sperlingsaugen bleibt sich das gleich. Oben auf dem Haus stand ein Metallwagen mit Metallpferden davor, und die Siegesgöttin, auch aus Metall, lenkte sie. Es war Thorwaldsens Museum.

„Wie das glänzt, wie das glänzt!" sagte das Sperlingsfräulein, „das ist sicher das Schöne. Piep! Hier ist es doch größer als ein Pfau!" Sie erinnerte sich von ihrer Kindheit her, was das größte Schöne war, das ihre Mutter gekannt hatte. Und sie flog gerade in den Hof hinab; dort war es auch prächtig, da waren Palmen und Zweige an die Mauern gemalt, und mitten im Hof stand ein großer blühender Rosenstrauch, der neigte seine frischen Zweige mit den vielen Rosen über ein Grab. Sie flog dorthin, wo mehrere Sperlinge gingen. „Piep!" – und drei Kratze mit dem linken Fuß; diesen Gruß hatte sie manches Mal in Jahr und Tag gemacht, und keiner hatte ihn verstanden, denn die, die einmal getrennt sind, treffen sich nicht an jedem Tag wieder. Dieser Gruß war ihr aber zur Gewohnheit geworden, und heute waren da zwei alte und ein junger Sperling, die „Piep!" sagten und mit dem linken Fuß kratzten.

„Ei, sieh, guten Tag, guten Tag!" Es waren drei alte aus dem Sperlingsnest und noch ein Kleiner der Familie. „Treffen wir uns hier?" sagten sie. „Das ist ein vornehmer Ort, aber hier ist nicht viel zu fressen. Das ist das Schöne! Piep!"

Da kamen viele Leute aus den Seitengemächern, wo die prächtigen Marmorgestalten standen, und sie gingen zu dem Grab, das den großen Meister barg, der die Marmorbilder gemacht hatte, und alle, die da kamen, standen mit leuchtendem Antlitz um Thorwaldsens Grab. Einige sammelten die abgefallenen Rosenblätter auf und verwahrten sie. Da waren Leute von weither gekommen, aus England, aus Deutschland und Frankreich; und die schönste Dame nahm eine der Rosen und heftete sie an das Kleid. Da glaubten die Sperlinge, daß die Rosen hier regierten, daß das Haus ihretwegen gebaut sei, und das schien ihnen freilich etwas zuviel zu sein; da aber die Menschen alle viel Liebe für die Rosen zeigten, so wollten sie nicht zurückstehen. „Piep!" sagten sie und fegten den Fußboden mit ihren Schwänzen und blinzelten mit einem Auge zu den Rosen hin. Kaum sahen sie hin, so hatten sie sich überzeugt, daß es die alten Nachbarn waren. Und das waren sie auch. Der Maler, der den Rosenstrauch neben dem abgebrannten Bauernhaus zeichnete, hatte später gegen Ende des Jahres die Erlaubnis erhalten, diesen auszugraben, und hatte ihn dann dem Baumeister gegeben, denn schönere Rosen waren nirgendwo zu finden; der Baumeister hatte sie auf Thorwaldsens Grab gesetzt, wo sie, als Bild des Schönen, blühten und feine rote, duftende Blätter hervorbrachten, die zur Erinnerung nach fernen Landen getragen wurden.

„Habt ihr hier in der Stadt eine Anstellung erhalten?" fragten die Sperlinge. Und die Rosen nickten, sie erkannten die grauen Nachbarn und freuten sich, sie wiederzusehen.

„Wie schön es doch ist, zu leben und zu blühen, alte Freunde und Bekannte zu sehen und jeden Tag freundliche Gesichter zu erblicken! Hier ist es gerade, als ob jeder Tag ein großer, herrlicher Festtag wäre!"

„Piep!" sagten die Sperlinge, „ja, das sind die alten Nachbarn. Ihrer Abstammung vom Dorfteich erinnern wir uns. Piep! Wie die zu Ehren gelangt sind! Manche kommen auch im Schlaf dazu. Was an so einem roten Klumpen Schönes ist, weiß ich nicht! – Und da sitzt doch ein vertrocknetes Blatt, denn das sehe ich ganz genau!"

Dann pickten sie daran, bis das Blatt abfiel, und frischer und grüner stand der Strauch, und die Rosen dufteten im Sonnenschein auf Thorwaldsens Grab, mit dessen unsterblichem Namen sich ihre einzigartige Schönheit verband.

Ib und Christinchen

In der Nähe des klaren Stromes Gudenau in Nordjütland, im Walde, der sich an dessen Ufern hin und weit in das Land hinein erstreckt, erhebt sich ein großer Landrücken und zieht sich, einem Walle gleich, durch den Wald. An diesem liegt westwärts ein Bauernhaus, umgeben von magerem Ackerland; der Sandboden schimmert durch die spärlichen Roggen- und Gerstenhalme, die hier wachsen. – Es sind einige Jahre her; die Leute, die hier wohnten, bebauten das Feld, hatten außerdem drei Schafe, ein Schwein und zwei Ochsen; kurz, sie nährten sich ganz gut, hatten zu leben, wenn man das Leben nimmt wie es kommt; ja, sie hätten es wohl gar dahin bringen können, zwei Pferde zu halten, aber sie sagten wie die anderen Bauern der Gegend: „Das Pferd frißt sich selber!"

Jeppe-Jäns bestellte sein Feld im Sommer; im Winter machte er Holzschuhe, und dann hatte er auch noch einen Gehilfen, einen Burschen, der, wie er, es verstand, die hölzernen Schuhe stark, aber leicht und „mit Façon" zu machen; sie schnitzten Schuhe und Löffel, und das brachte Geld.

Der kleine Ib, der siebenjährige Knabe, das einzige Kind im Hause, saß dabei und sah den Arbeitern zu, schnitzte an einem Stock und schnitt sich wohl auch zuweilen in den Finger; aber eines Tages hatte es Ib mit zwei Stückchen Holz fertiggebracht, daß sie wie kleine Holzschuhe aussahen, und diese wollte er Christinchen schenken; und wer war Christinchen? Sie war des Kahnführers Töchterchen, fein und zart, wie ein herrschaftliches Kind; hätte sie solche Kleider gehabt, es würde niemand geglaubt haben, sie sei aus der Hütte von der nahen Heide. – Dort wohnte ihr Vater, der Witwer war und sich davon nährte, daß er auf seinem großen Boot Brennholz aus dem Wald zum nahen Gut Silkeborg mit seinem großartigen Aalfang und Aalwehr, zuweilen auch gar bis zum entfernten Städtchen Randers fuhr. Er hatte niemand, der Christinchen hätte unter seine Obhut nehmen können; deshalb war das Mädchen fast immer bei ihm im Boot oder im Wald zwischen Heidekraut und Heidelbeergesträuch; mußte er einmal ganz zum Städtchen hinauf, dann brachte er Christinchen, das ein Jahr jünger als Ib war, über die Heide zu Jeppe-Jänsens hinüber.

Ib und Christinchen vertrugen sich in allen Stücken, sie teilten sich Brot und Beeren, wenn sie hungrig waren, sie wühlten gemeinschaftlich in der Erde, sie liefen und krochen spielend überall umher; und eines Tages wagten sie sich sogar, beide ganz allein, auf den großen Landrücken hinauf, eine weite Strecke in den Wald hinein; einmal fanden sie dort einige Schnepfeneier, und das war ein großes Ereignis.

Ib war noch nie auf der Heide gewesen, wo Christinchens Vater wohnte, aber auch nicht auf dem Strom gefahren; doch endlich einmal sollte das auch geschehen; Christinchens Vater hatte ihn dazu eingeladen, und am Abend vorher folgte er diesem über die Heide zu dessen Haus.

Am nächsten frühen Morgen saßen die beiden Kinder hoch auf dem im Boot aufgeschichteten Brennholz und aßen Brot und Heidelbeeren. Christinchens Vater und sein Gehilfe trieben das Boot durch Stangen vorwärts, sie hatten die Strömung mit sich, und in schneller Fahrt ging es den Strom entlang. Endlich gelangte man zu dem großen Aalwehr, wo das Wasser durch die Schleusen brauste; das war zu schön, meinten Ib und Christinchen.

Damals war dort keine Fabrik und auch kein Städtchen; nur das alte große Gehöft mit seinem kärglichen Ackerbetrieb mit wenigen Leuten und wenigem Vieh war dort zu sehen und das Gebrause des Wassers durch die Schleuse, das Schreien der wilden Enten war das ganze rege Leben Silkeborgs. – Nachdem das Brennholz ausgeladen war, kaufte der Vater Christinchens sich ein Bündel Aale und ein geschlachtetes Ferkel, das alles in einen Korb getan und hinten in das Boot gestellt wurde. Darauf ging es stromaufwärts wieder zurück, aber der Wind war günstig, und da man die Segel aufzog, war es so gut, als hätte man zwei Pferde vorgespannt.

Als man sich auf dem Strom ungefähr dem Ort gegenüber befand, wo der Gehilfe des Kahnführers landeinwärts nur eine kurze Strecke vom Ufer entfernt wohnte, wurde das Boot vertäut, dann gingen die beiden Männer an Land, nachdem sie zuvor den Kindern eingeschärft hatten, sich ruhig zu verhalten. Aber das taten die Kinder nicht, wenigstens nur sehr kurze Zeit, mußten sie doch in den Korb hineingucken, in dem die Aale und das Ferkel lagen; das Ferkel mußten sie haben, in der Hand halten, befühlen, betasten, und da sie dies zu gleicher Zeit tun wollten, so geschah es, daß sie es ins Wasser fallen ließen, dort trieb nun das Ferkel mit der Strömung davon, und das war eine entsetzliche Begebenheit.

Ib sprang an Land und lief vom Boot eine kleine Strecke fort, und Christinchen sprang ihm nach: „Nimm mich mit dir!" rief sie, und in wenigen Augenblicken befanden sie sich tief im Gebüsch, sie sahen nichts mehr.

„Folge mir!" sagte er. „Drüben liegt das Haus!" – Aber das Haus lag nicht drüben. Sie wanderten immer weiter, über das dürre, raschelnde, vorjährige Laub, über herabgefallene Baumzweige, und es knackte unter ihren kleinen Füßen; bald darauf hörten sie ein lautes, durchdringendes Rufen – sie blieben lauschend stehen, darauf schrillte der Schrei eines Adlers durch den Wald, es war ein garstiger Schrei, wobei sie sehr erschraken; aber vor ihnen, drinnen im Wald, wuchsen die schönsten Blaubeeren in unglaublicher Menge; das war zu einladend, als daß sie nicht hätten bleiben sollen, sie blieben auch und aßen von den Beeren und bekamen einen blauen Mund. Aber nun hörten sie von neuem das frühere Rufen.

„Es setzt was für das Ferkel!" sagte Christinchen.

„Komm, wir gehen zu unserem Haus!" sagte Ib. „Das ist hier im Wald!" Und sie gingen weiter; sie gerieten auf einen Fahrweg, aber nach Hause führte der Weg nicht; es wurde finster, und sie fürchteten sich. Die wunderbare Stille, die ringsum herrschte, wurde durch garstiges Schreien der großen Horneule und anderer Vögel unterbrochen; endlich verliefen sie sich beide in ein Gebüsch; Christinchen weinte, und Ib weinte, und als sie sodann eine Weile geweint hatten, streckten sie sich in das dürre Laub und schliefen ein.

Die Sonne stand hoch am Himmel, als die beiden Kinder erwachten; es fror sie, aber in der Nähe von ihrer Lagerstätte, auf dem Hügel, strahlte die Sonne durch die Bäume; dort wollten sie sich wieder erwärmen, und von dort aus, meinte Ib, würden sie das Haus seiner Eltern sehen können; aber sie waren weit von dem Haus entfernt, in einem ganz anderen Teil des Waldes. Sie kletterten diese Anhöhe hinab und befanden sich an einem Abhang, einem klaren, durchsichtigen See gegenüber; die Fische standen darin in großen Scharen an dem Wasserspiegel, von den Sonnenstrahlen beleuchtet; dicht neben ihnen prangte ein Haselnußstrauch voll der schönsten Nüsse, und nun pflückten sie die Nüsse ab, knackten sie auf und aßen die feinen jungen Kerne, die sich erst kürzlich gebildet hatten. Aus dem Gebüsch trat eine große alte Frau hervor, deren Haar tiefschwarz und glänzend war; das Weiße in ihren Augen leuchtete wie bei Mohren; auf dem Rücken trug sie ein Bündel, in der Hand einen Knotenstock; sie war eine Zigeunerin. Die Kinder verstanden nicht gleich, was sie sagte; dann zog sie drei große Nüsse aus der Tasche hervor, in denen, erzählte sie, lägen die schönsten, herrlichsten Dinge, denn es seien Wünschelnüsse.

Ib blickte sie an, sie sprach so freundlich, daß er sich zusammennahm und sie fragte, ob sie ihm die Nüsse schenken wollte. Die Frau gab sie ihm und pflückte sich vom Haselnußstrauch andere.

Ib und Christinchen blickten die drei Wünschelnüsse mit großen Augen an. „Ist wohl in dieser Nuß ein Wagen mit zwei Pferden?" fragte Ib.

„Ja, da drinnen ist eine goldene Karosse mit Pferden!" sagte die Frau.

„Dann gib mir die Nuß", sagte Christinchen, und Ib gab sie ihr, die fremde Frau knüpfte die Nuß in ihr Halstuch ein.

„Ist wohl in dieser Nuß hier ein so kleines hübsches Tuch, wie Christinchen es um den Hals hat?" fragte Ib.

„Es sind zehn Halstücher darin", sagte die Frau, „und feine Kleider, Strümpfe, Hut und Schleier."

„Dann will ich auch die haben!" sagte Christinchen, und Ib gab ihr auch die zweite Nuß; die dritte war ein kleines schwarzes Ding.

„Die mußt du behalten", sagte Christinchen, „und die ist auch schön."

„Und was ist denn darin?"

„Das Allerbeste für dich!" antwortete die Zigeunerin.

Und Ib hielt die Nuß recht fest. – Die Frau versprach, sie wolle die Kinder auf den richtigen Weg führen, damit sie nach Hause finden könnten, und nun ging es weiter, freilich in einer ganz anderen Richtung, als sie hätten gehen müssen, aber deshalb darf man noch lange nicht der alten Frau nachsagen, daß sie die Kinder stehlen wollte.

Auf dem wilden Waldpfad begegneten sie dem Waldvogt, der kannte Ib, und mit dessen Hilfe kamen Ib und Christinchen auch nach Hause, wo man sich ihretwegen sehr geängstigt hatte; es wurde ihnen verziehen und vergeben, obwohl sie allerdings beide in der Tat verdient hätten, daß „es was gesetzt hätte", erstens, weil sie das Ferkel ins Wasser hatten fallen lassen, zweitens, weil sie davongelaufen waren.

Christinchen brachte man zu ihrem Vater auf die Heide; Ib blieb in dem Bauernhäuschen am Saume des Waldes und des großen Landrückens. Das erste, was er abends tat, war, die kleine schwarze Nuß aus seiner Tasche hervorzuholen, die das „Allerbeste" in sich schließen sollte; er legte sie vorsichtig zwischen Tür und Türangel nieder, klemmte darauf die Tür zu, und die Nuß knackte richtig auf, aber Kern war nicht viel darin zu sehen: Sie war wie mit Schnupftabak oder schwarzer, fetter Erde gefüllt; sie war taub und wurmstichig, wie man sagt.

„Ja, das dachte ich mir gleich!" sagte Ib, „wie sollte auch in der kleinen Nuß Platz sein für das Allerbeste! Christinchen wird ebensowenig herauskriegen aus ihren zwei Nüssen, weder feine Kleider, noch eine goldene Karosse!"

Der Winter kam heran, und das neue Jahr trat ein; ja es vergingen mehrere Jahre.

Ib sollte endlich konfirmiert und eingesegnet werden und ging deshalb einen Winter zu dem Pfarrer weit im Dorf drüben, um zu lernen. Um diese Zeit besuchte der Bootsmann eines Tages die Eltern Ibs und erzählte, daß Christinchen nun in den Dienst zöge und es ein wahres Glück für sie sei, in solche Hände zu fallen und einen solchen Dienst bei so braven Leuten zu bekommen. Denkt einmal, sie zieht zu den reichen Wirtsleuten in Herning-Krug, weit gen Westen, viele Meilen von Ib entfernt; dort soll sie der Krügerin zur Hand gehen und in der Wirtschaft beistehen, und später, wenn sie sich wohl anläßt, konfirmiert und eingesegnet ist, wollen die Leute sie als ihre Tochter behalten.

Und Ib und Christinchen nahmen Abschied voneinander. „Die Brautleute" nannte man sie, und sie zeigte ihm beim Abschied, daß sie noch die zwei Nüsse habe, die er ihr damals bei ihrer Irrfahrt im Wald gegeben hatte, und sie sagte ferner, daß sie in ihrer Truhe die kleinen hölzernen Schuhe aufbewahre, die er als Knabe geschnitzt und ihr geschenkt hatte. Darauf trennten sie sich.

Ib wurde eingesegnet, aber er blieb im Haus seiner Mutter; er war ein flinker Holzschuhmacher geworden; im Sommer bestellte er das Feld, seine Mutter hielt keinen Knecht mehr dazu, er tat es allein, denn sein Vater war längst gestorben.

Nur selten, und dann höchstens durch einen Postillion oder einen Aalbauern, erfuhr man etwas über Christinchen. Es erging ihr jedoch wohl bei den reichen Krügersleuten, und als sie eingesegnet war, schrieb sie einen Brief an ihren Vater und darin auch einen Gruß an Ib und dessen Mutter; im Brief stand geschrieben von sechs neuen Hemden und einem schönen Kleid, das Christinchen alles von ihrer Herrschaft zum Geschenk erhalten habe. Das waren freilich gute Nachrichten.

Im nächsten Frühjahr klopfte es eines Tags an die Tür der alten Mutter unseres Ib, und siehe da, der Kahnführer und Christinchen traten ein; sie war auf einen Tag zu Besuch angekommen, ein Wagen war vom Herning-Krug zum nächsten Kirchdorf abgeschickt, und die Gelegenheit hatte sie benutzt, um einmal wieder die Ihrigen zu sehen. Schön war sie wie ein feines Fräulein, und hübsche Kleider hatte sie an, die gut gearbeitet und eigens für sie gemacht waren. Sie stand da im vollen Putz, und Ib war in seinen Alltagskleidern. Er konnte kein Wort hervorbringen; zwar ergriff er ihre Hand, hielt diese fest in der seinigen und war recht innig erfreut, aber den Mund konnte er nicht in Gang bringen; das konnte aber Christinchen, sie sprach und erzählte immerfort, und küßte auch Ib ohne weiteres gerade auf den Mund.

„Kanntest du mich gleich wieder, Ib?“ sagte sie; aber selbst als sie später unter vier Augen waren, und er noch immer dastand und ihre Hand in der seinigen hielt, vermochte er nur zu sagen: „Du bist ganz wie eine feine Dame geworden, und ich sehe so zottig aus! Wie habe ich an dich, Christinchen, und an die alten Zeiten gedacht!“

Und Arm in Arm wanderten sie den großen Landrücken entlang und schauten über den Strom hinaus zur Heide hinüber, zu den großen mit Ginster überwucherten Hügeln; aber Ib sagte nichts; doch als sie sich trennten, war es ihm klargeworden, daß Christinchen seine Frau werden müsse, hatte man sie doch von Kindesbeinen an die Brautleute genannt; sie seien, so schien es ihm, ein verlobtes Paar, wenn auch keiner von ihnen es jemals ausgesprochen hatte.

Nur noch einige Stunden konnten sie beisammenbleiben, Christinchen mußte dann wieder ins Nachbardorf zurückkehren, von wo der Wagen am nächsten Morgen zeitig nach Herning abgehen sollte. Ihr Vater und Ib begleiteten sie bis ans Dorf, es war ein schöner, mondheller Abend, und als sie im Dorf anlangten und Ib noch die Hand Christinchens in der seinigen hielt, konnte er sie nicht lassen, seine Augen leuchteten, aber die Worte flossen ihm spärlich über die Lippen: Doch sie flossen aus seinem tiefinnersten Herzen, und er sagte: „Wenn du nicht zu fein gewöhnt worden bist, Christinchen, und du dich darin finden kannst, im Hause der Mutter mit mir als meine Ehefrau zu leben, so werden wir beide einmal Mann und Frau! Aber wir können es noch ein wenig damit anstehen lassen.“

„Ja, sehen wir es noch einige Zeit damit an, Ib!“ sagte sie, dabei drückte sie seine Hand, und er küßte sie auf den Mund. „Ich vertraue dir, Ib!“ sagte Christinchen, „und ich glaube auch, daß ich dich liebhabe – aber ich will es mir beschlafen!“

Darauf trennten sie sich. Auf dem Rückweg sagte Ib dem Kahnführer, daß er und Christinchen nun so gut wie verlobt seien, und der Kahnführer fand, daß das gerade so sei, wie er sich stets gedacht hatte; er ging den Abend mit Ib nach Hause und blieb die Nacht über dort. Nun wurde nichts weiter von der Verlobung gesprochen.

Ein Jahr verstrich, währenddessen zwei Briefe zwischen Ib und Christinchen gewechselt wurden. „Treu bis in den Tod!“ lautete die Unterschrift. – Eines Tages trat der Kahnführer zu Ib herein, er brachte ihm einen Gruß von Christinchen; was er sonst noch mehr zu sagen hatte, damit ging es nun allerdings etwas langsam voran, aber es lautete dahin, daß es Christinchen wohl, fast mehr denn wohl erginge; sie sei ja ein hübsches Mädchen, gefeiert und geliebt; der Sohn des Krügers sei auf Besuch zu Hause gewesen, er sei bei irgendeiner großen Anstalt in einem Geschäftshaus in Kopenhaben angestellt – und ihm gefiele Christinchen gar sehr. Sie fände ihn auch nach ihrem Sinn, seine Eltern seien zwar auch nicht unwillig, aber es läge nun doch Christinchen im Herzen, daß Ib gar sehr ihrer gedenke, und so habe sie daran gedacht, sie wolle das Glück von sich stoßen, sagte der Kahnführer.

Anfänglich sprach Ib kein Wort, aber er wurde so blaß wie die Wand, schüttelte den Kopf ein wenig, und darauf erst sagte er: „Christinchen darf das Glück nicht von sich stoßen!"

„Nun, so schreibe ihr die paar Worte", sagte der Kahnführer.

Und Ib setzte sich zum Schreiben nieder, aber er vermochte es nicht, die Worte so zu stellen, wie er es wollte, und er strich aus und zerriß – am folgenden Morgen jedoch lag ein Brief an Christinchen fertig da, und hier ist er:

– *„Den Brief, den Du Deinem Vater geschrieben hast, habe ich gelesen und sehe daraus, daß es Dir gut geht in allen Dingen und Du es noch besser bekommen kannst. Frage Dein Herz, Christinchen, und überlege es Dir genau, was Deiner wartet, wenn Du mich nimmst; was ich habe, ist nur wenig. Denke nicht an mich oder an meinen Zustand, sondern denke an Dein eigenes Wohl! An mich bist Du durch kein Versprechen gebunden, und hast Du mir in Deinem Herzen ein solches gegeben, so entbinde ich Dich dessen. Die Freude schütte ihr Füllhorn über Dich aus, Christinchen! Der liebe Gott wird wohl Trost für mein Herz wissen.*
Immer Dein inniger Freund
Ib"

Der Brief wurde abgesandt, Christinchen bekam ihn richtig.

Im Verlauf des November wurde sie aufgeboten, in der Kirche auf der Heide und drüben in Kopenhagen, wo der Bräutigam wohnte, und nach Kopenhagen reiste sie in Begleitung ihrer Schwiegermutter ab, weil der Bräutigam seiner Geschäfte wegen die weite Reise tief nach Jütland hinein nicht unternehmen konnte. Christinchen traf in einem Dorf auf der Reise mit ihrem Vater zusammen; hier nahmen die beiden voneinander Abschied. Hiervon fielen nun gelegentlich einige Worte, aber Ib sagte nichts dazu, er wäre sehr nachdenklich geworden, hatte seine alte Mutter gesagt; ja, nachdenklich war er geworden, und deshalb kamen ihm auch die drei

Nüsse in den Sinn, die er als Kind von der Zigeunerin geschenkt bekam und von denen er Christinchen zwei gegeben hatte; es seien Wünschelnüsse, in der einen, der ihrigen läge ja eine goldene Karosse mit Goldfüchsen; in der anderen wären die prächtigsten Kleider; das sei richtig; all die Herrlichkeit bekäme sie nun drüben in der Hauptstadt. Ihr ging es in Erfüllung! Ihm aber, Ib, habe die Nuß nur schwarze Erde gespendet. „Das Allerbeste" für ihn, habe die Zigeunerin gesagt – ja, richtig, auch das ginge in Erfüllung! Die schwarze Erde sei ihm das Beste. Jetzt begreife er deutlich, was die Frau gemeint habe. In der schwarzen Erde, in der finsteren Gruft sei ihm am allerbesten!

Und es verstrichen Jahre, nicht gerade viele, aber lange Jahre, so schien es dem Ib; die alten Krügersleute starben, eins nach dem anderen; den ganzen Nachlaß, viele tausend Taler, erbte der Sohn. Ja, jetzt konnte Christinchen die goldene Karosse und feine Kleider genug bekommen.

Zwei lange Jahre, die darauf folgten, lief kein Brief von Christinchen ein, und als dann endlich der Vater einen bekam, war dieser durchaus nicht in Wohlstand und Freuden geschrieben. Das arme Christinchen! Weder sie noch ihr Mann hatten es verstanden, den Reichtum zusammenzuhalten, es war kein Segen an ihm – weil sie es selbst nicht so wollten.

Die Heideblumen prangten, und das Heidekraut verdorrte wieder; der Schnee strich schon viele Winter über die Heide, über den Landrücken dahin, unter dem Ib in Schutz gegen die rauhen Winde wohnte; die Frühlingssonne schien, und Ib ließ den Pflug durch seinen Acker schneiden, da schnitt er, wie er wähnte, über einen Feuerstein dahin, es kam ein großer schwarzer Hobelspan aus dem Boden heraus, und als Ib ihn erfaßte, war es ein Metall, und die Stelle, wo der Pflug in es hineingeschnitten hatte, flimmerte ihm entgegen. Es war eine große, schwere goldene Armspange aus dem Altertum; das Hünengrab war hier geschleift, und jetzt war sein köstlicher Schatz gefunden. Ib zeigte es dem Pfarrer, der ihm nun den Wert des Fundes auseinandersetzte. Darauf begab sich Ib zum Landrichter, der den Vorsteher des Museums von seinem Fund benachrichtigte und Ib den Rat erteilte, persönlich den Schatz zu überbringen.

„Du hast in der Erde das Beste gefunden, was du finden konntest", sagte der Landrichter.

‚Das Beste', dachte Ib. ‚Das Allerbeste für mich, und in der Erde! Nun, wenn das das Beste ist, so hatte die Zigeunerin recht in dem, was sie mir wahrsagte.'

Ib fuhr mit der Fähre von Århus nach Kopenhagen; ihm, der nur einige Male über den heimatlichen Strom hinübergesetzt war, schien dies eine Reise über das Weltmeer zu sein. Er langte in Kopenhagen an.

Der Wert des gefundenen Goldes wurde ihm ausgezahlt, es war eine große Summe; sechshundert Taler. In der großen Stadt ging Ib von der Heide umher.

Am Abend vor seiner auf den nächsten Morgen mit dem Schiffer bestimmten Abreise verirrte Ib sich mit den Straßen und schlug eine andere Richtung ein als er wollte; er hatte sich in die Nebenstadt, Christianshafen, in eine ärmliche Gasse verlaufen. Kein Mensch war zu sehen. Da trat endlich ein ganz kleines Mädchen aus einem der armseligen Häuser heraus; Ib fragte die Kleine nach der Straße, die er suchte; sie blickte ihn aber schüchtern an und weinte heftig. Nun fragte er sie, was ihr fehle, sie gab jedoch eine unverständliche Antwort; aber indem sie die Straße entlangschritten und sich beide unter einer Laterne befanden, deren Schein dem Mädchen gerade ins Gesicht fiel, wurde ihm wunderbar zumute, denn es war leibhaftig Christinchen, das vor ihm stand, ganz wie er sich ihrer aus der Kindheit erinnerte.

Er trat mit dem kleinen Mädchen in das ärmliche Haus, stieg die enge, wacklige Treppe hinauf, die zu einer kleinen schrägen Kammer hoch oben unter dem Dach führte. Drinnen war die Luft schwer und fast erstickend, kein Licht brannte, in einem Winkel seufzte und atmete es schwer auf. Ib machte Licht mit einem Streichholz. Es war die Mutter des Kindes, die seufzend auf dem ärmlichen Lager ruhte.

„Kann ich Euch mit etwas unterstützen?" fragte Ib. „Die Kleine hat mich heraufgeführt, allein ich bin fremd in der Stadt. Sind hier keine Nachbarn oder sonst jemand, den ich rufen könnte?" Er richtete den Kopf der Kranken auf und schob ihr das Kissen zurecht.

Es war Christinchen von der Heide.

Seit Jahren war drüben ihr Name nicht genannt worden, das würde den stillen Sinn unseres Ib gestört haben, und was das Gerücht und die Wahrheit erzählten, war auch nichts Gutes; das viele Geld, das ihr Mann von seinen Eltern einst erbte, hatte ihn beirrt und übermütig gemacht; er hatte seine feste Stellung aufgegeben und war ein halbes Jahr in fremden Ländern umhergereist. Dann, als er zurückgekehrt war, hatte er Schulden gemacht und auf großem Fuß gelebt; der Wagen neigte sich immer mehr und mehr, und zuletzt schlug er um. Die vielen lustigen Freunde und Tischgenossen sagten von ihm, er habe es so verdient, er habe ja wie ein Verrückter gewirtschaftet. – Eines Morgens habe man seine Leiche im Kanal gefunden.

Christinchen trug schon den Tod im Herzen, ihr jüngstes Kind, nur wenige Wochen alt, in Wohlstand getragen, in Elend geboren, lag bereits im Grab, und jetzt war es mit Christinchen selbst so weit gekommen, daß sie todkrank, verlassen in einer elenden Kammer lag; so dürftig, wie sie es in ihren jüngeren Jahren wohl hätte verschmerzen können, jetzt aber, besser gewöhnt, recht schmerzlich empfand. Es war ihr ältestes Kind auch sein kleines Christinchen, das mit ihr Not und Hunger litt, und das Ib zu ihr hinaufgeführt hatte.

„Ich ängstige mich, daß ich sterbe und das arme Kind hier zurücklasse", seufzte sie, „ach, wo soll denn das arme Kind hin?" Mehr vermochte sie nicht zu sagen.

Ib zog nochmals ein Streichholz hervor, zündete ein Stückchen Licht an, das er in der Kammer fand, und die Flamme erhellte die elende Wohnung.

Dann betrachtete er das kleine Mädchen und dachte an Christinchen, als sie jung war; um ihretwillen könne er dieses Kind, das er nicht kannte, liebhaben. Die Sterbende blickte ihn an, ihre Augen wurden immer größer – erkannte sie ihn? Er wußte es nicht, kein Wort ging über ihre Lippen.

Und es war im Wald am Strome Gudenau, in der Heidegegend; die Luft war dick und finster, das Heidekraut trug keine Blüten zur Schau, herbstliche Stürme trieben das gelbe Laub vom Wald in den Strom hinaus über die Heide dahin, wo die Hütte des Kahnführers stand, in der jetzt fremde Leute hausten; aber unter dem Landrücken, schön im Schutze hoher Bäume, stand das Bauernhäuschen, geweißt und angestrichen. Drinnen flammte der Heidetorf im Kamin, drinnen war Sonnenschein, der leuchtende Schein zweier Kinderaugen, des Frühlings Lerchentöne klangen in der Rede von des Kindes roten, lächelnden Lippen; Leben und Freude herrschten drinnen, Christinchen war dort; sie saß auf Ibs Knien. Ib war ihr Vater und Mutter, diese waren ihr entschwunden, wie das Traumbild dem Kind und dem Erwachsenen entschwindet. Ib saß drinnen in dem hübschen, geputzten Haus, er war ein wohlhabender Mann, die Mutter des kleinen Mädchens ruhte auf dem Friedhof bei Kopenhagen – in Elend gestorben.

Ib hatte Geld, hatte sein Schäfchen ins trockene gebracht, und – er hatte ja auch Christinchen.

Der Goldschatz

Die Frau des Trommelschlägers ging in die Kirche; sie sah den neuen Altar mit gemalten Bildern und geschnitzten Engeln; sie waren schön, die auf der Leinwand in Farben und dem Glorienschein, und auch die in Holz geschnitzten, und noch dazu gemalt und vergoldet. Das Haar strahlte wie Gold und Sonnenschein, wunderschön anzusehen; aber Gottes Sonnenschein war doch noch reizender; der schien klarer, roter durch die dunklen Bäume, wenn die Sonne unterging. Herrlich, in Gottes Angesicht zu schauen! Sie sah in die rote Sonne hinein und dachte so tief darüber nach, dachte an das Kind, das der Storch bringen sollte; sie war sehr fröhlich dabei und wünschte sich, daß das Kind den Sonnenglanz bekomme, und zum wenigsten aber einem der strahlenden Engel am Altar gleichen möchte.

Und als sie nun wirklich das kleine Kind in ihren Armen hielt und es dem Vater entgegenhob, da war es anzusehen wie einer von den Engeln in der Kirche – das Haar wie Gold; der Schein der untergehenden Sonne lag darauf.

„Mein Goldschatz, mein Reichtum, mein Sonnenschein!" sagte die Mutter und küßte die strahlenden Locken; und es klang wie Musik und Gesang in der Stube des Trommelschlägers; da waren Freude, Leben und Bewegung. Der Trommelschläger schlug einen Wirbel, einen Freudenwirbel. Die Trommel ging, die Brandtrommel ging:

„Rotes Haar! Der Kleine hat rotes Haar! Glaube dem Trommelfell, nicht dem, was deine Mutter sagt! Trommelom, trommelom!"

Und die Stadt erzählte, was die Brandtrommel erzählte.

Der Knabe kam in die Kirche, er wurde getauft. Von dem Namen war nichts zu erzählen; er wurde Peter genannt. Die ganze Stadt, auch die Trommel nannte ihn: „Peter, des Trommelschlägers Knabe mit dem roten Haar"; aber seine Mutter küßte sein rotes Haar und nannte ihn Goldschatz.

Im Hohlweg, in den lehmigen Abhang, hatten viele ihren Namen zur Erinnerung eingeritzt.

„Berühmtheit", sagte der Trommelschläger, „das ist immer etwas!" Und so ritzte er auch seinen Namen und den seines kleinen Sohnes hinein.

Die Schwalben kamen; sie hatten auf ihrer langen Reise dauerhaftere Schrift in den Klippen und in den Wänden des Tempels in Hindustan eingehauen gesehen: Große Taten von mächtigen Königen, unsterbliche Namen, so ganz alte, daß sie jetzt keiner mehr lesen oder nennen konnte: Nennenswert! Berühmtheit!

Im Hohlweg bauten die Erdschwalben; sie bohrten Löcher in den jähen Abhang, der Platzregen und der Staubregen bröckelten und spülten die Namen fort – auch den des Trommelschlägers und seines kleinen Sohnes.

„Peters Name bleibt doch wohl anderthalb Jahr stehen!" sagte der Vater.

‚Narr!' dachte die Brandtrommel, aber sie sagte nur: „Dum, dum, dumm! dummelum!"

Es war ein Knabe voll Lust und Leben; „des Trommelschlägers Sohn mit dem roten Haar". Er hatte eine liebliche Stimme, und er konnte singen, und er sang wie der Vogel im Wald. Es war Melodie und doch keine Melodie.

„Er muß Chorknabe werden", sagte die Mutter, „in der Kirche singen und da unter den schönen, vergoldeten Engeln stehen, die ihm gleichen!"

„Feuerkatze!" sagten die witzigen Köpfe in der Stadt. Die Trommel hörte das von den Nachbarsfrauen.

„Gehe nicht nach Hause, Peter!" riefen die Straßenjungen. „Wenn du auf dem Boden schläfst, dann ist Feuer im oberen Stockwerk, und dann geht die Brandtrommel!"

„Nehmt ihr euch nur vor den Trommelstöcken in acht!" sagte Peter; und wie klein er auch war, so lief er doch mutig voran und schlug mit seiner Faust den nächsten vor den Leib, daß er seine Beine unter sich verlor, und die anderen nahmen ihre Beine mit sich – ihre eigenen Beine!

Der Stadtmusikant war so vornehm und fein; er war der Sohn eines königlichen Silberwäschers; er mochte Peter gern leiden, nahm ihn zeitweise mit nach Hause, gab ihm eine Violine und lehrte ihn spielen; es war, als läge es dem Knaben in den Fingern, er wollte mehr als Trommelschläger, er wollte Stadtmusikant werden.

„Soldat will ich werden!" sagte Peter, denn er war noch ein ganz kleiner Bursche, und es schien ihm das Schönste in der Welt, das Gewehr zu tragen und so gehen zu können: „Eins, zwei! Eins, zwei!" und Uniform und Säbel zu tragen.

„Lerne nur nach dem Trommelfell zu verlangen, trommelom, komm, komm!" sagte die Trommel.

„Ja, wenn er bis zum General hinaufmarschieren könnte", sagte der Vater, „aber dazu muß es Krieg werden."

„Das verhüte Gott!" sagte die Mutter.

„Wir haben nichts zu verlieren!" sagte der Vater.

„Ja, wir haben da meinen Knaben!" sagte sie.

„Aber wenn er nun als General zurückkehrt?" sagte der Vater.

„Ohne Arme und Beine!" sagte die Mutter, „nein, lieber will ich meinen Goldschatz heil behalten!"

„Trom! trom! trom!" Die Brandtrommel ging, alle Trommeln gingen. Es war Krieg. Die Soldaten zogen davon, und der Knabe des Trommelschlägers folgte: „Rotkopf! Goldschatz!" Die Mutter weinte; der Vater sah ihn in Gedanken „berühmt"; der Stadtmusikant meinte, er dürfe nicht in den Krieg gehen, sondern müsse bei der Stadtmusik bleiben.

„Rotkopf!" sagten die Soldaten, und Peter lachte; aber es sagte auch einer und der andere: „Fuchspelz!" Da biß er die Zähne zusammen und sah fort – in die weite Welt hinein; er kümmerte sich um das Schimpfwort nicht.

Flink war der Knabe, freudig der Sinn, der Humor gut, und das sei die beste Feldflasche, sagten die alten Kameraden.

Und manche Nacht mußte er im Platzregen und Staubregen, bis auf die Haut durchnäßt, unter offenem Himmel liegen, aber die gute Laune verließ ihn nicht, die Trommelstöcke schlugen: „Trommelom! Alles auf!" Ja, er war gewiß zum Trommelschläger geboren.

Der Tag der Schlacht begann; die Sonne war noch nicht aufgegangen, aber der Morgen war da: Die Luft kalt, der Kampf heiß; es war Nebel in der Luft, aber es war mehr der Pulverdampf. Die Kugeln und Granaten flogen über die Köpfe hin und in die Köpfe hinein, in den Leib und die Glieder; aber vorwärts ging es. Einer und der andere sanken in die Knie, mit blutender Schläfe, kreideweiß im Gesicht. Der kleine Trommelschläger hatte seine gesunde Farbe noch; er hatte keinen Schaden genommen; er sah noch mit ebenso vergnügtem Gesicht dem Regimentshund nach, der vor ihm hersprang, so vergnügt, als wäre alles ein Spaß und als schlügen die Kugeln nur vor ihm ein, um damit zu spielen.

„Marsch! Vorwärts! Marsch!" waren die Kommandoworte für die Trommel; und jetzt wurde gesagt: „Zurück!" Und da schlug der kleine Trommelschläger: „Marsch! Vorwärts!" Er verstand nur diesen Befehl; die Soldaten gehorchtem dem Trommelfell. Das war ein guter Trommelschlag und gab ihnen, die schon im Weichen waren, den Siegesschlag.

Leiber und Glieder gingen in der Schlacht verloren. Granaten rissen das Fleisch in blutigen Stücken herunter; Granaten zündeten die Strohhaufen zu hellen Flammen an, wohin die Verwundeten sich geschleppt hatten, um dort viele Stunden verlassen zu liegen, verlassen vielleicht für das Leben.

Es hilft nichts, daran zu denken! Und doch denkt man daran, selbst weit

500

davon, in der friedlichen Stadt; auch der Trommelschläger und seine Frau dachten daran; Peter war ja im Krieg.

„Nun bin ich des Klagens überdrüssig!" sagte die Brandtrommel.

Wieder begann ein Tag der Schlacht; die Sonne war noch nicht aufgegangen, aber es war schon Morgen. Der Trommelschläger und seine Frau schliefen, sie hatten vom Sohn gesprochen; das taten sie fast jede Nacht; er war ja draußen – „in Gottes Hand". Und der Vater träumte, der Krieg wäre beendet, die Soldaten heimgekehrt und Peter trüge ein silbernes Kreuz auf der Brust; aber die Mutter träumte, sie träte in die Kirche und sehe die gemalten Bilder und geschnitzten Engel mit den vergoldeten Haaren an, und ihr eigener, lieber Knabe, ihres Herzens Goldschatz, stände mitten unter den Engeln in weißen Kleidern und sänge so herrlich, wie sicher nur die Engel singen können, und mit ihnen erhöbe er sich zum Sonnenschein empor und nickte seiner Mutter so liebevoll zu.

„Mein Goldschatz!" rief sie und erwachte. „Nun hat ihn unser Herrgott zu sich genommen!" Sie faltete ihre Hände, legte ihren Kopf in den Bettvorhang von Kattun und weinte.

„Wo ruht er nun, unter den vielen im großen Grab, das sie für die Toten graben? Vielleicht auch im tiefen Moor? Niemand kennt sein Grab! Es ist kein Gotteswort darüber gelesen worden!" Und das Vaterunser ging lautlos über ihre Lippen; sie beugte ihr Haupt, sie war so müde.

Die Tage ziehen vorüber, im Leben wie in den Träumen!

Es war Abend; über der Walstatt erhob sich ein Regenbogen, der den Wald und das tiefe Moor berührte.

Es wird gesagt und ist im Volksglauben aufbewahrt:

Wo der Regenbogen die Erde berührt, da liegt ein Schatz begraben, ein Goldschatz; und hier – lag einer; keiner, außer seiner Mutter dachte an den kleinen Trommelschläger, und deshalb träumte sie von ihm.

Die Tage ziehen vorüber, im Leben wie in den Träumen!

Nicht ein Haar auf seinem Haupte war ihm gekrümmt worden.

„Trommerom, trommerom, das ist er, das ist er!" konnte die Trommel gesagt und seine Mutter gesungen haben, hätte sie das gesehen oder geträumt.

Mit Hurra und Gesang, mit grünen Siegeskränzen geschmückt, ging es heimwärts, als der Krieg beendet und Frieden geschlossen war. Der Regimentshund sprang in großen Kreisen voran, um sich den Weg gleichsam dreimal so lang zu machen, wie er war.

Tage und Wochen vergingen, und Peter trat in die Stube seiner Eltern; er war so braun wie ein Wilder, seine Augen sahen klar umher, sein Gesicht strahlte wie Sonnenschein. Und die Mutter hielt ihn in ihren Armen, küßte seinen Mund, seine Augen, sein rotes Haar. Sie hatte ja ihren Knaben wieder; er hatte kein silbernes Kreuz auf der Brust, wie der Vater geträumt, aber er hatte heile Glieder, was die Mutter nicht geträumt hatte. Und das war eine Freude; sie lachten und – weinten. Und Peter umarmte die alte Brandtrommel:

„Da steht noch das alte Gerippe!" sagte er. Und der Vater schlug einen Wirbel darauf.

„Es ist fast, als wäre hier eine große Feuersbrunst", sagte die Brandtrommel. „Heller Tag, Feuer im Herzen, Goldschatz! Schnatterat, schnatterat, schnatterat!"

Und nun? Ja, was nun? Frage nur den Stadtmusikanten.

„Peter wächst ganz über die Trommel hinaus", sagte er, „Peter wird größer als ich!" Und er war doch der Sohn von einem königlichen Silberwäscher; aber alles, was er in einer halben Lebenszeit gelernt hatte, lernte Peter in einem halben Jahr.

Es war etwas so Fröhliches in ihm, so innerlich Gutherziges. Die Augen leuchteten, und das Haar leuchtete – das konnte man nicht bestreiten.

„Er soll sein Haar färben lassen!" sagte die Nachbarin. „Das glückte des Polizeimeisters Tochter so herrlich, und sie verlobte sich."

„Aber es wurde ja gleich nachher grün wie Entengrütze und muß immer aufgefärbt werden!"

„Sie weiß sich zu helfen", sagte die Nachbarin, „und das kann Peter auch. Er kommt in die vornehmsten Häuser, selbst zu Bürgermeisters, wo er Fräulein Lotte Klavierstunden gibt."

Spielen konnte er! Ja, er spielte die herrlichsten Stücke aus dem Herzen heraus, die noch auf keinem Notenblatt geschrieben standen. Er spielte in den hellen Nächten und auch in den dunklen. Das war gar nicht zum Aushalten, sagten die Nachbarin und auch die Brandtrommel.

Er spielte, daß die Gedanken sich erhoben und große Zukunftspläne hervorsprudelten.

„Berühmtheit!"

Und Bürgermeisters Lotte saß am Klavier, ihre feinen Finger tanzten über die Tasten, daß es bis in Peters Herz hineinklang; es war, als würde ihm das schwer, und das geschah nicht einmal, sondern viele Male, und so ergriff er eines Tages die feinen Finger und die schöngeformte Hand, und er küßte sie und sah Lotte in die großen braunen Augen; Gott weiß, was er sagte! Wir anderen aber dürfen es raten. Lotte wurde rot bis über Hals und Schultern und erwiderte kein einziges Wort – da kamen Fremde in das Zimmer, der Sohn des Staatsrats; der hatte eine hohe weiße Stirn, die er fast bis hintenüber, fast bis in den Nacken trug. Und Peter saß lange bei ihr, und sie sah ihn mit sanften Blicken an.

Am Abend zu Hause sprach er von der weiten Welt und von dem Goldschatz, der für ihn in seiner Violine verborgen läge.

„Berühmtheit!"

„Tummelum, tummelum, tummelum!" sagte die Brandtrommel. „Nun ist es mit Peter gar zu toll! Ich glaube, daß Feuer im Hause ist."

Am nächsten Tag ging die Mutter auf den Markt.

„Weißt du das Neueste, Peter?" sagte sie, als sie zurückkam, „eine herrliche Neuigkeit! Bürgermeisters Lotte hat sich mit Staatsrats Sohn verlobt; und das geschah gestern abend."

„Nein!" sagte Peter und sprang vom Stuhl auf. Aber seine Mutter sagte: „Ja!" Sie wußte es von der Barbierfrau, deren Mann es aus des Bürgermeisters eigenem Mund gehört hatte.

Und Peter wurde leichenblaß und setzte sich nieder.

„Herrgott, was hast du?" sagte die Mutter.

„Schon gut! Laß mich nur in Ruhe!" sagte er, und die Tränen liefen ihm über die Wangen.

„Mein süßes Kind, mein Goldschatz!" sagte die Mutter und weinte; aber die Brandtrommel sang leise in sich hinein:

„Lotte ist tot! Lotte ist tot!" Ja, nun ist das Lied aus!

Das Lied war nicht aus; es hatte noch viele Verse, lange Verse, die allerschönsten, den Goldschatz eines Lebens.

„Sie gebärdet sich wie eine Närrin!" sagte die Nachbarin.

„Die ganze Welt soll die Briefe, die sie von ihrem Goldschatz bekommt, lesen und auch noch hören, was die Zeitungen von ihm und seiner Violine sagen. Ja, Geld schickt er ihr, das kann sie gebrauchen, seitdem sie Witwe ist."

„Er spielt vor Kaisern und Königen", sagte der Stadtmusikant. „Mir ist das Los nicht gefallen, aber er ist mein Schüler und vergißt seinen alten Lehrer nicht."

„Sein Vater träumte, weiß Gott", sagte die Mutter, „daß Peter mit dem silbernen Kreuz auf der Brust vom Krieg heimkehrt; er bekam es im Krieg

nicht, aber es ist wohl schwierig, es zu bekommen! Jetzt hat er das Ritterkreuz. Das hätte sein Vater erleben sollen!"

„Berühmt!" sagte die Brandtrommel und die Vaterstadt auch; des Trommelschlägers Sohn, Peter mit dem roten Haar, den sie als kleinen Knaben
mit Holzschuhen als Trommelschläger gesehen hatten und der zum Tanz
aufspielte – berühmt!

„Er spielte bei uns, noch ehe er vor den Königen spielte!" sagte die Frau
des Bürgermeisters. „Damals war er in Lotte vernarrt, er sah immer hoch
hinauf! Damals war er naseweis und fabelte! Mein eigener Mann lachte, als
er von der Narrheit hörte! Jetzt ist Lotte Staatsrätin!"

Es war ein Goldschatz in das Herz und in die Seele des armen Kindes
gelegt, der als kleiner Trommelschläger: „Marsch, vorwärts!" schlug, den
Siegesschlag für die, die weichen wollten. Es lag ein Goldschatz in seiner
Brust – die Gewalt der Töne; es brauste aus der Violine, als sei eine ganze
Orgel darin, als tanzten alle Sommernachtselfen auf den Saiten dahin; man
hörte den Schlag der Drossel und die klare Stimme des Menschen; deshalb
zog es mit Entzücken durch die Herzen, und sein Name hallte durch das
Land. Das war ein großer Feuerbrand – der Feuerbrand der Begeisterung.

„Und dann sieht er auch so prächtig aus!" sagten die jungen Damen und
auch die alten; ja, die allerälteste schaffte sich ein Album für berühmte
Haarlocken an, nur um sich eine Locke von dem reichen, herrlichen Haar
des jungen Künstlers, diesem Schatz, diesem Goldschatz, auszubitten.

Der Sohn trat in die arme Stube des Trommelschlägers, fein wie ein Prinz,
glücklicher als ein König. Die Augen waren so klar, das Antlitz wie
Sonnenschein. Er hielt seine Mutter in den Armen; sie küßte seinen warmen
Mund und weinte so glückselig, wie man nur vor Freude weinen kann; und
er nickte jedem alten Möbel in der Stube zu, dem Schrank mit den Teetassen und dem Blumenglas; er nickte der Schlafbank zu, worauf er als
kleiner Knabe geschlafen hatte; aber die alte Brandtrommel holte er hervor,
zog sie mitten in die Stube und sagte zu ihr und der Mutter:

„Mein Vater würde heute einen Wirbel geschlagen haben. Nun muß ich
es tun!"

Und er schlug ein ganzes Donnerwetter auf der Trommel, und diese fühlte
sich so geehrt dadurch, daß ihr das Trommelfell zerriß.

„Er hat einen herrlichen Faustschlag!" sagte die Trommel. „Nun habe ich
von ihm für immer eine Erinnerung! Ich warte darauf, daß seine Mutter
auch vor Freuden über ihren Goldschatz platzt!"

Das ist die Geschichte vom Goldschatz.

Die Windmühle

Da stand eine Windmühle auf dem Hügel, stolz war sie anzusehen, und stolz fühlte sie sich auch.

„Ich bin ganz und gar nicht stolz", sagte sie, „aber ich bin sehr aufgeklärt, von außen und von innen. Ich habe Sonne und Mond zum äußeren Gebrauch und auch von innen. Dann habe ich ohnedies noch Stearinkerze, Tranlampe und Talglicht. Ich bin ein denkendes Wesen und so wohlgeschaffen, daß es ein Vergnügen ist. Ich habe einen Hals, dazu vier Flügel, die sitzen mir oben am Kopf, gleich unter dem Hut. Die Vögel haben nur zwei Flügel und müssen sie auf dem Rücken tragen. Ich bin von Geburt ein Holländer, das kann man an meiner Gestalt sehen; ein fliegender Holländer, die werden zu den Übernatürlichen gerechnet, das weiß ich – und doch bin ich sehr natürlich. Ich habe eine Galerie um den Magen und eine Wohnung im Unterteil; dort wohnen meine Gedanken. Mein stärkster Gedanke, der regiert und befiehlt, den nennen die anderen Gedanken: ‚Den Mann in der Mühle'. Er weiß, was er will, er steht hoch über Mehl und Kleie, aber er hat doch seine Gefährtin, und diese heißt ‚Mutter'. Sie ist das Herz; sie läuft nicht verkehrt und linkisch umher, denn auch sie weiß, was

505

sie will, sie weiß, was sie kann, sie ist sanft wie ein Lüftchen, sie ist stark wie der Sturm; sie versteht es, etwas behutsam anzufassen und ihren Willen durchzusetzen. Sie ist mein sanfter Sinn, ‚der Vater‘ ist mein harter. Sie sind zwei und doch eins, sie nennen auch einander meine Hälfte! Die beiden haben kleine Buben: Kleine Gedanken, die wachsen können. Die Kleinen halten alles in Ordnung. Als ich kürzlich in meiner nachdenklichen Stimmung ‚den Vater‘ und seine Burschen den Hals und das Loch in meiner Brust nachsehen ließ, um zu erfahren, was da vorgegangen war – denn es war etwas in mir nicht in rechter Ordnung, und man muß sich selbst untersuchen –, da machten die Kleinen einen fürchterlichen Lärm, der sich nicht gehört, wenn man, wie ich, hoch oben auf dem Hügel steht; man muß daran denken, daß man im Licht steht. Aber, was ich sagen wollte – die Kleinen machten einen entsetzlichen Lärm! Der Kleinste fuhr mir hinauf in den Hut und jubelte da so herum, daß es mich kitzelte. Die kleinen Gedanken können wachsen, das habe ich vernommen, und von außen kommen auch Gedanken. Die flügellosen Häuser, wo man das Mühlwerk nicht hört, haben auch Gedanken; diese kommen zu meinen Gedanken und verloben sich mit ihnen, wie man das nennt. – Wunderbar genug, ja, es gibt viel Wunderbares. Es ist über mich gekommen, oder in mir; etwas hat sich im Mühlwerk verändert. Es ist, als ob der Vater seine Hälfte verändert – ja, einen sanfteren Sinn erhalten hätte, eine liebevollere Gefährtin, so jung und fromm und doch dieselbe, aber sanfter und frommer durch die Zeit. Was bitter war, ist verdunstet; das Ganze ist viel vergnügter.

Die Tage gehen, und die Tage kommen, immer weiter zur Klarheit und Freude, und dann, ja, das ist gesagt und geschrieben, dann kommt ein Tag, wo es mit mir vorbei, aber nicht ganz vorbei ist! Ich muß niedergerissen werden, um mich neu und besser zu erheben, ich muß aufhören, aber doch fortleben! Eine ganz andere werden und doch dieselbe bleiben! Das ist für mich schwer zu begreifen, wie aufgeklärt ich auch sein mag durch Sonne, Mond, Stearin, Tran und Talg! Mein altes Zimmer- und Mauerwerk soll sich aus Schutt erheben.

Ich will hoffen, daß ich die alten Gedanken behalte: Den Vater in der Mühle, die Mutter, Große und Kleine, die Familie; denn ich nenne das Ganze, eins und doch so viele, die ganze Gedankengesellschaft – weil ich muß und es nicht lassen kann!

Und ich muß auch ich selbst bleiben, mit dem Mühlwerk in der Brust, den Flügeln auf dem Kopf, der Galerie um den Leib, sonst könnte ich mich selbst nicht erkennen, und die anderen könnten mich auch nicht kennen und nicht sagen: ‚Da haben wir ja die Mühle auf dem Hügel, stolz anzusehen, und doch gar nicht stolz!'"

Das sagte die Mühle, ja sie sagte noch viel mehr, aber dieses war das Wichtigste.

Die Tage kamen, und die Tage gingen. Und dann brach der letzte Tag an.

Da ging die Mühle in Feuer auf; die Flammen hoben sich empor, schlugen hinaus und hinein, naschten Balken und Bretter und zehrten sie auf. Die Mühle fiel zusammen, und es blieb nur noch ein Aschenhaufen zurück. Der Rauch fuhr über die Brandstätte hin, der Wind trug ihn fort.

Was in der Mühle lebendig gewesen war, das blieb.

Die Müllerfamilie, eine Seele, viele Gedanken und doch nur einer, baute sich eine neue, prächtige Mühle, mit der ihr gedient sein konnte, so glich sie ganz der alten, und man sagte: „Da steht ja die Mühle auf dem Hügel, stolz anzusehen!" Aber diese war besser eingerichtet, mehr zeitgemäß, weil die Zeit vorwärtsschreitet. Die alten Hölzer waren wurmstichig und schwammig, lagen in Staub und Asche; der Mühlenkörper erhob sich nicht, wie sie geglaubt hatten; sie nahmen es nur wörtlich, und man soll nicht alle Dinge wörtlich nehmen.

Die Kröte

Der Brunnen war tief, deshalb war das Seil lang; die Winde drehte sich schwer, wenn man den Eimer mit Wasser gefüllt über den Brunnenrand heraufziehen mußte. So klar das Wasser auch war, so schien die Sonne doch niemals so weit in den Brunnen hinab, daß sie sich im Wasser spiegeln konnte, aber so weit, wie sie scheinen konnte, wuchs Grünes zwischen den Steinen der Brunnenwände hervor.

Es wohnte dort unten eine Familie aus dem Geschlecht der Kröten; sie war durch die alte Krötenmutter, die noch lebte, kopfüber hinuntergeraten; die grünen Frösche, die schon viel früher hier zu Hause waren und im Wasser umherschwammen, erkannten die Vetterschaft an und nannten sie die „Brunnengäste". Diese hatten wohl im Sinn, dort zu bleiben; sie lebten hier sehr angenehm auf dem Trockenen, wie sie die nassen Steine nannten.

Die Froschmutter war einmal gereist, war im Wassereimer gewesen, als dieser hochging, aber es wurde ihr zu hell, sie bekam Augenschmerzen, glücklicherweise gelangte sie aus dem Eimer heraus; sie fiel mit einem entsetzlichen Plumps ins Wasser und lag drei Tage an Rückenschmerzen nieder. Von der Welt dort oben konnte sie freilich nicht viel erzählen, aber das wußten sie, und das wußten sie alle, daß der Brunnen nicht die ganze Welt war. Die Krötenmutter hätte zwar dieses und jenes erzählen können, aber sie antwortete niemals, wenn man sie fragte, und so fragte man nicht.

„Dick, fett und häßlich ist sie", sagten die jungen grünen Frösche. „Ihre Jungen werden ebenso häßlich sein!"

„Das mag sein!" sagte die Krötenmutter, „aber eins von ihnen hat einen Edelstein im Kopf, oder ich habe ihn!"

Die grünen Frösche horchten und glotzten, und weil ihnen das nicht gefiel, so machten sie Grimassen und gingen hinab in die Tiefe. Aber die Krötenjungen streckten die Hinterbeine aus vor lauter Stolz, jedes von ihnen glaubte, den Edelstein zu haben; und darauf saßen sie ganz still mit dem Kopf, aber endlich fragten sie, was es wäre, worauf sie stolz seien und was so ein Edelstein eigentlich für ein Ding sei.

„Das ist etwas so Herrliches und Köstliches, daß ich es gar nicht beschreiben kann!" sagte die Krötenmutter. „Es ist etwas, womit man zu seinem eigenen Vergnügen umhergeht und worüber die anderen sich ärgern. Aber fragt nicht, ich antworte nicht!"

„Ich habe den Edelstein nicht!" sagte die kleinste Kröte; sie war so häßlich, wie nur eine sein kann. „Weshalb sollte ich eine solche Herrlichkeit haben? Und wenn sie andere ärgert, kann sie mich ja nicht erfreuen! Nein, ich wünsche nur, daß ich einmal bis an den Brunnenrand hinaufkommen und hinausschauen kann; dort muß es reizend sein!"

„Bleibe du lieber, wo du bist!" sagte die Alte, „hier kennst du alles und weißt, was du hast! Nimm dich in acht vor dem Eimer, der zerdrückt dich! Und kommst du auch wohlbehalten hinein, so könntest du herausfallen; nicht alle fallen so glücklich wie ich und kommen mit heilen Gliedmaßen und ganzen Eiern davon!"

„Quak!" sagte die Kleine, und das klang geradeso, wie wenn wir Menschen „Ach" sagen.

Sie hatte ein so großes Verlangen, bis zur Brunnenkante hinaufzukommen und dort hinauszusehen; sie fühlte eine zu große Sehnsucht nach dem Grünen dort oben; und als am nächsten Morgen zufällig der mit Wasser gefüllte Eimer aufgewunden wurde und einen Augenblick unterwegs gerade

vor dem Stein anhielt, auf dem die Kröte saß, bebte es im Innern des kleinen Tieres, es sprang in den gefüllten Eimer, der nun ganz hinaufgewunden und ausgegossen wurde.

„Pfui Teufel!" sagte der Knecht, der den Eimer ausgoß und die Kröte erblickte. „So was Häßliches habe ich lange nicht gesehen!" Und mit seinem Holzschuh stieß er nach der Kröte, die beinahe verstümmelt worden wäre, sich aber doch in die hohen Brennesseln retten konnte, die am Brunnen standen. Hier sah sie Stiel an Stiel, sie schaute aber auch hinauf. Die Sonne schien auf die Blätter, die ganz durchsichtig waren; ihr war zumute wie uns Menschen, wenn wir plötzlich in einen großen Wald kommen, wo die Sonne zwischen Zweigen und Blättern hindurchscheint.

„Hier ist es viel schöner als unten im Brunnen! Hier möchte man sein Leben lang bleiben!" sagte die kleine Kröte. Sie blieb deshalb eine Stunde, ja zwei Stunden liegen. „Was wohl draußen sein mag? Bin ich so weit gekommen, muß ich auch versuchen, weiter zu kommen!" Sie kroch so schnell sie kriechen konnte, und gelangte auf die Landstraße hinaus, wo die Sonne sie beschien und wo der Staub sie puderte, als sie quer über die Straße marschierte.

„Hier ist man richtig aufs Trockene gelangt!" sagte die Kröte, „es ist beinahe zuviel des Guten, es kribbelt in mir!"

Sie erreichte den Graben; hier wuchsen Vergißmeinnicht und Spiräen, ganz in der Nähe war eine Hecke von Weißdorn; aber auch Hollunder wuchs da und Schlingpflanzen mit weißen Blüten; hier waren bunte Farben zu sehen. Auch ein Schmetterling flog da umher, von dem die Kröte meinte, es sei eine Blume, die sich losgerissen hatte, damit sie sich besser in der Welt umschauen könnte, das wäre ja ganz natürlich.

„Wenn man solche Fahrt machen könnte wie sie", sagte die Kröte. „Quak! Ach, welche Herrlichkeit!"

Sie blieb acht Nächte und Tage am Graben und hatte keine Nahrungssorgen. Am neunten Tag dachte sie: ‚Vorwärts, weiter!' – Aber was könnte sie Herrlicheres und Schöneres finden? Vielleicht eine kleine Kröte oder einige grüne Frösche. Es hatte die letzte Nacht so im Wind geklungen, als seien „Vettern" in der Nähe.

„Es ist herrlich zu leben! Herrlich aus dem Brunnen herauszukommen, in Brennesseln zu liegen, auf dem staubigen Weg zu kriechen! Aber weiter, vorwärts, um Frösche oder eine kleine Kröte zu finden, das ist nicht gut zu entbehren, die Natur ist einem nicht genug!" Damit ging sie wieder auf die Wanderung.

Sie gelangte aufs Feld an einen großen Teich, der mit Schilf bewachsen war; sie spazierte hinein.

„Hier wird's Ihnen wohl zu naß sein!" sagten die Frösche. „Aber Sie sind sehr willkommen! Sind Sie ein Er oder eine Sie? Aber das tut nichts zur Sache, Sie sind gleich willkommen!"

Und nun wurde sie abends zum Konzert, zum Familienkonzert eingeladen: Große Begeisterung und dünne Stimmen; das kennen wir. Bewirtung fand nicht statt, nur freies Getränk gab es, den ganzen Teich.

„Jetzt reise ich weiter!" sagte die kleine Kröte; sie fühlte immer einen Drang nach etwas Besserem.

Sie sah die Sterne blinken, so groß, so hell, sah den Neumond leuchten, sah die Sonne aufgehen, immer höher und höher steigen.

„Ich bin am Ende noch im Brunnen, in einem größeren Brunnen, ich muß höher hinauf! Ich habe eine große Unruhe und Sehnsucht!" Und als der Mond voll und rund wurde, dachte das arme Tier: ‚Ob das wohl der Eimer ist, der herabgelassen wird und in den ich hineinspringen muß, um höher hinauf zu gelangen? Oder ist die Sonne der große Eimer? Wie groß er ist, wie strahlend, er kann uns alle aufnehmen! Ich muß aufpassen, daß ich die Gelegenheit nicht versäume! Oh, wie hell es in meinem Kopf ist! Ich glaube, der Edelstein kann nicht heller leuchten! Aber den habe ich nicht, und darum weine ich auch nicht, nein, höher hinauf in Glanz und Freude! Ich habe Zuversicht, und doch eine Angst – es ist ein schwerer Schritt zu tun, aber man muß ihn tun! Vorwärts! Immer geradeaus!'

Sie tat einige Schritte, wie sie ein Kriechtier eben tun kann, und befand sich bald auf einem Weg, an dem Menschen wohnten; hier waren Blumengärten und Kohlgärten. Sie ruhte an einem Kohlgarten aus.

„Wie viele verschiedene Geschöpfe es doch gibt, die ich nie gekannt habe! Und wie ist die Welt so groß und schön! Aber man muß sich auch umsehen in ihr und nicht an einem Ort sitzenbleiben." Und sie hüpfte in den Kohlgarten hinein. „Wie ist es hier grün, wie ist es hier schön!"

„Das weiß ich schon!" sagte die Kohlraupe auf dem Blatt. „Mein Blatt ist das größte hier! Es verdeckt die halbe Welt, aber ich kann sie entbehren!"

„Gluck! Gluck!" sagte es, da kamen Hühner heran; sie trippelten im Kohlgarten herum. Das Huhn, das an der Spitze ging, war weitsichtig, es erblickte die Raupe auf dem krausen Blatt und schnappte nach ihr, daß sie auf die Erde fiel, wo sie sich wand und krümmte. Das Huhn betrachtete sie erst mit dem einen Auge, dann mit dem anderen, denn es wußte nicht, was bei dem Krümmen herauskommen könnte.

‚Sie tut es nicht gutwillig!' dachte das Huhn und hob den Kopf, um nach ihr zu schnappen. Die Kröte entsetzte sich so sehr dabei, daß sie gerade auf das Huhn zukroch.

„Also, die hat Hilfstruppen!" sagte das Huhn. „Sieh mal das Gekrieche an!" Und so kehrte das Huhn um. „Ich mache mir nichts aus dem kleinen grünen Bissen, er könnte höchstens den Hals kitzeln!" Die anderen Hühner waren derselben Ansicht und kehrten deshalb alle um.

„Ich wand mich von ihm los!" sagte die Raupe. „Es ist gut, wenn man Geistesgegenwart besitzt; aber das Schwerste bleibt noch übrig: Wieder auf mein Kohlblatt zu kommen. Wo ist das?"

Und die kleine Kröte kam heran und äußerte ihre Teilnahme. Sie freute sich, daß sie in ihrer Häßlichkeit den Hühnern einen Schreck eingejagt hatte.

„Was meinen Sie damit?" fragte die Raupe. „Ich wand mich ja selbst von dem Huhn los. Sie sind sehr unangenehm anzusehen! Darf ich wohl auf meinem Eigentum in Ruhe verharren? Jetzt rieche ich Kohl! Ich bin bei meinem Blatt! Nichts ist so schön wie das Eigentum. Aber ich muß höher hinauf!"

„Ja, höher hinauf!" sagte die kleine Kröte, „höher hinauf! Sie fühlt wie ich! Aber sie ist heute nicht guter Laune, das kommt von dem Schrecken. Alle wollen wir höher hinauf!" Und sie sah so hoch hinauf, wie sie nur konnte.

Der Storch saß in seinem Nest auf dem Dach des Bauernhauses; er klapperte, und die Storchenmutter klapperte.

‚Wie hoch die wohnen!' dachte die Kröte. ‚Wer dort hinauf könnte!'

In dem Bauernhaus wohnten zwei junge Studenten; der eine war Poet, der andere Naturforscher; der eine sang und schrieb in Freude von allem, was Gott geschaffen hatte und wie es sich in seinem Herzen spiegelte; er sang es hinaus, kurz, klar und reich in klangvollen Versen; der andere griff das Ding selbst an, ja schnitt es auf, wenn es sein mußte. Er betrachtete die Schöpfung Gottes als ein großes Rechenexempel, subtrahierte, multiplizierte, wollte es in- und auswendig kennen und mit Verstand darüber sprechen, und das war ganzer Verstand, er sprach in Freude und mit Klugheit davon. Es waren gute, fröhliche Menschen, die beiden.

„Da sitzt ja ein gutes Exemplar von einer Kröte!" sagte der Naturforscher. „Das muß ich in Spiritus haben!"

„Du hast ja schon zwei andere!" sagte der Poet. „Laß die in Ruhe sitzen und sich ihres Lebens freuen!"

„Aber sie ist so wunderbar häßlich!" sagte der andere.

„Ja, wenn wir den Edelstein in ihrem Kopf finden könnten", sagte der Poet, „dann würde ich selbst mit dabeisein, sie aufzuschneiden."

„Edelstein!" sagte der andere, „du scheinst viel von der Naturgeschichte zu wissen!"

„Aber ist nicht gerade etwas Schönes an dem Volksglauben, daß die Kröte, das häßlichste Tier, oft den köstlichsten Edelstein in ihrem Kopf trägt? Geht es nicht ebenso mit dem Menschen? Welchen Edelstein hatte nicht Äsop – und vollends Sokrates?"

Mehr hörte die Kröte nicht, und sie verstand nicht die Hälfte davon. Die beiden Freunde schritten weiter, und sie entging dem Schicksal, in Spiritus zu kommen.

„Die beiden sprachen auch von dem Edelstein!" sagte die Kröte. „Wie gut, daß ich ihn nicht habe! Ich hätte sonst Unannehmlichkeiten bekommen können."

Nun klapperte es auf dem Dach des Bauernhauses; Storchenvater hielt der Familie einen Vortrag, und diese schielte auf die zwei jungen Menschen im Kohlgarten hinab.

„Der Mensch ist die eingebildetste Kreatur!" sagte der Storch. „Hört, wie ihnen das Mundwerk geht, und dabei können sie doch nicht ordentlich klappern. Sie brüsten sich mit ihren Rednergaben, mit ihrer Sprache! Das ist mir eine schöne Sprache: Sie wird unverständlich bei jeder Tagesreise, die sie machen; der eine versteht den anderen nicht mehr. Unsere Sprache können wir überall auf der ganzen Erde sprechen, im hohen Norden und in Ägypten. Fliegen können auch die Menschen nicht! Sie rasen dahin mit einer Erfindung, die sie ‚Eisenbahn' nennen, aber sie brechen sich auch oft den Hals dabei. Es läuft mir kalt über den Schnabel, wenn ich daran denke! Die Welt kann ohne Menschen bestehen. Wir können sie entbehren! Wenn wir nur Frösche und Regenwürmer behalten!"

‚Das war denn eine gewaltige Rede!' dachte die kleine Kröte. „Ein großer Mann ist das, und wie hoch er sitzt, wie ich noch niemanden sitzen sah! Und wie kann er schwimmen!' rief sie, als der Storch mit ausgebreiteten Flügeln durch die Luft dahinflog.

Und Storchenmutter erzählte im Nest von Ägypten, von den Gewässern des Nils und von dem sonderbaren Schlamm, den es im fremden Land gab.

„Ich muß nach Ägypten!" sagte sie. „Wenn nur der Storch oder eins seiner Kinder mich mitnehmen wollte. Ich würde ihm wieder gefällig sein. Ja, ich werde nach Ägypten kommen, denn ich bin so glücklich! All die Sehnsucht und all die Lust, die ich habe, ist freilich besser, als einen Edelstein im Kopf zu haben!"

Und dabei besaß gerade sie den Edelstein: Die ewige Sehnsucht und Lust nach aufwärts, immer aufwärts! Er leuchtete drinnen im Kopf, leuchtete in Freude, erstrahlte in Lust.

Da kam plötzlich der Storch heran, der hatte die Kröte im Gras gesehen, fuhr nieder und faßte das kleine Tier eben nicht sanft an. Der Schnabel drückte, der Wind sauste, es war nicht angenehm, aber aufwärts ging es, aufwärts nach Ägypten, das wußte sie; und deshalb blitzten die Augen, es war, als flöge ein Funken aus ihnen heraus.

„Quak! Ach!"

Der Körper war tot, die Kröte getötet. Aber der Funken aus ihren Augen, wo blieb der?

Der Sonnenstrahl nahm ihn, der Sonnenstrahl trug den Edelstein vom Kopf der Kröte. Wohin?

Frage nicht den Naturforscher, frage lieber den Poeten; er erzählt es dir wie ein Märchen: Und die Kohlraupe und die Storchenfamilie sind mit dabei. Denke! – Die Kohlraupe wird verwandelt und wird ein schöner Schmetterling! Die Storchenfamilie fliegt über Berge und Meere nach dem fernen Afrika und findet doch den kürzesten Weg zurück nach Hause, nach demselben Land, auf dasselbe Dach! Ja, das ist freilich fast gar zu märchenhaft, und doch ist es wahr; du kannst sogar den Naturforscher fragen, er muß es zugestehen; und du selbst weißt es auch, denn du hast es gesehen.

Aber der Edelstein im Kopf der Kröte?

Suche ihn in der Sonne! Sieh ihn, wenn du kannst!

Der Glanz dort ist zu stark. Wir haben noch die Augen nicht, um in die Herrlichkeit hineinsehen zu können, die Gott geschaffen hat, aber wir werden sie schon bekommen, und das wird das schönste Märchen sein, denn wir sind selbst mit in dem Märchen.

Aufgeschoben ist nicht aufgehoben

Ein alter Herrenhof lag da, umgeben von seinem sumpfigen Wallgraben mit der Zugbrücke, die nur selten heruntergelassen wurde, denn nicht alle Gäste sind gute Leute. Unter der Dachtraufe waren Schießscharten angebracht, um hindurchzuschießen, kochendes Wasser, ja geschmolzenes Blei auf den Feind herabzugießen, wenn er zu nahe kam. Drinnen im Haus war die Balkendecke recht hoch, was bei dem vielen Rauch, der vom Kaminfeuer hochstieg, wo die großen, nassen Holzkloben schwelten, sehr gut war. An der Wand hingen Bilder von geharnischten Männern und stolzen Frauen in schweren Kleidern; die stolzeste von allen schritt hier lebendig einher, sie wurde Meta Mogens genannt. Sie war die Frau des Hauses, ihr gehörte der Herrenhof.

Gegen Abend kamen Räuber: Sie erschlugen drei ihrer Leute, auch den Kettenhund erschlugen sie, und dann legten sie Frau Meta an die Hundekette am Hundezwinger, während sie sich selber im Saale niederließen, und dazu den Wein und das gute Bier aus ihrem Keller tranken.

Frau Meta war an die Hundekette gelegt; sie konnte nicht einmal bellen.

Da schlich sich der Bursche von einem der Räuber heran, ganz leise, er durfte nicht bemerkt werden, sonst hätten sie ihn totgeschlagen.

„Frau Meta Mogens!" sagte der Bursche, „weißt du noch, wie mein Vater zu Lebzeiten deines Gemahls auf dem hölzernen Pferd reiten mußte? Du batest für ihn, aber es half zu nichts, er sollte solange reiten, bis er ein Krüppel sein würde; aber du schlichst dich zu ihm hinab, wie ich mich jetzt zu dir schleiche; du selbst legtest einen kleinen Stein unter jeden seiner Füße, damit er sich stützen könnte. Niemand sah es, oder sie taten, als sähen sie es nicht, du warst ja die junge gnädige Frau. Das hat mir mein Vater erzählt, und das habe ich mir gemerkt und nicht vergessen! Jetzt löse ich dich ab, Frau Meta Mogens!"

Darauf zogen sie Pferde aus dem Stall heraus und ritten bei Regen und Wind und erhielten Freundeshilfe.

„Das war die kleine Tat an dem Alten reichlich vergolten!" sagte Meta Mogens.

„Aufgeschoben ist nicht aufgehoben!" sagte der Bursche.

Die Räuber wurden gehenkt.

Ein alter Herrenhof lag da, er liegt noch da; es ist nicht der der Frau Meta Mogens; er gehört einem anderen hochadeligen Geschlechte.

Wir befinden uns in der Gegenwart. Die Sonne bescheint die vergoldete Turmspitze, kleine Waldinselchen liegen wie Blumensträuße auf dem Wasser, und die wilden Schwäne umkreisen sie schwimmend. Im Garten wachsen Rosen; die Frau des Hauses ist selbst das feinste Rosenblatt; es strahlt in Freude, in der Freude guter Taten, nicht aber in die weite Welt hinaus, sondern drinnen in den Herzen, und was dort verwahrt ist, das ist nicht vergessen – aufgeschoben ist nicht aufgehoben!

Jetzt begibt sie sich vom Herrenhaus aus zu dem kleinen Bauernhäuschen auf dem Feld. Darin wohnt ein armes, gelähmtes Mädchen; das Fenster in dem Stübchen sieht nach Norden, die Sonne kommt hier nicht herein; das Mädchen kann nur über ein kleines Stückchen Feld hinausschauen, das von einem hohen Zaun eingeschlossen ist. Aber heute ist hier Sonnenschein, die warme, herrlich schöne Sonne unseres lieben Herrgotts ist drinnen im Stübchen; sie kommt aus dem Süden durch das neue Fenster, dort wo früher nur Mauer war.

Die Gelähmte sitzt in dem warmen Sonnenschein, sieht Wald und See, die Welt ist so groß, so wunderschön geworden, und zwar durch ein einziges Wort von der freundlichen Frau auf dem Herrenhof.

„Das Wort war so leicht, die Tat so winzig!" sagte sie. „Die Freude, die sie mir gewährten, war unendlich groß und segensreich!"

Und deshalb übt sie so manche gute Tat, denkt an alle in den armen Häusern und in den reichen Häusern, wo es auch Betrübte gibt. Es ist verborgen und verwahrt, aber der liebe Gott vergißt es nicht: Aufgeschoben ist nicht aufgehoben!

Ein altes Haus stand da in der großen Stadt mit ihrem regen Verkehr. Zimmer und Säle hat es; aber die betreten wir nicht; wir bleiben in der Küche, und dort ist es warm und hell, rein und angenehm; das Kupferzeug blitzt, der Tisch ist wie gebohnert, der Ausguß ist wie ein frischgescheuertes Spickbrett; das alles hat das eine Dienstmädchen getan und doch noch Zeit erübrigt, sich anzukleiden, als wolle es zur Kirche gehen. Es trägt eine Schleife an der Haube, eine schwarze Schleife; das deutet auf Trauer. Aber es hat ja niemand zu betrauern, weder Vater noch Mutter, weder Verwandte noch Geliebte; es ist ein armes Mädchen. Einst war es verlobt, verlobt mit einem armen Burschen; sie liebten sich innig. Eines Tages kam er zu ihr und sagte:

„Wir beide haben nichts!" sagte er. „Die reiche Witwe drüben im Keller hat mir warme Worte gesagt; sie will mich in Wohlstand setzen; aber du bist in meinem Herzen. Wozu rätst du mir?"

„Zu dem, wovon du meinst, es wird dein Glück sein!" sagte das Mädchen. „Sei gut und liebevoll gegen sie, aber das laß dir gesagt sein, daß wir beide von der Stunde an, wo wir uns trennen, uns nicht wieder sehen dürfen."

Und es vergingen Jahre; da begegnet ihr der einstige Freund und Bräutigam auf der Straße; er sah krank und elend aus; da konnte sie es nicht unterlassen, sie mußte fragen: „Wie geht's dir?"

„Reich und gut in jeder Beziehung!" sagte er, „die Frau ist brav und gut, aber du bist in meinem Herzen. Ich habe meinen Kampf gekämpft, er ist bald ausgekämpft! Wir sehen uns jetzt nicht eher als bei Gott."

Eine Woche ist vergangen, heute morgen stand es in der Zeitung, daß er gestorben war; deshalb trägt das Mädchen ein Trauerkleid! Der Bräutigam ist gestorben und hat Frau und drei Stiefkinder hinterlassen, wie es zu lesen steht; es klingt, als wenn es einen Riß hätte, und doch ist das Metall rein.

Die schwarze Schleife deutet auf Trauer, das Gesicht des Mädchens deutet noch mehr darauf; im Herzen ist sie verwahrt, wird niemals vergessen!

Seht, das sind drei Geschichten, drei Blätter an einem Stiel. Wünschst du noch mehr Kleeblätter? Im Herzensbuche sind deren viele: *Aufgeschoben ist nicht aufgehoben!*

Die alte Kirchenglocke

Geschrieben für das Schilleralbum

In dem deutschen Lande Württemberg, wo die Akazien an der Landstraße blühen, wo die Apfel- und Birnbäume sich im Herbst zur Erde neigen unter dem Segen gereifter Früchte, liegt das Städtchen Marbach. Gehört es auch zu den kleineren Städten, so liegt es dafür sehr hübsch am Neckar, der an Dörfern, an alten Ritterburgen und grünen Weinbergen vorübereilt, um seine Gewässer mit dem stolzen Rhein zu mischen.

Es war Spätherbst. Das Weinlaub hing noch an der Rebe, aber die Blätter hatten sich schon rötlich gefärbt; Regenschauer fielen, und die kalten Herbstwinde nahmen an Kraft und Schärfe zu – es war eben keine angenehme Zeit für arme Leute.

Die Tage wurden immer kürzer und dunkler, und noch dunkler war es drinnen in den alten kleinen Häusern. – Eines dieser Häuser kehrte seinen Giebel der Straße zu und hatte kleine, niedrige Fenster; arm war die Familie, die in dem Häuschen wohnte, aber sie war brav, fleißig und gottesfürchtig im Herzen. Noch ein Kind wollte der liebe Gott ihr bald schenken. Dann war die Stunde da, in der die Mutter in Schmerzen und Nöten lag. Da schallte vom Kirchturm der Glockenschlag zu ihr herüber, tief und festlich, es war eine feierliche Stunde, und der Glockenklang erfüllte die Betende mit Andacht und Glauben. Aus ihrem innersten Herzen erhoben sich ihre Gedanken zu Gott empor, und zur selben Stunde gebar sie einen kleinen Sohn. Sie war erfüllt von unendlicher Freude, und die Glocke drüben im Turm läutete gleichsam ihre Freude über Stadt und Land hinaus. Zwei klare Kinderaugen blickten sie an, und das Haar des Kleinen glänzte wie Gold. Das Kind wurde an dem finsteren Novembertag mit Glockenklang auf Erden empfangen; Mutter und Vater küßten es, und in ihre Bibel schrieben sie: „Am zehnten November 1759 schenkte Gott uns einen Sohn." Später wurde noch hinzugefügt, daß er in der Taufe die Namen Johann Christoph Friedrich erhalten habe.

Und was wurde nun aus dem Bürschchen, dem armen Knaben aus dem kleinen Marbach? Ja, damals wußte das noch niemand, selbst die alte Turmglocke nicht, die zuerst für ihn gesungen und geklungen hatte – für ihn, der später das schönste „Lied von der Glocke" singen sollte.

Nun, der Knabe wuchs heran, und die Welt wuchs mit ihm; die Eltern siedelten später in eine andere Stadt über, aber liebe Freunde blieben ihnen in dem kleinen Marbach, und deshalb machten sich auch Mutter und Söhnchen eines schönen Tages auf und fuhren nach Marbach zu Besuch. Der Knabe war erst sechs Jahre alt, aber er wußte schon manches aus der Bibel und den frommen Psalmen, hatte schon manchen Abend, wenn er auf seinem kleinen Rohrstuhl saß, dem Vater zugehört, wenn dieser aus Gellerts Fabeln, oder aus Klopstocks „Messias" vorlas. Er und seine zwei Jahre ältere Schwester hatten heiße Tränen geweint über denjenigen, der für uns alle den Tod am Kreuz erlitt.

Bei diesem ersten Besuch in Marbach hatte das Städtchen sich nicht viel verändert; es war ja auch nicht lange her, daß sie es verlassen hatten. Die Häuser standen wie früher mit ihren spitzen Giebeln, hervorspringenden Mauern, niedrigen Fenstern und Erkern. Auf dem Kirchhof waren neue Gräber hinzugekommen, und dort unten im Gras, hart an der Mauer, stand jetzt die alte Glocke; sie war von ihrer Höhe herabgefallen, hatte einen

Sprung bekommen und konnte jetzt nicht mehr läuten; eine neue Glocke war an ihre Stelle gekommen.

Mutter und Sohn waren in den Kirchhof eingetreten. Sie blieben vor der alten Glocke stehen, und die Mutter erzählte ihrem Knaben, wie gerade diese Glocke viele Jahrhunderte lang eine sehr nützliche Glocke gewesen war, wie sie zur Kindtaufe, zur Hochzeit und zum Begräbnis geläutet hatte. Sie hatte von Festen und Freuden und der Feuersnot gesprochen, ja ganze Menschenleben hatte die Glocke hinausgesungen. Und niemals vergaß der Knabe, was die Mutter erzählte, es klang und sang und hallte in seiner Brust, bis er als Mann es heraussingen mußte. Auch das erzählte die Mutter ihm, daß die alte Kirchenglocke ihr Trost und Freude in ihren Nöten gab, daß sie gesungen und geklungen hatte, als er geboren wurde. Fast mit Andacht betrachtete der Knabe die große alte Glocke, er beugte sich über sie und küßte sie, so alt, zersprungen und hingeworfen sie auch zwischen Gras und Nesseln stand.

In gutem Andenken blieb die alte Glocke bei dem Knaben, der in Armut heranwuchs, lang und hager mit rötlichem Haar und einem Gesicht voll Sommersprossen; ja, so sah er aus, aber dabei hatte er ein paar Augen, so klar und tief wie das tiefste Wasser. Und wie erging es ihm wohl? – Gut erging es ihm, beneidenswert gut! Wir finden ihn in höchsten Gnaden in die Militärschule aufgenommen, in die Abteilung sogar, wo die Söhne der feineren Leute saßen, und das war eine Ehre, ein Glück! Gamaschen trug er, eine steife Halsbinde und gepuderte Perücke. Kenntnisse brachte man ihm bei, und zwar unter dem Kommando von „Marsch! Halt! Front!" Dabei konnte schon etwas herauskommen.

Die alte Kirchenglocke hatte man unterdessen fast vergessen. Einmal mußte sie in den Schmelzofen wandern, das war vorauszusehen. Und was würde dann wohl aus ihr werden? Ja, das war unmöglich vorherzusagen, und es war auch unmöglich zu sagen, was von der Glocke erklingen würde, die in der Brust des jungen Knaben von Marbach widerhallte; aber ein tönendes Erz war sie und tat klingen, daß es in die weite Welt hinausschallen müsse, und je enger es hinter den Schulwänden wurde, und je betäubender das „Marsch! Halt! Front!" erscholl – um so lauter klang es in der Brust des Jünglings, und er sang es hinaus im Kreise der Kameraden, und der Klang tönte über die Grenzen des Landes hinaus. Aber deshalb hatte er nicht seinen Freiplatz in der Militärschule und Kleider und Nahrung bekommen. Er hatte die Nummer bekommen zu dem Stift, der er sein sollte in dem großen Uhrwerk, in das wir alle zum allgemeinen Nutzen hineingehören. – Wie wenig verstehen wir uns selbst! Wie sollten da die anderen, selbst die Besten, uns immer verstehen können? Aber gerade durch den Druck wird der Edelstein geschaffen. Der Druck war da – ob wohl die Welt den Edelstein einmal erkennen würde?

In der Hauptstadt des Landesherrn fand ein großes Fest statt. Tausende von Lampen und Lichtern strahlten dort, Raketen stiegen feuersprühend gen Himmel. Es lebt noch der Glanz in der Erinnerung der Menschen, durch ihn, den Zögling der Militärschule, der damals in Tränen und Schmerzen unbeachtet den Versuch wagte, fremden Grund und Boden zu erreichen; er mußte Vaterland, Mutter, seine Lieben alle verlassen oder – in dem Strome der Allgemeinheit untergehen.

Die alte Glocke hatte es gut, sie stand im Schutz an der Kirchenmauer in Marbach, gut aufgehoben, fast vergessen. Der Wind brauste über sie dahin und hätte schon von ihm erzählen können, bei dessen Geburt die Glocke geläutet hatte, erzählen können, wie kalt er über ihn hingeweht hatte, als er, erschöpft von Müdigkeit, im Wald des Nachbarlandes niedergesunken war, mit seinem ganzen Reichtum, seiner Zukunftshoffnung: Geschriebene Blätter von „Fiesko". Der Wind hätte von seinen einzigen Beschützern erzählen können, allesamt Künstler, die sich beim Vorlesen jener Blätter davonschlichen, um Kegel zu spielen. Der Wind hätte von dem blassen Flüchtling berichten können, der wochen- und monatelang in dem elenden Wirtshaus lebte, wo der Wirt tobte und trank, wo rohe Belustigung herrschte, während er von Idealen sang. – Schwere Tage, dunkle Tage! Doch das Herz muß selbst leiden und die Prüfungen bestehen, die es hinaussingen soll.

Dunkle Tage, kalte Nächte zogen auch über die alte Glocke dahin; sie empfand sie nicht, aber die Glocke in des Menschen Brust empfindet ihre schwere Zeit. Wie erging es dem jungen Mann? Wie erging es der alten Glocke? – Die Glocke wurde weit fortgeschafft, weiter fort, als man sie von ihrer früheren Höhe im Turm aus hatte hören können. Und der junge Mann? – Ja, die Glocke in seiner Brust tönte weiter, als je sein Fuß wandern, sein Auge schauen sollte; sie läutete und läutet fort über das Weltmeer hinaus, über die ganze Erde herum. – Bleiben wir aber zunächst bei der Kirchenglocke. Aus Marburg kam sie fort, wurde als altes Kupfer verkauft und war für den Schmelzofen im Bayernland bestimmt. Wie und wann geschah das aber? – In Bayerns Königsstadt, viele Jahre nachdem sie vom Turm gefallen war, hieß es, daß sie eingeschmolzen werden und mit zum Guß eines Ehrendenkmals einer der erhabenen Gestalten deutschen Volkes und deutscher Lande verwendet werden solle. Und wie sich das alles nun füge – wunderbar und herrlich geht es doch in der Welt zu! In Dänemark, auf einer jener grünen Inseln, wo die Buchenwälder rauschen und die vielen Hünengräber uns anschauen, war ein ganz armer Knabe geboren; in Holzschuhen war er einhergegangen, seinem Vater, der auf den Marinewerften schnitzte, hatte er das Mittagsbrot in einem alten, verwaschenen Umschlagetuch hingetragen. – Dieses arme Kind war aber der Stolz seines Landes geworden, aus Marmor verstand er Herrlichkeiten herauszuhauen, daß die ganze Welt erstaunte*, und gerade diesem war der Ehrenauftrag zuteil geworden, aus Ton eine Gestalt der Erhabenheit, der Schönheit, für den Guß in Erz zu formen, das Standbild desjenigen, dessen Namen der Vater einst mit „Johann Christoph Friedrich" in seine Bibel schrieb.

Das Erz floß glühend in die Form – die alte Turmglocke, an deren Heimat und verklungene Klänge niemand dachte – die Glocke floß mit in die Form und bildete Kopf und Brust der Statue, wie sie jetzt enthüllt dasteht in Stuttgart vor dem alten Schloß, auf dem Platz, wo er, den sie darstellt, einst lebendig einherging im Kampf und Streben, gedrückt von der Außenwelt, er, der Knabe aus Marbach, der Zögling der Karlsschule, der Flüchtling, Deutschlands großer, unsterblicher Dichter, der von dem Befreier der Schweiz und der gottbegeisterten Jungfrau Frankreichs gesungen hat.

Es war ein schöner sonniger Tag, Fahnen wehten herab von Türmen und Dächern in dem königlichen Stuttgart; die Kirchenglocken läuteten zur Festlichkeit und Freude; nur eine Glocke schwieg, aber sie leuchtete dafür in hellem Sonnenschein, strahlte aus dem Antlitz und von der Brust der Ruhmesgestalt. Es waren an diesem Tag gerade hundert Jahre vergangen seit jenem Tag, an dem die Kirchenglocke in Marbach der leidenden Mutter Trost und Freude geläutet hatte, als sie das Kind gebar, arm in dem armen Haus – später aber der reiche Mann, dessen Schätze die Welt segnet, ihn, des edlen Frauenherzens Dichter, den Sänger des Erhabenen und des Herrlichen,

Johann Christoph Friedrich Schiller.

* Andersens Landsmann Thorwaldsen

Der silberne Schilling

Es war einmal ein Schilling, blank kam er aus der Münze hervor, sprang und klang: „Hurra! Jetzt geht's in die weite Welt hinaus!"

Und er kam freilich in die weite Welt hinaus.

Das Kind hielt ihn mit warmen, der Geizige mit kalten, krampfhaften Händen fest. Der Ältere drehte und wendete ihn viele Male, während die Jugend ihn gleich wieder rollen ließ. Der Schilling war aus Silber, hatte sehr wenig Kupfer in sich und war bereits ein ganzes Jahr in der Welt, das heißt in dem Lande, in dem er ausgemünzt war. Eines Tages aber ging er auf Reisen ins Ausland. Er war die letzte Landesmünze in dem Geldbeutel, den sein reisender Herr bei sich führte, der Herr wußte selbst nicht, daß er den Schilling noch hatte, bis er ihm unter die Finger geriet.

„Hier habe ich ja noch einen Schilling aus der Heimat!" sagte er, „nun kann er die Reise mitmachen!" Und der Schilling klang und sprang vor Freude, als er ihn wieder in den Beutel steckte. Hier lag er nun bei fremden, kommenden und gehenden Kameraden, einer machte dem anderen Platz, aber der Schilling aus der Heimat blieb im Beutel zurück: Das war eine Auszeichnung.

Mehrere Wochen waren schon vergangen, und der Schilling war weit in die Welt hinausgekommen, ohne daß er doch wußte, wo er sich befand. Er erfuhr zwar von den anderen Münzen, daß sie französisch und italienisch seien. Eine sagte, sie seien jetzt in dieser Stadt, eine andere, sie seien in jener, aber der Schilling konnte sich keine Vorstellung davon machen. Man sieht nichts von der Welt, wenn man immer im Beutel steckt, und das war ja sein Los. Doch eines Tages, als er so dalag, bemerkte er, daß der Geldbeutel nicht geschlossen war, und da schlich er sich bis an die Öffnung, um ein wenig hinauszugucken. Das hätte er nun nicht tun sollen, aber er war neugierig, und das rächt sich; er glitt hinaus in die Hosentasche, und als abends der Geldbeutel herausgenommen wurde, lag der Schilling noch da, wo er hingerutscht war, und kam mit den Kleidern in den Vorsaal hinaus; dort fiel er gleich auf den Fußboden; niemand hörte es, niemand sah es.

Am anderen Morgen wurden die Kleider wieder in das Zimmer getragen, der Herr zog sie an, reiste fort, und der Schilling blieb zurück. Er wurde gefunden, sollte wieder Dienste tun und ging mit drei anderen Münzen aus.

,Es ist doch angenehm, sich in der Welt umzusehen', dachte der Schilling, ,andere Menschen, andere Sitten kennenzulernen.'

„Was ist das für ein Schilling!" hieß es im selben Augenblick. „Das ist keine Landesmünze! Der ist falsch! Der taugt nichts!"

Ja, nun beginnt die Geschichte des Schillings, wie er sie später selbst erzählte.

„Falsch! Taugt nichts! – Dies fuhr mir durch und durch", erzählte der Schilling. „Ich wußte, daß ich einen guten Klang und echtes Gepräge hatte. Die Leute mußten sich jedenfalls irren, mich konnten sie nicht meinen, aber sie meinten mich doch! Ich war derjenige, den sie falsch nannten, ich taugte nichts! – ,Den muß ich im Dunkeln ausgeben!' sagte der Mann, der mich gefunden hatte, und ich wurde im Dunkeln ausgegeben und am hellen Tage wieder ausgeschimpft – ,falsch, taugt nichts! Wir müssen machen, daß wir ihn loswerden!'"

Der Schilling zitterte jedesmal zwischen den Fingern der Leute, wenn er heimlich fortgeschafft werden und für Landesmünze gelten sollte.

„Ich elender Schilling! Was hilft mir mein Silber, mein Wert, mein Gepräge, wenn das alles keine Geltung hat. In den Augen der Welt ist man eben das, was die Welt von einem glaubt! Es muß entsetzlich sein, ein schlechtes Gewissen zu haben, sich auf krummen Wegen umherzuschleichen, wenn mir, der ich doch ganz unschuldig bin, schon so zumute sein kann, weil ich bloß das Aussehen habe! Jedesmal, wenn man mich hervorholte, graute es mir vor den Augen, die mich ansehen würden. Wußte ich doch, daß ich zurückgestoßen und auf den Tisch hingeworfen werden würde, als sei ich Lug und Trug.

Einmal kam ich zu einer alten, armen Frau, sie erhielt mich als Tagelohn für harte Arbeit, aber sie konnte mich nun gar nicht wieder loswerden; niemand wollte mich annehmen, ich war ein wahres Unglück für die Frau. ,Ich bin wahrhaft gezwungen, jemand mit dem Schilling anzuführen', sagte sie, ,ich kann mit dem besten Willen einen falschen Schilling nicht aufbewahren; der reiche Bäcker soll ihn haben, er kann es am besten verschmerzen, aber richtig ist es bei alledem doch nicht, daß ich's tue!'"

„Das Gewissen der Frau muß ich auch noch belasten!" seufzte es in dem Schilling. „Bin ich denn auf meine alten Tage wirklich so verändert?"

„Die Frau ging zu dem reichen Bäcker, aber der kannte die gangbaren

Schillinge zu gut, als daß er mich hätte behalten wollen, er warf mich der Frau gerade ins Gesicht; Brot bekam sie jetzt für mich nicht, und ich fühlte mich so recht von Herzen betrübt, daß ich dieser Art so ausgemünzt war, ich, der ich in meinen jungen Tagen freudig und sicher mir meines Wertes und echten Gepräges bewußt gewesen war! So recht traurig wurde ich, wie es ein armer Schilling werden kann, wenn niemand ihn haben will. Die Frau nahm mich wieder mit nach Hause, betrachtete mich mit einem herzlichen, freundlichen Blick und sagte: ‚Nein, ich will niemand mit dir anführen! Ich will ein Loch durch dich schlagen, damit jedermann sehen kann, daß du ein falsches Ding bist – und doch – das fällt mir jetzt so ein – du bist vielleicht gar ein Glücksschilling – kommt mir doch der Gedanke so ganz von selbst, daß ich daran glauben muß! Ich werde ein Loch durch den Schilling schlagen und eine Schnur durch das Loch ziehen und dich dem Kleinen der Nachbarsfrau als Glücksschilling um den Hals hängen.'

Und sie schlug ein Loch durch mich; angenehm ist es freilich nicht, aber wenn es in guter Absicht geschieht, läßt sich vieles ertragen! Eine Schnur wurde auch durchgezogen, dann wurde ich eine Art Medaillon zum Tragen. Man hing mich um den Hals des kleinen Kindes, und das Kind lächelte mich an, küßte mich, und ich ruhte eine ganze Nacht an der warmen, unschuldigen Brust des Kindes.

Als es Morgen wurde, nahm die Mutter mich zwischen ihre Finger, sah mich an und hatte so ihre eigenen Gedanken dabei, das fühlte ich bald heraus. Sie suchte eine Schere hervor und schnitt die Schnur durch.

‚Glücksschilling!' sagte sie. ‚Ja, das werden wir jetzt erfahren!' Und sie legte mich in Essig, daß ich ganz grün wurde. Dann kittete sie das Loch zu, rieb mich ein wenig und ging in der Dämmerstunde zum Lotterieeinnehmer, um sich ein Los zu kaufen, das Glück bringen sollte.

Wie war mir übel zumute! Es zwickt in mir, als müßte ich zerknicken, ich wußte, daß ich falsch genannt und hingeworfen werden würde, und zwar gerade vor der Menge von Schillingen und Münzen, die mit Inschrift und Gesicht dalagen, auf die sie stolz sein konnten. Aber ich entging der Schande, denn beim Einnehmer waren viele Menschen, er hatte viel zu tun, und ich fuhr klingend in den Kasten unter die anderen Münzen; ob später das Los gewann, weiß ich nicht, das aber weiß ich, daß ich schon am anderen Morgen als ein falscher Schilling erkannt, beiseitegelegt und ausgesandt wurde, um zu betrügen und immer zu betrügen. Es ist nicht auszuhalten, wenn man einen reellen Charakter hat, und den kann ich mir selbst nicht absprechen.

Jahr und Tag ging ich in solcher Weise von Hand zu Hand, von Haus zu Haus, immer ausgeschimpft, immer ungern gesehen. Niemand traute mir! Da kam eines Tages ein Reisender an, bei dem wurde ich angebracht, und er war treuherzig genug, mich für eine gangbare Münze anzunehmen; aber nun wollte er mich wieder ausgeben, und ich vernahm wieder die Ausrufe: ‚Taugt nichts! Falsch!‘

‚Ich habe ihn für gut erhalten‘, sagte der Mann, und betrachtete mich dabei recht genau. Plötzlich lächelte sein ganzes Gesicht, das tat sonst kein Gesicht, das mich besah. ‚Nein, was ist doch das!‘ sagte er. ‚Das ist ja eine unserer eigenen Landesmünzen, ein guter, ehrlicher Schilling aus der Heimat, durch den man ein Loch geschlagen hat, den man falsch nennt. Das ist ja lustig! Dich werde ich doch aufheben und mit nach Hause nehmen!‘

Freude durchzuckte mich, man hieß mich einen guten, ehrlichen Schilling, und in die Heimat sollte ich zurückkehren, wo alle und jeder mich kennen und wissen würden, daß ich aus gutem Silber sei und von echter Prägung war. Ich hätte vor Freude Funken sprühen können, aber das Funkensprühen liegt nun einmal nicht in meiner Natur.

Ich wurde in feines weißes Papier eingewickelt, damit ich nicht mit den anderen Münzen verwechselt werden und abhanden kommen möchte, und bei festlichen Gelegenheiten, wenn Landsleute sich begegneten, wurde ich vorgezeigt, und es wurde sehr gut von mir gesprochen; sie sagten, ich sei interessant. Es ist freilich merkwürdig, daß man interessant sein kann, ohne ein einziges Wort zu sagen.

Endlich kam ich in der Heimat an! Alle meine Not hatte ein Ende, die Freude kehrte wieder bei mir ein, ich war doch aus gutem Silber, ich hatte die echte Prägung. Und keine Benachteiligungen hatte ich mehr auszustehen, obwohl man das Loch durch mich geschlagen hatte. Man muß ausharren, alles kommt mit der Zeit zu seinem Recht! Das ist mein Glaube“, sagte der Schilling.

Der Schneemann

Eine so wunderbare Kälte ist es, daß mir der ganze Körper knackt!" sagte der Schneemann. „Der Wind kann einem freilich Leben einbeißen. Und wie die Glühende dort glotzt!" – Er meinte die Sonne, die eben untergehen wollte. „Sie soll mich nicht zum Blinzeln bringen, ich werde die Stücke schon festhalten."

Er hatte nämlich statt der Augen zwei große dreieckige Dachziegelstücke im Kopf; sein Mund bestand aus einem alten Rechen, deshalb hatte er auch Zähne.

Geboren war er unter den Jubelrufen der Knaben, begrüßt vom Schellengeläut der Schlitten.

Die Sonne ging unter, der Vollmond ging auf, rund und groß, klar und schön in der blauen Luft.

„Da ist sie wieder von einer anderen Seite!" sagte der Schneemann. Damit wollte er sagen: Die Sonne zeigt sich wieder. „Ich habe ihr doch das Glotzen abgewöhnt! Mag sie jetzt dort hängen und leuchten, damit ich mich selbst sehen kann. Wüßte ich nur, wie man es macht, um von der Stelle zu kommen! Ich möchte mich gar zu gern bewegen! – Wenn ich es könnte, würde ich jetzt dort unten auf dem Eis hingleiten, wie ich die Knaben gleiten sehe; aber ich weiß nichts vom Laufen."

„Weg! Weg!" bellte der alte Kettenhund, er war etwas heiser geworden. Die Heiserkeit hatte er sich geholt, als er noch Stubenhund war und unter dem Ofen lag. „Die Sonne wird dich schon laufen lehren! Das habe ich vorigen Winter an deinem Vorgänger gesehen. Weg, weg und weg sind sie alle!"

„Ich verstehe dich nicht, Kamerad", sagte der Schneemann. „Die dort oben soll mich laufen lehren?" Er meinte den Mond. „Ja, freilich lief sie vorhin, als ich sie fest ansah, nun schleicht sie von einer anderen Seite heran."

„Du weißt gar nichts!" entgegnete der Kettenhund, „du bist aber auch erst aufgebaut worden. Der, den du da siehst, ist der Mond; die, welche da fortging, war die Sonne. Sie kommt morgen wieder, sie wird dich schon lehren, in den Wallgraben hinabzulaufen. Wir kriegen bald anderes Wetter; ich fühle das schon in meinem linken Hinterbein, es reißt und schmerzt. Das Wetter wird sich ändern!"

„Ich verstehe ihn nicht", sagte der Schneemann, „aber ich habe es im

Gefühl, daß es Unangenehmes ist, das er spricht. Sie, die so glotzte und sich dann davonmachte, die Sonne, wie er sie nennt, ist auch nicht meine Freundin – das habe ich im Gefühl!"

„Weg! Weg!" bellte der Kettenhund, ging dreimal um sich selbst herum und kroch dann in seine Hütte, um zu schlafen.

Das Wetter änderte sich wirklich. Gegen Morgen lag ein dicker, feuchter Nebel über der ganzen Gegend; später kam der eisige Wind: Das Frostwetter packte einen recht; aber als die Sonne aufging, herrschte große Pracht! Bäume und Gebüsch waren mit Reif überzogen, sie glichen einem Wald von Korallen, alle Zweige schienen mit strahlendweißen Blüten übersät. Die vielen und feinen Verzweigungen, die während der Sommerzeit der Blätterreichtum verbirgt, kommen jetzt alle zum Vorschein. Es war wie ein Spitzengewebe, leuchtend weiß; aus jedem Zweig strömte ein weißer Glanz. Die Hängebirke bewegte sich im Wind; sie war voll Leben wie alle Bäume im Sommer: Es war wunderschön! Und als die Sonne schien, nein, wie flimmerte und funkelte das Ganze, als läge Diamantstaub auf allem und als flimmerten über den Schneeteppich des Erdbodens die großen Diamanten, oder man konnte sich auch vorstellen, daß unzählige kleine Lichter leuchteten, weißer als der weiße Schnee.

„Das ist wunderbar!" sagte ein junges Mädchen, das mit einem jungen Mann in den Garten trat. Beide blieben in der Nähe des Schneemanns stehen und betrachteten von hier aus die flimmernden Bäume. „Einen schöneren Anblick gewährt der Sommer nicht!" sagte sie, und ihre Augen strahlten.

„Und so einen Kerl, wie diesen hier, hat man im Sommer erst recht nicht", erwiderte der junge Mann und zeigte auf den Schneemann. „Er ist ausgezeichnet!"

Das junge Mädchen lachte, nickte dem Schneemann zu und tanzte darauf mit ihrem Freund über den Schnee dahin, der unter ihren Schritten knirschte, als gingen sie auf Stärkemehl.

„Wer waren die beiden?" fragte der Schneemann den Kettenhund, „du bist längere Zeit hier im Hofe als ich, kennst du sie?"

„Und ob ich sie kenne!" antwortete der Kettenhund. „Sie hat mich gestreichelt, und er hat mir einen Fleischknochen zugeworfen. Die beiden beiße ich nicht!"

„Aber was stellen sie vor?" fragte der Schneemann.

„Liebesleute!" gab der Kettenhund zur Antwort. „Sie werden in eine Hütte ziehen und zusammen am Knochen nagen. Weg! Weg!"

„Sind denn die beiden ebensolche Wesen wie du und ich?" fragte der Schneemann.

„Sie gehören ja zur Herrschaft!" versetzte der Kettenhund. „Freilich weiß man sehr wenig, wenn man den Tag zuvor erst zur Welt gekommen ist. Ich merke es an dir! Ich habe das Alter und die Kenntnisse. Ich kenne alle hier im Haus, und auch eine Zeit habe ich gekannt, wo ich nicht hier in der Kälte an der Kette lag. Weg! Weg!"

„Die Kälte ist herrlich", sprach der Schneemann. „Erzähle, erzähle! Aber du darfst nicht mit der Kette lärmen; es knackt in mir, wenn du das tust."

„Weg! Weg!" bellte der Kettenhund. „Ein kleines Hündchen bin ich gewesen, klein und niedlich, sagten sie; damals lag ich in einem mit Samt überzogenen Stuhl dort oben im Herrenhaus im Schoße der obersten Herrschaft; sie küßten mir die Schnauze und wischten mir die Pfoten mit einem gestickten Taschentuch ab; ich hieß Ami, lieber, süßer Ami! Aber später wurde ich ihnen dort oben zu groß und sie schenkten mich der Haushälterin. Ich kam in die Kellerwohnung! Du kannst hineinsehen von dort aus, wo du stehst, du kannst in die Kammer hinabsehen, wo ich Herrschaft gewesen bin, denn das war ich bei der Haushälterin. Es war zwar ein geringerer Ort als oben, aber er war gemütlicher, ich wurde nicht in einem fort von Kindern angefaßt und gezerrt wie oben. Ich bekam ebenso gutes Futter wie früher, ja viel besseres noch! Ich hatte mein eigenes Kissen, und ein Ofen war auch da, der ist um diese Zeit das Schönste von der Welt! Ich kroch unter den Ofen, worunter ich mich ganz verstecken konnte. Ach, von dem Ofen träumt mir noch. Weg! Weg!"

„Sieht denn ein Ofen so schön aus?" fragte der Schneemann. „Hat er Ähnlichkeit mir mir?"

„Der ist gerade das Gegenteil von dir! Rabenschwarz ist er, hat einen langen Hals mit Messingtrommel. Er frißt Brennholz, daß ihm das Feuer aus dem Munde sprüht. Man muß sich an der Seite von ihm halten, ganz nahe oder unter ihm ist es sehr angenehm. Durch das Fenster wirst du ihn sehen können, von dort aus, wo du stehst."

Und der Schneemann schaute danach und gewahrte einen blankpolierten Gegenstand mit Messingtrommel; das Feuer leuchtete von unten her. Dem Schneemann wurde ganz wunderlich zumute, und es überkam ihn ein Gefühl, worüber er sich keine Rechenschaft ablegen konnte, aber alle Menschen, wenn sie nicht Schneemänner sind, kennen es.

„Warum verließest du sie?" fragte der Schneemann. Er hatte es im Gefühl, daß es ein weibliches Wesen sein mußte. „Wie konntest du nur einen solchen Ort verlassen?"

„Ich mußte wohl!" sagte der Kettenhund. „Man warf mich zur Tür hinaus und legte mich hier an die Kette. Ich hatte den jüngsten Junker ins Bein gebissen, weil er mir den Knochen wegstieß, an dem ich nagte; Knochen um Knochen, so denke ich! Das nahm man mir aber sehr übel, und von dieser Zeit an bin ich an die Kette gelegt und habe meine Stimme verloren, hörst du nicht, daß ich heiser bin: Weg! Weg! Das war das Ende vom Lied!"

Der Schneemann hörte ihm aber nicht mehr zu; er sah immerfort in die Kellerwohnung der Haushälterin, in ihre Stube hinein, wo der Ofen auf seinen vier eisernen Beinen stand und sich in derselben Größe zeigte wie der Schneemann.

„Wie knackt das sonderbar in mir!" sagte er. „Werde ich nie dort hineinkommen? Es ist doch ein unschuldiger Wunsch, und unsere unschuldigen Wünsche werden gewiß in Erfüllung gehen. Ich muß dort hinein, ich muß mich an sie anlehnen, und wenn ich auch die Fenster eindrücken sollte!"

„Dort hinein wirst du nie gelangen", sagte der Kettenhund, „und kommst du an den Ofen hin, so vergehst du. Weg! Weg!"

„Ich bin schon so gut wie weg!" erwiderte der Schneemann, „ich breche zusammen, glaube ich."

Den ganzen Tag guckte der Schneemann durch das Fenster hinein; in der Dämmerstunde wurde die Stube noch einladender; vom Ofen her leuchtete es mild, nicht wie der Mond und nicht wie die Sonne, nein, wie nur der Ofen leuchten kann, wenn er etwas zu verspeisen hat. Wenn die Stubentür aufging, schlug die Flamme heraus – diese Gewohnheit hatte der Ofen; es flammte deutlich rot auf um das weiße Gesicht des Schneemannes, es leuchtete rot über seine ganze Brust.

„Ich halte es nicht mehr aus!" sagte er. „Wie schön es ihm steht, die Zunge so herauszustrecken!"

Die Nacht war lang, aber nicht für den Schneemann, er stand da in seine eigenen schönen Gedanken vertieft, und die froren, daß es knackte.

Am Morgen waren die Fensterscheiben der Kellerwohnung mit den schönsten Eisblumen bedeckt, die nur ein Schneemann verlangen konnte, aber sie verbargen den Ofen. Die Fensterscheiben wollten nicht auftauen; er konnte den Ofen nicht sehen, den er sich als ein so liebliches weibliches Wesen dachte. Es knackte und knirschte in ihm und um ihn her; es war gerade so ein Frostwetter, an dem ein Schneemann seine Freude haben muß. Er aber freute sich nicht – wie hätte er sich auch glücklich fühlen können, denn er hatte Ofensehnsucht.

„Das ist eine schlimme Krankheit für einen Schneemann", sagte der Kettenhund, „ich habe auch an der Krankheit gelitten, aber ich habe sie über-

standen. Weg! Weg!" bellte er. – „Wir werden anderes Wetter bekommen!"
fügte er hinzu.

Das Wetter änderte sich, es wurde Tauwetter.

Das Tauwetter nahm zu, der Schneemann nahm ab. Er sagte nichts, er klagte nicht, und das ist das richtige Zeichen.

Eines Morgens brach er zusammen. Und siehe, es ragte etwas wie ein Besenstiel empor, wo er gestanden hatte; um den Stiel herum hatten die Knaben ihn aufgebaut.

„Ja, jetzt begreife ich es, jetzt verstehe ich es, daß er die große Sehnsucht hatte", sagte der Kettenhund. „Da ist ja ein Eisen zum Ofenreinigen an dem Stiel – der Schneemann hat einen Ofenkratzer im Leib gehabt! Das ist es, was sich in ihm geregt hat; jetzt ist das überstanden: Weg! Weg!"

Und bald darauf war auch der Winter überstanden.

„Weg! Weg!" bellte der heisere Kettenhund; aber die Mädchen aus dem Hause sangen:

„Waldmeister grün! Hervor aus dem Haus!
Weide die wollenen Handschuhe aus!
Lerche und Kuckuck, singt fröhlich drein! –
Frühling mit Februar wird es sein!
Ich singe mit: Kuckuck! Quivit!
Komm, liebe Sonne, komm oft – quivit!"

Und dann denkt niemand mehr an den Schneemann.

Wie's der Alte macht, ist's immer recht

Eine Geschichte werde ich dir erzählen, die ich hörte, als ich noch ein kleiner Knabe war, und jedesmal, wenn ich an die Geschichte dachte, kam es mir vor, als werde sie immer schöner, denn es geht mit Geschichten wie mit vielen Menschen – sie werden mit zunehmendem Alter schöner.

Auf dem Lande bist du gewiß schon gewesen, du wirst wohl auch so ein recht altes Bauernhaus mit Strohdach gesehen haben. Moos und Kräuter wachsen dort von selbst; ein Storchennest befindet sich auf dem Dachfirst, denn ein Storch darf nicht fehlen. Die Wände des Hauses sind schief, die Fenster niedrig, und nur ein einziges Fenster ist so eingerichtet, daß es geöffnet werden kann. Der Backofen ragt aus der Wand hervor, gerade wie ein kleiner, dicker Bauch; der Fliederbaum hängt über den Zaun hinaus, und unter seinen Zweigen ist eine Wasserlache, in der einige Enten liegen. Ein Kettenhund, der alle und jeden anbellt, ist auch da.

Gerade so ein Bauernhaus stand draußen auf dem Land, und darin wohnten ein paar alte Leute, ein Bauer und seine Frau. Wie wenig sie auch hatten, ein Stück war doch darunter, das entbehrlich war – ein Pferd, das sich von dem Gras nährte, das es am Rande der Landstraße fand. Der alte Bauer ritt zur Stadt auf diesem Pferd, oft liehen es auch seine Nachbarn von ihm und erwiesen den alten Leuten manchen anderen Dienst dafür. Am besten aber würde es doch wohl sein, wenn sie das Pferd verkauften, oder es gegen irgend etwas anderes, was ihnen mehr nützen könnte, weggäben. Aber was könnte dies wohl sein?

„Das wirst du, Alter, am besten wissen!" sagte ihm die Frau. „Heute ist gerade Jahrmarkt, reite zur Stadt, gib das Pferd für Geld hin oder mache einen guten Tausch. Wie du es auch machst, mir ist's immer recht. Reite zum Markt!"

Sie band ihm das Halstuch um, denn das verstand sie besser als er; sie knüpfte es ihm mit einer Doppelschleife um, das machte sich sehr hübsch! Sie strich seinen Hut mit der flachen Hand glatt und küßte ihn dann auf seinen warmen Mund. Dann ritt er fort auf dem Pferd, das verkauft oder in Tausch gegeben werden sollte. Ja, der Alte versteht das schon!

Die Sonne brannte heiß, keine Wolke war am Himmel zu sehen. Auf dem Weg staubte es sehr, denn viele Leute, die den Jahrmarkt besuchen wollten, fuhren, ritten oder legten den Weg zu Fuß zurück. Nirgends gab es kühlen Schatten.

Da ging auch einer des Weges dahin, der eine Kuh auf den Markt trieb. Die Kuh war so schön, wie eine Kuh nur sein kann. ‚Die gibt gewiß auch schöne Milch!' dachte der Bauer, ‚das wäre ein ganz guter Tausch.' „Heda, du mit der Kuh!" sagte er, „weißt du was? Ein Pferd sollte ich meinen, kostet mehr als eine Kuh; aber mir ist das gleichgültig, ich habe mehr Nutzen von der Kuh; hast du Lust, dann tauschen wir!"

„Freilich will ich das", sagte der Mann mit der Kuh – und dann tauschten sie.

Das war also abgemacht, und der Bauer hätte nun wieder umkehren können, denn er hatte ja alles erreicht, worum es ihm zu tun war; aber da er nun einmal auf den Markt wollte, ging er deshalb mit seiner Kuh zur Stadt.

Die Kuh führend, schritt er rasch aus, und nach kurzer Zeit waren sie einem Mann zur Seite, der ein Schaf führte. Es war ein gutes Schaf, fett und mit guter Wolle.

‚Das möchte ich haben', dachte unser Bauer, ‚es würde an unserem Zaun viel Gras finden, und während des Winters könnten wir es zu uns in die Stube nehmen. Eigentlich wäre es besser, ein Schaf statt einer Kuh zu besitzen.' „Wollen wir tauschen?" fragte er den Mann.

Dazu war der Mann mit dem Schaf sogleich bereit, und der Tausch fand statt. Und der Bauer ging nun mit seinem Schaf auf der Landstraße weiter.

Bald gewahrte er einen anderen Mann, der vom Feld her die Landstraße betrat und eine große Gans unter dem Arm trug.

„Das ist ein schweres Ding, das du da hast", sagte der Bauer, „es hat Federn und Fett, daß es eine Lust ist. Sie würde sich erst gut ausnehmen, wenn sie bei uns daheim an einer Leine am Wasser lebte. Das wäre etwas für meine Frau, für die könnte sie die Abfälle sammeln. Wie oft hat sie nicht gesagt, wenn wir nur eine Gans hätten! Jetzt kann sie vielleicht eine bekommen – und geht's, soll sie sie haben! – Wollen wir tauschen? Ich gebe dir das Schaf für die Gans und schönen Dank dazu."

Dagegen hatte der andere nichts einzuwenden, und so tauschten sie denn. Und der Bauer bekam die Gans.

Jetzt war er schon nahe bei der Stadt; das Gedränge auf der Landstraße nahm immer mehr zu; Menschen und Vieh drängten sich; sie gingen auf der Straße und an den Zäunen entlang, ja am Schlagbaum gingen sie sogar in des Einnehmers Kartoffelacker hinein, wo sein einziges Huhn an einer Schnur umherspazierte, damit es sich nicht verirren und verlaufen sollte. Das Huhn hatte kurze Schwanzfedern, es blinzelte mit einem Auge und sah sehr klug aus. „Kluck, Kluck!" sagte das Huhn. Was es sich dabei dachte, weiß ich nicht zu sagen, aber als unser Bauer es zu Gesicht bekam, dachte er sogleich: ‚Das ist das schönste Huhn, das ich je gesehen habe, es ist sogar schöner als des Pfarrers Bruthenne. Potztausend, das Huhn möchte ich haben! Ein Huhn findet immer ein Körnchen, es kann sich fast selbst ernähren, ich glaube, es würde ein guter Tausch sein, wenn ich es für die Gans kriegen könnte.‘ – „Wollen wir tauschen?" fragte er den Einnehmer. „Tauschen?" fragte dieser, „ja, das wäre gar nicht übel!" Und so tauschten sie. Der Einnehmer am Schlagbaum bekam die Gans, der Bauer das Huhn.

Das war gar viel, was er auf der Reise zur Stadt gemacht hatte; heiß war es auch, und er war müde. Ein Schnaps und ein Imbiß taten ihm not. Bald befand er sich im Wirtshaus. Er wollte eben hineingehen, als der Hausknecht heraustrat, sie begegneten sich daher in der Türe. Der Knecht trug einen gefüllten Sack.

„Was hast du denn in dem Sack?" fragte der Bauer.

„Faule Äpfel!" antwortete der Knecht, „einen ganzen Sack voll, genug für die Schweine."

„Das ist doch eine zu große Verschwendung. Den Anblick gönnte ich meiner Frau daheim. Voriges Jahr trug der alte Baum am Torfstall nur einen einzigen Apfel; der wurde aufgehoben und lag auf dem Schrank, bis er ganz verdarb und zerfiel. ‚Das ist doch immerhin Wohlstand‘, sagte meine Frau, hier könnte sie aber erst Wohlstand sehen, einen ganzen Sack voll! Ja, den Anblick gönne ich ihr!"

„Was würdet Ihr für den Sack voll geben?" fragte der Knecht.

„Was ich gebe? Ich gebe mein Huhn zum Tausch", und er gab das Huhn zum Tausch, bekam die Äpfel und trat mit diesen in die Gaststube. Den Sack lehnte er behutsam an den Ofen, er selbst trat an den Schanktisch. Aber im Ofen war eingeheizt, das bedachte er nicht. – Es waren viele Gäste anwesend: Pferdehändler, Ochsentreiber und zwei Engländer, und die waren so reich, daß ihre Taschen von Goldstücken strotzten und fast platzten – und wetten taten sie, das sollst du erfahren.

„Susss! Susss!" – „Was war denn das am Ofen?" – Die Äpfel begannen zu braten.

„Was ist denn das?"

„Ja, wissen Sie", sagte unser Bauer. Und nun erzählte er die ganze Geschichte von dem Pferd, das er gegen eine Kuh vertauscht, und so weiter herunter bis zu den Äpfeln.

„Na, da wird dich deine Alte derb knuffen, wenn du nach Hause kommst, da setzt es was!" sagten die Engländer.

„Was? Knuffen?" sagte der Alte, „küssen wird sie mich und sagen: Wie's der Alte macht, ist's immer recht."

„Wollen wir wetten?" sagten die Engländer, „gemünztes Gold tonnenweise? Hundert Pfund sind ein Schiffspfund!"

„Ein Scheffel genügt schon", entgegnete der Bauer, „ich kann nur den Scheffel mit Äpfeln dagegensetzen, und mich selbst und meine alte Frau dazu, das, dächte ich, wäre doch auch ein gehäuftes Maß!"

„Topp! Angenommen!" und die Wette war gemacht.

Der Wagen des Wirts fuhr vor, die Engländer und der Bauer stiegen ein; vorwärts ging es, und bald hielten sie vor dem Häuschen des Bauern an.

„Guten Abend, Alte!"

„Guten Abend, Alter!"

„Der Tausch wäre gemacht!"

„Ja, du verstehst schon deine Sache!" sagte die Frau, ihn umarmend, und beachtete weder den Sack noch die fremden Gäste.

„Ich habe eine Kuh für das Pferd eingetauscht."

„Gott sei Dank! Die schöne Milch, die wir nun haben werden, dazu Butter und Käse auf dem Tisch! Das war ein herrlicher Tausch!"

„Ja! Aber die Kuh tauschte ich wieder gegen ein Schaf um."

„Ach, das ist um so besser!" erwiderte die Frau, „du denkst immer an alles. Für ein Schaf haben wir Grasweide genug: Schafmilch und Schafkäse und wollene Strümpfe und wollene Jacken! Das gibt die Kuh nicht, sie verliert ja die Haare! Wie du doch alles bedenkst!"

„Aber das Schaf habe ich wieder gegen eine Gans vertauscht!"

„Also dieses Jahr werden wir wirklich Gänsebraten haben, mein lieber Alter? Du denkst immer daran, mir eine Freude zu machen. Wie herrlich ist das! Die Gans kann man an einer Leine gehen und sie noch fetter werden lassen, bevor wir sie braten!"

„Aber die Gans habe ich gegen ein Huhn vertauscht!" sagte der Mann.

„Ein Huhn! Das war ein guter Tausch!" entgegnete die Frau. „Das Huhn legt Eier, die brütet es aus, wir kriegen Kücken, wir kriegen nun einen ganzen Hühnerhof! Ei, den habe ich mir erst recht gewünscht!"

„Ja, aber das Huhn gab ich wieder für einen Sack voll verkrüppelter Äpfel hin!"

„Was? Nein, jetzt muß ich dich erst recht küssen!" versetzte die Frau. „Mein liebes, gutes Männchen! Ich werde dir etwas erzählen. Siehst du, als du kaum fort warst heute morgen, dachte ich darüber nach, wie ich dir heut abend einen recht guten Bissen machen könnte. Speckeierkuchen mit Schnittlauch, dachte ich dann. Die Eier hatte ich, den Speck auch, der Schnittlauch fehlte mir nur. So ging ich hinüber zu Schulmeisters, die haben Schnittlauch, das weiß ich, aber die Schulmeistersfrau ist geizig, so süß sie auch tut. Ich bat sie, mir eine Handvoll Schnittlauch zu leihen. ‚Leihen?' gab sie zur Antwort. ‚Nichts, gar nichts wächst in unserem Garten, nicht einmal ein verkrüppelter Apfel! Nicht einmal einen solchen kann ich Ihnen leihen, liebe Frau!' Jetzt kann ich ihr aber zehn, ja einen ganzen Sack voll leihen. Das freut mich zu sehr, das ist ein Spaß!" Und dabei küßte sie ihn, daß es schmatzte.

„Das gefällt mir!" riefen die Engländer. „Immer bergab und immer lustig. Das ist schon das Geld wert!"

Und nun zahlten sie ein Schiffspfund Goldmünzen an den Bauer, der nicht geknufft, sondern geküßt wurde.

Ja, das lohnt sich immer, wenn die Frau es einsieht und es auch immer sagt, daß der Mann der Klügste und sein Tun das Rechte ist.

Seht, das ist meine Geschichte. Ich habe sie schon als Kind gehört, und jetzt hast du sie auch gehört und weißt: „Wie's der Alte macht, ist's immer recht!"

Zwölf mit der Post

Es war eine schneidende Kälte, sternenklarer Himmel, kein Lüftchen regte sich.

„Bums!" da wurde ein alter Topf an die Haustür des Nachbarn geworfen.

„Piff, paff!" dort knallte die Büchse; man begrüßte das neue Jahr. Es war Neujahrsnacht! Jetzt schlug die Turmuhr zwölf!

„Trateratra!" Die Post kam angefahren. Der große Postwagen hielt vor dem Stadttor an. Er brachte zwölf Personen mit, alle Plätze waren besetzt.

„Hurra! Hurra!" riefen die Leute in den Häusern der Stadt, wo Silvester gefeiert wurde und man sich beim Schlage zwölf mit dem gefüllten Glas erhob, um das neue Jahr leben zu lassen.

„Prost Neujahr!" hieß es, „ein schönes Weib! Viel Geld! Keinen Ärger und Verdruß!"

Das wünschte man sich gegenseitig, und darauf stieß man mit den Gläsern an, daß es klang und sang – und vor dem Stadttor hielt der Postwagen mit den fremden Gästen, den zwölf Reisenden.

Und wer waren diese Fremden? Jeder von ihnen führte seinen Reisepaß und sein Gepäck bei sich; ja, sie brachten sogar Geschenke für mich und dich und alle Menschen des Städtchens mit. Wer waren sie, was wollten sie, und was brachten sie?

„Guten Morgen!" riefen sie der Schildwache am Eingang des Stadttors zu.

„Guten Morgen!" sagte die Schildwache, denn die Uhr hatte ja zwölf geschlagen.

„Ihr Name? Ihr Stand?" fragte die Schildwache den, der zuerst aus dem Wagen stieg.

„Sehen Sie selbst im Paß nach", antwortete der Mann. „Ich bin ich!" Und es war auch ein ganzer Kerl, angetan mit Bärenpelz und Pelzstiefeln. „Ich bin der Mann, in den sehr viele Leute ihre Hoffnung setzen. Komm morgen zu mir, dann gebe ich dir ein Neujahrsgeschenk! Ich werfe Groschen und Taler unter die Leute, ja ich gebe auch Bälle, volle einunddreißig Bälle, mehr Nächte kann ich aber nicht hergeben. Alle meine Schiffe sind eingefroren, aber in meinem Kontor ist es warm und gemütlich. Ich bin Kaufmann, heiße Januar und führe nur Rechnungen bei mir."

Nun stieg der zweite aus, das war ein Bruder Lustig; er war Schauspieldirektor, Direktor der Maskenbälle und aller Vergnügungen, die man sich nur denken kann. Sein Gepäck bestand aus einer großen Tonne.

„Aus der Tonne", sagte er, „wollen wir zur Fastnachtszeit die Katze herausjagen. Ich werde euch schon Vergnügen bereiten und mir auch; alle Tage lustig! Ich habe nicht gerade lange zu leben; von der ganzen Familie die kürzeste Zeit; ich werde nämlich nur achtundzwanzig Tage alt. Bisweilen schalten sie mir zwar noch einen Tag ein − aber das kümmert mich wenig, hurra!"

„Sie dürfen nicht so schreien!" sagte die Schildwache.

„Ei was, freilich darf ich schreien!" rief der Mann, „ich bin Prinz Karneval und reise unter dem Namen Februarius."

Jetzt stieg der dritte aus; er sah wie das leibhaftige Fasten aus, aber er trug die Nase hoch, denn er war verwandt mit den „vierzig Rittern" und war Wetterprophet. Allein das ist kein fettes Amt, und deshalb pries er auch die Fasten. In einem Knopfloch trug er ein Sträußchen Veilchen, aber diese waren sehr klein.

„März! März!" rief der vierte ihm nach und schlug ihn auf die Schulter. „Riechst du nichts? Geschwind in die Wachstube hinein, dort trinken sie Punsch, deinen Leib- und Labetrunk; ich rieche es schon hier außen. Marsch, Herr Martius!" Aber es war nicht wahr, der wollte ihn nur den Einfluß seines Namens fühlen lassen, ihn in den April schicken, denn damit beginnt der vierte seinen Lebenslauf in der Stadt. Er sah überhaupt sehr flott aus; arbeiten tat er nur sehr wenig, desto mehr aber machte er Feiertage. „Wenn es nur etwas beständiger in der Welt wäre", sagte er. „Aber bald ist man gut, bald schlecht gelaunt, je nach Verhältnissen; bald Regen, bald Sonnenschein, Ein- und Ausziehen! Ich bin auch so eine Art Lokalvermietungsagent, auch Leichenbitter; ich kann lachen und weinen, je nach Umständen! Im Koffer hier habe ich Sommergarderobe, aber es würde sehr töricht sein, sie anzuziehen. Hier bin ich nun! Sonntags geh' ich in Schuhen und weißseidenen Strümpfen und mit Muff spazieren."

Nach ihm stieg eine Dame aus dem Wagen. Fräulein Mai nannte sie sich. Sie trug einen Sommeranzug und Galoschen, ein lindenblattgrünes Kleid, Anemonen im Haar, und dazu duftete sie dermaßen nach Waldmeister, daß die Schildwache niesen mußte. „Zur Gesundheit und Gottes Segen!" sagte sie, das war ihr Gruß. Wie sie niedlich war! Und Sängerin war sie, nicht Theatersängerin, auch nicht Bänkelsängerin, nein, Sängerin des Waldes; den frischen grünen Wald durchstreifte sie und sang dort zu ihrem eigenen Vergnügen.

„Jetzt kommt die junge Frau!" riefen sie drinnen im Wagen, und ausstieg die junge Frau, fein, stolz und niedlich. Man sah es ihr an, daß sie, Frau Juni, von faulen Siebenschläfern bedient zu werden gewohnt war. Am längsten Tag des Jahres gab sie große Gesellschaft, damit die Gäste Zeit haben möchten, die vielen Gerichte der Tafel zu verzehren. Sie hatte zwar ihre eigene Kutsche, aber sie reiste dennoch mit der Post wie die anderen, weil sie zeigen wollte, daß sie nicht hochmütig war. Aber ohne Begleitung war sie nicht; ihr jüngerer Bruder Julius war bei ihr.

Er war ein wohlgenährter Bursche, sommerlich gekleidet und mit Panamahut. Er führte nur wenig Gepäck bei sich, weil dies bei großer Hitze zu beschwerlich war. Deshalb hatte er sich nur mit einer Badehose versehen, und das ist nicht viel.

Darauf kam die Mutter selbst, Madame August, Obsthändlerin en gros, Besitzerin einer Menge Fischteiche, Landfrau in großer Krinoline. Sie war dick und heiß, faßte selbst überall an, trug eigenhändig den Arbeitern Bier auf das Feld hinaus. „Im Schweiße deines Angesichts sollst du dein Brot essen!" sagte sie, „das steht in der Bibel. Hinterdrein kommen die Spazierfahrten, Tanz und Spiel im Grünen und die Erntefeste!" Sie war eine tüchtige Hausfrau.

Nach ihr stieg wieder ein Mann aus der Kutsche, ein Maler, der Herr Koloriermeister September; den mußte der Wald bekommen; die Blätter mußten Farbe wechseln, aber wie schön, wenn er es wollte; bald schillerte der Wald in Rot, Gelb oder Braun. Der Meister pfiff wie der schwarze Star, war ein flinker Arbeiter und wand die braungrüne Hopfenranke um seinen Bierkrug. Das putzte den Krug, und für Schmuck hatte er Sinn. Da stand er nun mit seinem Farbentopf, der sein ganzes Gepäck war.

Ihm folgte der Gutsbesitzer, der an den Saatmonat, an das Pflügen und Beackern des Bodens, auch an die Jagdvergnügungen dachte. Herr Oktober führte Hund und Büchse mit sich, hatte Nüsse in seiner Jagdtasche: Knick, knack! Er hatte viel Reisegut bei sich, sogar einen englischen Pflug. Er sprach von der Landwirtschaft, aber vor lauter Husten und Stöhnen seines Nachbarn vernahm man nicht viel davon. –

Der November war es, der so hustete, während er ausstieg. Er hatte großen Schnupfen, putzte sich fortwährend die Nase und doch, sagte er, müsse er die Dienstmädchen begleiten und sie in ihre neuen Winterdienste einführen. Die Erkältung, meinte er, verliere sich schon wieder, wenn er ans Holzhacken ginge, und Holz müsse er sägen und spalten, denn er sei Sägemeister der Holzmacherinnung. Die Abende brächte er mit Schneiden von Schlittschuhhölzern zu, denn er wisse wohl, sagte er, daß man in wenigen

Wochen Bedarf für diese Art vergnüglichen Schuhwerks haben werde.

Endlich kam der letzte Passagier zum Vorschein, das alte Mütterchen Dezember mit der Feuerkiepe. Die Alte fror, aber ihre Augen strahlten wie zwei helle Sterne. Sie trug einen Blumentopf auf dem Arm, in dem ein kleiner Tannenbaum eingepflanzt war. „Den Baum will ich hegen und pflegen, damit er gedeiht und groß wird bis zum Weihnachtsabend, vom Fußboden bis hoch an die Decke reicht und mit brennenden Lichtern, goldenen Äpfeln und ausgeschnittenen Figürchen uns Freude bereitet. Die Feuerkiepe wärmt wie ein Ofen; ich hole das Märchenbuch aus der Tasche und lese laut daraus vor, daß alle Kinder im Zimmer still, die Figürchen an dem Baum aber lebendig werden und der kleine Engel aus Wachs auf der äußersten Spitze die Flittergoldflügel ausbreitet, herabfliegt vom grünen Sitz und Klein und Groß im Zimmer küßt, ja auch die armen Kinder küßt, die draußen auf dem Flur und auf der Straße stehen und das Weihnachtslied vom Stern über Bethlehem singen."

„So! Jetzt kann die Kutsche abfahren", sagte die Schildwache, „wir haben sie alle zwölf. Der Beiwagen mag vorfahren!"

„Laß doch erst die zwölf zu mir herein!" sagte der Hauptmann der Wache. „Einen nach dem anderen! Die Pässe behalte ich hier; sie gelten jeder für einen Monat; wenn der um ist, werde ich das Betragen auf dem Paß bescheinigen. Herr Januar, treten Sie näher."

Und Herr Januar trat näher.

Wenn ein Jahr verstrichen ist, werde ich dir sagen, was die zwölf dir, mir und uns allen gebracht haben. Jetzt weiß ich es nicht, und sie wissen es wohl selbst nicht – denn es ist eine wunderliche Zeit, in der wir leben.

Kinderschnack

Drinnen bei dem reichen Kaufmann war eine Kindergesellschaft reicher und vornehmer Leute Kinder; der Kaufmann war ein gelehrter Mann, er hatte einst das Studentenexamen gemacht, dazu hielt ihn sein ehrlicher Vater an, der nur Viehhändler, aber ehrlich und strebsam war. Der Handel hatte Geld eingebracht, und die Gelder hatte der Kaufmann zu mehren gewußt. Klug war er, und Herz hatte er auch, aber von seinem Herzen wurde weniger gesprochen als von seinem vielen Geld. Bei dem Kaufmann gingen vornehme Leute ein und aus, sowohl Leute von Geblüt, wie es heißt, als auch von Geist, Leute, die beides hatten, und Leute, die keines von beiden besaßen. Nun war eine Kindergesellschaft dort, und Kinderschnack und Kinder reden frisch von der Leber weg. Unter anderen war dort auch ein wunderschönes kleines Mädchen, aber die Kleine war entsetzlich stolz, das hatten die Dienstleute in sie hineingeküßt, nicht die Eltern, denn dazu waren sie zu vernünftige Leute; ihr Vater war Kammerjunker, und das ist etwas Großes, das wußte sie.

„Ich bin ein Kammerkind!" sagte sie. Sie hätte nun ebensogut ein Kellerkind sein können, denn für beides kann man gleich viel; dann erzählte sie den anderen Kindern, daß sie „geboren" sei, und sagte, daß, wenn man nicht geboren sei, man nichts werden könne; das helfe zu nichts, daß man lesen und fleißig sein wolle; sei man nicht geboren, könne man nichts werden.

„Und aus denen, deren Namen mit ‚sen' endet", sagte sie, „aus denen kann nun ganz und gar nichts werden! Man muß die Arme in die Seite stemmen und sie weit von sich halten diese ‚sen! sen!'" Und dabei stemmte sie ihre wunderschönen kleinen Arme in die Seite und machte den Ellenbogen spitz, um zu zeigen, wie man es tun sollte; und die Ärmchen waren sehr niedlich. Es war ein recht süßes Mädchen.

Doch die kleine Tochter des Kaufmanns wurde bei dieser Rede sehr zornig; ihr Vater hieß Petersen, und von dem Namen wußte sie, daß er auf „sen" endete, und deshalb sagte sie so stolz wie sie es vermochte:

„Aber mein Vater kann für hundert Taler Bonbons kaufen und sie unter die Kinder werfen! – Kann dein Vater das?"

„Ja, aber mein Vater", sagte das Töchterchen eines Schriftstellers, „kann deinen Vater und deinen Vater und alle Väter in die Zeitung setzen! Alle

Menschen fürchten ihn, sagt meine Mutter, denn mein Vater ist es, der in der Zeitung regiert!"

Und das Töchterchen sah stolz dabei aus, als wäre es eine wirkliche Prinzessin, die immer stolz aussehen müßte.

Aber draußen vor der nur angelehnten Tür stand ein armer Knabe und blickte durch die Türspalte. Er war so gering, daß er nicht einmal mit in die Stube durfte. Er hatte der Köchin den Bratspieß gedreht und die Erlaubnis erhalten, hinter der Tür zu stehen und zu den geputzten Kindern hineinzusehen, die sich einen vergnügten Tag machten, und das war sehr viel für ihn.

‚Wer doch einer von ihnen wäre!' dachte er, und dabei hörte er, was gesprochen wurde, und dabei konnte man nun freilich recht mißmutig werden. Nicht einen Pfennig besaßen die Eltern zu Hause, den sie zurücklegten, um dafür eine Zeitung halten, geschweige denn eine solche schreiben zu können, mitnichten! Und nun noch das Allerschlimmste: Seines Vaters Name und also auch der seinige endete auf „-sen", aus ihm könne somit auch ganz und gar nichts werden. Das war zu traurig! – Doch, geboren war er, schien es ihm, so recht geboren, das könne doch unmöglich anders sein.

Das war nun an diesem Abend.

Seitdem vergingen viele Jahre, und aus den Kindern wurden erwachsene Menschen.

In der Stadt stand ein prächtiges Haus, mit vielen schönen Sachen und Schätzen ausgestattet, alle Leute wollten es sehen, selbst Leute, die außerhalb der Stadt wohnten, kamen, um es zu sehen. Wer von den Kindern, von denen wir erzählt haben, mochte wohl jetzt das Haus sein eigen nennen? Ja, das zu raten, ist natürlich sehr leicht! Nein, nein, es ist doch nicht so sehr leicht. Das Haus gehörte dem kleinen, armen Knaben, der an jenem Abend hinter der Tür gestanden hatte; aus ihm wurde doch etwas, obgleich sein Name auf „-sen" endete – nämlich Thorwaldsen.

Und die drei anderen Kinder? Die Kinder von Geblüt, des Geldes und des Geisteshochmuts – ja, eins hat dem anderen nichts vorzuwerfen, sie sind gleiche Kinder – aus ihnen wurde nur Gutes, die Natur hatte sie gut ausgestattet; was sie damals gedacht und gesprochen hatten war eben nur – Kinderschnack.

Der Mistkäfer

Das Leibroß des Kaisers bekam goldene Hufeisen, ein goldenes Hufeisen an jeden Fuß.

Aber weshalb das?

Es war ein wunderschönes Tier, hatte feine Beine, kluge und helle Augen und eine Mähne, die ihm wie ein Schleier über den Hals herabhing. Es hatte seinen Herrn durch Pulverdampf und Kugelregen getragen, hatte die Kugeln singen und pfeifen hören, hatte gebissen, ausgeschlagen und mit-gekämpft, als die Feinde eindrangen, war mit seinem Kaiser in einem Sprung über das gestürzte Pferd des Feindes gesetzt, hatte die Krone aus rotem Gold, das Leben seines Kaisers gerettet – und das war mehr wert als das rote Gold. Deshalb bekam des Kaisers Roß goldene Hufeisen.

Und ein Mistkäfer kam hervorgekrochen. „Erst die Großen, dann die Kleinen", sagte er, „aber die Größe allein macht es nicht." Und dabei streckte er seine dünnen Beine aus.

„Was willst du denn?" fragte der Schmied.

„Goldene Beschläge", antwortete der Mistkäfer.

„Ei, du bist wohl nicht gescheit!" rief der Schmied. „Du willst auch goldene Beschläge haben?"

„Goldene Beschläge, jawohl!" sagte der Mistkäfer. „Bin ich denn nicht ebenso gut wie das große Tier da, das abgewartet und gebürstet wird und dem man Essen und Trinken vorsetzt! Gehöre ich nicht auch in den kaiserlichen Stall?"

„Weshalb aber bekommt das Roß goldene Beschläge?" fragte der Schmied, „begreifst du das nicht?"

„Begreifen? – Ich begreife, daß es eine Geringschätzung meiner Person ist", sagte der Mistkäfer. „Es geschieht, um mich zu kränken – und ich gehe deshalb auch in die weite Welt!"

„Immer zu!" sagte der Schmied.

„Grober Kerl, du!" sagte der Mistkäfer, und dann ging er aus dem Stall hinaus, flog eine kleine Strecke und befand sich bald darauf in einem schönen Blumengarten, wo es von Rosen und Lavendel duftete.

„Ist es hier nicht wunderschön?" fragte eins der kleinen Marienhühnchen, die mit ihren roten, schildstarken, mit schwarzen Pünktchen besäten Flügeln darin umherflogen. „Wie süß ist es hier, wie ist es hier schön!"

„Ich bin es besser gewöhnt", sagte der Mistkäfer. „Ihr nennt das hier schön? Nicht einmal ein Misthaufen ist hier!"

Darauf ging er weiter, unter den Schatten einer großen Levkoje; da kroch eine Kohlraupe.

„Wie ist doch die Welt schön!" sprach die Kohlraupe, „die Sonne ist so warm, alles so vergnügt! Und wenn ich einmal einschlafe und sterbe, wie sie es nennen, so erwache ich als ein Schmetterling."

„Was du dir einbildest!" sagte der Mistkäfer, „als Schmetterling umherfliegen. Ich komme aus dem Stall des Kaisers, aber niemand dort, selbst nicht des Kaisers Leibpferd, das doch meine abgelegten goldenen Schuhe trägt, bildet sich so etwas ein: Flügel kriegen! Fliegen! Ja, jetzt aber fliegen wir!" Und nun flog der Mistkäfer davon. „Ich will mich nicht ärgern, aber ich ärgere mich doch!" sprach er im Davonfliegen.

Bald darauf fiel er auf einen großen Rasenplatz; hier lag er eine Weile und dachte nach, endlich schlief er ein.

Ein Platzregen stürzte plötzlich aus den Wolken! Der Mistkäfer erwachte bei dem Lärm und wollte sich in die Erde verkriechen, aber es gelang ihm nicht; er wurde um und um gewälzt; bald schwamm er auf dem Bauch, bald auf dem Rücken, an ein Fliegen war nicht zu denken; er zweifelte daran, lebendig von diesem Ort fortzukommen. Er lag, wo er lag und blieb auch liegen.

Als das Wetter ein wenig nachgelassen und der Mistkäfer das Wasser aus seinen Augen weggeblinzelt hatte, sah er etwas Weißes schimmern, es war

Leinwand, die auf der Bleiche lag; er kroch dorthin und gelangte zwischen eine Falte der nassen Leinwand. Da lag es sich freilich anders wie in dem warmen Haufen im Stall; aber etwas Besseres war hier einmal nicht vorhanden, und deshalb blieb er, wo er war, blieb einen ganzen Tag, eine ganze Nacht, und auch der Regen blieb. Gegen Morgen kroch er hervor; er ärgerte sich sehr über das Klima.

Auf der Leinwand saßen zwei Frösche; ihre hellen Augen strahlten vor lauter Vergnügen. „Das ist ein herrliches Wetter!" sagte der eine, „wie erfrischend! Und die Leinwand hält das Wasser so schön beisammen; es krabbelt mir in den Hinterfüßen, als wenn ich schwimmen sollte."

„Ich möchte wissen", sagte der andere, „ob die Schwalbe, die so weit umherfliegt, auf ihren vielen Reisen im Ausland ein besseres Klima als das unsrige gefunden hat; eine solche Nässe! Es ist wahrhaftig, als läge man in einem nassen Graben! Wer sich dessen nicht freut, liebt in der Tat sein Vaterland nicht!"

„Seid ihr denn nicht im Stall des Kaisers gewesen?" fragte der Mistkäfer. „Dort ist das Nasse warm und würzig, das ist mein Klima; aber das kann man nicht mit auf Reisen nehmen. Gibt's hier im Garten kein Mistbeet, wo Standespersonen, wie ich, sich heimisch fühlen und einlogieren können?"

Die Frösche verstanden ihn nicht oder wollten ihn nicht verstehen.

„Ich frage nie zweimal!" sagte der Mistkäfer, nachdem er bereits dreimal gefragt und keine Antwort erhalten hatte.

Darauf ging er eine Strecke weiter und stieß hier auf einen Tonscherben, der freilich nicht hätte da liegen sollen, aber so wie er lag, gab er guten Schutz gegen Wind und Wetter. Hier wohnten mehrere Ohrwurmfamilien; diese beanspruchen nicht viel – bloß Geselligkeit. Die weiblichen Individuen

sind voll der zärtlichsten Mutterliebe, und deshalb lobte auch jede Mutter ihr Kind als das schönste und klügste.

„Unser Söhnchen hat sich verlobt!" sagte eine Mutter. „Die süße Unschuld! Sein ganzes Streben geht dahin, einmal in das Ohr eines Geistlichen zu kommen. Es ist recht kindlich liebenswürdig; die Verlobung bewahrt ihn vor Ausschweifungen! Welche Freude für eine Mutter!"

„Unser Sohn", sprach eine andere Mutter, „kaum aus dem Ei gekrochen, war auch gleich auf der Fahrt; er ist ganz Leben und Feuer! Er läuft sich die Hörner ab! Welch eine Freude für eine Mutter! Nicht wahr, Herr Mistkäfer?" Sie erkannten den Fremden an der Schablone.

„Sie haben beide recht!" sagte der Mistkäfer, und nun bat man ihn, in das Zimmer einzutreten; so weit er nämlich unter den Tonscherben kommen konnte.

„Jetzt sehen Sie auch mein kleines Ohrwürmchen", rief eine dritte und vierte der Mütter. „Sie sind gar liebliche Kinder und machen sehr viel Spaß. Sie sind nie unartig, wenn sie nicht zufällig Bauchgrimmen haben; leider kriegt man das aber gar zu leicht in ihrem Alter."

In dieser Weise sprach jede Mutter von ihrem Püppchen, und die Püppchen sprachen mit und gebrauchten ihre kleinen Scheren, die sie am Schwanze haben, um den Mistkäfer an seinem Bart zu zupfen.

„Ja, die machen sich immer was zu schaffen, die kleinen Schelme!" sagten die Mütter und dampften vor Mutterliebe; aber das langweilte den Mistkäfer; er fragte deshalb, ob es noch weit bis zu dem Mistbeet sei.

„Das ist ja draußen in der weiten Welt, jenseits des Grabens!" antwortete ein Ohrwurm. „So weit wird hoffentlich keines meiner Kinder gehen, ich würde den Tod erleiden!"

„So weit will ich doch zu gelangen versuchen", sagte der Mistkäfer und entfernte sich, ohne Abschied zu nehmen; denn so ist. es ja am feinsten.

Am Graben traf er mehrere von seinesgleichen – alles Mistkäfer.

„Hier wohnen wir!" sagten sie. „Wir haben es ganz gemütlich! Dürfen wir Sie wohl bitten, in den fetten Schlamm hinabzusteigen? Die Reise ist für Sie gewiß ermüdend gewesen!"

„Allerdings!" sprach der Mistkäfer. „Ich war dem Regen ausgesetzt und habe auf Leinwand liegen müssen, und Reinlichkeit nimmt mich immer sehr mit. Auch habe ich Reißen in dem einen Flügel, weil ich unter einem Tonscherben im Zuge gestanden habe. Es ist in der Tat ein wahres Labsal, wieder einmal unter seinesgleichen zu sein."

„Kommen Sie vielleicht aus dem Mistbeet?" fragte der Älteste.

„Oho! Von höheren Orten!" rief der Mistkäfer. „Ich komme aus dem Stall des Kaisers, wo ich mit goldenen Schuhen an den Füßen geboren wurde; ich reise in einem geheimen Auftrag. Sie dürfen mich darüber aber nicht ausfragen, denn ich verrate es nicht."

Darauf stieg der Mistkäfer in den fetten Schlamm hinab. Dort saßen drei junge Mistkäferfräulein; sie kicherten, weil sie nicht wußten, was sie sagen sollten.

„Sie sind alle drei noch nicht verlobt", sagte die Mutter; und die jungen Mistkäferfräulein kicherten aufs neue, diesmal aus Verlegenheit.

„Ich habe sie nicht schöner in den kaiserlichen Ställen gesehen", sagte der ausruhende Mistkäfer.

„Verderben Sie mir meine Mädchen nicht; sprechen Sie nicht mit ihnen, es sei denn, sie hätten reelle Absichten! Doch die haben sie jedenfalls, und ich gebe meinen Segen dazu!"

„Hurra!" riefen alle die anderen Mistkäfer, und unser Mistkäfer war nun verlobt. Der Verlobung folgte sogleich die Hochzeit, denn es war kein Grund zum Aufschub vorhanden.

Der folgende Tag verging sehr angenehm; der nächstfolgende noch einigermaßen so; aber den dritten Tag mußte man schon auf Nahrung für die Frau, vielleicht sogar für die Kinder bedacht sein.

‚Ich habe mich übertölpeln lassen!' dachte der Mistkäfer. ‚Es bleibt mir daher nichts anderes übrig, als sie wieder zu übertölpeln!'

Gedacht, getan! Weg war er, den ganzen Tag und die ganze Nacht blieb er aus – und die Frau saß da als Witwe. „Oh", sagten die anderen Mistkäfer, „der, den wir in die Familie aufgenommen haben, ist ein echter Landstreicher; er ging davon und ließ die Frau uns nun zur Last dasitzen!"

„Ei, dann mag sie wieder als Jungfrau gelten", sprach die Mutter, „und als mein Kind mir bleiben. Pfui über den Bösewicht, der sie verließ."

Der Mistkäfer war unterdessen immer weiter gereist, auf einem Kohlblatt über den Wassergraben gesegelt. In der Morgenstunde kamen zwei Personen an den Graben; als sie ihn erblickten, hoben sie ihn auf, drehten ihn um und um, taten beide sehr gelehrt, namentlich der eine von ihnen – ein Knabe. „Allah sieht den schwarzen Mistkäfer in dem schwarzen Gestein, in dem schwarzen Felsen! Nicht wahr, so steht es im Koran geschrieben?" Dann übersetzte er den Namen des Mistkäfers ins Lateinische und verbreitete sich über dessen Geschlecht und Natur. Die zweite Person, ein älterer Gelehrter, stimmte dafür, ihn mit nach Hause zu nehmen; sie hätten, sagte er, dort ebenso gute Exemplare, und das, so schien es unserem Mist-

käfer, war nicht höflich gesprochen – und deshalb flog er ihm auch plötzlich aus der Hand. Da er jetzt trockene Flügel hatte, flog er eine ziemlich große Strecke fort und erreichte das Mistbeet, wo er mit aller Bequemlichkeit, da hier ein Fenster angelehnt war, hineinschlüpfte und sich im frischen Mist vergrub.

„Hier ist es wonnig!" sagte er.

Bald darauf schlief er ein, und es träumte ihm, daß des Kaisers Leibroß gestürzt sei und ihm seine goldenen Hufeisen und das Versprechen gegeben habe, ihm noch zwei anlegen zu lassen.

Das war sehr angenehm. Als der Mistkäfer erwachte, kroch er hervor und sah sich um. Welche Pracht war in dem Mistbeet! Im Hintergrund große Palmen, hoch emporragend; die Sonne ließ sie transparent erscheinen, und unter ihnen welche Fülle von Grün und strahlenden Blumen, rot wie Feuer, gelb wie Bernstein, weiß wie frischer Schnee!

„Das ist eine unvergleichliche Pflanzenpracht, die wird schmecken, wenn sie fault!" sagte der Mistkäfer. „Das ist eine gute Speisekammer! Hier wohnen gewiß Verwandte! Ich will doch nachforschen, ob ich jemand finde, mit dem ich Umgang pflegen kann. Stolz bin ich; das ist mein Stolz!" Und nun lungerte er im Mistbeet umher und gedachte seines schönen Traumes von dem toten Pferd und den ererbten goldenen Hufeisen.

Da ergriff plötzlich eine Hand den Mistkäfer, drückte ihn und drehte ihn um und um.

Der Sohn des Gärtners und eine kleine Freundin von diesem waren an das Mistbeet herangetreten, hatten den Mistkäfer gesehen und wollten nun ihren Spaß mit ihm treiben. Zuerst wurde er in ein Weinblatt gewickelt und dann in eine warme Hosentasche gesteckt; er kribbelte und krabbelte dort nach Kräften; dafür bekam er aber einen Druck von der Hand des Knaben und wurde so zur Ruhe verwiesen. Der Knabe ging darauf rasch zu dem großen See, der am Ende des Gartens lag. Hier wurde der Mistkäfer in einem alten, halbzerbrochenen Holzschuh ausgesetzt, auf diesen ein Stäbchen als Mast gesteckt, und an diesen Mast band man den Mistkäfer mit einem wollenen Faden fest. Jetzt war er Schiffer und mußte segeln.

Der See war sehr groß, dem Mistkäfer schien er ein Weltmeer, und er erstaunte darüber dermaßen, daß er auf den Rücken fiel und mit den Füßen zappelte.

Das Schiffchen segelte ab; die Strömung des Wassers ergriff es; fuhr es aber zu weit vom Land ab, krempelte sofort einer der Knaben seine Beinkleider auf, trat ins Wasser und holte es wieder an Land zurück. Endlich aber, gerade als es wieder in bester Fahrt seewärts ging, wurden die Knaben abgerufen, ernstlich gerufen; sie beeilten sich zu kommen, liefen vom Wasser fort und ließen Schifflein Schifflein sein. Dieses trieb nun immer mehr und mehr vom Ufer ab, immer mehr in die offenen See hinaus; es war entsetzlich für den Mistkäfer, da er nicht fliegen konnte, weil er an den Mast gebunden war.

Da bekam er Besuch von einer Fliege. „Was für schönes Wetter!" sagte die Fliege. „Hier will ich ausruhen und mich sonnen; Sie haben es sehr angenehm hier."

„Sie reden, wie Sie's verstehen! Sehen Sie denn nicht, daß ich angebunden bin?"

„Ich bin nicht angebunden", sagte die Fliege und flog davon.

„Na, jetzt kenne ich die Welt!" sprach der Mistkäfer. „Es ist eine niederträchtige Welt! Ich bin der einzige Ehrenhafte auf der Welt! Erst verweigert man mir goldene Schuhe, dann muß ich auf nasser Leinwand liegen, in Zugluft stehen und zuletzt hängen sie mir noch eine Frau auf. Tu' ich dann einen raschen Schritt in die Welt hinaus und erfahre, wie man es dort bekommen kann und wie ich es haben sollte, so kommt ein Menschenjunge, bindet mich und überläßt mich den wilden Wogen, während das Leibpferd des Kaisers in goldenen Schuhen einherstolziert! Das ärgert mich am meisten. Aber auf Teilnahme darf man in dieser Welt nicht rechnen! Mein Lebenslauf ist sehr interessant; doch was nützt es, wenn ihn niemand kennt! Die Welt verdient es nicht, ihn kennenzulernen; sie hätte mir sonst auch goldene Schuhe im Stall des Kaisers gegeben, damals, als das Leibroß des Kaisers beschlagen wurde und ich deshalb meine Beine ausstreckte. Hätte ich goldene Schuhe bekommen, wäre ich eine Zierde des Stalles geworden; jetzt hat mich der Stall verloren – die Welt verloren: Alles ist aus!"

Aber alles war noch nicht aus. Ein Boot, in dem einige junge Mädchen sich befanden, kamen herangerudert.

„Sieh, da segelt ein alter Holzschuh", sagte eines der Mädchen.

„Ein kleines Tier ist darin angebunden!" rief ein anderes.

Das Boot kam ganz in die Nähe des Schiffleins unseres Mistkäfers; die jungen Mädchen fischten es aus dem Wasser; eins von ihnen zog eine kleine Schere aus der Tasche, durchschnitt den wollenen Faden, ohne dem Mistkäfer ein Leid zuzufügen, und als es an das Land stieg, setzte es ihn in das Gras.

„Krieche, krieche! Fliege, fliege! wenn du kannst", sprach es, „Freiheit ist ein herrlich Ding."

Der Mistkäfer flog auf und durch ein offenes Fenster eines großen Gebäudes; dort sank er matt und müde herab auf die feine, weiche, lange Mähne des kaiserlichen Leibrosses, das im Stall stand, wo es und auch der Mistkäfer zu Hause war. Der Mistkäfer klammerte sich in der Mähne fest, saß eine kurze Zeit ganz still und erholte sich.

„Hier sitze ich auf dem Leibroß des Kaisers, sitze als Kaiser auf ihm! Doch, was wollt' ich sagen? Ja, jetzt fällt mir's wieder ein! Das ist ein guter Gedanke, und der hat seine Richtigkeit. ‚Weshalb bekommt das Pferd die goldenen Hufbeschläge?' so fragte mich doch der Schmied. Jetzt erst wird mir diese Frage klar. Meinetwegen bekam das Roß die goldenen Hufbeschläge!"

Und jetzt wurde der Mistkäfer guter Laune. „Man kriegt einen offenen Kopf auf Reisen!" sagte er.

Die Sonne warf ihre Strahlen in den Stall auf ihn.

„Die Welt ist, genau besehen, doch nicht so arg", sagte der Mistkäfer, „man muß sie nur zu nehmen wissen!"

Ja, die Welt war schön, weil des Kaisers Leibroß nur deshalb goldene Hufbeschläge bekommen hatte, damit der Mistkäfer sein Reiter sein konnte.

„Jetzt will ich zu den anderen Käfern hinabsteigen und ihnen erzählen, wieviel man für mich getan hat; ich will ihnen alle Unannehmlichkeiten erzählen, die ich auf meiner Reise im Ausland genossen habe, und ihnen sagen, daß ich jetzt so lange zu Hause bleiben werde, bis das Roß seine goldenen Hufbeschläge abgetreten haben wird."

Das Mädchen, das auf das Brot trat

Die Geschichte von dem Mädchen, das, um sich die Schuhe nicht zu be-schmutzen, auf das Brot trat, und wie schlecht es diesem Mädchen erging, ist wohlbekannt, sie ist geschrieben und gar gedruckt.

Inge hieß das Mädchen; sie war ein armes Kind, stolz und hochmütig; es war ein schlechter Kern in ihr, wie man sagt. Schon als kleines Kind war es ihre Freude, Fliegen zu fangen, diesen die Flügel auszurupfen und sie in kriechende Tiere zu verwandeln. Später nahm sie den Maikäfer und den Mistkäfer, steckte jeden auf eine Nadel, schob dann ein grünes Blatt oder ein kleines Stück Papier zu ihren Füßen hin, und das arme Tier faßte es und hielt es fest, drehte und wendete es, um von der Nadel loszukommen.

„Jetzt liest der Maikäfer!" sagte Inge, „sieh mal, wie er das Blatt wendet!"

Mit den Jahren wurde sie eher schlechter als besser, aber hübsch war sie, und das war ihr Unglück, sonst wäre sie schon anders mitgenommen worden, als sie es eben wurde.

„Der Kopf bedarf einer scharfen Lauge!" sagte ihre eigene Mutter. „Als Kind hast du mir oft auf der Schürze herumgetrampelt, ich fürchte, du wirst mir später aufs Herz treten."

Und das tat sie auch.

Sie kam aufs Land in Dienst zu vornehmen Leuten, und diese hielten sie wie ihr eigenes Kind, als solches ging sie auch angekleidet; gut sah sie aus, und ihr Hochmut nahm zu.

Als sie etwa ein Jahr dort gewesen war, sagte ihre Herrschaft zu ihr: „Du sollst doch einmal deine Eltern besuchen, Inge!"

Und Inge begab sich auf den Weg zu ihren Eltern, aber nur, um sich in der Heimat zu zeigen, dort sollten die Leute sehen, wie fein sie geworden war. Doch als sie am Eingang des Dorfes anlangte und die jungen Knechte und Mädchen dort plaudernd stehen und ihre Mutter auch dabei sah, wie diese auf einem Stein saß, ausruhend, vor sich ein Bündel Reisig, das sie im Wald aufgesucht hatte, kehrte Inge um; sie schämte sich, daß sie, die so fein gekleidet war, eine so zerlumpte Frau, die Reisig auflas, zur Mutter habe. Es reute sie gar nicht, daß sie umkehrte, sie war nur ärgerlich.

Wieder verstrich etwa ein halbes Jahr. „Du solltest doch einmal wieder in deine Heimat gehen und deine alten Eltern besuchen, Inge!" sagte ihre Dienstherrin. „Ich schenke dir ein großes Weißbrot, das du ihnen geben kannst; sie werden sich gewiß freuen, dich wiederzusehen!"

Inge zog ihren besten Staat und ihre neuen Schuhe an, hob sich die Kleider auf und schritt gar vorsichtig einher, damit sie rein und nett an den Füßen bleibe, und das konnte man ihr auch nicht verargen! Als sie aber dorthin kam, wo der Fußweg über das Moor führt und wo Lachen und Schmutz war, warf sie das Brot hin und trat darauf, damit sie mit reinen Schuhen hinüberkäme; aber wie sie so dastand, einen Fuß auf dem Brot, den anderen gehoben, um weiterzuschreiten, versank das Brot mit ihr immer tiefer, sie verschwand, ganz und gar, und nur eine große Lache, die Blasen warf, blieb zu sehen.

Das ist die Geschichte.

Aber wohin geriet Inge? Sie versank im Moor und kam zu der Moorfrau hinunter, die dort braut. Die Moorfrau ist die Base der Elfenmädchen, die bekannt genug sind, von denen man Lieder hat und die man abgemalt findet, aber von der Moorfrau wissen die Leute nur, daß, wenn die Wiesen im Sommer dampfen, es die Moorfrau ist, die braut. Hier in die Brauerei der Moorfrau hinab versank Inge, und dort ist es nicht lange auszuhalten.

Die Schlammkiste ist ein helles Prunkgemach gegen die Brauerei der Moorfrau. Jedes Gefäß stinkt, daß die Menschen dabei ohnmächtig werden, und dazu stehen die Gefäße eng aneinandergepreßt, und gibt es irgendeine kleine Öffnung zwischen ihnen, durch die man sich hätte hindurchdrängen können, so ist das doch nicht möglich wegen der nassen

Kröten und fetten Schlangen, die sich hier förmlich verfitzen; hier hinab versank Inge; all das ekelhafte, lebendige Gekrieche war so eisig kalt, daß alle ihre Glieder fröstelten, ja daß sie immer mehr und mehr erstarrte. An dem Brot blieb sie fest hängen, und das Brot zog sie hinab wie ein Bernsteinknopf einen Strohhalm anzieht.

Die Moorfrau war zu Hause, die Brauerei hatte an dem Tage Besuch, sie wurde besichtigt vom Teufel und seiner Großmutter, und des Teufels Großmutter ist ein altes, sehr giftiges Frauenzimmer, das nimmer müßig ist; sie reitet nie auf Besuch aus, ohne ihre Handarbeit bei sich zu führen, und die hatte sie denn auch hier bei sich. Sie bearbeitete Leder für die Schuhe der Menschen, da diese immer herumlaufen und kein Sitzfleisch haben; sie stickte Lügengewebe und häkelte unbesonnene Worte, die zur Erde gefallen waren, alles zum Schaden und Verderben. Ja, die konnte nähen, sticken und häkeln, die alte Großmutter!

Sie gewahrte Inge, hielt ihr Brillenglas vors Auge und besah sich das Mädchen noch einmal. „Das ist ein Mädchen, das Fähigkeiten besitzt!" sprach sie, „und ich bitte mir die Kleine zur Erinnerung an meinen Besuch hier aus! Sie wird ein passendes Postament im Vorgemach meines Enkels abgeben können!"

Und sie bekam sie. Auf diese Weise kam Inge in die Hölle.

Das war ein Vorgemach ohne Ende; es schwindelte einem, wenn man vorwärts oder rückwärts blickte, und eine Schar, dem Verschmachten nahe,

stand hier, die da harrte, daß ihnen das Tor der Gnade aufgetan werden sollte! – Sie hatte lange zu warten! Große, fette, watschelnde Spinnen spannen tausendjähriges Gewebe über ihre Füße hinweg, und dieses Gewebe schnitt ein wie Fußangeln und fesselte wie kupferne Ketten; außerdem gärte noch eine ewige Unruhe in jeder Seele, eine Unruhe des Jammerns. Der Geizige stand da und hatte den Schlüssel zu seinem Geldkasten vergessen; der Schlüssel steckte darin, das wußte er. Ja, es ist zu weitläufig, alle Arten der Peinigungen und des Jammerns aufzuzählen, die dort empfunden wurden. Inge empfand eine entsetzliche Pein, indem sie als Postament dort stehen mußte; sie war gleichsam von unten an das Brot geknebelt.

„Das hat man davon, weil man sich die Füße rein und sauber bewahren will!" sprach sie zu sich selber. „Seht, wie sie mich anglotzen!" Ja, freilich waren die Blicke aller auf sie gerichtet; ihre bösen Gelüste leuchteten ihnen aus den Augen und sprachen ohne Laut aus ihrem Mund, sie waren entsetzlich anzusehen.

‚Mich anzuschauen, muß ein Vergnügen sein!' dachte Inge. ‚Ich habe ein hübsches Gesicht und schöne Kleider an!' Und nun drehte sie die Augen, den Nacken konnte sie nicht drehen, der war zu steif dazu. Nein, wie war sie im Brauhaus der Moorfrau beschmutzt worden, das hatte sie nicht bedacht. Ihre Kleider waren wie mit Schleim überzogen, eine Schlange hatte sich in ihrem Haar verkrochen und baumelte ihr am Rücken herab, und aus jeder Falte ihres Kleides sah eine große Kröte hervor, die wie ein engbrüstiger Mops bellte. Das war sehr unangenehm. „Aber die anderen hier unten sehen ja auch entsetzlich aus!" meinte sie, und damit tröstete sie sich selbst.

Das Schlimmste von allem war jedoch der gräßliche Hunger, den sie verspürte. Vermochte sie denn nicht, sich zu bücken und ein Stück von dem Brot zu brechen, auf dem sie stand? Nein, der Rücken war steif, Arme und Hände waren erstarrt, ihr ganzer Körper war wie eine Steinsäule, nur die Augen konnte sie noch im Kopf drehen, ringsherum drehen, so daß sie auch rückwärts zu sehen vermochte; das war ein häßlicher Anblick. Und dann kamen die Fliegen heran, die über ihre Augen krochen, hinüber und herüber; sie blinzelte mit den Augen, aber die Fliegen flogen nicht davon, denn fliegen konnten sie nicht, die Flügel waren ihnen ausgezupft; sie waren in kriechende Tiere verwandelt; das war eine Pein und dazu der Hunger, ja, zuletzt schien es ihr, als fräßen sich ihre Eingeweide selber auf und sie würde inwendig ganz leer. „Wenn das länger dauern soll, halte ich es nicht aus!" sprach sie, aber sie mußte aushalten.

Da fiel eine heiße Träne auf ihren Kopf herab, rollte über ihr Antlitz und

ihre Brust bis auf das Brot, auf dem sie stand, und es fiel noch eine Träne, noch viele. Wer weinte wohl über Inge? – Hatte sie doch auf Erden noch eine Mutter! Die Tränen des Kummers, die eine Mutter über ihr Kind weint, gelangen stets zu dem Kind, aber sie erlösen nicht, sie brennen und vergrößern die Pein. Dieser unleidige Hunger und das Brot nicht erreichen können, auf dem sie doch mit den Füßen stand! Sie hatte ein Gefühl, als wenn ihr ganzes Innere sich selbst verzehrt habe, sie war wie ein dünnes, hohles Rohr, das jeden Laut einsaugt; sie hörte deutlich alles, was auf der Erde von ihr gesprochen wurde, und was sie hörte, war hart und bös. Ihre Mutter weinte zwar sehr und war um sie betrübt, aber sie sprach dessenungeachtet: „Hochmut kommt vor dem Fall! Das war dein Unglück, Inge! Du hast deine Mutter sehr betrübt!"

Ihre Mutter und alle auf der Erde wußten um die Sünde, die sie begangen, wußten, daß sie auf das Brot getreten hatte, daß sie versunken und verschwunden war; der Kuhhirt hatte es vom Abhang am Moorweg aus gesehen.

„Wie hast du doch deine Mutter betrübt, Inge!" sagte die Mutter. „Ja, es ahnte mir wohl so!"

,Wäre ich doch nie geboren!' dachte Inge. ,Mir wäre weit besser gewesen. Wozu nützt es aber jetzt, daß meine Mutter weint?'

Sie vernahm, wie ihre Herrschaft, die guten Leute, die sie wie Eltern gehegt und gepflegt hatten, jetzt sprachen und sagten, sie sei ein sündhaftes Kind, sie habe die Gaben Gottes nicht geachtet, sondern sie mit Füßen getreten, die Tür der Gnade würde sich ihr langsam aufschließen!

,Sie hätten mich züchtigen, mir die Mucken austreiben sollen', dachte Inge, ,wenn ich solche gehabt habe.'

Sie hörte, daß ein ganzes Lied von ihr zusammengesetzt wurde, von dem hochmütigen Mädchen, das auf das Brot trat, damit die Schuhe rein blieben, und daß man das Lied im Lande überall sang.

,Daß man deshalb so viel Böses hören und so viel leiden muß!' dachte Inge. ,Die anderen müßten auch ihrer Sünden wegen bestraft werden! Ja, dann würde freilich viel zu bestrafen sein! Ach, wie ich gepeinigt werde!'

Ihr Sinn verhärtete sich noch mehr als ihr Äußeres.

„Hier unten in dieser Gesellschaft kann man einmal nicht besser werden! Und ich will auch nicht besser sein! Sieh, wie sie mich anglotzen!"

Ihr Sinn war voll Zorn und Bosheit gegen alle Menschen.

„Jetzt haben sie endlich dort oben sich etwas zu erzählen! Ach, wie ich gepeinigt werde!"

Sie hörte auch, wie ihre Geschichte den Kindern erzählt wurde, und die Kleinen nannten sie die gottlose Inge – sie sei so häßlich, sagten sie, so garstig, sie müsse sehr gepeinigt werden.

Immerfort kamen harte Worte über sie aus Kindesmund.

Doch eines Tages, während Gram und Hunger im Innern ihres hohlen Körpers nagten und sie ihren Namen nennen und ihre Geschichte einem unschuldigen Kind, einem kleinen Mädchen vorerzählen hörte, vernahm sie, daß die Kleine in Tränen ausbrach bei der Geschichte von der hochfahrenden, putzsüchtigen Inge.

„Aber kommt denn Inge nie mehr herauf?" fragte das kleine Mädchen. Und man antwortete:

„Sie kommt nimmermehr herauf!"

„Aber wenn sie nun bitte, bitte sagen, um Verzeihung bitten und es nie wieder tun würde?"

„Dann wohl, doch sie will nicht um Verzeihung bitten!" hieß es hierauf.

„Ich möchte so gern, daß sie es täte!" sagte die Kleine und war ganz untröstlich. „Ich will meine Puppe und mein Spielzeug darum geben, wenn sie nur heraufkommen darf! Es ist zu schrecklich; die arme Inge!"

Diese Worte reichten bis in Inges innerstes Herz, sie taten ihr wohl; es war das erste Mal, daß jemand sagte: „Die arme Inge!" und nichts von ihren Fehlern hinzufügte; ein kleines, unschuldiges Kind weinte und bat um Gnade für sie, es wurde ihr dabei sonderbar zumute, sie selbst hätte jetzt gern geweint, aber sie vermochte es nicht, sie konnte nicht weinen, und das war auch eine Qual.

Während Jahre dort oben verstrichen – unten gab es keinen Wechsel –, vernahm sie immer seltener die Rede von oben, man sprach weniger von ihr. Da gelangte plötzlich eines Tages ein Seufzer zu ihrem Ohr: „Inge! Inge! Wie du mich betrübt hast! Ich sagte es wohl!" Es war ihrer sterbenden Mutter letzter Seufzer.

Zuweilen hörte sie ihren Namen von ihrer früheren Herrschaft nennen, und das waren sanfte Worte, wenn die Frau sagte: „Ob ich dich wohl jemals wiedersehe, Inge? Man weiß nicht, wohin man kommt!"

Aber Inge sah wohl ein, daß ihre gute Dienstherrin nie hierherkommen könne, wo sie war.

So verstrich wiederum eine Zeit, eine lange, bittere Zeit.

Da hörte Inge noch einmal ihren Namen nennen und erblickte über sich zwei klare Sterne funkeln; es waren zwei sanfte Augen, die sich auf Erden schlossen. So viele Jahre waren damals verstrichen, als das kleine Mädchen untröstlich war und über „die arme Inge" weinte, daß das Kind eine alte Frau geworden, die Gott nun wieder zu sich rufen wollte. Und gerade um diese Stunde, um welche die Gedanken aus des Lebens ganzem Tun wieder emportauchten, entsann sie sich auch, wie sie einst als kleines Kind recht wehmütig hatte weinen müssen bei der Geschichte von Inge. Jene Stunde und jener Eindruck wurden der alten Frau in ihrer Todesstunde dermaßen wieder lebendig, daß sie laut in die Worte ausbrach: „Mein Gott und Herr, ob ich nicht auch, wie Inge, oft deine Segensgaben mit Füßen getreten und mir nichts Böses dabei gedacht habe, ob ich nicht auch umhergegangen bin mit einem hochmütigen Sinn – aber du hast in deiner Gnade mich nicht sinken lassen, sondern mich aufrechterhalten! Oh, lasse nicht ab von mir in meiner letzten Stunde!"

Die Augen der Alten schlossen sich, und ihrer Seele Auge öffnete sich, das Verborgene zu schauen. Sie, in deren letzten Gedanken Inge so lebhaft

zugegen gewesen, sie sah auch jetzt, wie tief hinab sie gezogen war, und bei dem Anblick brach die Fromme in Tränen aus, im Himmel stand sie wie ein Kind und weinte um die arme Inge! Und diese Tränen und Gebete klangen wie ein Echo hinab in die hohle, leere Hülle, welche die gefesselte, gepeinigte Seele umschloß; die nie gedachte Liebe von oben überwältigte sie, ein Engel Gottes weinte über sie! Weshalb wurde ihr wohl dies vergönnt? Die gepeinigte Seele sammelte gleichsam in Gedanken jede Handlung ihres Lebens auf der Erde, die sie geübt, und sie, Inge, zitterte in Tränen, wie sie solche niemals geweint; Kummer über sich selbst erfüllte sie, ihr war es, als könne sich ihr die Pforte der Gnade nimmer öffnen, und als sie dies in großer Zerknirschung erkannte, schoß leuchtend ein Strahl in den Abgrund zu ihr hinab, und zwar mit einer Kraft, die stärker war, als die des Sonnenstrahls, durch den der Schneemann auftaut, den die Knaben hinstellen; und weit schneller als die Schneeflocke schmilzt und zu einem Tropfen wird, die auf die warmen Lippen des Kindes fällt, löste sich die versteinerte Gestalt Inges in Nebel auf – ein kleiner Vogel schwang sich im Zickzack des Blitzes hinauf in die Menschenwelt. Aber der Vogel war ängstlich und scheu gegen alles ringsum, er schämte sich seiner selbst, schämte sich allen lebenden Geschöpfen gegenüber und suchte, sich eiligst zu verbergen in ein finsteres Loch in einem alten, verwitterten Gemäuer; dort saß er und kauerte, zitternd am ganzen Körper, keinen Laut vermochte er von sich zu geben, er hatte keine Stimme; lange saß er, bevor er die Herrlichkeit ringsum sehen und vernehmen konnte; ja, herrlich war es! Die Luft war frisch und mild, der Mond warf seinen klaren Schein über die Erde; Bäume und Gebüsch sandten Düfte aus, und gar heimelig war es, wo er saß, sein Federgewand war rein und fein. Nein, wie war doch alles Geschaffene in Liebe und Herrlichkeit dargebracht! Alles, was sich im Herzen des Vogels regte, wollte sich hinaussingen, aber der Vogel vermochte es nicht; gern hätte er gesungen wie im Frühling der Kuckuck und die Nachtigall.

Wochenlang regten sich diese lautlosen Lieder, sie mußten zum Ausbruch kommen, mußten es bei dem ersten Flügelschlag einer guten Tat, eine solche mußte getan werden!

Das heilige Weihnachtsfest kam heran. Der Bauer pflanzte in der Nähe der Mauer eine Stange auf und befestigte daran eine Garbe Hafer, damit die Vögel in der Luft auch ein fröhliches Weihnachtsfest und eine gute Mahlzeit haben möchten in dieser Zeit des Erlösers.

Die Sonne erhob sich am Weihnachtsmorgen und beschien die Garbe, und zwitschernde Vögel umflatterten die Futterstange. – Da klang es auch aus dem Mauerloch „Piep, piep!" Der schwellende Gedanke wurde zum Laut, das schwache Piepen eine ganze Freudenhymne, der Gedanke einer guten Tat erwachte, und der Vogel schwang sich aus seinem Versteck heraus; im Himmel wußten sie schon, was das für ein Vogel war!

Der Winter war streng, die Gewässer waren zugefroren, die Vögel und die Tiere des Waldes hatten knappe Futterzeiten. Unser kleiner Vogel schwang sich über die Landstraße dahin, und dort in den Schlittenspuren fand er auch hin und wieder ein Körnchen, an den Haltestellen ein Brotkrümchen; er selbst fraß nur wenige, aber er rief alle anderen hungernden Sperlinge herbei, damit sie etwas Futter bekämen. Er flog in die Städte hinein, spähte umher, und wo eine liebe Hand Brot auf das Fensterbrett für die Vögel gestreut hatte, fraß er selbst nur ein einzelnes Krümchen, gab aber alles den anderen Vögeln.

Im Laufe des Winters hatte der Vogel so viele Brotkrümchen gesammelt und den anderen Vögeln gespendet, daß sie zusammen das ganze Brot aufwogen, auf das Inge getreten hatte, um ihre Schuhe reinzuhalten, und als das letzte Brotkrümchen gefunden und gespendet war, wurden die grauen Flügel des Vogels weiß und breiteten sich weit aus.

„Dort fliegt eine Seeschwalbe über das Wasser hin!" sagten die Kinder, die den weißen Vogel sahen: Nun tauchte sie in den See hinab, nun hob sie sich empor in den klaren Sonnenschein, es war nicht möglich zu sehen, wo sie blieb, – sie sagten, sie sei gerade in die Sonne hineingeflogen.

Im Entenhofe

Es kam eine Ente aus Portugal an, einige sagten aus Spanien, doch das bleibt sich gleich; sie wurde die Portugiesin genannt, legte Eier, wurde geschlachtet und angerichtet – das war ihr Lebenslauf. Alle die, die aus ihren Eiern krochen, wurden später auch Portugiesen genannt, und das wollte schon etwas sagen. Jetzt war von der ganzen Familie nur noch eine im Entenhof übrig, einem Hof, zu dem auch die Hühner Zutritt hatten und wo der Hahn mit großem Hochmut auftrat.

„Er ärgert mich durch sein lautes Krähen", sagte die Portugiesin. „Aber hübsch ist er, das ist nicht zu leugnen, wenn er auch kein Enterich ist. Er sollte sich aber mäßigen, denn das ist eine Kunst, die von höherer Bildung zeugt, diese haben die kleinen Singvögel drüben im Nachbargarten in den Linden. Wie lieblich sie singen! Es liegt etwas so Rührendes in ihrem Gesang, ich nenne es Portugal! Hätte ich nur solch einen kleinen Singvogel, ich würde ihm eine Mutter sein, lieb und gut, das liegt mir im Blut, in meinem portugiesischen Blut!"

Und während sie noch so sprach, kam ein kleiner Singvogel kopfüber vom Dach herab in den Hof. Die Katze war hinter ihm her, aber der Vogel kam mit einem gebrochenen Flügel davon – deshalb fiel er auch in den Entenhof.

„Das sieht der Katze ähnlich, sie ist ein Bösewicht!" sagte die Portugiesin „ich kenne sie noch von der Zeit her, wo ich selbst Kinder hatte. Daß so ein Wesen leben und auf den Dächern umhergehen darf! Ich glaube nicht, daß dies in Portugal der Fall ist!"

Sie bemitleidete den kleinen Singvogel, und die anderen Enten, die nicht portugiesischer Abkunft waren, bemitleideten ihn auch.

„Das kleine Tierchen!" sagten sie, während eine nach der anderen herankam. „Wir können zwar nicht singen", sagten sie, „aber wir haben die Möglichkeit dazu in uns, das fühlen wir schon, wenn wir auch nicht davon sprechen!"

„Ich aber werde davon sprechen!" sagte die Portugiesin, „und ich will etwas für die Kleine tun, das ist unsere Pflicht!" Sie trat in den Wassertrog und schlug mit den Flügeln so in das Wasser, daß der kleine Singvogel fast ertrunken wäre, aber es war gut gemeint. „Das ist eine gute Tat!" sagte sie, „die anderen können sich daran ein Beispiel nehmen!"

„Piep!" sagte der kleine Vogel, dem ein Flügel gebrochen war und dem es schwerfiel, sich zu schütteln; aber er begriff sehr gut das wohlgemeinte Bad. „Sie sind herzensgut, Madame!" sagte er, aber es verlangte ihn nicht nach einem zweiten Bad.

„Ich habe nie über mein Herz nachgedacht", fuhr die Portugiesin fort, „aber das weiß ich, daß ich alle meine Mitgeschöpfe liebe; außer der Katze, das kann aber auch niemand von mir verlangen. Sie hat zwei der Meinigen gefressen, doch tun Sie, als wären Sie zu Hause – das kann man schon. Ich selbst bin auch aus einer fremden Gegend, wie Sie schon aus meiner Haltung und aus meinem Federkleid sehen werden; mein Enterich dagegen ist ein Eingeborener, hat nichts von meinem Blut, aber ich bin nicht hochmütig! Wenn Sie jemand hier im Hof versteht, so darf ich wohl sagen, daß ich es bin!"

„Sie hat Portulak im Magen!" sagte ein kleines, gewöhnliches Entlein, das witzig war, und die anderen, gewöhnlichen Enten, fanden das Wort „Portulak" ausgezeichnet: Es klang wie „Portugal", und sie stießen sich an und sagten: „Rapp!" Es war zu witzig! Und alle anderen Enten gaben sich nun mit dem kleinen Singvogel ab.

„Die Portugiesin hat freilich die Sprache mehr in ihrer Gewalt", äußerten sie. „Was uns anbelangt, wir führen nicht so große Worte im Schnabel, doch unsere Teilnahme ist aber ebensogroß. Tun wir nichts für Sie, so gehen wir still drüber hinweg; und das finden wir am schönsten!"

„Sie haben eine liebliche Stimme!" sagte eine der Ältesten. „Es muß ein schönes Gefühl sein, so vielen Freude bereiten zu können, wie Sie es tun. Ich verstehe mich freilich auf Ihren Gesang nicht, deshalb halte ich auch den Schnabel, und dies ist immer besser, als Ihnen etwas Dummes zu sagen, wie es so viele andere tun!"

„Quäle ihn nicht so", sagte die Portugiesin, „er bedarf der Ruhe und Pflege. Mein kleiner Singvogel, wünschen Sie, daß ich Ihnen wieder ein Bad bereite?"

„Ach nein! Lassen Sie mich trocken bleiben", bat er.

„Die Wasserkur ist die einzige, die mir hilft, wenn mir etwas fehlt", antwortete die Portugiesin. „Zerstreuung ist auch etwas Gutes! Jetzt werden bald die Nachbarhühner ankommen und einen Besuch machen. Unter ihnen befinden sich auch zwei Chinesinnen, die haben Höschen an, sind sehr gebildet und importiert. Deshalb stehen sie in meiner Achtung höher als die anderen."

Die Hühner kamen, und der Hahn kam; er war heute so höflich, daß er gar nicht grob war.

„Sie sind ein wirklicher Singvogel", sagte er, „und Sie machen aus Ihrer kleinen Stimme alles, was aus so einer kleinen Stimme zu machen ist. Aber etwas mehr Lokomotive muß man haben, damit jeder hört, daß man männlichen Geschlechts ist."

Die zwei Chinesinnen standen ganz entzückt da beim Anblick des Singvogels; er sah recht struppig aus von dem Bad, das er bekommen, daß es ihnen schien, er sähe fast wie ein chinesisches Küken aus. „Er ist reizend!" sagten sie, ließen sich mit ihm in ein Gespräch ein und sprachen nur flüsternd und mit P-Lauten, also vornehm chinesisch mit ihm.

„Wir sind von Ihrer Art", fuhren sie fort. „Die Enten, selbst die Portugiesin, das sind Schwimmvögel, wie Sie wohl bemerkt haben werden. Uns kennen Sie noch nicht; nur wenige kennen uns oder geben sich die Mühe, uns kennenzulernen. Selbst die Hühner nicht, obwohl wir dazu geboren sind, auf einer höheren Sprosse zu sitzen als die Mehrzahl der anderen. Das kümmert uns aber nicht, und wir gehen ruhig unseres Weges inmitten der anderen, deren Grundsätze zwar nicht die unseren sind, denn wir beachten nur die guten Seiten und sprechen nur von dem Guten, obwohl es schwierig ist, da etwas zu finden, wo nichts ist. Außer uns beiden und dem Hahne gibt es im ganzen Hühnerhof niemand, der so talentvoll und zugleich honett ist! Das kann nicht einmal von den Bewohnern des Entenhofs gesagt werden. Wir warnen Sie, kleiner Singvogel! Trauen Sie nicht der mit den kurzen Schwanzfedern; sie ist hinterlistig! Die Bunte da mit der schiefen Zeichnung auf den Flügeln ist streitsüchtig und läßt niemandem das letzte Wort, und dabei hat sie stets unrecht. Die fette Ente dort spricht Böses von allen, und das ist unserer Natur zuwider; kann man nichts Gutes sprechen, so muß man den Schnabel halten. Die Portugiesin ist die einzige, die ein wenig Bildung hat und mit der man Umgang pflegen kann; aber sie ist leidenschaftlich und spricht zu viel von Portugal!"

„Was die beiden Chinesinnen immer zu flüstern haben!" flüsterte sich ein Entenpaar zu, „uns langweilen sie; wir haben nie mit ihnen gesprochen!"

Jetzt kam der Enterich herbei. Er glaubte, der Singvogel sei ein Spatz. „Ja, ich kenne den Unterschied nicht", sagte er, „und das ist auch einerlei! Er gehört zu den Spielwerken, und hat man sie, so hat man sie!"

„Legen Sie nur kein Gewicht auf das, was er sagt", flüsterte die Portugiesin, „er ist in Geschäften sehr korrekt, und Geschäfte gehen ihm über alles. Aber jetzt lege ich mich zur Ruhe! Das ist man sich selber schuldig, damit man hübsch fett sein kann, wenn man mit Äpfeln und Pflaumen aufgefüllt werden soll."

Sie legte sich nun in die Sonne und blinzelte mit dem einen Auge; sie lag recht gut, war auch sehr gut, und schlief außerdem auch sehr gut.

Der kleine Singvogel machte sich jetzt an seinem gebrochenen Flügel zu schaffen; dann legte er sich auch hin und drückte sich eng an seine Beschützerin; die Sonne schien warm und herrlich, hier gefiel es ihm sehr gut.

Die Nachbarhühner dagegen waren wach, sie gingen umher und kratzten den Boden auf; im Grunde genommen hatten sie den Besuch einzig und allein nur gemacht, um Nahrung zu sich zu nehmen. Die Chinesinnen waren die ersten, die den Entenhof verließen, die anderen Hühner folgten ihnen bald darauf. Das witzige Entlein sagte von der Portugiesin: Die Alte werde nun bald „entenkindisch". Die anderen Enten lachten darüber, daß es schnatterte. „Entenkindisch!" flüsterten sie, „das ist zu witzig!" Sie wiederholten nun auch den ersten Witz: „Portulak!" Es sei zu amüsant, meinten sie, und dann legten sie sich nieder.

Als sie eine Weile gelegen hatten, wurde plötzlich Futter in den Entenhof geworfen; es klatschte so, daß die ganze Besatzung aus dem Schlaf auffuhr und mit den Flügeln schlug; auch die Portugiesin erwachte, wälzte sich auf die andere Seite und drückte den kleinen Singvogel sehr unsanft.

„Piep!" sagte er, „Sie traten sehr hart auf, Madame!"

„Ja, warum liegen Sie mir im Wege!" rief sie. „Sie dürfen nicht so empfindlich sein! Ich habe auch Nerven, aber niemals ‚Piep' gesagt!"

„Seien Sie nicht böse!" sagte der kleine Vogel, „das ‚Piep' fuhr mir unwillkürlich aus dem Schnabel."

Die Portugiesin hörte nicht auf ihn, sondern stürzte sich über das Fressen und hielt eine gute Mahlzeit. Als sie gesättigt war und sie sich wieder hinlegte, nahte sich ihr der kleine Singvogel und wollte liebenswürdig sein.

„Tilleleleit!

Vom Herzen dein

Will ich singen fein,

Fliegen so weit, weit, weit!"

„Jetzt, nach dem Essen, will ich ruhen!" sprach die Portugiesin. „Sie müssen hier auf die Sitten des Hauses achten. Jetzt will ich schlafen!"

Der kleine Singvogel war ganz verdutzt, denn er hatte es gut gemeint. Als Madame später erwachte, stand er wiederum vor ihr mit einem Körnchen, das er gefunden hatte; er legte es ihr zu Füßen; da sie aber nicht gut geschlafen hatte, war sie natürlich sehr schlechter Laune.

„Geben Sie das einem Küken!" sagte sie. „Und stehen Sie mir nicht immer im Wege herum!"

„Warum zürnen Sie mir?" antwortete das Vögelein. „Was habe ich getan?"

„Getan?" fragte die Portugiesin wiederum, „dieser Ausdruck ist eben nicht fein, darauf möchte ich Ihre Aufmerksamkeit lenken!"

„Gestern war hier Sonnenschein", sagte der kleine Vogel, „heute ist es hier grau und trübe!"

„Sie wissen wohl wenig Bescheid in der Zeitrechnung", entgegnete die Portugiesin. „Der Tag ist noch nicht zu Ende; stehen Sie nicht so dumm da!"

„Aber Sie sehen mich gerade so an, wie mich die bösen Augen ansahen, als ich hier in den Hof herabfiel."

„Unverschämter!" sagte die Portugiesin, „vergleichen Sie mich mit der Katze, dem Raubtier! Kein böser Blutstropfen ist in mir! Ich habe mich Ihrer angenommen und werde Ihnen gute Manieren beibringen!"

Und dann biß sie dem Singvogel den Kopf ab; tot lag er da.

„Was ist nun das wieder?" sagte sie, „das konnte er nicht vertragen! Ja, dann war er freilich auch nicht für diese Welt geschaffen. Ich bin ihm wie eine Mutter gewesen, das weiß ich, denn ich habe ein Herz."

Da steckte des Nachbars Hahn seinen Kopf in den Hof hinein und krähte mit Lokomotivkraft.

„Sie bringen mich um mit Ihrem Krähen!" rief sie. „Sie haben Schuld an allem; er verlor den Kopf, und ich bin nahe daran, ihn auch zu verlieren."

„Wo der hinfällt, liegt nicht viel!" sagte der Hahn.

„Sprechen Sie mit Achtung von ihm!" erwiderte die Portugiesin, „er hatte Ton, Gesang und hohe Bildung. Liebevoll war er und weich, und das schickt sich für die Tiere wie für die sogenannten Menschen."

Und alle Enten drängten sich um den kleinen toten Singvogel. Die Enten haben starke Passionen, mögen sie nun Neid oder Mitleid fühlen, und da hier nun nichts zu beneiden war, so kam das Mitleid zum Vorschein, selbst bei den beiden Chinesinnen.

„Einen solchen Singvogel bekommen wir niemals wieder! Er war fast ein Chinese", flüsterten sie, und dabei weinten sie, daß es gluckste, und alle Hühner glucksten, aber die Enten gingen mit den rötesten Augen umher.

„Herz haben wir!" sagten sie, „das kann uns niemand absprechen."

„Denken wir jetzt daran, etwas in den Magen zu bekommen!" sagte der Enterich, „das ist das wichtigste! Wenn auch eins von den Spielwerken entzweigeht, haben wir trotzdem noch genug!"

Die Geschichte einer Mutter

Eine Mutter saß bei ihrem kleinen Kind: Sie war sehr betrübt und fürchtete, daß es sterben würde. Sein Gesichtchen war bleich, die kleinen Augen hatten sich geschlossen. Das Kind holte schwer und zuweilen so tief Atem, als wenn es seufzte; und die Mutter sah noch trauriger auf das kleine Wesen.

Da klopfte es an die Tür, und ein armer alter Mann trat ein, der in eine große Pferdedecke gehüllt war, denn die hält warm, und das hatte er nötig; es war ja kalter Winter. Draußen war alles mit Eis und Schnee bedeckt, und der Wind blies so scharf, daß er ins Gesicht schnitt.

Da der alte Mann vor Kälte zitterte und das kleine Kind einen Augenblick schlief, ging die Mutter und setzte Bier in einem kleinen Topf in den Ofen, um es für ihn zu wärmen. Der alte Mann setzte sich und wiegte, und die Mutter setzte sich auf einen alten Stuhl neben ihn, sah auf ihr krankes Kind, das so tief Atem holte, und erfaßte die kleine Hand.

„Nicht wahr, du glaubst doch auch, daß ich es behalten werde?" fragte sie. „Der liebe Gott wird es nicht von mir nehmen!"

Der alte Mann – er war der Tod – nickte so sonderbar, daß es ebensogut ja wie nein bedeuten konnte. Die Mutter aber schlug die Augen nieder, und Tränen rollten ihr die Wangen herab. Der Kopf wurde ihr schwer, in drei Tagen und drei Nächten hatte sie kein Auge geschlossen, und nun schlief sie, aber nur eine Minute, dann fuhr sie auf und bebte vor Kälte.

„Was ist das?" fragte sie und sah sich nach allen Seiten um; aber der alte Mann war fort, und ihr kleines Kind war fort, er hatte es mit sich genommen. Dort in der Ecke schnurrte und surrte die alte Uhr; das schwere Bleigewicht lief bis auf den Fußboden herab – plumps! – da stand die Uhr still.

Die arme Mutter stürzte zum Haus hinaus und rief nach ihrem Kinde.

Draußen, mitten im Schnee, saß eine Frau in langen schwarzen Kleidern und sagte: „Der Tod ist bei dir in deiner Stube gewesen, ich sah ihn mit deinem kleinen Kind davoneilen; er schreitet schneller als der Wind und bringt niemals zurück, was er genommen hat!"

„Sage mir nur, welchen Weg er gegangen ist!" sagte die Mutter. „Sage mir den Weg, und ich werde ihn finden."

„Ich kenne ihn", sagte die Frau in schwarzen Kleidern. „Aber bevor ich ihn dir sage, mußt du mir erst alle die Lieder vorsingen, die du deinem Kind vorgesungen hast. Ich liebe diese Lieder, ich habe sie früher gehört, ich bin die Nacht, ich sah deine Tränen, als du sie sangst."

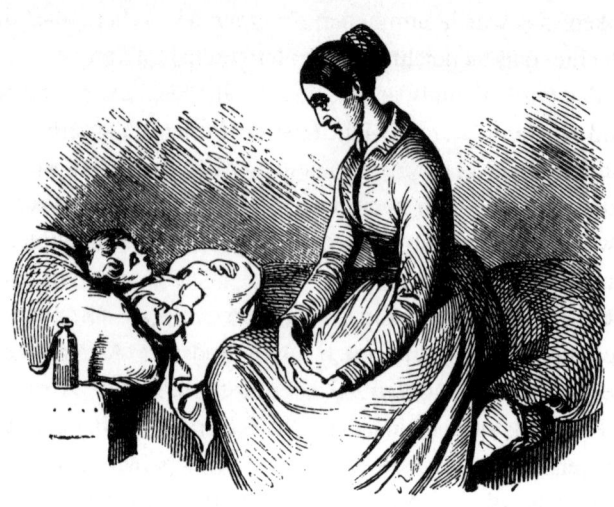

„Ich will sie alle, alle singen!" sagte die Mutter. „Aber halte mich nicht auf, damit ich ihn einholen, damit ich mein Kind wiederfinden kann!"

Aber die Nacht saß stumm und still. Da rang die Mutter die Hände, sang und weinte. Und es gab viele Lieder, aber noch mehr Tränen! Dann sagte die Nacht: „Geh rechts in den dunklen Fichtenwald hinein, dahin sah ich den Tod mit dem kleinen Kind den Weg nehmen."

Tief drinnen im Wald kreuzte sich der Weg, und sie wußte nicht mehr, welche Richtung sie einschlagen sollte. Da stand ein Schwarzdornbusch, der hatte weder Blätter noch Blumen; aber es war ja auch um die kalte Winterzeit, und Eiszapfen hingen an den Zweigen.

„Hast du den Tod mit meinem kleinen Kind vorbeigehen sehen?"

„Ja!" sagte der Schwarzdornbusch, „aber ich sage dir nicht, welchen Weg er genommen hat, wenn du mich nicht zuvor an deinem Busen erwärmen willst! Ich friere hier tot, ich werde zu lauter Eis!"

Und sie drückte den Schwarzdornbusch fest an ihre Brust, damit er recht warm werde, und die Dornen drangen in ihr Fleisch, und ihr Blut floß in großen Tropfen. Aber der Schwarzdornbusch schoß frische grüne Blätter und bekam Blüten in der kalten Winternacht; so warm ist es am Herzen einer betrübten Mutter! Der Schwarzdornbusch sagte ihr darauf den Weg, den sie gehen sollte.

Da kam sie an einen großen See, auf dem sich weder Schiff noch Kahn befand. Der See war nicht genug gefroren, um sie tragen, und auch nicht offen und flach genug, um durchwatet werden zu können – und doch mußte sie hinüber, wollte sie ihr Kind finden. Da legte sie sich nieder, um den See auszutrinken; das war ja unmöglich für einen Menschen, aber die betrübte Mutter dachte, daß vielleicht ein Wunder geschehen könnte.

„Nein, das wird niemals gehen!" sagte der See. „Laß uns beide lieber sehen, daß wir einig werden! Ich liebe es, Perlen zu sammeln, und deine Augen sind zwei der klarsten, die ich je gesehen: Willst du sie in mich ausweinen, dann will ich dich nach dem großen Treibhaus hinübertragen, wo der Tod wohnt und Blumen und Bäume pflegt; jeder von ihnen ist ein Menschenleben."

„Oh, was gebe ich nicht, um zu meinem Kind zu kommen!" sagte die verweinte Mutter. Sie weinte noch mehr, und ihre Augen fielen auf den Grund des Sees hinab und wurden zwei kostbare Perlen. Aber der See hob sie in die Höhe, als säße sie in einer Schaukel, und in einer Schwingung flog sie an das jenseitige Ufer, wo ein meilenlanges wunderbares Haus stand; man wußte nicht, ob es ein Berg mit Wäldern und Höhlen oder ob es gezimmert war. Aber die arme Mutter konnte es nicht sehen, denn sie hatte ja ihre Augen ausgeweint.

„Wo werde ich den Tod finden, der mit meinem kleinen Kind davonging?" fragte sie.

„Hier ist er noch nicht angekommen!" sagte eine alte Frau, die dort umherging und auf das Treibhaus des Todes achten mußte. „Wie hast du denn hierhergefunden und wer hat dir geholfen?"

„Der liebe Gott hat mir geholfen!" antwortete sie. „Er ist barmherzig, und das wirst du auch sein. Wo werde ich mein kleines Kind finden?"

„Ich kenne es nicht", sagte das alte Weib, „und du kannst ja nicht sehen! Viele Blumen und Bäume sind diese Nacht verwelkt, der Tod wird bald kommen, um sie umzupflanzen. Du weißt es wohl, daß jeder Mensch seinen Lebensbaum oder seine Lebensblume hat, jeder nach seiner Art. Sie sehen aus, wie andere Gewächse, aber ihre Herzen schlagen. Kinderherzen können auch schlagen! Danach richte dich, vielleicht erkennst du den Herzschlag deines Kindes. Aber was gibst du mir, wenn ich dir sage, was du noch mehr tun mußt?"

„Ich habe nichts zu geben", sagte die betrübte Mutter. „Aber ich will für dich bis ans Ende der Welt gehen."

„Dort habe ich nichts zu tun", sagte die alte Frau, „aber du kannst mir dein langes schwarzes Haar geben; du weißt wohl selbst, daß es schön ist, und es gefällt mir! Du kannst mein weißes dafür bekommen, das ist doch immer etwas!"

„Verlangst du weiter nichts", sagte sie, „das gebe ich dir mit Freuden!"

Und sie gab ihr ihr schönes Haar und erhielt dafür das schneeweiße der alten Frau.

Dann gingen sie in das große Treibhaus des Todes, wo Blumen und Bäume wunderbar durcheinander wuchsen. Da standen feine Hyazinthen unter Glasglocken und große baumstarke Pfingstrosen; da wuchsen Wasserpflanzen, einige ganz frisch, andere halb krank, Wasserschlangen legten sich auf sie, und schwarze Krebse klemmten sich am Stiel fest. Da standen prächtige Palmen, Eichen und Platanen, Petersilie und blühender Thymian. Alle Bäume und Blumen hatten ihre Namen; sie waren jeder ein Menschenleben; die Menschen lebten noch, der eine in China, der andere in Grönland, überall auf der Welt. Da waren große Bäume in kleinen Töpfen, so daß sie beengt standen und nahe daran waren, den Topf zu sprengen; es war auch manche kleine schwächliche Blume da in fetter Erde, mit Moos ringsum und gewartet und gepflegt. Aber die betrübte Mutter beugte sich über all die kleinsten Pflanzen, und sie hörte in jeder das Menschenherz schlagen, und aus Millonen kannte sie das ihres Kindes heraus.

„Da ist es!" rief sie und streckte die Hand über einen kleinen Krokus aus, der ganz krank nach einer Seite hinüberhing.

„Rühre die Blume nicht an!" sagte die alte Frau. „Aber stelle dich hierher, und wenn dann der Tod kommt – ich erwarte ihn jeden Augenblick –, laß ihn die Pflanze nicht herausreißen, sondern drohe ihm, daß du dasselbe mit den anderen Blumen tun würdest; dann wird ihm bange! Er muß dem lieben Gott dafür einstehen; keine darf herausgerissen werden, bevor der die Erlaubnis dazu gibt!"

Da sauste es mit einem Male eiskalt durch den Saal, und die blinde Mutter fühlte, daß der Tod sich näherte.

„Wie hast du den Weg hierher finden können?" fragte er. „Wie hast du schneller hierherkommen können als ich?"

„Ich bin eine Mutter!" antwortete sie.

Der Tod streckte seine lange Hand nach der kleinen zarten Blume aus, aber sie hielt ihre Hände fest um sie, hielt sie dicht umschlossen und dennoch voll ängstlicher Sorgfalt, daß sie keines der Blätter berühre. Da hauchte der Tod auf ihre Hände, und sie fühlte, daß es kälter war als der kalte Wind, und ihre Hände sanken matt herab.

„Gegen mich kannst du doch nichts ausrichten!" sagte der Tod.

„Aber der liebe Gott kann es!" sagte sie.

„Ich tue nur, was er will!" sagte der Tod. „Ich bin sein Gärtner. Ich nehme alle seine Blumen und Bäume und verpflanze sie in den großen

Paradiesgarten, in das unbekannte Land. Wie sie aber dort gedeihen und wie es dort ist, darf ich dir nicht sagen!"

„Gib mir mein Kind zurück!" sagte die Mutter und weinte und bat. Mit einem Mal faßte sie mit den Händen zwei hübsche Blumen fest an und rief dem Tod zu: „Ich reiße alle deine Blumen ab, denn ich bin in Verzweiflung!"

„Rühre sie nicht an!" sagte der Tod. „Du sagst, daß du so unglücklich bist, und nun willst du eine andere Mutter ebenso unglücklich machen?"

„Eine andere Mutter!" sagte die arme Frau und ließ sogleich beide Blumen los.

„Da hast du deine Augen", sagte der Tod. „Ich habe sie aus dem See gefischt, sie leuchteten hell herauf; ich wußte nicht, daß es die deinigen waren. Nimm sie zurück, sie sind jetzt noch klarer als früher; dann sieh hinab in den tiefen Brunnen hier nebenan. Ich will die Namen der zwei Blumen nennen, die du ausreißen wolltest, und du wirst sehen, was du zerstören und vernichten wolltest!"

Und sie sah in den Brunnen hinab; und es war eine Glückseligkeit zu sehen, wie die eine ein Segen für die Welt wurde, zu sehen, wieviel Glück und Freude sich um sie verbreitete; sie sah das Leben der anderen, das bestand aus Sorgen und Not, Jammer und Elend.

„Beides ist Gottes Wille!" sagte der Tod.

„Welche von ihnen ist die Blume des Unglücks und welche die gesegnete?" fragte sie.

„Das sage ich dir nicht", antwortete der Tod, „aber das sollst du von mir erfahren, daß eine der Blumen die deines eigenen Kindes ist. Es war das Schicksal deines Kindes, was du sahst, die Zukunft deines eigenen Kindes!"

Da schrie die Mutter vor Schrecken laut auf. „Welche von ihnen ist die meines Kindes? Sage mir das! Befreie das unschuldige Kind! Erlöse mein Kind von allem Elend! Trag es lieber fort! Trag es in Gottes Reich! Vergiß meine Tränen, vergiß mein Flehen und alles, was ich getan habe!"

„Ich verstehe dich nicht", sagte der Tod. „Willst du dein Kind zurückhaben oder soll ich mit ihm nach jenem Ort gehen, den du nicht kennst?"

Da rang die Mutter die Hände, fiel auf die Knie und bat den lieben Gott: „Erhöre mich nicht, wenn ich gegen deinen Willen bitte, der allezeit der beste ist! Erhöre mich nicht! Erhöre mich nicht!"

Da ließ sie ihr Haupt auf die Brust hinabsinken.

Und der Tod ging mit ihrem Kind in das unbekannte Land.

Der Halskragen

s war einmal ein feiner Herr, dessen ganzes Hausgerät aus einem Stiefelknecht und einer Haarbürste bestand, aber er hatte den schönsten Halskragen der Welt, und dieser Halskragen ist es, dessen Geschichte wir hören werden.

Er war nun so alt geworden, daß er daran dachte, sich zu verheiraten, und da traf es sich, daß er mit einem Strumpfband in die Wäsche kam.

Da meinte der Halskragen: „Habe ich doch nie jemand so schlank und so fein, so zart und so niedlich gesehen. Darf ich um Ihren Namen bitten?"

„Den nenne ich nicht!" sagte das Strumpfband.

„Wo sind Sie denn zu Hause?" fragte der Halskragen.

Aber das Strumpfband war verschämt und meinte, es sei doch etwas sonderbar, darauf zu antworten.

„Sie sind wohl ein Leibgürtel?" sagte der Halskragen, „ein inwendiger Leibgürtel? Ich sehe, Sie sind sowohl zum Nutzen als auch zum Staat, liebes Fräulein!"

„Sie dürfen nicht mit mir sprechen!" sagte das Strumpfband, „mich dünkt, ich habe Ihnen durchaus keine Veranlassung dazu gegeben!"

„Ja, wenn man so schön wie Sie ist", sagte der Halskragen, „so ist das Veranlassung genug!"

„Kommen Sie mir nicht so nahe!" sagte das Strumpfband, „Sie sehen so männlich aus!"

„Ich bin auch ein feiner Herr!" sagte der Halskragen, „ich besitze einen Stiefelknecht und eine Haarbürste!" Das war nun nicht wahr, denn sein Herr hatte diese, aber er prahlte.

„Kommen Sie mir nicht so nahe!" sagte das Strumpfband, „ich bin das nicht gewohnt!"

„Zierliese!" sagte der Halskragen. Und dann wurden sie aus der Wäsche genommen, wurden gestärkt, hingen auf dem Stuhl im Sonnenschein und wurden dann aufs Plättbrett gelegt. Dann kam das warme Eisen.

„Liebe Frau!" sagte der Halskragen, „liebe Frau Witwe! Mir wird ganz warm! Ich werde ein ganz anderer, ich komme völlig aus den Falten, Sie brennen mir ja ein Loch hinein! Uh! – Ich halte um Sie an!"

„Laps!" sagte das Plätteisen und fuhr stolz über den Halskragen hin, denn es bildete sich ein, daß es ein Dampfkessel sei, der zur Eisenbahn bestimmt und dort Wagen ziehen sollte.

„Laps!" sagte es.

Der Halskragen faserte an den Kanten ein wenig aus, deshalb kam die Papierschere und sollte die Fransen wegschneiden.

„Oh!" sagte der Halskragen, „Sie sind wohl Erste Tänzerin? Wie Sie die Beine ausstrecken können! Das ist das Reizendste, das ich je gesehen habe, das kann Ihnen kein Mensch nachmachen!"

„Das weiß ich!" sagte die Schere.

„Sie verdienten, Gräfin zu sein!" sagte der Halskragen. „Alles, was ich besitze, ist ein feiner Herr, ein Stiefelknecht und eine Haarbürste! Wenn ich nur eine Grafschaft hätte!"

„Er freit wohl gar!" sagte die Schere, sie wurde böse und gab ihm einen tüchtigen Schnitt, und da war er entlassen.

„Ich muß am Ende wohl um die Haarbürste freien! Es ist merkwürdig, wie Sie alle Ihre Zähne behalten, liebes Fräulein!" sagte der Halskragen. „Haben Sie nie daran gedacht, sich zu verloben?"

„Ja, das können Sie sich wohl denken!" sagte die Bürste, „ich bin ja mit dem Stiefelknecht verlobt!"

„Verlobt!" sagte der Halskragen; nun gab es niemanden mehr, um den er hätte freien können, und darum verachtete er das Freien.

Es verging eine lange Zeit, und dann kam der Halskragen in den Kasten beim Papiermüller. Da gab es große Lumpengesellschaft, die feinen für sich, die großen für sich, so wie sich das gehört. Sie hatten alle viel zu erzählen, aber der Halskragen am meisten, denn er war ein gewaltiger Prahlhans.

„Ich habe ungeheuer viele Geliebte gehabt!" sagte der Halskragen. „Man ließ mir gar keine Ruhe! Ich war aber auch ein feiner Herr mit Stärke! Ich besaß sowohl einen Stiefelknecht als auch eine Haarbürste, die ich nie gebrauchte! Damals hätten Sie mich sehen sollen, wenn ich auf der Seite lag. Nie vergesse ich meine erste Geliebte, sie war ein Leibgürtel, fein, zart und niedlich, sie stürzte sich meinetwegen in eine Waschwanne. Da war auch eine Witwe, die für mich erglühte, aber ich ließ sie stehen, bis sie schwarz wurde. Da war die Erste Tänzerin, sie versetzte mir die Wunde, mit der ich jetzt gehe, sie war schrecklich bissig! Meine eigene Bürste war in mich verliebt, sie verlor alle Haare aus Liebesschmerz. Ja, ich habe viel dergleichen erlebt, aber am meisten tut es mir um das Strumpfband leid – ich meine den Leibgürtel, der sich in die Waschwanne stürzte. Ich habe viel auf dem Gewissen, es wird mir wohltun, weißes Papier zu werden!"

Und das wurde er; alle Lumpen wurden weißes Papier, aber der Halskragen wurde gerade das Stück Papier, das wir hier sehen und worauf die
Geschichte gedruckt ist, und das geschah, weil er so gewaltig mit Dingen
prahlte, die gar nicht wahr waren. Daran sollen wir denken, damit wir es
nicht ebenso machen, denn wir können wahrlich nicht wissen, ob wir nicht
auch einmal in den Lumpensack kommen und zu weißem Papier umge-
arbeitet werden und unsere ganze Geschichte, selbst die allergeheimste,
gedruckt bekommen, womit wir dann selbst herumlaufen und sie erzählen
müssen wie der Halskragen.

Das Schneeglöckchen

Es war Winterszeit, die Luft kalt, der Wind scharf, aber im Hause war es warm und gemütlich, hinter Tür und Riegel lag die Blume, sie lag in ihrer Zwiebel unter Erde und Schnee.

Eines Tages fiel Regen; die Tropfen drangen durch die Schneedecke in die Erde hinab, berührten die Blumenzwiebel, sprachen von der lichten Welt oberhalb; bald drang der Sonnenstrahl fein und bohrend durch den Schnee zu der Zwiebel und stach sie ein wenig.

„Herein!" sagte die Blume.

„Ich kann nicht!" sagte der Sonnenstrahl, „ich bin nicht stark genug, um aufzuschließen! Wenn es Sommer wird, werde ich stark!"

„Wann ist es Sommer?" fragte die Blume und wiederholte diese Frage jedesmal, wenn ein neuer Sonnenstrahl hinabdrang. Aber es war weit von der Sommerzeit entfernt; der Schnee lag noch, und in jeder Nacht fror das Wasser zu Eis.

„Wie das lange dauert! Wie das lange dauert!" sagte die Blume. „Ich fühle ein Kribbeln und Krabbeln, ich muß mich recken, ich muß mich strekken, ich muß aufschließen, ich muß hinaus, muß dem Sommer ‚Guten Morgen' zunicken, das wird eine beglückende Zeit werden!"

Und die Blume reckte und streckte sich drinnen gegen die dünne Schale, die das Wasser von außen erweicht, Schnee und Erde erwärmt, der Sonnenstrahl berührt hatte; sie schoß unter dem Schnee empor, mit weiß-grüner Knospe auf grünem Stengel mit schmalen, dicken Blättern, die sie gleichsam beschützen wollten. Der Schnee war kalt, aber vom Licht durchstrahlt, daher war es gar leicht, durch ihn durchzubrechen, und nun kam der Sonnenstrahl mit viel größerer Kraft als bisher.

„Willkommen! Willkommen!" sang und klang jeder Strahl, und die Blume hob sich über den Schnee hinaus in die Lichtwelt. Die Sonnenstrahlen streichelten und küßten sie, daß sie sich ganz öffnete, weiß wie der Schnee und geschmückt mit grünen Streifen. Sie beugte ihren Kopf in Freude und Demut.

„Wunderschöne Blume!" sangen die Sonnenstrahlen. „Wie bist du frisch und zart! Du bist die erste, du bist die einzige! Du bist unsere Liebe! Du läutest Sommer, schönen Sommer über Land und Stadt. All der Schnee wird schmelzen! Die kalten Winde werden hinweggejagt! Wir werden herrschen! Alles wird grünen! Und dann wirst du Gesellschaft haben, Goldregen und Rosen, aber du bist die erste, so fein, so zart!"

Das war ein großes Vergnügen. Es war, als singe und klinge die Luft, als drängen die Strahlen des Lichts in die Blätter und den Stengel der Blume; da stand sie so fein und so leicht zu brechen und doch so kräftig in junger Schönheit; sie stand in weißem Kleid mit grünen Bändern da, sie machte Sommer. Aber es war noch weit bis zur Sommerzeit. Wolken verdeckten die Sonne, scharfe Winde bliesen.

„Du bist zu früh gekommen!" sagten Wind und Wetter. „Wir haben noch die Macht, und du sollst sie empfinden und dich darein fügen! Du hättest hübsch zu Hause bleiben, nicht herauslaufen sollen und Staat machen, die Zeit ist noch nicht da!"

Es war eine schneidende Kälte! Die Tage, die da kamen, brachten nicht einen Sonnenstrahl! Es war ein Wetter zum Entzweifrieren für so eine kleine Blume. Aber sie besaß mehr Kraft, als sie selbst wußte; sie war stark in Freude und im Glauben an den Sommer, der kommen mußte, der ihr in ihrem tiefen Sehnen verkündet und von dem warmen Sonnenlicht bestätigt worden war, und so blieb sie denn auch mit Zuversicht in ihrer weißen Tracht im weißen Schnee stehen, ihr Haupt beugend, selbst während die Schneeflocken dicht und schwer herabfielen und die eisigen Winde über sie dahinfuhren.

„Du wirst brechen!" sagten sie, „verwelken, verwelken! Was wolltest du draußen? Weshalb ließest du dich verlocken, der Sonnenstrahl hat dich gefoppt! Jetzt hast du es danach, du Sommernärrin!"

„Sommernärrin!" wiederholte sie in kalter Morgenstunde.

„Sommernärrin!" jubelten einige Kinder, die in den Garten kamen, „da steht eine, wie schön, wie schön, die erste, die einzige!"

Diese Worte taten der Blume so wohl, es waren Worte wie warme Sonnenstrahlen. Die Blume empfand es in ihrer Freude nicht einmal, daß man sie brach; sie lag in Kindeshand, wurde von Kindesmund geküßt, in die warme Stube getragen, von sanften Augen beschaut, ins Wasser gesteckt, wie stärkend, wie belebend! Die Blume glaubte, sie sei plötzlich tief in den Sommer hineingeraten.

Die Tochter des Hauses, ein schönes kleines Mädchen, war konfirmiert worden; sie hatte einen lieben Freund, und der war auch konfirmiert, er studierte für das Amtsexamen. „Der soll mein Sommernarr sein!" sagte sie, nahm die feine Blume, legte sie in ein Stückchen duftendes Papier, auf das Verse geschrieben waren, Verse von der Blume, die mit Sommernarr

begannen und mit Sommernarr endeten. „Mein Freund, sei Winternarr!"
Sie hatte ihn mit dem Sommer genarrt. Ja, das stand alles in dem Vers,
wurde als Brief gefaltet – die Blume lag in dem Brief. Es war finster um sie
her, finster wie damals, als sie in der Zwiebel lag. Die Blume ging auf die
Reise, lag in der Posttasche, wurde geklemmt und gedrückt, was gar nicht
angenehm war; aber das hatte auch ein Ende.

Die Reise war vorüber, der Brief wurde geöffnet und gelesen von dem
lieben Freund; wie vergnügt war er, er küßte die Blume, und sie wurde, in
ihrem Umschlag von Versen, in einen Kasten gelegt, in dem mehrere
schöne Briefe, aber alle ohne Blumen, lagen; sie war die erste, die einzige,
wie die Sonnenstrahlen sie genannt hatten, und darüber nachzudenken war
ein Vergnügen.

Man ließ ihr auch Zeit, darüber nachzudenken, sie dachte während der
Sommer verging und der lange Winter schwand, und es wurde wieder
Sommer, als sie aufs neue zum Vorschein kam. Aber nun war der junge
Mann durchaus nicht erfreut, er faßte den Brief sehr unsanft an, warf den
Vers hin, daß die Blume auf den Fußboden fiel. Flach und verwelkt war sie
freilich, aber warum deshalb auf den Fußboden geworfen? Hier lag sie
jedoch besser als im Feuer, dort gingen die Verse und Briefe in Flammen
auf. Was war geschehen? Was so oft geschieht. Die Blume hatte ihn genarrt,
das war ein Scherz; die Jungfrau hatte ihn genarrt, das war kein Scherz; sie
hatte sich während des Sommers einen anderen Freund erkoren.

Am nächsten Tag schien die Morgensonne hinein auf das kleine, flach-
gedrückte Schneeglöckchen, das so aussah, als sei es auf den Fußboden hin-
gemalt. Das Dienstmädchen, welches das Zimmer auskehrte, hob es auf,
legte es in eins der Bücher hinein, die auf dem Tisch lagen, und zwar in der
Meinung, es müsse beim Aufräumen herausgefallen sein. Die Blume lag
wieder zwischen Versen, gedruckten Versen, und die sind vornehmer als die
geschriebenen, wenigstens ist mehr Geld auf sie verwendet.

Darauf vergingen Jahre, das Buch stand auf dem Bücherbrett, dann
wurde es einmal in die Hand genommen, man schlug es auf und las darin;
es war ein gutes Buch, Verse und Lieder von dem alten dänischen Dichter
Ambrosius Stub, die wohl zu lesen wert sind. Der Mann, der in dem Buch
las, schlug ein Blatt um. „Da liegt ja eine Blume!" sagte er, „ein Schneeglöckchen, ein Sommernarr, ein Dichternarr! Die wird wohl mit Bedacht
hier hereingelegt worden sein; armer Ambrosius Stub! Er kam seiner Zeit
zu früh, und deshalb mußte auch er die scharfen Winde kosten, als Gast bei
den adeligen Gutsbesitzern umherwandern, als Blume im Wasserglase,

Blume im gereimten Brief! Sommernarr, Winternarr, Spaß und Narrheit, und doch der erste, der einzige, der jugendfrische dänische Dichter von damals. Ja, bleib du als Zeichen im Buch liegen, du kleines Schneeglöckchen, du bist mit Bedacht hineingelegt worden."

Und das Schneeglöckchen wurde wieder ins Buch gelegt, es fühlte sich da geehrt und vergnügt, zu wissen, daß es ein Zeichen war in dem prächtigen Liederbuch und daß derjenige, der zuerst von ihm gesungen und geschrieben hatte, auch ein Schneeglöckchen, ein Sommernarr gewesen war, auch zur Winterzeit als Narr dagestanden hatte. Die Blume verstand das nun in ihrer Weise, wie wir ja auch jedes Ding in unserer Weise deuten.

Das ist das Märchen vom Schneeglöckchen.

Tölpel-Hans

Eine alte Geschichte aufs neue erzählt

Tief im Innern des Landes lag ein alter Herrenhof; dort war ein alter Gutsherr, der zwei Söhne hatte, die sich so witzig und gewitzt dünkten, daß die Hälfte genügt hätte; diese wollten sich nun um die Königstochter bewerben, denn dieselbe hatte öffentlich anzeigen lassen, sie wolle denjenigen zum Ehegemahl wählen, der seine Worte am besten zu sprechen wisse.

Die beiden bereiteten sich nun volle acht Tage auf die Bewerbung vor, die längste, aber allerdings auch genügendste Zeit, die ihnen vergönnt war; denn sie hatten Vorkenntnisse, und wie nützlich die sind, weiß jedermann. Der eine wußte das ganze lateinische Wörterbuch und nebenbei auch drei Jahrgänge vom Tageblatt des Städtchens auswendig, und zwar so, daß er alles von vorne und hinten, je nach Belieben, hersagen konnte. Der andere hatte sich in die Innungsgesetze hineingearbeitet und wußte auswendig, was jeder Innungsvorsitzender wissen muß, weshalb er auch meinte, er könne bei Staatsaffären mitreden und seinen Senf dazu geben; ferner verstand er noch eins: Er konnte Hosenträger mit Rosen und anderen Blümchen und Schnörkeleien besticken, bestechen, denn er war auch fein und fingerfertig.

„Ich bekomme die Königstochter!" riefen sie alle beide, und so schenkte der alte Papa einem jeden von ihnen ein prächtiges Pferd. Derjenige, der das Wörterbuch und das Tageblatt auswendig wußte, bekam einen Rappen, der Innungskluge erhielt ein milchweißes Pferd; dann schmierten sie sich die Mundwinkel mit Fischtran ein, damit sie recht geschmeidig würden.

Das ganze Gesinde stand unten im Hofraum und war Zeuge, wie sie die Pferde bestiegen, und wie von ungefähr kam auch der dritte Bruder hinzu, denn der alte Gutsherr hatte drei Söhne, aber niemand zählte diesen dritten mit zu den anderen Brüdern, weil er nicht so gelehrt wie diese war, und man nannte ihn auch gemeinhin Tölpel-Hans.

„Ei!" sagte Tölpel-Hans, „wo wollt ihr hin? Ihr habt euch ja in den Sonntagsstaat geworfen!"

„Zum Hof des Königs, uns die Königstochter zu erschwatzen! Weißt du denn nicht, was dem ganzen Land bekanntgemacht ist?" Und nun erzählten sie ihm den Zusammenhang.

„Ei der Tausend! Da bin ich auch dabei!" rief Tölpel-Hans; und die Brüder lachten ihn aus und ritten davon.

„Väterchen!" schrie Tölpel-Hans, „ich muß auch ein Pferd haben. Was ich für eine Lust zum Heiraten kriege! Nimmt sie mich, so nimmt sie mich, und nimmt sie mich nicht, so nehm' ich sie – kriegen tu' ich sie!"

„Laß das Gewäsch!" sagte der Alte, „dir gebe ich kein Pferd. Du kannst ja nicht reden, du weißt ja deine Worte nicht zu sprechen; nein, deine Brüder, ah, das sind ganz andere Kerle."

„Nun", sagte Tölpel-Hans, „wenn ich kein Pferd haben kann, so nehme ich den Ziegenbock, der gehört mir sowieso, und tragen kann er mich auch!" – und gesagt, getan. Er setzte sich rittlings auf den Ziegenbock, preßte die Hacken in dessen Weichen ein und sprengte davon, die große Hauptstraße wie ein Sturmwind dahin. Hei, hopp, das war eine Fahrt! „Hier komm' ich!" schrie Tölpel-Hans, und sang, daß es weit und breit widerhallte.

Aber die Brüder ritten langsam ihm voraus; sie sprachen kein Wort, sie mußten sich alle die guten Einfälle überlegen, die sie an den Tag bringen wollten, denn das sollte alles recht fein ausspekuliert sein!

„Hei!" schrie der Tölpel-Hans, „hier bin ich! Seht mal, was ich auf der Landstraße gefunden habe!" – und er zeigte ihnen eine tote Krähe, die er gefunden hatte.

„Tölpel!" sprachen die Brüder, „was willst du mit der machen?"

„Mit der Krähe? Die will ich der Königstochter schenken!"

„Ja, das tu nur!" sagten sie, lachten und ritten weiter.

„Hei – hopp! Hier bin ich! Seht, was ich jetzt gefunden habe, das findet man nicht alle Tage auf der Landstraße!"

Und die Brüder kehrten um, damit sie sähen, was er wohl noch gefunden haben könnte. „Tölpel!" sagten sie, „das ist ja ein alter Holzschuh, dem das Oberteil fehlt; wirst du auch den der Königstochter schenken?"

„Wohl werde ich das!" erwiderte Tölpel-Hans; und die Brüder lachten und ritten davon; sie gewannen einen großen Vorsprung.

„Hei, hopsasa! Hier bin ich!" rief Tölpel-Hans, „nein, es wird immer besser! Heißa! Nein! Es ist ganz famos!"

„Was hast du denn jetzt gefunden?" fragten die Brüder.

„Oh", sagte Tölpel-Hans, „das ist gar nicht zu sagen! Wie wird sie erfreut sein, die Königstochter."

„Pfui!" sagten die Brüder, „das ist ja reiner Schlamm, unmittelbar aus dem Graben."

„Ja, freilich ist es das!" sprach Tölpel-Hans, „und zwar von der feinsten Sorte, seht, er läuft einem gar durch die Finger durch!" Und dabei füllte er seine Tasche mit dem Schlamm.

Aber die Brüder sprengten dahin, daß Kies und Funken stoben, deshalb gelangten sie auch eine ganze Stunde früher als Tölpel-Hans an das Stadttor; an diesem bekamen alle Freier sofort nach ihrer Ankunft Nummern und wurden in Reihe und Glied geordnet, sechs in jede Reihe, und so eng zusammengedrängt, daß sie die Arme nicht bewegen konnten; das war sehr weise so eingerichtet, denn sie hätten einander wohl sonst das Fell über die Ohren gezogen, bloß weil der eine vor dem anderen stand.

Die ganze Volksmenge des Landes stand rings um das königliche Schloß in dichten Massen zusammengedrängt, bis an die Fenster hinauf, um die Königstochter die Freier empfangen zu sehen; je nachdem einer von diesen in den Saal trat, ging ihm die Rede aus wie ein Licht.

„Das taugt nichts!" sprach die Königstochter. „Fort, hinaus mit ihm!"

Endlich kam die Reihe an denjenigen der Brüder, der das Wörterbuch auswendig wußte, aber er wußte es nicht mehr, er hatte es ganz vergessen in Reihe und Glied; und die Fußdielen knarrten, und die Zimmerdecke war von lauter Spiegelglas, daß er sich selber auf dem Kopf stehen sah, und an jedem Fenster standen drei Schreiber und ein Oberschreiber, und jeder von diesen schrieb alles nieder, was gesprochen wurde, damit es sofort in die Zeitung käme und für „einen Silbergroschen" an der Straßenecke verkauft werde. Es war entsetzlich, und dabei hatten sie dermaßen in dem Ofen eingeheizt, daß er glühend war.

„Hier ist eine entsetzliche Hitze!" sprach der Freier.

„Jawohl, mein Vater brät aber auch heute junge Hähne!" sagte die Königstochter.

„Mäh!" Da stand er wie ein Mähäh; auf solche Rede war er nicht gefaßt gewesen; kein Wort wußte er zu sagen, obgleich er etwas Witziges hatte sagen wollen. „Mäh!"

„Taugt nichts!" sprach die Königstochter. „Fort, hinaus mit ihm!" Und hinaus mußte er.

Nun trat der andere Bruder ein.

„Hier ist eine entsetzliche Hitze!" sagte er.

„Jawohl, wir braten heute junge Hähne!" bemerkte die Königstochter.

„Wie be – wie?" sagte er, und die Schreiber schrieben: wie be – wie!

„Taugt nichts!" sagte die Königstochter. „Fort, hinaus mit ihm!"

Nun kam Tölpel-Hans dran; er ritt auf dem Ziegenbock direkt in den

581

Saal hinein. „Na, das ist doch eine Mordhitze hier!" sagte er.

„Jawohl, ich brate aber auch junge Hähne!" sagte die Königstochter.

„Ei, das ist schön!" erwiderte Tölpel-Hans, „dann kann ich wohl eine Krähe mitbraten?"

„Mit dem größten Vergnügen!" sprach die Königstochter. „Aber haben Sie etwas, worin Sie braten können, denn ich habe weder Topf noch Tiegel!"

„Oh, das habe ich!" sagte Tölpel-Hans. „Hier ist Kochgeschirr mit zinnernem Bügel", und so zog er den alten Holzschuh hervor und legte die Krähe hinein.

„Da ist ja eine ganze Mahlzeit", sagte die Königstochter, „aber wo nehmen wir die Brühe her?"

„Die habe ich in der Tasche!" sprach Tölpel-Hans. „Ich habe so viel, daß ich sogar etwas davon wegwerfen kann!" Und nun goß er etwas Schlamm aus der Tasche heraus.

„Das gefällt mir!" sagte die Königstochter, „du kannst doch antworten, und du kannst reden, und dich will ich zum Mann haben! Aber weißt du auch, daß jedes Wort, das wir sprechen und gesprochen haben, niedergeschrieben wird und morgen in die Zeitung kommt? An jedem Fenster, siehst du, stehen drei Schreiber und ein alter Oberschreiber, und dieser alte Oberschreiber ist noch der schlimmste, denn er kann nichts begreifen!" Und das sagte sie nur, um Tölpel-Hans zu ängstigen. Und die Schreiber wieherten und spritzten dabei jeder einen Tintenklecks auf den Fußboden.

„Ah, das ist also die Herrschaft!" sagte Tölpel-Hans. „Nun so werde ich dem Oberschreiber das Beste geben!" Und damit kehrte er seine Taschen um und warf ihm den Schlamm gerade ins Gesicht.

„Das war fein gemacht!" sagte die Königstochter, „das hätte ich nicht tun können, aber ich werde es schon lernen!" –

Tölpel-Hans wurde König, bekam eine Frau und eine Krone und saß auf einem Thron, und das haben wir ganz naß aus der Zeitung des Oberschreibers und Schreiberinnungsmeisters – und auf die ist nicht zu bauen!

Der letzte Traum der alten Eiche

Ein Weihnachtsmärchen

Im Walde hoch an dem steilen Ufer, hart an der offenen Meeresküste, stand eine recht alte Eiche. Sie war dreihundertfünfundsechzig Jahre alt, allein die lange Zeit war dem Baum nicht mehr als ebenso viele Tage uns Menschen sind. Wir wachen am Tage, schlafen in der Nacht und haben dann unsere Träume; mit dem Baum ist es anders, er durchwacht die drei Jahreszeiten, erst gegen Winter kommt sein Schlaf. Der Winter ist seine Ruhezeit, ist seine Nacht nach dem langen Tag, der Frühjahr, Sommer und Herbst heißt.

An manchem warmen Sommertag hatte die Eintagsfliege rings um seine Krone getanzt, gelebt, geschwebt und sich glücklich gefühlt, und ruhte dann aus einen Augenblick in stiller Glückseligkeit, das kleine Geschöpf, auf einem der großen frischen Eichenblätter; dann sagte der Baum stets: „Arme Kleine! Nur ein einziger Tag ist dein ganzes Leben! Wie gar so kurz! Es ist doch traurig!"

„Traurig? Was meinst du damit?" fragte dann stets die Eintagsfliege. „Um mich her ist's ja wunderbar hell, warm und schön, das macht mich froh!"

„Aber nur einen Tag – dann ist alles aus!"

„Aus!" wiederholte die Eintagsfliege. „Was heißt aus? Bist du auch aus?"

„Nein, ich lebe vielleicht Tausende von deinen Tagen und mein Tag sind ganze Jahreszeiten! Das ist etwas so Langes, daß du es gar nicht ausrechnen kannst!"

„Nein, denn ich verstehe dich nicht! Du hast Tausende von meinen Tagen, aber ich habe Tausende von Augenblicken, in denen ich fröhlich und glücklich sein kann! Hört denn alle Herrlichkeit dieser Welt auf, wenn du stirbst?"

„Nein", sagte der Baum, „die währt gewiß viel länger, unendlich länger, als ich zu denken vermag."

„Aber dann haben wir ja gleich viel, nur daß wir verschieden rechnen!"

Die Eintagsfliege tanzte und schwang sich in der Luft umher, freute sich ihrer feinen künstlichen Flügel, deren Flor und Samt, freute sich der warmen Lüfte, die geschwängert waren mit würzigem Duft des Kleefeldes und der wilden Rosen, des Flieders und Geißblattes, der Gartenhecke, des Waldmeisters, der Schlüsselblumen und Krauseminze; es duftete so stark, daß die Eintagsfliege fast berauscht war. Der Tag war lang und schön, voll Freude und süßen Gefühls, und als dann die Sonne sank, fühlte die kleine Fliege sich stets recht angenehm ermüdet von jener fröhlichen Lust. Die Flügel wollten sie nicht mehr tragen, und leise und langsam glitt sie hinab auf den weichen, wogenden Grashalm, nickte mit dem Kopf, wie sie eben nicken kann, und schlief süß und fröhlich ein – es war der Tod.

„Arme kleine Eintagsfliege!" sagte die Eiche, „das war doch ein gar zu kurzes Leben!"

Und an jedem Sommertag wiederholte sich derselbe Tanz, dieselbe Rede, Antwort und dasselbe Einschlafen; es wiederholte sich alles durch ganze Geschlechter von Eintagsfliegen, und alle fühlten sie sich glücklich, gleich fröhlich.

Die Eiche stand wachend da an ihrem Frühlingsmorgen, Sommermittag und Herbstabend; bald näherte sich ihre Ruhezeit, ihre Nacht. Der Winter kam heran.

Schon sangen die Stürme ihr „Gute Nacht, gute Nacht!" Hier fiel ein Blatt, dort fiel ein Blatt. „Wir rütteln und schütteln! Schlaf ein, schlaf ein! Wir singen dich in Schlaf, wir schütteln dich in Schlaf, aber nicht wahr, es tut wohl in den alten Zweigen? Sie knacken dabei vor lauter Wonne! Schlaf süß, schlaf süß! Es ist deine dreihundertfünfundsechzigste Nacht; eigentlich bist du doch nur ein Guck-in-die-Welt! Schlaf süß! Die Wolke streut Schnee herab, es gibt eine Decke, schützend warm um deine Füße! Schlaf süß, und – angenehme Träume!"

Die Eiche stand da, ihres Laubes entkleidet, um zur Ruhe zu gehen den ganzen langen Winter und manchen Traum zu träumen, stets etwas Erlebtes, wie in den Träumen der Menschen.

Der große Baum war auch klein, ja eine Eichel war einst seine Wiege gewesen; nach Menschenrechnung lebte er nun im vierten Jahrhundert; er war der größte und beste Baum im Wald, mit seiner Krone überragte er weithin alle anderen Bäume und wurde fern von der See aus gesehen, diente als Wahrzeichen den Seeleuten; er hatte keine Ahnung, daß gar viele Augen ihn suchten. Hoch oben in seiner grünen Krone baute die Waldtaube ihr Nest und der Kuckuck ließ seinen Ruf von ihr herab ertönen, und im Herbst, wenn die Blätter aussahen, als seien sie gehämmerte Kupferplatten, kamen die Zugvögel und rasteten dort, bevor sie über die See dahinflogen: Doch jetzt war es Winter, der Baum stand entblättert da, man sah recht, wie krumm und verbogen die Zweige vom Stamm aus gingen. Krähen und Dohlen kamen heran und nahmen dort wechselweise ihren Sitz und sprachen von den harten Zeiten, die begannen, und davon, daß es im Winter gar schwer sei, sich zu ernähren.

Es war um die heilige Weihnachtszeit, da träumte der Baum seinen schönsten Traum.

Der Baum hatte deutlich ein Gefühl von der festlichen Zeit, ihm war, als höre er die Glocken läuten ringsum von allen Kirchen, und dazu schien es ihm zugleich ein herrlicher Sommertag zu sein, mild und warm. Frisch und grün breitete er eine mächtige Krone aus, die Sonnenstrahlen spielten zwischen Blättern und Zweigen, die Luft war erfüllt mit dem Duft von Kräutern und Blüten, bunte Schmetterlinge haschten sich, die Eintagsfliegen tanzten, als sei alles nur dazu da, damit sie tanzen könnten und sich vergnügen. Alles, was der Baum Jahre hindurch erlebt hatte und was um ihn her geschehen war, zog an ihm vorüber wie in einem festlichen Aufzug. Er schaute alter Zeiten Ritter und edle Frauen hoch zu Roß, wallende Federbüsche vom Hut herab, den Falken auf der Hand, durch den Wald reiten; das Jagdhorn erklang und die Hunde bellten; er sah feindliche Krieger in bunten Kleidern mit blanken Waffen, mit Spieß und Hellebarde, Zelte aufschlagen und wieder abbrechen, das Wachfeuer flammte und man sang und schlief unter dem Geäst des Baumes; er sah Liebesleute in stillem Glück sich an seinem Stamme im Mondschein begegnen und ihre Namen, den ersten Buchstaben in die graugrüne Rinde hineinschneiden. Zither und Äolsharfe waren einst – ja, es lagen lange Jahre dazwischen – in den Zweigen der Eiche von reisenden fröhlichen Gesellen aufgehangen worden, jetzt hingen sie wieder dort, jetzt klangen sie wieder mit wunderbaren Tönen. Die Waldtauben girrten, als wollten sie erzählen, was der Baum dabei empfand, und der Kuckuck rief ihm zu, wieviel Sommertage er noch zu leben habe.

Da war es, als riesele ihm eine neue Lebensströmung bis tief herab in die kleinste Wurzel und hoch hinauf bis in die am höchsten emporragenden Zweige, bis in die Blätter hinauf. Der Baum fühlte, daß er sich dabei strecke und recke, ja er empfand es mittels der Wurzel, wie auch unten in der Erde Leben und Wärme sei; er fühlte seine Kraft zunehmen, er wuchs höher und höher, der Stamm schoß empor, es gab kein Stillstehen, er wuchs immer mehr und mehr, die Krone wurde voller, breitete sich aus, hob sich – und je nachdem der Baum wuchs, steigerte sich sein Wohlsein, sein beseligendes Sehnen, immer höher zu reichen, ganz hinauf bis in die leuchtende, warme Sonne.

Schon war er hoch über die Wolken hinaufgeschossen, die gleich dunklen Schatten von Zugvögeln oder großen weißen Schwänen unter ihm dahinzogen.

Jedes Blatt des Baumes hatte die Gabe des Sehens, als hätte es Augen, um zu schauen; die Sterne wurden am hellen Tage sichtbar, groß und

funkelnd; jeder von ihnen funkelte wie ein Augenpaar, mild und klar. Sie riefen bekannte, liebevolle Augen, Kinderaugen, Liebesleuteaugen, wenn diese sich unter dem Baume begegneten, ihm ins Gedächtnis.

Es war ein wunderseliger Augenblick, so recht voller Freude und Lust! Und doch, in dieser Freude empfand der Baum ein Verlangen, eine sehnende Lust, daß alle anderen Bäume des Waldes dort unten, alles Gebüsch, alle Kräuter und Blumen sich auch mit ihm möchten erheben können, daß sie auch diesen Glanz sehen, diese Freude empfinden möchten. Die große, majestätische Eiche war in ihrer Herrlichkeit nicht ganz glücklich, ohne sie alle, groß und klein, bei sich zu haben; dieses sehnende Gefühl durchbebte alle Zweige, alle Blätter, wie eine Menschenbrust.

Die Krone des Baumes wiegte sich hin und her, als suche sie in tiefem Sehnen; sie schaute zurück. Da empfand der Baum den Duft vom Waldmeister und bald noch stärkeren Duft vom Geißblatt und Veilchen; er wähnte, er höre den Kuckuck ihm antworten.

Ja, durch die Wolken blickten die grünen Gipfel des Waldes hervor, und unter sich sah die Eiche die anderen Bäume, wie sie wuchsen und sich erhoben. Büsche und Kräuter schossen hoch auf, einzelne rissen sich mit der Wurzel los und flogen noch schneller hinauf. Die Birke war am schnellsten; einem weißen Blitzstrahl gleich schoß ihr schlanker Stamm wie im Zickzack in die Höhe, die Zweige umwallten ihn als grüner Flor und Fahnen; die ganze Waldnatur, selbst das braungefiederte Rohr, wuchs mit und die Vögel folgten und sangen, und auf dem Halm, der wie ein langes grünseidenes Band in der Luft flatterte, saß die Heuschrecke und spielte mit dem Flügel an seinem Schienbein; die Maikäfer brummten und die Bienen summten, jeder Vogel sang, wie ihm der Schnabel gewachsen war; alles war Sang und Klang und Freude bis in den Himmel hinein.

„Aber die kleine blaue Blume am Wasser, wo bleibt die?" rief die Eiche, „die rote Glockenblume und das Gänseblümlein!" – ja, die alte Eiche wollte sie alle um sich haben.

„Wir sind da! Wir sind da!" sang und klang es.

„Aber der schöne Waldmeister vom vorigen Sommer – und im vorigen Jahr war hier doch ein Flor von Maiblümchen! – Der wilde Apfelbaum, wie der so schön blühte! – Und all diese Waldespracht jahraus, jahrein! – Lebte sie doch jetzt, wäre sie doch erst jetzt geboren, sie hätte dann doch auch dabeisein können!"

„Wir sind dabei! Wir sind da!" sang und klang es noch höher; es war, als seien sie vorangeflogen.

„Nein, das ist gar zu schön, unglaublich schön!" jubelte die alte Eiche. „Ich habe sie alle, klein und groß! Nicht einer ist vergessen! Wie ist doch all die Glückseligkeit denkbar! Wie ist sie möglich!"

„Im Himmel des ewigen Gottes ist sie möglich und denkbar!" klang es durch die Lüfte.

Der alte Baum, der immerfort wuchs, fühlte es, wie seine Wurzel sich von der Erde losriß.

„Das ist recht so, ist das allerbeste!" sagte der Baum. „Jetzt halten mich keine Bande! Ich kann jetzt hinauffliegen an das allerhöchste Licht und Glanz! Und alle Lieben sind bei mir! Kleine und Große! Alle!"

„Alle!"

Das war der Traum der alten Eiche; und während sie so träumte, brauste ein gewaltiger Sturm über Land und See dahin – am heiligen Weihnachtsfest. Das Meer wälzte schwere Wogen gegen die Ufer; der Baum – es krachte und knackte in ihm – wurde mit der Wurzel aus dem Boden gerissen, gerade in dem Augenblick, wo er träumte, daß seine Wurzel sich von der Erde losriß. Er fiel. Seine dreihundertfünfundsechzig Jahre waren jetzt wie ein Tag der Eintagsfliege.

Am Morgen des ersten Weihnachtstages, als die Sonne aufging, hatte sich der Sturm gelegt. Von allen Kirchen her tönte festliches Glockengeläute, und aus jedem Schornstein, selbst aus dem kleinsten der geringsten Hütte, hob sich der Rauch in blauen Wolken, wie vom Altar der Rauch des Dankopfers beim Fest der Druiden. Das Meer beruhigte sich allmählich, an Bord eines großen Schiffes draußen, das während der Nacht mit dem stürmischen Wetter gekämpft und es glücklich überstanden hatte, wurden nun alle Flaggen weihnachtsfestlich als das Zeichen der Freude gehißt.

„Der Baum ist dahin! Die alte Eiche, unser Wahrzeichen an der Küste!" sprachen die Seeleute. „Er ist in dieser Sturmesnacht gefallen! Wer wird ihn ersetzen können – niemand vermag es!"

Eine solche Leichenrede, kurz, aber wohlgemeint, bekam der Baum, der auf der Schneedecke am Meeresufer hingestreckt lag; und über ihn dahin klangen die Psalmentöne vom Schiff aus, ein Lied von der Weihnachtsfreude und von der Erlösung der Menschenseele in Christo und dem ewigen Leben:

> „Sing laut zum Himmel, Christenschar:
> Es ist erfüllt! – Sie ihn gebar,
> Die Freud' ist ohnegleichen!
> Halleluja! Halleluja!"

Die Eisjungfrau

I.

Der kleine Rudi

Besuchen wir die Schweiz, durchwandern wir das herrliche Bergland, wo die Wälder die steilen Felsenwände emporwachsen; steigen wir hinauf zu den blendenden Schneefeldern und wieder hinab zu den grünen Wiesen, durch die Flüsse und Bäche dahinbrausen mit einer Eile, als hätten sie Angst, nicht schnell genug das Meer zu erreichen und verschwinden zu können. In dem tiefen Tale brennt heiß die Sonne herab, und sie brennt so heiß auch auf die schweren Schneemassen oben, daß sie im Laufe der Zeit zu schimmernden Eisblöcken zusammenschmelzen und zu rollenden Lawinen und aufgetürmten Gletschern werden.

Zwei solche Gletscher liegen in den breiten Felsenschluchten unter dem „Schreckhorn" und „Wetterhorn", bei dem Bergstädtchen Grindelwald; sie sind merkwürdig anzuschauen, und deshalb kommen auch zur Sommerzeit viele Fremde aus aller Welt hierher; sie kommen über die hohen schneebedeckten Berge, sie kommen auch aus den tiefen Tälern, und dann müssen sie mehrere Stunden steigen, und während sie steigen, senkt sich das Tal immer tiefer; sie blicken hinab, als sähen sie aus einem Luftballon. Über ihnen hängen oft die Wolken wie dicke, schwere Schleier um die Bergspitzen, während unten im Tale, wo die vielen braunen Holzhäuser stehen, noch ein Sonnenstrahl leuchtet und ein Fleckchen in strahlendem Grün hervorhebt, als sei es transparent. Dort unten rauscht und braust das Wasser, dort oben rieselt und klingt es und sieht aus, als flatterten Silberbänder über den Felsen hinab.

Zu beiden Seiten des Weges, der bergan führt, stehen Blockhäuser, jedes Haus hat seinen Kartoffelgarten, und dieser ist unentbehrlich, denn viele Münder gibt es in den Hütten. Überall kommen Kinder zum Vorschein, drängen sich aus den Häusern und scharen sich um die Reisenden, mögen diese zu Fuß oder zu Wagen sein, die ganze Kinderschar treibt Handel, die Kleinen bieten geschnitzte Häuserchen feil, wie man sie hier im Gebirge baut. Mag es Regen oder Sonnenschein sein, die Kinderschar ist immer da mit ihrer Ware.

Vor einigen zwanzig Jahren stand hier oftmals, aber stets etwas fern von den andern Kindern, ein kleiner Knabe, der auch Handel treiben wollte; er

stand da, machte ein ernstes Gesicht und hielt seine Schachtel mit den geschnitzten Waren mit beiden Händen so fest, als wollte er sie nicht mehr
loslassen. Gerade dieser Ernst und daß das Bürschchen so klein war,
machte, daß es auffiel, darum von den Fremden herbeigerufen wurde und
oft den größten Absatz für seine Ware fand; der Knabe wußte selbst nicht
warum. Eine Stunde höher hinauf, auch im Gebirge, wohnte sein Großvater, der die feinen, hübschen Häuserchen schnitzte, und dort bei dem
Alten in der Stube stand ein großer Schrank mit geschnitzten Sachen in
Hülle und Fülle, mit Nußknackern, Messern und Gabeln, Schachteln mit
Laubwerk und springenden Gemsen; so recht etwas zur Freude aller Kinderaugen; aber der Knabe, Rudi hieß er, blickte mit größerer Lust und
Sehnsucht auf die alte Büchse, die unter dem Balken an der Stubendecke
hing. Der Großvater hatte ihm versprochen, er solle sie später einmal bekommen, aber er müßte erst groß und stark werden, um sie handhaben zu
können.

So klein der Knabe auch war, er mußte doch die Ziegen hüten, und wenn
derjenige ein guter Hüter ist, der mit ihnen klettern kann, so war Rudi ein
solcher; er kletterte sogar ein wenig höher und liebte es, die Vogelnester
hoch oben auf den Bäumen auszunehmen; er war verwegen und keck, aber
lächeln sah man ihn nur, wenn er an dem brausenden Wasserfall stand oder
das Rollen einer Lawine hörte. Er spielte nie mit den anderen Kindern; er
kam nur dann mit diesen zusammen, wenn der Großvater ihn bergab
sandte, um zu handeln, und den Handel liebte Rudi nicht besonders, er
kletterte lieber allein in den Bergen umher oder saß beim Großvater und
hörte ihn von der alten Zeit und von den Leuten im nahen Meiringen,

seinem Geburtsort, erzählen. Die Leute dort, sagte der Alte, seien nicht von Anfang an dort gewesen, sie seien eingewandert, seien aus dem hohen Norden gekommen, wo ihre Stammväter wohnten und Schweden hießen. Rudi tat sich darauf etwas zugute, das zu wissen, und er lernte auch durch anderen Umgang, nämlich durch seine Hausgenossen, die der Tiergattung angehörten. Da war ein großer Hund, Ajola, der Rudis Vater gehört hatte, und auch ein Kater war da; diesen Kater mochte Rudi sehr, denn er hatte ihn das Klettern gelehrt.

„Komm nur mit hinaus aufs Dach!" hatte der Kater gesagt, und zwar deutlich und verständlich, denn wenn man ein Kind ist und noch nicht sprechen kann, versteht man sehr gut die Hühner und Enten, Katzen und Hunde, denn sie sprechen ebenso verständlich wie Vater und Mutter, nur muß man eben recht klein sein; selbst Großvaters Stock kann wiehern und zu einem Pferd mit Kopf, Beinen und Schweif werden. Bei einigen Kindern hört dieses Verständnis später auf als bei anderen, und von diesen sagt man dann, daß sie weit zurückgeblieben sind. Doch man sagt ja so viel!

„Komm mit mir hinauf aufs Dach, Rudi!" war wohl das erste, was der Kater gesagt und Rudi verstanden hatte. „Was die Leute vom Herunterfallen reden, ist alles nur Einbildung, man fällt nicht, wenn man sich nicht davor fürchtet. Komm du nur, setze deine eine Pfote so, die andere so! Fühle vor mit den Vorderpfoten! Mußt Augen im Kopf und geschmeidige Glieder haben! Kommt dann irgendeine Kluft, so springe nur, und halte dich fest, so tue ich's!"

Und so machte es Rudi auch; deshalb saß er so oft auf dem Dachfirst bei dem Kater, saß mit ihm in den Baumwipfeln, ja hoch auf dem Felsenrand, wohin der Kater nicht kommen konnte.

„Höher hinauf!" sagten Baum und Gebüsch. „Siehst du, wie wir klettern? Wie hoch wir kommen, wie wir uns festhalten, selbst am äußersten, schmalen Felsenrand!"

Rudi erreichte die Bergspitze, noch ehe die Sonne sie erreichte, und dort schlürfte er seinen Morgentrank, die frische kräftigende Bergluft, den Trank, den nur der liebe Gott zu bereiten versteht und von dem die Menschen nur das Rezept zu lesen vermögen, in dem geschrieben steht: Der frische Duft von den Kräutern des Berges, von der Krauseminze und dem Thymian des Tales. – Alles was schwer ist, saugen die hängenden Wolken ein, und der Wind treibt sie über die Wälder dahin, der Geist des Duftes wird Luft, leicht und frisch, immer frischer – das war Rudis Morgentrank.

Die Sonnenstrahlen, die segenbringenden Töchter der Sonne, küßten seine Wangen, und der Schwindel stand auf der Lauer, wagte es aber nicht, sich ihm zu nähern, und die Schwalben vom Haus des Großvaters, an dem nicht weniger als sieben Nester waren, flogen zu ihm und den Ziegen hinauf und sangen: „Wir und ihr! Ihr und wir!" Sie brachten Grüße von zu Hause, vom Großvater, ja selbst von den beiden Hühnern, den einzigen Vögeln im Haus, mit denen Rudi sich jedoch niemals einließ.

So klein er war, war er doch schon gereist, und für so ein kleines Bürschchen gerade keine kurze Reise; er war drüben im Kanton Wallis geboren und über die Berge hierher getragen worden; kürzlich hatte er zu Fuß den nahen Staubbach besucht, der wie ein Silberschleier vor dem schneebedeckten blendendweißen Berg, der „Jungfrau", in der Luft flatterte. Auch in Grindelwald bei dem großen Gletscher war er gewesen; aber das war eine traurige Geschichte: Dort fand seine Mutter den Tod, dort war dem kleinen Rudi die Kinderfröhlichkeit abhanden gekommen, sagte der Großvater. „Als der Knabe noch kein Jahr alt war, lachte er mehr, als er weinte", so hatte die Mutter geschrieben, „von der Zeit an, wo er in der Eiskluft gesessen hatte, war ein anderer Sinn in ihn gekommen." Der Großvater sprach selten davon, aber man wußte es schon auf dem ganzen Berg.

Rudis Vater war Postbote gewesen; der große Hund, der in der Stube beim Großvater lag, hatte ihn stets auf der Fahrt über den Simplon hinab zum Genfer See begleitet. Im Rhonetal im Kanton Wallis wohnten noch Verwandte von Rudis Vater. Sein Onkel war ein tüchtiger Gemsjäger und wohlbekannter Führer. – Rudi war erst ein Jahr alt, als er seinen Vater verlor, und die Mutter sehnte sich mit ihrem Kind zurück zu ihren Anverwandten im Berner Oberland. Ihr Vater wohnte einige Stunden Weges von Grindelwald entfernt, er war Holzschnitzer und verdiente dabei so viel, daß er davon leben konnte. Im Monat Juni ging sie mit ihrem Kind, in Begleitung von zwei Gemsjägern, heimwärts über den Gemmi nach Grindelwald zu. Schon hatten sie den größten Teil des Weges zurückgelegt, waren über den Hochrücken bis in das Schneefeld gelangt, schon erblickten sie ihr heimatliches Tal mit all den wohlbekannten Balkenhäusern, und hatten nur noch den einen großen Gletscher zu überschreiten. Der Schnee war frisch gefallen und verbarg eine Spalte, die zwar nicht bis auf den tiefsten Grund reichte, wo das Wasser brauste, aber doch immerhin tiefer als mannshoch war; die junge Frau, die ihr Kind trug, glitt aus, versank und war verschwunden; man hörte keinen Schrei, keinen Seufzer, aber man hörte das Weinen eines kleinen Kindes. Mehr als eine Stunde verging, bis ihre beiden Begleiter vom nächsten Häuschen Taue und Stangen herbeischafften, um womöglich noch Hilfe zu bringen, und nach großen Anstrengungen brachte man aus der Eisspalte zwei Leichen hervor, wie es schien. Alle Mittel wurden angewendet; es gelang, das Kind, nicht aber die Mutter ins Leben zurückzurufen; und da bekam der alte Großvater nur einen Enkel ins Haus, eine Waise, denselben Knaben, der mehr lachte als weinte; es schien aber, als sei ihm jetzt das Lachen vergangen, und die Veränderung müsse wohl in der Gletscherspalte geschehen sein, in der kalten, wunderlichen Eiswelt, wo die Seelen der Verdammten bis zum jüngsten Tage eingekerkert sind – wie der Schweizer Bauer glaubt.

Ein brausendes Gewässer, zu Eis geronnen und zusammengepreßt zu grünen Glasblöcken, liegt der Gletscher, ein großer Eisblock auf den anderen gewälzt; unten in der Tiefe braust der reißende Strom von geschmolzenem Schnee und zerflossenem Eis; tiefe Höhlen, große Schluchten dehnen sich dort unten aus, es ist ein wunderbarer Glaspalast, und in diesem wohnt die Eisjungfrau, die Gletscherkönigin. Sie, die Tötende, die Zermalmende, ist halb ein Kind der Luft, halb die mächtige Gebieterin des Flusses; deshalb vermag sie auch sich mit der Schnelligkeit der Gemse auf den obersten Gipfel des Schneeberges zu erheben, wo die mutigsten Bergsteiger sich erst Stufen in das Eis für ihre Tritte hauen müssen; sie segelt auf dem dünnen Tannenzweig den reißenden Fluß hinab, und springt dort von einem Felsblock zum anderen, umflattert von ihrem langen schneeweißen Haar und ihrem blaugrünen Gewand, das wie das Wasser in den tiefen Schweizer Seen glänzt.

„Zermalmen! Festhalten! Mein ist die Macht!" spricht sie. „Einen schönen Knaben stahl man mir, einen Knaben, den ich geküßt, aber nicht totgeküßt habe. Er ist wieder unter den Menschen, er hütet die Ziegen auf dem Berg, klettert aufwärts, immer höher, weit weg von den andern, nicht von mir! Mein ist er, ich hole ihn mir!"

Die gab dem Schwindel den Auftrag, für sie zu handeln, denn es war der

Eisjungfrau im Sommer zu schwül im Grünen, wo die Krauseminze wächst; und der Schwindel stieg hinauf und hinab; es hob sich einer, es hoben sich drei. Der Schwindel hat viele Brüder, eine große Schar, und die Eisjungfrau wählte den stärksten von den vielen, die außerhalb und innerhalb ihr Wesen treiben. Sie sitzen auf dem Treppen- und Turmgeländer, sie laufen wie Eichkatzen den Felsrand entlang, sie springen über die Geländer und Stege hinaus und treten die Luft wie der Schwimmer das Wasser, locken ihre Opfer hinaus und hinab in den Abgrund. Der Schwindel und die Eisjungfrau greifen beide nach den Menschen, wie der Polyp nach allem greift, was in seine Nähe kommt. Der Schwindel sollte Rudi ergreifen.

„Ja, ihn greifen!" sagte der Schwindel. „Ich vermag es nicht! Die Katze, das Untier, hat ihm ihre Künste gelehrt. Das Menschenkind hat eine eigene Macht, die mich hinwegstößt, ich vermag den Knaben nicht zu erreichen, wenn er auf dem Ast über dem Abgrund hinaushängt, und wie gern kitzelte ich ihm die Fußsohlen oder stieße ihn kopfüber in die Luft hinaus! Aber ich bringe es nicht zustande!"

„Wir bringen es schon zustande!" sagte die Eisjungfrau. „Du oder ich! Ich, ich!"

„Nein, nein", klang es um sie her, als wäre es ein Echo in den Bergen vom Geläute der Kirchenglocken; allein es war Gesang, es war Rede, es war ein zusammenschmelzender Chor anderer Naturgeister, guter, liebevoller Geister – es waren die Töchter der Sonnenstrahlen. Diese lagern sich jeden Abend im Kreise um die Berggipfel und breiten ihre rosenfarbenen Flügel aus, die mit der sinkenden Sonne immer röter werden und die hohen Alpen überglühen, die Menschen nennen das „Alpenglühen". Wenn die Sonne dann gesunken ist, ziehen sie in die Berggipfel, in den weißen Schnee hinein, und schlafen dort, bis die Sonne wieder aufgeht; alsdann kommen sie aufs neue zum Vorschein. Besonders lieb haben sie die Blumen, die Schmetterlinge und die Menschen, und unter diesen hatten sie sich ganz besonders Rudi erkoren.

„Ihr fangt ihn nicht! Ihr bekommt ihn nicht!" sagten sie. – „Größer und stärker habe ich sie gefangen!" sagte die Eisjungfrau.

Da sangen die Sonnentöchter ein Lied vom Wanderer, dessen Mantel der Sturm hinwegführte; – der Wind nahm die Hülle, aber nicht den Mann: „Ihr könnt ihn schon ergreifen, aber nicht festhalten, ihr Kinder der Kraft; er ist stärker, er ist geistiger als selbst wir! Er steigt höher als die Sonne, unsere Mutter! Er kennt das Zauberwort, das Wind und Wasser bannt, daß sie ihm dienen und gehorchen müssen. Ihr löst das schwere, drückende Gewicht, und er erhebt sich höher!"

Herrlich klang der glockenklingende Chor.

Jeden Morgen drangen die Sonnenstrahlen durch das einzige kleine Fenster im Haus des Großvaters hinein und beschienen das stille Kind. Die Töchter der Sonnenstrahlen küßten es, sie wollten die Eisküsse auftauen, schmelzen, hinwegbringen, welche die königliche Jungfrau, der Gletscher, ihm gegeben, als es auf dem Schoße seiner toten Mutter in der tiefen Eiskluft lag und dort wie durch ein Wunder gerettet wurde.

II.
Die Reise in die neue Heimat

Rudi war jetzt acht Jahre alt: Sein Ohm im Rhonetal jenseits der Berge wollte den Knaben zu sich nehmen, damit er etwas lerne und besser fortkomme; das sah auch der Großvater ein und ließ ihn ziehen.

Rudi nahm also Abschied. Außer dem Großvater waren aber noch andere da, denen er Lebewohl sagen mußte; zuerst Ajola, dem alten Hund.

„Dein Vater war Postbote und ich war Posthund", sagte Ajola. „Wir sind hin und her gefahren, ich kenne die Hunde und auch die Menschen jenseits der Berge. Viel reden war nie meine Sache, jetzt aber, da wir wohl nicht mehr lange miteinander reden können, will ich etwas mehr sagen als sonst; ich will dir eine Geschichte erzählen, mit der ich lange umhergegangen bin, an der ich schon lange gekaut habe; ich verstehe sie aber nicht, und du wirst sie auch nicht verstehen, aber das ist einerlei, denn so viel habe ich wenigstens herausgekriegt, daß es in der Welt nicht ganz richtig verteilt ist, weder für Hunde, noch für Menschen! Nicht alle sind geschaffen, auf dem Schoß zu liegen oder Milch zu schlecken; ich bin nicht daran gewöhnt, aber ich habe so ein Hündchen mit im Postwagen fahren sehen und darin einen Menschenplatz haben. Die Dame, die seine Herrschaft oder deren Herrschaft er war, führte ein Säugefläschchen mit Milch bei sich, aus dem sie ihm zu trinken gab; und Zuckerplätzchen bekam es, die es nicht einmal fressen wollte, und so aß sie die Plätzchen selbst auf. Ich lief im Schmutz neben dem Wagen her, hungrig, wie ein Hund es sein kann, ich kaute an meinen eigenen Gedanken, das war nicht so ganz in der Ordnung – aber es soll viel anderes auch nicht in der Ordnung sein. Möchtest du auf den Schoß kommen und in der Kutsche fahren? Ich gönne es dir! Aber ich selbst konnte dies nicht erreichen, weder durch Bellen noch Heulen!"

Das waren Ajolas Worte, und Rudi umarmte ihn und küßte ihn herzhaft auf die feuchte Schnauze; dann nahm er die Katze in die Arme, aber die sträubte sich.

„Du wirst mir zu stark, und gegen dich will ich die Krallen nicht gebrauchen! Klettere du nur über die Berge, ich habe dich ja das Klettern gelehrt! Bilde dir nur nicht ein, daß du herabfallen kannst, du stürzt schon nicht ab!"

Damit sprang die Katze davon, denn sie wollte nicht, daß Rudi bemerken sollte, wie ihr die Trauer aus den Augen schimmerte.

Die Hühner stolzierten in der Stube umher; eins hatte den Schwanz ver-

loren; ein Reisender, der Jäger sein wollte, hatte ihm den Schwanz weg-
geschossen, er hatte das Huhn für einen Raubvogel angesehen.

„Rudi will über die Berge wandern!" sagte das eine Huhn.

„Er hat immer solche Eile!" sagte das andere, „ich nehme nicht gern
Abschied!" und damit trippelten sie beide davon.

Den Ziegen sagte er auch Lebewohl, und sie meckerten, wollten mitgehen
und riefen: „Meck! Meck!" und das war sehr traurig.

Zwei tüchtige Führer der Gegend, die über die Berge auf die andere Seite
bei Gemmi wollten, nahmen Rudi mit, und er folgte ihnen zu Fuß. Es war
ein anstrengender Marsch für einen Knaben, aber er hatte gute Kräfte und
großen Mut.

Die Schwalben flogen eine Strecke mit. „Wir und ihr! Ihr und wir!" sangen sie. Der Weg führte über die reißende Lütschine, die in vielen, kleinen
Bächen aus der schwarzen Kluft des Grindelwaldgletschers hervorstürzt.
Als Brücke dienen hier lose Baumstämme und Steinblöcke. Drüben beim
Erlenwald angelangt, begannen sie den Berg zu ersteigen, wo der Gletscher
sich von der Bergwand gelöst hatte, und kletterten über Eisblöcke und
gingen darum herum. Rudi mußte bald kriechen, bald gehen; seine Augen
strahlten vor Freude, und er trat so fest auf mit seinen eisenbeschlagenen
Bergschuhen, als müsse er bei jedem Tritt ein Zeichen hinterlassen. Die
schwarze Erde, die der Bergstrom auf dem Gletscher abgesetzt hatte, verlieh diesem ein verwittertes Aussehen, doch das blaugrüne glasartige Eis
schimmerte doch durch; man mußte die kleinen Seen umgehen, die, von
Eisblöcken eingedämmt, sich gebildet hatten, und auf dieser Wanderung
kam man in die Nähe eines großen Steines, der schaukelnd auf dem Rande
einer Eisspalte lag, der Stein geriet aus dem Gleichgewicht, rollte hinab und
ließ das Echo aus den tiefen, hohlen Klüften der Gletscher heraufertönen.

Es ging immerzu bergauf; der Gletscher selbst streckte sich in die Höhe
wie eine Flut wildaufgetürmter Eismassen, eingezwängt zwischen schroffen,
steilen Felsen. Rudi dachte einen Augenblick daran, daß er, wie man ihm
erzählt hatte, mit seiner Mutter tief unten in einer dieser Kälte atmenden
Schluchten gelegen hatte, doch bald waren solche Gedanken verscheucht,
und es kam ihm vor wie alle anderen Geschichten, von denen er so viele
gehört hatte. Dann und wann, wenn die Männer glaubten, der Weg sei zu
beschwerlich für das Bürschchen, reichten sie ihm eine Hand, aber er er-
müdete nicht, und auf dem glatten Eis stand er fest wie eine Gemse. Sie
betraten nun den Felsenboden und schritten bald zwischen nacktem Gestein, bald zwischen Tannen hindurch und wieder hinaus auf die grünen

Weiden, immer weiter durch wechselnde neue Landschaften; ringsum erhoben sich die Schneegebirge, deren Namen – „Jungfrau", „Mönch", „Eiger" – jedem Kind hier und auch Rudi bekannt waren. Er war früher nie so hoch oben gewesen, hatte noch nie das ausgedehnte Schneemeer betreten; da lag es nun mit seinen unbeweglichen Schneewellen, von denen der Wind dann und wann eine Flocke hinwegblies, wie er den Schaum von den Meereswellen bläst. Die Gletscher stehen hier sozusagen Hand in Hand; jeder ist ein Glaspalast für die Eisjungfrau, deren Macht und Wille es ist, zu fangen und zu begraben. Die Sonne schien warm, der Schnee blendete und war wie mit bläulichweißen funkelnden Diamantblitzen übersät. Unzählige Insekten, besonders Schmetterlinge und Bienen, lagen haufenweise tot auf dem Schnee, sie hatten sich zu hoch gewagt, oder der Wind hatte sie so hoch getragen, bis sie in der Kälte starben. Um das Wetterhorn hing wie ein feines schwarzes Wollbüschel eine drohende Wolke; sie senkte sich herab: Ein Föhn, gewalttätig, wenn er losbricht. Der Eindruck dieser ganzen Wanderung, das Nachtlager hier oben, der spätere Weg, die tiefen Felsenklüfte, wo das Wasser während eines langen Zeitraums die Steinblöcke durchsägt hatte, grub sich unvergeßlich in Rudis Erinnerung.

Ein verlassenes Steingebäude jenseits des Schneemeeres bot Schutz zum Übernachten; hier fanden sie Holzkohlen und Tannenzweige; bald war ein Feuer angezündet, das Nachtlager bereitet, so gut es eben ging. Die Männer setzten sich um das Feuer, rauchten ihren Tabak und tranken das warme, würzige Getränk, das sie selbst zubereitet hatten. Auch Rudi bekam seinen Teil. Dann wurde von den geheimnisvollen Wesen des Alpenlandes, von den seltsamen riesigen Schlangen in den tiefen Seen, von dem nächtlichen Gespensterheere erzählt, das den Schlafenden durch die Lüfte nach der wunderbaren, schwimmenden Stadt Venedig trug, vom wilden Hirten, der seine schwarzen Schafe über die Weide trieb; hatte man sie auch nicht gesehen, so hatte man das Klingen ihrer Glöckchen vernommen, das unheimliche Schreien der Herde gehört. Rudi lauschte neugierig, aber ohne alle Furcht, die kannte er nicht, und während er lauschte, kam es ihm vor, als höre er das gespensterhafte, hohle Brüllen; ja, es wurde immer hörbarer, auch die Männer hörten es, unterbrachen ihr Gespräch, lauschten und sagten zu Rudi, er dürfe nicht schlafen.

Es war der Föhn, dieser gewaltige Sturmwind, der sich von den Bergen herab ins Tal wirft und in seiner Gewalt die Bäume knickt, als seien sie aus Rohr, der die Blockhäuser von einem Flußufer zum anderen hinüberträgt, wie wir eine Schachfigur ziehen.

Nach einer Stunde sagten sie zu Rudi, das sei jetzt überstanden, er könne nun schlafen, und ermüdet von dem Marsch schlief er ein wie auf Kommando.

Am nächsten Morgen brachen sie wieder auf. Die Sonne beleuchtete an diesem Tag für Rudi neue Berge, Gletscher und Schneefelder; sie waren in den Kanton Wallis eingetreten und befanden sich jenseits des Bergrückens, den man vom Grindelwald aus erblickt, aber noch weit entfernt von der neuen Heimat. Es zeigten sich andere Klüfte, andere Triften, Wälder und Felsenpfade, auch andere Häuser, andere Menschen zeigten sich, aber was für Menschen? Es waren Mißgestalten, unheimliche, fette, weißgelbe Gesichter, die Hälse waren schwere, häßliche Fleischklumpen, wie Säcke herabhängend; es waren Kretins, krank schleppten sie sich vorwärts und sahen die Fremden mit dummen Augen an; die Frauen sahen am entsetzlichsten aus. Waren das die Menschen in der neuen Heimat?

III.

Der Ohm

Im Hause des Ohms, wo Rudi nun lebte, sahen die Menschen, gottlob, so aus, wie er sie zu sehen gewohnt war; hier war nur ein einziger Kretin, ein armer, geistesbeschränkter Bursche, eines dieser beklagenswerten Geschöpfe, die in ihrer Verlassenheit stets im Kanton Wallis von Haus zu Haus gehen, und in jeder Familie ein paar Monate bleiben; der arme Saperli war gerade hier, als Rudi ankam.

Der Ohm war noch ein kräftiger Jäger und verstand sich außerdem auf das Böttchern; seine Frau war eine kleine, lebhafte Person mit einem Vogelgesicht, Augen wie ein Adler und einem langen, über und über mit Flaum besetzten Hals.

Alles war hier neu für Rudi, Kleidertracht, Sitte und Gebräuche, selbst die Sprache, doch diese würde sein Kinderohr bald verstehen lernen. Wohlhabend sah es hier aus im Verhältnis zur früheren Heimat beim Großvater. Das Zimmer war größer, die Wände waren mit Gemsgeweihen und blankpolierten Jagdflinten bedeckt, über der Tür hing ein Bild der Mutter Gottes; frische Alpenrosen und eine brennende Lampe standen davor.

Der Ohm war, wie gesagt, einer der tüchtigsten Gemsjäger der ganzen Gegend und auch einer der besten Führer. In diesem Haus sollte nun Rudi das Schoßkind sein; zwar war hier schon eins, nämlich ein alter, blinder und tauber Jagdhund, der jetzt nicht mehr mit auf die Jagd ging, es aber früher getan hatte. Man hatte seine guten Eigenschaften aus früheren Zeiten nicht vergessen, und deshalb wurde das Tier nun mit zur Familie gerechnet und gut gepflegt. Rudi streichelte den Hund, aber der ließ sich nicht mehr mit Fremden ein, und ein solcher war ja Rudi noch; lange blieb er es aber nicht, und er schlug bald Wurzel im Hause und im Herzen.

„Hier im Kanton Wallis ist es nicht so übel", sagte der Ohm, „und Gemsen haben wir, die sterben nicht so bald aus wie die Steinböcke; hier ist es jetzt viel besser als in früherer Zeit. Wieviel auch den alten Tagen zu Ehren erzählt wird, die unseren sind doch besser, der Sack ist offen, es geht ein Luftzug durch unser eingeschlossenes Tal. Etwas Besseres kommt immer zum Vorschein, wenn das Abgenutzte fällt!" sagte er, und wenn der Ohm recht mitteilsam war, erzählte er von seinen Jugendjahren bis hinauf in die kräftigste Zeit seines Vaters, als Wallis, wie er sich ausdrückte, noch ein verschlossener Sack war, mit vielen kranken Leuten, bejammernswerten Kretins. „Aber die französischen Soldaten kamen herein, sie waren die richtigen Ärzte, sie schlugen gleich die Krankheit tot und die Leute auch. Das Schlagen verstanden die Franzosen, und die Mädchen verstehen es auch!" Dabei nickte der Ohm seiner Frau, einer geborenen Französin, zu und lachte. „Die Franzosen haben in die Steine geschlagen, daß es eine Art hat! Den Simplonweg haben sie in die Felsen geschlagen, einen Weg, daß ich jetzt zu einem Dreijährigen sagen kann, geh mal nach Italien! Halte dich dabei nur auf der Landstraße! – Das Kind wird richtig in Italien ankommen, wenn es sich nur auf der Landstraße hält!" Dann sang der Ohm ein französisches Lied und rief: „Es lebe Napoleon Bonaparte!"

Hier hörte Rudi zum ersten Male von Frankreich, von Lyon, der großen Stadt an der Rhone, wo der Ohm gewesen war.

Es sollten nicht viele Jahre vergehen, bis Rudi ein flinker Gemsjäger werden würde, er habe das Zeug dazu, sagte der Ohm, und lehrte ihn, die Büchse zu halten, das Zielen und Schießen; er nahm ihn während der Jagdzeit mit in die Berge und ließ ihn von dem warmen Gemsenblut trinken, das dem Jäger den Schwindel nimmt. Er lehrte ihn auch die Zeit unterscheiden, wenn auf den verschiedenen Bergen die Lawinen rollen würden, mittags oder abends, je nachdem die Sonnenstrahlen dort wirkten; er lehrte ihn, auf die Gemsen und deren Sprung achtzugeben, daß man auf die Füße falle und feststehe, und sei im Felsenrisse keine Stütze für den Fuß, so müsse man sich mit den Ellenbogen, mit Muskeln und Waden festklammern, selbst mit dem Nacken könne man sich festbeißen, wenn es sein müsse. Die

Gemsen seien klug, sie stellten Vorposten aus, allein der Jäger müsse klüger sein, ihnen aus der Witterung gehen und sie irreführen. Eines Tages, als Rudi mit dem Ohm auf der Jagd war, hing dieser seinen Rock und Hut auf den Alpenstock, und die Gemsen sahen den Rock für den Mann an.

Der Felsenpfad war schmal, ja es war fast kein Pfad, nur ein schmales Gesims dicht am tiefen Abgrund. Der Schnee hier war halb aufgetaut, das Gestein bröckelte, wenn man darauftrat, der Ohm legte sich deshalb nieder und kroch vorwärts. Jedes Stückchen, das vom Felsen abbröckelte, fiel, prallte auf, sprang und rollte von der einen Felswand zur anderen, bis es in der Tiefe zur Ruhe gelangte. Etwa hundert Schritte hinter dem Ohm stand Rudi auf einer hervorspringenden festen Felsenspitze; da sah er einen großen Lämmergeier durch die Luft kreisen und über seinem Ohm schweben, den er mit seinem Flügelschlag in den Abgrund werfen wollte, um ihn sich zur Beute zu machen. Der Ohm hatte nur Augen für die Gemse, die mit ihrem Jungen jenseits der Felsenkluft zu sehen war. Rudi hielt seinen Blick fest auf den Vogel, er verstand schon, was er wollte, deshalb stand er bereit, die Büchse abzufeuern. Da erhob sich plötzlich die Gemse mit einem Sprung, der Ohm schoß, und das Tier war von der tötenden Kugel getroffen; aber das Junge sprang davon, als sei es ein langes Leben hindurch in Flucht und Gefahr geübt. Der große Vogel, erschreckt durch den Knall des Schusses, schlug eine andere Richtung ein; der Ohm wußte nichts von der Gefahr, in der er geschwebt hatte, erst durch Rudi erfuhr er davon.

Während sie sich nun in der besten Laune auf dem Heimweg befanden und der Ohm ein Lied aus seiner Knabenzeit pfiff, vernahmen sie plötzlich einen eigentümlichen Laut in ihrer Nähe; sie blickten auf, und dort, in der Höhe auf dem Felsenabhang, hob sich die Schneedecke, wie ein Stück ausgebreitetes Leinen, als fahre der Wind darunter hin. Die Schneewellen barsten und lösten sich in schäumende, stürzende Gewässer auf, die wie dumpfer Donnerschlag dröhnten; es war eine Lawine, die herabstürzte, nicht über Rudi und den Ohm herab, aber sehr nahe.

„Halte dich fest, Rudi!" rief der Ohm, „fest mit deiner ganzen Kraft!"

Und Rudi umklammerte den nächsten Baumstamm; der Ohm kletterte über ihn zu den Ästen des Baumes hinauf und hielt sich dort fest, während die Lawine viele Fuß von ihnen entfernt dahinrollte; aber der Luftdruck, die Sturmflügel der Lawine, zerbrach ringsum Bäume und Büsche, als seien sie nur dürres Rohr, und warf sie weit umher. Rudi lag auf dem Erdboden niedergekauert; der Baumstamm, an dem er sich festhielt, war wie durchgesägt, und die Krone war weithin geschleudert; dort, zwischen den zer-

brochenen Zweigen, lag der Ohm mit zerschmettertem Kopf, seine Hand war noch warm, aber sein Gesicht nicht zu erkennen. Rudi stand bleich und zitternd da; es war der erste Schreck seines Lebens, das erste Grausen, das er empfand.

Am späten Abend kam er mit der Todesbotschaft nach Hause zurück, das nun ein Haus der Trauer war. Die Frau fand keine Worte, keine Tränen, erst als man den Leichnam brachte, kam der Schmerz zum Ausbruch. Der arme Kretin kroch in sein Bett, man sah ihn den ganzen Tag nicht; erst gegen Abend kam er zu Rudi.

„Schreib einen Brief für mich!" sagte er. „Saperli kann nicht schreiben! Saperli kann den Brief auf die Post bringen!"

„Einen Brief für dich?" fragte Rudi. „Und an wen?"

„An den Herrn Jesus Christus!"

„An wen sagst du?"

Und der Dämliche, wie sie den Kretin nannten, sah mit rührendem Blick auf Rudi, faltete die Hände und sagte feierlich und fromm:

„Jesus Christ! Saperli will ihm Brief schicken, ihn bitten, daß Saperli tot liegen muß und nicht der Mann hier im Hause!"

Rudi drückte seine Hand und sagte: „Der Brief kommt nicht hin, gibt ihn uns nicht zurück!"

Es wurde Rudi nicht leicht, ihm die Unmöglichkeit zu erklären.

„Jetzt bist du die Stütze des Hauses", sagte die Pflegemutter, und Rudi wurde es auch.

IV.
Babette

Wer ist der beste Schütze im Kanton Wallis? Das wußten schon die Gemsen: „Hüte dich vor Rudi!" konnten sie sagen. Wer ist der hübscheste Schütze? „Das ist Rudi!" sagten die Mädchen, aber sie sagten nicht: „Hüte dich vor Rudi!" Das sagten nicht einmal die ernsten Mütter, denn er nickte ihnen ebenso freundlich zu wie den jungen Mädchen. Wie keck und fröhlich war er, seine Wangen waren gebräunt, seine Zähne frisch und weiß, und seine Augen glänzend schwarz, er war ein hübscher Bursche und nur zwanzig Jahre alt. Das Eiswasser konnte ihm nichts anhaben, wenn er schwamm; wie ein Fisch konnte er sich im Wasser bewegen, und klettern wie kein anderer, sich an die Felsenwand wie eine Schnecke festkleben, und gute Muskeln und Sehnen hatte er auch. Das zeigte er im Sprung, den er erst von der Katze, später von der Gemse gelernt hatte. Rudi war der beste Führer, dem man sich anvertrauen konnte; er würde sich ein ganzes Vermögen als Führer sammeln können; die Böttcherei, die der Ohm ihn auch gelehrt hatte, sagte ihm aber nicht zu, seine Lust war die Gemsjagd, sie brachte auch Geld ein. Rudi war eine gute Partie, wie man sagte, wenn er nur nicht über seinen Stand hinausschauen wollte. Ein Tänzer war er, von dem die Mädchen träumten, und dieses und jenes trug ihn sogar in Gedanken mit herum.

„Mich hat er im Tanz geküßt!" sagte des Schulmeisters Annette zu ihrer liebsten Freundin, doch das hätte sie nicht sagen sollen, selbst nicht zu ihrer liebsten Freundin. So etwas ist nicht leicht geheimzuhalten, es ist wie ein Sand in einem Sieb, er läuft heraus; bald wußte man auch, daß Rudi, so brav und gut er auch war, beim Tanz küßte, und doch hatte er gar nicht diejenige geküßt, die er am liebsten hätte küssen mögen.

„Ja der!" sagte ein alter Jäger, „er hat Annette geküßt, er hat mit A angefangen und wird schon das ganze Abc durchküssen!"

Ein Kuß beim Tanz war alles, was die emsigen Zungen bis dahin von ihm zu sagen wußten, er hatte freilich Annette geküßt, und doch war sie gar nicht die Blume seines Herzens.

Unten im Tale bei Bex, zwischen den großen Walnußbäumen, an einem kleinen, reißenden Bergstrom, wohnte der reiche Müller; das Wohnhaus war ein großes Gebäude mit drei Stockwerken, gekrönt von kleinen Türmen, mit Holzschindeln bedeckt und mit Blechplatten belegt, die im Sonnen- und Mondschein glänzten. Der größte der Türme hatte eine Wetterfahne, einen blitzenden Pfeil, der einen Apfel durchbohrte, das sollte an Tells Schuß erinnern. Die Mühle sah nett und wohlhabend aus, ließ sich auch zeichnen und beschreiben, aber des Müllers Tochter ließ sich nicht zeichnen und beschreiben, so würde wenigstens Rudi gesagt haben, und doch war sie tief eingezeichnet in seinem Herzen. Ihre Augen strahlten dort so, daß ein wahres Feuer darin war; das war plötzlich gekommen, wie ein anderes Feuer auch kommt, und das Sonderbarste daran war, daß die Müllerstochter, die hübsche Babette, keine Ahnung davon hatte, denn sie und Rudi hatten noch nie ein Wort miteinander gesprochen.

Der Müller war reich, und dieser Reichtum machte, daß Babette sehr hoch saß und schwer zu erreichen war; aber nichts sitzt so hoch, daß man es nicht erreichen kann; man muß nur klettern; herabfallen tut man schon nicht, wenn man es sich nur nicht einbildet. Die Lehre hatte er von zu Hause mitbekommen.

Es machte sich einmal so, daß Rudi etwas in Bex auszurichten hatte, es war bis dorthin eine ganze Reise, denn die Eisenbahn war damals noch nicht gebaut. Vom Rhonegletscher entlang dem Fuß des Simplon, zwischen vielen wechselnden Bergeshöhen, erstreckt sich das breite Wallistal mit seinem mächtigen Fluß, der Rhone, die oft über ihre Ufer tritt und über Felder und Wege dahinflutet, dabei alles zerstörend. Zwischen den Städten Sion und St.-Maurice macht das Tal eine Krümmung, biegt sich wie ein Ellenbogen und wird hinter St.-Maurice so eng, daß es nur Platz für das Flußbett und die schmale Fahrstraße hat. Ein alter Turm steht hier als Schildwache vor dem Kanton Vaud, der hier endet, und schaut über die gemauerte Brücke hinüber zum Zollhaus auf der anderen Seite; dort beginnt der Kanton Waadt, und die nächste nicht weit entfernte Stadt ist Bex. Hier schwillt bei jedem Schritte alles in Fülle und Üppigkeit, man befindet sich wie in einem Garten von Kastanien und Walnußbäumen; hier und dort sehen Zypressen und Granatblüten hervor; es ist hier südlich warm, als wäre man nach Italien gekommen.

Rudi erreichte Bex, erledigte seine Geschäfte und sah sich in der Stadt um, aber nicht einen Müllerburschen, geschweige denn Babette, bekam er zu Gesicht. Das war nicht, wie es sein sollte.

Es wurde Abend, die Luft war erfüllt vom Duft des wilden Thymians und der blühenden Linde; um die waldesgrünen Berge lag gleichsam ein schimmernder, luftblauer Schleier; es herrschte weit und breit eine Stille, nicht die des Schlafes oder des Todes, nein, es war, als hielte die ganze

Natur den Atem an, als fühle sie sich hingestellt, damit ihr Bild auf den blauen Himmelsgrund fotografiert werde. Hier und da zwischen den Bäumen auf dem grünen Feld standen Stangen, die den Telegrafendraht stützten, der durch das stille Tal führte. An einer dieser lehnte ein Gegenstand, so unbeweglich, daß man ihn für einen Baumstamm hätte halten können. Es war Rudi, der hier ebenso still dastand wie in diesem Augenblick die ganze Umgebung war, er schlief nicht, noch weniger war er tot, aber wie oft große Weltbegebenheiten durch den Telegrafendraht fliegen – Lebensmomente von Bedeutung für den einzelnen, ohne daß der Draht durch Zittern oder durch einen Laut darauf hindeutet –, so durchzogen Rudi mächtige, überwältigende Gedanken: Das Glück seines Lebens, sein von nun an beständiger Gedanke. Seine Augen hefteten sich auf einen Punkt, ein Licht, das zwischen dem Laubwerk in der Wohnstube des Müllers, wo Babette wohnte, zum Vorschein kam. Still wie Rudi hier stand, hätte man glauben müssen, er ziele auf eine Gemse, aber er selbst war in diesem Augenblick wie eine Gemse, die minutenlang, wie aus dem Felsen gehauen, stehen kann, bis sie plötzlich, wenn ein Stein hinabrollt, aufspringt und davonjagt; und so tat es Rudi auch; es rollte ein Gedanke in ihm.

„Niemals verzagen!" rief er. „Ein Besuch in der Mühle! Guten Abend dem Müller, guten Abend zu Babette. Man fällt nicht hinab, wenn man es sich nicht einbildet! Babette muß mich doch einmal sehen, wenn ich ihr Mann werden soll!"

Rudi lachte, er war guten Mutes und schritt auf die Mühle zu; er wußte, was er wollte, er wollte Babette haben.

Der Fluß mit dem weißgelben Wasser brauste dahin, Weiden und Linden hingen über das eilende Wasser hinaus; Rudi schritt den Pfad entlang auf des Müllers Haus zu. – Aber, wie die Kinder singen:

„Es war niemand hier zu Haus'
Nur das Kätzchen kam heraus!"

Die Hauskatze stand auf der Treppe, krümmte den Rücken und sagte: „Miau!", aber Rudi hatte keinen Sinn für diese Rede; er klopfte an, niemand hörte ihn, niemand öffnete. „Miau!" sagte die Katze. Wäre Rudi noch ein Kind gewesen, so hätte er die Sprache schon verstanden, und begriffen, daß die Katze eben sagte: „Hier ist niemand zu Hause!" Jetzt mußte er aber auf die Mühle hinüber, um zu fragen, und dort bekam er die Auskunft, daß der Müller weit fort verreist sei, nach Interlaken, und Babette mit ihm; dort war großes Schützenfest, das am anderen Tag begann und ganze acht Tage dauerte. Aus allen deutschen Kantonen würden die

Schweizer kommen und feiern wollen.

Armer Rudi, konnte man sagen, er hatte keinen glücklichen Tag zu seinem Besuch in Bex gewählt, er konnte jetzt wieder umkehren; das tat er auch und schritt über St.-Maurice und Sion auf sein heimatliches Tal, seine heimatlichen Berge zu, allein verzagen tat er nicht. Als die Sonne am nächsten Morgen aufging, war sein guter Humor längst wohlauf, denn der war noch nie untergegangen.

„Babette ist in Interlaken, viele Tagesreisen von hier", sagte er sich. „Es ist ein langer Weg dorthin, wenn man die breite Landstraße geht, aber es ist nicht so weit, wenn man quer über die Berge steigt, und das ist gerade der rechte Weg für den Gemsjäger! Den Weg bin ich früher gegangen, drüben ist meine Heimat, wo ich als Kind bei dem Großvater gewesen bin; und in Interlaken ist Schützenfest! Ich will dabeisein und will der erste sein, und das will ich bei Babette auch sein, wenn ich erst ihre Bekanntschaft gemacht habe!"

Seinen leichten Ranzen, darin der Sonntagsstaat, auf den Rücken, Flinte und Jagdtasche über die Schulter geworfen, stieg Rudi den Berg hinan, den kurzen Weg, der doch ziemlich lang war; aber das Schützenfest hatte erst heute begonnen und dauerte die ganze Woche und mehr; während dieser ganzen Zeit blieb der Müller und Babette bei ihren Verwandten in Interlaken, hatte man ihm gesagt. Rudi schritt über den Gemmi hin, er wollte bei Grindelwald hinabsteigen.

Frisch und fröhlich schritt er aufwärts in der frischen, leichten, stärkenden Bergluft. Das Tal sank immer tiefer, der Gesichtskreis erweiterte sich; hier ein Schneegipfel, dort wieder einer, und bald die schimmernd weiße Alpenkette. Rudi kannte jeden Berg: Er ging aufs Schreckhorn zu, das seinen weißgepuderten, steinernen Finger hoch in die blaue Luft streckte.

Endlich war er über den Höhenrücken hinaus; die Grastriften senkten sich hinab, dem Tal seiner Heimat zu; die Luft war leicht, der Sinn war leicht; Berg und Tal prangten in Fülle mit Blumen und Grün, das Herz war voll vom Gefühl der Jugend, bei welchem kein Alter und kein Tod in Frage kommt: leben, herrschen, genießen! Frei wie ein Vogel, leicht wie ein Vogel war er. Und die Schwalben flogen an ihm vorüber und sangen wie in seiner Kindheit: „Wir und ihr! Ihr und wir!" Alles war Flug und Freude.

Dort unten lag die samtgrüne Wiese, bedeckt mit braunen Blockhäusern, die Lütschine summte und brauste. Er sah den Gletscher mit den glasgrünen Rändern und dem schmutzigen Schnee, sah in die tiefen Spalten hinein, sah den obersten und auch den untersten Gletscher. Die Kirchenglocken klangen zu ihm herüber, als wollten sie ihm ein Willkommen in der Heimat läuten; sein Herz klopfte stärker, weitete sich so, daß Babette einen Augenblick ganz daraus verschwand, so weit wurde sein Herz, so erfüllt von Erinnerungen.

Er schritt wieder auf dem Weg dahin, wo er als kleiner Knabe mit den anderen Kindern gestanden und geschnitzte Häuser verkauft hatte. Dort oben, hinter den Tannen, stand noch das Haus seines Großvaters von mütterlicher Seite. Fremde Leute bewohnten es jetzt. Kinder kamen ihm entgegengelaufen, sie wollten handeln, eins bot ihm eine Alpenrose dar. Rudi nahm die Rose als ein gutes Zeichen und dachte an Babette. Bald war er über die Brücke geschritten, wo die beiden Lütschinen sich vereinigen; das Laubholz wurde hier dichter, die Walnußbäume gaben Schatten. Jetzt sah er die wehenden Fahnen, das weiße Kreuz im roten Feld, wie der Schweizer und der Däne es haben, und vor ihm lag Interlaken.

Das war freilich eine Prachtstadt wie keine andere, meinte Rudi. Eine Schweizer Stadt im Sonntagsstaate. Sie sah nicht aus wie die anderen Städte, schwerfällig, ein Haufen schwerer Steinhäuser, fremd und vornehm; nein! hier sah es aus, als wären die hölzernen Häuser von den Bergen oben hinab in das grüne Tal gelaufen und hätten sich in Reih und Glied an dem klaren, pfeilschnell dahinströmenden Flusse aufgestellt. Die prächtigste aller Straßen war freilich emporgewachsen, seitdem Rudi als Knabe hier gewesen war; es schien ihm, als sei sie aus all den niedlichen Häuschen entstanden, die der Großvater geschnitzt hatte und mit denen der Schrank zu Hause angefüllt war, als hätten diese sich hingestellt und wären kräftig gewachsen wie die ältesten Kastanienbäume. Jedes Haus war ein Hotel, wie es genannt wurde, mit geschnitztem Holzwerk um Fenster und Söller, mit vorspringendem Dach, geputzt und zierlich, und vor jedem Haus ein Blumengarten nach der breiten, mit Steinen gepflasterten Landstraße hinaus; längs derselben standen die Häuser, aber nur an der einen Seite, sie würden sonst die frische, grüne Wiese verdeckt haben, in der die Kühe umhergingen mit Glocken um den Hals, die wie auf den Alpenweiden klangen. Die Wiese war von hohen Bergen umgeben, die in der Mitte gleichsam zur Seite traten, daß man recht deutlich den weithin leuchtenden, schneebedeckten Berg, die „Jungfrau", sehen konnte, den am schönsten geformten aller Schweizer Berge.

Welch eine Menge geputzter Herren und Damen aus fremden Ländern, welches Gewimmel von Landleuten aus den verschiedenen Kantonen! Jeder Schütze trug seine Schießnummer in einem Kranz um den Hut. Hier war Musik und Gesang, Leierkasten, Trompeten, Rufen und Lärmen. Häuser und Brücken waren mit Emblemen und Versen geschmückt; es wehten Fahnen und Flaggen, die Büchsen knallten Schuß auf Schuß, und die Schüsse waren in Rudis Ohren die beste Musik, er vergaß in diesem Gewirre Babette ganz, um derenwillen er doch hierhergekommen war.

Die Schützen drängten sich zum Scheibenschießen. Rudi stand bald unter ihnen und war der Tüchtigste, der Glücklichste von allen, denn stets traf sein Schuß mitten ins Schwarze hinein.

„Wer mag der fremde junge Jäger sein?" fragte man. „Er spricht das Französische, das sie im Kanton Wallis sprechen – er macht sich auch ganz gut verständlich in unserem Deutsch!" sagten einige. – „Als Kind soll er hier um Grindelwald gelebt haben", wußte einer der anderen Jäger.

Und voll Leben war dieser fremde Bursche; seine Augen leuchteten, sein Blick und sein Arm waren sicher, deshalb traf er auch. Das Glück gibt Mut, und Mut hatte Rudi ja immer. Bald hatte er hier einen Kreis von Freunden um sich versammelt, man ehrte ihn, man huldigte ihm – Babette war fast ganz aus den Gedanken verschwunden. Da schlug ihm eine Hand auf die Schulter, und eine tiefe Stimme redete ihn in französischer Sprache an.

„Ihr seid aus dem Kanton Wallis?"

Rudi wandte sich um und sah ein rotes, vergnügtes Gesicht, einen dicken Mann; es war der reiche Müller aus Bex; mit seinem breiten Körper verbarg er die feine, niedliche Babette, die jedoch bald mit ihren strahlenden, dunklen Augen hervorblickte. Es hatte dem reichen Müller geschmeichelt, daß es ein Jäger aus seinem Kanton war, der die besten Schüsse tat und von allen geehrt wurde. Nun, Rudi war freilich ein Glückskind, denn das, weshalb er hierhergewandert war, aber jetzt an Ort und Stelle fast vergessen hatte, das suchte ihn auf.

Wenn Landsleute sich weit von der Heimat treffen, so sprechen sie zusammen und machen Bekanntschaft miteinander. Rudi war durch seine Schüsse der Erste beim Schützenfest, wie der Müller zu Hause in Bex der Erste durch sein Geld und seine gute Mühle war. So drückten sich die beiden Männer die Hand, was sie früher nie getan hatten; und auch Babette reichte dem Rudi treuherzig die Hand, und er drückte die ihre und sah sie fest an, daß sie dabei über und über rot wurde.

Der Müller erzählte von dem langen Weg, den sie hierhergereist waren, und von den vielen großen Städten, die sie sahen; sie hatten, seiner Meinung nach, eine große Reise gemacht, und waren mit dem Dampfschiff, der Eisenbahn und auch mit dem Postwagen gefahren.

„Ich bin den kürzesten Weg gegangen", sagte Rudi. „Ich bin über die Berge gekommen; kein Weg ist so hoch, daß man ihn nicht passieren könnte!"

„Aber auch den Hals brechen!" sagte der Müller. „Und Ihr seht mir gerade so aus, als würdet Ihr mal den Hals brechen, so verwegen wie Ihr seid!"

„Oh, man fällt nicht herunter, wenn man es sich nur nicht einbildet!" sagte Rudi.

Die Anverwandten des Müllers in Interlaken, bei denen der Müller und Babette auf Besuch waren, luden Rudi ein, bei ihnen vorzusprechen – war er doch aus demselben Kanton wie der Müller. Das war für Rudi ein gutes Anerbieten, das Glück war ihm günstig, wie es stets demjenigen ist, der auf sich selbst baut und bedenkt, daß „Gott uns die Nüsse gibt, aber sie nicht für uns aufknackt".

Rudi saß da bei den Verwandten des Müllers, als gehöre er auch zur Familie, und ein Glas wurde geleert auf das Wohl des besten Schützen. Babette stieß mit an, und Rudi dankte für den Trinkspruch.

Gegen Abend spazierten alle den schönen Weg an den schmucken Hotels unter den alten Walnußbäumen entlang, und so viele Menschen und ein solches Gedränge war dort, daß Rudi Babette seinen Arm anbieten mußte. Er freute sich so sehr, daß er Leute aus Waadt angetroffen habe, sagte er. Waadt und Wallis seien gute Nachbarkantone. Er sprach diese Freude so herzlich aus, daß Babette nicht unterlassen konnte, ihm dafür die Hand zu drücken. Sie gingen nebeneinander her, als wären sie alte Bekannte; sie sprach und erzählte, und es stehe ihr gar zu gut, meinte Rudi, auf das Lächerliche und Übertriebene an den Kleidern und dem Gang der fremden Damen aufmerksam zu machen, sie tue das gar nicht, um zu spotten, denn es könnten rechtschaffene, ja liebe, gute Menschen sein, das wisse Babette wohl, habe sie doch selbst eine Patin, die eine sehr vornehme englische Dame war. Vor achtzehn Jahren, als Babette getauft worden, sei die Patin in Bex gewesen. Sie hatte Babette die kostbare Nadel geschenkt, die sie am Busen trage. Zweimal habe die Patin geschrieben, und dieses Jahr hätten sie hier in Interlaken mit ihr und ihren Töchtern zusammentreffen sollen; die Töchter seien aber schon alte Jungfern nahe an dreißig, sagte Babette – während sie ja doch erst achtzehn war.

Der kleine süße Mund stand keinen Augenblick still, und alles, was Babette sagte, klang für Rudi wie Dinge von größter Wichtigkeit, und er erzählte wieder, was er zu erzählen hatte, wie oft er in Bex gewesen sei, wie gut er die Mühle kenne und wie oft er Babette gesehen, während sie ihn wahrscheinlich nie bemerkt habe. Und nun letzthin, als er zur Mühle gegangen war, mit so vielen Gedanken, die er nicht aussprechen könne, da seien sie und ihr Vater verreist gewesen, aber doch nicht so weit, als daß man nicht über die Mauer hätte klettern können, die den Weg so lang machte.

Ja, das sagte er, und er sagte gar vieles; er sagte, wie gut er sie leiden möge – und daß er ihretwegen und nicht des Schützenfestes halber gekommen sei.

Babette verstummte bei dem allen; es war ihr, als mutete er ihr zu, gar zu viel zu tragen.

Während sie dahinwanderten, sank die Sonne hinter die hohe Felswand hinab. Die „Jungfrau" stand da in Pracht und Glanz, umgeben vom waldesgrünen Kranz der nahen Berge. Alle Menschen blieben stehen und betrachteten die Naturschönheit: Auch Rudi und Babette freuten sich darüber.

„Nirgends ist es schöner als hier!" sagte Babette.

„Nirgends!" sagte Rudi, und sah Babette an.

„Morgen muß ich nach Hause!" sagte er einige Augenblicke später.

„Besuche uns in Bex!" flüsterte Babette, „es wird meinen Vater freuen."

V.
Auf dem Weg nach Hause

Oh, wieviel hatte Rudi zu tragen, als er am nächsten Tag über die hohen Berge nach Hause ging. Ja, er hatte drei silberne Becher, zwei sehr gute Büchsen und eine silberne Kaffeekanne, die er für seinen späteren Hausstand gebrauchen konnte. Aber das alles war noch nicht das Gewichtigste, etwas Gewichtigeres, Mächtigeres trug er oder trug ihn über die hohen Berge heimwärts. Das Wetter war jedoch rauh, grau, regnerisch und schwer; die Wolken senkten sich wie ein Trauerflor auf die Bergeshöhen herab und umhüllten die schimmernden Gipfel. Aus dem Waldesgrund herauf drangen die letzten Axtschläge, und den Berghang hinab rollten Baumstämme, die von der Höhe wie dünne Stöcke aussahen, aber trotzdem wie starke Schiffsmasten waren. Die Lütschine brauste ihren einförmigen Akkord, der Wind sauste, die Wolken segelten. Da ging dicht neben Rudi plötzlich ein junges Mädchen; er hatte es nicht eher bemerkt, als bis es ganz in seiner Nähe war; es wollte auch über die Felsen steigen. Die Augen des

Mädchens übten eine seltsame Macht aus, man war gezwungen hineinzuschauen, und sie waren sonderbar glasklar, sehr tief, bodenlos.

„Hast du einen Geliebten?" fragte Rudi; seine Gedanken waren alle nur auf Liebe gerichtet.

„Ich habe keinen!" antwortete das Mädchen und lachte, es war aber, als spräche sie kein wahres Wort. „Machen wir doch keinen Umweg!" sagte sie. „Wir müssen uns mehr links halten, so ist der Weg kürzer."

„Jawohl, um in eine Eiskluft zu stürzen!" sagte Rudi. „Kennst du den Weg nicht besser und willst Führer sein?"

„Ich kenne den Weg!" sagte das Mädchen, „und ich habe meine Gedanken beisammen. Die deinen sind wohl unten im Tale; hier oben muß man an die Eisjungfrau denken, sie ist den Menschen nicht gut, sagen die Menschen!"

„Ich fürchte sie nicht!" sagte Rudi, „mußte sie mich doch wieder herausgeben, als ich noch ein Kind war, ich werde mich ihr jetzt nicht hingeben, da ich älter bin!"

Und die Finsternis nahm zu, der Regen fiel herab, der Schnee kam, er leuchtete und blendete.

„Reiche mir deine Hand", sagte das Mädchen, „dann werde ich dir beim Steigen behilflich sein", und er fühlte sich von eiskalten Fingern berührt.

„Du mir beistehen", sagte Rudi. „Noch nie brauchte ich die Hilfe eines

Weibes, um zu klettern!" Und er schritt schneller vorwärts, fort von ihr; das Schneegestöber hüllte ihn ein wie in einen Schleier, der Wind sauste, und hinter sich hörte er das Mädchen lachen und singen. Es klang sehr sonderbar. Das mußte wohl ein Spuk im Dienst der Eisjungfrau sein. Rudi hatte davon reden hören, als er, damals noch ein Knabe, bei der Wanderung über die Berge hier oben übernachtete.

Der Schnee fiel dünner, die Wolke lag unter ihm, er sah zurück, es war niemand mehr zu sehen, aber er vernahm Lachen und Jodeln, und es klang nicht wie eine Menschenstimme.

Als Rudi endlich die oberste Bergfläche erreichte, von wo der Pfad hinab in das Rhonetal führte, sah er in der Richtung von Chamonix, in dem klaren blauen Luftstreifen zwei helle Sterne stehen, sie leuchteten und funkelten, und er dachte an Babette, an sich selbst und an sein Glück, und ihm wurde warm bei dem Gedanken.

VI.
Der Besuch in der Mühle

„Herrschaftliche Sachen bringst du ins Haus!" sagte die alte Pflegemutter, und ihre seltsamen Adleraugen blitzten, sie bewegte den mageren Hals noch schneller als sonst in seltsamen Windungen. „Du hast Glück, Rudi! Ich muß dich küssen, mein süßer Junge!"

Und Rudi ließ sich küssen, aber seinem Gesicht war anzusehen, daß er sich in die Umstände fügte, eben in die kleinen häuslichen Leiden.

„Wie schön du bist, Rudi!" sagte die alte Frau.

„Bilde mir nichts ein!" sagte Rudi und lachte – es machte ihm aber doch Vergnügen.

„Ich sage es nochmals!" sprach die alte Frau, „das Glück ist mit dir!"

„Ja, darin magst du recht haben!" sagte er und dachte an Babette.

Noch nie hatte er eine solche Sehnsucht nach dem tiefen Tale verspürt.

„Sie müssen schon nach Hause gekommen sein!" sprach er zu sich selbst. „Es sind schon zwei Tage über die Zeit, wo sie zurück sein wollten. Ich muß nach Bex!"

Rudi wanderte nach Bex, und in der Mühle waren sie schon angekommen. Er wurde gut empfangen, und erhielt Grüße von der Familie in Interlaken ausgerichtet. Babette sprach nicht viel, sie war recht schweigsam geworden, aber ihre Augen sprachen, und das genügte Rudi vollauf. Es schien, als wenn der Müller, der sonst gern das Wort führte – er war daran gewöhnt, daß man immer über seine Einfälle und Wortspiele lachte, er war ja der reiche Müller – doch lieber Rudis Jagdabenteuer erzählen hörte, von den Schwierigkeiten und Gefahren, die die Gemsjäger auf den hohen Berggipfeln zu bestehen hätten. Wie sie die unsicheren Schneegesimse entlangklettern müßten, die von Wind und Wetter gleichsam an den Felsenrand angekittet sind, und über die kühnen Brücken hinwegstiegen, die das Schneegestöber über tiefe Schluchten hinübergeworfen hat. Die Augen des mutigen Rudi leuchteten, während er vom Jägerleben erzählte, von der Klugheit der Gemse und ihren gewaltigen Sprüngen, von dem kräftigen Föhn und den rollenden Lawinen. Er bemerkte wohl, daß er bei jeder neuen Beschreibung immer mehr den Müller für sich gewann, und dieser fühlte sich besonders angeregt durch das, was er von dem Lämmergeier und dem Königsadler berichtete.

Nicht weit entfernt im Kanton Wallis war ein Adlernest, recht geschickt unter einen hohen, hervorspringenden Felsenrand hingebaut; dort oben war ein Junges, das sehr schwer zu fassen war. Ein Engländer hatte vor wenigen Tagen Rudi eine ganze Handvoll Gold geboten, wenn er ihm den jungen Adler lebendig herbeischaffen wolle, „aber alles hat eine Grenze", sagte Rudi, „der Adler ist nicht wegzunehmen, es wäre Torheit, sich darauf einzulassen!"

Der Wein floß, und die Rede floß, der Abend sei gar zu kurz, schien es Rudi, und doch war es nach Mitternacht, als er von diesem ersten Besuch in der Mühle nach Hause ging.

Die Lichter blinkten noch eine kurze Weile durch das Fenster der Mühle zwischen den grünen Baumzweigen hindurch; aus der offenen Dachluke kam die Stubenkatze heraus, und in der Dachrinne kam die Küchenkatze herangelaufen!

„Weißt du das Neueste in der Mühle?" fragte die Stubenkatze. „Hier ist heimliche Verlobung im Hause! Vater weiß noch nichts davon; Rudi und Babette haben sich den ganzen Abend unter dem Tisch auf die Pfoten getreten; mich traten sie auch zweimal, aber ich miaute doch nicht, das hätte Aufmerksamkeit erregt!"

„Ich hätte doch gemiaut!" sagte die Küchenkatze.

„Was sich in der Küche schickt, schickt sich nicht in der Stube!" sagte die Stubenkatze. „Ich bin aber neugierig, was der Müller sagen wird, wenn er von der Verlobung erfährt."

Ja, was der Müller sagen würde – das hätte Rudi auch gern gewußt, aber lange warten, bis er es erführe, konnte er nicht. Als wenige Tage später der Omnibus über die Rhonebrücke zwischen Wallis und Vaud dahinrasselte, saß Rudi darin, guten Mutes wie immer, und sich in schönen Gedanken an das Jawort wiegend, das er noch am gleichen Abend zu erhalten hoffte.

Und als der Abend kam und der Omnibus denselben Weg zurückfuhr, da saß Rudi auch darin, denselben Weg zurück, aber in der Mühle lief die Stubenkatze mit Neuigkeiten umher.

„Weißt du's, du, aus der Küche? – Der Müller weiß jetzt alles. Das nahm aber ein schönes Ende! Rudi kam hierher gegen Abend, und er und Babette hatten viel zu flüstern und zu reden, sie standen im Gange genau vor der Kammer des Müllers. Ich lag zu ihren Füßen, aber sie hatten weder Augen noch Gedanken für mich. ,Ich gehe ohne weiteres zu deinem Vater hinein!' sagte Rudi, ,das ist eine ehrliche Sache.' – ,Soll ich mit dir gehen?' fragte Babette, ,es wird dir Mut geben.' – ,Ich habe Mut genug!' sagte Rudi, ,aber wenn du dabei bist, muß er schon freundlich sein, mag er wollen oder nicht!' – Darauf traten sie ein. Rudi trat mich gewaltig auf den Schwanz! Rudi ist sehr linkisch! Ich miaute, aber weder er noch Babette hörten etwas! Sie öffneten die Tür, traten beide ein, ich voran, ich sprang jedoch auf einen Stuhlrücken hinauf, ich konnte ja nicht wissen, wie Rudi vielleicht auftreten würde. Aber der Müller trat auf, er gab einen ordentlichen Fußtritt, dann aus der Tür hinaus, und den Berg hinauf zu den Gemsen, auf die mag der Rudi jetzt zielen – und nicht auf unsere Babette!"

„Was sprachen sie? Was sagten sie?" fragte die Küchenkatze.

„Was sie sagten? – Alles wurde gesagt, was die Leute so zu sagen pflegen, wenn sie auf Freiersfüßen gehen: ‚Ich liebe sie, und sie liebt mich! Und ist Milch da in der Bütte für einen, so ist auch Milch da für zwei!' – ‚Aber sie sitzt für dich zu hoch!' sagte der Müller, ‚sie sitzt auf Gries, auf Goldgries, wie du weißt, du wirst sie nicht erreichen!' – ‚Nichts sitzt zu hoch, man kann es schon erreichen, wenn man nur will!' antwortete Rudi, denn er ist ein kecker Bursche. – ‚Aber das Adlerjunge kannst du doch nicht erreichen, sagtest du selbst letzthin; Babette sitzt noch höher!' – ‚Ich nehme sie alle beide!' sagte Rudi. – ‚Ich werde dir Babette schenken, wenn du mir das lebendige Adlerjunge schenkst!' sagte der Müller und lachte, daß ihm die Augen tränten. ‚Aber jetzt danke ich dir für den Besuch, Rudi, sprich mal morgen wieder vor, morgen ist niemand zu Hause! Adieu, Rudi!' – Und Babette sagte auch Adieu, aber so kläglich wie ein kleines Kätzchen, das seine Mutter noch nicht sehen kann. – ‚Ein Wort – ein Mann!', sagte Rudi. ‚Weine nicht, Babette, ich bringe das Adlerjunge!' – ‚Du wirst den Hals brechen, hoffe ich!' sagte der Müller, ‚und wirst uns dann mit deiner Lauferei hier verschonen!' – Das nenne ich einen tüchtigen Fußtritt! Jetzt ist Rudi fort, und Babette sitzt und weint, aber der Müller singt deutsch, das hat er auf der Reise gelernt. Ich mag nun nicht darüber traurig sein, das hilft doch nichts!"

„Aber so ist doch immerhin noch eine Aussicht da!" sagte die Küchenkatze.

VII.
Das Adlernest

Von dem Felsenpfad herab erklang Jodeln, lustig und laut, es deutete auf gute Laune und frischen Mut; es war Rudi; er ging, seinen Freund Vesinand aufzusuchen.

„Du mußt mir behilflich sein! Wir nehmen Nagli mit, ich muß das Adlerjunge oben am Felsenrande ausnehmen."

„Möchtest du denn nicht erst das Schwarze vom Mond herunterholen, das ist ebenso leicht!" sagte Vesinand. „Du scheinst guter Laune zu sein!"

„Ja freilich! Denke ich doch daran, Hochzeit zu machen! – Aber um ernstlich zu reden, ich will dir sagen, wie es um mich steht."

Und bald wußten Vesinand und Nagli, was Rudi wollte.

„Du bist ein verwegener Bursche!" sagten sie. „Das geht nicht! Du wirst den Hals brechen!"

„Man fällt nicht herunter, wenn man es sich selber nicht einbildet!" sagte Rudi.

Um Mitternacht zogen sie mit Stangen, Leitern und Stricken los; der Weg ging zwischen Wald und Gebüsch dahin, über rollendes Gestein, immer aufwärts, aufwärts in der dunklen Nacht. Das Wasser brauste unten, Wasser rieselte oben, feuchte Wolken trieben in der Luft. Die Jäger erreichten den steilen Felsrand, hier wurde es dunkler, die Felsenwände begegneten sich fast, und nur hoch oben in der schmalen Spalte leuchtete die Luft. Dicht neben ihnen, unter ihnen lag der tiefe Abgrund mit dem brausenden Wasser. Die drei saßen auf dem Gestein, sie wollten das Tagesgrauen abwarten, wenn der Adler ausflog, denn der Alte mußte zuerst erschossen werden, ehe sie daran denken konnten, sich des Jungen zu bemächtigen. Rudi saß dort niedergekauert, so still, als sei er ein Stück des Steins, auf dem er saß, das Gewehr mit gespanntem Hahn hielt er schußbereit vor sich, sein Blick haftete unverwandt auf der obersten Kluft, wo das Adlernest verborgen unter dem heraushängenden Felsen saß. Die drei Jäger mußten lange warten.

Jetzt aber knackte und sauste es hoch über ihnen, ein großer, schwebender Gegenstand verfinsterte die Luft. Zwei Büchsenläufe zielten, als die schwarze Adlergestalt aus dem Nest flog; es fiel ein Schuß; einen Augenblick bewegten sich die ausgebreiteten Flügel, dann senkte der Vogel sich langsam herab, als müsse er durch seine Größe und seine weit ausgestreckten Flügel die ganze Kluft ausfüllen und in seinem Falle die Jäger mit hinabreißen. Der Adler sank in die Tiefe hinunter und fiel in die Baumzweige und Büsche, die beim Fallen des Vogels zersplitterten.

Jetzt rührten sich die Jäger; drei der längsten Leitern wurden zusammengebunden – die mußten wohl hinaufreichen; man stellte sie auf den äußersten, letzten festen Punkt am Rand des Abgrundes, doch sie reichten nicht heran, und die Felswand war dort, wo sich das Nest im Schutz des hervorspringenden Gipfels verbarg, glatt wie eine Mauer. Nach kurzem Beraten einigte man sich dahin, zwei zusammengebundene Leitern von oben in die Schlucht hinabzulassen und diese mit den drei anderen, unten aufgestellten zu verbinden. Mit großer Mühe schleppte man die zwei Leitern hinauf und machte oben die Stricke fest; die Leitern wurden über den hervorspringenden Felsen hinausgeschoben und hingen dort frei schwebend über dem Abgrund; Rudi saß schon auf der untersten Sprosse. Es war ein eiskalter Morgen, Wolkennebel stiegen aus der dunklen Schlucht herauf. Rudi saß dort, wie eine Fliege auf dem schwankenden Strohhalm sitzt, den irgendein nestbauender Vogel auf dem Rand des hohen Fabrikschornsteins verloren hat, aber die Fliege kann davonfliegen, wenn der Strohhalm sich löst, Rudi aber konnte nur den Hals brechen. Der Wind umsauste ihn, und unten im Abgrund brausten die Wasser von dem tauenden Gletscher, dem Palast der Eisjungfrau.

Nun brachte er die Leiter zum Schwingen wie die Spinne, wenn sie, von ihrem langen, schwebenden Faden aus, etwas ergreifen will, und als Rudi zum vierten Male die Spitze der von unten aufgestellten, zusammengebundenen Leitern berührte, hatte er sie erfaßt; sie wurden mit sicherer und kräftiger Hand zusammengefügt, aber sie schwankten und klapperten sehr wacklig.

Die fünf langen Leitern, die hinauf bis zum Nest reichten und sich senkrecht an die Felswand lehnten, schienen wie ein schwankendes Rohr zu sein, und nun war erst das Gefährlichste zu bestehen; es mußte geklettert werden, wie die Katze klettern kann, doch Rudi verstand sich darauf, denn die Katze hatte es ihn gelehrt; er verspürte nichts vom Schwindel, der die Luft hinter ihm trat und seine Polypenarme nach ihm ausstreckte. Jetzt stand er auf der obersten Sprosse der Leiter und merkte, daß er hier noch nicht hoch genug war, um in das Nest hineinzusehen, nur mit der Hand vermochte er hinaufzugelangen. Er versuchte, wie fest die untersten, dicken, ineinander verflochtenen Zweige saßen, die den untersten Teil des Nestes bildeten, und nachdem er sich einen dicken und festen Zweig gesichert hatte, schwang er sich von der Leiter hinauf, lehnte sich an den Zweig und hatte nun Brust und Kopf über dem Neste. Hier strömte ihm ein erstickender Aasgestank entgegen; im Nest lagen Lämmer, Gemsen und Vögel, die in Fäulnis übergegangen waren. Der Schwindel, der ihm nichts anhaben konnte, blies ihm die giftigen Dünste ins Gesicht, um ihn zu betäuben, und unten in der schwarzen, gähnenden Tiefe auf dem dahineilenden Wasser saß die Eisjungfrau selbst mit ihrem langen, weißgrünen Haar und starrte ihn an mit Todesaugen wie zwei Büchsenläufe.

„Jetzt fange ich dich!"

In einem Winkel des Adlernestes sah er, groß und mächtig, das Adlerjunge sitzen, das noch nicht flügge war. Rudi heftete seine Augen auf ihn, hielt sich mit aller Kraft mit einer Hand fest und warf mit der anderen die Schlinge um den jungen Adler; lebendig war er gefangen; seine Beine steckten in der schneidenden Schnur, und Rudi warf die Schlinge mit dem Vogel über seine Schulter, so daß das Tier ein gutes Stück unter ihm hing, während er sich an einem helfenden, herabhängenden Strick festhielt, bis seine

Fußspitzen wieder die oberste Sprosse der Leiter berührten.

„Halte dich fest! Glaube nur nicht, daß du hinabfallen kannst; so fällst du auch nicht!" Es war die alte Lehre, und die befolgte er, hielt sich fest, kletterte, war überzeugt, daß er nicht fiele, und fiel auch nicht.

Jetzt ertönte ein Jodler, kräftig und freudig. Rudi stand auf dem festen Felsen mit seinem jungen Adler.

VIII.
Was die Stubenkatze Neues zu erzählen wußte

„Hier ist das Gewünschte!" sagte Rudi, als er bei dem Müller in Bex eintrat, auf den Fußboden einen großen Korb setzte und das Tuch, das ihn bedeckte, abnahm. Zwei gelbe, schwarzgeränderte Augen glotzten hervor, so funkelnd und wild, als wollten sie sich festbrennen und festbeißen, wohin sie blickten; der kurze, starke Schnabel war zum Bisse aufgesperrt, der Hals war rot und mit Federn bedeckt.

„Das Adlerjunge", rief der Müller. Babette schrie laut auf und sprang zurück, konnte aber ihre Augen weder von Rudi, noch von dem Adler wenden.

„Du läßt dich nicht abschrecken!" sagte der Müller.

„Und Ihr haltet stets Wort!" sagte Rudi. „Jeder hat sein Kennzeichen!"

„Aber warum brachst du dir nicht den Hals?" fragte der Müller.

„Weil ich festhielt!" antwortete Rudi, „und das tue ich noch! Ich halte Babette fest!"

„Erst sieh mal zu, daß du sie hast!" sagte der Müller und lachte, und das war ein gutes Zeichen, das wußte Babette.

„Wir müssen ihn aus dem Korb herausnehmen – es ist zum Rasendwerden, wie er glotzt! Wie aber hast du ihn fangen können?"

Rudi mußte erzählen, und der Müller machte immer größere Augen.

„Mit deinem Mut und deinem Glück kannst du drei Frauen ernähren!" sagte der Müller.

„Ich danke Euch!" rief Rudi.

„Freilich, Babette hast du noch nicht!" sagte der Müller und schlug im Scherz dem jungen Alpenjäger auf die Schulter.

„Weißt du das Neueste in der Mühle?" sagte die Stubenkatze zur Küchenkatze. „Rudi hat uns das Adlerjunge gebracht und nimmt Babette im Tausch. Sie haben sich geküßt und es den Alten sehen lassen! Das ist so gut wie eine Verlobung. Der Alte war ganz manierlich, er zog die Krallen ein, machte sein Mittagsschläfchen und ließ die beiden sitzen und schwänzeln; die haben sich so viel zu erzählen, sie werden bis Weihnachten nicht fertig!"

Sie wurden auch nicht bis Weihnachten fertig. Der Wind wirbelte das braune Laub auf, der Schnee stöberte im Tal wie auf den hohen Bergen; die Eisjungfrau saß in ihrem stolzen Schlosse, das sich zur Winterszeit vergrößerte; die Felsenwände waren mit Eis bedeckt und trugen baumdicke, elefantenschwere Eiszapfen, wo im Sommer der Felsenstrom seinen Wasserschleier wehen läßt; Girlanden aus phantastischen Eiskristallen zogen sich glänzend über die schneegepuderten Tannen hin. Die Eisjungfrau ritt

auf dem sausenden Wind über die tiefsten Täler hinweg. Die Schneedecke lag bis ganz nach Bex hinab, die Eisjungfrau kam auch dorthin und sah Rudi in der Mühle sitzen; er saß diesen Winter mehr in der Stube als sonst, er saß bei Babette. Nächsten Sommer sollte die Hochzeit sein; die Ohren klangen ihm oft, soviel sprachen die Freunde davon. In der Mühle war Sonnenschein, die schönste Alpenrose glühte, die fröhliche, lächelnde Babette, schön wie der kommende Frühling, der Frühling, der alle Vögel singen ließ von Sommerzeit und Hochzeitstag.

„Wie doch die beiden immer dasitzen, immer beisammenstecken!" sagte die Stubenkatze. „Jetzt habe ich genug von dem Miauen!"

IX.
Die Eisjungfrau

Der Frühling hatte seine saftiggrüne Girlande von Walnuß- und Kastanienbäumen entfaltet, schwellend zog sie sich von der Brücke bei St.-Maurice bis an das Ufer des Genfer Sees die Rhone entlang, die mit gewaltiger Fahrt unter dem grünen Gletscher dahinjagt, dem Eispalast, wo die Eisjungfrau wohnt, wo sie sich von dem scharfen Wind hinauftragen läßt auf das höchste Schneefeld und sich im starken Sonnenlicht auf den schneeigen Pfühlen hinstreckt; dort saß sie und schaute mit weitem Blick in die tiefen Täler hinab, wo die Menschen sich emsig rührten, wie Ameisen auf dem in der Sonne glänzenden Gestein.

„Geisteskräfte, wie euch die Kinder der Sonne nennen!" sagte die Eisjungfrau. „Gewürm seid ihr! Ein rollender Schneeball – und ihr, eure Häuser und Städte sind zermalmt, verwischt!" Höher hob sie ihr stolzes Haupt und schaute mit todesblitzenden Augen umher. Aber vom Tal tönte ein Rollen herauf, Felsen wurden gesprengt: Menschenwerk! Wege und Tunnel für Eisenbahnen wurden angelegt.

„Sie spielen Maulwurf", sagte sie, „sie graben Gänge unter der Erde, daher dieses Gepolter wie von Flintenschüssen. Wenn ich meine Schlösser versetze, dröhnt es stärker als das Grollen des Donners!"

Aus dem Tale herauf erhob sich ein Rauch, der sich vorwärts bewegte wie ein flatternder Schleier, ein wehender Federbusch der Lokomotive, die auf der kürzlich eröffneten Eisenbahnstrecke den Zug dahinzog, diese sich windende Schlange, deren Glieder Wagen an Wagen sind. Pfeilschnell flog sie dahin.

„Sie spielen Herren dort unten, die Geisteskräfte!" sagte die Eisjungfrau. „Die Kräfte der Natur sind doch die herrschenden!" Sie lachte, sie sang, und es dröhnte im Tale.

„Da rollte eine Lawine herab!" sagten die Menschen.

Aber die Kinder der Sonne sangen noch lauter von dem Menschengedanken, der da herrscht, der das Meer ins Joch spannt, Berge versetzt, Täler ausfüllt; dem Menschengedanken, er ist der Herr der Naturkräfte. Um diese Zeit zog über das Schneefeld, wo die Eisjungfrau saß, eine Gesellschaft von Reisenden; die Menschen hatten sich hier mit Seilen fest aneinandergebunden, damit sie einen größeren Körper bildeten auf der glatten Eisfläche, am Rande der tiefen Abgründe.

„Gewürm!" sagte die Eisjungfrau. „Ihr wollt wohl die Herren der Naturkräfte sein!" Und sie wandte sich ab von der Gesellschaft und schaute hämisch hinab in das tiefe Tal, wo der Eisenbahnzug dahinbrauste.

„Dort sitzen sie, diese Gedanken! Sie sitzen in der Gewalt der Naturkräfte! Ich sehe sie, alle und jeden! – Einer sitzt stolz wie ein König, allein! Dort sitzen sie in einem Knäuel! Dort schläft die eine Hälfte! Und wenn der Dampfdrache anhält, steigen sie heraus, gehen ihre Wege! Die Gedanken gehen in die Welt hinaus!" Und sie lachte.

„Da rollt wieder eine Lawine!" sagten sie unten im Tal.

„Uns erreicht sie nicht!" sagten zwei, die auf dem Rücken des Dampf-drachens saßen, „zwei Herzen und ein Schlag", wie es heißt. Es waren Rudi und Babette; auch der Müller war dabei.

„Als Bagage!" sagte er. „Ich bin dabei das notwendige Anhängsel."

„Dort sitzen die zwei!" sagte die Eisjungfrau. „Viele Gemsen habe ich zerschmettert. Millionen Alpenrosen habe ich geknickt und zerbrochen, nicht eine Wurzel schonte ich! Ich wische sie aus, die Gedanken, die Geisteskräfte!" Und sie lachte.

„Da rollt wieder eine Lawine!" sagten sie unten im Tal.

X.
Die Patin

In Montreux, einer der nächsten Städte, die mit Clarens, Vevey und Crin eine Girlande um den nordöstlichen Teil des Genfer Sees bildet, wohnte Babettes Patin, die vornehme englische Dame mit ihren Töchtern und einem jungen Verwandten; sie waren dort erst kürzlich angekommen, aber der Müller hatte sie schon besucht, ihnen Babettes Verlobung mitgeteilt und von Rudi und dem Adlerjungen, von dem Besuch in Interlaken, kurz, die ganze Geschichte erzählt, und sie waren im höchsten Grade erfreut und sehr für Rudi und Babette und auch für den Müller eingenommen; alle drei sollten nun auch herüberkommen, und deshalb kamen sie auch hin. Babette sollte ihre Patin, die Patin Babette sehen.

An dem Städtchen Villeneuve, am Ende des Genfer Sees, lag das Dampf-schiff, das in einer halbstündigen Fahrt von dort nach Vevey unterhalb von Montreux anlegt. Die Küste hier ist von den Dichtern besungen worden; hier unter den Walnußbäumen, an dem tiefen blaugrünen See saß Byron und schrieb seine melodischen Verse von dem Gefangenen im düsteren Felsenschlosse Chillon. Dort, wo sich Clarens mit seinen Trauerweiden im Wasser spiegelt, wandelte Rousseau, von Héloïse träumend. Die Rhone strömt dahin unter den hohen, schneebedeckten Bergen Savoyens: Hier, nicht weit von ihrer Mündung in den See, liegt eine kleine Insel, sie ist so klein, daß sie, vom Ufer aus gesehen wie ein Fahrzeug auf dem Wasser erscheint. Die Insel ist ein Felsengrund, den vor etwa hundert Jahren eine Dame mit Steinen eindämmen, mit Erde belegen und mit drei Akazien-bäumen bepflanzen ließ, die jetzt die ganze Insel überschatten. Babette war entzückt von diesem Fleck, der ihr als der schönste auf der ganzen Fahrt erschien, dort hinüber müsse man, dort müßte es wunderbar schön sein, meinte sie. Aber das Dampfschiff fuhr vorüber und legte, wie es sollte, bei Vevey an.

Die kleine Gesellschaft wanderte von hier hinauf zwischen den weißen, sonnenbeschienenen Mauern hindurch, die die Weingärten vor dem Bergstädtchen Montreux umgeben, wo die Feigenbäume das Haus des Bauern beschatten, Lorbeerbäume und Zypressen in den Gärten wachsen. In halber Höhe auf dem Berg lag die Pension, in der die Patin wohnte.

Der Empfang war herzlich. Die Patin war eine freundliche Frau mit einem runden, lächelnden Gesicht; als Kind war sie gewiß ein wahrer Raffaelscher Engelskopf gewesen. Jetzt war sie ein alter Engelskopf, reich umlockt von silberweißem Haar. Die Töchter waren saubere, feine, lange und schlanke Mädchen. Der junge Vetter, den sie mitgebracht hatten, war von Kopf bis Fuß in Weiß gekleidet, hatte rotblondes Haar und einen rotblonden Backenbart, so groß, daß er auf drei Gentlemen hätte verteilt werden können; er erwies Babette sofort die allergrößte Aufmerksamkeit.

Reichgebundene Bücher, Notenblätter und Zeichnungen lagen über den großen Tisch verstreut, die Balkontüre zu dem schönen, ausgedehnten See war offen; und er war so blank und still, daß die Berge Savoyens mit den Städten, Wäldern und Schneegipfeln sich umgekehrt darin spiegelten.

Rudi, der sonst dreist, lebensfroh und frisch war, fühlte sich hier gar nicht heimisch; er bewegte sich, als ginge er auf Erbsen über einen glatten Fußboden. Wie ihm die Zeit lang wurde. Er kam sich vor wie in einer Tretmühle. Und dann ging man sogar spazieren. Das ging ebenso langsam: zwei Schritte vorwärts und einen rückwärts. Rudi mußte machen, um mit den anderen im Schritt zu bleiben. Sie gingen hinab nach Chillon, dem alten, finsteren Schlosse auf der Felseninsel, um die Martergeräte zu sehen, die Totengefängnisse und verrosteten Ketten in den Felsenwänden, die steinernen Pritschen für die zum Tode Verurteilten, die Falltür, durch welche die Unglücklichen hinabgestürzt und auf eiserne, spitze Pfähle in der Brandung gespießt wurden. Das alles zu sehen nannten sie ein Vergnügen. Ein Richtplatz war es, durch Byrons Gesang in die Welt der Poesie erhoben. Rudi hatte nur das Gefühl der Richtstätte; er lehnte sich aus einem der großen, steinernen Fensterrahmen und sah hinab in das tiefe, blaugrüne Wasser und hinüber zu der kleinen Insel mit den drei Akazien, dorthin wünschte er sich, frei von der ganzen schwatzenden Gesellschaft; aber Babette war außerordentlich fröhlich gestimmt. Sie habe sich herrlich amüsiert, sagte sie; der Vetter, fand sie, sei ganz vollkommen.

„Ja, ein ganzer kompletter Laffe!" sagte Rudi; und es war das erste Mal, daß Rudi etwas sagte, was ihr nicht gefiel. Der Engländer hatte ihr ein kleines Buch zum Andenken an Chillon geschenkt, es war Byrons Gedicht: „Der Gefangene von Chillon", übersetzt ins Französische, so daß Babette es lesen konnte.

„Das Buch mag gut sein", sagte Rudi, „aber der feingekämmte Bursche, der es dir gegeben hat, gefällt mir nicht!"

„Er sah aus wie ein Mehlsack ohne Mehl!" sagte der Müller und lachte über seinen eigenen Witz. Auch Rudi lachte und sagte, so habe er wirklich ausgesehen.

XI.
Der Vetter

Als Rudi einige Tage später zu Besuch in die Mühle kam, fand er dort den jungen Engländer; Babette war gerade im Begriffe, ihm gekochte Forellen vorzusetzen, die sie selbst mit der Petersilie aufgeputzt hatte, damit sie sich recht appetitlich ausnehmen sollten. Das sei aber gar nicht nötig gewesen. Doch was wollte der Engländer hier? Was hatte er hier zu tun? Von Babette bedient und hofiert zu werden? – Rudi war eifersüchtig, was Babette Freude machte. Es machte ihr auch Vergnügen, alle Seiten seines Herzens kennenzulernen, die starken wie die schwachen. Die Liebe war ihr noch ein Spiel, und sie spielte mit dem ganzen Herzen Rudis, und doch war er, das muß gesagt werden, ihr Glück, ihr ganzes Leben, ihr steter Gedanke, ihr Bestes und Herrlichstes in dieser Welt, aber je mehr sein Blick sich verfinsterte, desto mehr lachten ihre Augen, sie hätte den blonden Engländer mit dem rotgelben Backenbart küssen mögen, wenn sie dadurch hätte erreichen können, daß Rudi rasend werde und davonlaufen würde; das gerade würde ihr zeigen, wie sehr er sie liebte. Allein das war nicht recht von Babette, doch sie war ja erst neunzehn Jahre alt. Sie dachte wenig darüber nach, und dachte noch weniger daran, daß ihr Betragen von dem jungen Engländer leicht und anders gedeutet werden könnte, als es sich eben schickte für die ehrsame, verlobte Müllerstochter.

Dort, wo die Landstraße von Bex unter die schneebedeckte Felsenhöhe dahinführte, die in der dortigen Landessprache es Diablerets heißt, lag die Mühle, nicht weit von einem reißenden Bergbach, der weißgrau war wie gepeitschtes Seifenwasser. Dieser trieb jedoch die Mühle nicht, wohl aber das große Mühlrad, das von einem kleineren Bach gedreht wurde, der auf der anderen Seite des Flusses vom Felsen herabstürzte und durch einen steinernen Damm zu noch größerer Kraft und Fahrt getrieben wurde. Die Rinne war so reich an Wasser, daß sie überlief, und somit einen nassen, schlüpfrigen Weg demjenigen bot, dem es einfallen möchte, dadurch schneller zur Mühle zu gelangen, und den Einfall hatte ein junger Mann, eben der Engländer. Weiß gekleidet wie ein Müllersbursche kletterte er am Abend hinüber, geleitet von dem Licht, das aus Babettes Kammerfenster strahlte. Klettern hatte er aber nicht gelernt – und er war auch nahe daran, kopfüber in den Bach zu fallen, kam aber doch mit durchnäßten Ärmeln und Hosen davon; naß und mit Schlamm bespritzt gelangte er unter Babettes Fenster, erkletterte die alte Linde und begann die Stimme der Eule nachzuahmen, denn einen anderen Vogel konnte er nicht nachsingen. Babette hörte es und blickte hinaus durch die dünnen Fenstervorhänge; als sie aber den weißen Mann sah und sich wohl denken konnte, wer es war, klopfte ihr Herzchen vor Schreck, aber auch vor Zorn. Sie löschte eilig das Licht, und untersuchte, ob auch alle Fensterriegel vorgeschoben waren; dann ließ sie ihn heulen und uhuen, wie er wollte.

Es wäre schrecklich, wenn jetzt Rudi hier in der Mühle wäre! – Aber Rudi war nicht in der Mühle, nein, was noch ärger war, er stand gerade unter der Linde. Es wurde laut gesprochen, zornige Worte, es könnte Schlägerei, vielleicht sogar Totschlag geben.

Babette öffnete ängstlich das Fenster, rief Rudis Namen und bat ihn, er möchte doch gehen, sie leide es nicht, daß er bleibe, sagte sie.

„Du leidest es nicht, daß ich bleibe!" rief er, „es ist somit verabredet! Du erwartest also gute Freunde! Schäme dich Babette!"

„Du bist abscheulich!" sagte Babette. „Ich hasse dich!" und sie weinte. „Geh, geh!"

„Das habe ich nicht verdient!" sagte er und ging. Seine Wangen und sein Herz brannten wie Feuer.

Babette warf sich auf ihr Bett und weinte.

„So sehr liebe ich dich, Rudi! Und du kannst Schlechtes von mir denken!"

Sie brach in Zorn aus, und das war gut für sie, denn sonst wäre sie sehr traurig gewesen; jetzt konnte sie auch einschlafen, den stärkenden Schlaf der Tugend schlafen.

XII.
Böse Nächte

Rudi verließ Bex, er schlug den Weg nach Hause ein, stieg auf die Berge in die frische, kühlende Luft, wo der Schnee lag, wo die Eisjungfrau herrschte. Die Laubbäume standen tief unter ihm und sahen aus wie Kartoffelkraut, das Buschwerk wurde kleiner hier oben, die Alpenrosen wuchsen neben dem Schnee, der in vereinzelten Streifen lag, wie Leinen auf der Bleiche. Ein blauer Enzian, die auf seinem Weg stand, zermalmte er mit dem Gewehrkolben.

Höher hinauf zeigten sich zwei Gemsen: Rudis Augen glänzten, seine Gedanken bekamen neuen Flug; aber er war nicht nahe genug, um einen sicheren Schuß tun zu können; er stieg höher hinauf, wo nur ein hartes Gras zwischen den Steinblöcken wuchs; die Gemsen gingen ruhig auf dem Schneefeld dahin, er beeilte seine Schritte. Der Wolkennebel senkte sich tief um ihn herab, plötzlich befand er sich vor der steilen Felswand; der Regen begann herabzuströmen.

Er fühlte brennenden Durst, Hitze im Kopf, Kälte in allen Gliedern; er griff nach seiner Jagdflasche, aber sie war leer, er hatte nicht daran gedacht, sie zu füllen, als er auf die Berge stürmte. Er war früher nie krank gewesen, aber jetzt hatte er das Gefühl eines solchen Zustandes; er war müde, und er hatte Lust, sich niederzulegen, Verlangen, zu schlafen, aber überall regnete es; er versuchte, sich zusammenzunehmen. Seltsam zitterten und tanzten die Gegenstände vor seinen Augen; da sah er plötzlich, was er hier noch nie gesehen hatte, ein neues niedriges Haus, das an den Felsen lehnte; in der Tür stand ein junges Mädchen wie des Schulmeisters Annette, die er einst im Tanz geküßt hatte; aber es war nicht Annette, doch hatte er das Mäd-

chen früher schon gesehen, vielleicht bei Grindelwald, an jenem Abend, als
er vom Schützenfest in Interlaken zurückkam.

„Wie kommst du hierher?" fragte er.

„Ich bin hier zu Hause. Ich hüte meine Herde!"

„Deine Herde? Wo weidet denn die? Hier gibt es ja nur Schnee und
Felsen!"

„Du weißt viel, was hier ist!" sagte das Mädchen und lachte.

„Hier hinten ist eine herrliche Weide! Dort gehen meine Ziegen! Ich hüte
sie sorgsam! Nicht eine verliere ich, denn was mein ist, bleibt mein!"

„Du bist keck!" sagte Rudi.

„Du auch!" antwortete das Mädchen.

„Hast du Milch im Haus, so gib mir zu trinken, denn ich habe sehr
großen Durst!"

„Ich habe Besseres als Milch", sagte das Mädchen, „und ich werde es dir
geben. Gestern waren hier Reisende mit ihrem Führer, sie vergaßen eine
halbe Flasche Wein, wie du ihn wohl noch nie gekostet hast, sie werden ihn
auch nicht wieder holen, ich trinke ihn nicht, trinke du!"

Und das Mädchen holte den Wein herbei, goß ihn in eine hölzerne Schale
und reichte sie Rudi.

„Der ist gut!" sagte er. „Noch nie kostete ich einen so wärmenden, feuri-
gen Wein!" Seine Augen strahlten, Leben und eine Glut erfüllte ihn, als ob
alle Sorge und jeder Druck verdunstete: die sprudelnde, frische Menschen-
natur rührte sich in ihm.

„Aber es ist ja doch Annette!" rief er. „Gib mir einen Kuß!"

„Ja, gib mir den schönen Ring, den du am Finger hast!"

„Meinen Verlobungsring?"

„Ja, gerade den!" sagte das Mädchen, und goß aufs neue Wein in die
Schale, die es ihm an die Lippen setzte, und er trank. Es strömte Lebens-
freude in sein Blut hinein, die ganze Welt gehöre ihm, meinte er, weshalb
sich grämen! Alles ist geschaffen, damit wir es genießen, damit es uns
glücklich macht! Der Strom des Lebens ist der Freudenstrom, sich von ihm
tragen lassen, das ist Glückseligkeit. Er sah das junge Mädchen an, es war
Annette und doch nicht Annette, und noch weniger das Phantom, die
Spukgestalt, wie er es nannte, die ihm bei Grindelwald begegnet war. Das
Mädchen hier auf dem Berg war frisch wie der weiße Schnee, schwellend
wie die Alpenrose und schnellfüßig wie ein Zicklein; aber doch aus Adams
Rippe geschaffen, wie Rudi. Er schlang seine Arme um die Schöne, schaute
in ihre wunderbar klaren Augen hinein, nur eine Sekunde währte dieser

Blick, und in dieser Sekunde, ja, wer erklärt es, gibt es in Worten wieder – war es das Leben des Geistes oder des Todes, das ihn erfüllte, wurde er emporgehoben oder sank hinab in die tiefe, tötende Eiskluft, tiefer, immer tiefer: Er sah die Eiswände als ein blaugrünes Glas, unendliche Klüfte gähnten ringsum, und das Wasser troff klingend herab wie ein Glockenspiel, perlklar, leuchtend in weißblauen Flammen. Die Eisjungfrau küßte ihn, ein Kuß, der ihn vom Nacken bis in die Stirn erschauern ließ, ein Schmerzensschrei entrang sich ihm, er riß sich los, wankte und – es wurde Nacht vor seinen Augen; aber er öffnete sie wieder. Böse Mächte hatten ihr Spiel getrieben.

Verschwunden war das Alpenmädchen, verschwunden die schirmende Hütte, das Wasser rieselte die nackte Felswand hinab, Schnee lag ringsum; Rudi zitterte vor Kälte, durchnäßt bis auf die Haut, sein Ring war verschwunden, der Verlobungsring, den Babette ihm gegeben hatte. Seine Büchse lag im Schnee neben ihm, er hob sie auf, wollte sie abfeuern, sie versagte. Nasse Wolken lagerten wie feste Schneemassen in der Kluft, der

Schwindel saß dort und lauerte auf die kraftlose Beute, und unten in der tiefen Kluft klang es, als stürze ein Felsblock, der alles zertrümmerte und mit sich fortriß, was ihn im Falle aufhalten wollte.

Aber in der Mühle saß Babette und weinte; Rudi war seit sechs Tagen nicht dort gewesen, er, der im Unrecht war, er, der sie um Verzeihung bitten mußte, den sie von ganzem Herzen liebte.

XIII.
In der Mühle

„Was das für ein Wesen mit den Menschen ist!" sagte die Stubenkatze zur Küchenkatze. „Jetzt sind sie wieder auseinander, Babette und Rudi. Sie weint, und er denkt wohl nicht mehr an sie."

„Das gefällt mir nicht!" sagte die Küchenkatze.

„Mir auch nicht!" sagte die Stubenkatze, „aber ich will es mir nicht zu Herzen nehmen! Babette kann sich ja mit dem Engländer verloben! Er ist aber auch nicht wieder hier gewesen, seitdem er damals aufs Dach wollte!"

Böse Mächte treiben ihr Spiel mit uns und in uns; das hatte Rudi vernommen und viel darüber nachgedacht; was war alles um ihn und in ihm geschehen dort auf dem Berg? Waren es Gespenster oder Fieberträume, er hatte früher weder Fieber oder eine andere Krankheit gekannt. Aber als er Babette verurteilte, hatte er einen Blick in sein eigenes Innere getan. Er hatte der wilden Jagd in seinem Herzen, dem heißen Föhn, der dort gehaust hatte, nachgespürt. Würde er Babette auch alles beichten können, jeden Gedanken beichten, der in der Stunde der Versuchung bei ihm zur Tat werden konnte? Ihren Ring hatte er verloren, und gerade durch diesen Verlust hatte sie ihn wiedergewonnen. Würde sie ihm beichten können? Es war, als wollte ihm das Herz zerspringen, wenn er an sie dachte; so viele Erinnerungen stiegen in ihm auf! Er sah sie, als stände sie leibhaftig vor ihm, lachend, ein mutwilliges Kind; manch liebes Wort, das sie aus der Fülle ihres Herzens gesprochen hatte, drang wie Sonnenstrahlen in seine Brust, und bald war alles darin nur Sonnenschein bei dem Gedanken an Babette.

Ja, sie mußte ihm beichten, und sie sollte es.

Er ging zur Mühle; es kam zur Beichte, die mit einem Kuß begann und damit endete, daß Rudi der Sünder blieb; es war sein großer Fehler, daß er an Babettes Treue hatte zweifeln können, es war geradezu abscheulich von ihm! Solches Mißtrauen, solche Heftigkeit konnte sie beide ins Unglück stürzen. Ja, gewiß, das konnten sie! Und deshalb hielt Babette ihm eine kleine Predigt, die sie selbst belustigte und ihr allerliebst stand, doch in einem Punkte hatte Rudi recht: der Neffe der Patin war ein Laffe, sie wollte das Buch verbrennen, das er ihr geschenkt hatte, und sie wollte nicht das geringste besitzen, das sie an ihn erinnern könnte.

„Jetzt ist das überstanden!" sagte die Stubenkatze. „Rudi ist wieder hier, sie verstehen sich, und das sei das größte Glück, sagen sie."

„Ich hörte diese Nacht von den Ratten", sagte die Küchenkatze, „das größte Glück sei, Talglichter zu fressen und viel ranzigen Speck zu haben. Wem soll man nun glauben, den Ratten oder den Liebesleuten?"

„Keinem von beiden!" sagte die Stubenkatze, „das ist immer das Sicherste!"

Das größte Glück Rudis und Babettes, der schönste Tag, wie sie ihn nannten, der Hochzeitstag, stand nahe bevor.

Doch nicht in der Kirche zu Bex, nicht in der Mühle sollte die Hochzeit gefeiert werden; die Patin wollte, daß die Hochzeit bei ihr gefeiert werde und die Trauung in der schönen kleinen Kirche zu Montreux stattfinde. Der

Müller bestand darauf, daß dieser Wunsch erfüllt werden solle; er allein wußte, was die Patin den Neuvermählten bestimmt habe; sie sollten von ihr ein Hochzeitsgeschenk bekommen, das wohl einer solchen Fügsamkeit in ihren Willen wert sei. Der Tag war bestimmt. Schon am Abend davor wollten sie nach Villeneuve reisen, um am darauffolgenden Morgen rechtzeitig nach Montreux hinüberzufahren, damit die Töchter der Patin die Braut schmücken könnten.

„Hier im Haus wird es doch wohl auch einen Hochzeitsschmaus geben!" sagte die Stubenkatze, „wenn nicht, so gebe ich nicht ein Miau für die ganze Geschichte!"

„Hier wird schon geschmaust werden!" sagte die Küchenkatze. „Enten sind geschlachtet, Tauben angerichtet, und ein ganzer Rehbock hängt an der Wand. Das Zahnfleisch juckt mir, wenn ich daran denke! Morgen beginnt schon die Reise!"

Ja, morgen! – An diesem Abend saßen Rudi und Babette zum letzten Mal als Verlobte in der Mühle.

Draußen glühten die Alpen, die Abendglocken klangen, die Töchter der Sonne sangen: „Es geschehe das Beste!"

XIV.
Nächtliche Traumgesichter

Die Sonne war untergegangen, die Wolken senkten sich im Rhonetal zwischen die hohen Berge hinab, der Wind blies aus Süden, ein Wind aus Afrika fuhr über die hohen Alpen hin, ein Föhn, der die Wolken zerriß, und als der Wind dahingefahren war, wurde es einen Augenblick ganz still: die zerrissenen Wolken hingen in phantastischen Gebilden zwischen den waldbewachsenen Bergen, über der dahineilenden Rhone, sie hingen in Gestalten wie die Seetiere der Urwelt, wie der schwebende Adler der Luft, wie die springenden Frösche der Sümpfe; sie senkten sich hinab auf den reißenden Strom, sie segelten darauf und segelten doch in der Luft. Der Strom führte eine entwurzelte Tanne mit sich, vor ihr im Wasser zeigten sich wirbelnde Kreise; es war der Schwindel – mehr denn einer, die auf dem hervorbrausenden Strom kreisten: Der Mond beleuchtete den Schnee auf den Berggipfeln, die dunklen Wälder und die weißen, wunderbaren Wolken, die Nachtgesichter, die Geister der Naturkräfte; der Bergbewohner sah sie durch die Fensterscheiben, sie segelten dort unten scharenweise der Eisjungfrau voran; diese kam aus ihrem Gletscherschloß, sie saß auf dem zerbrechlichen Schiff, auf der ausgerissenen Tanne; das Gletscherwasser trug sie den Strom hinab bis in den offenen See.

„Die Hochzeitsgäste kommen!" sauste und sang es in Luft und Wasser. Gesichter draußen, Gesichter drinnen. Babette träumte einen wunderbaren Traum.

Es schien ihr, als sei sie mit Rudi verheiratet, und zwar seit vielen Jahren. Er war auf der Gemsjagd, sie aber zu Hause in ihrer Wohnung, und dort saß der Engländer, der mit dem rotblonden Bart! Seine Augen waren so beredt, seine Worte eine Zaubermacht, er reichte ihr die Hand, und sie mußte ihm folgen. Sie schritten hinweg vom Hause. Immer abwärts! – Es war Babette, als läge eine Last auf ihrem Herzen, die immer schwerer wurde, es war eine Sünde gegen Rudi, eine Sünde gegen Gott; und plötzlich stand sie verlassen da, ihre Kleider waren von den Dornen zerrissen, ihr Haar war ergraut, sie schaute in ihrem Schmerz aufwärts, und auf dem Felsenrande erblickte sie den Rudi – sie streckte die Arme nach ihm aus, wagte aber nicht zu rufen oder zu bitten, das würde ihr auch nichts genützt haben, denn bald entdeckte sie, daß nicht er es war, sondern nur sein Jagdrock und sein Hut, die auf dem Alpenstock hingen, den die Jäger so hinstellen, um die Gemsen zu täuschen! Und in grenzenlosem Schmerz jammerte Babette: „Oh, wäre ich doch an meinem Hochzeitstage, meinem glücklichsten Tage, gestorben! Mein Gott, das wäre eine Gnade, ein großes Glück gewesen! Alsdann wäre das Beste geschehen, was mir und Rudi hätte widerfahren können! Niemand kennt seine Zukunft!" Und sie stürzte sich hinab in die tiefe Felsschlucht. Eine Saite sprang, ein Trauerton klang –!

Babette erwachte, der Traum war vorüber und verwischt, – aber sie wußte, daß sie etwas Schreckliches und von dem jungen Engländer geträumt hatte, den sie seit mehreren Monaten nicht gesehen, an den sie nicht gedacht hatte. Ob er wohl in Montreux war? Würde sie ihn zur Hochzeit zu sehen bekommen? Ein kleiner Schatten glitt über den feinen Mund, ihre Brauen zogen sich zusammen; aber bald trat ein Lächeln um die Lippen, schossen Freudenstrahlen aus den Augen, draußen schien die Sonne so schön, und morgen war ihre und Rudis Hochzeit.

Rudi war schon in der Wohnstube, als sie diese betrat, und bald ging es nach Villeneuve. Beide waren so überaus glücklich, und auch der Müller; er lachte und strahlte in der besten Laune; ein guter Vater und eine ehrliche Seele war er.

„Jetzt sind wir die Herrschaft hier zu Hause!" sagte die Stubenkatze.

XV.
Schluß

Es war noch nicht Abend, als die drei fröhlichen Menschen Villeneuve erreichten und dort ihre Mahlzeit hielten. Der Müller setzte sich in den Lehnstuhl, rauchte seine Pfeife und hielt ein kleines Schläfchen. Die jungen Brautleute gingen zur Stadt hinaus und schritten den Fahrweg unter den mit Gebüsch bewachsenen Felsen entlang, am blaugrünen, tiefen See vorbei; das düstere Chillon spiegelte seine grauen Mauern und schwerfälligen Türme im klaren Wasser; die kleine Insel mit den drei Akazien lag noch näher, sie sah aus wie ein Blumenstrauß auf dem See.

„Es muß drüben reizend sein!" sagte Babette. Sie hatte wieder die größte Lust hinüberzufahren, und dieser Wunsch ließ sich rasch erfüllen; am Ufer lag ein Boot, dessen Leine, mit der es angebunden, leicht zu lösen war. Man sah niemand, den man hätte um Erlaubnis fragen können, und so nahm man ohne weiteres das Boot. Und Rudi verstand, die Ruder zu gebrauchen.

Die Ruder griffen wie Fischflossen in das gefügige Wasser, das so biegsam und doch so stark ist; einen Rücken zum Tragen, einen Rachen zum Verschlingen hat; mild lächelnd, die Weichheit selbst, und doch Schrecken einflößend und stark zum Zermalmen ist. Ein schäumendes Kielwasser stand hinter dem Boot, das in wenigen Minuten mit den beiden hinüber zur Insel gelangte, wo sie an Land gingen. Hier war nicht mehr Platz als für einen Tanz zu zweit.

Rudi schwang Babette zwei-, dreimal im Kreise herum, dann setzten sie sich Hand in Hand auf die kleine Bank unter die herabhängenden Akazien, sahen sich in die Augen, und alles ringsum erstrahlte im Glanz der sinkenden Sonne. Die Tannenwälder der Berge färbten sich lilarot wie blühendes Heidekraut, und wo die Bäume aufhörten und das Gestein hervortrat, glühte es, als sei der Felsen durchsichtig; die Wolken am Himmel leuchteten wie rotes Feuer, der ganze See war wie das frische, glühende Rosenblatt. Allmählich stiegen die Schatten bis zu den schneebedeckten Bergen Savoyens und färbten sie schwarzblau, aber der oberste Gipfel leuchtete wie rote Lava, sie zeigten ein Moment aus der Schöpfungsgeschichte der Berge, als diese Massen sich glühend aus dem Schoße der Erde erhoben und noch nicht abgekühlt waren. Rudi und Babette meinten, ein solches Alpenglühen noch nie gesehen zu haben. Die schneebedeckten ‚Dents du Midi' hatten einen Glanz wie die Scheibe des Vollmondes, wenn sie am Horizont aufsteigt.

„So viel Schönheit! So viel Glück!" sagten beide. – „Die Erde hat mir nichts mehr zu geben!" sagte Rudi. „Ein Abend wie dieser ist doch ein ganzes Leben! Wie oft fühlte ich mein Glück, wie ich es jetzt empfinde, und dachte, wenn auch alles nun ein Ende hätte, wie glücklich hätte ich doch gelebt! Wie herrlich ist diese Welt! Und der Tag ging zu Ende, aber ein neuer begann, und mir schien es, als sei dieser noch schöner! Wie unendlich gut ist Gott, Babette!"

„Ich bin so recht von Herzen glücklich!" sagte sie.

„Mehr hat die Erde mir nicht zu gewähren!" rief Rudi.

Und die Abendglocken klangen von den Bergen Savoyens herab, von den Schweizer Bergen, und im Westen erhob sich im Goldglanz das schwarzblaue Juragebirge.

„Gott gebe dir das Herrlichste und Beste!" sagte Babette.

„Das wird er!" sagte Rudi. „Morgen werde ich es haben! Morgen bist du ganz die meinige! Mein eigen, süße Frau!"

„Das Boot!" rief Babette plötzlich.

Der Kahn hatte sich losgerissen und trieb von der Insel fort.

„Ich hole es zurück!" sagte Rudi, warf seinen Rock ab, zog sich die Stiefel aus, sprang in den See und schwamm in kräftigen Stößen dem Boot nach.

Kalt und tief war das klare blaugrüne Eiswasser vom Gletscher des Gebirges. Rudi blickte kurz hinab, nur einen einzigen Augenblick, und es war ihm als sehe er einen goldenen Ring rollen und funkeln – ihm kam sein Verlobungsring in den Sinn, und der Ring wurde größer, erweiterte sich zu einem funkelnden Kreis, und in diesen hinein leuchtete der klare Gletscher; tiefe Schluchten gähnten ringsum, und das Wasser troff klingend wie ein Glockenspiel und leuchtete in weißblauen Flammen. Und er sah, was wir in vielen Worten sagen müssen. Junge Jäger und junge Mädchen, Männer und Frauen, die einst in die Schluchten der Gletscher hinabgesunken waren, standen hier lebendig mit lächelndem Mund, und tief unten klangen die Kirchenglocken versunkener Städte; die Gemeinde kniete unter dem Kirchengewölbe, Eisstücke bildeten die Orgelpfeifen, der Gebirgsstrom orgelte; die Eisjungfrau saß auf dem klaren, durchsichtigen Grund, sie hob sich hinauf zu Rudi, küßte seine Füße, und ein eiskalter Todesschauer ging durch seine Glieder, ein elektrischer Stoß – Eis und Feuer! – Man unterscheidet zwischen diesen bei der kurzen Berührung nicht.

„Mein! Mein!" klang es um ihn und in ihm. „Ich küßte dich, als du klein warst, küßte dich auf deinen Mund! – Jetzt küsse ich dich auf deine Zehe und auf deine Ferse, mein bist du ganz!"

Und er verschwand in dem klaren blauen Wasser.

Alles war still, die Kirchenglocken verstummten, die letzten Töne schwanden mit dem Glanz der roten Wolken.

„Mein bist du!" klang es in der Tiefe, „mein bist du!" klang es aus der Höhe, aus dem Unendlichen.

Herrlich! Von Liebe zur Liebe, von der Erde in den Himmel zu fliegen.

Eine Saite zersprang, ein Trauerton klang, der eisige Kuß des Todes besiegte das Vergängliche; das Vorspiel endete, damit das Lebensdrama beginnen konnte, der Mißklang löste sich auf in Harmonie.

Nennst du das eine traurige Geschichte?

Die arme Babette! Für sie war es eine unsägliche Angst. Das Boot trieb immer weiter hinaus. Niemand auf dem Land wußte, daß das Brautpaar zur kleinen Insel hinübergefahren war. Die Wolken senkten sich, der Abend kam. Allein, verzweifelt, jammernd stand sie da. Ein Unwetter hing über ihr, Blitz auf Blitz leuchtete über das Juragebirge, über das Schweizerland und über Savoyen hin; von allen Seiten Blitz auf Blitz, es donnerte ohne Unterlaß. Die Blitze hatten oft Sonnenglanz, man sah jeden einzelnen Weinstock wie um die Mittagszeit, und gleich darauf war alles wieder in Finsternis gehüllt. Die Blitze bildeten Schleifen, Schlingen und Zickzack, sie schlugen ringsum in den See ein, sie leuchteten von allen Seiten, während das Donnern durch das Echo wuchs. Auf dem Land zog man die Boote auf das Ufer hinauf; alles, was Leben hatte, suchte Schutz – und jetzt strömte der Regen herab.

„Wo mögen wohl Rudi und Babette in diesem Unwetter sein?" sagte der Müller.

Babette saß mit gefalteten Händen, den Kopf im Schoß, stumm vor Schmerz; sie weinte, sie jammerte nicht mehr.

„Im tiefen Wasser!" sagte sie zu sich selbst. „Tief unten ist er, wie unter dem Gletscher!"

In ihren Gedanken tauchte auf, was Rudi von dem Tod seiner Mutter, von seiner Rettung erzählt hatte, als er aus der Gletscherkluft herausgehoben wurde. „Die Eisjungfrau hat ihn wieder!"

Ein Blitz leuchtete auf, so blendend wie Sonnenglanz auf weißem Schnee. Babette fuhr auf; der See erhob sich in diesem Augenblick wie ein leuchtender Gletscher, die Eisjungfrau stand majestätisch da, bläulich blaß, leuchtend, und zu ihren Füßen lag Rudis Leiche: „Mein!" sagte sie, und ringsum war wieder Finsternis, tosendes Wasser.

„Wie grausam!" jammerte Babette. „Warum mußte er doch sterben, als der Tag unseres Glücks anbrach! Gott! mein Gott, erleuchte meinen Verstand! Leuchte in mein Herz hinein! Ich verstehe deine Wege nicht! Ich verstehe nicht die Beschlüsse deiner Allmacht und Weisheit!"

Und Gott leuchtete in ihr Herz hinein. Ein Gedankenblitz, ein Gnadenstrahl, ihr Traum der vergangenen Nacht, lebendig wie er gewesen, durchblitzte sie; sie erinnerte sich der Worte, des Wunsches, den sie ausgesprochen, nach dem Besten für Rudi und sich.

„Wehe mir! War das der Keim der Sünde in meinem Herzen? War mein Traum ein Zukunftsleben, dessen Saite meiner Rettung wegen zerrissen werden mußte? Ich Elende!"

Jammernd saß sie da in der finsteren Nacht. Durch die tiefe Stille schienen noch Rudis Worte zu ihr zu klingen, die letzten, die er hier sprach: „Mehr Glück hat die Erde mir nicht zu gewähren!" Sie klangen in der Fülle der Freude, sie wiederholten sich im tiefen Schmerz.

Jahre sind seitdem vergangen. Der See lächelt, seine Ufer lächeln; der Weinstock setzt schwellende Trauben an: Dampfschiffe mit wehenden Fahnen jagen vorüber; die Eisenbahn über Chillon ist eröffnet, sie führt tief in das Rhonetal hinein. Bei jeder Station steigen Fremde aus, sie haben ihre roteingebundenen Reiseführer in der Hand und lesen darin, was es Bemerkenswertes zu sehen gibt. Sie besuchen Chillon, sie sehen draußen in dem See die kleine Insel mit den drei Akazien und lesen im Buch von dem Brautpaar, das eines Abends im Jahre 1856 dort hinüberfuhr, von dem Tod des Bräutigams, und: „Erst am anderen Morgen vernahm man am Ufer das verzweifelte Schreien der Braut."

Aber der Reiseführer erzählt nichts von dem stillen Leben Babettes bei ihrem Vater, nicht in der Mühle, wo jetzt andere Leute wohnten, sondern in dem schönen Haus in der Nähe des Bahnhofes, von dessen Fenstern sie noch manchen Abend über die Kastanienbäume nach den Schneebergen hinschaut, wo sich Rudi einst tummelte; sie sieht am Abend das Alpenglühen, die Kinder der Sonne lagern sich auf den hohen Bergen und wiederholen das Lied vom Wanderer, dem der Wirbelwind den Mantel fortriß, die Hülle nahm er, aber nicht den Mann.

Rosenglanz liegt auf dem Schnee des Berges, Rosenglanz ist in jedem Herzen, in dem der Gedanke wohnt: „Gott läßt das Beste für uns geschehen!" Aber es wird uns nicht immer offenbart wie Babette in ihrem Traum.

Inhaltsverzeichnis